W0189760

Hannsjoachim W. Koch

Volks gerichts hof

Hannsjoachim W. Koch

Volks gerichts hof

Politische Justiz im 3. Reich

Universitas

Teilübersetzung aus dem Englischen von E. Malsch,
H. W. Koch und W. August.

© 1988 by Universitas Verlag, München
F. A. Herbig Verlagsbuchhandlung GmbH, München
Alle Rechte vorbehalten
Schutzumschlag: Christel Aumann, München
Satz: Fotosatz Völkl, Germering
Druck: Jos. C. Huber KG, Dießen
Binden: Thomas Buchbinderei, Augsburg
Printed in Germany
ISBN: 3-8004-1152-0

Dem Gedächtnis
von
KARLA ZAPF
1898–1984

and

with deepest gratitude to my teachers of twenty-five years ago: P. J. V. Rolo, D. K. Adams, F. Field and W. S. Cole (University of Maryland) to whom, apart from my family, I owe everything. But above all, two things. Firstly a level of teaching at the University of Keele I have not encountered elsewhere since and, secondly, a degree of intellectual tolerance in »tricky areas«, unthinkable in any institution of higher learning in my own country, »dem freiesten Staat unserer Geschichte«. (Helmut Kohl)

Inhalt

Vorwort

Ein Wort zuvor an jene, die glauben, aus der vorliegenden Studie eine Rechtfertigung und Relativierung des Geschehens der Jahre 1933—1945, die unser Land nicht nur an den Rand des Abgrundes, sondern in ihn gestürzt haben, herauslesen zu können, kurzum jene, die aus dieser Zeit nichts vergessen und nichts dazugelernt haben. Sie werden von diesem Buch enttäuscht sein. Dies gilt aber auch für jene Leser, die selbst heute noch glauben, in den Ereignissen des 20. Juli 1944 und seinem Nachspiel, im »Widerstand« von einem Teil der damaligen deutschen Generalität und des Offizierskorps »einen moralischen Lichtblick« in der chaotischen Zeit der Weimarer Jahre und »der verbrecherischen Nazizeit bis in unsere zweite Republik« sehen wollen zu müssen. Das war er mitnichten. *Dieser* Widerstand war die Bankrotterklärung einer einst großen und traditionsreichen Institution – Ausnahmen, die auch in diesen Seiten zu Wort kommen, bestätigen die Regel. Der »Widerstand«, konzentriert auf den 20. Juli, schillert in zu vielen Farben um es zu erlauben, ihn als Kern und Vorläufer eines demokratischen Gemeinwesens zu betrachten. Zudem verdunkelt er jene zahlreichen Deutschen, die als Einzelpersonen oder Gruppen auf sich selbst gestellt, ohne Rang oder Namen mit Klang dem NS-Regime von Beginn bis zu seinem – oder auch ihrem – Ende, kompromißlos gegenübergestanden haben. Es gibt keine Nation, die nicht von ihren historischen Mythen leben würde, und von einer pragmatischen Sicht her betrachtet scheint es durchaus verständlich, daß der »Widerstand« an der Wiege der beiden deutschen Teilstaaten stand. Sich seiner aber heute noch zu bedienen, bedeutet, nach all dem, was wir in den vergangenen fast vier Jahrzehnten über ihn wissen und zur Kenntnis hätten nehmen sollen, die Verfälschung des Mythos zur Lebenslüge der Bundesrepublik. Man möchte meinen, daß sie dieser als ihrer moralischen Legitimation nicht mehr bedarf. Sollte jedoch das Gegenteil der Fall sein, dann sind die Fundamente der Republik auf Sand gebaut – mit allen sich daraus ergebenden Konsequenzen. Wie auch immer, jene Leser, die in ihrem politischen Credo auf diese Lebenslüge nicht verzichten können und wollen, werden in diesem Buch ebensowenig Bestätigung finden wie die Ewiggestrigen.

In der Geschichtsschreibung über das Dritte Reich ist der Komplex »Justiz« noch relativ unterrepräsentiert im Vergleich z. B. mit der NS-Außen- oder -Wirtschaftspolitik. Zwar hat das Institut für Zeitgeschichte, München, langsam begonnen, dieses Defizit abzudecken – durch Hermann Weinkauffs *Die Deutsche Justiz und der Nationalsozialismus* und Walter Wagners *Der Volksgerichtshof im nationalsozialistischen Staat,* wobei sich besonders der letztere Band als eine sehr brauchbare Materialsammlung, weniger aber als eine vorurteilslose Untersuchung des Volksgerichtshofes und seiner Voraussetzungen erweist.

Dies tritt besonders in der Behandlung der Persönlichkeit und Tätigkeit Dr. Roland Freislers zutage, Präsident des VGH von 1942 bis 1945, doch bereits seit 1934 ein unermüdlicher Fürsprecher des Volksgerichtshofes. In der Öffentlichkeit wie bei vielen Experten ist es der Name Freisler, der bei jeder Erwähnung dieser NS-Institution sofort in den Vordergrund tritt und negative Emotionen weckt.

Der Volksgerichtshof als NS-Institution war nicht Gegenstand einer Verhandlung vor dem Nürnberger Tribunal, wohl aber die deutsche Justiz. In diesem wie in anderen Nürnberger Nachkriegsprozessen war es, wie es der ehemalige SS-Obersturmbannführer und Legationsrat in Budapest Horst Grell formuliert hat, durchaus »üblich, unter dem Eindruck eines einseitigen Siegergerichtes die Angeklagten zum Nachteil von Abwesenden oder von vermutlich Toten zu entlasten«.

Einer jener Toten war Dr. Roland Freisler, Staatssekretär im Preußischen bzw. Reichsjustizministerium von 1934 bis 1942 und vom Spätsommer 1942 bis Februar 1945 Präsident des Volksgerichtshofes. Er fiel einem alliierten Luftangriff auf die Reichshauptstadt zum Opfer. In der deutschen Nachkriegsliteratur wurde er zum diabolischen Dialektiker der deutschen Justiz schlechthin emporstilisiert, wie z. B. in Gert Buchheits reißerischer Biographie *Richter in roter Robe,* die – 1968 veröffentlicht – kaum Gebrauch von den schon damals zur Verfügung stehenden Quellen machte, sondern sich zum großen Teil auf Quellen beruft, die dem Historiker offenbar nicht zugänglich sind. Bitten des Autors der vorliegenden Studie um Einsichtnahme in diese Quellen blieben unbeantwortet.

Aussagen und Quellen in bezug auf den Volksgerichtshof sind für den Historiker weder ausreichend noch zufriedenstellend. Die Akten sind nur fragmentarisch erhalten geblieben und befinden sich im Bundesarchiv Koblenz. Zusätzliches Material befindet sich im Archiv des Bundesjustizministeriums in Bonn, ist aber nur beschränkt zugänglich, da z. B. Personalakten von Angehörigen der deutschen Justiz wie von allen Beamten erst 30 Jahre nach deren Ableben zur Einsicht freigegeben werden. Im Falle der Personalakte Freislers zeigt diese Spuren der Unvollständigkeit. Worauf dies zurückzuführen ist, läßt sich heute nicht mehr feststellen.

Weitere Aktenbestände sind im Berlin Document Center erhalten geblieben. Von Nachteil ist dort der Mangel an ausgebildeten Archivaren, deren Tätigkeit durch Beamte ausgeübt wird, deren Hilfe bei der Suche nach relevantem Material zwar erforderlich ist, diese Suche aber äußerst zeitraubend macht. In gewissen Bereichen bietet jedoch das Institut für Zeitgeschichte, München, eine Art von Abhilfe, da es, abgesehen von eigenem Zeugen- und Quellenschrifttum, auch Ablichtungen von Dokumenten aus dem Berlin Document Center besitzt, das z. T. auch durch das von Walter Wagner publizierte Material ergänzt wird.

Der Verfasser muß bekennen, die Studie nicht ohne Voreingenommenheit in Angriff genommen zu haben. Zu stark ist die Erinnerung von dem Temperamentausbrüchen Roland Freislers geprägt, selbst wenn man diese nur als Pimpf im Kino in der Wochenschau erlebt hat. Zu stark leben noch in der Erinnerung die an den Litfaßsäulen klebenden roten Plakate der späten Kriegszeit, unter deren gotischen Lettern »Im Namen des Deutschen Volkes« Todesurteile publik gemacht wurden. Es würde der Wahrheit nicht entsprechen zu behaupten, daß die Arbeit von vornherein *sine ira et studio* begonnen wurde.

Je mehr man sich jedoch in das Quellenmaterial vertiefte, um so mehr kam man zur Erkenntnis, daß die damalige Wirklichkeit doch erheblich nuancierter war, als man sie in Erinnerung hat. Das soll nicht heißen, die bisher erarbeiteten großen Konturen des Dritten Reiches lägen schief, doch innerhalb deren Raum besteht Platz für größere Qualifizierung, vorsichtigere Gewichtung bisher nicht erkannter Faktoren: kurzum, wie die sich entwickelnden Schulen der *Intentionalisten* (Bracher u. a.) und *Funktionalisten* (H. Mommsen, M. Broszat) zeigen, haben sich neue Interpretionsansätze ergeben, die wohl kaum das Dritte Reich rehabilitieren, wohl aber seine Strukturen, Interessen und Ziele – oder seine Ziellosigkeit – neu definieren. Die wissenschaftliche Debatte ist nicht mehr durch den Nürnberger Status quo festgeschrieben, sie ist erneut in Gang gekommen und hat wichtige neue Ergebnisse zu verzeichnen. Auf jeden Fall kann sich in der seriösen Wissenschaft – und hoffentlich auch für den historisch interessierten Laien – das »Shirer-Klischee« nicht mehr halten.

Ferner ist Martin Broszats »Plädoyer für eine Historisierung des Nationalsozialismus« zuzustimmen wenn er schreibt, »daß die Moralität der Betroffenheit von der NS-Vergangenheit sich mittlerweile stark erschöpft hat. Sie hat durch neue weltgeschichtliche Gewalt- und Katastrophenerfahrungen an Singularität eingebüßt und ist inzwischen vielfach zu einem etablierten Set ebenso risikoloser wie vager Gesinnungsbekenntnisse ohne moralische Kraft geworden. Das zur Stereotypie verflachte Diktum der ›nationalsozialistischen Gewaltherrschaft‹ kann wohl nur durch stärker differenzierende historische Einsicht auch moralisch neu erschlossen werden. Deshalb erscheint das schon gewandelte und sich wahrscheinlich weiter verändernde Verhältnis von Moralität und historischem Verstehen auch als der eigentliche Sinn und Angelpunkt der Frage, wie vergangen, wie geschichtlich der Nationalsozialismus inzwischen geworden ist.«

So muß wohl eine noch zu erstellende Gesamtanalyse des Nationalsozialismus, wie auch die seiner Institutionen, wie hier der NS-Volksgerichtshof, davon ausgegangen werden, daß er zu seiner Zeit, in den ersten Jahren nach der Ernennung Adolf Hitlers als Reichskanzler, weniger auf einer ideologischen Indoktrination seiner sozialen Massenbasis beruhte, sondern darauf, daß er fast der Hälfte der damaligen deutschen Wählerschaft »eher ein Mittelweg zwischen Demokratie und obsolet gewordenem konstitutionellen Obrigkeitsstaat, zu dem Brüning oder Papen zurückkehren wollten« (M. Broszat) erschien, und daher auf einem breiten Konsens des Bürgertums wie auch später der Arbeiterschaft beruhte.

Erscheint in dieser Studie besonders die Person und das Wirken Freislers wesentlich nuancierter, so trifft dies auch auf die Ereignisse des 20. Juli 1944 zu, deren »verfassungspolitischen, national- und außenpolitischen Vorstellungen der meisten Repräsentanten dieses

Widerstandes mit dem gewandelten Selbstverständnis der Bundesrepublik wenig gemein hatten«. Auch haben wir es in diesem Zusammenhang nicht ausschließlich »mit Rittern ohne Furcht und Tadel« zu tun. Trifft man wahres Heldentum auf der einen Seite, so stößt man andererseits auch auf Opportunismus. Das Schlagwort vom »Aufstand des Gewissens« ist nur bedingt und auf einzelne Personen beschränkt zulässig. Allein die Vorstellungen des »Widerstandes« zur »Lösung des jüdischen Problems« genügen um seine moralischen Ansprüche wesentlich zu qualifizieren.

Insgesamt war der »Fall Walküre« in seiner Ausführung durch mancherlei organisatorische Unzulänglichkeiten gekennzeichnet, und die Versuchung liegt nahe, ihn, gemessen an generalstabsmäßigen Kriterien, mit dem Kapp-Lüttwitz-Putsch zu vergleichen. Zudem bestand auch nicht die geringste Hoffnung, an dem durch die Feindmächte dem Reich zugedachten Schicksal etwas zu ändern. In dieser Hinsicht teilt der Verfasser die Meinung Eberhard Jäckels, daß es letzten Endes für Deutschland, wenn auch geteilt, besser war, seinen Neuaufbau ohne die erneute Bürde einer Dolchstoß-Legende durchführen zu können.

Neben dem NS-Volksgerichtshof steht die Person Roland Freislers im Zentrum, wobei bewußt die regulative Idee der Objektivität leitend war und von der gängigen Schwarzweißmalerei abgesehen wurde. Die Tatsachen sprechen ihre eigene schreckliche Sprache; es bedarf nicht des erhobenen Zeigefingers des belehrenden Historikers, auf diese hinzuweisen. Das dem Leser entgegentretende Bild Freislers ist mitnichten ein »weißgewaschenes«, sondern das eines absolut überzeugten nationalsozialistischen Richters, der, frei von Opportunismus, das Gesetz im Gegensatz zu Thierack nicht beugte, sondern im Rahmen dessen, was er als nationalsozialistische Ideologie begriff, entsprechend interpretierte. Auch wird es sich erweisen, daß die Radikalisierung der Rechtsprechung des Volksgerichtshofes keineswegs mit der Berufung Freislers zum Präsidenten dieses Tribunals begann, sondern bereits bei Kriegsausbruch zu sehen ist und daß Freislers Rechtsprechung wie auch die seiner Kollegen die radikale Tendenz fortsetzte, die bereits Thierack nach Kriegsausbruch eingeschlagen hatte.

Aus einer rein persönlichen Biographie Freislers würden sich kaum neue Einsichten ergeben; aus diesem Grunde habe ich es vorgezogen, Freisler im Kontext mit dem Volksgerichtshof zu behandeln, da sich Freislers Rolle nicht auf die des Präsidenten des VGH beschränkte. Als Staatssekretär im Reichsjustizministerium war er eine der treibenden Kräfte und eine Hauptstütze des 1934 errichteten Volksgerichtshofes.

Auch wird man davon abgehen müssen, in der nationalsozialistischen Machtübernahme gleichzeitig eine Revolutionierung des deutschen Justizwesens zu sehen. Damit ergibt sich die Frage, inwieweit die deutsche Justiz bereits während der Weimarer Republik politisiert worden war, besonders durch das Republikschutzgesetz von 1922, das zum erstenmal mit der traditionellen deutschen juristischen Maxime *nulla poena sine lege* brach und somit im politischen Bereich die Tore einer retroaktiven Gesetzgebung öffnete – und das zur Lebens- und Amtszeit eines sozialdemokratischen Reichspräsidenten. Der Präzedenzfall war geschaffen, den Hitler noch zu Lebzeiten des Reichspräsidenten Paul von Hindenburg und mit dessen Sanktion zu nutzen wußte.

Die Geschichte des nationalsozialistischen Volksgerichtshofes und seiner Rechtsprechung in Verratssachen – und Hoch- wie Landesverrat waren ja ausschließlich die Domäne des Volksgerichtshofes – wurde durch drei Faktoren bestimmt, ohne deren Berücksichtigung jede Bewertung der rechtlichen Handlungen des Volksgerichtshofes schiefliegen muß:

Erstens: die Überzeugung eines Großteils des deutschen Volkes – einschließlich Hitlers wie z. B. auch die seines späteren Opponenten, des Generalobersten Ludwig Beck –, daß das Deutsche Reich den Ersten Weltkrieg nur durch Verrat und Revolution im Rücken der Front verloren habe – der unerschütterliche Glaube an die Dolchstoßlegende. Dieser Glaube und das Bestreben nach 1939, daß sich »1918« niemals wiederholen solle, waren für die Rechtsprechung des Volksgerichtshofes, besonders nach Kriegsausbruch 1939, bestimmend. In der Tat, »1918« fand keine Wiederholung; die Konsequenzen stehen jedoch auf einem anderen Blatt.

Den zweiten Faktor bildete das Ermächtigungsgesetz vom 23. März 1933, dessen Artikel 2 der Reichsregierung ausdrücklich das Recht gab, von der Verfassung abweichende Gesetze zu erlassen – ein Gesetz, das noch von einem demokratisch gewählten Reichstag, mit Ausnahme der sozialdemokratischen Fraktion, verabschiedet worden war und somit der Reichsregierung legislative Möglichkeiten übertrug, von deren Ausmaß liberale Befürworter des Gesetzes wie z. B. Theodor Heuss sich angeblich keine Vorstellung machen konnten.

Den dritten und letzten Faktor bildete das nationalsozialistische »Führerprinzip«, das auch innerhalb der deutschen Justiz und nirgendwo rigoroser als in den Senaten des Volksgerichtshofes seine Anwendung fand, ganz besonders durch Freisler selbst – ein Prinzip, das er noch als Staatssekretär in zahllosen Publikationen leidenschaftlich vertrat und durchzusetzen wußte.

Der Aufbau dieser Studie sowie einige der Quellenhinweise sind nicht frei von einer gewissen Problematik. Was ersteres betrifft, lag es nahe, Tabellen und Statistiken sowie den langen Auszug aus der ersten Verhandlung gegen den Verschwörerkreis vom 20. Juli 1944 in einen Anhang zu verweisen. Demgegenüber steht die Tatsache, daß die Tabellen und Statistiken einen integralen Bestandteil der Exposition und Argumentation bilden und daher nicht aus dem Gesamttext herausgelöst werden konnten. Was den Prozeß gegen die Verschwörer betrifft, so ist zu sagen, daß bisherige Wiedergaben entstellt worden sind, d. h. Handlungen, die die Haltung der Angeklagten, wie z. B. von Witzlebens, kompromittieren könnten, sozusagen unter den Tisch gefallen sind. Dies trifft auf die auszugsweise Wiedergabe des Prozesses wie auch auf die in den visuellen Medien bis zum heutigen Tage gezeigten Wochenschauausschnitte aus dem Prozeß zu. Es spiegelt das gespaltene Verhältnis der Deutschen zu ihrer jüngsten Geschichte wider, daß man nämlich einerseits den 20. Juli zum Gedenktag erhoben hat, während sich andererseits das Gros der Gedenkenden nicht bewußt ist, daß der Attentäter selbst den Gedanken des »Führertums«, der »selbstverantwortlichen und sachverständigen Führung«, das Konzept der »Volksgemeinschaft« und den nationalsozialistischen »Rassegedanken« bejaht hatte und sich anscheinend erst dann zur Opposition wandte, als es sich zeigte, daß die Führung nicht mehr »sachverständig« war. Auch ist man sich nicht bewußt, daß die Ehrung gleichzeitig Angehörige der Generalität wie Generaloberst Erich Hoepner oder General Karl-Friedrich von Stülpnagel mit einbezieht, die in enger Zusammenarbeit mit den Exekutionskommandos der Einsatzgruppen in Rußland operiert hatten, ebenso die Person des SS-

Obergruppenführers Arthur Nebe, der als Leiter einer Einsatzgruppe den Mord von 40 000 Juden für sich »verbuchen« konnte. Unter den Einsatzgruppenführern war Nebe der einzige Freiwillige. OHG Ohlendorf z. B. weigerte sich zweimal ein solches Kommando zu übernehmen bis ihm schließlich keine andere Wahl blieb. Diese Tatsachen stellten nicht die Handlungen des 20. Juli 1944 in Frage, wohl aber die Motive einer Anzahl der Beteiligten. Ob sich somit das Geschehen des 20. Juli 1944 eignet, als »Traditionsgut« der Bundesrepublik im allgemeinen und der Bundeswehr im besonderen übernommen zu werden, ist eine Frage, die wohl jeder Leser für sich selbst beantworten muß. Auf jeden Fall aber kann man, um noch einmal Martin Broszat zu zitieren, »nicht gleichzeitig die Blockade des deutschen Geschichtsbewußtseins durch den Nationalsozialismus bedauern und an seiner Abriegelung gegenüber geschichtlichem Verstehen festhalten. Die ›Normalisierung‹ unseres Geschichtsbewußtseins kann auf die Dauer die NS-Zeit nicht aussparen, kann nicht nur um sie herum erfolgen. Auch die Pauschaldistanzierungen von der NS-Vergangenheit ist noch eine Form der Verdrängung und Tabuisierung.«

Im Bereich der Quellen besteht die Problematik darin, daß zwar eine Reihe neuer Quellen erschlossen werden konnte, aber der Bruch mit jener Tradition des deutschen Rechtswesens, die man als fortschrittlich und richtungsweisend für die Zukunft betrachten konnte, nämlich mit dem Prinzip der Verjährung auch im Fall von Kapitalverbrechen, durch die nicht ohne äußeren Druck im Frühjahr 1979 erfolgte Entscheidung des Deutschen Bundestages zur Folge hatte, daß die Staatsanwaltschaft beim Landgericht Berlin erneut ein Ermittlungsverfahren gegen ehemalige Berufs- und Laienrichter des Volksgerichtshofes aufgenommen hat, um im Frühjahr 1985 gegen die Beschuldigten ein Hauptverfahren wegen Mordes bzw. Beihilfe zum Mord zu eröffnen. Besonders befremdlich ist dabei die Tatsache, daß das SED-Regime der Berliner Staatsanwaltschaft zusätzliches Belastungsmaterial zur Verfügung gestellt hat und daß die Staatsanwaltschaft dieses Material akzeptiert hat, obwohl nachweisbar ehemalige Berufsichter des Volksgerichtshofes in der Ostzone unter der berüchtigten Hilde Benjamin ihren Dienst versahen. Da es somit durchaus im Bereich des Möglichen liegt, daß Angehörige des Personenkreises, der die neuen Quellen für dieses

Buch zur Verfügung gestellt hat, zumindest als Zeugen vernommen werden können – an sich eine unzumutbare Anstrengung für Menschen, deren Jüngster das 75. Lebensjahr bereits überschritten hat –, wurden in diesen Fällen die Quellen als sich im Archiv des Verfassers befindend bezeichnet. Daran ändert auch vorerst die Tatsache nichts, daß das Landgericht Berlin inzwischen Ermittlungen und Verfahren eingestellt hat. Doch ist das Originalmanuskript mit Angabe aller Quellen der Morell-Library der Universität York, England, übergeben worden, wo es bis zum Jahre 2010 unter Verschluß gehalten werden wird. Die Quellen selbst werden dem Institut für Zeitgeschichte, München, zur Verfügung gestellt.

Zu Dank verpflichtet ist der Verfasser folgenden Archiven: dem Bundesarchiv Koblenz, dem Bundesarchiv-Militärarchiv Freiburg, dem Archiv des Bundesjustizministeriums Bonn, dem Berlin Document Center, dem Bayerischen Hauptstaatsarchiv, der Bayerischen Staatsbibliothek, dem Hessischen Hauptstaatsarchiv Wiesbaden, dem Hauptstaatsarchiv Stuttgart, dem Staatsarchiv Hannover, dem Stadtarchiv Kassel, dem Geheimen Preußischen Staatsarchiv Berlin-Dahlem, dem deutschen Lautarchiv Frankfurt, dem Public Records Office London und dem Imperial War Museum London sowie der Staatsanwaltschaft am Landgericht Berlin, die eine Ablichtung der Personalakte Freisler zur Verfügung stellte.
Herrn Prof. Dr. Thomas Nipperdey bin ich für seine Hilfestellung besonders dankbar, die in der Vermittlung von zwei Forschungsassistenten, Dr. Michael Birnbaum und Dr. Martin E. Hofmann, bestand. Zu besonderem Dank bin ich auch Herrn Prof. Dr. Martin Broszat und Herrn Helmuth Auerbach vom Institut für Zeitgeschichte, München, verpflichtet, die mir im Frühstadium des bisher nicht abgeschlossenen Forschungsprojektes, aus dem die vorliegende Studie entstand, einen Arbeitsraum im Institut für Zeitgeschichte zur Verfügung stellten, der ein ruhiges, ungestörtes Arbeiten ermöglichte, und die auch später meinen Forschungsassistenten mit Rat und Tat zur Verfügung standen. Herr Rechtsanwalt Dr. Wilhelm Lotze, Soest, klärte eine Vielzahl von juristischen Problemen, über die der Historiker als juristischer Laie unweigerlich gestolpert wäre. Herr Heinz Höhne vom *Spiegel* und Herr Dr. Karl-Heinz Janssen von der *Zeit* waren so freundlich, mir Ablichtungen von Dokumenten bzw. Veröffentlichungen früherer Jahre zur Verfü-

gung zu stellen. Mein früherer Lehrer, Professor P. J. V. Rolo vom Department of History, University of Keele, und mein Kollege in York Professor J. W. D. Trythal wie auch Prof. Dr. J. A. S. Grenville der Universität Brimingham und Prof. Dr. William Carr, Universität Sheffield haben das Manuskript sorgfältig gelesen und überprüft. Doch versteht es sich von selbst, daß der Verfasser allein für den Inhalt dieser Studie und die in ihr enthaltenen Wertungen und Urteile verantwortlich ist.

Bei Danksagungen dieser Art beschränkt man sich oft unbewußt auf die Hilfe von Personen und Institutionen im Bereich der »Zunft« und vergißt allzuoft jene, die halfen das »moralische Rückgrat« zu stärken und Krisen zu überwinden. In diesem Zusammenhang bin ich zutiefst meiner, leider 1984 verstorbenen mütterlichen Freundin, Frau Karla Zapf, München, verpflichtet, der dieses Buch nun gewidmet ist. Aber mein Dank gilt auch Herrn Dr. Georg Maier, Haag, Herrn Willi und Frau Eleonore Hess, Herrn Helmut und Frau Marianne Buchenberger in München, wie Frau Magdalena Sailer, den Familien Grainer und Eib in Kirchdorf.

Hannsjoachim W. Koch
München/Kirchdorf/York

I. Bürokratie und Rechtswesen in Deutschland

Obwohl das Heilige Römische Reich Deutscher Nation formal bis 1806 existierte[1], besiegelte der Westfälische Friede in der Praxis für Jahrhunderte die Teilung Deutschlands. Deshalb ist es unmöglich, von einer einheitlichen Entwicklung von Gesetzgebung und Rechtswesen in Deutschland zu sprechen. Statt dessen sollte man einen Blick auf das preußische System werfen, denn es war Preußen, von dem Deutschland während des 19. Jahrhunderts, besonders nach 1866 und 1871, grundlegende gerichtliche Institutionen übernahm.

Schon in einer so frühen Periode wie unter der Regierung König Friedrich Wilhelms I. von Preußen (1713–1740) war man bestrebt, das existierende Rechtswesen zu reformieren; und die Reformarbeit wurde von seinem Sohn Friedrich II. dem Großen fortgesetzt.[2] Friedrich betraute Samuel von Cocceji mit dieser Aufgabe, den Sohn des Rechtsberaters, der seinem Vater gedient hatte.

Als erstes diskutierte Friedrich mit ihm über die Prinzipien, die der Reform zugrunde liegen sollten. Nach Coccejis Meinung verlangte die Reform eine durchgreifende Änderung in den personellen und prozessualen Methoden und die Einführung eines einheitlichen juristischen Kodex, der im ganzen Königreich anwendbar war, dessen verstreute Gebiete von der russischen Grenze im Nordosten bis zur holländischen im Nordwesten reichten. Ein einheitlicher juristischer Kodex sollte zumindest annähernd für Gleichförmigkeit und eine Zentralisierung innerhalb des ganzen Königreichs sorgen. Eines der größten Anliegen des Königs war die bisherige langwierige und deshalb sehr kostspielige gerichtliche Verfahrensweise. Um Coccejis Ideen zu erproben, schlug Friedrich ihm vor, daß er seine Reformen an einem der Pommerschen Gerichtshöfe ausprobieren sollte, der für seine Langsamkeit und die Anhäufung unerledigter Fälle bekannt war. Coccej stimmte zu, und 1747 schaffte er es, etwa 3000 Fälle abzuwickeln, wobei er allerdings gelegentlich Methoden anwandte, die der Schnelligkeit auf Kosten der Genauigkeit den Vorzug gaben. Trotzdem betrachtete man seine Demonstration als Erfolg; und Friedrich beauftragte ihn, den höchsten preußischen

Gerichtshof zu reformieren, das Berliner Kammergericht. Daraus ergab sich sofort ein Konflikt zwischen Cocceji und Friedrichs Justizminister von Arnim, der die Reform für überflüssig, sogar eine katastrophale Bedrohung des Gerichtswesens im ganzen Königreich darin sah, falls sie nach dem in Pommern etablierten Schema durchgeführt werden sollte.

Um Arnim schlossen sich die oppositionellen Kräfte zusammen, die zum Teil aus Richtern bestanden, die ihre Ämter unter Friedrich Wilhelm I. erlangt hatten, indem sie großzügig für den Rekrutierungsfonds gespendet hatten, und die nun um ihre Posten fürchten mußten. In der Tat wurden alle Mitglieder des Kammergerichts entlassen. Trotz der beträchtlichen Opposition, mit der Cocceji zu kämpfen hatte, unterstützte ihn Friedrich voll und ganz, auch wenn das schließlich zu Arnims Rücktritt führte.

Cocceji zog von Provinz zu Provinz und ersetzte die alten, oft stark divergierenden Strukturen durch ein einheitliches Gerichtssystem. Die Grundsätze der Gerichtsordnung wurden im *Codex Fridericianus Marchius* von 1748 eindeutig festgelegt.

Die Reform des Apparats wurde von einer Reform des Personals begleitet, und die Bestechlichkeit bei den gerichtlichen Entscheidungen wurde völlig abgeschafft. Friedrich Wilhelm I. hatte den Richtern erlaubt, sowohl von den Klägern als auch von den Angeklagten Honorare anzunehmen, um die Staatsausgaben zu senken. Cocceji argumentierte, daß der Richter, wenn er gerechte Urteile fällen sollte, nicht von finanziellen Überlegungen belastet werden dürfte und demzufolge vom Staat bezahlt werden müßte. Friedrich akzeptierte das, warf jedoch ein, daß die Kosten der Rechtsreformen so niedrig wie möglich gehalten werden müßten. Cocceji konnte die Stände der verschiedenen Provinzen dazu überreden, regelmäßige zusätzlich Beisteuern zu bezahlen, womit die Gehälter für die Richter bestritten wurden und deren relative Unabhängigkeit sichergestellt war.

Auch die Anwälte wurden streng unter die Lupe genommen, und man entfernte unerwünschte Elemente. Im Verlauf der Reform hatte Cocceji die Richter, die weiterhin beschäftigt werden sollten, einer strengen schriftlichen und mündlichen Prüfung unterzogen – eine Praxis, die bis dahin in Preußen unbekannt gewesen war. Damit schuf er einen Präzedenzfall. Unter Coccejis Nachfolger Jariges entwickelte sich dieses Verfahren zu einem regulären Examen, das jeder, der zum Richter ernannt werden wollte, bestehen mußte, und – was noch wesentlichere Folgen hatte – zu einem ganzen Prüfungskomplex, der absolviert werden mußte, bevor ein Kandidat auf der richterlichen Karriereleiter eine Stufe höher steigen konnte.

Im Bereich des Zivilrechts bestand Cocceji auf dem Prinzip der Nichteinmischung von seiten des obersten Richters im Königreich, des Monarchen, was Friedrich akzeptierte. Cocceji setzte sich für die absolute Unabhängigkeit der Justiz ein, aber der König beharrte auf seinen Hoheitsrechten im Strafrecht, hauptsächlich, wie er hervorhob, weil er dadurch die Möglichkeit hätte, korrupte Richter auszuschalten.

Es zeichneten sich jedoch die Anfänge einer Trennung zwischen Exekutive und Justiz ab, ebenso wie die Entwicklung eines einheitlichen Rechtskodex für das ganze Königreich. Doch diese Entwicklung blieb ein beträchtliches Problem, da sie durch den Siebenjährigen Krieg unterbrochen wurde, während der beiden folgenden Jahrzehnte nur langsame Fortschritte machte und erst nach Friedrichs Tod abgeschlossen werden konnte. Trotzdem zogen die preußischen Rechtsreformen die Aufmerksamkeit ganz Europas auf sich.

Als sich 1786 Friedrichs Herrschaft dem Ende zuneigte, verstärkte sich in der Bürokratie wie im Rechtswesen die Tendenz, willkürliche königliche Einmischungen zu verhindern und die Kontinuität in der Verwaltung und im Rechtswesen zu sichern, ebenso wie die persönliche Sicherheit durch Beamtung auf Lebenszeit und durch Pensionen von Rechts wegen zu gewährleisten, nicht aufgrund königlicher Begünstigung. Die Beamtung wurde erst durch das *Preußische Allgemeine Landrecht*, i. e. das Gesetzbuch von 1794[3], erreicht, obwohl sein endgültiger Entwurf schon 1784, zwei Jahre vor dem Tod Friedrichs des Großen, fertiggestellt worden war und seither auch zur Verfügung stand. Die Garantie der Pensionen von Rechts wegen mußte bis 1820 warten.

Allgemein betrachtet, erhielten eine sozial heterogene Bürokratie und Rechtspflege, die sich aus dem aufstrebenden Bürgertum und der etablierten Aristokratie entwickelten, im Zeitraum zwischen 1786 und 1806 ein Übergewicht, unterstellten auch den König dem Gesetz und transformierten die Vollzugsgewalt des königlichen

Absolutismus in ein autonomes bürokratisches und juristisches System.[4] Doch während dieser Periode wirkte sich die Machtübertragung nur geringfügig auf die überzentralisierte Struktur der preußischen Bürokratie aus. Ohne den persönlichen Einsatz des Monarchen stagnierte sie, und infolgedessen bedeutete die Niederlage der Reste des friderizianischen Staats im Jahre 1806, daß die Sozialstruktur und die politischen Institutionen in Preußen rekonstruiert und neu bewertet werden mußten. Im Gegensatz zur Situation von 1730 war der Aufstieg der preußischen Mittelklasse nun deutlich sichtbar und wurde durch die Rolle demonstriert, die sie in der Bürokratie und in der Justiz spielte.

Der wichtigste legislative Akt während der Herrschaft Friedrich Wilhelms II. war das Gesetzbuch von 1794, das *Preußische Allgemeine Landrecht*. Doch, um mit dem scharfsinnigen Analytiker seiner Zeit, Alexis de Tocqueville, zu sprechen: »Unter den Werken Friedrichs des Großen ist es das selbst in Preußen am wenigsten bekannte Gesetzbuch, das auf seinen Befehl ausgearbeitet und von seinem Nachfolger eingeführt wurde. Dennoch gibt es vielleicht keines, das mehr Licht auf den Mann selbst und auf seine Zeit wirft und den wechselseitigen Einfluß beider aufeinander deutlicher erkennen läßt.

Dieses Gesetzbuch ist eine wahre Verfassung im eigentlichen Sinne dieses Wortes; es hat nicht nur den Zweck, die Beziehungen der Bürger untereinander, sondern auch die Beziehungen der Bürger zum Staat zu regeln; es ist zugleich ein Zivil-, ein Strafgesetzbuch und eine Verfassung.

Es beruht oder scheint vielmehr zu beruhen auf einer gewissen Anzahl allgemeiner Prinzipien, die in einer sehr philosophischen und sehr abstrakten Form ausgedrückt und in vielfacher Hinsicht denjenigen ähnlich sind, die wir in der Erklärung der Menschenrechte in der Verfassung von 1791 finden.«[5]

Das Gesetzbuch von 1794 stellt in der Tat die letzte Phase der Rechtsreform dar, die von den Vorgängern Friedrichs des Großen initiiert wurde. Er hatte die Arbeit nach dem Siebenjährigen Krieg fortgesetzt, als Coccejis Reformen im ganzen Königreich wirksam wurden. Cocceji hatte eine allgemeine Kodifizierung der preußischen Gesetze geplant, doch er lebte nicht lange genug, um dieses Werk vollendet zu sehen. Deshalb betraute Friedrich den schlesischen Justizminister von Carmer mit dieser Aufgabe; und Carmer setzte die Arbeit fort, gemeinsam mit Suarez, einem anderen schlesischen Berater, bis sie von Suarez und Klein beendet und der Gesetzeskodex schließlich verkündet werden konnte. Er beinhaltete keineswegs neues Recht, sondern umfaßte nur die Kodifizierung existierender Gesetze, die wegen ihrer verschiedenen Ursprünge – Spiegelbilder der diversen territorialen Erwerbungen der Hohenzollern – viele Widersprüche sowie manchmal sogar Unrecht geschaffen hatten. Man wollte ein Gesetz schaffen, das frei von Widersprüchen und Unklarheiten und für jedermann verständlich war. Deshalb bestand der Kodex nicht aus Formulierungen allgemeiner Grundsätze, sondern aus Gesetzen, die für alle erdenklichen Situationen angewandt werden konnten. Dieses Bestreben, diese Konzentration auf alle Details, war auch der Hauptgrund dafür, daß die Arbeit daran soviel Zeit in Anspruch nahm; und als Friedrich der Große den ersten Entwurf erhielt, bemerkte er verständlicherweise: »Es ist aber sehr dicke; und Gesetze müssen kurz und nicht weitläufig sein.«[6]

Sogar Tocqueville beschrieb den Entwurf als mönströs.[7] Doch er ist ein wichtiges Dokument, das den Übergang Preußens vom Zeitalter des Absolutismus zu einer Ära veranschaulicht, in der die Untertanen zu Bürgern wurden. Der Kodex kann als posthumes Verfassungsgeschenk Friedrichs an ein Zeitalter betrachtet werden, in dem sich die gesellschaftlichen und politischen Bedingungen, die an seiner Wiege gestanden hatten, allmählich auflösten. Das Paradoxon dieser juristischen Arbeit besteht in der Tatsache, daß sie als theoretischer Entwurf der sozialen Realität, die sich nur stufenweise etablierte, weit voraus war, während diese Realität in der Praxis in vielen Gesetzen kodifiziert war, die jedoch die Entwicklung dessen, was man ins Auge gefaßt hatte, behinderten oder sogar unvereinbar mit ihr waren.

Theoretisch basierte das Gesetzbuch – oder, wie es Tocqueville betrachtet, die Verfassung – auf einem sozialen Vertrag, nach dem die Individuen auf ihre natürlichen Rechte nur insoweit verzichten, als der Staat das braucht, um die freie Entwicklung ihrer Persönlichkeit, ihren Wohlstand, ihre Erziehung und ihr privates Glück zu sichern. Davon wird eine Anzahl grundlegender Rechte abgeleitet: der Schutz der Person und des Eigentums, Gleichheit vor dem Gesetz, Unabhängig der Rechtsprechung, Gleichheit der Geschlechter, Religions- und Gewissensfreiheit, das Recht auf Ausbildung und das Anstreben des persönlichen Glücks – ›allgemeine Menschenrechte‹, die den Verantwortungsbereich und die Pflichten des Staates bestimmen und abgrenzen.

In der endgültigen Version argumentierte Suarez, beeinflußt von der Ersten Verfassung der Französischen Revolution, es sei unmöglich, einem Menschen das Recht auf die Entfaltung seiner Fähigkeiten zu verweigern, das Recht, seine naturgegebenen Talente einzusetzen, um sein persönliches Glück zu erreichen. Diese natürlichen und unübertragbaren Rechte müßten dem Menschen nach seinem Übergang in eine bürgerliche Gesellschaft erhalten bleiben; und keine gesetzgebende Macht dürfte ihn dieser Rechte berauben. Das bedeutete, daß die königliche Souveränität beschnitten wurde, vor allem, was ihre Einmischung in Justizverfahren betraf. In der Version des Königs, die schließlich verkündet wurde, ließ Friedrich Wilhelm II. diese Bestimmung streichen. Trotzdem ist die Tendenz, einen Rechtsstaat zu schaffen, klar erkennbar, einen Staat, der auf dem Recht basiert und in dem liberale Grundrechte für den Monarchen ebenso bindend sind wie für das Rechtswesen und die Verwaltung.

Aber nicht einmal in der endgültigen Version des Gesetzbuches ist, wie Tocqueville hervorhebt, »die Rede vom erblichen Recht des Fürsten oder seiner Familie, ebensowenig von seinem besonderen Recht, das von dem Recht des Staates verschieden wäre. Das Wort Staat ist bereits der einzige Name, dessen man sich zur Bezeichnung der königlichen Gewalt bedient.

Dagegen ist hier viel vom allgemeinen Menschenrecht die Rede: die allgemeinen Rechte des Menschen gründen sich auf die natürliche Freiheit, für sein eigenes Wohl zu sorgen, ohne die Rechte anderer zu schädigen. Alle Handlungen, die weder das natürliche Recht noch ein positives Staatsgesetz verbietet, sind erlaubt. Jeder Einwohner des Staates kann von letzterem Schutz für seine Person und sein Eigentum verlangen und ist zur Selbstverteidigung berechtigt, wenn der Staat ihm nicht zu Hilfe kommt.«[8]

Doch die tatsächliche Anwendung des Gesetzbuches unterschied sich ziemlich stark von der liberalen Philosophie, die ihm zugrunde lag. Nach dem Gesetzbuch wurde die preußische Gesellschaft immer noch im wesentlichen als ein organisches Gewächs betrachtet; man sah in ihr aber eine korporative Struktur der Stände aus vergangenen Zeiten als eine aufstrebende Bürgergesellschaft. Das alte Drei-Klassen-System von Bauern, Bürgern und Aristokraten blieb bestehen. Jede Klasse hatte ihre eigene Substruktur. Doch während zum Beispiel dieser Gesellschaftstyp im Mittelalter jedem seiner Stände und ihren Untergruppen eigene Privilegien zugestand, bis zu einem gewissen Ausmaß sogar eine rechtliche Autonomie, nahm ihnen das Gesetzbuch diese Rechte und ordnete sie staatsdienlichen Zwecken unter, einem Staat, der als vorstellbare Abstraktion gleichbedeutend mit dem Wohl aller seiner Komponenten war. Deshalb trug das Gesetzbuch den Widerspruch zwischen einer traditionellen Gesellschaft und einer bürgerlich-liberalen Verfassung in sich. Alle Stände mußten sich nach dem Staat als dem zentralen Brennpunkt ihrer Aktivitäten richten. Auch hier wieder war es paradox, daß man, um fundamentale, liberale Ziele zu erreichen, die traditionellen Normen des sozialen, politischen und ökonomischen Verhaltens in gesetzliche Verordnungen umwandelte, die all diese Aspekte bis ins kleinste Detail regulierten. Hier haben wir wieder einmal ein typisches Beispiel für die traditionelle Politik, die von Friedrich Wilhelm I. eingeführt wurde, eine Politik der institutionellen Absorption von sozialen, politischen und ökonomischen Konflikten, die den Staat aufrechterhalten und stärken sollte.

Auch hier sah Tocquevilles scharfes Auge in der Tendenz des Gesetzbuchs zu einer zentral gesteuerten Demokratie – sogar zu einem Staatssozialismus – die Kräfte der Zukunft am Werk: »Aber es zeigen sich in diesem zur Hälfte dem Mittelalter entlehnten Werke auch Bestimmungen, deren höchst zentralisierender Geist an den Sozialismus grenzt. So wird z. B. erklärt, es obliege dem Staate, allen denjenigen Nahrung, Beschäftigung und Lohn zu verschaffen, die nicht selbst für ihren Unterhalt sorgen können und nicht berechtigt sind, Unterstützung vom Gutsherrn oder von der Gemeinde zu verlangen; diese soll man mit Arbeit versorgen, die ihren Kräften und ihrer Fähigkeit angemessen ist. Der Staat soll Anstalten gründen, durch welche den dürftigen Staatsangehörigen Unterstützung zuteil wird. Der Staat ist überdies berechtigt, solche Stiftungen aufzuheben, welche der Trägheit Vorschub leisten, und seinerseits das

Geld, worüber diese Anstalten verfügten, unter die Armen zu verteilen.«[9]

Das *Preußische Allgemeine Landrecht* war paradox – aber welches geschriebene oder ungeschriebene Gesetz ist frei von Paradoxa? Die amerikanische Verfassung enthielt an einem äußerst kritischen Zeitpunkt eine klare, eindeutige Antwort auf die Frage, wo die Souveränität zu suchen ist – in der Nation und im Volk, wie es die Präambel zur Verfassung in der Formulierung ›Wir, das Volk‹ nahelegt, oder in den einzelnen Staaten, wie man es der Ratifizierungsmethode der Verfassung entnehmen könnte. Die Vereinigten Staaten fanden eine Lösung dieses Problems, die allerdings nicht verfassungsmäßig war – Gewalt.

Das Preußische Allgemeine Landrecht erlaubte einerseits einen allmählichen Abbau und schließlich die Auslöschung der ständischen Privilegien und Rechte, andererseits konnte sich ein Wohlfahrtsstaat entwickeln, der die freigesetzten Energien in seine Dienste nahm. Aber keine dieser Alternativen konnte sich entfalten. Statt dessen wurde der Staat von einer mehr oder weniger autoritären Bürokratie erhalten und geleitet, die je nach Anlaß, Interesse und Situation von den traditionellen Ständen gestützt oder bekämpft wurde. Nur im wirtschaftlichen Bereich konnten sich liberale Strukturen entwickeln.

Weitere Komplikationen mußten überwunden werden, als Preußen nach dem Tilsiter Vertrag mehr als die Hälfte seines Territoriums verlor – eines Territoriums, das nun dem liberalen *Code Napoléon* unterstand, dessen Überbleibsel, besonders in den preußischen Rheinprovinzen, nach 1813 in das Gesetzbuch integriert werden mußten. Eines der Hauptziele der preußischen Reformbewegung ab 1807 war die Bildung eines Rechtsstaates, eine Forderung, die nicht dem *Preußischen Allgemeinen Landrecht* entsprang, aber in den Instruktionen enthalten war, die seinem Entwurf zugrunde lagen. Die logische Konsequenz dieser Forderung war ein vollkommen unabhängiges Rechtswesen außerhalb des Machtbereichs königlicher Kabinettsbeschlüsse.

Die Finanzkrise von 1808 bis 1818, die Preußen nicht verschonte, konnte nur durch Kredite überwunden werden. Doch diese Kredite durfte man nur in Anspruch nehmen, wenn sie gesetzlich vollkommen abgesichert waren. Außerdem brachten sie das Risiko mit sich, daß die Kreditgeber politische Forderungen stellten. Um dieses Risiko zu umgehen, beschloß die preußische Bürokratie, auf kurzfristige Kredite von Kapitalquellen innerhalb des Königreichs zu verzichten und statt dessen einen langfristigen Kredit beim Haus Rothschild in London aufzunehmen. In einem Zeitalter, das in immer stärkerem Maße nach einer Verfassung verlangte – die König Friedrich Wilhelm III. bei drei verschiedenen Gelegenheiten versprochen hatte, ohne Wort zu halten – und nach einer repräsentativen Körperschaft, beraubte dieser Kredit jene Leute, die diese Forderungen stellten, des Hebels, mit dessen Hilfe man in anderen Ländern eine Liberalisierung und Demokratisierung erreicht hatte – die Frage der Steuereinnahmen.

Ausländische Kredite hatten außerdem zur Folge, daß preußische Bürger den Staat in triftigen Geldfragen nicht gerichtlich belangen konnten und dem Rechtswesen kein Bereich zur Verfügung stand, in dem seine Entscheidungen auf Fragen von letztlich politischem Charakter Einfluß nehmen konnten.

1809 gelang es dem Justizminister von Beyme, die Woge von Beschwerden gegen die Gerichtbarkeit aufzuhalten, die man direkt an den König gerichtet hatte. Dadurch wurde verhindert, daß die Monarchie ständig in den Justizprozeß eingriff. Aber während die Bürokratie ihre Position stärkte und in zunehmendem Maße Sachkenntnis monopolisierte, begann sie sich vom König frei zu machen. Die einzige Institution, die damals die Bürokratie noch kontrollieren konnte, war die Justiz, und deshalb strebte die Bürokratie erneut das Ziel an, Kontrolle über die Justiz zu gewinnen. Wenn sich der Justizminister zum Beispiel weigerte, sich einzumischen, wenn es um die Frage der richterlichen Unabhängigkeit ging, konnte sich die Bürokratie nur an den König wenden, der ebensowenig einzugreifen pflegte. Dennoch zählte der Versuch der Bürokratie (deren Ämter nun – ebenso wie seit 1820 die Pensionen – rechtlich gesichert waren), sich von der einzigen Körperschaft, die sie kontrollierte, nämlich der Justiz, loszulösen, indem sie diese in ihre eigenen Institutionen integrierte, zu den beherrschenden Themen der preußischen Politik ab 1815.[10]

Dieses Kräftemessen dauerte Jahrzehnte. Seit 1805 konnten die Gerichtshöfe selbst entscheiden, ob Prozesse angestrengt wurden oder nicht. Solange die Justiz von der Verwaltung unabhängig war, gewährleistete diese Praxis eine liberal orientierte richterliche Verfahrensweise. Aber in Zeiten politischer Umwälzungen wie zwischen 1847 und 1850 wurde dieses Ausmaß richterlicher Unabhängigkeit als politisch gefährlich betrachtet; und so wurde am 3. Januar 1849 eine Verordnung erlassen, die die Entscheidungsgewalt über die Anstrengungen von Prozessen von den Gerichtshöfen auf die Staatsanwaltschaft übertrug, die wiederum dem Justizministerium angehörte. So eroberte die preußische Bürokratie eine Machtposition, die einst die Domäne des absoluten Monarchen gewesen war und die nun den Tatbestand signalisierte, daß die Bürokratie dem Rechtswesen überlegen war. Es lag ausschließlich in den Händen der Bürokratie, welche Streitfragen vor Gericht kamen und welche nicht. Und die Justiz konnte nur noch Entscheidungen in den Fällen treffen, die ihr vom Justizministerium und der ihm angeschlossenen Staatsanwaltschaft vorgelegt wurden. Sie besaß jetzt nicht mehr die Möglichkeit, direkt auf öffentliche und administrative Belange einzuwirken. Die Bürokratie konnte nun die Entscheidungsgewalt in allen administrativen Fragen an sich reißen und verhindern, daß solche Probleme vor Gericht erörtert wurden, indem sie auf die mangelnde Sachkenntnis der Richter auf spezifischen Gebieten des öffentlichen Interesses hinwies.[11] Dennoch blieb die preußische Gerichtsbarkeit bis zu den frühen 1880er Jahren, soweit es die Einschränkungen zuließen, die man ihr auferlegt hatte, ein Instrument der liberalen Kräfte in Deutschland, das einzige verfügbare Werkzeug der Mittelklasse, mit dem sie sich gegen die Übergriffe der Bürokratie verteidigen konnte.

Natürlich brachte die Wiedervereinigung Deutschlands im Jahre 1871 neue Probleme mit sich, zum Beispiel die Bildung eines einheitlichen Gesetzeskodex, der in ganz Deutschland anwendbar sein mußte. Die wichtigsten Schritte in diese Richtung unternahm man mit dem *Gerichtsverfassungsgesetz (GVG), das am 27. Januar 1877 eingebracht wurde, gefolgt am 1. Februar 1877 von der Strafprozeßordnung* (StPO). Schließlich gipfelte dieser Vorgang am 18. August 1896, zwei Jahre vor Bismarcks Tod, in der Einbringung und Verkündung des *Bürgerlichen Gesetzbuchs* (BGB), das alle Aspekte des Zivilrechts regelt. Am 1. Januar 1900 trat es in Kraft[12], und es hat in der Bundesrepublik Deutschland bis zum heutigen Tag Geltung. Aber auf dem Sektor des Strafrechts hatte das BGB bereits einen Vorgänger, das *Strafgesetzbuch* (StGB) vom 15. Mai 1871, das alle Aspekte des Strafrechts und die Strafmaßnahmen regelte, die sich aus kriminellen Handlungen ergeben.[13]

In der neueren deutschen Geschichtsschreibung gehört es zum »Allgemeinwissen« demzufolge das deutsche Rechtswesen in allgemeinen und das preußische im besonderen in eine schwere Krise gerieten, vor allem, als Bismarck ab 1878 von einem liberalen auf einen konservativen Kurs umschwenkte. Angesichts der zunehmenden liberalen und sozialistischen Bewegung habe Bismarck alle preußischen Richter, die zwischen fünfzig und sechzig Jahre alt waren, in den Ruhestand versetzen lassen, genau jene Generation, die während des Verfassungskonfliktes in Preußen von 1862 bis 1866 so stark gegen ihn opponiert hatte. Trotz des kontinuierlichen und wachsenden Bedarfs an zusätzlichen Richtern seien während der ganzen 1880er Jahre keine neuen Richter ernannt worden, was zusammen mit der Pensionierung der älteren Beamten Teil einer Politik gewesen sei, die eine soziale und ideologische Konformität innerhalb des Rechtswesens begünstigt hätte. Diese Behauptungen, aufgestellt vor mehr als einem halben Jahrhundert, neu »entdeckt« von der kritischen marxistischen Schule der Historiker in der Bundesrepublik vor über zwanzig Jahren, sind von der neuesten Forschung grundlegend widerlegt worden. »Das soziale System der Reaktion in Preußen unter dem Mysterium Puttkamer« gehört in den Bereich der Legende. Abgesehen von der zu engen Quellenbasis, läßt sich eine »Säuberung«, soweit von einer solchen überhaupt gesprochen werden kann, in dem damals von den Liberalen unterstützten »Kulturkampf« Bismarcks nachweisen, also *vor* 1878. In der Tat alle neuen Belege sprechen dafür, daß das deutsche Justizwesen seine Unabhängigkeit während des Kaiserreiches zu wahren verstand, daß seine Rechtssprechung durchaus liberale Züge zeigt, wie in jenen Fällen, die die Rechte der polnischen Minderheit betrafen. Der Großteil jener Richter, die von 1879 an in Pension gingen, hatten ihr Amt bereits über fünfzig Jahre ausgeübt, der Richterstand war überaltert. Gleichzeitig erlangten Advokaten und Rechtsanwälte ihre Unabhängigkeit vom Justizministerium, wodurch zumindest jüngere Richter, die dem angeblich erstickenden und konservativen Druck entfliehen wollten, die Möglichkeit der freien Berufsausübung erhielten.[14]

Sowohl die Bürokratie als auch die Justiz erlitten durch den Zusammenbruch des Reiches, das Exil des Kaisers und die Gründung einer Republik im Jahre 1918 einen gewaltigen Schock, der niemals überwunden wurde, da die Weimarer Republik nicht zu einer wirklichen Stabilität gelangte.

Es kann nicht die Aufgabe dieses Buches sein, die schwankenden Geschicke der Weimarer Republik im einzelnen darzulegen, aber auf ein paar grundlegende Fakten muß hingewiesen werden.[15] Schon seit 1920 war es unmöglich, Regierungen zu bilden, die sich auf die Mehrheit im Reichstag stützten. Minderheitskabinette waren an der Tagesordnung. Die durchschnittliche Regierungszeit der Kabinette betrug von 1918 bis 1928 sieben Monate. Deshalb überrascht es nicht weiter, daß die Repräsentanten der Säulen, die diese Republik stützten – die Bürokratie, die Justiz und die Armee –, zu tief in ihrem Berufsethos verankert waren, um in den seichten Treibsand der allzu verwundbaren Republik eingepflanzt zu werden. Das soll nicht besagen, daß sie sich gegen die Republik wandten oder sie sogar umzustürzen versuchten. Sie taten ihre Pflicht dem Staat gegenüber, wie sie es gelernt hatten. Ansonsten beobachteten sie in diversen Geisteshaltungen, die von Skepsis bis zu nacktem Entsetzen reichten, die Vorgänge, die in der Weimarer Republik den politischen Prozeß darstellten. Sicher, einige erhoben sich, um die Republik zu verteidigen; aber sie nahmen eine defensive Position ein, die von drei Gruppen angegriffen wurde: von den emotional engagierten Monarchisten, von den extremen Linken und den extremen Rechten, die radikale Attacken gegen die Republik inszenierten, und von einer dritten Gruppe, der die Republik ziemlich gleichgültig war. Die Mehrheit tat, was sie ihre »Pflicht gegenüber dem Vaterland« nannte. Sie akzeptierte die Bürde, unpopuläre Maßnahmen durchführen zu müssen. Deshalb ist es wohl ein schwerer Fehler, wenn man behauptet, die Auflösung der Weimarer Republik hätte erst 1930 begonnen. Sie lebte seit ihren Anfängen, gemessen am Geist und am Postulat ihrer konstitutionellen Substruktur, von geborgter Zeit. Und sie besaß nicht die Kraft, irgend jemanden zu mobilisieren, der sich für sie eingesetzt hätte. Das geringe Vertrauen, das man ihr entgegenbrachte, verlor sie sehr rasch durch Orgien destruktiver Kritik, besonders von seiten der Leute, in deren Interesse es gelegen hätte, die Republik zu unterstützen und zu stärken: der linksorientierten Journalisten und Schriftsteller von Kurt Tucholsky bis zu Carl von Ossietzky und Heinrich Mann, um nur einige zu erwähnen.[16] Dies hat Tucholsky in seinen letzten Lebensjahren auch erkannt.

Und warum sollte man von der Bürokratie und von der Justiz erwarten, daß sie gegenüber der Republik eine andere Haltung einnahmen als die Mehrheit der deutschen Wählerschaft? Immer wieder gingen die Wähler zu den Urnen und bekundeten ihr geringes Interesse an der neuen Verfassungsordnung und dem parteipolitischen Pluralismus. Schon im letzten Jahrzehnt vor dem Ersten Weltkrieg und auch während des Krieges, als das Reich langsam und schwerfällig zur vollständigen Parlamentarisierung überging, wurde die zuvor selbstverständliche Identifizierung der Bürokratie mit der Regierung durch nüchterne Distanz ersetzt, trotz der Tatsache, daß sich die Staatsdiener bis zum Zusammenbruch von 1918 eng mit der monarchistischen Ordnung verbunden fühlten.[17] Nach 1918 mißlang es der Regierung auf nationaler wie auf Landesebene, angemessen enge Bande zwischen der Bürokratie und dem republikanischen demokratischen Staat zu knüpfen. Vor allem die Träger der administrativen und richterlichen Funktionen lebten von den traditionellen Reserven der Monarchie, die allmählich aufgebraucht wurden, während jüngeren Mitgliedern, die zur Bürokratie und zur Justiz stießen, ein fester Standpunkt fehlte, der Loyalität verlangte und dem man bedingungslose Loyalität entgegenbrachte.

Die Weimarer Verfassung machte alles noch schwerer. Der Artikel 129 der Verfassung garantierte zwar die »wohlverdienten Rechte« der Bürokratie, aber diese Rechte wurden nirgendwo in der Verfassung definiert. Der Artikel 130 garantierte den Staatsbeamten die Freiheit der politischen Entscheidung und die Freiheit, Vereinigungen beizutreten – ein Privileg, das in der Bismarckschen Verfassung nicht existiert hatte. Der Antrag in der verfassungsgebenden Versammlung, diese Privilegien der Staatsbeamten mit der Pflicht zu koppeln, stets »mit Loyalität gegenüber dem Reich« zu handeln, wurde abgelehnt.[18] Aber derselbe Artikel enthielt auch den Vorbehalt, daß die Staatsbeamten Diener der Gesellschaft und nicht der Parteien seien. Dies implizierte natürlich eine eher negative Einstellung gegenüber den politischen Parteien, da der Begriff »Partei« oder »Parteien« sehr wohl so interpretiert werden konnte, als würde man von einer regierenden Partei oder von Regierungsparteien sprechen.

So erwarben sich die Bürokratie und das Rechtswesen auch nach konstitutionellen Maßstäben den Ruf, die einzigen Vertreter eines angeblich objektiven Staats- und Gemeinschaftsinteresses zu sein. Von hier war es nur ein kleiner Schritt bis zur Unterscheidung zwischen selbstverständlichen Pflichten, die sich aus der Loyalität gegenüber dem Staat ergaben, und der eher begrenzten Loyalität gegenüber der konstitutionellen Realität eines republikanischen Mehrparteienstaats. Schon 1927 hatte die *Deutsche Beamtenzeitung* auf die Existenz einer »Zwei-Seelen-Theorie« hingewiesen, deren Verfechter es nicht für einen inneren Widerspruch hielten, den Staat als solchen eindeutig zu bejahen und gleichzeitig die konstitutionelle Form des Staates, dem sie dienten, abzulehnen.[19]

Einer der größten Mängel in der Verfassung der Weimarer Republik bestand darin, daß sie keine Bestimmung enthielt, die sich gegen die Kräfte richtete, deren erklärtes Ziel es war, die Republik abzuschaffen. Dies verlagerte das Problem eines Konflikts zwischen Staatsbeamten, die Parteien angehörten, deren Bestreben es war, das »System zu überwinden«, auf die juristische Ebene. Ein Gesetz, wie es im Artikel 128 der Verfassung vorgeschlagen wurde, das das Verhältnis zu den Staatsbeamten regeln sollte, trat nie in Kraft, zumindest nicht vor 1933. So war es also nach schlichten konstitutionellen Begriffen keineswegs verfassungswidrig, die Republik abzuschaffen, vorausgesetzt, dies würde gesetzmäßig gehandhabt; mit der notwendigen Zweidrittelmehrheit im Reichstag entsprechend dem Artikel 76 der Weimarer Reichsverfassung.

Schon 1919 hatte Reichspräsident Friedrich Ebert eine Verordnung erlassen, der zufolge die Staatsbeamten der republikanischen Verfassung die Treue schwören mußten. Dies rief sofort erbitterte Kritik hervor, denn man argumentierte, ein solcher Eid widerspräche dem grundlegenden Recht auf politisches Engagement; und so blieb der Regierung nichts anderes übrig, als einen Kompromiß zu schließen und nur während der Bürostunden »Loyalität« zu verlangen.[20]

Doch als Deutschland 1921 und 1922 von einer Woge terroristischer Aktivitäten überrollt wurde, die in der Ermordung des deutschen Außenministers Walther Rathenau kulminierte, wurde ein Sondergesetz zum Schutz der Republik erlassen, das u. a. die Staatsbeamten zwang, ihre Ämter nicht zu feindseligen Machenschaften gegen die Republik zu mißbrauchen. [21] Auch außerhalb der Bürostunden durften sich die Beamten nicht mehr verächtlich über die Republik äußern oder Bewegungen unterstützen, die darauf abzielten, die Monarchie wieder einzusetzen oder die Republik abzuschaffen. [22] Allerdings erwies es sich als unmöglich, diese Bestimmungen fest im gesetzlichen und konstitutionellen Rahmenwerk zu verankern. Zurück blieben ausgeprägte Ambivalenzen und starke Unsicherheit. Zum Beispiel wurde niemals restlos klargestellt, ob die Mitgliedschaft eines Staatsbeamten in der NSDAP oder KPD als Handlungsweise definiert werden konnte, durch die der Betreffende seinen Eid verletzte. [23]

Sicher, hin und wieder versuchten die Regierungsparteien Spitzenbeamte und Richter, die als Anhänger der Republik bekannt waren, in verantwortungsvolle Positionen zu hieven. Aber erstens blieb keine Regierung lange genug an der Macht, um Personalpolitik auf lange Sicht betreiben zu können. Und zweitens war keine Regierung jemals imstande, die formalen Bedingungen des Eintritts in die Bürokratie und in die Justiz zu ignorieren, die im Prinzip der Auswahl nach parteipolitischen Kriterien entgegenstanden. Ein bedeutender Versuch wurde 1923/24 unternommen, als fünfundzwanzig Prozent der Staatsbeamten in den Ruhestand traten. [24] Aber bis zum heutigen Tag ist die Frage offen, ob die Republik dadurch irgend etwas gewonnen hat oder ob die einzelnen Ressortleiter ihre Pensionskandidaten nicht hauptsächlich deshalb vorschlugen, um sich auf diese Weise politisch suspekter, i. e. prorepublikanischer Elemente zu entledigen. Außerdem ist nicht bekannt, wie viele Staatsbeamte 1919 freiwillig in den Ruhestand traten, weil die Realität der Republik mit ihren monarchistischen Überzeugungen unvereinbar war. Zum Beispiel trat ein Ministerialdirektor des Preußischen Handelsministeriums 1919 aus diesem Grund zurück, er wurde aber im Januar 1926 Wirtschaftsminister im Luther-Kabinett. [25]

Nur in Preußen, das bis zum 20. Juli 1932 vom sozialdemokratischen Ministerpräsidenten Otto Braun regiert wurde, versuchte man eine Personalreform zu forcieren. [26] Dies kam nur quantitativ, aber nicht qualitativ zum Ausdruck, weil – und der Beweis für die Qualität des Puddings liegt darin, wie er schmeckt – kein einziger preußischer Staatsbeamter auch nur einen Finger gegen Papens *Preußenschlag* erhob.[27]

Als Hitler seinen Durchbruch auf nationaler Ebene im Kielwasser der Anti-Young-Plan-Bewegung schaffte, dauerte es nicht sonderlich lange, bis die NSDAP die Berufsorganisationen des Staatsdienstes und der Justiz infiltriert und Erfolge in Preußen erzielt hatte, vor allem in jenen Sektoren, die sich bis dahin von politischen Parteien ferngehalten hatten.[28]

Die Weltwirtschaftskrise und Brünings deflatorisches Wirtschaftsprogramm verbreiterten die Kluft zwischen der Regierung und ihrem Beamten – in erster Linie, weil die Staatsbeamten die ersten waren, die von Brünings Politik der Gehaltskürzungen betroffen waren, und sie deshalb befürchteten, auf der Stufenleiter des sozialen Status noch tiefer hinabzurutschen, als es aufgrund der Inflation ohnehin schon der Fall war.[29]

Seit Ende 1930 waren die Staatsbeamten überproportional in der NSDAP vertreten – wenn die Frage nach der genauen Anzahl auch immer noch umstritten ist –, etwa zu 8%, während sie in der Gesamtbevölkerung nur 5% ausmachten.[30] Angesichts dieser Fakten versuchten einige Länder, zum Beispiel Preußen, einen harten Kurs einzuschlagen, und so verboten sie ihren Beamten, sich an der Anti-Young-Plan-Kampagne zu beteiligen.[31] Doch die Reichsregierung verzichtete darauf, diesem Beispiel zu folgen.

Man muß auch das allgemeine Image der radikalen Parteien berücksichtigen. Während man dazu neigte, die Kommunisten automatisch mit den Prinzipien der bolschewistischen Weltrevolution zu identifizieren, stellte die NSDAP trotz ihrer Tendenz zum Rowdytum die Existenz des deutschen Nationalstaates nicht *per se* in Frage. Und Hitlers erklärte Absicht, die Macht nur mittels verfassungsmäßiger Methoden zu übernehmen, wovon noch zu sprechen sein wird, hängte der NSDAP ein – wenn auch verschlissenes – Mäntelchen der Respektabilität um.

Doch es gibt nicht den geringsten Beweis dafür, daß die Bürokratie gegen die Republik konspiriert hätte.[32] Die Mehrheit der Staatsbeamten tat ihre Pflicht, so wie sie es im Kaiserreich getan hatte, wie sie es auch unter Hitler und schließlich noch in den ersten Jahren der Bundesrepublik tat. Die Mehrheit der Staatsbeamten blieb parteipolitisch neutral, was nicht mit unpolitisch verwechselt werden darf, und orientierte sich an einer unpräzisen, vagen Form eines autoritären Staates.[33] Wie die Weimarer Verfassung befaßte sich auch die Weimarer Bürokratie nicht mit verfassungswidrigen Zielen, sondern nur mit verfassungswidrigen Methoden.

Was auf die Bürokratie im allgemeinen zutrifft, gilt ebenso für die Justiz im besonderen. Ein halbes Jahrhundert zuvor war die preußische Justiz ein Bollwerk der Liberalität gewesen; dann verteidigte sie den politischen und sozialen *Status quo*. Doch besonders in Preußen hegte die Bürokratie gegenüber der Justiz weiterhin ein latentes Mißtrauen.

In finanzieller Hinsicht war der Richterstand schlechter gestellt als vergleichbare höhere Staatsbeamte. Trotzdem blieb er »Kaiser und Reich« treu ergeben.[34] Deshalb wurde die Justiz durch den Zusammenbruch der Monarchie ebenso erschüttert wie die Bürokratie. Schon 1921 beklagte das offizielle Blatt der deutschen Richter, die *Deutsche Richterzeitung,* daß die Welt nun von Lügen beherrscht werde, daß die Lüge unter dem Banner des Gesetzes kämpfe und siege.[35] Das Gesetz war zu einem Parteien-, Klassen- und Bastardgesetz umgeformt worden.

Ganz allgemein kann man sagen, daß die deutsche Justiz ihr traditionelles Image verloren hatte und auf der Suche nach einem neuen war. Diese Suche wurde durch hervorragende Juristen wie Gustav Radbruch, Ernst Fraenkel und Hugo Sinzheimer, die die Republik mit dem Sozialismus gleichsetzten, nicht gerade unterstützt. Der *Republikanische Richterbund* war in erster Linie eine sozialistische Organisation und für die Mehrheit der Richter wenig attraktiv.[36] Die Justiz war sowohl für die extreme Linke als auch für die extreme Rechte die Zielscheibe diverser Angriffe, von Ossietzkys *Weltbühne* bis zu Hitlers *Völkischem Beobachter.*

Schon in den ersten Jahren der Republik wurde die Justiz ein Opfer der konfusen politischen Umstände. Dies soll durch verschiedene Beispiele illustriert werden. Schon 1921 beschloß die *Reichswehr,* ihre *Abwehr* zu gründen, eine Spionage- und Spionageabwehrorganisation, wie sie der Versailler Friedensvertrag verboten hatte.[37] Mit dieser Aufgabe wurde Kapitän Ehrhardt betraut, der trotz seiner Teilnahme am Kapp-Putsch als würdig und kompetent genug betrachtet wurde, um den Auftrag ausführen zu können. Seeckt hielt sich an das Motto »Wasch meinen Pelz, aber mach mich nicht naß.« Mit anderen Worten, Ehrhardts Organisation, die *Organisation Consul*, die in den von Frankreich, Belgien und Großbritannien besetzten Teilen Deutschlands sowie im Volksabstimmungsgebiet von Oberschlesien operierte, mußte Erfolge erzielen. Wenn sie versagte oder aufgedeckt wurde, war sie selbst dafür verantwortlich. Das bedeutete in der Praxis, daß sich die O. C. falls sie einen Verräter in ihren Reihen entlarvte, nicht an die Justiz wenden konnte, sondern diesen selbst liquidieren mußte. Hier liegt der Ursprung der Feme-Morde.[38]

Das gleiche trifft auf den *Selbstschutz Oberschlesien* zu, eine deutsche Organisation, die in Oberschlesien geborene Deutsche vor den Bedrohungen und grausigen Angriffen der polnischen Banden schützte, die der Pole Wojciech Korfanty organisiert hatte, ein ehemaliger Reichstagsabgeordneter.[39] Auch in diesem Fall mußte die deutsche Regierung gegenüber der Außenwelt so tun, als wüßte sie von nichts, da diese Aktivitäten nach den Bestimmungen des Waffenstillstands und des Friedensvertrags illegal waren.

Angesichts der militärischen Bedrohung an der deutschen Ostgrenze durch die Polen organisierte Seeckt die *Schwarze Reichwehr*, Reservistenformationen, die in verschiedenen Teilen Mittel- und Ostdeutschlands stationiert wurden.[40] Man unternahm zahllose erfolgreiche Versuche, diese Organisation zu unterwandern – zum größten Entzücken der *Weltbühne*.[41] Auch in diesen Fällen konnte man nur zur Selbsthilfe schreiten, wenn Verräter entlarvt wurden.[42]

Als die französischen und belgischen Streitkräfte 1923 das Ruhrgebiet besetzten, waren es wiederum die nationalen Aktivisten, die den Franzosen und Belgiern entgegentraten und der separatistischen Regierung ein Ende setzten.[43] Das Truppenamt der Reichswehr ebenso wie das Reichsverkehrsministerium arbeiteten eng mit den Aktivisten zusammen, doch Carl Severing, der Innenminister, wußte nichts davon.[44] Deshalb wurden die Aktivisten auf dem Boden des freien Deutschland ebenso gejagt wie im französischen Besatzungsgebiet.

Dies war die Situation, wie sie von Dr. Luetgebrune treffend beschrieben wurde: »Auf die Aufforderung, mich rechtlich zu dem jüngsten Femeprozeß, in welchem durch das Schwurgericht bei dem Landgericht I in Berlin der Oberleutnant Reim wegen Beihilfe zu der Tötung des Feldwebels Legner mit drei Jahren Zuchthaus bestraft ist, zu äußern, kann und muß ich im allgemeinen wegen aller einschlägigen Fragen auch mein Buch: *Wahrheit und Recht für Feme, Schwarze Reichswehr und Oberleutnant Schulz* hinweisen ... Wegen der einzelnen im Legner-Falle in Betracht zu ziehenden Rechtfertigungsgründe für die Tat selbst, wird man den ersten Grund, der unmittelbare Vorgesetzte habe die Tötung des Verräters befohlen, nicht einfach damit abtun können, daß man sagt, die Schwarze Reichswehr passe nicht in den Rahmen des 100 000-Mann-Heeres, und deshalb gäbe es für sie nicht die Rechtfertigung des militärischen Befehls. Ich ... habe nachgewiesen, wie das Reichsgericht die Zeitfreiwilligen, die Freikorpsmitglieder und andere Retter des Staates aus den Revolutionskämpfen als Mitglieder der bewaffneten Macht und Heeresangehörigen erachtet, obwohl auch sie nicht in den Rahmen der damals gesetzlichen allgemeinen Wehrpflicht paßten ... Die Frage, ob die Tötung und die Beteiligung an ihr durch Zwang veranlaßt und deshalb erlaubt seien, wird nicht mit der Behauptung erledigt, daß 1923 in Deutschland geordnete Rechtspflegezustände vorhanden gewesen und Landesverräter zur richterlichen Verantwortung gezogen worden seien. Es wird zu leicht vergessen, daß man sich im Frühjahr und im Sommer 1923 noch sehr den Kopf darüber zerbrochen hat, ob man Mitteilungen über die nach dem Versailler Vertrag immerhin illegalen Truppenverbände als Landesverrat auffassen könne und verfolgen müsse ... Jedoch diese Frage gehört eigentlich besser zu dem dritten und doch wohl allein bedeutsamen Rechtfertigungsgrund der Femetaten, zu dem für die Schwarze Reichswehr hier in Anspruch zu nehmenden Nothilfsrecht gegen den Verrat und durch eingedrungene Spitzel und gekaufte Späher. Wenn das Schwurgericht in Berlin gemeint hat, ein solches Nothilfsrecht versage hier, da Notwehr nur zugunsten von Persönlichkeiten gegeben sei, doch so wertvolle Güter wie das Landesverteidigungssystem dadurch nicht geschützt werden könnten, so ist das fehlsam. War die Schwarze Reichswehr, dieses geheim aufgebaute Landesverteidigungssystem nach Osten, eine Einrichtung des Staates, und war sie durch Angriffe der Verräterei bedroht, so drohte dieser Angriff dem Staate, also auch einer Rechtspersönlichkeit. Darüber ist bislang kein Zweifel gewesen ...«[45]

Offensichtlich wurden in einer solchen Umgebung gegen die Justiz gerichtliche Vorwürfe des Militarismus, der Klassenjustiz, der politischen Justiz etc. leicht in einen Topf geworfen. Um diese Zeit verwandte Erich Gumbel viel Zeit darauf, solche Anschuldigungen statistisch zu untermauern[46] – Anschuldigungen, die nicht aufrechterhalten werden können, wenn man die entsprechenden Gerichtsprotokolle und nicht Zeitungsausschnitte als Informationsmaterial benutzt.[47] Der alte Vorwurf, daß die Gerichte eher zur Rechten als zur Linken tendierten, daß die Linke größere Verluste erlitt als die Rechte, erfordert einen Vergleich zwischen den Aktivitäten des rechten und jenen des linken Flügels:

Aktivitäten der Rechten	*Aktivitäten der Linken*
Kapp-Putsch 1920	Revolution November/Dezember 1918
Hitler-Putsch	Berliner Aufstand Januar 1919
	Berliner Aufstand März 1919
	Münchener Räterepublik April 1919
	Rote Armee im Ruhrgebiet März/April 1920
	Aufstand in Mitteldeutschland 1921
	Aufstände im Herbst 1922
	Aufstand in Mitteldeutschland und Hamburg 1923

Angesichts dieser Sachlage muß man als selbstverständlich annehmen, daß die Linke größere Verluste zu verzeichnen hatte als die Rechte, daß sich die Gerichte öfter mit ihren Aktivitäten befassen mußten als mit den Operationen der Rechten. Aber als Ende der zwanziger Jahre die volle Wahrheit über die Fememorde ans Licht kam, verfuhren die deutschen Gerichte mit deren Vollstreckern und Initiatoren ebenso unbarmherzig wie zuvor mit den Kommunisten.[48] Doch in der Situation, die sich als allem ergab, wurde am kleinsten Reichsministerium, am Justizministerium, die heftigste öffentliche Kritik geübt. Das Bedürfnis, dieser Situation zu entkommen, in der sich die Justiz in der Position des permanenten Angeklagten sah, hat starken Einfluß auf die deutsche Justiz im letzten Stadium der Weimarer Republik genommen.
Trotzdem fand die Justiz anläßlich einer besonderen Sachlage Gele-

genheit, ihre Unabhängigkeit von der Bürokratie zu demonstrieren und sogar zu erweitern. Die Aufwertung der Mark gab der Justiz zum erstenmal die Möglichkeit, die Formalität des Gesetzes zu durchbrechen. Nach dem Gesetz waren die Richter an das Prinzip gebunden, daß eine Mark eine Mark war. Aber je länger die Inflation andauerte, desto irrealer und unmoralischer wurde dieses Prinzip. Nach dem Standpunkt der Richter war es unehrlich, Vorkriegsschulden, die man in Reichsmark festgesetzt hatte, mit der wertlosen Papierwährung zurückzuzahlen. 1922 und 1923 brach das *Reichsgericht* mit dem Prinzip, daß eine Mark eine Mark war. Aufgrund ethischer Erwägungen wurde die Anwendung dieses Gesetzes abgelehnt, und die Richter begannen es unter neuen Gesichtspunkten zu interpretieren. Dies führte zu einer allgemeinen Diskussion über die Funktion der Richter und das Ausmaß ihrer Macht; und obwohl die Regierung kritisierte, daß sich die Richter anmaßten, ihren Machtbereich so weit auszudehnen, versäumte sie es einzugreifen. [49]

Seit damals wurde die Ausweitung der richterlichen Macht nicht länger in Frage gestellt; und in der Praxis begannen die Richter nun, das Gesetz mit größerer Rücksicht auf seine Zweckmäßigkeit auszulegen, als es zuvor der Fall gewesen war. Sie waren nicht mehr die Diener des Gesetzes, sondern formulierten es selbst. Diese Tendenz nahm in dem Maße zu, wie der Reichstag und die Länderparlamente in ihrer Rolle als Gesetzgeber versagten. Das Vakuum, das auf diese Weise entstand, wurde von der Justiz ausgefüllt. Das Bewußtsein, von den Fesseln des Gesetzes durch tatsächliche politische Machtausübung irgendwie befreit zu sein, verringerte die Skrupel der Justiz in einem Ausmaß, das man in den Tagen des Kaiserreichs unmöglich voraussehen können und das die Justiz wie so viele andere Bereiche nach Hitlers Machtübernahme auf eine recht schiefe Bahn führte. [50]

Carl Schmitt, einer der hervorragendsten Juristen und Staatsrechtler seiner Zeit, hatte zum Beispiel heftig Einwände erhoben gegen die Anwendung des Artikels 48 der Weimarer Verfassung, der dem Präsidenten gewisse Vollmachten während eines Notstands zubilligte. Schmitts Begründung war, die Anwendung dieses Artikels würde die Weimarer Republik ihrer Freiheit berauben und der Tyrannei Tür und Tor öffnen, ohne daß es der Staat merke. [51]

Nachdem Hitler an die Macht gekommen war, zog Schmitt die logische Konsequenzen aus seiner früheren Haltung. Nachdem die Diktatur auf parlamentarischen und demokratischen Wegen etabliert war, war nach Schmitts Ansicht ein strenges nationalsozialistisches Zivilrecht überflüssig, da die allgemeinen Bestimmungen, die die Justiz in den vorangegangenen Jahren eingeführt hatte, nur von der neuen Ideologie durchdrungen werden mußten. damit das existierende Recht im modernen Sinne angewandt werden konnte.[52]

Das BGB war nun veraltet. Die Anwendung nationalistischer und nationalsozialistischer Prinzipien auf das Gesetz stieß auf geringen Widerstand. Die Nationalsozialisten hätten keinen so leichten Stand gehabt, hätte man der Justiz nicht, als Folge des verlorenen Krieges, eine so starke Ausweitung ihres legislativen Machtbereichs zugestanden. Die Gewissensfragen, die sich bezüglich der Aufwertung der Mark erhoben hatten, hätten auch genügend Anlaß geboten, über die Rolle der Justiz in einer parlamentarischen Demokratie nachzudenken. Doch dazu kam es nie. Die Gesetzgebung hinsichtlich der Aufwertung der Mark führte zum Bruch zwischen der Justiz und dem geschriebenen Gesetz, aber nicht zu einem neuen Selbstverständnis der Justiz. Über die Suche nach einem neuen Standpunkt wurde nie diskutiert. Die neue Autorität, unter der die Justiz agierte, blieb vage, wurde nicht definiert. Enttäuschung und Abscheu vor dem Regime waren laut N. Hempel die Faktoren, die die Justiz einten.[53] Als Hitler an die Macht kam, sah er sich einer im wesentlichen desorientierten Justiz gegenüber, die er nach seinen Wünschen formen konnte.

Ein anderer wichtiger Faktor, den die Weimarer Republik hervorgebracht hatte, war die Politisierung der Gesetzgebung und der Justiz. Für diesen Vorgang hatte es bis dahin keinen Präzedenzfall in Deutschland gegeben. Nach der Ermordung Matthias Erzbergers 1921 und Walther Rathenaus 1922 verabschiedete der Reichstag mit einer Zweidrittelmehrheit ein *Gesetz zum Schutz der Republik*, das eine ganze Reihe grundlegender Rechte des Individuums, die in der Verfassung formuliert waren, abschaffte.[54] So hatten die Angeklagten im Rathenau-Prozeß (die Mörder waren bereits tot) nicht das Recht, in die Berufung zu gehen; und man hielt sich zum erstenmal in der Geschichte der deutschen Rechtsprechung nicht an das Prinzip *nulla poena sine lege*. Dadurch wurde ein Präzedenzfall geschaffen, den die Nationalsozialisten nach dem Reichstagsbrand sehr rasch ausnutzten, um die *Lex van der Lubbe* zu verabschieden und Sondergerichte ebenso wie den Volksgerichtshof einzusetzen.

Der Volksgerichtshof war jedoch keine Erfindung Hitlers oder eines seiner Anhänger, sondern des Revolutionärs Kurt Eisner, des ersten Ministerpräsidenten des Freistaates Bayern, der einen solchen Gerichtshof am 16. November 1918 ins Leben rief. Diese Gerichtshöfe sollten Fälle behandeln, die dem Durcheinander der Revolution entsprungen waren – Mord, Totschlag, Brandstiftung, Raub und Diebstahl.[55] Am 24. Januar 1919 wurde beschlossen, daß sich die Volksgerichte auch mit Widerstand gegen die Staatsgewalt, mit Landfriedensbruch und mit Bandenbildung befassen sollten.[56] Am 12. Juli 1919, über zwei Monate nachdem die Streitkräfte der Reichsregierung die Räterepublik in München und Bayern zerschlagen hatten, verabschiedete die bayerische Regierung, um die Standgerichte auszuschalten, ein Gesetz, das Volksgerichtshöfe für Fälle von Revolutionsversuchen inklusive hochverräterischen Handlungen einsetzte.[57]

Als die Verfassung der Weimarer Republik am 14. August 1919 formal in Kraft trat, wurden die Volksgerichtshöfe kraft Artikel 105 der Verfassung für illegal erklärt. In Bayern bestanden sie jedoch weiterhin und genossen schon damals den Ruf, den Angeklagten wenig Schutz zu bieten. Sie besaßen weitreichende Kompetenzen, was Verhaftungen, Ermittlungen und Konfiskationen betraf. Eine Anklageschrift galt als überflüssig, und der Angeklagte hatte nicht das Recht, Berufung einzulegen, wenn er verurteilt worden war.[58]

Als die Nationalsozialisten 1933 die Macht übernahmen, waren sie keineswegs die großen Neuerer. Die Republik hatte sie mit einer ganzen Reihe von Instrumenten versorgt, die sie nur zu nutzen brauchten. Immerhin war Hitler selbst von einem Volksgerichtshof verurteilt worden. Daß das Strafmaß eher gering ausgefallen war, hing weniger mit Hitlers Person zusammen als mit der Tatsache, daß wichtige Mitglieder der bayerischen Regierung in der einen oder anderen Weise in die Vorbereitung des Bürgerbräuputsches von 1923 verwickelt waren. Deshalb war der bayerische Volksgerichtshof eher bestrebt, unerfreuliches Beweismaterial unter den Teppich zu kehren, als Hitler eine strenge Strafe aufzuerlegen.[59]

Die Politisierung der Justiz wurde von vielen Richtern mit beträchtlicher Abscheu beobachtet, vor allem, da sie das Werk der Mitte-Links-Parteien im Reichstag war. In der Monarchie hatten sich die Richter hauptsächlich mit dem Zivil- und mit dem Strafrecht befaßt – in einer einigermaßen stabilen Umwelt. Es gehörte also zu ihrem Selbstverständnis, daß sie im großen und ganzen keine politische Macht besaßen. [60] Die Revolution setzte die Justiz unter einen Druck, wie sie ihn bis dahin kaum gekannt hatte. Formal konnten es sich die Richter nicht erlauben, einzugestehen, daß es einen Unterschied zwischen Raubüberfällen und Aktionen zur Unterstützung der Revolution gab. Was für einen Revolutionär das heilige Recht der Revolution war, wurde nach den traditionellen Normen des deutschen Strafgesetzbuchs behandelt. Und so entstand ein Konflikt, den weder die eine noch die andere Seite richtig verstand.

Dieser Konflikt stellte an die Justiz Anforderungen, denen sie nur in unvollkommenem Maß gewachsen war. Diese Situation verschärfte sich noch, als 1922 das »Gesetz zum Schutz der Republik« erlassen wurde, das sich, wie der damalige Justizminister Gustav Radbruch bei der Reichstagsdebatte erklärte, gegen die Rechte richtete, und nicht gegen die Linke. [61] Welches Urteil zum Beispiel das *Reichsgericht* unter seinem Präsidenten Bumke auch immer fällte, welche Strafe auch immer verhängt wurde, man mußte mit massiver Kritik von allen Seiten rechnen. Das *Reichsgericht*, damals das höchste Gericht des Reiches, wurde von den Kommunisten, von den Sozialdemokraten und von den Nationalsozialisten gleichermaßen angegriffen. Im Prozeß der Reichswehroffiziere in Ulm 1930 (siehe nächstes Kapitel) wurde deutlich gemacht, daß das Strafgesetzbuch, das fast ein halbes Jahrhundert zuvor detailliert ausgearbeitet worden war, die Justiz nicht in die Lage versetzte, vor- oder nachrevolutionäre Ereignisse zu behandeln. Indem sie nach dem Strafrecht verfuhren, hofften sich die Richter einen Weg durch den Dschungel jener Zeiten zu bahnen. Es bleibt eine Streitfrage, ob die deutsche Justiz während der Weimarer Republik nicht mit Prozessen politischer Natur überfrachtet wurde, ob sie sich in diesen Prozessen zu lasch verhalten und deshalb versagt hat.

In ihrer Personalpolitik blieb die Justiz so anspruchsvoll wie zuvor. Sogar Martin Hirsch, ein Verfassungsrichter des *Bundesverfassungsgerichts,* der 1982 in den Ruhestand trat, ein Mann, der eher zur Linken neigte, attestierte den Richtern, die ihn während der Weimarer Republik ausgebildet hatten, große Kompetenz und Integrität.[62] Das deutsche Justizministerium war ausgesprochen elitär, stellte erstklassige Verwaltungsbeamte für andere Ministerien ab und bildete hervorragende Richter aus.

Im Gegensatz zur Position des Ministers, die von Regierung zu Regierung neu besetzt wurde, wurde die Kontinuität durch den Staatssekretär im Justizministerium Curt Joël gewahrt. Er bildete den Schwerpunkt innerhalb des Ministeriums. 1933 trat er aus Altersgründen in den Ruhestand. Vermutlich zählte er zu den wenigen Personen, die trotz ihrer jüdischen Herkunft die persönliche Protektion Hitlers genossen.[63] Joëls geistige Wurzeln lagen im Kaiserreich, und während der Weimarer Republik nahm er eine Mitte-Rechts-Position ein.[64] Deshalb stellte er sich nicht grundsätzlich gegen die Nationalsozialisten, vermutlich weil er wie so viele seiner deutschen Glaubensbrüder annahm, daß die antisemitischen Aspekte des Nationalsozialismus verschwinden würden, sobald die Partei gezwungen war, die Last der Macht und der Verantwortung zu tragen. Im Gegensatz zur Bürokratie gibt es, von Ausnahmen abgesehen, kaum Anhaltspunkte dafür, daß deutsche Richter vor 1933 Mitglieder der NSDAP waren.[65]

Deshalb ist es um so erstaunlicher, daß der Übergang von der Republik zur Diktatur reibungslos ablief und ohne große Personalveränderungen innerhalb der Justiz. Der Grund dafür liegt vielleicht in der Tatsache, daß das Ende der Weimarer Republik mit völlig legalen Mitteln herbeigeführt wurde. Weimar wurde das Opfer seiner eigenen Verfassungsgesetze, wobei Carl Schmitts Warnung, daß konstitutionelle Veränderungen niemals mit der Zerstörung der Konstitution verwechselt werden dürften, ignoriert wurde. Dies mag der Grund sein, warum Hitler zu keinem Zeitpunkt seiner Herrschaft die formale Abschaffung der Weimarer Verfassung in Betracht zog und warum die Leute, die wie Hans Frank den Entwurf seiner spezifischen nationalsozialistischen Verfassung befürworteten, von Hitler weder unterstützt noch ermutigt wurden.

Die Kontinuität wurde auch an der Spitze der Justizpyramide gewahrt. Franz Gürtner, der Reichsjustizminister und zur Zeit von Hitlers Prozeß im Jahre 1924 bayerischer Justizminister, bekleidete seinen Posten bis zu seinem Tod im Jahr 1941, ebenso der Reichsgerichtspräsident Bumke. Auch Joëls Nachfolger als Staatssekretär, Franz Schlegelberger, war der Wilhelminischen Periode verhaftet. Nach Gürtners Tod war er bis zu seiner Pensionierung im Jahre 1942 mit der Führung der Geschäfte des Justizministeriums beauftragt.

Im Justizministerium wurden erst 1942, als Otto Georg Thierack zum Justizminister ernannt wurde, grundlegende Veränderungen vorgenommen.[66] Obwohl der »alte Kämpfer« Dr. Roland Freisler 1934 zu einem weiteren Staatssekretär ernannt wurde, scheint ihm Schlegelberger wenig Bewegungsraum gelassen zu haben. Dadurch fand Freisler Zeit, umfangreiche Schriften zu veröffentlichen – eine Aktivität, die abrupt aufhörte, als er 1942 Präsident des Volksgerichtshofs wurde.

Ganz allgemein muß der Historiker jedoch zugeben, daß quellenmäßig Unsicherheitsfaktoren verschiedenen Ausmaßes bestehen, vor allem im Hinblick auf die Personalkontinuität, da das Bonner Justizministerium die Personalakten ehemaliger Richter und Mitglieder des Justizapparats erst dreißig Jahre nach ihrem Ableben zur Verfügung stellt.

Wenn man sich ein klares Bild über das Verhalten der Justiz am Vorabend des Dritten Reiches machen will, konsultiert man am besten das bereits zitierte offizielle Journal, die *Deutsche Richterzeitung*, in deren erster Ausgabe des Jahres 1932 eine ganze Liste von Beschwerden veröffentlicht wurde. Man beklagte sich vor allem die wirtschaftliche Not der Juristen, deren Budget auch in guten Zeiten niedrig gehalten worden war, und die als erste von den von Brüning eingeführten Gehaltskürzungen betroffen waren. Dazu kam die mißliche Lage der Assessoren, einer Kategorie von jungen Männern, die nach ihrem erfolgreich abgeschlossenen Universitätsstudium für einen gewissen Zeitraum an den Gerichten arbeiten mußten, ohne dafür bezahlt zu werden. Die Familien vieler Assessoren, durch Inflation und Deflation ruiniert, konnten ihre Söhne nicht mehr finanziell unterstützen, vor allem, da die Dienstzeit eines Assessors nicht begrenzt war. Er mußte warten, bis ein Platz auf der Richterbank frei wurde. Auch hier besteht für uns eine Wissenslücke, und zwar hinsichtlich des Ausmaßes, in dem diese jungen Männer Opfer der nationalsozialistischen Propaganda wurden. Aber, wie bereits festgestellt, sogar Richter fanden, daß sie, verglichen mit Gleichrangigen in der Bürokratie, schlecht bezahlt wurden.

Außerdem beschwerte man sich in der *Deutschen Richterzeitung* über die fortgesetzte Kritik, die von der Öffentlichkeit und den Parteien an der Justiz geübt wurde. Zu einer Zeit, so argumentierte das Blatt, in der die Tagespresse berühmten Verbrechern spaltenlange Nachrufe widme, sei der gewöhnliche Richter, der in Straf- wie in Zivilrechtsfällen einfach nur seine Pflicht tue, dem vollen Ansturm öffentlicher Kritik ausgesetzt. Wer immer einen Straf- oder Zivilprozeß verliere, könne stets eine Zeitung finden, die (um ihre Auflage zu steigern, aber angeblich nur aus »brennender Sorge um die Gerechtigkeit«) bereit sei, die unverzeihlichen Sünden der Justiz anzuprangern. Dagegen könne man kaum eine Zeitung auftreiben, die sich dazu herbeilasse, einen wohlwollenden Artikel über die Justiz zu veröffentlichen.

»Aber wer aufrecht durchs Leben geht, wer unentwegt seine Pflicht tut, ohne sich durch Einflüsse von außen von dem geraden Wege abbringen zu lassen, kann heute auf Anerkennung nicht rechnen. Er muß nach allen Seiten anstoßen und sich unbeliebt machen, weil eben die Zeit die normale Auffassung getrübt und an ihre Stelle eine geistige Verwirrung gesetzt hat.«[67]

So sah sich die Justiz – von allen Seiten kritisiert, politisch apathisch, wirtschaftlich unterprivilegiert – gezwungen, ihre Hoffnungen, wenn auch mit aller Vorsicht, in eine neue Partei, ein neues Regime zu setzen; denn man nahm an, daß die Dinge kaum schlechter, sondern nur besser werden könnten.

II. Die NSDAP und die deutsche Justiz bis 1933

Wenn man überlegt, wie oft die NSDAP zwischen 1919 und 1933 mit dem Gesetz in Konflikt geriet, so erscheint es überraschend, daß der Übergang so glatt vonstatten ging; doch einige der wahrscheinlichen Gründe dafür wurden bereits im vorhergehenden Kapitel aufgezeigt.

Das Programm der NSDAP, am 24. Februar 1920 im Münchener Hofbräuhaus verkündet, war nicht von Hitler persönlich entworfen worden, wenn er auch ein paar Korrekturen eingefügt hatte.[1]

Obwohl die Justiz in diesem Programm nicht direkt erwähnt wird, so betrafen sie doch die Punkte 4, 5 und 6 direkt oder indirekt. Punkt 4 konstatiert: »Staatsbürger kann nur sein, wer Volksgenosse ist. Volksgenosse kann nur sein, wer deutschen Blutes ist, ohne Rücksichtnahme auf Konfession. Kein Jude kann daher Volksgenosse sein.« Punkt 5: »Wer nicht Staatsbürger ist, soll nur als Gast in Deutschland leben können und muß unter Fremdengesetzgebung stehen.« Punkt 6: »Das Recht, über Führung und Gesetze des Staates zu bestimmen, darf nur dem Staatsbürger zustehen. Daher fordern wir, daß jedes öffentliche Amt, gleichgültig welcher Art, ob im Reich, Land oder Gemeinde, nur von Staatsbürgern bekleidet werden darf. Wir bekämpfen die korrumpierende Parlamentswirtschaft, eine Stellenbesetzung nur nach Parteigesichtspunkten ohne Rücksicht auf Charakter und Fähigkeiten.«[2]

Um dies zusammenzufassen – nur Angehörige des deutschen Volkes sollten öffentliche Ämter bekleiden, und dies traf auf alle öffentlichen Institutionen inklusive der Justiz zu.

Ein wesentlicher Aspekt, über den sich Hitler immer wieder Gedanken machte, und mit ihm die ganze NSDAP von ihren Anfängen bis zu ihrem Ende im Jahre 1945, war die Rolle des Verrats. Um die Rolle des Verrats in die richtige Perspektive zu rücken, ist es notwendig, die Aufmerksamkeit auf die Tatsache zu lenken, daß das deutsche Recht zwei Arten von Verrat unterscheidet – Hochverrat und Landesverrat. Hochverrat ist nach deutschem Recht jeder Angriff von innen, innerhalb des Staates, gegen dessen Bestand, ein direkter gewaltsamer Angriff auf die Verfassung, auf staatliches Territorium und/oder das Staatsoberhaupt.[3]

In klarer Unterscheidung zu dem Angriff gegen die Staatssicherheit mit Hilfe von außen, was als Landesverrat gilt, strebt der Hochverrat den Umsturz der Staatsordnung von innen her an. Hochverrat ist strafbar, ob er sich nun gegen den Staat oder eines seiner Länder richtet. In der Weimarer Republik wie in der Bundesrepublik konnte bzw. kann die Strafe für Hochverrat von einer sechsmonatigen bis zu einer lebenslänglichen Gefängnisstrafe reichen.[4] Auch die Vorbereitung oder der Versuch des Hochverrats ist strafbar.[5]

Der Landesverrat richtet sich gegen die äußere Sicherheit des Staates und seine Machtposition in der Beziehung zu anderen Staaten. So gilt Verrat von Staatsgeheimnissen oder Spionage im Auftrag einer anderen Nation als Landesverrat. Wer immer deutsche Staatsgeheimnisse einer fremden Macht verrät und damit dem deutschen Staat Schaden zufügt oder wer Staatsgeheimnisse veröffentlicht, begeht Landesverrat und wird mit Gefängnis nicht unter einem Jahr bestraft. Auch die unbeabsichtigte Weitergabe von Staatsgeheimnissen – ein Tatbestand der z. B. durch fahrlässigen Verlust von Geheimpapieren erfüllt wird, gilt als Landesverrat. Das gleiche trifft auf Personen in verantwortungsvollen Positionen zu, die durch Achtlosigkeit Staatsgeheimnisse an Außenstehende weitergeben.[6]

Hitler definiert in »Mein Kampf« seine Einstellung zum Landesverrat ganz eindeutig: »Auch bei der Beseitigung sogenannter Landesverräter ist die gleiche Beachtung anzustellen. Es ist lächerlich unlogisch, einen Burschen umzubringen, der eine Kanone verraten hat, während nebenan in höchsten Würdestellen Kanaillen sitzen, die ein ganzes Reich verkauften, die vergebliche Opfer von zwei Millionen Toten auf dem Gewissen haben, Millionen Krüppel verantworten müssen, dabei aber seelenruhig ihre republikanischen Geschäfte machen. Kleine Landesverräter beseitigen ist sinnlos in einem Staat, dessen Regierung selbst diese Landesverräter von jeder Strafe befreit. Denn so kann es passieren, daß eines Tages der redliche Idealist, der für sein Volk einen schuftigen Waffenverräter beseitigt *(hier bezieht sich Hitler auf einen der Beweggründe für die Fememorde – Anmerkung des Verfassers)*, von kapitalen Landesverrätern zur Verantwortung gezogen wird. Und da ist es doch eine wichtige Frage: Soll man solch eine verräterische kleine Kreatur wieder durch eine

Kreatur beseitigen lassen oder durch einen Idealisten? Im einen Fall
ist der Erfolg zweifelhaft und der Verrat für später fast sicher; im anderen Fall wird ein kleiner Schuft beseitigt und dabei das Leben
eines vielleicht nicht zu ersetzenden Idealisten aufs Spiel gesetzt.
Im übrigen ist in dieser Frage meine Stellungnahme die, daß man
nicht kleine Diebe hängen soll, um große laufen zu lassen; sondern
daß einst ein deutscher Nationalgerichtshof etliche Zehntausend
der organisierenden und damit verantwortlichen Verbrecher des
Novemberverrats und alles dessen (recte: all das), was dazugehört,
abzuurteilen und hinzurichten hat. Ein solches Exempel wird dann
auch dem kleinen Waffenverräter einmal für immer die notwendige
Lehre sein.«[7] Was Hitler mit »Nationalgerichtshof« meinte, hat er,
wie wir noch sehen werden, 1930 genauer ausgeführt und schließlich 1934 in der Gründung des VGH manifestiert.
Aber warum befaßten sich Hitler und mit ihm viele Deutsche so
ausführlich mit dem Problem des Verrats? Die Antwort auf diese
Frage liegt in der »Dolchstoßlegende«, an die, mag sie nun Legende
sein oder nicht, man in Deutschland weitgehend glaubte und die die
deutsche Politik, inklusive der Militär-, Sozial- und Wirtschaftspolitik, stark beeinflußte. Was war die »Dolchstoßlegende«? Und
warum hatte dieses Schlagwort in den inneren Kämpfen der Weimarer Republik eine so grundlegende Bedeutung? Offenbar wurde es
mit den Ereignissen des Novembers 1918 in direkten Zusammenhang gebracht. Mit der Formulierung des »Dolchstoßes in den Rük-
ken« der angeblich siegreichen deutschen Armee reagierte man auf
den Schock, der zuerst auf das deutsche Gesuch um einen Waffenstillstand und dann auf den Vertrag von Versailles folgte. Man muß
jedoch zwischen zwei Versionen dieser »Dolchstoßlegende« sorgfältig unterscheiden:[8] Die erste besagt, daß die deutsche Armee
durch eine Revolution in ihrer Heimat gezwungen war, Territorium aufzugeben, während sie sich immer noch tief im feindlichen
Gebiet befand. Außerdem wurde sie durch die Revolution daran gehindert, eine massive Verteidigungslinie an den Reichsgrenzen aufzubauen, was zumindest nach Winston Churchills Meinung zu
einem Verhandlungsfrieden zwischen den Mittelmächten und den
Alliierten geführt hätte.[9] Und was noch wichtiger war – während
der Revolution in Deutschland war die Regierung so schwach, daß
sie sich nicht aktiv mit der Friedensregelung befassen konnte und es

so den ehemaligen Feinden ermöglichte, ihr alle Bedingungen aufzuoktroyieren, die ihnen paßten und, soweit es Deutschland und Österreich anging, Wilsons »Vierzehn Punkte« zu ignorieren, die doch tatsächlich die Grundlage für das Gesuch um Waffenstillstand und dessen Annahme waren. Diese Version ist nicht nur plausibel, sondern kann außerdem ausreichend belegt werden.[10]

Die Legende beginnt dort, wo die Auseinandersetzung fortgeführt wird und man behauptet, daß Deutschland den Krieg hätte gewinnen können, hätte es nicht jenen »Dolchstoß« erhalten. Im September 1918 glaubten weder Hindenburg noch Ludendorff, daß Deutschland den Krieg tatsächlich noch gewinnen könnte.[11] Die deutschen Angriffe vom März bis Juni 1918 im Westen hatten eindeutig demonstriert, daß die deutsche Armee der Erschöpfung nahe war und das Reichsgebiet bestenfalls vorübergehend, aber keineswegs *ad infinitum* verteidigen konnte.

Im Gegensatz zur offiziellen deutschen Pressepolitik im Zweiten Weltkrieg wurden im Ersten Weltkrieg noch im Sommer und Herbst 1918 glanzvolle Visionen des Sieges heraufbeschworen, der kurz vor der Tür stehe.[12] Nach den militärischen Rückzügen im Westen seit Juli 1918 ließ die Zensur äußerste Strenge walten.[13] Das deutsche Volk und insbesondere die deutschen Soldaten konnten sich nicht erklären, warum sie von einem Tag zum andern besiegt worden sein sollten, während sie sich doch noch tief im Feindesgebiet befanden. Psychologisch auf die Niederlage unvorbereitet, nahmen viele Leute in Situationen und Positionen, wo man nur schwer an verläßliche Informationen herankam, zu Verschwörungstheorien Zuflucht. Die Revolutionsversuche in Deutschland von 1918 und 1919 versorgten diese Theorien mit ausreichendem Stoff.[14] Man sah einen direkten Kausalzusammenhang zwischen dem Kriegsende, der militärischen Niederlage und der Revolution im Inland. Ereignisse, die zeitlich zusammenfielen, wurden zu einer direkten Kausalkette vereint. Dazu kam noch die Forderung nach Veränderungen in der sozialen und politischen Struktur Deutschlands. Neben diesem ganzen Wust von Gründen und Motivationen machte man sich nicht die Mühe, ernsthaft Bilanz zu ziehen und den verlorenen Krieg zu analysieren, sondern definierte seine Einstellung zur »Revolution« und zum sozialen und politischen Erbe der Vergangenheit. Die Fragen nach den Gründen wurden mit morali-

50

schen und emotionalen Aspekten belastet. Und man suchte weiterhin nach einem Sündenbock.

In den ersten Wochen nach Kriegsende lautete das vorherrschende Schlagwort mit dem die heimkehrenden Soldaten begrüßt wurden, »im Felde unbesiegt«, eine Phrase, die sogar Friedrich Ebert verwendete, als die Berliner Garnison zurückkehrte. Ebert erklärte: »Eure Opfer und Taten sind ohne Beispiel. Kein Feind hat euch überwunden. Erst als die Übermacht der Gegner an Menschen und Material immer drückender wurde, haben wir den Kampf aufgegeben.«[15] Die Interpretation hängt offenkundig davon ab, was Ebert mit *wir* meinte. Das konnte allzuleicht für die Heimatfront gelten, und so war es auch.

Das Schlagwort vom »Dolchstoß« wurde nicht in Deutschland, sondern in der angesehenen schweizerischen Tageszeitung »Neue Zürcher Zeitung« am 17. Dezember 1918 erstmals formuliert. Deren Londoner Korrespondent schrieb die Phrase über die deutsche Armee, die von der deutschen Zivilbevölkerung und den deutschen Revolutionären einen Dolchstoß in den Rücken erhalten habe, dem britischen General Malcolm zu.[16] Entscheidend für die weitere Entwicklung des Schlagwortes war die Veröffentlichung der Versailler Friedensbewegungen im Mai 1919. Durch die These von der Kriegsschuld und die umfassende Verdammung der deutschen Geschichte sowie die Forderung, den Kaiser, Hindenburg, Ludendorff und andere als Kriegsverbrecher auszuliefern, fühlten sich viele Deutsche in ihrer Ehre getroffen. Die »aufgezwungene Lüge von der deutschen Alleinschuld« errichtete Gefühlsbarrieren, die es praktisch unmöglich machten, die Vergangenheit kritisch zu analysieren, oder, wie es Ernst Nolte einmal ausdrückte, die enttäuschten Hoffnungen von Versailles hätten ebenso wie die Dolchstoßlegende das Grab der jugen Republik geschaufelt.[17]

Der Reichstag setzte einen parlamentarischen Untersuchungsausschuß ein, der das Problem der Kriegsschuld erforschen sollte. Am 18. November 1919 erschienen Hindenburg und Ludendorff in Zivilkleidung im Reichstag, und Hindenburg weigerte sich, Fragen zu beantworten, sondern verlas nur eine Erklärung: » ... trotz der ungeheuren Ansprüche an Truppen und Führung, trotz der zahlenmäßigen Überlegenheit des Feindes konnten wir den ungleichen Kampf zu einem günstigen Ende führen, wenn die geschlossene und

einheitliche Zusammenwirkung von Heer und Heimat eingetreten
wäre. Darin hätten wir das Mittel zum Siege der Deutschen gesehen ... Doch was geschah? Während sich beim Feinde trotz seiner
Überlegenheit an lebendem und totem Material alle Parteien, alle
Schichten der Bevölkerung in den Willen zum Siege immer fester
zusammenschlossen ..., machten sich bei uns, wo dieser Zusam-
menschluß bei unserer Unterlegenheit viel notwendiger war, Par-
teiinteressen breit, und diese Umstände führten sehr bald zu einer
Spaltung und Lockerung des Siegeswillens ... In dieser Zeit setzte
die heimliche, planmäßige Zersetzung von Flotte und Heer als Fortsetzung ähnlicher Erscheinungen im Frieden ein ... So mußten unsere Operationen mißlingen, es mußte der Zusammenbruch kommen, die Revolution bildete nur den Schlußstein. Ein englischer
General sagte mit Recht: ›Die deutsche Armee ist von hinten er-
dolcht worden.‹ Den guten Kern des Heeres trifft keine Schuld. Seine Leistung ist ebenso bewunderungswürdig wie die des Offizierskorps. Wo die Schuld liegt, ist klar erwiesen. Bedurfte es noch eines
Beweises, so liegt er in dem angeführten Ausspruche des englischen
Generals und in dem maßlosen Erstaunen unserer Feinde über ihren
Sieg.«[18]
Diese Erklärung untermauerte die ungeheure Popularität und
Wirksamkeit der Dolchstoßlegende während der zwanziger und
dreißiger Jahre und besonders auch im Zweiten Weltkrieg.
Soweit es die Nationalsozialisten betraf, war das kein Schlagwort,
das sie manipulierten; doch es war einer ihrer Glaubensartikel, der
ihre Aktionen auf vielen Gebieten bestimmte. Das ganze Konzept
von der Volksgemeinschaft war von der Entschlossenheit geprägt,
keine Situation entstehen zu lassen, in der sich ein Teil der Nation
gegen einen anderen erheben könnte. Die Volksgemeinschaft sollte
Klassen überbrücken und sogar eliminieren.[19] Für viele NS-Führer, auch für Hitler, waren der Zusammenbruch und die Revolution
von 1918 *die* prägende Erfahrung gewesen. Und sobald Hitler an
die Macht gekommen war, überlegte er stets, wie er in der Innenpolitik einen Kurs einschlagen könnte, der seine und die Position seiner Partei in Deutschland auf der Basis des breitesten politischen
Konsensus festigen würde. Diese Politik führte in ihren praktischen
Konsequenzen dazu, daß Konzentrationslager für politische Dissidenten geschaffen wurden.[20] Genauso unterstützte sie jedoch auch

52

die Einführung fortschrittlicher Wohlfahrtsmaßnahmen. Und um eine weitere wichtige Facette zu erwähnen, sie schuf auch die bewaffneten Einheiten der SS, die spätere Waffen-SS, die Hitler auf lange Sicht ausdrücklich als schwerbewaffnete, erfahrene Polizeitruppe betrachtete, die in Fällen von innerem Aufruhr eingesetzt werden sollte, für die man die Wehrmacht nicht abstellen konnte.[21] Wie korrekt dargelegt wurde[22], folgte Hitlers Analyse des deutschen Zusammenbruchs zwei parallelen Gleisen. Einerseits betrachtete er den Zusammenbruch als unvermeidliche Folge der exzessiven Verstädterung, des Verfalls moralischer Wertmaßstäbe, des wachsenden Materialismus, der Arroganz der Oberschicht, des jüdischen Einflusses und einer schwachen, degenerierten politischen Führung. Andererseits seien die Feiglinge hinter der Front und in Deutschland selbst schuld am Zusammenbruch, die korrupten Parteipolitiker und die jüdisch-marxistischen Drahtzieher. Die Parteifunktionäre eines im wesentlichen korrupten, dekadenten politischen Systems seien Deutschland und der deutschen Armee in den Rücken gefallen.

Sobald Hitler an der Macht war, kombinierte er strenge repressive Maßnahmen mit dem ideologischen Idealismus seines Konzepts von der Volksgemeinschaft und mobilisierte auf diese Weise den Idealismus der Nation in einem Maße, wie es Deutschland nie zuvor erlebt hatte. Die Volksgemeinschaft negierte das Prinzip des Klassenkampfs; deshalb war es vor der Machtübernahme ein weithin propagiertes Ziel der NSDAP, mit den »Verrätern« von 1918 abzurechnen.[23] Nach 1933 wurden die marxistischen und alle anderen politischen Organisationen mit Ausnahme der NSDAP zerschlagen.[24] Hitler und die NSDAP wurden die Repräsentanten der Volksgemeinschaft; ihre Gesetzgebung und ihre Institutionen wie die Deutsche Arbeitsfront strebten die Integrierung der deutschen Arbeiterklasse in die deutsche Nation an, eine Aufgabe, die das Kaiserreich nur teilweise gelöst hatte.[25] Vor 1933 hatten Hitler und die NSDAP, wenn überhaupt, nur wenige Breschen in die Wählerschaft der SPD und KPD schlagen können. Hitler gewann seinen Kampf um die Unterstützung der deutschen Arbeiterklasse zwischen 1933 und 1939.[26] Er konnte zwar die Widerstandsgruppen niemals ganz ausschalten, aber der Widerstand der Linken gegen das Regime war ein Problem, das die Polizei mühelos löste. Eine viel ernstere Bedrohung der Position Hitlers war die Opposition, die sich seit 1937 aus den Reihen seiner ehemaligen Verbündeten, der Konservativen, entwickelte.[27] Doch diesen gelang es nicht, das Ausmaß nationaler Integration, das Hitler erreicht hatte, abzubauen.

Nach 1941 erweckten die russische Bedrohung und das Rund-um-die-Uhr-Bombardement der alliierten Luftwaffen im deutschen Volk eine Art von Schützengrabenmentalität, wie sie schon von der Westfront 1914–18 bekannt war, eine Mentalität, die beibehalten wurde, bis der letzte Quadratmeter Deutschlands von seinen Feinden besetzt war[28], eine Mentalität, die vielleicht sogar die Katastrophe und die Niederlage von 1945 überdauert hat und dem Wirtschaftswunder in beiden deutschen Staaten zugrunde liegt.

Und so zielte die nationalsozialistische Einstellung gegenüber dem Gesetz, ohne Rücksicht auf die Frage, ob es geändert werden müßte, vor allem darauf ab, daß es in erster Linie der Volksgemeinschaft zu dienen hätte und erst in zweiter Linie dem Individuum.

Vor 1933 gab es drei Spitzenjuristen in den Reihen der NSDAP. Der erste war Dr. Otto Luetgebrune, ein bereits in den Tagen des Kaiserreichs etablierter und renommierter Verteidiger.[29] 1922 verteidigte er die Angeklagten im Rathenau-Prozeß.[30] 1924 verteidigte er erfolgreich Ludendorff, der zusammen mit Hitler und anderen nach dem mißlungenen Putsch vom 9. November 1923 des Hochverrats angeklagt worden war.[31] Danach verteidigte er mehrere Fememörder.[32] Nachdem Ernst Röhm 1930 aus Bolivien zurückgekehrt und Stabschef der SA geworden war[33], ernannte er Luetgebrune sofort zum Chefrechtsberater der SA mit dem Rang eines Obergruppenführers, obwohl Luetgebrune nicht Mitglied der NSDAP war.[34] Während der Niederschlagung des »Röhm-Putsches« entging er dem Tod nur um Haaresbreite, doch wurde er von der SS grausam mißhandelt. Den Leuten, die ihn in jener Zeit sahen, erschien er als völlig gebrochener Mann. Luetgebrune, der die SA, die SS und NSDAP-Mitglieder einst so engagiert und klug verteidigt hatte, war nur noch ein Schatten seiner selbst.[35]

Aber er riß sich zusammen und erreichte, daß das Ehrengericht der SA ein Disziplinarverfahren gegen ihn einleitete.[36] Unter den Zeugen, die von Luetgebrune aufgerufen wurden, befand sich auch Claus Heim, der Anführer der Landvolk-Bewegung in Schleswig-

Holstein[37], einer Gruppe, die sich weigerte, Steuern zu zahlen, mit der Begründung, sie seien zu hoch; die die Gerichtsvollzieher in die Flucht schlug, wann immer sie auftauchten, und schließlich Bomben in den Büros der örtlichen Finanzämter legte. Niemand wurde verletzt, aber es wurde beträchtlicher Sachschaden angerichtet.[38] Im Landvolk-Prozeß hatte Luetgebrune sowohl Heim als auch andere verteidigt, zum Beispiel den Bauern Hamkens, der nun im Zeugenstand des SA-Gerichts bedächtig erzählte, wie sehr er erschrocken war, als Luetgebrune ihm die offizielle Honorarliste für Verteidiger vorgelegt hätte. Der vorsitzende SA-Richter dachte, nun hätte er eine wirksame Waffe gegen Luetgebrune gefunden, und fragte nach Einzelheiten. Hamkes erwiderte, Luetgebrune habe nur die Hälfte des offiziellen Honorars verlangt. Nachdem dem Richter diese Chance entgangen war, sagte er, Hamkes und die Landvolk-Bewegung hätten Luetgebrune doch sicherlich niemals engagiert, wenn sie gewußt hätten, daß er auch Juden verteidigte. Aber Hamkes entgegnete ganz gemächlich, auf diesen Gedanken seien sie im Zusammenhang mit ihrem Herrn Doktor nie gekommen, denn sie wüßten, daß der Herr Doktor niemals irgendeinen Klienten, sondern immer nur das Recht verteidige. Da war der Vorsitzende des Ehrengerichts ratlos. Luetgebrune wurde trotz der Tatsache rehabilitiert, daß Göring ausdrücklich seine Verurteilung gefordert hatte.[39]
Bald darauf nahm Luetgebrune seine Arbeit am Entwurf eines neuen »germanischen Rechts« wieder auf, denn nach seiner Meinung mußte Hitler nach der Liquidation der »Revolution« als »Oberster Richter« ein neues Recht schaffen. Aber je länger Luetgebrune an diesem neuen germanischen Recht arbeitete und dabei das angeblich antiquierte Römische Recht analysierte, desto klarer erkannte er, daß es nichts Besseres gab als eben dieses Römische Recht. Er tat seine Meinung kund, dann zog er sich in den Hintergrund zurück, aus dem er bis zu seinem Tod nach dem Zweiten Weltkrieg nie mehr auftauchte.[40]
Am engagiertesten setzte sich der Anwalt Hans Frank für die Begründung eines neuen »germanischen Rechts« ein.[41] Schon als Student hatte Frank im Jahre 1919 dem bayerischen Freikorps Epp angehört, das sich an der Niederschlagung der Räterepublik in Bayern beteiligte. Im September 1923 trat er, bereits Referendar im bayeri-

schen Justizapparat, der NSDAP bei und nahm am November-
putsch teil. 1926 wurde er Anwalt und der Starverteidiger der
NSDAP, die er – bei insgesamt 40 000 Fällen in den Jahren 1920-
1933 – über 2400mal vertrat. In dieser Zeit kollidierte er ein einziges
Mal mit Hitler bezüglich der Frage Südtirols, das dieser Mussolini
opfern wollte. Das war 1926. 1928 kehrte er zur NSDAP zurück,
überlegte aber 1929, ob er eine Universitätskarriere anstreben sollte, was einen neuen Bruch mit der NSDAP bedeutet hätte. Hitlers
persönliche Intervention brachte ihn von diesen Plänen ab. Im selben Jahr avancierte er zum Leiter des Rechtsamts der Reichsleitung
der NSDAP, 1933 zum ersten NS-Justizminister in Bayern und
bald darauf zum Reichskommissar für die Gleichschaltung der Justiz in den Ländern und für die Erneuerung der Rechtsordnung.
Außerdem wurde er 1934 Reichsminister ohne Geschäftsbereich;
doch dies war kaum eine nennenswerte Beförderung, da Hitler aufgehört hatte, seine Minister zu konsultieren.
Trotz seines etwas labilen Charakters war Frank ein weniger biegsa-
mes Instrument, als es Hitler gewünscht hätte. Er protestierte laut-
stark gegen die illegalen Aspekte des sogenannten Röhm-Putsches
und ebenso vehement gegen die Kampagnen, die offizielle NSDAP-
Zeitungen gegen Juristen und die Justiz inszenierten. Und obwohl
er in seinen »Leitsätzen für deutsche Richter« im Jahre 1936 feststellte, daß kein deutscher Richter gegen Führer-Entscheidungen in
Form eines Gesetzes oder eines Erlasses opponieren könnte, fügte
er hinzu, daß die Richter völlig unabhängig sein müßten, um ihre
Pflicht gegenüber der Volksgemeinschaft erfüllen zu können. Mit
dieser Äußerung machte er sich bei Hitler nicht gerade beliebt. Und
wenn er auch ein »alter Kämpfer« und Anhänger Hitlers war, gelang es ihm nie, in dessen engsten Kreis aufgenommen zu werden.
Aber als Führer des »Bundes Nationalsozialistischer Deutscher Juristen«, dessen Mitgliederzahl nach Hitlers Machtübernahme rasch
auf 80000 stieg, übte Frank großen Einfluß aus.[42]
Frank war überzeugt, daß das in Deutschland wirksame Recht dem
deutschen Volk grundlegend fremd sei, daß es die Rückkehr zu
einem »Germanischen Gewohnheitsrecht«, ähnlich dem englischen
»common law«, verlangte, in dessen Mittelpunkt das Volk stehen
müsse. Frank übte nicht zu Unrecht Kritik am übertriebenen legalen Formalismus in Deutschland, an der Degeneration des Rechts

und seiner Hinwendung zu legaler technischer Routine.[43] Aber er erkannte nicht, daß Hitlers Haltung jedem Recht feindlich gesinnt war und daß er allen Juristen zutiefst mißtraute.[44] Nichtsdestoweniger setzte sich Frank zwischen 1933 und 1939 mit großem Engagement für die Schaffung eines neuen Rechts ein, während Hitler im Recht nichts weiter sah als Stolperdrähte, die nur dazu da waren, ihn straucheln zu lassen. Aber trotz seiner Abneigung gegen Juristen ließ er Frank niemals fallen, reichte ihm immer wieder die rettende Hand. Vielleicht lag dies an Hitlers hochentwickeltem Sinn für Loyalität, die er all seinen alten Kameraden entgegenbrachte – auch wenn sie offensichtliche Belastungen geworden waren wie der eingefleischte Judenhetzer Julius Streicher[45] und auch Hermann Göring[46], der sich nach 1940 als völlig imkompetent erwies.

Vielleicht ist Hitlers Loyalität hauptsächlich auf jene einzigartige Gelegenheit zurückzuführen, die Frank ihm 1930 verschaffte. Zwei Reichswehroffiziere, die in der Ulmer Garnison aktiven Dienst taten, und ein entlassener Offizier waren des Hochverrats angeklagt. Es handelte sich um Richard Scheringer, Hanns Ludin und den entlassenen Hans Friedrich Wendt.[47] Sie sympathisierten mit der NSDAP und hatten 1929 sogar die Reichsleitung der NSDAP in München besucht, wo man ihnen allerdings reserviert und mit gemischten Gefühlen begegnete. Sie erklärten in München, daß sie sich bemühen würden, ihre Kameraden im nationalsozialistischen Sinne zu beeinflussen. Der damalige SA-Chef, Franz Pfeffer von Salomon, bat sie, ihn zu verständigen, wenn sie etwas erreicht hätten.[48]

Die Aktivitäten der jungen Offiziere kamen bald ans Licht. Ihr Kommandant, Oberst Beck (von 1933 bis 1938 Hitlers Generalstabschef, der 1944 in leitender Funktion an der militärischen Verschwörung gegen Hitler teilnahm und sich dann erschoß), versuchte, die ganze Affäre unter den Teppich zu kehren, was ihm aber nicht gelang, da die Öffentlichkeit bereits davon erfahren hatte.[49] Scheringer, Ludin und Wendt wurden vor dem Leipziger Reichsgericht des Hochverrats angeklagt. Hans Frank zählte zu den Verteidigern und hatte die brillante Idee, Hitler als Zeugen aufzurufen.[50] Hitler trat am 25. September 1930 in den Zeugenstand, nur wenige Tage nachdem die NSDAP den nationalen Durchbruch bei den Reichstagswahlen geschafft und ihre Parlamentssitze von zwölf auf

hundertsieben erhöht hatte.[51] In seiner Aussage bestritt er, daß er von einer Verschwörung zwischen der NSDAP und der SA auf der einen Seite und Angehörigen der Reichswehr auf der anderen gewußt habe, fügte jedoch hinzu, daß er versuchen werde, auch der Armee den nationalsozialistischen Geist einzuflößen, sobald er legal an die Macht käme.[52] Aber der vorsitzende Richter stellte noch weitere Fragen, zum Beispiel erkundigte er sich nach einer Hitler zugeschriebenen Bemerkung, daß einige »Köpfe im Sand rollen« würden, sobald die Nationalsozialisten die Macht übernommen hätten. Hitler erwiderte: »Ich darf Ihnen ... versichern: Wenn unsere Bewegung in ihrem legalen Kampfe siegt, wird ein deutscher Staatsgerichtshof kommen, und der November 1918 wird seine Sühne finden, und es werden auch Köpfe rollen.«[53] Etwas später fragte der vorsitzende Richter: »Wie denken Sie sich die Errichtung des Dritten Reiches?« Worauf Hitler antwortete: »Die nationalsozialistische Bewegung wird in diesem Staate mit den verfassungsmäßigen Mitteln das Ziel zu erreichen suchen. Die Verfassung schreibt uns nur die Methode vor, nicht aber das Ziel. Wir werden auf diesem verfassungsmäßigen Wege die ausschlaggebenden Mehrheiten in den gesetzgebenden Körperschaften zu erlangen suchen, um in dem Augenblick, wo uns das gelingt, den Staat in die Form zu gießen, die unseren Ideen entspricht.«[54] Der Richter fragte: »Also nur auf verfassungsmäßigem Wege?« Hitler antwortete: »Jawohl.«[55]
So hatte Hitler die einzigartige Gelegenheit erhalten, vor dem höchsten Gericht des Landes und vor der deutschen Nation seine beiden Ziele klarzustellen: erstens wollte er nicht mittels revolutionärer, sondern mit verfassungsmäßigen Methoden an die Macht gelangen; zweitens wollte er, sobald er diese Macht besaß, den ganzen Staat im Sinne seiner Ideen verändern, da er dann die nötige Mehrheit hinter sich hätte, eine Mehrheit, die er sich am 23. März 1933 mit der Verabschiedung des Ermächtigungsgesetzes verschaffte.
Soweit es Deutschlands politische Institutionen betraf, kann niemand behaupten, Hitler hätte irgend jemanden betrogen oder eine ambivalente Haltung eingenommen. Was seine Innenpolitik anging, so hatte er seine Ziele klar formuliert, nicht nur 1930, sondern von diesem Zeitpunkt an bis zu seiner Reichstagsrede am 23. März 1933, als er die Abgeordneten der verschiedenen Parteien nicht im Zweifel daran ließ, daß sie zum überwiegenden Teil ihre politische

Existenz verlieren würden, wenn sie für das Ermächtigungsgesetz stimmten.[56] Trotzdem erhielt er die notwendige Zweidrittelmehrheit, die er sogar dann bekommen hätte, wenn die kommunistischen Abgeordneten zur Stelle gewesen wären und zusammen mit der SPD gegen das Gesetz gestimmt hätten.[57]

Wenn Frank und Luetgebrune auch eine Zeitlang als die juristischen Leuchten am NS-Horizont galten, so gab es doch noch einen Mann, von dem zwar – abgesehen von den inneren Parteikreisen – die Öffentlichkeit bisher nur sehr wenig gehört hatte, der jedoch bereits auf dem Weg war, sich einen Namen zu machen; und seine Persönlichkeit ist es, der im Zusammenhang mit dieser Abhandlung erstrangige Bedeutung zukommt – *Dr. Roland Freisler*.

Freisler wurde am 30. Oktober 1893 geboren und am 13. Dezember desselben Jahres in seiner Geburtsstadt Celle im reformiert-protestantischen Glauben getauft.[58]

Zwei Jahre später kam sein Bruder Oswald auf die Welt. Ihr Vater war Julius Freisler, geboren am 20. August 1862 im mährischen Klantendorf. Er übersiedelte später ins Reich, wo er Charlotte Auguste Florentine Schwerdtfeger heiratete, geboren am 30. April 1863 in Celle.[59] Die Tatsache, daß Freislers Vater aus Mähren stammte, hat zu müßigen Spekulationen über die Frage geführt, ob er jüdischer Herkunft sei, da angeblich sehr viele Juden in Klantendorf lebten.[60] Das Gegenteil ist jedoch erwiesen, da Klantendorf bis 1945 fast ausschließlich eine protestantische Domäne war.[61] Die Behauptung, Freisler stammte von Juden ab, stützte sich auch auf sein angeblich »typisch jüdisches« Erscheinungsbild.[62] Er war überdurchschnittlich groß, schlank, hatte ein scharfgeschnittenes, schmales Gesicht, beherrscht von Augen, die ebenso gewinnend wie eiskalt blicken konnten, wenn er während eines Prozesses sarkastische oder tadelnde Bemerkungen machte. Man könnte Freisler sogar als gutaussehend bezeichnen; doch es war vor allem sein scharfgeschliffener Intellekt, der in seinen Gesichtszügen zum Ausdruck kam.[63]

Am 23. Dezember 1893 zog die Familie Freisler nach Hannover; und später übersiedelte sie nach Hameln, wo Freislers Bruder Oswald geboren wurde. Julius Freisler, der Vater, ein qualifizierter Ingenieur, ging im Januar 1896 nach Duisburg, wo er eine leitende Stellung im Hafenbauamt übernahm. 1901 wurde er zum Professor an der Königlichen Baugewerbeschule in Aachen ernannt. 1903, im Alter von zehn Jahren, trat Roland Freisler hier in das Kaiser-Wilhelm-Gymnasium ein, das heutige Einhard-Gymnasium. Er erwarb sich sehr rasch den Ruf akademischer Gründlichkeit und war stets bereit, sich in Debatten zu engagieren.[64] Im Herbst 1908 ließ sich die Familie in Kassel in Hessen nieder, wo Roland Freisler das Wilhelm-Gymnasium besuchte. Dort machte er 1912 als Klassenbester das Abitur.[65]

Er ließ sich an der Universität Kiel immatrikulieren, um Jura zu studieren. Als der Krieg ausbrach, verließ er die Universität, um als Fahnenjunker ins 167. Infanterieregiment in Kassel einzutreten.[66] Nach einer relativ kurzen Ausbildung griff sein Regiment im Rahmen des 26. Reserve-Korps am 10. November 1914 Langemarck in Flandern an, das große, blutgetränkte Schlachtfeld der deutschen Jugend.[67] Freisler wurde verwundet, kam zur Genesung nach Hause und kehrte im Frühling 1915 zu seinem Regiment zurück, das in den Nordsektor der Ostfront verlegt worden war. Kurz nachdem man ihn zum Leutnant befördert hatte, ausgezeichnet mit dem Eisernen Kreuz beider Klassen, führte er einen Spähtrupp an, der in einen russischen Hinterhalt geriet und gefangengenommen wurde.[68] Den Rest des Krieges verbrachte Freisler als Gefangener in einem Offizierslager nördlich von Moskau. Nach der bolschewistischen Revolution und dem Vertrag von Brest-Litowsk wurde dieses Lager, wie viele andere in Rußland, deutscher Selbstverwaltung übergeben, und Freisler wurde zum Kommissar ernannt, mit dem Auftrag, für Proviantnachschub zu sorgen. Im Gegensatz zu vielen anderen Nachkriegsbehauptungen war dieser Titel ein rein funktioneller und kein politischer.[69] Freisler war niemals Kommunist, nicht einmal für einen einzigen Tag[70], wenn er auch in der Frühzeit seiner Mitgliedschaft in der NSDAP, so wie viele Parteigenossen nördlich des Mains, deren linkem Flügel angehörte.[71] Am 17. Juli 1920 kehrte er aus Rußland zurück.

Man machte ihm das Angebot, ihn in die Reichswehr zu übernehmen.[72]. Doch er hatte bereits beschlossen, die juristische Laufbahn einzuschlagen, und ließ sich sofort an der Universität Jena immatrikulieren, wo er innerhalb eines Jahres seinen Doktor machte. Seine Dissertation über das Thema »Grundsätzliches über die Betriebsorganisation«[73] wurde 1922 in den »Schriften des Insituts für Wirtschaftsrecht« der Universität Jena veröffentlicht.[74] Er ging dann nach Berlin, wo er 1923 das große juristische Staatsexamen bestand, das es ihm erlaubte, als Anwalt zu praktizieren.[75] Im Zeitraum zwischen seinem Doktorat und dem Staatsexamen arbeitete er zuerst als Referendar und später als Assessor am Amtsgericht in Celle.[76] Nach seiner Rückkehr aus Rußland schloß er sich den Zeitfreiwilligen der Universität Jena an und wurde Mitglied des Völkisch-Sozialen Blocks[77], der damals zu den extrem rechten Parteigruppen gehörte. Nachdem Hitler 1925 in München die NSDAP neu gegründet hatte, wurde Freisler ein paar Monate später NSDAP-Mitglied mit der Mitgliedsnummer 9679.[78] Ab 1924 war er Stadtverordneter in Kassel[79] und wurde in dieser Eigenschaft auch in den Preußischen Landtag gewählt.[80] 1932 wurde er Mitglied des Deutschen Reichstags.[81]

Am 24. März 1928 heiratete er Marion Russegger[82], die Tochter eines wohlhabenden Kaufmanns.[83] Aus dieser Ehe gingen zwei Söhne hervor – Harald, geboren am 1. November 1937, und Roland, geboren am 12. Oktober 1939. Beide wurden in Berlin im reformiert-protestantischen Glauben getauft.[84] Weder Freisler noch seine Frau gaben jemals ihre religiösen Bindungen auf, nicht einmal in der Zeit, in der es als opportun galt, aus der Kirche auszutreten, um »Deutscher Christ« oder einfach nur »gottgläubig« zu werden.[85]

Neben seiner Anwaltspraxis, in die bald auch sein Bruder eintrat, war Freisler als stellvertretender Gauleiter voll mit NSDAP-Aufgaben befaßt und vertrat in vielen Fällen auch Dr. Luetgebrune.[86] Er wollte Gauleiter von Hessen-Nassau-Nord werden. Aber dieses Ziel konnte er nur erreichen, wenn der damalige Gauleiter Dr. Schultz abgelöst worden wäre. Schultz erkannte sehr bald die Ambitionen seines Stellvertreters, und es kam zu ernsthaften Differenzen zwischen den beiden Männern. Schultz, ein enger Freund von Rudolf Hess, reichte am 16. April 1927 über seinen Kassenwart einen Bericht ein, in dem er Freislers große Talente als öffentlicher Redner anerkannte und ihn als intelligentesten Anwalt der Provinz bezeichnete. Aber während er Freislers Anziehungskraft auf die Massen bestätigte, erklärte er gleichzeitig, daß denkende Menschen ihn ablehnen würden und daß er sich wegen seiner Unverläßlichkeit und Launenhaftigkeit nicht für eine Führungsposition eigne.[87] Daß diese Äußerungen nur auf eine interne Parteiintrige zurückzuführen sind, wird durch Freislers spätere Karriere mehr als bewiesen. Was immer man auch gegen ihn vorbringen mag – man kann nicht leugnen, daß er ein ungewöhnlich kompetenter Jurist und ein gewissenhafter Verwaltungsbeamter war.

Diese Periode in Freislers Laufbahn ist durch häufige Kontroversen mit seinen politischen Gegnern gekennzeichnet, ob in Kassel oder Berlin, im Preußischen Landtag, im Reichstag oder auf den Straßen. Die Atmosphäre erinnerte bald nicht mehr an einen latenten, sondern schon an einen offenen Bürgerkrieg. Die Schilderung eines jener Zwischenfälle mag hier genügen.[88]

Am Abend des 18. Juni 1930 hatte Freisler in Kassel vier Reden in vier verschiedenen Restaurants organisiert.[89] Die Wellen der Erregung schlugen hoch, denn am 11. Juni hatte die hessische Regierung das Tragen von Uniformen verboten. Auch wollte am 18. Juni die KPD eine öffentliche Versammlung abhalten, und die sozialdemokratische paramilitärische Organisation »Reichsbanner Schwarz-Rot-Gold« beabsichtigte, vollzählig durch die Straßen zu marschieren. Trotz der explosiven Situation hielt es der Polizeipräsident von Kassel, der ehemalige Anwalt Dr. Hohenstein, nicht für nötig, die öffentlichen Versammlungen zu verbieten. Die lokale KPD-Führerschaft hatte ihn wissen lassen, daß sie die nationalsozialistischen Aktivitäten nicht stören wollte. Das Reichsbanner sollte aufgehalten werden, aber es stellte sich heraus, daß dies nicht möglich war, da die Vorbereitungen der Organisation schon zu weit fortgeschritten waren. Schon am 17. Juni hatte die Kasseler Polizei die Nachricht erhalten, daß die Kommunisten NSDAP-Plakate heruntergerissen oder beschmiert hatten und daß sie die Absicht hegten, in der Nacht vom 17. auf den 18. Juni dies noch systematischer zu tun. Daraufhin gab der Polizeikommandeur von Kassel, der sozialdemokratische Oberstleutnant Schulz, den Befehl, die Plakate zu schützen. Doch am nächsten Tag konstatierte Schulz bei einer Polizeioffizierskonferenz, daß die Unruhestifter, gegen die die Polizei vorgehen müßte, nur die Nationalsozialisten wären. »Die Aktion vom heutigen Tage richtet sich gegen die Nationalsozialisten.«[90] Außerdem ordnete er an, daß die Nationalsozialisten außerhalb ihrer Versammlungsorte oder wenn sie in geschlossener Formation marschieren würden, weder Stöcke noch Uniformen tragen durften, weder weiße noch braune Hemden. Als einer seiner Untergebenen einwarf, es wäre wohl kaum ein Vergehen, ein weißes Hemd zu tragen, wies Schulz dieses Argument zurück.[91] Als Schulz nach dem Mittagessen durch die Stadt fuhr, beobachtete er eine wachsende Zahl uniformierter Mitglieder des Reichsbanners. Er befahl seinen Leuten, sie gewähren zu lassen. Außerdem erteilte er den Befehl, nicht mehr einzuschreiten, wenn nationalsozialistische Plakate von den Wänden gerissen würden. Den Polizeioffizieren wurde befohlen, gegenüber den Kommunisten human und »großzügig«[92] zu verfahren, da sich die Aktion nur gegen die Nationalsozialisten richte.[93]

Um acht Uhr abends hatten sich 1000–1500 Menschen vor dem Restaurant »Stadt Stockholm« eingefunden, in dem die NSDAP eine ihrer Versammlungen abhielt. Die Hälfte waren Kommunisten, die in geschlossener Formation erschienen waren, »Nieder mit den Faschisten!« schrien und dann in der Menge untertauchten. Der Protest gegen die NSDAP-Versammlung nahm so lautstarke Formen an, daß die Fenster des Restaurants geschlossen werden mußten.[94] Die Situation wurde sehr bedrohlich, und Polizeihauptmann Acker erklärte Schulz, er würde jede weitere Verantwortung ablehnen, wenn die Menge nicht auseinandergetrieben würde. Daraufhin gab Oberstleutnant Schulz den Befehl, »vorsichtig« zu räumen.[95] Man teilte Acker nur fünfzig Polizisten zu, denen es gelang, die Leute fünfzehn bis fünfzig Meter zurückzudrängen. Nach Schulz' Ansicht reichte dies aus, um einen Angriff auf das Restaurant »Stadt Stockholm« zu verhindern[96]; und er zog vierzig Polizisten wieder ab. Acker tat sein Bestes, um die Menge noch weiter zurückzutreiben, aber die Nationalsozialisten beendeten ihre Versammlung vorzeitig und wurden vor dem Restaurant mit drohendem Geschrei empfangen. Schulz ordnete an, daß die Nationalsozialisten das Restaurant nicht geschlossen, sondern einzeln oder in kleinen Gruppen verlassen sollten. Erst als zwei Drittel gegangen waren, gab er Polizeileutnant Hodman den Befehl, die restlichen NSDAP-Mitglieder herauszulassen, da er glaubte, die Gefahr eines Angriffs wäre nun gebannt. In dieser letzten Gruppe von etwa dreißig Leuten befand sich ein Kaufmann namens Messerschmidt. Sobald sie draußen waren, verbot ihnen die Polizei, in geschlossener Formation abzuziehen, was sie geplant hatten, um sich gegebenenfalls wirksam verteidigen zu können. Sie befürchteten, man würde sie angreifen, vor allem, da nun wieder »Nieder mit den Faschisten!« gebrüllt wurde. Einige Nationalsozialisten baten um Polizeischutz auf ihrem Weg durch die Menge. Aber das lehnten die Polizeioffiziere ab. Kommandeur Schulz unterstützte diese Weigerung und erklärte, ein Polizeischutz käme nicht in Frage.[97]

Dann forderten mehrere Nationalsozialisten die Polizei auf, ihnen den sichersten Weg zu zeigen. Einige Polizisten waren dazu bereit, bis ihnen ein höherer Beamter klarmachte: »Sie haben den Leuten nicht zu sagen, wie sie am besten durchkommen; sie mögen sehen, wie sie hier herauskommen.«[98] Das Unvermeidliche geschah: Nicht weit vom Restaurant »Stadt Stockholm« gerieten die Nationalsozialisten in einen Hinterhalt der Kommunisten und des Reichsbanners. Es kam zu einer schweren Schlägerei. Die Polizei griff nicht ein, obwohl sie in der Nähe war.[99]

Die NS-Versammlung im Haus des Evangelischen Vereins verlief ungestört. Sechzig Polizisten waren draußen postiert, sicherten die Straßen in der Umgebung und trieben entstehende Menschenansammlungen rasch wieder auseinander. Gegen elf Uhr abends traf Oberstleutnant Schulz am Schauplatz ein und befahl Hauptmann Paul, dem verantwortlichen Offizier, alle seine Polizisten abzuziehen, Paul protestierte, aber Schulz bestand darauf, daß der Befehl befolgt wurde, ohne seine Entscheidung zu begründen.[100] In der Zwischenzeit waren einige Nationalsozialisten in der »Rathausschenke« eingetroffen. Sie erfuhren dort, einer ihrer Parteigenossen sei von Kommunisten angegriffen, verletzt und danach in ein Haus der Altstadt gebracht worden, das nun von Kommunisten umstellt sei. Daraufhin ersuchten sie die Polizei, ein paar Beamte abzukommandieren, die einige NSDAP-Mitglieder zu jenem Haus begleiten sollten, die den Mann befreien könnten. Die Polizei entgegnete, der Mann solle bis zum Morgen dort bleiben. Mittlerweile waren jedoch sechzehn Nationalsozialisten verletzt und einer, der Kaufmann Messerschmidt, von einem Kommunisten erstochen worden.[101]

Aus diesem Grunde stellte Roland Freisler in der Kasseler Stadtverordnetenversammlung vom 23. Juni 1930 einen Mißbilligungsantrag gegen den Polizeipräsidenten wie auch gegen den Chef der Polizei. In seiner Begründung hatte er ausgeführt, die Augenzeugen hätten die feste Überzeugung gewonnen, das Blut hätte fließen sollen. Der derzeitige Polizeipräsident, der jüdische frühere Rechtsanwalt Dr. Hohenstein, sei gar nicht in der Lage, unparteiisch zu sein, sobald es sich um Nationalsozialisten handle. Nicht die verführten Volksgenossen träfe die Hauptschuld, sondern den jüdischen Polizeipräsidenten und den sozialdemokratischen Oberstleutnant Schulz.[102]

Freislers Interpellation führte zu einem Prozeß, bei dem er wegen seiner Angriffe gegen Schulz angeklagt, jedoch freigesprochen wurde. Allerdings mußte er 300 Mark Strafe wegen übler Nachrede gegenüber Dr. Hohenstein und weitere 100 Mark wegen Hausfriedensbruches bezahlen.

In seiner Anwaltspraxis konzentrierte sich Freisler auf kriminelle und politische Fälle.[103] Bei politischen Prozessen kämpfte er, wie nicht anders zu erwarten, für seine politischen Überzeugungen und die Interessen seiner Partei, ohne ein Blatt vor den Mund zu nehmen; dagegen erwies er sich in unpolitischen Fällen als rücksichtsvoller, höflicher Verteidiger.[104] Seine Arbeitskraft war beinahe unerschöpflich. Während er für die NSDAP tätig war, versäumte er keine einzige Gerichtssitzung, der er beiwohnen mußte.[105]

Neben Frank und Luetgebrune stieg er nun zu einem der Staranwälte der NSDAP auf. Da Hessen eines der wichtigsten Zentren der deutschen Sozialdemokratie blieb, hatte er keinen leichten Stand. Wie der obenerwähnte Fall zeigt, stellten sich die Polizei, die Verwaltung und die Justiz mit aller Entschiedenheit gegen die NSDAP im allgemeinen und gegen Freisler im besonderen; und das war auch einer der Gründe dafür, daß er sich zu einem kompromißlosen Fanatiker entwickelte. Er war das Ziel zahlreicher Presseattacken, wobei die Anklagen von Veruntreuung bis zu persönlicher Bereicherung reichten, aber er gewann alle diesbezüglichen Prozesse.[106]

In der Rückschau ist es doch erstaunlich, daß Freisler keine schnellere und größere Karriere in der NSDAP gemacht hat. Wenn Frank auch als brillanter Jurist galt, so war ihm Freisler durchaus gewachsen, um so mehr, als er seine Ziele in allen Fällen, die er übernahm, systematisch und, wenn es sein mußte, auch skrupellos verfolgte.[107] Er faßte seine Entschlüsse sehr schnell und handelte dementsprechend. Er besaß in hohem Maß die Fähigkeit, abstrakt zu denken, konnte aber rasch zur politischen und juristischen Praxis übergehen, wenn es erforderlich war. Trotzdem erhielt er niemals Zugang zum inneren Kreis der nationalsozialistischen Führung. Vielleicht war Kassel zu weit vom Machtzentrum entfernt. Angeblich war er auch ein guter Freund Georg Strassers, der als Repräsentant des linken NSDAP-Flügels betrachtet wurde.[108] Nur zwei Außenseiter schafften es, in den inneren Kreis einzudringen – Speer und Ribbentrop.[109] Freisler blieb stets am Rand. Vielleicht war er in seinen ersten NSDAP-Jahren in einem wesentlichen Aspekt nicht radikal genug gewesen – hinsichtlich des Antisemitismus. Natürlich machte er dem Antisemitismus Lippenbekenntnisse, aber in seinen Reden erwähnte er die Juden nur selten und beiläufig.[110] Er stand in dieser Beziehung gewiß nicht auf der gleichen Stufe mit Hitler, Streicher, Goebbels und Himmler.

Was vermutlich verhindert hatte, daß er im inneren Kreis Aufnahme fand, mochte auch Franks Karriere beeinträchtigt haben: Beide waren Anwälte, übten also einen Beruf aus, den Hitler verabscheute.[111] Juristen und Ministerialbürokraten, die oft miteinander identisch waren, irritierten Hitler, weil sie so manche seiner phantastischen Pläne durchkreuzten. Andererseits bewunderte er die Landratsverwaltung Friedrichs des Großen, deren Beamte vollausgebildete Juristen waren.[112] Zweifellos entwickelte sich Hitlers Abneigung gegen den Juristenberuf zum Teil während der Weimarer Republik, als es – zum Beispiel in Berlin – möglich war, daß kriminelle Banden ihre Hauptquartiere in Restaurants zwischen Alexanderplatz und Friedrichshain einrichteten und dort Jahresbälle veranstalteten, unbehindert von Polizei oder Justiz.[113]

Hitler konnte sich in regelrechte Haßausbrüche gegen die Justiz hineinsteigern, wenn milde Strafen gegen Verräter oder Frauen- und Kindesmörder verhängt wurden. Das war mit ein Grund, warum Fritz Langs Film »M«, in dem Peter Lorre einen geistesgestörten Kindermörder spielte, seit 1933 nicht mehr aufgeführt werden durfte.[114] Manchmal beschuldigte Hitler die Justiz der Kleinlichkeit, zum Beispiel, wenn ihm ein Fall zu Ohren kam, in dem das Testament einer alten Dame für ungültig erklärt wurde, weil die Ortsangabe nicht mit der Hand geschrieben war.[115]

Der einzige Jurist, den er wirklich respektierte, war Dr. Heinrich Lammers, seit 1922 Ministerialrat im Reichsinnenministerium und von 1933 bis 1945 Chef der Reichskanzlei, zuerst als Staatssekretär und dann als Reichsminister. Nach Hitlers Ansicht wußte Lammers, daß es seine Aufgabe war, »für die Staatsnotwendigkeiten die juristische Untermauerung zu finden«, und er »verwechsle nicht juristische Abstraktionen mit dem praktischen Leben«. »Trotz seiner juristischen Ausbildung« habe sich Lammers »den gesunden Menschenverstand erhalten«.[116]

Einmal stellte er fest, Ribbentrop habe völlig recht, »wenn er auf eine Erneuerung des Auswärtigen Amtes« dränge, denn jedes »im Ausland tätige Mitglied des Auswärtigen Dienstes sei Repräsentant des Deutschen Reichs«. Wenn ein solcher Mann einen Fehler oder ganz einfach nur »einen schlechten Eindruck« mache, »schade das dem Reich«. »Ein Justizbeamter dagegen könne ruhig verrückt sein und entsprechend mehr oder minder viel Unsinn im Dienste anstellen, kein Hahn krähe danach. Geschweige denn habe das Reich davon einen besonderen, nicht wiedergutzumachenden Schaden.«[117]

Hitler faßte seine Ansicht über die Juristen mit der Bemerkung zusammen, sie seien ebenso international wie die Verbrecher, aber nicht so geschickt.[118]

Trotzdem war Hitler stets ängstlich darauf bedacht, seine Aktionen legal abzusichern, vor allem solange Reichspräsident Hindenburg noch lebte. Wie bereits erwähnt, enthielt die Weimarer Verfassung keine Bestimmung, die besagte, daß es ungesetzlich sei, die Verfassung zu ändern oder sogar abzuschaffen – vorausgesetzt, die erforderliche Zweidrittelmehrheit würde sich dafür finden. Außerdem enthielt die Weimarer Verfassung Elemente der plebiszitären direkten Demokratie, z. B. die Wahl des Reichspräsidenten und die Möglichkeit des Volksentscheids sowie der unbegrenzten Verfassungsänderung auf legaler Basis gemäß dem Artikel 76.[119] Und so war Hitlers Ernennung zum Kanzler verfassungsmäßig, sogar verfassungsmäßiger als sämtliche Regierungen, die seit dem Bruch der großen Koalition im Jahr 1930 gekommen und gegangen waren. Der Verfassung nach bedeutete Hitlers Ernennung eine Rückkehr der Regierung zu normalen parlamentarischen Kanälen, wie es in den Artikeln 54 und 32 der Verfassung umrissen war, die besagten, daß der Kanzler und seine Minister das Vertrauen des Reichstags besitzen mußten, um ihre Ämter ausüben zu können. Dieses Vertrauen wurde im Reichstag ausgesprochen, wofür eine einfache Mehrheit notwendig war. Bis zu diesem Punkt verlief alles normal. Die abnorme Situation entstand erst nach dem 23. März 1933, als Hitler durchsetzte, daß das Ermächtigungsgesetz verabschiedet wurde.[120]

In der Zwischenzeit hatten Neuwahlen stattgefunden, und der Reichstag war am 1. Februar 1933 aufgelöst worden. Angesichts der Bürgerkriegsatmosphäre, in der man die zwei Präsidenten- und die beiden Reichstagswahlen von 1932 durchgeführt hatte, war es keineswegs unnatürlich, Notverordnungen zu erlassen, um Exzesse zu verhindern, beziehungsweise einzudämmen. Ein Präzedenzfall war Gröners Verordnung von 1932 – die von Papen noch im selben Jahr widerrufen wurde –, die die paramilitärischen Formationen der NSDAP, SA und SS, verbot. Göring hatte in seiner Funktion als Kommissarischer preußischer Innenminister schon am 30. Januar und noch einmal am 2. Februar eine Verordnung erlassen, die öffentliche kommunistische Demonstrationen verbot.[121] Am 4. Februar folgte eine Notverordnung – basierend auf dem Artikel 48 der Verfassung –, wonach alle öffentlichen Versammlungen von der Polizei gebilligt werden mußten und alle Versammlungen im Freien, die die öffentliche Ordnung und Sicherheit bedrohen könnten, verboten waren. Auch die Pressefreiheit wurde eingeschränkt. Veröffentlichungen, die die öffentliche Sicherheit und Ordnung gefährden konnten, wurden verboten.[122]

Wie im nächsten Kapitel aufgezeigt werden soll, erwarteten die Nationalsozialisten nicht, daß sie unangefochten an der Macht bleiben würden, und sie rechneten fest mit einem kommunistischen Aufstand. Sie nahmen an, daß man sie zu Straßenkämpfen herausfordern würde. Da in der Polizei Preußens in den letzten 14 Jahren die Sozialdemokraten stark an Einfluß gewonnen hatten, gliederte Göring die SA und die SS als »Hilfstruppe« in die preußische Polizei ein.[123] Daß sie dann in »Ausübung ihrer Pflichten« etliche alte Rechnungen beglichen, war zu erwarten. Der Höhepunkt war jedoch erst erreicht, als der Holländer van der Lubbe das Reichstagsgebäude in Brand steckte und die gesamte Inneneinrichtung zerstört wurde.[124] Daraufhin erließ Hindenburg am 28. Februar 1933 die »Verordnung zum Schutze von Volk und Staat«, ebenfalls auf der Grundlage des Artikels 48 der Verfassung, das Produkt einer Ad-hoc-Improvisation und keineswegs das Resultat einer langen Planung.[125] Hitler und seine Anhänger waren fest davon überzeugt, daß der Brand des Reichstagsgebäudes das Signal zu einem kommunistischen Massenaufstand sein sollte.[126)] Die Notverordnungen setzten alle persönlichen Grundrechte der Verfassung außer Kraft[127)] und wurden am 21. März 1933 durch eine »Verordnung des Reichspräsidenten zur Abwehr heimtückischer Angriffe gegen die Regierung der nationalen Erhebung«[128)] ergänzt. Ein Jahr später wurde es noch durch ein »Gesetz gegen heimtückische Angriffe auf Staat und Partei und zum Schutz der Parteiuniformen«, das sogenannte Heimtücke-Gesetz, erweitert.[129)] Obwohl der kommunistische Aufstand niemals stattfand, blieben diese Gesetze bis zum Ende des Dritten Reiches in Kraft.

Offiziell ist die KPD – im Gegensatz zur SPD – nie verboten worden. In Kabinettssitzungen hatte sich Hitler stets gegen solche Bestrebungen gewandt. Obwohl Göring nach dem Reichstagsbrand, die KPD-Reichstagsabgeordneten und -Funktionäre, derer er habhaft werden konnte, verhaften, die »KPD-Lokale« schließen ließ und die kommunistische – sowie die sozialdemokratische – Presse verbot, konnte die KPD noch an der Reichstagswahl vom 5. März 1933 teilnehmen.[130)] Diese Wahl endete mit einer Enttäuschung für die Nationalsozialisten. Die NSDAP errang nicht die angestrebte absolute Mehrheit, sondern nur 43,9 % aller Stimmen, und hatte es einzig ihren DNVP-Verbündeten zu verdanken, daß 52 % der deutschen Bevölkerung die »Regierung der nationalen Erhebung« unterstützten.[131)]

Aus dieser Machtposition heraus brachte Hitler bei der ersten Reichstagssitzung das Ermächtigungsgesetz ein, das ihm für vier Jahre unbegrenzte Vollmachten im Bemühen um die »Behebung der Not von Volk und Reich« geben sollte. Hitler strebte die unbegrenzte Macht in Deutschland an. Das hatte er oft genug ausgesprochen. Er hatte selbst gesagt: »Wir Nationalsozialisten haben niemals behauptet, daß wir Vertreter eines demokratischen Standpunktes seien, sondern wir haben offen erklärt, daß wir uns demokratischer Mittel nur bedienen, um die Macht zu gewinnen, und daß wir nach der Machtergreifung unseren Gegnern alle die Mittel rücksichtslos versagen werden, die man uns in Zeiten der Opposition zubilligt ...«[132)] Im selben Jahr hatte er erklärt: »Für uns ist das Parlament nicht Selbstzweck, sondern ein Mittel zum Zweck. Im Prinzip sind wir keine parlamentarische Partei; denn damit stünden wir im Widerspruch zu unserer ganzen Auffassung. Wir sind zwangsweise eine parlamentarische Partei, und was uns zwingt, solche Mittel anzuwenden, ist die Verfassung.«[133]

Hitler wußte, daß der Artikel 48 der Verfassung auf lange Sicht unzureichend wäre, abgesehen von Hindenburgs Abneigung, ihn weiter zu benutzen. Hitler brauchte einen Blankoscheck. Den konnte er nur aufgrund des Artikels 76 der Weimarer Verfassung erhalten, dem zufolge der Text der Verfassung nur auf legislativem Weg geändert werden konnte und jede Veränderung eine Zweidrittelmehrheit bei einer Reichstagsabstimmung erforderte.

Nur die Sozialdemokraten stimmten am 23. März 1933 gegen das Ermächtigungsgesetz. Selbst wenn die Kommunisten und die verhafteten Sozialdemokraten an der Abstimmung teilgenommen hätten – Hitler hätte seine Zweidrittelmehrheit bekommen.[134] Alle Reichstagsmitglieder, sogar jene, die nicht der NSDAP angehörten, wußten, daß Hitler mit dem parlamentarischen System brechen würde. Sie wußten auch, was das Ermächtigungsgesetz, genannt »Gesetz zur Behebung der Not von Volk und Reich«, das am folgenden Tag in Kraft trat, zu bedeuten hatte. Im Artikel 1 wurde ohne Umschweife festgestellt: »Reichsgesetze können außer in dem in der Reichsverfassung vorgesehenen Verfahren auch durch die Reichsregierung beschlossen werden.«[135] Das Prinzip der Gewaltenteilung wurde ganz offen ignoriert, ebenso die Reichstagsabgeordneten. Und die Männer, die auf diese Weise ignoriert wurden, sanktionierten das Gesetz! Der Artikel 2 besagte, daß die von der Reichsregierung beschlossenen Gesetze auch von der Reichsverfassung abweichen könnten.[136] Praktisch konnte damit gleich neues Verfassungsrecht geschaffen werden. Auf diese Weise wurde der Exekutive uneingeschränkte Macht über die Legislative zugestanden, und das mit verfassungsmäßigen Mitteln.

Über den Druck, der auf die Reichstagsabgeordneten ausgeübt wurde, über die angebliche Atmosphäre des Terrors und der Einschüchterung ist schon viel gesagt und geschrieben worden[137], natürlich hauptsächlich nach 1945. Aber selbst wenn das alles wahr wäre, so bleibt die Frage bestehen, warum die SPD *en bloc* gegen das Ermächtigungsgesetz stimmte, während 82 % der deutschen Berufsparlamentarier Hitler mit Vollmachten ausstatteten, an deren Zweck niemand zweifeln konnte. Hitler äußerte sich in seiner Rede, in der er das Ermächtigungsgesetz propagierte, ganz offen und ehrlich. Er erklärte: »Es würde dem Sinne der nationalen Erhebung widersprechen und für den beabsichtigten Zweck nicht genügen, wollte die Regierung sich für ihre Maßnahmen von Fall zu Fall die Genehmigung des Reichstags erhandeln und erbitten. Die Regierung wird dabei nicht von der Absicht getrieben, den Reichstag als solchen aufzugeben. Im Gegenteil, sie behält sich auch für die Zukunft vor, den Reichstag über ihre Maßnahmen zu unterrichten …« Aufgrund der klaren Regierungsmehrheit sei die »Zahl der Fälle, in denen eine innere Notwendigkeit vorliegt, zu einem solchen Gesetz die Zuflucht zu nehmen, … an sich eine begrenzte. Um so mehr besteht die Regierung auf einer Verabschiedung des Gesetzes. Sie zieht in jedem Falle eine klare Entscheidung vor. Sie bietet den Parteien des Reichstages die Möglichkeit einer ruhigen Entwicklung und einer sich daraus in Zukunft anbahnenden Verständigung. Die Regierung ist aber ebenso entschlossen und bereit, die Bekundung der Ablehnung und damit die Ansage des Widerstandes entgegenzunehmen. Mögen Sie, meine Herren, nunmehr selbst entscheiden über Frieden oder Krieg!«[138]

Dies war deutlich genug, und der sozialdemokratische Abgeordnete Otto Wels, der in seiner Rede die Haltung der SPD verteidigte, wies auf alle Konsequenzen des Gesetzes hin. Danach konnte kein Abgeordneter mehr behaupten, man habe ihm nicht die Augen geöffnet. Wels erklärte, die Regierung habe bei den Wahlen in der Tat eine klare Mehrheit erzielt, aber mit dem Ermächtigungsgesetz strebten die Nationalsozialisten nichts anderes an, als den letzten Schritt in die Richtung zu tun, die zur Auflösung der parlamentarischen Demokratie führte. Dafür konnten seine Partei und die Reichsfraktion der SPD nicht gewonnen werden.[139]

Mit anderen Worten, die Parteien der Weimarer Republik wurden keineswegs durch ein Täuschungsmanöver der Nationalsozialisten beseitigt, sie wurden auch nicht zerschlagen, sie haben sich selbst ihr Grab gegraben. Hjalmar Schacht bemerkte, daß die demokratischen Parteien ohne Notwendigkeit auf ihren parlamentarischen Einfluß verzichtet hätten – »ein Akt politischer Selbstentmannung, unbekannt in der Geschichte der modernen Demokratie«.[140] Die Parteien selbst hatten die Verfassung in jenen Bereichen, die für eine demokratische Struktur entscheidend sind, außer

Kraft gesetzt, ohne dazu gezwungen zu sein. Damit hatten die Parteien freiwillig für ihre eigene Auflösung gestimmt. Die Republik war keineswegs in einem Kampf bis aufs Messer vernichtet worden. Sie hatte nur einige wenige vorbehaltlose Verteidiger und stets eine Menge entschlossener Feinde gehabt. Ihren energischen Kritikern vom linken Flügel mangelte, wie der Schriftsteller Kurt Tucholsky kurz danach zugab, jedes Gefühl für die Grenzen zwischen Veränderung und Zerstörung.[141] Die Republik wurde von Parteien regiert, deren demokratische Loyalität sich auf die Loyalität ihrem eigenen Parteiprogramm gegenüber beschränkte, und manchmal war nicht einmal das der Fall. Weimar starb nicht wegen seiner Feinde, sondern weil es keine echten Freunde besaß, nicht einmal unter den Sozialisten. Es hatte keine Parteien, die den Staat rückhaltlos unterstützten, sondern nur Sargträger. Da das Ermächtigungsgesetz akzeptiert wurde, ist es erwiesen, daß die Parteien der Weimarer Republik fast einmütig der Ansicht waren, das liberale System, von dessen Existenz ihre eigene Existenz abhing, enthalte für die Zukunft keine Möglichkeiten für ein politisches Leben.

Der letzte Akt war beendet, der Vorhang gefallen. Hitler hielt sein Versprechen auf seine Weise – er schaffte nicht den Reichstag »als solchen« ab, er änderte nur seine Zusammensetzung, so daß eine stets willfährige plebiszitäre NSDAP-Versammlung entstand, die von »Zeit zu Zeit« zusammengetrommelt wurde, um über die »Maßnahmen der Regierung« informiert zu werden. Hitler ließ das Ermächtigungsgesetz sogar zweimal vor dem Krieg und einmal während des Krieges erneuern.[142] Er hielt auch sein Wort, daß »Köpfe rollen würden«, wie es die Schaffung des VGH ein Jahr später demonstrieren sollte. Davon wird im nächsten Kapitel die Rede sein.

Schon bevor das Ermächtigungsgesetz verabschiedet wurde, hatte in ganz Deutschland der Prozeß der Gleichschaltung begonnen. Die Länder wurden mit dem Reich »gleichgeschaltet«, jedes unter einem Reichsstatthalter[143], obwohl sich Hitler immer noch für eine gewisse Dezentralisierung aussprach. Deshalb ließ er seinen Gauleitern ziemlich viel Handlungsfreiheit – einer der vielen Aspekte, die aufzeigen, daß das Dritte Reich weit davon entfernt war, ein fester Monolith zu sein. Viel eher war es eine polykratische Struktur, in der Hitler allerdings das letzte Wort hatte. Bis zum Juli 1933 waren alle politischen Parteien außer der NSDAP verschwunden. Und das alles war durch die Handlungsweise des Reichstags möglich geworden. »Gegen einen Ozean pfeift man nicht an«, kommentierte Kurt Tucholsky.[144]

III. Der Nationalsozialistische Staat und das Recht im Jahr 1933

Bevor die Ursprünge des VGH genauer dargestellt werden, ist ein wichtiger Punkt zu erörtern, auf dem die nationalsozialistische Herrschaft in allen Bereichen des Lebens inklusive der Justiz basierte: das nationalsozialistische Führerprinzip. Schon in »Mein Kampf« hatte Hitler die Rolle des Führers hervorgehoben, seine unbegrenzte Macht, die von der kleinsten Gemeinde bis zur Leitung des Reiches reichen müßte.[1] Das Führerprinzip mag keine spezifisch nationalsozialistische Erfindung sein, sondern eher ein Charakteristikum hierarchischer Strukturen. Doch nach 1933 wurde es fast unbemerkt in Deutschland eingeführt, denn der Gedanke einer autoritären Führerschaft war schon vor der Weimarer Republik in Deutschland weit verbreitet.[2] Die Weimarer Republik hatte die Popularisierung dieses Prozesses durch ihre Aktivitäten oder eher noch durch ihre Inaktivität gefördert.[3] Ironischerweise versäumte es Hitler, der stets bestrebt war, eine legale oder pseudo-legale Basis für seine Operationen zu schaffen, das Führerprinzip verordnungs- oder gesetzmäßig zu verankern. Im Parteiprogramm von 1920 ist es ebensowenig enthalten wie in den Gesetzen, die nach 1933 erlassen wurden.[4] Statt dessen konnte es auf der geistigen Militarisierung des deutschen Volkes aufbauen, die sich auf Konservative wie auf Kommunisten erstreckte, auf nichtparteigebundene Jugendverbände wie auf die Hitlerjugend.[5] Indem sich die Nationalsozialisten auf das Führerprinzip bezogen, schlugen sie eine Saite im Herzen des Volkes an, die schon lange existierte. Sie adaptierten sofort das äußere Drum und Dran dieses Prinzips, das Ritual des Führers und seiner »Gefolgschaft«, wie es in den nationalsozialistischen öffentlichen Zeremonien beispielhaft demonstriert wurde, ein Ritual, dem pseudo-religiöse und liturgische Züge hinzugefügt wurden.[6] Schließlich sollte der Führer nicht nur die Lösung, sondern die Erlösung bringen, oder, wie es ein zeitgenössischer Jurist in einem offiziellen Journal formulierte: »Das deutsche Volk ist sich einig darüber, daß es wegen seiner Uneinigkeit einen Führer braucht.«[7]

Das Führerprinzip hatte keine Grundlage im Gesetz oder im Parteiprogramm, es war vage, ambivalent, nicht abgegrenzt und deshalb außerordentlich flexibel, so daß die Macht des Führers keinen gesetzlichen Einschränkungen unterworfen war. Das Führerprinzip wurde zu einem nicht definierten Absolutum.[8] Daraus folgte, daß nicht nur die Führerbefehle Anweisungen waren, die man bedingungslos ausführen mußte, sondern daß auch der Wille des Führers der Leitsatz, der Maßstab für alle Handlungen wurde.[9] Hitler mobilisierte Kräfte im deutschen Volk, die es nie zuvor besessen hatte; sein Appell an das Irrationale führte zu dessen Durchbruch.[10] Manche Nationalsozialisten versuchten, daß Führerprinzip aus historischen Quellen abzuleiten, aus der Entwicklung politischer Ideen seit der Französischen Revolution von 1789.[11] Aber diese offensichtlich rationale Begründung wurde rasch von Schlagworten wie »Volksempfinden«, »Intuition« und so weiter überlagert.[12]

Das bestehende deutsche Verfassungsrecht wurde durch Schlagworte, Postulate und allgemeine Klauseln ersetzt. Die Macht des Führers konnte nur »intuitiv« verstanden werden; legale Begrenzungen wurden übergangen, weil sie der »Tiefe und Breite« des Führerprinzips widersprachen.[13] Liberale abstrakte Gedankensysteme wurden verbannt, und an ihre Stelle traten die »konkreten« Werte der Volksgemeinschaft. Was diese Werte genau waren, blieb undefiniert. Die NSDAP sprach von einer »völkischen Gesamtordnung«[14], aber was das in der juristischen Terminologie bedeutete, blieb offen. Sie sprach auch von einer »völkischen Verfassung«[15], doch diese Verfassung wurde niemals schriftlich festgehalten, denn, wie immer man sie formuliert hätte, es hätte sich nicht vermeiden lassen, daß sie Rechte und Pflichten enthalten und so der Ausübung der Macht Beschränkungen auferlegt hätte. Und um von solchen Beschränkungen frei zu sein, hatte Hitler das Ermächtigungsgesetz gebraucht.

In seiner absolutesten Form sollte das Führerprinzip in der Justiz wirksam werden. So wurde in den ersten Jahren des Dritten Reichs der Grundsatz von der richterlichen Unabhängigkeit nicht formal über Bord geworfen, die Unabhängigkeit wurde nur im nationalsozialistischen Sinne neu definiert. Schon 1933 publizierte Carl Schmitt einen Artikel, in dem er feststellte, daß die Unabhängigkeit der Richter auf ihrer Bindung an das Recht, insbesondere an das Staatsrecht basiere. Ohne diese Bindung würde die Unabhängigkeit der Richter auf Willkürakte hinauslaufen.[16] Das war ein Versuch, die Unabhängigkeit der Richter mit dem Führerprinzip in Einklang zu bringen, der sogar bei NS-Richtern sehr rasch auf Ablehnung stieß. Sie bestanden darauf, die richterliche Unabhängigkeit beizubehalten, während sie diese andererseits auch mit dem Willen des Führers verbanden: »Der Führer ist der höchste deutsche Richter, der deutsche Richter schlechthin.«[17]

In Paragraph 1 des »Gesetzes zur Sicherung der Einheit von Partei und Staat« vom 1. Dezember 1933 hieß es: »Nach dem Sieg der nationalsozialistischen Revolution ist die Nationalsozialistische Deutsche Arbeiterpartei die Trägerin des deutschen Staatsgedankens und mit dem Staate unlöslich verbunden.«[18] Demzufolge beanspruchte die Herrschaft Hitlers und der NSDAP praktisch Unfehlbarkeit in allen ihren Aktionen und in allen Bereichen des Lebens.[19] Deshalb waren, institutionell betrachtet, die politische, die administrative wie die juristische Führerschaft untrennbar miteinander verwoben: an der Spitze der Führer und Reichskanzler, auf unterer Ebene die Personalunion der Ämter von Landrat und Kreisleiter.[20] Der Führerbefehl, von oben erteilt, wurde zum ausschlaggebenden Instrument und Hitler betraute normalerweise einen seiner »alten Kämpfer« mit der Aufgabe, dafür zu sorgen, daß diese Befehle befolgt wurden.[21] Hitlers Gefolgsleute konnten den Beistand der bestehenden Bürokratie verlangen, aber sie konnten auch über diese hinweg handeln.[22]

Organisatorisch wurde die Vorherrschaft der NSDAP über den Staat durch eine Vielfalt von Ämtern etabliert, die Duplikate bereits existierender Staatsinstitutionen darstellten.[23] Die NSDAP stellte klar und eindeutig fest, daß der Staat nur die zweite Position hinter der NSDAP und der nationalsozialistischen Ideologie einnahm,[24] eine Forderung, die sich zum Beispiel im Deutschen Beamtengesetz von 1937 widerspiegelte, in dem der Beamte als Ausführender des Staatswillens, verkörpert in der NSDAP, definiert wird.[25] Der Beamte schuldete dem Führer Loyalität bis in den Tod. Sein ganzes Benehmen sollte sich nach der Tatsache richten, daß die NSDAP, unauflöslich mit dem Volk verbunden, die Trägerin der deutschen Staatsidee sei.[26]

Im Justizbereich stellte das höchste deutsche Gericht, das Reichsgericht, 1939 fest, daß nicht der Staat, sondern das Volk das entscheidende Kriterium wäre.[27] So wurde die NSDAP das primäre Element allen völkischen Lebens und galt als Exempel für den Staat, der erst noch geschaffen werden mußte, während der existierende Staat in seiner gegenwärtigen Form nur als vorübergehendes Gebilde galt. Ämter innerhalb der Bürokratie und der Justiz, Beförderungen – all dies war von der Zustimmung der NSDAP abhängig.[28]

Wie stark die Personalpolitik der deutschen Justiz tatsächlich durch die Anwendung des Führerprinzips beeinflußt wurde, bleibt unklar, solange nicht alle Personalakten zugänglich sind. Heute sieht es so aus, als wäre eine gewisse Kontinuität gewahrt worden, ganz bestimmt an der Spitze.[29] Aber auf der Ebene der Oberlandesgerichte weisen bestimmte Anzeichen darauf hin, daß es einige, wenn auch nicht allzugroße Personalverschiebungen gegeben hat.[30] Soweit irgendwelche Veränderungen registriert werden können, wurden sie im OLG-Bereich vorgenommen. Anscheinend wurden speziell im Justizministerium mehr Beamte versetzt oder pensioniert als Richter oder Staatsanwälte.[31] Man kann daraus den vorsichtigen Schluß ziehen, daß die Richter im wesentlichen ihre berufliche und gesellschaftliche Homogenität beibehielten.[32] Aber trotz dieser Homogenität gab es keine offiziellen Proteste, als jüdische Kollegen entlassen wurden[33]; man protestierte auch nicht gegen die »Reinigungsaktion« vom 30. Juni 1934, die am 3. Juli 1934 *post factum* legalisiert wurde.[34]

Obwohl das Beweismaterial keineswegs ausreicht, gibt es jedoch Anzeichen dafür, daß die Justiz zwischen März 1933 und Juni 1934, u. a. auf die Initiative Hans Franks, gegen diverse SA-Führer, unter ihnen Karl Ernst, wegen illegaler Verhaftungen, fahrlässiger Tötung und sogar wegen Mordes ermittelte. Alle diese Verbrechen waren in den »wilden« SA-Konzentrationslagern begangen worden.[35] Doch ein großer Teil der Beschuldigungen wurde am 30. Juni 1934 erschossen, und die Ermittlungsverfahren wurden kurz danach eingestellt.[36]

Vor 1933 zögerten die Angehörigen der Justiz, der NSDAP beizutreten. Und von den Richtern, die zwischen 1934 und 1941 an den Volksgerichtshof berufen wurden, waren jene, die der NSDAP angehörten, erst nach dem 30. Januar 1933 Parteimitglieder geworden.[37] Aber auch die Richter, die der NSDAP niemals beitraten, bemühten sich, in ihrer Rechtsprechung ihre Loyalität gegenüber dem Regime zu demonstrieren.[38)]

Der Nationalsozialismus verstand sich selbst als höchste Ausdrucksform der Volksgemeinschaft, die er zu führen beanspruchte. Dies war eine umfassende Ablehnung des liberalen Rechtssystems, aller persönlichen Freiheitsrechte und der Rechte, die in der Weimarer Verfassung enthalten waren. Die Frage, über die bis zum Kriegsausbruch pausenlos gestritten wurde, lautete, ob die Weimarer Verfassung nach dem 30. Januar 1933 außer Kraft trat oder ob sie teilweise durch die nationalsozialistische Gesetzgebung, die einer Verfassungsänderung gleichkam, außer Funktion gesetzt wurde.[39)] Eine solche Gesetzgebung war zum Beispiel die Aufhebung der bürgerlichen Grundrechte als Folge des Reichstagsbrandes. Die Nationalsozialisten ließen keinen Zweifel darüber aufkommen: »Die heutige Gesetzgebung hat nur aus Gründen der äußeren Ordnungsmäßigkeit und Ruhe ... sich eines formellen Verfahrens der Weimarer Reichsverfassung bedient; aber sie leitet ihre Rechtfertigung nicht aus ihr her.«[40)]

Die Verfassung und die Rechtsgrundsätze, die darauf basierten, seien von der Volksgemeinschaft und der nationalsozialistischen Weltanschauung überwunden worden. So wurde 1935 in Hamburg in einem Prozeß gegen Zeugen Jehovas die Gültigkeit der Weimarer Verfassung negiert und auf ihre Unvereinbarkeit mit dem nationalsozialistischen Staatskonzept hingewiesen.[41)] Die Aufhebung und Änderung der Verfassung durch die Justiz wurde für zulässig erklärt.[42)] Einige Richter gingen sogar so weit, das NSDAP-Parteiprogramm als gesetzliche Grundlage ihrer Argumentation zu betrachten[43)], was sogar Hitler persönlich eher widerstrebte. Und Carl Schmitt bemerkte 1934, es sei »also ganz selbstverständlich, daß jede weitere Erklärung der Frage des Verfassungsbaues mit dem einfachen Satz beginnen muß: Die Weimarer Verfassung gilt nicht mehr.«[44)]

Dieser Standpunkt war *de facto* korrekt. Das Gesetz, das die Errichtung des Volksgerichtshofs betraf, befand sich bereits außerhalb des Verfassungsrahmens[45)], ebenso die Gesetzgebung, die die Niederschlagung des »Röhm-Putsches« post factum rechtfertigte[46)], sowie die darauf folgenden Gesetze, die es deutschen Anwälten verboten, »Nichtarier« vor deutschen Gerichten zu vertreten[47)], und die sich auf Zigeuner erstreckten.[48)] Sobald der Krieg gegen Polen begonnen hatte und Polen besetzt war, galt dieses Verbot zwar nicht formal für die Polen, doch die Anwälte wurden angewiesen, »sorgfältige Abwägung der Interessen der Volksgemeinschaft« auszuüben »und größte Zurückhaltung« walten zu lassen.[49] Das nationalsozialistische Führerprinzip überging und ersetzte alle rechtlichen Einschränkungen; und wenn das Dritte Reich länger bestanden hätte, als es der Fall war, wäre letztlich ein vollständiges Chaos in allen Bereichen des Rechts enstanden, es sei denn, man hätte ein neues verfassungsmäßiges Rahmenwerk geschaffen.

All das konnte am 30. Januar 1933 nicht direkt vorausgesehen werden, als Hitler und sein Kabinett vereidigt wurden. Immerhin gab es damals außer Hitler nur noch zwei Nationalsozialisten in der Reichsregierung – Göring und Frick. Die Kontinuität schien dadurch gesichert zu sein, daß man viele Mitglieder der vorangegangenen Papen- und Schleicher-Kabinette in das Kabinett aufnahm. Der Reichsjustizminister, Dr. Franz Gürtner, bekleidete seine Position seit 1932. Er war kein Mitglied der NSDAP, sondern fühlte sich sehr stark zu Hugenbergs DNVP hingezogen. Während Hitlers Putsch und seines Prozesses 1923/24 war er bayerischer Justizminister gewesen. Und daß Hitler nicht als unerwünschter Ausländer aus Deutschland ausgewiesen worden war, war gleichermaßen auf Gürtners Intervention zurückzuführen wie auf die Weigerung der österreichischen Behörden, den mittlerweile staatenlosen Hitler aufzunehmen.[50] Gürtner sorgte auch dafür, daß Hitler vorzeitig aus der Haft in der Festung Landsberg entlassen wurde, und ermöglichte es ihm, 1925 die NSDAP neu zu gründen und die Parteizeitung, den »Völkischen Beobachter«, wieder herauszugeben.[51]

Außerdem schien die Kontinuität noch durch Franz Schlegelberger gewahrt zu sein, seit 1931 Staatssekretär im Reichsjustizministerium. Er war Experte für Zivil- und Handelsrecht, im Bereich des Strafrechts jedoch weniger versiert. In Hitlers Augen war der kleinwüchsige Schlegelberger die Personifizierung des verknöcherten Juristen, den er aus tiefstem Herzensgrund verabscheute.[52] Trotzdem leitete Schlegelberger nach Gürtners Tod im Jahre 1941 das Justizministerium kommissarisch, bis im August 1942 ein Nachfolger, Otto Thierack, ernannt wurde.[53]

Neu andererseits war die Berufung Roland Freislers.[54] Im Februar 1933 wurde Freisler zum Ministerialdirektor im preußischen Justizministerium unter der Leitung des Ministers Dr. Hans Kerrl ernannt.[55] Zu dieser Zeit befaßte sich Freisler mehr mit dem Prozeß der Gleichschaltung in Kassel als mit seinen Beamtenpflichten in Berlin. Zusammen mit den lokalen Mitgliedern der NSDAP besetzte er das Kasseler Rathaus; das gleiche sollte mit dem Kasseler Oberlandesgericht geschehen.[56] Aber Dr. Anz, der Gerichtspräsident, überredete Freisler, von dieser Maßnahme Abstand zu nehmen, da es dem Ruf eines preußischen Ministerialdirektors wohl kaum zuträglich sein könnte, an »pöbelhaften Handlungen« teilzunehmen. Freisler sah das ein, hißte aber unter dem frenetischen Applaus der Zuschauer eine Hakenkreuzfahne über dem Haupteingang des Gerichtsgebäudes.[57]

Trotz aller Meinungsverschiedenheiten, hauptsächlich auf politischem Gebiet, hatten sich Anz und Freisler stets gegenseitig respektiert. Freisler hatte immer Anz' unerschütterliche Integrität und Unparteilichkeit – sogar in Fällen, in denen es schwierig war, unparteiisch zu bleiben – geachtet. Und Anz wußte Freislers messerscharfen Verstand zu schätzen.[58] Und so setzte Freisler, nachdem man ihn am 1. Juni 1933 zum Staatssekretär im preußischen Justizministerium ernannt hatte, seinen ganzen Einfluß ein, um zu erreichen, daß auch Anz befördert und nach Berlin versetzt würde.[59] Aber die Macht des neuen Staatssekretärs war noch zu gering, um die Bedenken der NSDAP zu beseitigen, die an der Spitze des Berliner Kammergerichts keinen Mann sehen wollte, der weder der Partei noch einer ihrer Organisationen angehörte.[60] Ein Dreivierteljahr später, am 1. April 1934, wurde Freisler zum Staatssekretär im Reichsjustizministerium ernannt, wo er offenbar seinen Kollegen Schlegelberger im Auge behalten und dessen angeblich übertriebene Paragraphenreiterei eindämmen sollte.[61]

Nach außen hin war also die Kontinuität eine Zeitlang gewahrt. Doch Hitler hatte schon 1928 die Idee entwickelt, die Justizorganisationen zu unterwandern und in diesem Bereich NSDAP-Mitglieder zu werben. Im Oktober 1928 hatte er die Gründung des »Bundes Nationalsozialistischer Deutscher Juristen« (BNSDJ) unter der Leitung Hans Franks gebilligt.[62] Aber es war anscheinend schwierig, namhafte Juristen für den Bund zu gewinnen. Ein Jahr nach seiner Gründung hatte er nur dreißig Mitglieder; doch gegen Ende 1930 war ihre Zahl auf 233 gestiegen.[63] Auch die Wirtschaftskrise hinterließ ihre Spuren, und 1932/33 konnte der BNSDJ auf 1347 Mitglieder verweisen, vor allem junge Anwälte.[64] Die Richter hielten auf Distanz, soweit es die Mitgliedschaft in dieser Organisation betraf; doch dies läßt keine Schlüsse hinsichtlich der Frage zu, wem die Sympathien vieler Richter galten. Nach den Märzwahlen 1933 setzte der große Ansturm auf die Mitgliedschaft beim BNSDJ ein; und im Dezember 1933 zählte er über 80 000 Mitglieder. Als Frank am 22. April 1933 zum »Reichskommissar für die Gleichschaltung der Justiz in den Ländern und für die Erneuerung der Rechtsordnung« berufen wurde, unterstellte er umgehend die bestehenden Berufsorganisationen der Justizbeamten und Anwälte dem BNSDJ.[65]

Das »Gesetz zur Wiederherstellung des Berufsbeamtentums« vom 7. April 1933[66] schaltete jüdische Richter durch Zwangspensionierung aus und schränkte die Tätigkeit jüdischer Anwälte an deutschen Gerichten ein. Die Beschränkung der Zahl der Anwälte war auch durch ihre Überzahl bedingt, die sich zwischen 1931 und 1933 gebildet hatte.[67] 1933 gab es allein in Preußen 18 038 Rechtsanwälte und Notare. Diese Zahl wurde einerseits durch den »Arierparagraphen« und andererseits durch weitere legislative Diskriminierungen der Juden auf 5424 reduziert.[68] Die noch verbliebenen jüdischen Anwälte durften vor Gericht nur jüdische Klienten vertreten. Die jüdischen Richter, die man im Amt belassen hatte, wurden von Freisler von den städtischen Zentren aufs Land versetzt, bis die Nürnberger Gesetze von 1935 auch dieser Praxis ein Ende setzten.[69]

Das bedeutendste Ereignis im Zusammenhang mit der Gründung des VGH war der Reichstagsbrand. Es kann nicht Aufgabe dieser Abhandlung sein, ausführlich auf die diesbezüglichen Kontroversen einzugehen. Nach der wohlüberlegten Ansicht des Verfassers sind die Ergebnisse, die Fritz Tobias und Hans Mommsen erzielt haben, schlüssig.[70] Die Situation war im Grunde sehr einfach. Wie bereits erwähnt, rechneten die Nationalsozialisten nicht damit, daß sie die Macht unangefochten erlangen und behalten würden. Sie waren davon überzeugt, daß es zu einem kommunistischen Aufstand kommen würde, und der Reichstagsbrand schien das Signal dafür zu geben. Als kein solcher Aufstand stattfand, glaubten sie jedoch immer noch nicht, daß nur ein Mann, ganz allein auf sich gestellt, das Reichstagsgebäude in Brand gesteckt haben konnte – eine Ansicht, die von den Kommunisten geteilt wurde.

Obwohl Alfred Hugenberg, der Wirtschaftsminister und, zumindest oberflächlich betrachtet, Deutschlands Wirtschaftsdiktator, in der Kabinettssitzung am 30. Januar und – in den nächsten Wochen – auch Göring und Frick ein Verbot der KPD befürworteten, schreckte Hitler vor diesem Schritt zurück, und zwar mit dem Argument, er befürchte bei einem Verbot schwere innenpolitische Kämpfe und einen Generalstreik.[71] Sogar nach dem Reichstagsbrand sprach er sich noch gegen ein offizielles Verbot aus.[72] Erst im Frühsommer 1933 kam es dann zu einem offiziellen Verbot der SPD – nicht der KPD – und zur Selbstauflösung der bürgerlichen Parteien.[73] Statt eines Verbots der KPD wurden, praktisch auf einer Ad-hoc-Basis, am 28. Februar 1933 zwei auf dem Artikel 48 der Weimarer Verfassung basierende Notverordnungen erlassen.[74] Diese Verordnungen galten bis 1945 und hießen offiziell: »Verordnung des Reichspräsidenten zum Schutze von Volk und Staat« und »Verordnung des Reichspräsidenten gegen Verrat am Deutschen Volke und hochverräterische Umtriebe«. In der Kabinettssitzung vom 28. Februar erklärte Hitler, nun sei der psychologisch richtige Augenblick gekommen, um endgültig mit den Kommunisten abzurechnen.[75] Er meinte, das Reichstagsgebäude müsse unverzüglich wieder aufgebaut werden und veranschlagte für die Bauarbeiten einen Zeitraum von zwei Jahren. Göring führte aus, die bisherigen Ermittlungen wiesen darauf hin, daß van der Lubbe von mindestens 6 bis 7 Helfern unterstützt worden sei, und Frick, der Innenminister, hatte bereits die Verordnung zum Schutze von Volk und Staat entworfen. Diese Verordnung sollte der »Abwehr staatsgefährdender Gewaltakte« dienen. Mit ihr wurden die Verfassungsartikel außer Kraft gesetzt, die die persönliche Freiheit garantierten, die Unverletzlichkeit des Wohnsitzes, das Postgeheimnis, das Recht der freien Meinungsäußerung, das Vereins- und Versammlungsrecht und die Unverletzlichkeit des persönlichen Eigentums.[76] Dadurch wurden entscheidende Hindernisse beiseite geräumt, die einer weiteren restriktiven Gesetzgebung im Weg gestanden hätten.

Weiterhin wurde am 21. März 1933 eine Verordnung zur »Abwehr heimtückischer Angriffe gegen die Regierung der nationalen Erhebung« verkündet[77] und am 20. Dezember 1934 durch ein »Gesetz gegen heimtückische Angriffe auf Partei und Staat und zum Schutz der Parteiuniformen«[78] ergänzt.

Man sorgte auch für eine legale Handhabe, um im Zuge der Gleichschaltung die Landesregierungen auflösen zu können. Außerdem wurde die Todesstrafe für Verbrechen festgesetzt, die man bis dahin nur mit Gefängnisstrafen geahndet hatte, hauptsächlich für Hoch- und Landesverrat – die sogenannte Lex van der Lubbe, denn nur aufgrund dieser rückwirkenden Gesetzgebung, für die die Weimarer Republik mit ihrem »Gesetz zum Schutz der Republik« im Jahre 1922 einen Präzedenzfall geschaffen hatte, konnte van der Lubbe zum Tod verurteilt werden.[79] Die diesbezügliche »Verordnung des Reichspräsidenten gegen Verrat am deutschen Volke und hochverräterische Umtriebe« vom 28. Februar 1933 ließ bei großzügiger Interpretation Massenverhaftungen und Einschüchterungen zu. Am 29. März 1933 folgte das »Gesetz über Verhängung und Vollzug der Todesstrafe«, das die Todesstrafe, die in der »Verordnung des Reichspräsidenten zum Schutze von Volk und Staat« angedroht worden war, rückwirkend für alle Kapitalverbrechen, begangen zwischen dem 31. Januar 1933 und dem 28. Februar 1933 festsetzte. Außerdem erlaubte das Gesetz die Vollstreckung der Todesstrafe durch Erhängen statt Enthaupten.[80]

Teilweise erfüllte die Gesetzgebung gegen Hochverrat auch die Forderungen der Reichswehr.[81] Die Besetzung des linken Rheinufers und die Aktivitäten der alliierten Kontroll- oder Überwachungsorgane hatten in Deutschland ihre Spuren hinterlassen. Die Spionagetätigkeit innerhalb Deutschlands ging vor allem von der Sowjetunion sowie von Frankreich, Polen und der Tschechoslowakei aus.[82] Die neuen Gesetze gestatteten der deutschen Abwehr ein aktiveres, offensives Vorgehen, während die schweren Strafen für einen Rückgang der Spionagetätigkeit sorgen sollten. Die Einführung der Todesstrafe spielte eine dominierende Rolle, während für jede Art von verräterischen Umtrieben, wozu auch das Verbreiten falscher Gerüchte und Nachrichten zählte, Zuchthausstrafen drohten. Die Handlungsfreiheit der deutschen Regierung im Inneren nahm praktisch unbegrenzte Formen an. Und die Handlungsfreiheit der Polizei wurde nicht mehr durch gerichtliche Kontrollen behindert.[83]

Doch die Regierung mußte sich noch mit dem Prozeß gegen die Angeklagten auseinandersetzen. Außer Marinus van der Lubbe waren auch Ernst Torgler, der Vorsitzende der KPD-Fraktion im Reichstag, und der Leiter des westeuropäischen Büros der Komintern, Georgi Dimitroff, sowie seine bulgarischen Freunde Blagoi Popoff und Wassilij Taneff angeklagt worden. Für die Nationalsozialisten erwies sich der Prozeß als äußerst peinlich.[84] Alle Angeklagten außer van der Lubbe mußten freigesprochen werden; van der Lubbe wurde zum Tod verurteilt.[85] Das Urteil, am 23. Dezember 1933 verkündet, zeigte jedoch, daß das Reichsgericht, der oberste deutsche Gerichtshof, seine Integrität gewahrt hatte – so peinlich der Prozeß für die Nationalsozialisten auch gewesen sein mochte – und sich von der Propaganda und dem Druck der Nationalsozialisten nicht hatte beeindrucken lassen.

Die Kritik von seiten der NSDAP, mit der die Mitglieder des Reichsgerichts rechneten, ließ nicht lange auf sich warten. Vor allem Hans Franks Journal »Deutsches Recht, Zentralorgan des Bundes Nationalsozialistischer Deutscher Juristen« verdammte den Richterspruch als »glattes Fehlurteil«.[86] Hitler erklärte 1942, daß der Reichstagsbrand den Ruf der NSDAP in den Augen der deutschen Öffentlichkeit schwer hätte schädigen können.[87] Aus diesem Grund sei er am 28. Februar 1933 um zwei Uhr morgens zur Berliner Redaktion des »Völkischen Beobachters« gefahren, wo er feststellte, daß die Morgenausgabe nur eine zehnzeilige Notiz über das Ereignis enthalten sollte. Gemeinsam mit Goebbels habe er sich an die Arbeit gemacht und Artikel und Berichte über die Brandkatastrophe geschrieben, die dann die ganze erste Seite einnahmen. Aber was er so rasch zustande gebracht habe, so etwas sei den ungeschickten Richtern des Reichsgerichts offensichtlich nicht möglich gewesen. Der Prozeß habe sich statt dessen über Wochen hingeschleppt und mit einem lächerlichen Ergebnis geendet. Hitler bezeichnete in diesem Zusammenhang die Richter als »vertrottelt«.[88] Auf Partei- und Kabinettsebene begann man über einen speziellen Gerichtshof nachzudenken, der sich ausschließlich mit Verratsfällen befassen sollte; und diese Überlegungen gipfelten in einer Ministerbesprechung am 23. März 1934, an der außer Hitler u. a. auch Frick, Gürtner, v. Blomberg, Göring und Röhm teilnahmen.[89] »Die Besprechung ergab Übereinstimmung dahin, daß die Aburteilung von Hoch- und Landesverratssachen einem besonderen Volksgerichtshof übertragen werden solle. Der Gerichtshof soll aus zwei rechtskundigen Richtern und drei Laienrichtern bestehen. Die letzteren sollen für einen längeren Zeitraum ernannt werden. Der Reichsminister der Justiz wird den entsprechend abgeänderten Gesetzentwurf vorlegen.«[90]

Das Reichsgesetz, Deutschlands höchste Berufungsinstanz, erfülle andere Funktionen als jene, die für den Volksgerichtshof vorgesehen seien, und es solle sich deshalb nicht mehr mit Verratsfällen befassen.[91] Am 24. April 1934 wurde der Volksgerichtshof offiziell gegründet.[92] Anderthalb Jahre später kommentierte Wilhelm Weiß, stellvertretender Hauptschriftführer des »Völkischen Beobachters« diese Vorgänge: »Aus guten Gründen hat daher der nationalsozialistische Staat nach der Machtübernahme für die Aburteilung der schwersten Straftaten, die es auf dem politischen Gebiete gibt, einen besonderen Gerichtshof gebildet. Wer die Spruchpraxis der deutschen Gerichte vor der Machtübernahme auf diesem Gebiet kennt, kann am besten die Notwendigkeit des Volksgerichtshofs ermessen. Man wende nicht ein, daß Hoch- und Landesverrat ja auch schon vor dem 30. Januar 1933 zur Zuständigkeit des höchsten deutschen Gerichtes, des Reichsgerichtes in Leipzig, gehörten. Die Verfahren, die vor diesem Gericht anhängig waren und durchgeführt wurden, *konnten* gar nicht zu einem in nationalpolitischer Hinsicht befriedigenden Ergebnis führen; denn auch das Reichsgericht war in seiner Arbeit und in seiner Tendenz abhängig von der allgemeinen politischen und geistigen Grundhaltung, die im demokratischen Staat von Weimar herrschte. Ein Landesverratsverfahren in Leipzig war in der Regel eine Affäre, die sofort zu parlamentarischen Auseinandersetzungen im Reichstag führte, und nebenher eine schamlose Hetze der Journaille gegen alle auslöste, die den bescheidenen Versuch wagten, das Reich wenigstens vor den allergemeinsten Verrätereien zu schützen ...

Diese Rechtsunsicherheit, die vor der nationalsozialistischen Machtübernahme allenthalben herrschte, ist im übrigen auch ein Beweis dafür, daß ein Staat durch den toten Buchstaben der Gesetzesparagraphen allein niemals wirksam geschützt werden kann, wenn nicht das Gesetz im Einklang steht mit einer klaren politischen Idee ... In diesem Sinne ist der Volksgerichtshof für das Deutsche Reich eine organische Schöpfung des nationalsozialistischen Staates. Denn er ist Ausdrucksform nationalsozialistischer Grundauffassungen auf dem Gebiet der Rechtsprechung.«[93] Ein anderer nationalsozialistischer Kommentator betonte, der Volksgerichtshof solle kein Revolutionstribunal sein.[94]

Das Gesetz, durch das der VGH gebildet wurde, bestimmte Berlin zu dessen Sitz. Ursprünglich hatte er, wie das Reichsgericht, fünf Richter, bei kleineren Verhandlungen drei, einschließlich des Vorsitzenden. Das Kabinett entschied jedoch, daß nur der Vorsitzende und ein Hilfsrichter Berufsrichter sein müßten. Drei Laienrichter sollten ehrenamtlich berufen werden und brauchten keine juristische Ausbildung zu haben. Die Mitglieder des VGH sollten auf Vorschlag des Justizministers für einen Zeitraum von fünf Jahren vom Reichskanzler ernannt werden.[95] Für das Reichsgericht wurden die Richter vom Reichsrat vorgeschlagen, eine Praxis, die 1934 aufgegeben wurde, nachdem der Reichsrat per Gesetz »aufgehoben« worden war.[96] Auch die Ermittlungsrichter sollten berufen werden und dann ein Jahr lang im Amt bleiben. Wie oder von wem die Ermittlungsrichter ernannt werden sollten – darüber sagte das Gericht nichts aus. In der Praxis wurden die Ermittlungsrichter des Reichsgerichts oft zum VGH abgestellt.[97] Kein Richter durfte eine Berufung an den VGH ablehnen.[98] Dies traf auf alle Richter an den Amts-, Land- und Oberlandesgerichten zu.[99]

Der Präsident des VGH konnte am Gericht mehrere Senate bilden, die Aufgaben des Gerichts den einzelnen Senaten zuweisen und diese mit Berufs- sowie Laienrichtern besetzen.[100] Der Justizminister mußte für den Präsidenten des VGH einen permanenten Stellvertreter ernennen, eine Regel, die dazu führte, daß 1938 das Amt eines Vizepräsidenten eingerichtet wurde.[101] Weitere Erlasse und Verordnungen ermächtigten den Präsidenten des VGH dazu, VGH-Verhandlungen auch in anderen Teilen Deutschlands, außerhalb von Berlin, durchzuführen. Und um keinen Zweifel an der Bedeutung des VGH aufkommen zu lassen, gestattete man den VGH-Richtern im Jahre 1936 rote Roben zu tragen –, ein Privileg, das man zuvor nur den Richtern des Reichsgerichts zugestanden hatte.[102] Der erste Sitz des VGH war das Gebäude des aufgelösten preußischen Landtags in der Berliner Prinz-Albrecht-Straße. Im Mai 1935 übersiedelte der VGH in die Bellevuestraße 15, wo er tagte, bis das Gebäude im Februar 1945 ausgebombt wurde.

Danach zog er nach Potsdam und schließlich nach Bayreuth.[103] Am 14. Juli 1934 wurde der VGH in Anwesenheit Gürtners, der auch die Richter vereidigte, offiziell eröffnet.[104] Die ersten Sitzungen wurden am 1. August 1934 abgehalten.[105]

Anfangs wurde der VGH nicht im Haushalt des Reiches berücksichtigt, und das bedeutete, daß jeder Richter des VGH von einem anderen Gerichtshof abgestellt werden mußte und daß sein Gehalt seinen normalen Aufgaben entsprach. Das Justizministerium unternahm große Anstrengungen und bemühte sich immer wieder um einen Platz im Reichshaushalt für den VGH, was das Finanzministerium jedoch stets ablehnte.[106] Das veranlaßte Gürtner, das Gesetz, durch das der VGH gebildet worden war, neu zu fassen. Nun sollten die Richter nicht mehr, wie ursprünglich vorgesehen, für fünf Jahre, sondern auf Lebenszeit berufen werden. In dieser Position sollten sie auch mit den Richtern des Reichsgerichts ausgewechselt werden können. Und so wurde am 18. April 1936 ein neues Gesetz über den VGH erlassen, das den VGH in eine permanente Institution mit einem Präsidenten, mit Senatspräsidenten und Berufsrichtern umfunktionierte.[107] Alle ständigen Mitglieder des VGH mußten voll ausgebildete Berufsrichter und mindestens 35 Jahre alt sein. Nur die ehrenamtlichen Laienrichter wurden weiterhin für fünf Jahre berufen.[108]

Im Justizminsiterium war es Staatssekretär Roland Freisler, der sich mit dem größten persönlichen Einsatz um die Etablierung und Konsolidierung des VGH bemühte.[109] Er wollte den VGH nicht nur als Parallele zum Reichsgericht sehen, sondern als Deutschlands oberstes Gericht.[110] Deshalb konnte ihn das Arrangement von 1936 nicht ganz zufriedenstellen.[111] In einem seiner vielen Artikel wies er mit großem Nachdruck auf die Notwendigkeit hin, eine neue Geisteshaltung gegenüber den fundamentalen Fragen einzunehmen, die das deutsche Volk betrafen. Nur wenn sich diese Haltung ändere, könne man mit einigen Erfolgsaussichten daran gehen, das deutsche Recht zu reformieren. Die Machtübernahme durch die Nationalsozialisten erlaube, daß solche Veränderungen vorgenommen werden können. Gemeinsame Entscheidungen und Mehrheitsbeschlüsse in den Gerichten könne man durch das nationalsozialistische Rechtskonzept ersetzen, mit klar definierten Verantwortlichkeiten für die zu treffende Entscheidung, und das für alle Phasen der gesamten Arbeit, die zu der Entscheidung führten. Das unverrückbare Prinzip, das jedem Beschluß zugrunde liegen müßte, sei die »Verantwortung durch das Führerprinzip«.[112] Danach schilderte Freisler die Arbeit, die der VGH bis dahin geleistet habe, hob die schnelle, prompte Verfahrensweise der VGH-Senate hervor, ebenso die großen Vorteile, die dem VGH dadurch erwüchsen, daß die Verurteilten keine Berufung gegen seine Urteile einlegen könnten. Er sei das Gericht der ersten und letzten Instanz.[113]

Zu der Zeit, als dieser Artikel geschrieben wurde, hatte der VGH noch immer keine Berücksichtigung im Reichshaushalt gefunden, ein Mangel, den Freisler heftig kritisierte. Er verglich in diesem Zusammenhang die Funktionen des VGH mit jenen des Reichsgerichts[114] und lehnte es ab, den VGH nur als vorübergehende Institution zu betrachten. Außerdem beklagte er, daß man noch immer nicht bestimmt habe, welches denn nun das übergeordnete Gericht sei, das Reichsgericht oder der VGH. Er deutete an, man könne auf das Reichsgericht verzichten, wenn innerhalb des VGH ein Sondersenat geschaffen werde, der sich mit Berufungen und Revisionen befassen müßte. Dadurch würde man den VGH in die höchste Position setzen, die er erreichen könne, die Position des Reichsstrafgerichts.[115] Die Entwicklung würde bereits in diese Richtung führen; es sei nur noch zu kritisieren, daß die Gerichte, die Strafrechtsfälle behandelten, noch nicht dem Weg folgten, den der Volksgerichtshof ihnen vorgezeigt habe.[116]

Der erste vorläufige Präsident des VGH war Dr. Fritz Rehn, der aber schon am 18. September 1934 starb.[117] Hans Frank schlug in einem Schreiben an Hitler vom 8. Oktober 1934 seinen eigenen Kandidaten für das Amt des Präsidenten des VGH vor, den Wuppertaler Rechtsanwalt Hermann Schorer, Generalinspekteur des BNSDJ und »alter Kämpfer«. Hitler ging aus unbekannten Gründen auf diesen Vorschlag nicht ein.[118] Danach blieb der Präsidentenposten für fast zwei Jahre vakant, und die Geschäfte des Präsidenten wurden vom dienstältesten Senatspräsidenten geführt. Erst am 1. Juni 1936 wurde Dr. Otto Georg Thierack zum Präsidenten des VGH ernannt.[119] Thierack, 1889 geboren, im selben Jahr wie Hitler, hatte seine juristische Karriere 1921 als Staatsanwalt in Sachsen begonnen. Er gehörte zu den wenigen etablierten Juristen, die der NSDAP schon vor 1933 beigetreten waren. Nach dem 30. Januar 1933 war er sächsischer Justizminister geworden. 1935 beförderte man ihn zum Vizepräsidenten des Reichsgerichts und ein Jahr später zum Präsidenten des VGH.[120] Gürtner kam nicht sonderlich gut mit Thierack aus, da dieser im Umgang mit anderen Menschen keineswegs offenherzig und geradlinig war.[121] Auch Freisler hatte seine Bedenken[122]. Denn obwohl er die Gesetze skrupellos im rein nationalsozialistischen Sinne interpretierte, so war er doch stets bemüht, niemals ertappt zu werden, wenn er die Rechtsgrundlage verließ, während Thierack, wie die Affäre Elias beweisen wird, nicht davor zurückschreckte, die Gesetze zu umgehen und seine persönlichen Ziele mit brutaler Gefühlskälte zu verfolgen.[123]

Die Laienrichter waren höhere Funktionäre der NSDAP und ihrer Formationen sowie Offiziere der drei Wehrmachtteile. Es war wünschenswert, daß sie eine gewisse Erfahrung im Umgang mit subversiven, gegen den Staat gerichteten Angriffen hatten. Die Zahl der Laienrichter überstieg jene der Berufsrichter beträchtlich. Bei der Gründung des VGH waren es nur 19 gewesen; aber schon 1935 gab es 43 Laienrichter, eine Zahl, die sich bis 1939 auf 95 erhöhte. 30 davon waren Offiziere der Wehrmacht, 4 Polizeioffiziere, 48 SA-, SS- und NSKK-Führer, dazu kamen noch 13 andere. 1944 war die Zahl der Laienrichter auf 173 angewachsen und setzte sich aus 40 Offizieren der Wehrmacht, 13 Polizeioffizieren, 82 SA-, SS-, NSKK-, und Hitlerjugend-Führern, 10 Arbeitsdienstführern und 28 anderen zusammen, zu denen Mitglieder des politischen Führerkorps der NSDAP und Beamte gehörten.[124]

Das nationalsozialistische Strafrecht stufte den politischen Verbrecher in die unterste Kriminellenkategorie ein. Das Konzept der »politischen Kriminalität« war im deutschen Strafrecht neu und half, die Grenzen zwischen den verschiedenen Verbrechen zu verwischen. Im Vordergrund stand stets der »Feind«, dessen politische Ziele und ideologische Grundsätze dem Nationalsozialismus, dem nationalsozialistischen Staat und damit Deutschland als Ganzem diametral entgegenstanden.[125] Freisler persönlich setzte sich unablässig dafür ein, daß die Gesetzgebung vom Februar und März 1933 gnadenlos angewandt wurde, um politische Gegner auszuschalten. In mündlichen Instruktionen an die Adresse der Staatsanwälte betonte er, es sei die Aufgabe der Justiz, für »die formale Sicherung und unverbrüchliche Garantie der nationalsozialistischen Revolution und Evolution« zu sorgen.[126)] Er legte großen Wert auf die enge Zusammenarbeit zwischen den Staatsanwaltschaften und den Dienststellen der NSDAP.

Freislers Ziel war es – dazu sollte der VGH das Vorbild geben –, schnelle, äußerst strenge Urteile zu fällen. »Binnen vierundzwanzig Stunden ... muß die Anklage erhoben sein, binnen weiterer vierundzwanzig Stunden muß das Urteil da sein, und sofort muß der Verbrecher seine Strafe weghaben ... Die Zeit der mildernden Umstände als Regel muß vorbei sein.«[127)] Obwohl die Kriminalitätsrate in Deutschland zwischen 1933 und 1939 sank, hatte man 1932 in Preußen nur 52 Todesurteile ausgesprochen, 1933 aber bereits 78, 1932 waren 6345 Personen zu Zuchthaus verurteilt worden; 1933 stieg ihre Zahl auf 9661.[128)]

Nach Freislers Ansicht bot die nationalsozialistische Herrschaft eine ideale Gelegenheit, das gesamte deutsche Strafrecht zu reformieren. Zugegeben – es war dringend nötig, das Strafgesetzbuch (StGB) von 1871 zu ändern, da es großteils auf dem preußischen Strafgesetzbuch von 1851 basierte. Man hatte immer wieder Vorbereitungen zu einer Reform getroffen, aber weiter war man nicht gekommen. Die nationalsozialistischen Juristen nutzten nun die Gelegenheit, indem sie unter dem Deckmantel von Reform- und gleichzeitig Kontinuitätsbestrebungen blitzschnell agierten, um die Prinzipien des totalitären Staates zu etablieren, gesetzlich zu verankern und ein Strafgesetzbuch zu entwerfen, das unter anderem auch die nationalsozialistische Herrschaft weiterhin festigen würde. Viele Juristen, die keine Nationalsozialisten waren, vertraten die Meinung, daß eine Reform erforderlich sei, daß sie jedoch eher auf dem Prinzip einer vorbeugenden Gesetzgebung im Geiste eines autoritären Wohlfahrtsstaates beruhen müsse.[129)]

Man begann schon Anfang 1933, an einer Reform des Strafgesetzbuches zu arbeiten. Doch es geschah nichts weiter, als daß ein Beamter des Justizministeriums einen Entwurf vorlegte.[130)] Die Bemühungen um eine Reform hatten eben erst eingesetzt, als sie auch schon dem Konkurrenzkampf zwischen mehreren Behörden zum Opfer fielen. Die bedeutendsten Rivalen waren das Reichsjustizministerium unter Gürtner, das preußische Justizministerium unter Kerrl und Hans Franks neu gegründete »Akademie für Deutsches

Recht« in München.[131)] Während sich Frank zum Beispiel in seine neue Akademie nicht nur repräsentative Persönlichkeiten aus der NSDAP, sondern auch juristische Experten holen wollte, bildeten Gürtner, Kerrl und Freisler ihre eigene Gruppe, die sich aus den Experten ihrer Ministerien zusammensetzte, hauptsächlich aus Richtern und Staatsanwälten.[132)]

Im September 1933 legte der preußische Justizminister eine Denkschrift vor, die Freisler verfaßt hatte. Kerrl versuchte damit, unterstützt von Freisler, die Grundsätze für ein nationalsozialistisches Strafgesetzbuch darzulegen. Dieses solle den »totalen Staat« widerspiegeln, und als Beispiel nannte Freisler das faschistische Italien. Dieser totale Staat solle der Volksgemeinschaft dienen, während die liberale Alternative des Staates, der dem Individuum diene, völlig abgelehnt werde. Die neue Ordnung solle jeden in einen »lebendigen Organismus« integrieren. Diese Reform des Strafrechts solle den Körper des Volkes säubern.

Die Strafen, die von den Gerichten verhängt wurden, sollten nach Kriterien festgesetzt werden, die der inneren und äußeren Sicherheit des Reiches dienten. Es gab danach praktisch nichts mehr, mit dem sich die Gerichte nicht befassen konnten, von »Angriffen auf den Staat« bis zu »Angriffen auf die persönliche Ehre«, die vor den Angriffen auf Leib und Leben und den Angriffen auf die Freiheit rangierten. Landesverrat wurde als das schwerwiegendste Verbrechen eingestuft. Die Gesetze sollten nicht nur eine begangene Tat mit Strafen belegen, sondern auch den Willen und die Absicht, ein Verbrechen zu begehen, und das mit derselben Strenge, als wäre es tatsächlich begangen worden.

Doch das neue Recht sollte auch um spezifische nationalsozialistische Prinzipien erweitert werden. Es sei für den »Schutz von Rasse und Volkstum« da, bekämpfte »Angriffe auf die Rasse«; und es führte neue Begriffe von Verrat wie »Rassenverrat«, Verletzung der Rassenehre und Bedrohung der Rasse. Außerdem sollten Angriffe auf die Existenz der Rasse und die Rassengesundheit bestraft werden, ebenso die Verletzung von religiösen und ethischen Grundsätzen, Angriffe auf die Volksehre und die Bedrohung des Volkseigentums.

Vergehen im wirtschaftlichen Bereich sollten als »Wirtschaftlicher Landesverrat« behandelt werden. Allerdings hatte diese Gruppe von Verbrechen eine Vorgängerin in Brünings Wirtschaftspolitik, die im Zusammenhang mit seiner Deflationspolitik eine ganze Reihe von Strafgesetzen hervorbrachte, die zum Beispiel den Kapitalexport ins Ausland untersagten. Die nationalsozialistische Wirtschaftspolitik übernahm unverändert die Strafbestimmungen von Brünings Gesetzgebung; doch die Strafen, die man für irgendwelche Gesetzesübertretungen verhängte, wurden nun viel strenger, Todesurteile wurden häufiger ausgesprochen, und bei Gefängnisstrafen erhöhte sich das Strafmaß.

Genaugenommen sollte die lebenslängliche Haft möglichst durch die Todesstrafe ersetzt werden, um das deutsche Volk von überflüssigen Essern zu befreien. Politische Vergehen, die in der Weimarer Republik eine Sonderstellug eingenommen hatten, da der Reichspräsident die politischen Verbrecher am häufigsten begnadigt hatte, sollten diese Stellung verlieren. Sie wurden als gewöhnliche Verbrechen eingestuft und galten sogar als noch verwerflicher als rein kriminelle Straftaten. Man sollte auch neue Strafen für politische Vergehen einführen wie die Ausweisung aus dem Reich, den Verlust der deutschen Staatsbürgerschaft und die Konfiszierung des persönlichen Eigentums durch den Staat. Wie bereits erwähnt, sollten mildernde Umstände nicht mehr berücksichtigt werden. Entscheidend seien einzig und allein der »Vorsatz« des »Verbrechers« und das Ausmaß des Schadens, den er der nationalsozialistischen Volksgemeinschaft zufüge oder mit seiner Tat hätte zufügen können.

Vor dem Erlaß des »Gesetzes zum Schutz der Republik« von 1922 sei es ein Prinzip des deutschen Rechts gewesen, daß keine Strafe verhängt werden dürfe, für die es keine Gesetze gebe – *nulla poena sine lege*. Die Weimarer Republik sei zuerst von diesem Prinzip abgegangen und die Nationalsozialisten hätten diesen Brauch übernommen, indem sie das Prinzip des totalen politischen Schutzes anwendeten, i. e. eines Schutzes, der dem NS-Regime und seinen Institutionen gelte. Diese müßten vorbeugend eingreifen können, um eine kriminelle Tat zu verhindern, falls ein entsprechender Verdacht aufkomme – selbst wenn die betreffende Tat oder die beabsichtigte Tat als strafwürdiger Tatbestand bis dahin im Gesetzbuch noch gar nicht aufgetaucht sei. Dabei sei es entscheidend, ob eine solche Tat das »gesunde Volksempfinden« verletzt habe. Wie dieses gesunde Volksempfinden definiert werden solle, das sei dem Ermessen der

Richter überlassen. Zuallererst solle der Staat geschützt werden – und das Individuum zuletzt. Das Individuum dürfe seine Ehre, sein Leben und sein Eigentum gegen Angriffe anderer verteidigen, aber es werde nicht mehr bedingungslos geschützt. Hier liege die letzte Entscheidung bei der Justiz, während der Staat absoluten Schutz genieße.[133]

Diese Denkschrift lief auf den Vorschlag hinaus, jeden Delinquenten als Staatsfeind anzusehen und zu behandeln, gleichgültig ob sein Vergehen politischer oder krimineller Natur sei. Der Staat befinde sich in einem Kampf gegen die »Kriminalität«[134], gegen »Untermenschen«, wie Freisler es ausdrückte.[135] Und so sollten Gewohnheitsverbrecher entweder durch lebenslängliche Haft eliminiert werden, die genau das bedeutete, was sie besagte, oder durch die Hinrichtung.[136] Die Richter wurden instruiert, kraft ihrer Verantwortung dafür zu sorgen, daß ein begangenes Verbrechen nicht nur geahndet würde, sondern auch zu gewährleisten, daß der Täter es nicht wiederholen könne. Die humanen Elemente, die das deutsche Strafgesetzbuch noch enthalte, sollten gelöscht werden. Um eine Wiederholung krimineller Handlungen zu verhindern, könne der Gewohnheitsverbrecher nach Verbüßung seiner Strafe freigelassen, sofort wieder verhaftet und in ein Konzentrationslager gebracht werden, wo seine Freilassung letzten Endes vom guten Willen des Reichsführers-SS Heinrich Himmler abhänge.[137]

Ende März 1933 verschwanden die »wilden« Konzentrationslager der SA. Statt dessen baute die SS ihr eigenes systematisches Netz von Konzentrationslagern auf.[138]

Freislers Denkschrift führte weder zu sofortigen Konsequenzen noch zu einem durchschlagenden Erfolg, den er sich erhofft hatte. Aber das »Gesetz gegen Gewohnheitsverbrecher«, das am 24. November 1933 erlassen wurde, bewegte sich immerhin in die Richtung, die er anstrebte, ebenso das Gesetz vom 24. April 1934, das das Strafmaß für Hoch- und Landesverrat drastisch erhöhte.[139]

Inzwischen hatte Hans Frank als Präsident der Akademie für Deutsches Recht versucht, die Spitze des preußischen Justizministeriums in seine Akademie zu integrieren, und um Freisler zur Mitarbeit zu veranlassen, ernannte er ihn zum Vorsitzenden des Ausschusses für Strafrecht.[140] Hingegen wurde Kerrl »entschädigt«, indem er Vorsitzender des Ausschusses wurde, der sich mit Wohnbaugesellschaften befaßte.[141] Gürtner berief Freisler um diese Zeit ins Reichsjustizministerium und delegierte ihn zur »amtlichen Strafrechtskommission«, wo er mit fünf Universitätsprofessoren und den Abteilungschefs der Justizverwaltungen von Preußen, Bayern und Sachsen zusammenarbeiten mußte.[142] Innerhalb dieser Gruppe setzte sich vor allem Freisler energisch für den nationalsozialistischen Gedanken ein und war bestrebt, die Überlegungen der Ausschußmitglieder in Richtung der Prinzipien zu beeinflussen, die er bereits in seiner Denkschrift formuliert hatte. Es kam zu erregten Debatten, und Freisler hatte einen sehr schweren Stand.[143] In erster Linie ärgerte sich Freisler über die offizielle Wiedereinführung des Prinzips *nulla poena sine lege*, obwohl es in der tatsächlichen nationalsozialistischen juristischen Praxis ohnehin ignoriert wurde. Er mußte auch noch in anderen Belangen nachgeben, zum Beispiel hinsichtlich seiner Meinung, daß die Richter nicht die Persönlichkeit des Angeklagten berücksichtigen sollten, sondern nur seine Taten. Für die anderen Grundsätze seiner Denkschrift kämpfte er mit verbissener Entschlossenheit, zum Beispiel für seine Vorschläge zum Thema Hoch- und Landesverrat, womit er Erfolg hatte.[144]

Freisler gelang es auch, innerhalb seines unmittelbaren Einflußbereichs im Justizministerium, oberflächlich betrachtet, seine persönliche nationalsozialistische Ideologie überzeugend zu formulieren und die nationalsozialistischen Ziele mit bemerkenswerter Präzision zu umreißen.

Schon in Friedenszeiten entwickelte Freisler das Vokabular des totalen Kriegs, des totalen Kampfs, verwendete extensiv Carl Schmitts Forderungen und dessen Lehren vom totalen Staat. Schmitts Freund-Feind-Bild[145] diente ihm nicht nur als Grundlage für das neue Recht, sondern auch für die Interpretation des bestehenden Rechts. Jeder Unruhestifter, Anarchist und Asoziale sei ein Staatsfeind. Jeden Differenzierungsversuch zwischen einzelnen Verbrechertypen lehnte Freisler prinzipiell ab. Ein Verbrecher sei ein Verbrecher und deshalb ein Staatsfeind, während das Strafrecht zum Recht des Kampfes gegen die Staatsfeinde werde. Die Justiz sollte das Blut des deutschen Volkes unablässig reinigen. Es komme nicht darauf an, daß sie einen Kriminellen verurteile – sie müsse ihn eliminieren. Das Strafrecht der Zukunft solle alle verfügbaren Waffen mit ganzer Kraft und aller Strenge gegen den Verbrecher einsetzen. Aufgrund dieser Doktrinen, dieser demagogischen, fanatischen Haltung sollten die letzten humanen Elemente aus dem deutschen Strafrecht verschwinden. Freisler sah den wichtigsten Zweck eines Richterspruchs im »Schutz der Volksgemeinschaft gegen solche Elemente, die sich den Gesetzen nicht fügen«.

Das Strafrecht sei eine Verteidigungswaffe gegen solche Elemente; es sollte jedoch auch offensiv angewendet werden, denn der Wille zur Gesetzesübertretung sei ausschlaggebend, nicht das begangene Verbrechen. Die drei Hauptfunktionen der Justiz bestünden laut Freislers militärischem Vokabular in »der Vernichtung der friedensstörenden Kräfte« und in der »Sühne für schuldhaftes Unrecht«, während sie gleichzeitig als »psychische Stütze der Kampfbereitschaft unserer gesunden Volksarmee« dienen sollte.[146]

Freisler weigerte sich, Einschränkungen dieses »Kampfrechts« zu akzeptieren; außerdem sollte sich niemand davor schützen können. Die Justiz solle einen Präventivkrieg gegen den potentiellen Verbrecher führen, aber nur in Fällen, die ausdrücklich in den Bereich des schweren Verbrechens fielen. Dabei sei der Verrat das schlimmste Verbrechen.[147] Den Gedanken, daß man ein Verbrechen auch aus einer edlen Gesinnung heraus begehen könne, zum Beispiel im Interesse der Menschlichkeit, wies Freisler weit von sich. Für ihn gab es keine andere Gesinnung als die nationalsozialistische.[148] Das Strafrecht sollte nicht normativen Bestimmungen, sondern den theoretischen Direktiven der allgemeinen Ziele des nationalsozialistischen Staates und seiner Politik unterworfen werden. Nur diese Direktiven sollten letztlich entscheiden, wer, wann und wie bestraft wurde.[149] In seiner Proklamation vom 23. März 1933 hatte Hitler von der deutschen Justiz Elastizität in der Urteilsfindung zum Wohl der Gesellschaft verlangt und erklärt: »Nicht das Individuum kann Mittelpunkt der gesetzlichen Sorge sein, sondern das Volk.«[150] Dies war Freislers Maxime während seiner gesamten Karriere von 1933 bis 1945. Und es wurde auch seine Maxime für das neue Strafrecht. Unter den führenden Nationalsozialisten war Freisler einer der wenigen Revolutionäre, aber er richtete seine Energien niemals gegen die Partei und den Staat, zu denen er gehörte.

Das Strafrecht war nur ein Sektor innerhalb des nationalsozialistischen Staates. Doch weil sich der Staat gerade erst zu konsolidieren begann, war dieser Aspekt oder Sektor auch einer der wichtigsten in einer totalitären Kampfideologie. Das Ziel der schnellen Konsolidierung erforderte drastische Strafmaßnahmen, um das NS-Regime politisch zu stabilisieren, seine äußere Sicherheit zu stärken und die innere zu erhalten. Vergeltung und Erhaltung der Autorität waren die Ziele jeder Bestrafung.[151]

In dieser Hinsicht vertrat Hans Frank denselben Standpunkt wie Freisler[152], wenn er auch bestrebt war, das bestehende Recht durch eine neue Form des »Germanischen Gewohnheitsrechts«[153] drastischer und schneller zu ersetzen als Freisler. Dafür dehnte Freisler seine beabsichtigte totalitäre Rechtsreform auch auf andere Bereiche außerhalb des Strafrechts aus. Erstens auf die Gesetzgebung, die den Bauernstand betraf, zweitens auf das Arbeitsrecht. Nach seiner Meinung ruhte eine gesunde nationalsozialistische Gesellschaft auf zwei Säulen. Die eine war eine gesunde, konsolidierte Landwirtschaft, wobei Freislers Ideen in starkem Maße Darrés »Blut- und Boden«-Mythos widerspiegelten. Die andere Säule war eine zufriedene Arbeiterschaft, die sich nicht klassenkämpferisch gegen den Staat erhebe, sondern möglichst viel zu seinem Reichtum und seinem Wohl beitragen sollte.[154] Es ist nicht schwierig zu entdecken, daß Freisler durch die russische Revolution und das deutsche Trauma der inneren Niederlage von 1918 beeinflußt wurde. Außerdem muß man die rassischen und biologischen Analogien berücksichtigen, die sein Denken durchdrangen.

Sein erster Bericht über die ersten Sitzungen stand noch im Zeichen der Idee, daß das Strafrecht als traditionelles Machtinstrument des Staates zu betrachten sei. In seinem zweiten Bericht war das Strafrecht bereits zum Instrument des Kampfes geworden, der das Regime stabilisieren sollte. Im dritten wurde es als Recht einer Blutsgemeinschaft dargestellt, getragen von der »Blut- und-Boden«-Idee, als Sammlung von Gesetzen, die Institutionen wie Ehe und Sippe, die Existenz des Staates, seine innere Einheit, das Leben und die Ehre der höchsten Staatsorgane sowie die nationalsozialistische Bewegung schützen sollten.[155] Das Individium sei nur eine Art Treuhänder, der die Interessen der ganzen Gemeinschaft vertrete; und so müsse das Strafrecht auch dafür sorgen, daß das persönliche Eigentum nicht gegen die Volksinteressen mißbraucht werde.

Die Verbrechen erhielten auch neue Bezeichnungen, so z. B. der traditionelle Begriff der Verletzung von »Treu und Glauben« oder

Veruntreuung oder Dokumentenfälschung. Die Verbrechen wurden als »eigensüchtiges Handeln« gewertet; dazu zählten auch Diebstahl, Erpressung und Wucher – lauter Taten, die nach Freislers Ansicht »zum größten Teil den klassischen Delikten« zugehörten, die aber »nun unter alte, urwüchsig anmutende Begriffe einer volkstümlichen Ethik gebracht« und neu geordnet worden seien.[156] Schließlich habe der «strafrechtliche Schutz des Staates und der körperlichen Unversehrtheit des einzelnen Volksgenossen als Mitglied der Volksgemeinschaft«[157] besondere Geltung. Die Existenz des Individuums sei in das Kollektiv eingebettet und nur als Teil des Ganzen geschützt. Auch hier lehnte Freisler das Prinzip *nulla poena sine lege* ab, denn »volksschädliches Verhalten, dem im Wege der Auslegung und Gesetzesanalogie nicht beizukommen ist, darf der Bestrafung nicht entgehen.«[158] Mit anderen Worten, es gab keinen Schutz für das Individuum, der Vorrang vor den Interessen des Staates und seiner ausführenden Organe gehabt hätte. Es war sogar beabsichtigt, eine Bestimmung für »politische Notstände« aufzunehmen, die absichtlich nicht definiert wurde – eine Idee Thieracks, der damals noch sächsischer Justizminister war.[159] Dadurch sollten Interventionen des Staates in allen Bereichen legitimiert werden, auch in jenen, die nicht durch das Gesetz abgesichert waren, so daß die politische Führung also vollkommen freie Hand hätte. Auf diese Weise sollte eine totale innenpolitische Stabilität erreicht werden – auf Kosten der Schaffung eines Status ständiger Veränderungen im Recht und der Rechtsunsicherheit. Schon 1926 hatte Frank den Satz formuliert: »Alles, was dem Volk nützt, ist Recht, alles was ihm schadet, ist Unrecht.«[160] Wer die Wirkungsweise dieses Prinzips abgrenzen, bestimmen und kontrollieren sollte – das war eine Frage, die man nicht zu beantworten brauchte, da der ganze Staat auf dem »Führerprinzip« basierte.

Diese Ideen wurden im Strafrechtsausschuß der Akademie für Deutsches Recht nicht widerspruchslos akzeptiert. Zwischen den Beamten, immer noch in fundierten juristischen Traditionen verwurzelt, den Universitätsprofessoren, die von ähnlichen Voraussetzungen ausgingen, und den nationalsozialistischen Justizfunktionären bestanden unüberbrückbare Gegensätze.[161] Ein Ausschußmitglied protestierte gegen Freislers Präventivverfahren sowie gegen seine Gleichsetzung von Beihilfe und Täterschaft.[162] Diese Differenzen wiesen auf die Existenz einer konservativen bourgeoisen Front juristischer Experten hin, die gegen radikale nationalsozialistische Juristen wie Roland Freisler, Hans Frank und Thierack kämpfte. Luetgebrune versuchte erfolglos, zwischen den beiden Fronten zu vermitteln, und machte sich schließlich bei beiden verdächtig.

In der tatsächlichen Justizpraxis kann man bis zum Kriegsausbruch den Versuch beobachten, zu einer gemäßigten Verfahrensweise zurückzukehren. Erst der Krieg ließ die Extreme langsam in den Vordergrund treten, bis sie schließlich dominierten. Diese Feststellung trifft natürlich nicht auf den VGH zu, der von Anfang an radikal vorging, nach Kriegsausbruch jedes vorstellbare Maß an Exzessen überschritt und sich darin gegen Ende des Krieges sogar noch steigerte.

In den Vorkriegsjahren blieb das Problem der Rechtsreform stets ein Diskussionsthema, aber Männer wie Hans Frank, von Intellektuellen wie Luetgebrune alleingelassen, entwickelten sich immer mehr zu Einzelgängern, die der konservative Justizminister Gürtner erfolgreich in Schach hielt. Wenn Freisler als Staatssekretär seine revolutionäre Haltung auch beibehielt, zumindest in seinen veröffentlichten Werken, so wurde er doch in der Praxis innerhalb des Justizministeriums von dem konservativen Schlegelberger in die Schranken gewiesen. Trotz aller Diskussionen erzielte man keine Ergebnisse. Die geplante nationalsozialistische Rechtsreform wurde niemals durchgeführt. Da man jedoch das bestehende Recht, besonders in den Kriegsjahren, auf großzügige und flexible Weise anwandte, konnte man es zu einem hochwirksamen Terrorinstrument umfunktionieren.

Neben dem Recht als Terrorinstrument tauchten neue und neuartige Institutionen auf, so wie jene, die der Staat auf den Konzentrationslagern aufbaute. [163)] Nach dem Aufstieg der SS und Himmlers Ernennung zum Chef der deutschen Polizei schuf eine Einzelperson Institutionen und Organisationen, die, falls nötig, völlig frei und ungehindert von der Justiz operieren konnten und die Strafjustiz schließlich sogar zu ihrem eigenen Instrument herabwürdigten. Das bestehende Strafrecht brauchte nicht ersetzt zu werden; man brauchte ihm nur hier ein paar neue Zähne einzusetzen und dort ein paar andere schärfer zu schleifen. Unter dem Einfluß politischer

Motive und unter dem Zwang, politische Wirkungen zu erzielen, wurde das Strafrecht nach Ausbruch des Krieges ein Vergeltungswerkzeug und übernahm sogar die Funktion, für die sich Freisler bereits 1933 eingesetzt hatte – die Präventivfunktion. Das Gesetz schlug sehr oft zu, bevor es tatsächlich gebrochen worden war. Es berücksichtigte die Persönlichkeitsstruktur des Angeklagten nicht mehr, ebensowenig dessen persönliche Bedürfnisse. Es schlug blindlings zu. Nach 1939 wurden alle liberalen Traditionen der deutschen Justiz aufgegeben – mit der vom Zusammenbruch von 1918 geprägten Rechtfertigung, man müsse den Erfordernissen des Krieges Rechnung tragen. Dies führte zu einer Vielzahl präventiver Verhaftungen, zur kollektiven Gleichsetzung von Gruppen von »Verbrechern«, z. B. Juden und Zigeuner, und zur völligen Hoffnungslosigkeit vieler Fälle von Einzelpersonen, die in die Maschinerie des Gesetzes gerieten.

IV. Der NS-Volksgerichtshof 1934—1939

Die gesetzliche Grundlage, auf der der Volksgerichtshof operierte, wurde durch das geltende Strafgesetzbuch, eine großzügige Interpretation seiner Bestimmungen, durch andere Gesetze, zum Beispiel die Notverordnungen vom 28. Februar 1933, und durch Führerbefehle geschaffen, die das Strafgesetzbuch sozusagen ergänzten. Die Bestimmungen, die Hochverrat im nationalsozialistischen Deutschland definierten, waren im ersten Abschnitt eines besonderen Teils des Strafgesetzbuchs enthalten.[1] Laut Paragraph 81 war Hochverrat eine Handlungsweise, die darauf abzielte, die Verfassung oder das Territorium eines der deutschen Länder zu verändern. Dieser Paragraph wurde nicht neu formuliert, obwohl das Reich und seine Behörden im Zuge der Gleichschaltung zentralisiert und die föderalistische Struktur abgeschafft wurden. Die Paragraphen 83 und 84 befaßten sich mit Verschwörungen zum Zweck des Hochverrats und galten stets im Fall der Aufdeckung einer solchen Verschwörung, auch wenn die Verschwörer noch keine Gelegenheit gefunden hatten, den beabsichtigten Hochverrat zu begehen. In Paragraph 86 wurde die Vorbereitung zum Hochverrat zur Straftat erklärt. Zunächst konnten solche Vergehen nicht mit der Todesstrafe geahndet werden, sondern mit Gefängnis und Zuchthaus sowie der Vermögensbeschlagnahme.[2]

Die Bestimmungen hinsichtlich des Landesverrats waren nur teilweise im Strafgesetzbuch enthalten, wo sie im gleichen Abschnitt wie der Hochverrat behandelt wurden. Bis zum 30. Januar 1933 wurde eine Verschwörung mit dem Ziel, Landesverrat zu begehen, fast auf die gleiche Weise definiert wie im Paragraphen 84 eine Verschwörung zum Zweck des Hochverrats. Der Tatbestand des Landesverrats war gegeben, wenn ein Deutscher gemeinsam mit einer ausländischen Macht versuchte, einen Krieg gegen Deutschland auszulösen. Das Strafmaß für solche Vergehen wurden zwischen 1933 und 1939 erheblich verschärft. Laut Paragraph 88 war ein Verbrechen, als deutscher Staatsbürger in der Armee eines Landes zu dienen, das mit Deutschland verfeindet war. Der Paragraph 89 erklärte die Unterstützung von Landesverrat zum Nachteil Deutschlands oder seiner Verbündeten zur Straftat. Der Paragraph 90 listete detailliert alle Aktionen auf, die als Landesverrat galten, zum Beispiel die Zerstörung oder Sabotage von Kriegsmaterial, Festungen oder Kommunikationsmitteln, die Rekrutierung Deutscher für feindliche Mächte, die Anstiftung zur Fahnenflucht, Spionage oder Unterstützung von Spionen, Verrat von Operationsplänen oder Festungsplänen und schließlich Anstiftung zur Meuterei innerhalb der deutschen Wehrmacht. Diese Paragraphen richteten sich sowohl gegen Deutsche als auch gegen Ausländer, die in Deutschland lebten. Wie im Falle des Hochverrats, so wurde auch Landesverrat zunächst nicht mit dem Tode bestraft.[3]

Man hatte schon vor der Jahrhundertwende die Ansicht vertreten, daß diese Gesetze zu lückenhaft seien. Während es zum Beispiel strafbar war, Staatsgeheimnisse an ausländische Mächte zu verraten, konnte der Vertreter einer ausländischen Regierung in diesem Zusammenhang nicht strafrechtlich verfolgt werden. 1893 wurden härtere Bestimmungen eingeführt,[4] die dann durch das »Gesetz gegen den Verrat militärischer Geheimnisse vom 3. Juni 1914« ersetzt wurden.[5] Nun war die Weitergabe offizieller Papiere, Skizzen und anderer geheimer Informationen strafbar, aber trotz der strengeren Gesetzgebung wurde die Todesstrafe für solche Vergehen nicht eingeführt.

Die Nationalsozialisten hatten schon seit ihren Anfängen den »weichen« Kurs der Gesetzgebung im Zusammenhang mit verräterischen Aktivitäten scharf kritisiert und als Produkt des korrupten liberalen Zeitalters verdammt, obwohl Hitler 1924 von diesem weichen Kurs profitiert hatte.[6] Der Punkt 18 des Parteiprogramms vom Februar 1920 hatte die Todesstrafe für Wucherer und Schieber gefordert, und dies erstreckte sich bald auch auf Hoch- und Landesverräter.[7]

Wie wir bereits festgestellt haben, lehnten es die Nationalsozialisten ab, Verbrechen mit anderen Augen zu betrachten, wenn sie aus politischer Überzeugung begangen wurden. Schon in der Notverordnung vom 4. Februar 1933, gestützt auf den Artikel 48 der Verfassung, hatte man verfügt, daß gedrucktes Material oder Zeitungen mit verräterischem Inhalt konfisziert werden konnten.[8] Aber die eigentliche Wasserscheide in der rechtlichen Entwicklung bildete die »Verordnung des Reichspräsidenten zum Schutze von Volk und Staat« vom 28. Februar 1933 als Konsequenz des Reichstagsbrands, mit der, wie schon erwähnt, alle wichtigen grundlegenden persönlichen Rechte, die in der Verfassung enthalten waren, aufgehoben wurden.[9] Hochverrat wurde nun ebenso wie eine Reihe anderer Vergehen mit dem Tod bestraft, während ein Angriff auf den Präsidenten oder ein Regierungsmitglied mit dem Tod oder mit Zuchthaus geahndet wurde.[10]

Am 29. März 1933 wurde, diesmal auf der Grundlage des Ermächtigungsgesetzes, ein weiteres Gesetz verabschiedet, das für Verbrechen, die zwischen dem 31. Januar und dem 28. Februar begangen worden waren, rückwirkend die Todesstrafe durch Erhängen oder Enthaupten einführte.[11] Aufgrund dieses Gesetzes wurde Marinus van der Lubbe zum Tod verurteilt und hingerichtet.[12] Die zweite Verordnung des Reichspräsidenten vom 28. Februar 1933 richtete sich gegen »Verrat am deutschen Volke und hochverräterische Umtriebe.«[13] Besonders für Landesverrat wurde nun die Todesstrafe eingeführt, zum Beispiel für den Verrat militärischer Geheimnisse.[14] Die Herstellung und Weitergabe gefälschter »geheimer Staatspapiere« waren ebenso strafbar wie das Aufbewahren und Verteilen gedruckten Materials mit verräterischem Inhalt[15]; doch hierfür reichte das Strafmaß nur von Gefängnis- bis zu Zuchthausstrafen. Wenn man den Versuch unternahm, feindliches Propagandamaterial bei der Polizei oder der Wehrmacht zu verbreiten, so galt dies ebenfalls als Hochverrat.[16] Deutsche, die sich im Ausland gegen ihr Vaterland wandten, machten sich ebenfalls strafbar. Die Höchststrafe für solche Vergehen war der Tod.[17]

So groß die Verwirrung, hervorgerufen durch diese zahlreichen Gesetzesänderungen, anfangs auch war – man verfolgte die grundlegende Absicht, Hoch- und Landesverrat miteinander in Zusammenhang zu bringen, um in beiden Sparten prompt, schnell und gründlich verfahren zu können.[18] Die Absicht, Hochverrat üben zu wollen, sollte ebenso streng bestraft werden wie die begangene Tat. Mildernde Umstände wurden völlig ausgeschlossen. Verrat wurde auf eine Ebene mit gewöhnlicher Kriminalität gestellt; und jeder, der sich eines solchen Verbrechens schuldig gemacht hatte, konnte auf unbestimmte Zeit inhaftiert werden, falls man ihn nicht zum Tod verurteilte. Außerdem konnten Verräter nicht begnadigt werden.[19] Zwischen 1933 und 1939 ersetzte die Gesetzgebung auf dem Verordnungswege zum Großteil die Notverordnungen vom 28. Februar 1933.

Am 17. August 1938 wurde die Kriegssonderstrafrechtsverordnung (KSSVO) erlassen, in der Spionage und Freischärlertum neu definiert wurden.[20] Jeder Spion, der auf deutschem oder von Deutschland besetztem Gebiet Informationen sammelte, um sie dem Feind zur Verfügung zu stellen, sollte mit dem Tod bestraft werden. Ein Freischärler oder Partisan war ein bewaffneter Nichtkombattant, der an Kampfhandlungen teilnahm.

Am schwerwiegendsten war an dieser Verordnung der Paragraph 5, der eine neue Straftat einführte, die »Wehrkraftzersetzug«, die ebenfalls mit dem Tod geahndet werden sollte. Dies war ein äußerst flexibler Paragraph, der nach Kriegsausbruch eine große Rolle in den VGH-Prozessen spielen sollte.[21] Wie wir später sehen werden, hatte der Krieg noch einiges zu den Gesetzen beizutragen, die 1939 galten.

Der Zuständigkeitsbereich des VGH wurde in einem Gesetz vom 24. April 1934[22] definiert und auf Fälle beschränkt, die mit Hoch- und Landesverrat und jenen Vergehen zu tun hatte, die in der »Verordnung zum Schutze von Volk und Staat« vom 28. Februar 1933 aufgeführt waren[23] und weiter oben zitiert sind. Im Prinzip sollte jeder Senat des VGH auf Kollegialbasis Entscheidungen treffen[24], während der Ermittlungsrichter das ausschließliche Recht hatte, Ermittlungen durchzuführen.[25]

Die Zuständigkeit des VGH war nicht exklusiv. Der Oberreichsanwalt konnte entscheiden, ob gewisse Prozesse, bei denen es um Verrat, insbesondere um die Vorbereitung zum Verrat, ging, dem nächstuntergeordneten Gericht, dem Oberlandesgericht, übertragen werden sollten oder nicht. An diese Regel hielt man sich ständig, um den VGH nicht zu überlasten. Aber durch den Oberreichsanwalt, einen Beamten des Justizministeriums, konnte man Fälle, die vor untergeordneten Gerichten verhandelt wurden, im Auge behalten. Freisler selbst neigte dazu, die untergeordneten Gerichte als Nebenstellen des VGH zu betrachten.[26]

Im Lauf der Zeit wurde der Zuständigkeitsbereich des VGH beträchtlich erweitert. 1935 wurde die »Wehrmittelbeschädigung« strafbar und genauso wie Verrat behandelt.[27]Ebenso die Nichtanzeige von Hoch- und Landesverrat.[28] Am 1. Dezember 1936 wurde ein neues Gesetz gegen »Wirtschaftssabotage« verkündet, um Personen strafrechtlich verfolgen zu können, die ihr Vermögen illegal außer Landes gebracht oder ohne staatliche Erlaubnis im Ausland investiert hatten.[29] Auch dies gehörte zur Kategorie des Verrats und fiel damit in die Zuständigkeit des VGH.[30]

Dessen Zuständigkeitsbereich wurde noch erweitert, als sich Deutschland territorial ausdehnte. Die Volksabstimmung im Saarland am 13. Januar 1935 führte zu einer neuen Verordnung, der zufolge alle nach dem 28. Februar 1935 in diesem Gebiet begangenen verräterischen Aktionen strafbar waren.[31] Nach dem Anschluß Österreichs am 13. März 1938 wurde auch dieses neue Territorium in die Gesetzgebung einbezogen, die mit Verrat und verräterischen Umtrieben zusammenhing.[32]

Aber der VGH konnte dem Wiener Gerichtshof einzelne Fälle übertragen. Allerdings mußten sie nach der Verfahrensweise behandelt werden, die im Altreich üblich war, nicht nach der österreichischen.[33] Die Gesetze galten für Straftaten, die nach dem 13. März 1938 begangen wurden. In den sudetendeutschen Gebieten, die nach dem Münchner Abkommen vom 30. September 1938 ebenfalls ins Reich aufgenommen wurden, war die Situation ähnlich.[34]

Die Annexion des tschechischen Rumpfstaates, die Gründung des »Reichsprotektorats Böhmen und Mähren« im März 1939 schuf jedoch neue Bedingungen. Im Prinzip war das deutsche Gesetz nur auf deutsche Staatsbürger anwendbar und das tschechische auf die Bewohner des Protektorats.[35] Doch die besonderen deutschen Bestimmungen hinsichtlich der Kategorie Verrat trafen auch auf Nichtdeutsche zu[36], ebenso der ganze Komplex zusätzlicher Gesetze, die zu dieser Sparte gehörten und die man in Deutschland bis 1939 verabschiedet hatte.[37] Der Oberreichsanwalt konnte entscheiden, welche Fälle den Gerichtshöfen in Prag, Dresden, Breslau und Leitmeritz übergeben werden sollten.[38] In ähnlicher Weise verfuhr man im Memelgebiet, das seit dem 22. März 1939 wieder dem Reich angehörte.[39]

Die territoriale Ausdehnung Deutschlands vor dem Zweiten Weltkrieg erweiterte die Kompetenzen des VGH erheblich, und weil es seit 1933 strafbar war, daß Deutsche im Ausland gegen ihre Nation agitierten, steigerte sich die Zahl der Angeklagten in starkem Maß. Sogar eine deutschfeindliche Aktion, begangen von einem Nichtdeutschen, beispielsweise einem Tschechen, vor der Auflösung des tschechischen Staates während des Zeitraums vom 30. September

1938 bis zum 15. März 1939, konnte nun strafrechtlich verfolgt werden. Aber dafür brauchte der VGH die Zustimmung des Reichsjustizministers. Wie wir noch sehen werden, konnten deutsche Emigranten nach Ausbruch des Zweiten Weltkriegs, als große Teile Westeuropas innerhalb weniger Wochen in deutsche Hand fielen, arretiert werden, worauf sie sich zum größten Teil vor dem VGH verantworten mußten.[40]

Der VGH betrachtete sich als primär politischer Gerichtshof und unternahm keinen Versuch, diese Tatsache zu verschleiern; doch in der ersten Zeit seines Bestehens verhängte er keine allzu rigorosen Strafen. So verurteilte der Erste Senat 1934 einen Mann, der erwiesenermaßen Waffen und illegale Literatur in Polizeikreisen verteilt (also Hochverrat vorbereitet) hatte und bewaffnet gewesen war, zu zwei Jahren Gefängnis, abzüglich der sieben Monate, die er in Untersuchungshaft verbracht hatte. Der Zweite Senat verurteilte einen Mann, der sich innerhalb der Reichswehr auf ähnliche Weise betätigt hatte, zu neun Monaten Zuchthaus, abzüglich der sieben Monate, die er in Untersuchungshaft gewesen war.[41] Dies waren extrem milde Strafen, angesichts der Tatsache, daß die Verordnungen vom 28. Februar 1933 prinzipiell Zuchthausstrafen für solche Vergehen gefordert hatten. In Kassel, Freislers Hauptbetätigungsfeld vor 1933, wurde ein ehemaliger kommunistischer Funktionär, der fortgesetzt illegale kommunistische Operationen durchgeführt hatte, zu eineinhalb Jahren Gefängnis verurteilt, inklusive der Untersuchungshaft.[42]

Nach deutschem Recht konnten einer Person, die eine Gefängnisstrafe absitzen mußte, die bürgerlichen Ehrenrechte aberkannt werden.[43] Als sich im November 1934 zwei VGH-Senate in zwei Fällen von verräterischen Aktionen weigerten, den Angeklagten diese Rechte zu entziehen, gab das Justizministerium seiner Verärgerung über die Richter Ausdruck.[44]

In den bisher erwähnten Fällen wurden Aspekte des Hochverrats behandelt. Was den Landesverrat anging, so legte man erheblich strengere Maßstäbe an, vor allem, weil die Öffentlichkeit Kritik an den milden Strafen geübt hatte.[45] Doch obwohl man in diesem Bereich rigoroser verfuhr, stellte das Reichsjustizministerium 1936 eine Liste von achtzehn Fällen zusammen, die der VGH zwischen 1935 und 1936 verhandelt hatte, und kritisierte die mangelnde Härte bei der Urteilsfällung.[46) Was die Todesstrafe anging, so war sie 1934 viermal und 1935 neunmal ausgesprochen worden.[47)

Als Thierack 1936 zum Präsidenten des VGH ernannt wurde, trat eine grundlegende Veränderung ein. Er vertrat den Standpunkt, daß sich die Richter die Ansichten der politischen Führung zum Maßstab nehmen müßten, und von diesem Zeitpunkt an herrschte der Primat der politischen Justiz. Die Erhaltung und Sicherung des Reichs sollten ebenso wie die Erhaltung des nationalsozialistischen Regimes die Hauptfunktionen des VGH sein.[48) Thierack erklärte in einem Brief an Freisler, als 1942 der erstere Justizminister und der letztere Präsident des VGH geworden war: »Bei keinem anderen Gericht als beim Volksgerichtshof tritt so klar zutage, daß die Rechtsprechung dieses höchsten politischen Gerichtshofes mit der Staatsführung im Einklang stehen muß. Dabei wird es zum größten Teil bei Ihnen liegen, die Richter in diese Richtung zu führen. Sie müssen sich daher jede Anklage vorlegen lassen und erkennen, wo es notwendig ist, in vertrauensvoller und überzeugender Aussprache mit dem zum Urteil berufenen Richter das Staatsnotwendige zu betonen. Ich hebe hierbei auch nochmals hervor, daß das in einer Weise geschehen muß, die den Richter überzeugt und nicht befiehlt.«[49)

Ein wichtiges Thema, das die VGH-Justiz nun zu beschäftigen begann, war der »politische Katholizismus«, wie es das Reichsjustizministerium definierte. In einem Rundschreiben vom 20. Juli 1935 an die Reichsanwälte ebenso wie an den VGH betonte Staatssekretär Schlegelberger auf Gürtners Anweisung hin, daß die Justizbehörden in enger Zusammenarbeit mit der Gestapo und anderen Verwaltungsorganen gegen Versuche vorgehen müßten, den Staat zu unterminieren und mit Hilfe des »politischen Katholizismus« eine Spaltung innerhalb der Volksgemeinschaft herbeizuführen.[50)

Wo immer der politische Katholizismus auftrat, sollte er, ohne Rücksicht auf Person und Stellung, gnadenlos, aber auch mit großer Vorsicht bekämpft werden.[51) Schlegelberger berief sich auf alle Paragraphen des Strafrechts, die seit Bismarcks »Kulturkampf« existierten, zuzüglich auf die Gesetze, die man seit 1933 eingeführt hatte. Er wies darauf hin, daß man schnell handeln und die Bestrafung unmittelbar auf die Tat folgen müsse. In den Prozessen solle man Urteile fordern und aussprechen, die der deutschen Bevölkerung klarmachen würden, wie gefährlich es sei, gegen den Staat und das Volk zu agitieren. Schließlich verlangte er, ihm in solchen Fällen die Entwürfe der Anklageschriften in fünffacher Ausfertigung vorzulegen und ihm nach Abschluß der Ermittlungsarbeiten die Ergebnisse mitzuteilen. Außerdem solle man Vorschläge einreichen, wie die einzelnen Fälle zu behandeln seien. Die offiziellen Anklageschriften und die Urteile sollten ebenfalls in fünffacher Ausfertigung vorgelegt werden.[52]

Vor Kriegsausbruch wurde jedoch kein Fall vor den VGH gebracht, in den protestantische oder katholische Geistliche und Nonnen verwickelt waren. Auf lokaler Ebene fanden allerdings, hauptsächlich auf Betreiben der jeweiligen örtlichen NSDAP-Führung, zahlreiche Prozesse gegen Geistliche und Nonnen statt, wobei die Anklagen von Homosexualität bis zu illegalem Devisenhandel reichten.[53] Als Deutschland dann jedoch immer tiefer in die internationale Krise verstrickt wurde, ging die Zahl dieser Prozesse, die teils echt waren, teils künstlich inszeniert wurden, zurück. Es gibt zwar keine Beweise für Instruktionen von seiten der Regierung, diese Prozesse zu stoppen beziehungsweise zu fördern, aber man kann mit gutem Grund annehmen, daß sie gestoppt wurden, um angesichts der Krise die innerstaatliche Einigkeit zu wahren.[54]

Seit 1936 begann eine immer engere Zusammenarbeit zwischen den Staatsanwälten, den Richtern und dem VGH auf der einen und der Gestapo auf der anderen Seite. Am 13. Juni 1936 wurden die erwähnten Justizorgane über eine Konferenz informiert, die für den Oktober in Berlin geplant war. Dabei sollten vor allem Themen zur Sprache kommen, die mit Hochverratssachen zusammenhingen.[55] Die Konferenz fand dann am 11. und 12. November 1936 statt. Freisler hielt die Eröffnungsrede[56]; danach sprachen Gestapo-Beamte wie SS-Sturmbannführer Müller über die Komintern und die kommunistische Bewegung in Deutschland.[57] Darauf folgten Vorträge über die Sozialdemokratie in Deutschland und Otto Strassers »Schwarze Front«.[58] Am nächsten Tag behandelte man Themen wie »Der Kommunist im polizeilichen Ermittlungsverfahren« und »Die Stellung der Vertrauensmänner der Gestapo im Strafprozeß«.[59] Dann wurde in allen Einzelheiten über die Themen diskutiert, und nach Freislers Schlußrede war die Konferenz beendet.[60] Der offizielle Bericht über die Konferenz endet mit der Feststellung, daß die Justiz und die Gestapo übereinstimmend erklärt hätten, eine enge Zusammenarbeit sei notwendig, um verräterischen Aktivitäten zu begegnen.[61] Gut zwei Monate später ordnete Himmler an, alle Akten, die sich mit verräterischen Aktionen befaßten, regelmäßig zwischen der Gestapo und den Staatsanwaltschaften sowie den Büros der VGH-Ermittlungsrichter auszutauschen.[62]

Am 27. April 1937 wurde der VGH endlich auf Hitlers persönliche Entscheidung hin fest innerhalb der deutschen Justiz verankert. Dies bedeutete auch, daß die VGH-Richter in denselben Rang erhoben wurden wie die Richter des Reichsgerichts.[63]

Inwieweit der VGH im besonderen und die Staatsanwaltschaft im allgemeinen abhängige Instrumente des Staates geworden waren, zeigte sich etwa zwei Jahre später bei einer Konferenz, die zwischen dem 23. und 25. Januar 1939 im Reichsjustizministerium stattfand.[64] Zunächst beklagten sich die Staatsanwälte, weil ihnen in bezug auf die Schuldigen der »Reichskristallnacht« vom November 1938 die Hände durch eine Ministerialdirektive gebunden seien, der zufolge alle diese Fälle der Gestapo übertragen werden sollten.[65] Freisler war sehr aggressiv in seiner Argumentation und verlangte, daß die Strafverfolgung in den Händen der Justiz bleiben müsse und daß der Führer selbst entscheiden solle, in welchen Fällen keine strafrechtliche Verfolgung durchgeführt werden dürfe.[66] Sogar Mitglieder der Partei und ihrer Formationen könnten ohne große Publizität vor Gericht gestellt werden. Wenn nötig, sollten solche Personen aus der NSDAP ausgeschlossen werden.[67] Gürtner wandte ein, daß nur in eklatanten Fällen Prozesse angestrengt werden sollten und man den Rest am besten vergesse.[68] Oberstaatsanwalt Joel meinte, man solle die Verbrechen so behandeln, wie es angeordnet worden sei. Dies ging eindeutig aus der Anweisung Görings an die Gestapo hervor. Die Akten sollten der Gestapo und dem Chef der Sicherheitspolizei übergeben und von dort an das Oberste Parteigericht und danach an das Justizministerium weitergeleitet werden, das sich dann mit den Fällen befassen würde.

Das Problem bestand jedoch darin, daß die Mehrheit der Konferenzteilnehmer die Ansicht vertrat, die Ereignisse jener Nacht seien erlaubt und sogar angeordnet worden. Wenn also irgendwelche Strafen verhängt würden, sollte man es bei kleinen Geldbußen bewenden lassen. Aber jede nach dem 11. November 1938 begangene Tat müsse streng bestraft werden, da seit dem Tag die Gegenbefehle allgemein bekannt gewesen seien.[69]

Gürtner versuchte erneut, die ganze Affäre herunterzuspielen, indem er vorschlug, die Öffentlichkeit auszuschließen, sollte es tatsächlich zu solchen Prozessen kommen, und kleinere Diebstähle überhaupt zu ignorieren.[70]

Ein weiteres Thema betraf die Beziehung zwischen der Justiz und der Gestapo. Mittlerweile war es üblich geworden, daß die Gestapo politische Verbrecher, wenn sie ihre Strafe abgesessen hatten oder freigesprochen worden waren, erneut festnahm. Freisler sah sich zu der Feststellung gezwungen, daß man dagegen nichts tun könne, daß aber hinsichtlich dieser Praxis Gesetze eingeführt und legale Grundlagen dafür geschaffen werden müßten.[71]

Ein paar Tage zuvor hatte Thierack dem »Völkischen Beobachter« ein Interview gegeben und unterstrichen, daß die italienische und deutsche Justiz in ihren Ansichten übereinstimmten. Die bolschewistische Weltgefahr stellte eine besondere Herausforderung an autoritäre Staaten dar; und das faschistische Italien besitze seinen *Tribunale Speciale per la difesa dello Stato,* ein Pendant zum deutschen VGH. Der VGH sei nun schon fast fünf Jahre alt und habe seine Existenz während dieses Zeitraums mehr als gerechtfertigt. Ein paar Monate später betonte der Präsident des Zweiten Senats im VGH, gleichzeitig der VGH-Vizepräsident, es sei ausschließlich die Aufgabe dieses Gerichts, Verbrechen zu behandeln, die auf eine Vernichtung der Grundfesten des Staates abzielten, also Verrat und Wirtschaftssabotage.[72]

Das Thema der Wiederverhaftung von gerichtlich freigesprochenen Personen gewann im März 1939 neue Aktualität, als zwei Zeugen Jehovas freigesprochen, wieder arretiert und in ein Konzentrationslager gebracht wurden, weil sie nach Himmlers Ansicht immer noch an ihrem Irrglauben festhielten und deshalb den Staat gefährdeten.[73]

Einer der vielen Verratsfälle, der im Januar 1939 verhandelt wurde, beschäftigte sowohl die Wehrmacht als auch den VGH in besonderem Maß. Am 27. Januar 1937 hatte das Reichskriegsgericht den Artilleriesoldaten Paul Kompalla wegen Landesverrats zum Tode verurteilt.[74] Sein Bruder, Ludwig Kompalla, ein Zivilist, war Mittäter und wurde vom VGH zu acht Jahren Zuchthaus verurteilt.[75] Daraufhin intervenierte die Wehrmacht und beantragte Paul Kompallas Todesstrafe in eine Gefängnisstrafe umzuwandeln, was Hitler persönlich ablehnte. Statt dessen verlangte er, der VGH möge sich noch einmal mit seinem Urteil befassen.[76] Nun wurden beide zum Tode verurteilt; aber diese Affäre führte zu einer umfangreichen Korrespondenz und vielen Verhandlungen, die eine einheitliche Politik des Reichskriegsgerichts und des VGH anstrebten. Freisler selbst sorgte dafür, daß ein paar geringfügige, aber nichtsdestoweniger zwingende Paragraphen in das Strafrecht aufgenommen wurden, die es dem VGH gestatteten, als Revisionsgericht zu fungieren, aber nur zum Nachteil der Angeklagten.[77]

In den Vorkriegsjahren waren die Hochverratsfälle gegenüber den Landesverratsdelikten eindeutig in der Überzahl. Das nationalsozialistische Regime war entschlossen, seine Position zu festigen und die Macht, die es besaß, nie mehr aufzugeben. Deshalb wurde jede Agitation gegen die NSDAP als Hochverrat definiert. Der VGH unterstützte diesen Anspruch auf alleinige Macht voll und ganz. Obwohl er ja nur Einzelpersonen strafrechtlich verfolgte, so wurden doch im Prozeßverlauf die Angeklagten sofort Gruppen zugeordnet, mochten es nun »Kommunisten« oder »Reaktionäre« sein.[78] Wenn man für politische Gefangene Geld sammelte, so war das Hochverrat; denn dieses Geld würde schließlich Leute unterstützen, die den nationalsozialistischen Staat zerstören wollten.[79]

Dasselbe traf auf die kommunistische Mundpropaganda zu. In einer VGH-Urteilsbegründung vom 10. Juli 1936 betonte der VGH, daß auch Instruktionen, Bücher und Broschüren der Deutschen Kommunistischen Partei und ihrer angegliederten Organisation einen wichtigen Teil der Mundpropaganda darstellten.[80] Diese Propaganda würde am Arbeitsplatz betrieben, bei den Arbeitsämtern, in den Lagern des Reichsarbeitsdienstes und in der Wehrmacht, doch sogar auch in der SS und der SA.[81] Die Urteilsbegründung nahm auch Bezug auf die Persönlichkeit des Angeklagten. Wenn es sich um einen überzeugten, fanatischen Kommunisten handele, sei es nur vernünftig anzunehmen, daß er jede Gelegenheit nutzen würde, um kommunistische Ideen zu propagieren, und daß er mit allen Mitteln darauf abzielen würde, die nationalsozialistische Regierung zu stürzen, sogar in einem improvisierten Gespräch.[82]

111

Ein nicht so gut ausgebildeter und weniger überzeugter Kommunist würde bei einer beiläufigen Bemerkung, die seine kommunistische Gesinnung verrät, nicht unbedingt daran denken, daß er versuchen könnte, den Gesprächspartner im kommunistischen Sinne zu beeinflussen – vor allem nicht, wenn er merke, daß der andere immun gegen solche Bemühungen ist.[83] In solchen Fällen schrieb der VGH staatsfeindliche Äußerungen einer ärgerlichen Stimmung oder allgemeiner Streitlust zu. Und so betrachtete er auch in diesem speziellen Fall die Äußerungen des Angeklagten nicht als hochverräterisch.[84]

In einem anderen Fall hatte der Beschuldigte in alkoholisiertem Zustand prokommunistische Bemerkungen gemacht; er wurde wegen Trunkenheit verurteilt, doch nicht wegen Hochverrats. In der Urteilsbegründung hieß es, der Angeklagte könne nicht der Vorbereitung zum Hochverrat beschuldigt werden, denn zum Zeitpunkt der Tat sei er wegen Trunkenheit nicht für seine Äußerungen verantwortlich gewesen.[85]

In Paragraph 83, Abschnitt 3, des StGB wurden vier Vergehen zusammengefaßt, die als ernste Formen der Vorbereitung zum Hochverrat galten. Vor allem bezog sich dieser Abschnitt auf die Organisationsarbeit zum Zweck des Hochverrats. Eines solchen Vergehens machte sich schuldig, wer sich mit anderen zusammenschloß, Gruppen oder Zellen bildete, sich mit Gleichgesinnten umgab, Mitgliedsbeiträge kassierte, illegale Literatur verbreitete, Personen Zuflucht bot, die sich vor der Polizei versteckten, verdächtige Personen schützte und ihnen Geld gab, der materielle Geschenke machte.[86] Mit anderen Worten, jede politische Aktivität außerhalb des NSDAP-Rahmens konnte den Verdacht hochverräterischer Umtriebe erregen und auf die Anklagebank des VGH führen. Einem VGH-Urteil vom 10. Januar 1939 zufolge wurde eine Partei als eine Vereinigung von Personen definiert, die ihre politischen Ziele verwirklichen wollten, indem sie eine Gruppe bildeten, und die damit wiederum gegen das Gesetz vom 14. Juli 1933 verstießen, das jede Neubildung von politischen Parteien verbot.[87] Jeder Gegner des Regimes, der aus dieser Isolation auszubrechen versuchte, wurde sofort der organisatorischen Vorbereitung zum Hochverrat angeklagt.[88]

Dasselbe Gesetz richtete sich auch gegen jeden, der die Wehrmacht und die Polizei, die Beschützer des Reichs, zu infiltrieren und zu unterwandern suchte und damit Hochverrat beging. In einem Fall hatte der Angeklagte versucht, seinen Bruder, der in einer Waffenfabrik arbeitete, zu beeinflussen und zur Sabotage zu überreden.[89] Obwohl sich der Bruder weigerte, wurde der Angeklagte des Hochverrats beschuldigt, weil ein Sabotageakt nicht unbedingt durchgeführt werden mußte – die Absicht genügte. Es reichte völlig aus, daß der Angeklagte in der Absicht, verräterische kommunistische Ziele zu fördern, organisatorische Maßnahmen getroffen hatte, um die deutsche Wehrmacht zu schädigen.[90]

Um des Vergehens überführt zu werden, zur Unterwanderung von Wehrmacht und Polizei illegale Literatur verbreitet zu haben, genügte es, wenn man den Inhalt dieser Literatur mündlich weitergegeben hatte. Die Literatur selbst mußte nicht notwendigerweise innerhalb der Wehrmacht verteilt worden sein.[91]

Es konnte sogar als Hochverrat gelten, wenn man versuchte, die Methoden ausfindig zu machen, die die Polizei anwandte, um kommunistische Aktivitäten zu verhindern. Wer immer dergleichen tat, unterstützte nicht nur die Kommunisten, sondern bereitete auch eine hochverräterische Aktion vor, da der Gewinn solcher Kenntnisse die Fortsetzung kommunistischer Operationen erleichtern und den Einfluß der Kommunisten stärken würde, da sie dadurch neuen Mut fassen und ihre Moral festigen könnten.[92] Ein kommunistischer Funktionär wurde des Hochverrats beschuldigt, weil er versucht hatte herauszufinden, ob ein bestimmter Polizeibeamter gegen die Kommunisten eingesetzt war oder nicht. Obwohl seine Bemühungen erfolglos blieben, betrachtete der VGH diese Aktion als Vorbereitung zum Hochverrat, da der Angeklagte alles getan hatte, um diese Information zu erhalten.[93]

Das dritte Verbrechen, für das der StGB-Paragraph 83, Abschnitt 3, galt, bezog sich auf die Beeinflussung der Massen durch Publikationen, Literatur, Schallplatten, bildliche Veröffentlichungen und Radiomitteilungen, die auf Hochverrat abzielten. Unter dem Begriff »Massen« verstand der VGH nicht nur eine unbegrenzte Zahl von Staatsbürgern, sondern jede Gruppierung von Männern und Frauen, die für den Staat eine Gefahr bilden konnten.[94] So konnte sogar ein kleiner Personenkreis einem Masseneinfluß unterworfen sein, wenn die angewandten Mittel auch außerhalb dieser Gruppe wirksam wurden oder wenn das allgemeine Ziel der Operation darin bestand, Gleichgesinnte heranzuziehen und zu befähigen, als gut ausgebildete, straff organisierte Gruppe andere Teile des deutschen Volkes zu beeinflussen.[95]

Die Verbreitung von Pamphleten und Literatur unter den Studenten mit dem Ziel, sie gegen den Staat zu beeinflussen, war Hochverrat.[96] Ebenso die Ausgabe solcher Schriften an Leute, die sie außerhalb der Hochschule weitergeben sollten. Die Massenbeeinflussung ging konzentrisch von kleinen Gruppen aus und erreichte größere. Und so wurde jede Opposition gegen den Nationalsozialismus als verräterische und deshalb strafbare Handlung betrachtet.[97]

Dieselben Gesetze wandte man vor dem Krieg an, um zu verhindern, daß illegale kommunistische oder sowjetische Radiosender gehört wurden. In solchen Fällen brachte man dieselben Argumente vor wie bei der »Mundpropaganda«. Wenn jemand Nachrichten eines illegalen Senders hörte und weitererzählte, beging er Hochverrat. In einer Urteilsbegründung vom 26. Juli 1936 konstatierte der VGH, es sei eine wohlbekannte Tatsache, daß deutsche Sendungen aus Moskau, die illegale KPD in Deutschland unterstützen sollten, deren Aktionen als hochverräterisch eingestuft würden. Es sei eines der Hauptziele der Komintern und der KPD, die Massen intellektuell zu beeinflussen und dadurch den Sturz der legalen deutschen Regierung herbeizuführen.[98] Angesichts der strengen Defensivmaßnahmen der deutschen Regierung gegen gedruckte kommunistische Propaganda hatten die KPD und die Komintern ihr Schwergewicht auf Radiopropaganda verlagert, um die Moral der Kommunisten in Deutschland zu stärken, ihre Kenntnisse der revolutionären Taktiken zu erweitern und ihren revolutionären Drang zu unterstützen.[99] Dementsprechend bildete die illegale KPD Hörervereinigungen, um ihre Ziele zu fördern. Wenn ein Angeklagter die Massen habe beeinflussen wollen, so spiele die Zahl seiner Zuhörer keine Rolle, da die genaue Zahl ohnehin schwer zu bestimmen sei und die Aktion der Einzelpersonen nicht von den allgemeinen Zielen einer Partei getrennt werden könne, deren erklärte Absicht es sei, die deutsche Regierung zu stürzen.[100]

Ebensowichtig war der Paragraph 139 des StGB, dem zufolge jeder, der von verräterischen Aktivitäten oder entsprechenden Vorbereitungen wußte, Hochverrat oder Landesverrat beging.[101] 1934 hatte

114

sogar das Reichsgericht einer Neuformulierung des Paragraphen in diesem Sinne zugestimmt.[102] Auch der VGH war damit einverstanden, fügte jedoch hinzu, daß jeder, der eine hochverräterische Aktion plane, auch gewillt sei, sie durchzuführen, so daß jede Vorbereitung zum Hochverrat die Absicht in sich berge, ihn zu begehen, und daß es deshalb einem Verrat gleichkomme, davon zu wissen und die Betreffenden nicht anzuzeigen.[103] So betonte Gürtner am 20. Oktober 1936 in einem Brief, wer immer heutzutage die KPD und die SPD unterstütze, begehe Hochverrat und müsse deshalb bestraft werden.[104] Wenn die Verratsparagraphen dafür nicht ausreichen, solle man das Heimtücke-Gesetz vom 20. Dezember 1934 anwenden oder den StGB-Paragraph über groben Unfug.[105]

Ab 1934 wurden die Paragraphen 3 und 4 des StGB auch auf Deutsche angewandt, die im Ausland lebten und dort gegen Deutschland agitierten. Der VGH sah in der KPD einen Vertreter des Weltkommunismus und der Weltrevolution, der sich hauptsächlich an der Komintern orientierte. Wer immer die KPD unterstütze, unterstütze auch die Komintern, die Weltrevolution und das Bestreben, Deutschland den Bolschewiken zu unterwerfen. Die Unterstützung des Kommunismus jenseits der deutschen Grenzen würde der KPD neue Kraft geben. Der VGH verkündete eine ganze Reihe von Urteilen, die auf der These basierten, daß die Stärkung des Kommunismus in der ganzen Welt auch die revolutionäre Situation in Deutschland verschärfen und die Kommunisten ihrem Ziel näherbringen würde, die nationalsozialistische Regierung zu stürzen.[106] Jede von Deutschen in Rußland ausgeübte prosowjetische Aktivität war deshalb verräterisch; und die Leute, die aus Rußland nach Deutschland zurückkehrten, liefen Gefahr, sofort wegen verräterischer Umtriebe angeklagt zu werden. Die VGH-Staatsanwaltschaft war jedoch 1936 bereit, dabei zu differenzieren, indem sie feststellte, daß die Mitgliedschaft in einer ausländischen kommunistischen Partei nicht unbedingt unter die Verratsparagraphen falle, sondern nur, wenn die ausländische Organisation eine Revolution in Deutschland entfesseln wolle.[107]

Bei der schon erwähnten Konferenz am 11. und 12. November 1936[108] wurde konstatiert, daß die allgemeine Unterstützung einer ausländischen kommunistischen Partei durch einen deutschen Staatsbürger als Vorbereitung zum Hochverrat zu gelten habe, vor allem wenn die betreffende Person innerhalb der Reichsgrenzen wohnte. Im nächsten Jahr, am 16. August 1937, befand der VGH einen Angeklagten des Hochverrats für schuldig, weil er im Ausland an einem kommunistischen Lehrgang teilgenommen hatte, der laut VGH darauf abzielte, die bestehende deutsche Regierung zu stürzen.[109] Und als am 23. August 1939 der deutsch-sowjetische Nichtangriffspakt zustande gekommen war und die Sowjets den Deutschen eine Vielzahl deutscher Kommunisten auslieferten, mußten sich diese entweder vor dem VGH verantworten, oder – und dies traf anscheinend auf die meisten zu – sie wurden in deutsche Konzentrationslager gebracht.[110]

Der Ausbruch des spanischen Bürgerkriegs im Juli 1936 führte einerseits dazu, daß die Deutschen und die Italiener die spanischen Nationalisten unterstützten, während sich andererseits viele deutsche Kommunisten und Sozialisten den Internationalen Brigaden anschlossen, die den Republikanern beistanden. Schon im September 1937 wurden mehrere Prozesse gegen deutsche Gefangene vorbereitet, die auf republikanischer Seite gekämpft hatten, was als Hochverrat galt.[111] Die Richtlinien für die Behandlung dieser Fälle waren so weit gefaßt, daß sogar Spanier oder alle anderen Ausländer, die in diesem Bürgerkrieg auf republikanischer Seite gekämpft hatten, strafrechtlich verfolgt werden konnten.[112] Dies galt auch für Deutsche, Spanier und andere, die in Deutschland Freiwillige für die Internationalen Brigaden geworben hatten.[113] Gürtner bestätigte das am 27. Dezember 1937, indem er erklärte, daß der Eintritt in die rotspanische Armee sowie die Rekrutierung anderer für diese Streitkräfte als Hochverrat betrachtet werden müßte, wenn man nachweisen könnte, daß die Beschuldigten indirekt auch revolutionäre Agitationen gegen die deutsche Regierung unterstützt hatten.[114] Sogar das Auswärtige Amt vertrat diesen Standpunkt,[115] obwohl es sich ursprünglich unter von Neurath – wie auch Hitlers außenpolitischem Berater, von Ribbentrop, – gegen eine Intervention auf der iberischen Halbinsel ausgesprochen hatte.[116]

Am 18. Februar 1937 wurde ein Gesetz erlassen, dem zufolge es illegal war, am spanischen Bürgerkrieg teilzunehmen[117] – ungeachtet der Tatsache, daß die Legion Condor zu diesem Zeitpunkt bereits voll im Einsatz war. Das Gesetz richtete sich auch nur gegen Personen, die auf republikanischer Seite kämpften. Während der nächsten Monate tauchten in diesem Zusammenhang mehrere Fälle auf, und die VGH-Staatsanwaltschaft wurde aufgefordert, die Frage zu prüfen, ob die Betreffenden durch ihre Teilnahme am spanischen Bürgerkrieg Hochverrat begangen hätten und deshalb strafrechtlich verfolgt werden könnten.[118] Die Zahl dieser Fälle erhöhte sich nach Ausbruch des Zweiten Weltkriegs und nach Frankreichs Niederlage, als viele deutsche ehemalige Mitglieder der Internationalen Brigaden von der Vichy-Regierung an Deutschland ausgeliefert wurden.[119] Es kam zu Komplikationen, weil die Mitglieder der deutschen Waffenstillstandskommission vielen dieser Personen versichert hatten, daß sie bei einer Rückkehr nach Deutschland straffrei ausgehen würden, worauf die Waffenstillstandskommission aufgefordert wurde, solche Versprechen nicht mehr zu geben.[120] Erst 1942 gab die VGH-Staatsanwaltschaft die Anweisung, daß Personen, die aufgrund solcher Zusicherungen von seiten der Waffenstillstandskommission nach Deutschland zurückgekommen waren, nicht strafrechtlich verfolgt werden dürften. Wenn jedoch ein Kommunist auch auf andere Weise gegen das deutsche Reich agitiert hatte, sollte er vor Gericht gestellt werden, wobei allerdings seine Mitgliedschaft bei den Internationalen Brigaden nicht in die Anklageschrift aufgenommen werden sollte.[121]

Es war nur natürlich, daß sich das Bestreben des VGH primär gegen die Kommunisten richtete, da die KPD als einzige Partei immer wieder erklärte, sie wolle das nationalsozialistische Regime gewaltsam stürzen. Der VGH wandte sich ebenso gegen die KPD wie auch gegen ihre Unter- und Frontorganisationen, zum Beispiel die »Rote Hilfe« oder die kommunistischen Jugendverbände. Jede kommunistische Aktivität wurde als Hochverrat betrachtet, gleichgültig ob sie sich innerhalb des KPD-Rahmens abspielte oder unabhängig davon. Nicht nur KPD-Mitglieder waren Kommunisten, sondern alle Personen, die ihre Sympathie für kommunistische Ziele oder die Sowjetunion bekundeten. Es war die erklärte Absicht der NSDAP, öffentlich zu demonstrieren, daß sie anders und entschiedener gegen die Kommunisten vorgehen würde als die Weimarer Republik.[122]

Der Reichstagsbrand hatte einen Vorwand für Massenverhaftungen von KPD-Mitgliedern geliefert, obwohl die Mehrheit nach ein paar Monaten wieder freigelassen worden und unbehelligt geblieben war, solange sie sich jeder politischen Aktivität enthielt, wenn sie nicht der NSDAP diente.

Die Leute, die sich nicht unterordneten, bekamen die ganze Macht der Justiz zu spüren. Mathias Thesen und Robert Siewert – um nur zwei Beispiele anzuführen – waren kommunistische Reichstagsabgeordnete gewesen. Thesen wurde im August 1933 verhaftet, der Vorbereitung zum Hochverrat angeklagt und zu dreieinhalb Jahren Zuchthaus verurteilt. Nachdem er seine Strafe verbüßt hatte, wurde er wieder festgenommen und in ein Konzentrationslager gebracht, wo er erneut gegen den Nationalsozialismus agitierte – mit dem Ergebnis, daß er sich vor dem VGH verantworten mußte, der ihn zu vier Jahren Zuchthaus verurteilte, die er im Konzentrationslager Sachsenhausen zu verbüßen hatte. Dort wurde er im Oktober 1944 auf Himmlers Befehl erschossen.[123]

Die Argumentation des VGH in den Prozessen gegen ehemalige Kommunisten kommt in einer Urteilsbegründung vom 5. Februar 1935 klar zum Ausdruck: »Schon vor der nationalen Erhebung verfolgte die KPD das Ziel, Regierung und Verfassung des Reiches durch Gewalt zu stürzen. Diese Bestrebungen sind auf Grund der Feststellungen zahlreicher Verhandlungen vor dem Reichsgericht und Volksgerichtshof bekannt.

Nachdem die Organisation der KPD und ihre Nebenorganisationen durch die nationalsozialistische Regierung nach der nationalen Erhebung am 30. Januar 1933 zerschlagen und jede Betätigung für die KPD verboten war, setzten alsbald Bemühungen der KPD ein, die Parteiorganisation und die Nebenorganisationen wie ›Rote Hilfe‹ (RHD) und ›Revolutionäre Gewerkschaftsopposition‹ (RGO) illegal wiederaufzurichten. Die Vorbereitungen für diese Arbeiten in der Illegalität waren schon im Herbst 1933 getroffen. Die Ziele der KPD waren, wie aus allen ihren Druckschriften hervorgeht, unverändert geblieben. Nach wie vor – nach der nationalen Erhebung sogar in verschärfter Form – strebte die KPD den gewaltsamen Sturz der Regierung des Deutschen Reiches und die Errichtung einer Arbeiter- und Bauernrepublik nach dem Muster Sowjetrußlands an.

Da infolge des Verbots ihrer Organisationen und jeglicher Betätigung für sie ein offenes Werben für ihre Bestrebungen nicht mehr möglich ist, hat sich die KPD in erster Linie der Propagierung ihrer

Ideen durch Druckschriften bedient, die im Ausland hergestellt, in großen Mengen über die Grenze gebracht und in Deutschland verteilt werden. Teilweise, aber in geringerem Umfange, werden diese Druckschriften auch im Inland hergestellt. Zum Teil werden aber auch die Matern und Druckplatten im Ausland hergestellt, heimlich ins Inland geschafft und dann in illegalen Druckstellen zur Herstellung von Druckschriften benutzt. Beschaffung, Herstellung und Vertreibung dieser Druckschriften liegt in den Händen von technischen Leitern und Agit-Prop-Leitern im Reichs-, Bezirks- und Unterbezirksmaßstabe. Neben diesen Bemühungen, ihre Ideen schriftlich in die Massen zu tragen und diese ideologisch zu beeinflussen, geht das Bestreben der KPD seit Beginn ihrer Illegalität dahin, die Partei auch organisatorisch wieder aufzubauen. Ganz Deutschland ist in Bezirke und Unterbezirke aufgeteilt, an deren Spitze PO-Leiter stehen, die den Weisungen einer Landesleitung, die im Inland ihren Sitz hat, unterstellt sind. Diese Landesleitung wiederum untersteht einer illegalen Reichsleitung, deren Sitz sich im Ausland befindet, wohin nach der nationalen Erhebung ein größerer Teil der leitenden Männer der KPD geflohen ist. Auch die Reichsleitung des sogenannten ›Technischen Apparates‹, der sich in erster Linie mit der Propaganda durch Druckschriften zu befassen hat, ist ins Ausland verlegt.

Ihre illegale Organisation sucht die KPD weit zu spannen. Sie ist sich klar, daß die Zahl ihrer verbliebenen Anhänger in Deutschland zu gering ist, um auch nur im entferntesten einen Erfolg ihrer Bestrebungen zu garantieren. Sie ist daher bemüht, mit den anderen marxistischen Parteien Deutschlands aus der Zeit vor der nationalen Erhebung, der SPD und der SAP, die gleichfalls verboten sind, und aus der Emigration, also vom Ausland her, ebenfalls auf einen gewaltsamen Sturz der Regierung und Verfassung hinzuarbeiten, eine Einheitsfront zu schaffen, um den gemeinsamen Todfeind, die nationalsozialistische Regierung und Verfassung, gemeinsam zu stürzen. Im Rahmen des illegalen Wiederaufbaus ihrer Parteiorganisationen strebt die KPD auch die illegale Errichtung von Freien Gewerkschaften unter ihrer Führung an. In Verfolgung dieses Zieles interessiert sie sich vor allem für die Bildung von Betriebszellen in den einzelnen Betrieben.«[124]

Im großen und ganzen schätzte der VGH die Tätigkeit der KPD in

Deutschland richtig ein. So in der gerade zitierten Urteilsbegründung des VGH, die einen Laborchemiker betraf, Mitglied der KPD seit 1924, der seit 1934 kommunistische Pamphlete hergestellt hatte, zuerst für die »Revolutionäre Gewerkschaftsopposition« und dann, seit August 1934, für die KPD, als er Leiter der kommunistischen Propaganda in Westdeutschland wurde.

Ein Solinger Drucker, der schon lange für die KPD gearbeitet hatte und seit Juli 1934 kommunistische Flugblätter druckte, stellte auch die kommunistische Zeitung »Freiheit« und vier Einzelnummern der »Roten Fahne« her. Diese Flugblätter, Plakate und Broschüren wurden mit Matern aus dem Saarland (zu jenem Zeitpunkt noch in französischer Hand) gedruckt sowie auch von dort finanziert. Zur Verteilung kamen sie im Rheinland, im Ruhrgebiet sowie in Berlin und Brandenburg. Kurz vor seiner Entdeckung gelang es dem Solinger Drucker ins Ausland zu entkommen, aber im Juli 1935 wurde er im Saarland verhaftet.

Besagter Laborchemiker hatte inzwischen einen Kölner Drucker gefunden, der 15 000 Exemplare der »Roten Fahne« und 9000 Exemplare der »Jungen Garde«, der Zeitung der kommunistischen Jugendorganisation druckte. Hauptverteiler war ein Düsseldorfer Kellner, der das Propagandamaterial in den Gebieten des Niederrheins wie auch in Berlin verteilte oder verteilen ließ. Gleichzeitig erhielt er aus Belgien Propagandamaterial, das er ebenfalls verteilte. Ende 1935 wurde die ganze Organisation verhaftet. Am 5. Februar 1936 wurde der Laborchemiker wegen Hochverrats zu lebenslänglichem Gefängnis verurteilt, der Solinger Drucker zu zehn Jahren, der Kölner Drucker zu acht Jahren Zuchthaus. Zwei weitere Kölner Drucker, die die letzteren unterstützt hatten, erhielten Freiheitsstrafen, ein vierter wurde mangels Beweisen freigesprochen, während dem Düsseldorfer Kellner zwölf Jahre Zuchthaus auferlegt wurden.[125]

In der Vorkriegszeit befaßte sich der VGH hauptsächlich mit Mitgliedern der illegalen KPD; und das Strafmaß verschärfte sich allmählich, besonders nachdem Thierack VGH-Präsident geworden war. Am 4. Juni 1937 wurden die beiden ehemaligen kommunistischen Reichstagsabgeordneten Robert Stamm und Max Maddalena sowie drei weitere KPD-Funktionäre vom VGH verurteilt[126], der sich in der Urteilsverkündung ausführlich mit den Aktionen der kommunistischen Führung, ihrer Beziehung zur Komintern und ihren Zielen nach einer erfolgreichen Revolution in Deutschland auseinandersetzte.

Ein Hamburger Redakteur, 1933 bereits zweimal wegen Hochverrats bestraft, war seit Juni 1933 illegaler Bezirksleiter der KPD in Halle und seit Mai 1934 führender Funktionär in Berlin. Die Berliner Zentrale hatte regelmäßig Kontakt mit dem KPD-Politbüro, das sich zuerst in Prag befand und später seinen Sitz nach Paris verlegte. Die Propagandaarbeit war sehr umfangreich, und es standen mehr als ausreichende finanzielle Mittel zur Verfügung. Der Redakteur reiste häufig nach Moskau.

Stamm, sein Mitangeklagter, übernahm den Posten des politischen KPD-Führers in Bremen und Hannover, und im März 1934 wurde er politischer Führer in Berlin-Brandenburg. Dieses Amt bekleidete er bis zum Oktober 1934. Dann wurde er Sonderkurier und operierte zwischen Saarbrücken, Prag und Moskau – bis zum März 1935, als man ihn beauftragte, von Berlin aus eine Volksfront aus der KPD und den Gewerkschaften aufzubauen. Maddalena, ebenfalls schon vor 1933 verurteilt, wurde im März 1935 von Moskau nach Berlin geschickt. Als die Beschuldigten in Berlin eintrafen, wurden sie sofort verhaftet. Das Treffen hatte ein vierter Beschuldigter arrangiert, der seit dem Oktober 1934 ebenfalls in Berlin und davor in Moskau gewesen war. Der fünfte Angeklagte hatte eine militärisch-politische Schule in Moskau besucht und war nach Deutschland geschickt worden, wo er Propagandamaterial verteilen sollte.

Stamm und der Hamburger Redakteur wurden zum Tod verurteilt, ebenso Maddalena, doch dessen Strafe wurde in lebenslange Haft umgewandelt, während dem vierten und dem fünften Funktionär zwölf beziehungsweise fünfzehn Jahre Zuchthaus auferlegt wurden. Das Gericht richtete seine besondere Aufmerksamkeit auf die Fälschung offizieller Dokumente, da alle Angeklagten falsche Papiere benutzt hatten. Dies war der schwerwiegendste Fall von Hochverrat, mit dem sich der VGH seit seiner Gründung beschäftigt hatte. In seinem Urteil erkannte er, daß die beiden zum Tode Verurteilten in politischem Sinne »anständige Menschen« seien, aber sie hätten sich als gefährliche Staatsfeinde erwiesen. Welcher Deutsche auch immer »in dem schweren Daseinskampf seines wiedererstandenen und geeinten Volkes« auf der Seite ausländischer und inländischer Feinde stehe, sei ein Feind des Volkes.[127]

Während des Kriegs wurde mindestens ein Fall behandelt, bei dem die Tat schon vor dem Krieg begangen worden war. Ein Bautechniker hatte in seiner Jugend nationalen Vereinigungen und später der SA angehört. Aber 1933 wechselte er zu den Kommunisten über, für die er nach der NS-Machtübernahme illegal arbeitete. Vom November 1933 bis Mai 1935 hielt er sich in Moskau auf, um sich in einer militärisch-politischen Schule ausbilden zu lassen. Nach Berlin zurückgekehrt, leitete er verschiedene illegale Berliner KPD-Gruppen, veröffentlichte zahllose Traktate und Pamphlete, darunter auch eines, das sich mit angeblichen Unruhen in einer Unteroffiziersschule befaßte. Nachdem ihn die Gestapo aufgespürt hatte, floh er im August 1936 und schloß sich den Internationalen Brigaden an, die im spanischen Bürgerkrieg kämpften. Bald darauf wurde er von den französischen Behörden interniert und später an Deutschland ausgeliefert.

Er wurde vor dem VGH der Vorbereitung zum Hochverrat mit erschwerenden Umständen angeklagt, da er nicht nur als kommunistischer Organisator und Agitator fungiert, sondern auch versucht habe, mit seinen Flugblättern die Moral der Soldaten in der Unteroffiziersschule herabzusetzen. Außerdem habe er auch im Ausland Hochverrat begangen, da er die Moskauer Schule besucht hatte. Nach Ansicht des VGH wog die Untreue eines ehemaligen SA-Mannes, der durch die nationalsozialistische Bewegung nur Vorteile genossen und nach der Machtergreifung Positionen bekleidet hatte, die seiner Ausbildung angemessen waren, besonders schwer. Seine Agitationen seien vor allem deshalb so gefährlich gewesen, weil er in der illegalen Hierarchie der KPD eine ziemlich hohe Stellung innegehabt hatte. Schließlich und endlich habe der Angeklagte nichts Positives für Volk, Führer und Reich getan; und da er nach der Überzeugung des Gerichts niemals ein nützlicher, treuer Staatsbürger werden würde, verurteilte es ihn zum Tod.[128]

Kommunistische Splitter- oder andere Oppositionsgruppen wurden mit der gleichen Härte verfolgt wie die KPD. So erschienen am 7. Dezember 1937 Mitglieder des »Internationalen Sozialistischen Kampfbunds« vor dem VGH, in dessen Urteilsbegründung festgestellt wurde: »Splittergruppen wie der ISK und andere marxistische staatsfeindliche kleinere Organisationen, wie z. B. die Trotzki-Gruppe, die Brandler-Gruppe, die Roten Kämpfer, die anarcho-syndikalistischen Gruppen und andere mehr, können, vom richtigen politischen Standpunkt aus gesehen, nicht jeweils für sich allein betrachtet werden. Es darf vielmehr niemals die große, einheitliche Linie all dieser Gruppen untereinander und insbesondere ihre politische Verbundenheit mit den großen marxistischen Parteien wie der KPD und SPD vergessen werden. Die Unterschiede all dieser Splittergruppen untereinander und zur KPD und SPD sind verschwindend klein gegenüber ihrer ganz auf derselben Linie liegenden einheitlichen Feindschaft zum nationalsozialistischen Staat und ihren gewaltsamen Umsturzbestrebungen. Infolgedessen rechnen auch die Splittergruppen damit, daß auf dem Wege zum gewaltsamen Umsturz die großen marxistischen Parteien vorangehen, für die sie den Boden mit vorbereiten, um sich ihnen dann anschließen zu können. Ihre Gefahr darf daher trotz der verhältnismäßig geringen Anzahl ihrer Anhänger keineswegs unterschätzt werden.«[129]

Dies traf auf die bereits erwähnte Brandler-Gruppe zu, deren Mitglieder den Kommunisten Heinrich Brandler unterstützten. Er hatte sich für eine vereinigte Front von KPD und SPD eingesetzt. Außerdem war er Mitglied der sächsischen Regierung gewesen, an deren Spitze ein Sozialdemokrat gestanden und in der die Kommunisten bald die Oberhand gewonnen hatten, und die dann im Herbst 1923 von der deutschen Regierung mit Hilfe der Reichswehr gestürzt worden war. Als die Komintern in den späten zwanziger Jahren ihren Kurs änderte und eine vereinigte Front bekämpfte, wurden Brandler und seine Freunde 1928 aus der KPD ausgeschlossen. Sie bildeten nun eine eigene kommunistische Oppositionsgruppe, die KPDO (Kommunistische Partei Deutsche Opposition), mit der sich der VGH am 11. Oktober 1935 befaßte.[130]

Das Gericht gestand zu, daß sich die KPDO bemüht habe, die bürokratische Verknöcherung der KPD aufzulösen und eine innerparteiliche Demokratie zu etablieren. Aber diese Konflikte seien nur in partei-internem Sinne relevant, und die KPDO habe wie die linke Opposition und die ganze KPD eine Diktatur des Proletariats angestrebt und eine nach sowjetischem Vorbild orientierte Republik. Der VGH zitierte außerdem einen Reichsgerichtsentscheid vom

12. Januar 1934, in dem der verräterische Charakter der KPDO bestätigt worden war.

Nach der »nationalen Erhebung« und der Ausschaltung des KPD-Parteiapparats war die KPDO noch aktiver geworden, und sie versuchte, in ihren Reihen all jene zu versammeln, die der SPD und der KPD den Rücken gekehrt hatten. Die KPDO kämpfte für eine Wiederaufrichtung der Partei im Einklang mit den Prinzipien der KPD und war bestrebt, mit ihrer Propaganda die Autorität des Staates ebenso wie jene der KPD zu unterminieren. In erster Linie bemühte sie sich, die Arbeiterklasse zu mobilisieren und für den Klassenkampf zu begeistern, der die Grundlage für einen gewaltsamen Umsturz schaffen sollte. Wie die KPD, so stand auch die KPDO in engem Kontakt mit Emigrantenkreisen; sie versuchte, mit einer Flut von Pamphleten und »Greuelpropaganda« die Autorität der deutschen Regierung im Ausland zu untergraben.

Der VGH verurteilte den Führer der Leipziger KPDO-Gruppe zu zwei Jahren und drei Monaten Zuchthaus, inklusive der fünfzehn Monate Untersuchungshaft. In der Urteilsbegründung wurde betont, daß der Angeklagte zu einer Zeit hoher politischer Spannungen in Deutschland aktiv gewesen sei, während sich alles in Deutschland darauf konzentriert habe, die nationalsozialistische Idee von Staat und Volk auf breitester Ebene im Denken der Massen zu verankern. Als Funktionär habe der Angeklagte alles getan, um die Bemühungen der nationalsozialistischen Regierung, der deutschen Bevölkerung Frieden zu bringen, und sie zu einer großen Volksgemeinschaft zu vereinen, zu durchkreuzen. Er habe illegale und verräterische Zeitungen verbreitet, um Unruhe und Unzufriedenheit zu stiften. Er würde der Höchststrafe nur deshalb entgehen, weil er sich Ende 1933 von der KPDO getrennt habe und weil man die begründete Hoffnung hegen könne, daß er sich wieder zu einem nützlichen Mitglied der deutschen Volksgemeinsahft entwickeln würde.[131]

Die Sozialdemokraten und Gewerkschaftler, also die nichtkommunistischen Organisationen der Linken, dienten ebenso als Zielscheiben des VGH wie die Kommunisten und ihre angeschlossenen Organisationen. Die SPD war durch einen Erlaß vom 22. Juni 1933[132] und ein Gesetz vom 14. Juli 1933[133] offiziell verboten worden. Verstöße gegen dieses Gesetz führten zu Zuchthaus- und Gefängnis-

124

strafen bis zu drei Jahren; doch im großen und ganzen ignorierte der VGH diese Bestimmungen und betrachtete alle Versuche der Wiederaufrichtung der SPD und der Gewerkschaften als Vorbereitung zum Hochverrat. Das Gericht ging davon aus, daß jeder politische Verband außerhalb der NSDAP und ihrer Formationen seine Ziele nur mit Gewalt durchsetzen könne; und dies scheine dadurch bestätigt zu sein, daß sich die SPD-Führerschaft zuerst in Prag und dann in Paris neu organisiert habe. Wenn sich die SPD auch geweigert habe, gemeinsame Sache mit den Kommunisten zu machen, so arbeite sie doch bis zu einem gewissen Grad mit anderen revolutionären sozialistischen Gruppen zusammen, vor allem mit Emigranten; und die Parteiführer veröffentlichten beträchtliche Mengen an antinationalsozialistischem Propagandamaterial, das ins Reich geschmuggelt werde.[134]

Das Reichsgericht mußte sich schon 1934 mit zwei Fällen befassen, die es zu der Erklärung veranlaßten, die SPD sei nun eine revolutionäre Partei geworden.[135] Natürlich stimmte der VGH zu und verdammte am 25. April 1935 jede Aktivität zum Nutzen der SPD als Hochverrat.[136] Ebenso betroffen waren die untergeordneten Organisationen der SPD wie das Reichsbanner Schwarz-Rot-Gold, die paramilitärische Organisation der SPD. Am 21. August 1935 wurden mehrere Mitglieder dieses Verbands zu einigen Jahren Zuchthaus verurteilt.[137]

Die strafrechtliche Verfolgung illegaler Aktionen von KPD, SPD und ihrer Splittergruppen wurde in Deutschland konsequent fortgesetzt. Doch der VGH wandte sich ebenso gegen Gruppen, die zuvor den Nationalsozialisten angehört hatten. Besonders prominent war Otto Strassers »Schwarze Front«. Otto Strasser, der Bruder von Georg Strasser (im Juni 1934 beim sogenannten Röhm-Putsch ermordet), war 1930 unter dem Motto »Die Sozialisten verlassen die NSDAP« aus der NSDAP ausgetreten.[138] Er gründete die »Kampfgemeinschaft revolutionärer Nationalsozialisten«, die er später in »Schwarze Front« umtaufte. In seinen »Vierzehn Thesen der deutschen Revolution« forderte Strasser die wirtschaftliche Neugliederung Deutschlands nach kommunistischen Grundsätzen, zum Beispiel die Abschaffung allen Privateigentums, die Sozialisierung des gesamten Landes, aller Bodenschätze und Produktionsmittel. Außerdem sollte die Infrastruktur der deutschen Industrie reorganisiert werden. In der Außenpolitik setzte sich Strasser für eine Allianz mit der Sowjetunion ein, um die Fesseln des Versailler Vertrages zu sprengen. Einer der ehemaligen Kommandeure der Schwarzen Reichswehr, Major Buchrucker, bekannt durch den Küstrin-Putsch vom Oktober 1923[139], gründete für Strasser eine eigene Wehrorganisation, die »Schwarze Garde«, und versuchte, Dissidenten aus den Reihen der NSDAP dafür zu gewinnen wie Stennes und dessen Gruppe, die 1931 aus der Berliner SA und NSDAP ausgestoßen worden waren. Zuerst wurden diese Pläne unter strengster Geheimhaltung verfolgt. Die »Schwarze Front« und die »Schwarze Garde« sollten erst dann in Erscheinung treten, wenn Deutschland in eine ausweglose Krise geriete, die es tatsächlich lähmte, und keine stärkere Opposition zu erwarten wäre.[140]

Nachdem Hitler an die Macht gekommen war, verlangte Strasser im Februar 1933, daß kein Mitglied seiner Organisation fliehen sollte. Er selbst aber verschwand bereits im März aus Berlin, um in Mittel- und Süddeutschland unterzutauchen. Im Mai flüchtete er nach Österreich und im Juli nach Prag. Von Prag aus gelang es ihm, seine Anhänger in Deutschland neu zu motivieren und ihre organisatorische und propagandistische Arbeit wieder aufzunehmen. Er rief ganz offen zum Widerstand gegen das nationalsozialistische Regime auf und gab in Prag die Wochenzeitung »Die deutsche Revolution« heraus, in der er immer wieder den gewaltsamen Sturz der nationalsozialistischen Regierung forderte. Daraufhin verdammte der VGH die »Schwarze Front« in einer Urteilsbegründung vom 20. Februar 1935 als hochverräterisch.[141]

Zwei Jahre später wurde das erste Mitglied der »Schwarzen Front« zum Tode verurteilt, ein jüdischer Architekturstudent namens Helmut Hirsch, der – nach Hitlers Ernennung zum Kanzler – nach Prag ausgewandert war und sich dort Otto Strasser angeschlossen hatte. Er sollte Sprengstoff einsetzen, um nationalsozialistische Spitzenleute zu ermorden, möglichst Hitler selbst, oder um öffentliche Gebäude in die Luft zu jagen. Es gelang ihm, die deutsche Grenze zu überschreiten; doch im Dezember 1936 wurde er in Stuttgart, wo er den Sprengstoff in Empfang nehmen sollte, verhaftet. Er wurde vor Gericht gestellt, zum Tod verurteilt und am 4. Juni 1937 hingerichtet.[142]

Am 20. November desselben Jahres mußten sich sechs ehemalige

Mitglieder der »Schwarzen Front« vor dem VGH verantworten, darunter auch ein mit Strasser befreundetes Ehepaar. Der Ehemann war von Strasser zum Leiter der illegalen »Schwarzen Front« in Berlin ernannt worden und hatte diese Funktion bis zum Juli 1934 erfüllt. Während dieses Zeitraums schrieb er mehrere Geheimberichte, die seine Frau kopierte und an Strasser nach Prag schickte. Er hatte Strasser in Prag besucht und sogar versucht, den Berliner SA-Obergruppenführer Ernst kurz vor der Niederschlagung des »Röhm Putsches«, deren Opfer dieser wurde, mit seinen Leuten auf die Seite der »Schwarzen Front« ziehen.

Zusammen mit dem Ehepaar wurden auch zwei Berliner Kaufleute angeklagt, die in enger Verbindung mit einem anderen führenden Funktionär der Schwarzen Front gestanden hatten – mit Richard Schapke, der nach Kopenhagen geflohen war. Außerdem wurde eine Berliner Ärztin, eine Freundin Strassers, angeklagt. Sie alle hatten Strasser in Prag besucht und Kontakte miteinander gehabt.

Der letzte Angeklagte war während des Ersten Weltkrieges Offizier und Pilot bei der deutschen Fliegertruppe gewesen und hatte die Mitglieder der »Schwarzen Front« im Rheinland organisiert. Alle Angeklagten wurden des Hochverrats überführt und zu unterschiedlichen Gefängnis- und Zuchthausstrafen verurteilt. [143]

In den Vorkriegsjahren strengte der VGH immer wieder Prozesse gegen Mitglieder der »Schwarzen Front« an. Am 5. Juli 1938 wurde Otto Strassers ehemaliger Arzt der Vorbereitung zum Hochverrat angeklagt, aber freigesprochen. [144] Der Beschuldigte hatte in nahem Kontakt mit Strasser gestanden und ihn in Prag besucht; außerdem war er mit anderen Mitgliedern der »Schwarzen Front« in Verbindung geblieben. Der VGH akzeptierte das Argument des Arztes, daß dessen Beziehung zu Strasser rein persönlich und daß er niemals Mitglied der »Schwarzen Front« gewesen sei. Man konnte ihm deshalb keine hochverräterische Aktivität vorwerfen.

Ein weiteres weibliches Mitglied der Schwarzen Front wurde am 2. November 1938 zu sieben Jahren Zuchthaus verurteilt. [145] Die Angeklagte war früher Mitglied der NSDAP gewesen und hatte bis 1932 einen hohen Posten in der Parteihierarchie bekleidet. Nach Gregor Strassers Ermordung im Jahr 1934 hatte sie sich demonstrativ aus der NSDAP zurückgezogen und war in engen Kontakt mit Otto Strasser getreten. Wenn sie nach Prag und in die Schweiz reiste, nahm sie jeweils bei ihrer Rückkehr nach Deutschland Strassers Propagandamaterial mit; und sie versuchte in aller Offenheit, neue Mitglieder für die »Schwarze Front« zu werben. Der VGH betrachtete ihre Tätigkeit als hochverräterisch.[146] 1939 wurden weitere Mitglieder der Schwarzen Front zu verschiedenen Gefängnisstrafen verurteilt.[147]

Das Berlin der späten zwanziger Jahre war eine stets wechselnde politische Bühne, auf der, abgesehen von den größeren Parteien, unzählige politische Gruppierungen auftauchten, verschwanden und in diversen Formen erneut in Erscheinung traten. Eine dieser Gruppen waren die Nationalbolschewisten, ein in hohem Maße heterogener Verband, dessen Mitglieder auch in neokonservativen Kreisen zu finden waren und vice versa.[148] So veröffentlichte Ernst Jünger mehrere Artikel im Organ der Nationalbolschewisten, »Der Widerstand«, das von Ernst Niekisch herausgegeben wurde, während Niekisch Essays für Jüngers Zeitschrift »Die Standarte« beisteuerte. Und Ernst von Salomon publizierte in beiden Zeitschriften.[149]

Niekisch war früher Grundschullehrer und während der Novemberrevolution in Bayern Vorsitzender des Arbeiter- und Soldatenrats gewesen.[150] Nachdem die Räterepublik im Mai 1919 von Regierungstruppen beseitigt worden war, wurde Niekisch zu zwei Jahren Festungshaft verurteilt.[151] Danach trat er verschiedenen Parteien bei und verließ sie wieder, bis er 1929 in Berlin den Widerstand-Verlag gründete.[152] Um diesen Verlag herum entwickelte sich eine politische Organisation, der im Oktober 1930 etwa hundert Mitglieder angehörten. Die Versuche, Kontakte mit anderen rechtsradikalen Organisationen herzustellen, schlugen fehl – ausgenommen im Fall Hans Zehrers »Tat-Kreis«, der Gruppe, die Ende 1932 glaubte, die Reichswehr würde unter der Führung des Generals von Schleicher ein autoritäres Regime einsetzen.[153] Zu Niekischs engen Mitarbeitern zählten der ehemalige Offizier Dr. Drexel und der höhere Staatsbeamte Dr. Karl Tröger, zwei Mitglieder des Bundes Oberland. Tröger publizierte bis zum April 1933 Rundschreiben, in denen er die Weltrevolution und eine deutsche Außenpolitik forderte, die sich auf die Sowjetunion stützte. Dies lag voll auf Niekischs Linie.[154] Hitlers eigenes offizielles Programm war in jener Zeit, sowohl innen- als auch außenpolitisch, im Vergleich zu Niekischs Zielsetzung sehr gemäßigt.

Nachdem Hitler an die Macht gekommen war, setzte Niekisch seine Aktivitäten fort; und »Der Widerstand« wurde erst im Dezember 1934 verboten. Ab April 1936 veröffentlichte Niekisch »Informationsbriefe« für eine Gruppe von etwa dreißig Leuten, die sich gegen den Nationalsozialismus wandten und für eine Bindung an die Sowjetunion eintraten. Außerdem schrieb er 1933 das Manuskript »Die deutsche Mobilmachung«, das aber niemals publiziert, sondern von Dr. Drexel verwahrt wurde. In dieser Schrift forderte Niekisch, daß jede deutsche Regierung den Marxismus und die Sowjetunion unterstützen müßte. Während dieser Periode verfaßte er noch mehrere andere Traktate, die alle unveröffentlicht blieben. Erst 1936 wurde er von der Reichsschrifttumskammer ausgeschlossen, der jeder deutsche Schriftsteller angehören mußte, während ein Ausschluß für den Betreffenden bedeutete, daß er nichts mehr publizieren durfte. Schließlich wurde Niekisch im März 1937 zusammen mit Tröger, Drexel und siebzig anderen Gesinnungsgenossen verhaftet.[155]

Doch es dauerte bis zum 10. Januar 1939, bis der VGH Niekisch und seinen beiden engen Mitarbeitern den Prozeß machte, wobei Thierack den Vorsitz führte. Für Niekisch endete die Verhandlung mit einer lebenslangen Zuchthausstrafe.[156] Das Gericht betrachtete seinen Freundeskreis als politische Partei, was einen Verstoß gegen das Gesetz vom 14. Juli 1933 darstellte, als eine Partei, deren Ziele jenen der NSDAP zuwiderliefen. Die Tatsache, daß es sich nur um eine kleine Gruppe handelte, wurde als belanglos angesehen, da Niekisch und seine Anhänger nicht bezweifelt haben konnten, daß sich ihre Aktivitäten gegen den bestehenden Staat richteten. Das sei durch Niekischs Publikationen, seine persönliche Korrespondenz und sein ungedrucktes Manuskript ausreichend bewiesen.

Am 18. Februar 1939 wurde gegen Niekischs Frau und achtzehn andere Mitglieder der Gruppe vor dem VGH verhandelt. Mit Ausnahme von vier Angeklagten, die freigesprochen wurden, verurteilte man sie zu unterschiedlichen Zuchthaus- und Gefängnisstrafen.[157] Auch mit anarchistisch-syndikalistischen Gruppen mußte sich der VGH in der Vorkriegszeit befassen. Sie waren weder Kommunisten noch Sozialdemokraten, sondern bezogen ihre theoretischen Grundlagen aus den Schriften Proudhons, Bakunins und des Fürsten Kropotkin. Sie lehnten den Staat völlig ab und propagierten ein freies Bündnis und eine freiwillige Zusammenarbeit zwischen allen Gesellschaftsmitgliedern. Ihre Organisation war die Freie Arbeiterunion Deutschlands (FAUD), gegründet 1897.[158] In den letzten Jahren der Weimarer Republik war sie immer noch aktiv, obwohl sie nur eine kleine Randgruppe darstellte. Nach dem Januar 1933 emigrierte die FAUD-Führerschaft nach Amsterdam, wo sie Propagandamaterial herausbrachte, das nach Deutschland geschmuggelt wurde. Aber 1935 gab sie ihre Tätigkeit auf, weil sie zu gefährlich geworden war. Eines der aktivsten Mitglieder im Rheinland wurde vom VGH wegen Vorbereitung zum Hochverrat zu zehn Jahren Zuchthaus verurteilt. Auch mehrere andere Mitglieder wurden noch vor dem Krieg angeklagt; doch in diesen Fällen verhängte man keine Todesstrafe.[159]

Neben den organisierten Gruppen gab es auch ausgesprochene Einzelgänger, die aus persönlichen und nicht aus politischen Gründen mit der NS-Politik in Konflikt gerieten und letzlich vor dem VGH abgeurteilt wurden. Aber selbst in Fällen wo es sich herausstellte, daß die Angeklagten geistig gestört waren, konnten die Haftstrafen sehr streng ausfallen.[160]

Zusammenfassend läßt sich feststellen, daß alle Senate des VGH bis 1936 das bestehende Recht zwar extensiv und flexibel auslegten, aber immer noch dazu neigten, angeklagte Einzelpersonen relativ mild zu bestrafen. Seit der Ernennung Thieracks zum Präsidenten des Volksgerichtshofs wehte ein schärferer Wind, aber bis zum Kriegsausbruch behielt man einen gemäßigten Kurs bei, gemessen an der »Rechtspflege« der Folgezeit.

Jedoch aus der Vorkriegspraxis des Volksgerichtshofes zu folgern, daß das Deutsche Reich bereits ein vollausgebildeter totalitärer Staat gewesen sei, wäre grundsätzlich falsch. Noch war der NS-Staat auf seine *Entente* mit den konservativen Eliten einschließlich der Kirchen angewiesen. Wir müssen, zumindest zu diesem Zeitpunkt noch, zwischen dem totalitären *Anspruch* und der totalitären *Realität* unterscheiden. Noch war das deutsche Volk nicht dem vollen Druck des NS-Terrors ausgesetzt. Im Gegensatz zu den Kriegsjahren wurden VGH-Urteile nicht weit publiziert, sondern fanden sich abgedruckt in der juristischen Fachpresse wie auch in den Organen des NS-Führerkorps. Der Mehrheit der Bevölkerung waren sie weithin unbekannt. Vor Kriegsausbruch zögerte Hitler noch seine Maxime, daß der, der nicht für ihn, gegen ihn sei, in vollem Maße anzuwenden. Der einzelne Bürger wurde noch nicht zwangsweise in den »neuen Staat« integriert. Er konnte, wenn er wollte, seine persönliche Distanz zu ihm halten. Die Anzahl der Mitglieder der NSDAP besagt in diesem Zusammenhang sehr wenig, da nach 1933 opportunistische Motive oder auch einfach das wirtschaftliche Überleben eine große Rolle spielten.

Es gab viele Ecken und Nischen, die von der NS-Gleichschaltung nic crreicht wurden. Innerhalb solcher Nischen entwickelten sich die potentiellen Widerstandskreise zum NS-Regime, in sie zog sich auch die »innere Emigration« all jener zurück, die sich weder privat noch öffentlich mit dem Nationalsozialismus identifizieren mochten, so Gottfried Benn oder Martin Heidegger, deren anfänglicher Enthusiasmus für die NS-Bewegung sehr schnell verflog und durch Desillusion ersetzt wurde, wie auch bei Ernst Jünger, Ernst v. Salomon und vielen anderen.

Obwohl die deutsche Presse strenger Zensur unterworfen war, konnten jene, die es sich leisten konnten, bis Kriegsausbruch an den Zeitungskiosken britische, französische, schweizer und andere ausländische Zeitungen kaufen. All jene, die sich außerhalb des NS-Rahmens zu informieren wünschten, konnten dies durch Benutzung des »neuen Mediums« – über den Rundfunk. Selbst ein einfacher und billiger Radioapparat wie der »Volksempfänger« konnte ohne Mühe den Schweizer Sender Beromünster, den Londoner, Pariser und Moskauer Rundfunk empfangen, und zwar auf Mittelwelle.[161]

Zweifelsohne, viele emigrierten, weil sie mußten, viele weil sie glaubten, daß sie mußten und viele, weil es ihnen zuwider war, unter dem NS-Regime zu leben.

George Grosz emigrierte noch vor der »Machtübernahme«, aber weniger als zwanzig Jahre später bekannte er: »Leider war ich selbst, anstatt ein normaler Illustrator zu sein, auch einer jener aufgeblasenen Frösche, und meine Zeichnungen waren Zerrbilder einer schiefen, dummen, von den pseudo-wissenschaftlichen Gesichtspunkten des Marxismus und Freudianismus aus gesehenen und gedeuteten Welt ... Hätten die Deutschen (1933) das Zeug nicht verbrannt, so hätte ich wohl selber einen Haufen aufgeschichtet und ein Streichholz daran gelegt.«[162]

Otto Dix andererseits zog es vor, in Deutschland zu bleiben. Es wurde ihm nicht erlaubt, seine Bilder öffentlich auszustellen, doch in seinem Haus am Bodensee konnte er weitermalen und die Bilder privat verkaufen. Zu seinen Kunden soll Arno Breker gezählt haben, gesichert ist auf jeden Fall, daß der damalige Reichsaußenminister Joachim v. Ribbentrop seine Kinder von ihm malen ließ. Dix wurde nur einmal in Haft genommen – von den Franzosen 1945.[163)]

Paul A. Weber, der vorzügliche Illustrator der »Widerstands«-Hefte Ernst Niekischs, illustrierte nicht nur Neuauflagen der Friedericus-Biographie von Willibald Alexis, seine Graphiken waren auch in der Großen Deutschen Kunstausstellung in München zu sehen. Deutschland zwischen 1933 und 1939, in einem gewissen Maß bis 1945 und darüber hinaus, zeigte ein Janusgesicht, bestimmt durch den totalitären Anspruch des NS-Staates einerseits und die tägliche Realität andererseits, treffend charakterisiert und analysiert in der Studie von Hans Dieter Schäfer: *Das gespaltene Bewußtsein.*[164)] Jedoch in Fällen in denen der einzelne, oder eine Gruppe aus ihrer Nische heraustraten und zum aktiven Widerstand gegen den NS-Staat übergingen, traf sie die geballte Macht des Gesetzes, pervertiert, so wie es stand und ausgelegt wurde, drohend, unheilvoll, denn hinter der Macht des Gesetzes stand nicht länger *Justitia,* sondern der schnell um sich greifende »SS-Staat« eines Himmler und Heydrich und all dessen, was diese Namen beinhalten.

V. Freisler als Publizist

Zweifellos war Freisler als Staatssekretär ein äußerst vielbeschäftigter Mann. Neben der Erfüllung seiner vielen beruflichen Pflichten fand er in der Vorkriegszeit jedoch noch Zeit zu ausgedehnten Reisen. So hielt er z. B. Vorträge in Italien, wo er auch mit dem »Großkreuz des Ordens der Krone von Italien« ausgezeichnet wurde. Weitere Auszeichnungen für ihn gab es mit der »Medaille zur Erinnerung an den 13. März 1938« (Anschluß Österreichs), der »Medaille zur Erinnerung an den 1. Oktober 1938« (Anschluß des Sudetenlandes) und der »Dienstauszeichnung der NSDAP« in allen drei Stufen, Bronze, Silber und Gold.[1]

Freisler war nicht nur ein sehr pflichtbewußter Beamter und ein produktiver Briefschreiber, er veröffentlichte zwischen 1933 und 1942, bis er zum Präsidenten des VGH ernannt wurde, auch zahlreiche Artikel in Fachorganen. Seine Artikel deckten weite Fachbereiche ab, die hier thematisch behandelt werden sollen.

Die Diskussion über Natur und Charakter des Staats war stets – von Hegel bis Carl Schmitt – ein besonderes Anliegen deutscher Philosophen und Rechtsphilosophen gewesen. In Hegels Sicht steht der Staat über der Gesellschaft; das Individuum ist einer ihrer Angehörigen und nicht so sehr eine Privatperson; die bürgerliche Gesellschaft ist, im historischen wie im moralischen Sinn, dem Staat untergeordnet; der Staat steht über dem Individuum, über einer Partei oder partikularistischen Interessen, er ist der oberste Gebieter und Richter, der durch sein institutionelles System alle inneren Konflikte absorbiert. Daher ist es jedoch um so wichtiger, daß der Staat auf dem festen Fundament des Rechts gründet, also ein *Rechtsstaat* ist.[2]

Weniger als ein Jahrhundert später waren andere Begriffe in die Definition des Staats eingedrungen, z. B. Tönnies' *Gemeinschaft*[3] und Herders Konzept vom *Volk*[4], doch zunehmend rassisch definiert und pervertiert. Max Weber versuchte, dieser Tendenz zu begegnen, indem er den Nationalstaat als »die säkulare Organisation der Nation«[5] definierte. Für ihn war der Staat in erster Linie eine politische Vereinigung, die auf der subjektiven Entscheidung der Angehörigen der Nation gründet. Das korrespondiert wiederum mit Renans Definition des Nationalstaats als *plebiscite de tous les jours*, der tagtäglichen freien Entscheidung des Individuums zugunsten seiner Nation und seines Staates. [6)]

Für den Nationalsozialismus jedoch gab es eine solche freie, subjektive Entscheidung nicht. Das Individuum wurde in die rassisch definierte *Volksgemeinschaft* hineingeboren, der es notwendig angehörte, und der es absolute Loyalität schuldete. Daraus folgte logisch, daß jeder, der eine subjektive Entscheidung gegen die Volksgemeinschaft traf, Verrat beging. Mit anderen Worten: die angeblich organisch gewachsene Volksgemeinschaft nahm den ersten Platz vor der Institution des Staates ein. Die NSDAP als deren repäsentatives Organ beanspruchte, wie wir gesehen haben, den Primat *vor dem Staat*. Doch da der Nationalsozialismus in keiner Phase eine völlig einheitliche Ideologie schuf, bestanden im Bereich des Rechts alte Konzepte weiter, wenn auch im Verlauf von zwölf Jahren viele von ihnen ausgehöhlt und ihres ursprünglichen Inhalts beraubt wurden. Das Bürgerliche Gesetzbuch und das Strafgesetzbuch blieben erhalten, wenn auch, besonders im Strafrecht, Gesetze substantiell abgeändert und Strafen für Gesetzesbrüche – gemäß den nationalsozialistischen Zwecken – drastisch verschärft wurden.

Was Freisler selbst angeht – und das gilt ebenso für viele andere innerhalb und außerhalb des deutschen Rechtswesens – würde die Fiktion des Rechtsstaates aufrechterhalten. Man mag sich fragen, ob sich diese Leute subjektiv dieser Fiktion bewußt waren, ob sie subjektiv wirklich glaubten, einem Rechtsstaat zu dienen und in ihm zu leben. Doch wie im vorhergehenden Kapitel gezeigt wurde, kann man diese Spekulation nicht auf Freisler beziehen, zumindest nicht seit 1936.

Er nämlich hielt weiterhin an *seinem* Rechtsstaat fest:

Der Rechtsstaat ist »der durch Einheit und Führung zusammengeballte Wille aller Kräfte im Volke und ihre Unterstellung unter einer einheitlichen, nicht untergeordneten Organen, sondern lediglich der Geschichte verantwortlichen Willen, der dadurch das Lebensrecht des Volkes zu wahren in die Lage versetzt wird. Nur die zusammengeballte völkische Kraft wird uns in diese Lage versetzen, wie einst die geballte Ladung den Tank zähmte der unsere Front bedrohte. Die organisierte Form, in der wir die geballte Ladung zum Schutze unseres Volkes zur Wirkung bringen, ist unser Begriff des Rechtsstaates.« [7)]

Abgesehen davon, daß Freisler militärische Vergleiche und historische Analogien leicht in die Feder fließen, betont er den rassisch bestimmten Gedanken vom ·Volk, dessen Interessen der Rechtsstaat dienen muß, eine Forderung, die in der Hauptströmung deutscher Rechtsphilosophie kaum mehr vorhanden war. Doch wird hier, abgesehen von dem rassischen Bezug, der Einfluß der *Freund-Feind-Theorie* Carl Schmitts deutlich.[8] Der Staat ist die Summe des Volkes, eine Schlußfolgerung, die man auf den ersten Blick als liberal und demokratisch bezeichnen könnte. Dem stehen jedoch drei bedeutende NS-Perversionen entgegen: erstens die ausschließlich rassische Definition des Volkes, dem der Rechtsstaat untergeordnet ist, was wenig zu tun hat mit dem von Herder ursprünglich formulierten Konzept, das frei war von der qualitativen Bewertung;[9] zweitens die Negierung jeglicher subjektiver Wahlmöglichkeit des Individuums für oder gegen seine Zugehörigkeit zum Volk;[10] drittens das *Führerprinzip*[11], das praktisch jedes Mitglied der Volksgemeinschaft von jeder aktiven und positiven Teilnahme an den politischen und institutionellen Entscheidungsprozessen ausschloß.

Dennoch sprach sich Freisler gegen den *totalen Staat* aus, nicht um die Rechte des Individuums zu verteidigen, sondern wegen der Gefahr, daß der Staat zum Selbstzweck werden könne und dann nicht mehr nur Mittel zum Zweck sei. Der Zweck sei nicht das Individuum, sondern das Volk, die germanische Rasse selbst. Für den Nationalsozialismus sei der Staat kein bloßes Instrument, sondern eher eine Institution, die durch die NSDAP mit dem Volk organisch verbunden sei. Daher seien die staatlichen Institutionen vom NS-Geist zu durchdringen, der für die Klugheit und die Dynamik nationalsozialistischen Handelns sorgen werde.[12]

In dieser Argumentation mit eingeschlossen ist nicht der totalitäre Staat als solcher, sondern der Totalitarismus des Nationalsozialismus und seiner Ideologie. Der Staat als solcher war nicht mehr als ein Spiegelbild der Ideologie, die ihn durchdrang. Doch da Freisler offenbar nicht in der Lage war, eine zusammenhängende NS-Ideologie präzise zu definieren, umging er dieses Dilemma, indem er ironisch versicherte, die organische Weltanschauung würde jeden Versuch, den NS-Staat zu definieren und zu kategorisieren, vereiteln. Doch damit versucht er eine Quadratur des Kreises, denn er erläutert nirgendwo diese Ideologie detailliert. Er sagt nur, der Nationalsozialismus sei eine totale Ideologie, doch der NS-Staat sei kein totalitärer Staat.[13]

Die Einheit von Führung und Volk sei durch verschiedene Maßnahmen der Legislative etabliert worden. Man habe dem Reichstag die Herrschaft einer »unverantwortlichen toten Zahl«[14] durch den Prozeß der *Gleichschaltung* genommen, der die zentrifugalen Kräfte des Partikularismus zerstört habe. Und alle Beamten seien durch ihren Eid persönlich an Hitler gebunden. Führung, Verantwortung, Treue, Gefolgschaft – »das sind in unserem Staatsleben Rechtsbegriffe geworden, die tragend sind; tragend, weil jeder von ihnen eine Aufgabe enthält, die nie ganz ausgeschöpft sein wird, eine Aufgabe, die also stets Aufgabe bleiben und immer tragfähig sein wird.«[15]

Diese angebliche Herausforderung ist eine Seite der Münze, deren andere, Hitlers sozialdarwinistische Vorstellungswelt, das Leben als ewigen Kampf begreift, der, ungeachtet der Siege, die die Deutschen erringen würden, fortdauern werde und fortgesetzt werden müsse – als Teil des ewigen Reinigungsprozesses, durch den die Rasse ihre Reinheit und Kraft erhalten würde.[16]

Für Freisler war das ein organischer Prozeß, der sich rationaler Kategorisierung und Analyse entzieht und der nur intuitiv zu verstehen sei. Dieses Verständnis ist aber eine grundlegend rationale Leistung und steht daher im Gegensatz zur Intuition – das hat Freisler übersehen. Volk, Rasse und Blut, das seien die Säulen des NS-Rechtsstaats[17], erklärte er kategorisch. Daß diese Art von Rechtsstaat sich über bisherige universale und traditionelle Vorstellungen des fundamentalen Rechts hinwegzusetzen vermochte und unvereinbar mit ihnen war, das schien Freisler bereitwillig zu akzeptieren. Damit ordnete er die Prinzipien des Rechts den Ansprüchen des Nationalsozialismus unter, ganz gleich welche diese sein mochten.[18]

In diesem Konzept war kein Platz für die Gewaltenteilung, die er als überholtes Vermächtnis der Vergangenheit betrachtete, einer Zeit, in der Mißtrauen zwischen dem Volk und seiner politischen Führung dominiert habe. Da unter der NS-Führung dieses Mißtrauen überwunden worden sei, bedürfe es nicht länger der Gewaltenteilung. An ihre Stelle sei die organische Einheit zwischen Führer und Gefolgschaft getreten und »das Vertrauen in die gesunde Einheit des

Volkes und das Zutrauen zur Kraft dieses Volkes, diese einheitliche Haltung sich durch die Geschichte hindurch zu bewahren ...«[19] Fundamental für die Erhaltung des NS-Staates sei die Haltung seiner Justiz und seiner Juristen, die nicht durch irgendwelche Vorstellungen eines im wesentlichen statischen Naturrechts eingeengt werden dürften. Das Recht dürfe unter keinen Umständen die biologischen Naturgesetze ignorieren. Um Volk und Staat zu sichern, müsse das Recht immer organisch und entwicklungsfähig, an veränderte Umstände anpassungsfähig sein; »denn das Recht, das heute gut ist, kann morgen schlecht sein«. Doch es habe zu allen Zeiten als wichtigste Aufgabe das Wohl von Volk und Staat zu erhalten und dessen Interessen zu schützen.[20] So sei das Recht, gab Freisler zu verstehen, nicht länger als ein normatives Absolutes, sondern ein Instrument politischer Zweckmäßigkeit.

Aufgrund der intuitiven Weisheit des Führers drücke das Volk seinen Willen durch die Institutionen der NSDAP aus und von dort durch die staatlichen Institutionen. Und dieser Wille in seinen vielfältigen Formen diene dem eigenen Überleben und müsse diesem immer dienen. Als dann Deutschland unter Hitlers Führung seine territorialen und ethnischen Grenzen überschritt, galt folgerichtig das Recht und seine Anwendung nur für Deutsche. Die Völker unter deutscher Herrschaft, insbesondere die des Ostens, mochten unter ihrem eigenen Recht leben, doch nur insoweit, als dies für die Interessen Deutschlands zweckdienlich sei, argumentierte Freisler. Doch werde eine Sondergesetzgebung auch den »niederen Rassen«, speziell Juden und Polen, das Recht bringen, jedoch nicht, um Recht zu sprechen, sondern um die deutsche Oberherrschaft zu behaupten und um die deutsche Rassereinheit zu sichern.[21] Folgerichtig ist es keine Übertreibung zu sagen, daß Freislers Auffassung vom Staat auf brutaler Macht gründete – nicht mehr und nicht weniger –, nicht auf moralischen Überlegungen, sondern auf Zweckdienlichkeit.

Freisler publizierte seinen ersten langatmigen Exkurs zu diesem Thema in der Folge des »Röhmputsches« – ungeachtet der Tatsache, daß einer seiner engen Gefährten früherer Jahre, Gregor Strasser, unter den Opfern war. Der Führer hatte gehandelt, und es war die Pflicht aller Deutschen, ihm zu folgen.[22] Was Freisler privat gedacht haben mag, wissen wir nicht; wir verfügen über keinerlei

Quellen aus dieser Zeit. Andererseits erhob Hans Frank persönlich Protest gegen die Art des Vorgehens, was ihm sicher kaum die Zuneigung Hitlers einbrachte.[23]

Freisler argumentierte, daß Hitler in einem Staatsnotstand gehandelt habe. Daher sei sein Handeln nicht nur notwendig, sondern auch legal gewesen. Hinter diesem Argument stand offenbar auch das gewichtige Gratulationstelegramm des Reichspräsidenten.[24] Außerdem wurde Hitlers Anspruch, in dieser Stunde als »Vollstrecker des Rechts im höchsten Sinne«[25] gehandelt zu haben, post factum durch Gürtners Gesetz vom 3. Juli 1934 rechtlich abgesegnet[26], das jedoch nichts mit Legalität zu tun hatte. Freisler meinte, das deutsche Volk müsse nun die Reihen schließen und dem Führer bedingungslos folgen, komme, was wolle. Speziell solche Notstände würden das große Testgelände für das Führerprinzip schaffen. Rechtliche Grenzen, die dem einzelnen Deutschen gesetzt würden, hätten für die NS-Führung keine Gültigkeit, da diese in ihrem Tun alle rechtlichen Funktionen des Staats in all seinen Aspekten vereine. Ein Notwehrakt eines einzelnen, der ohne den ausdrücklichen Befehl des Führers durchgeführt werde, wäre hingegen nur dann akzeptabel, wenn er in voller Übereinstimmung mit der Führung des Volkes geschehe.[27]

Als man das Führerprinzip zur Grundlage nicht nur für die deutsche Führung, sondern auch für die Justiz machte, hätte das viele Leute innerhalb und außerhalb des Rechtswesens alarmieren müssen. Doch abgesehen von Hans Frank erhob zu diesem Zeitpunkt niemand seine Stimme zu einem Protest. Im Gegenteil, offenbar herrschte die Meinung vor, mit der Eliminierung Röhms und der faktischen Neutralisierung der SA sei auf lange Sicht der politische Radikalismus in der NSDAP zum Schweigen gebracht worden und Hitler werde nun im wesentlichen gemäßigt und vernünftig reagieren. Zugegeben, manche mögen gedacht haben: Es ist ein schmutziges Geschäft, doch wo gehobelt wird, fallen Späne.

Das Führerprinzip blieb eins von Freislers Lieblingsthemen in seinen Veröffentlichungen. Und so schreckte er einmal sogar vor einer Zitatfälschung nicht zurück. In einem seiner Artikel verfolgt er das Führerprinzip zurück bis auf Karl den Großen; und er zitiert den Berater des karolingischen Kaisers, den englischen Mönch Alkuin, mit einem lateinischen Zitat:

»Dum dignitas imperialis a Deo ordinata ad nil aliud exaltata esse videtur nisi populo praeesse, proinde datur a Deo electis potestas et sapientia; potestas ut superbos apprimat et defendat ab improbis humiles; sapientia, ut regat et doceat pia sollicitudine subjectos.«
Freisler fügt dann seine eigene Übersetzung an:
»Da die Herrscherwürde, von Gott eingerichtet, offenbar zu nichts anderem erhöht ist, als um das Volk zu führen und zu fördern, so gibt um dessentwillen Gott *dem Auserwählten* (meine Hervorhebung) Macht und Weisheit; Macht, um die Übermütigen im Zaume zu halten und um die Schwachen vor Gaunern zu schützen; Weisheit, damit sie in frommem Ansporn die Untertanen lenke und lehre.«
Wo im lateinischen Originalzitat *den Auserwählten*, also der Plural, steht, reduziert Freisler das zum Singular, wahrscheinlich um es auf Hitler als einzelnen anwendbar zu machen.[28]
Auch auf die Anwendbarkeit des Führerprinzips im Gerichtssaal legt Freisler großen Nachdruck. Immer sei der Richter der präsidierende Führer der Verhandlung. Seine Führung sei wichtiger als die verstaubten Akten, die den Fall behandeln. Freisler geht soweit zu fordern, daß Besitzer und Schöffen eher der Führungsrolle des Richters den Vorzug geben als dem Recht.[29]
Freisler treibt hier seine Meinung bis zum Exzeß. Doch begünstigt bis zum heutigen Tag tatsächlich die Rolle, die ein Vorsitzender Richter in Deutschland in einem Prozeß spielt, die von Freisler aufgezeigte Entwicklung. In England beschränkt sich das Drama im Gerichtssaal auf das – manchmal äußerst scharfe – Wortgefecht zwischen Ankläger und Verteidigung, wobei der Vorsitzende Richter eine relativ passive Rolle spielt, indem er an den Angeklagten oder die Zeugen nur Fragen richtet, um bestimmte Punkte zu klären. In seinem Resümee weist er die Jury im wesentlichen nur auf bestimmte Rechtsstandpunkte hin und summiert die Beweisführung. Im Gegensatz dazu spielt bei einem deutschen Gericht der Vorsitzende Richter auch die Rolle des Untersuchungsführers. Je nach dem Temperament des Richters kann er sogar heute noch dabei zu einem Inquisitor werden. Seine Rolle beschränkt sich nicht auf die Klärung bestimmter Punkte und das Resümee zur Lenkung der Jury; seine Rolle ist genauso aktiv wie die des Anklägers und der Verteidigung. Exzesse gab es in der Vergangenheit und wird es auch in Zu-

kunft geben. Das Problem liegt hier im Rechtssystem und im Temperament des jeweiligen Richters begründet. Doch es ist immerhin ein Unterschied, ob dieses Verhalten die Norm ist oder ob es durch das Führerprinzip sanktioniert wird. Bei keinem anderen Gericht wurde die Rolle des Richters als Führer stärker betont als beim VGH.

In einem Staat, in dem das Führerprinzip herrschte, war *Treue* eine logische Folge. Wie wir noch sehen werden, fand dieser Begriff häufig Verwendung in Freislers Urteilen als Präsident des VGH; auch benutzte er ihn oft während der Verhandlungen:

»Treue kann man nur *einem* Mann geloben und halten. Treue schwört jeder Amtswalter der Bewegung dem Führer. Treue schwört jeder Beamte des Dritten Reichs dem Führer. Treue schwört jeder Soldat dem Führer. Jeder, einerlei in welcher Stellung er sich befindet – und mag die Reihe der Vorgesetzten von ihm bis zum Führer auch noch so groß sein –, jeder schwört die Treue dem Führer. Nur ihm!«[30]

Dieses Zitat und die häufige Beschwörung der »Treue« in den Gerichtsverhandlungen zeigen, daß Freislers Ansicht über die Treue recht simpel und unreflektiert war. Das zeigt auch seine Bezugnahme auf die letzten Ostgoten, die sich 552 in der Schlacht gegen die Byzantiner unter Narses am Fuße des Vesuvs um ihren König Teja scharten.[31] Freislers Quelle zu seiner Ansicht über germanische Treue ist leicht zu finden. Es sind kaum seine Studien über alte germanische Rechtsauffassungen, sondern in erster Linie der sehr populäre und bis zum heutigen Tag wirklich lesenswerte Roman des deutschen Historikers und Schriftstellers Felix Dahn (1834–1912) *Ein Kampf um Rom* (1876). Er beschreibt das Schicksal der Ostgoten vom Tod Theoderichs des Großen bis zum Tod Tejas, ihres letzten Königs. Freisler schmückte oft den Roman aus, indem er behauptete, daß die Goten mit ihrem König bis zum letzten Mann gekämpft hätten, während Dahn seiner Hauptquelle, Prokop, vertraut, der berichtet, Narses habe den überlebenden Goten gestattet, mit ihrem toten König auf den Schultern nach Norden frei abzuziehen,

> »bis wir
> im kühlen blauen Meer
> die Insel Thule finden«.[32]

Unter Wissenschaftlern wird auch heute noch darüber gestritten, was das eigentliche Wesen der germanischen Treue ist.[33] Einigkeit besteht nur darüber, daß es eine allumfassende spezifisch germanische Vorstellung von Treue nicht gegeben hat – außer in der Geschichtsschreibung. Der wahrscheinlich erste, der auf eine solche Vorstellung hingewiesen hat, war Tacitus in seiner *Germania*. Sein Hauptanliegen war es jedoch, den Gegensatz zwischen der dekadenten römischen Gesellschaft und der Kraft der unverdorbenen germanischen Stämme als Warnung darzustellen.[34] Aus der *Angelsachsenchronik* erfahren wir z. B., wie der Tod von König Cynewulf (757) von seinen Nachfolgern gerächt wird.[35] Doch aus alledem können wir wenig über Ursprünge und Komplexität der germanischen Treue erfahren. Es gab statt bedingungsloser Treue eine vertragsmäßige Beziehung, die beide Seiten band; *Treue um Treue;* eine Beziehung mit Rechtscharakter, doch nicht spezifisch germanisch. Unter den Karolingern wurde diese Beziehung neu definiert, so daß man nicht mehr zwischen Treue und Gehorsam unterschied.[36]

Die Idee eines spezifisch germanischen Treuebegriffs entstand um die Wende vom 15. zum 16. Jahrhundert bei deutschen Humanisten des Oberrheins. Durch die Einführung der Druckpresse gewann die Idee weite Verbreitung, besonders unter den rebellischen deutschen Bauern, die in ihren Flugschriften argumentierten, das Recht sei göttlich bestimmt, und die Menschen könnten kein Recht *machen*, bestenfalls könnten sie altes Recht *finden*. Das Recht, zu dem die vertragsmäßige Beziehung der Treue gehörte, sei im wesentlichen statisch und unzerstörbar. Tausend Jahre *Un-Recht* könnten nicht das ewig existierende Recht, das göttlich bestimmt und im Geist der Freiheit geformt sei, außer Kraft setzen. Das Recht stehe über Staaten, Königen und Landesherren. Sie könnten kein neues Recht schaffen, sondern nur existierendes Recht anwenden, dem sie genauso unterworfen seien wie der ärmlichste Bauer.[37]

Doch habe ein *Treuebruch* stattgefunden, das sage das Recht, als die ehemals freien Bauern zu unfreien Leibeigenen gezwungen wurden. Dies war die feste Überzeugung der Bauern, die sich gegen ihre Herren erhoben. Es war eine Revolte gegen den sich entwickelnden Territorialstaat, der seine Leistungsfähigkeit durch

eine öffentliche Verwaltung und ein öffentliches Gesetzbuch steigern wollte. Für diesen Prozeß schien das alte germanische Recht allein ungeeignet, auch wegen seiner regionalen Unterschiede. Als
Alternative bot sich von ganz allein die Übernahme des kodifizier-
ten Römischen Rechts an, das schon seit tausend Jahren existierte. Man brauchte es nur einzuführen, dann hätte das ganze Land
ein systematisch gegliedertes und einheitliches Gesetzbuch gehabt.[38]

Doch für die Bauern war dieses Recht *Un-Recht,* in einer Sprache
verfaßt, die sie nicht verstanden. Sie erhoben sich für das alte allgemeine Recht. Weit davon entfernt, Rechtsbrecher zu sein, begriffen
sie sich selbst als Verteidiger des Rechts gegen ihre Landesherren.
Der im Werden begriffene Territorialstaat sei der Rechtsbrecher,
nicht sie, die Bauern. In einem an den Kaiser gerichteten Pamphlet
klagten sie ihre Herren an, sie hätten *die Treu gebrochen,* und appel-
lierten an ihn, das Recht, so wie sie es seit undenklichen Zeiten
kannten, wiederherzustellen.[39]

Abgesehen von der Frage der Praktikabilität einer Anwendung alter
Gesetze in einer modernen und höchst komplexen Gesellschaft,
hätte die Anwendung einer so komplexen Ordnung, *germanische
Treue* genannt, in Hitlers Deutschland ein Chaos verursacht. Das
hätte der im NS-Staat bestimmenden Idee vom Führerprinzip widersprochen, denn es wäre das Prinzip von *Treue um Treue* eingeführt worden, eine vertragsmäßige Beziehung zwischen Führer und
Gefolgschaft, beide gleichermaßen bindend, beide dem Recht un-
terwerfend.

Betrachtet man den schlimmen Mißbrauch und die Perversion des
Treueprinzips im und durch den NS-Staat, wie man sich auf dieses
Prinzip berief und wie es zur Rechtfertigung von Verbrechen heran-
gezogen wurde, so ist diese kleine Abschweifung vom eigentlichen
Thema nicht nur gerechtfertigt, und notwendig.

Es ist mehr als zweifelhaft, ob Freisler sich der eigentlichen Komplexität seiner oft geäußerten Vorstellungen bewußt war. Er berief
sich auf eine höchst romantische Version von Prinzipien, über die er
recht wenig wußte.

Dessenungeachtet brandmarkte er jeden Treuebruch sofort als Verrat, obwohl ihm dabei die Komplexität dieser Frage in einem Zeitalter der Ideologien nicht entgangen sein dürfte. Er ignorierte das je-

doch einfach, um aus der engen und perversen Perspektive des Nationalsozialismus, wie er ihn verstand, Gesetze umformen und anwenden zu können.

Für Freisler simplifizierende Interpretation der Treue war natürlich
jeder Treuebruch Verrat. In der Tat meinte er, wo sich die Haltung
gegenüber Hochverrat und Landesverrat nicht wirklich geändert habe – gemeint war, wo Verrat nicht mit dem Tode bestraft
würde –, dort habe auch keine echte Revolution stattgefunden. Als
Beispiel führte Freisler stets *1918* und die Schaffung der Weimarer
Republik an, die bei Hochverrat nur kosmetische Änderungen vorgenommen habe, während bei Landesverrat sogar die Strafen herabgesetzt worden seien.[40]

Die nationalsozialistische Idee von Volk und Staat unterscheide sich
von der des Liberalismus und dieser wiederum vom Absolutismus.
Ebenso habe der Nationalsozialismus selbst seinen ganz spezifischen Charakter. In Preußen habe die Aufklärung zu einer faktischen Gleichsetzung von Herrscher und Staat geführt; ebenso sei
dort der Herrscher zum ersten Diener des Staates geworden.[41]
Freisler erwähnte nicht, daß seit Einführung des *Preußischen Allgemeinen Landrechts* der König ebenso dem Recht unterworfen
war.[42]

Was im Zeitalter des Absolutismus ein Verbrechen gegen den Staat
war, sei in Hochverrat und Landesverrat aufgeteilt worden. Und
das sei auch in der liberalen und liberal-demokratischen Periode so
geblieben. Diese Teilung sei *anational*. Beim Hochverrat ergäben
sich zwei Fragen. Könne man Hochverrat wirklich verurteilen?
Und kann ein Mensch infolge einer Pflichtenkollision zum Hochverräter werden? Die erste Frage müsse man weitausholend in bezug auf das Wesen des Hochverrats beantworten, insbesondere im
Hinblick auf nationalsozialistische Aktionen zwischen 1919 und
1933. Die zweite Frage verneinte er. Es gebe weder eine rechtliche
Handhabe gegen Hochverrat noch gegen Landesverrat mehr, wenn
die Justiz eine höhere Moral und übernationale Pflichten über die
Pflicht zur Treue gegenüber dem NS-Staat stelle, wenn man z. B.
Humanität über das Volk setze. Um zu einer normalen Entwick-
lung zurückzukehren, müsse man die Unterscheidung zwischen
Hochverrat und Landesverrat abschaffen, ähnlich dem italienischen
Strafgesetzbuch von 1930.[43] Es seien zwar unterschiedliche, ande-

rerseits aber auch identische Straftaten, da beide sich gegen das Leben des Volkes richteten.

Alle politischen Amnestien bis 1933 seien nichts anderes gewesen als die Befreiung der Gefangenen des politischen Kampfes. Das Ringen um Amnestien habe weniger das »Ob« betroffen als das »Wie weit?«[44] Häufige Amnestien zeigten, daß der Staat die Straftat nicht mehr ernst nehme. Diese Tendenz sei auch beim Landesverrat zu beobachten. Der rechtliche Schutz des einzelnen gegenüber dem Staat, wie ihn die *Magna Carta* festlegt, sei eine Schranke gegen jede Verfolgung wegen Landesverrats. Die destruktiven Kräfte von Liberalismus, Internationalismus und Pazifismus hätten bereits die Fundamente des Straftatbestands *Landesverrat* unterhöhlt. Daher gebe es für den NS-Staat der Zukunft, für das neue NS-Strafgesetzbuch eine entscheidende Maxime: »Recht oder Unrecht – mein Vaterland!«[45] Die Doppeldeutigkeit dieser Maxime schien Freisler nicht zu erkennen.

Doch er hatte die Kräfte erkannt, die die traditionelle Auffassung von Verrat aushöhlten, obwohl seine nationalistischen Scheuklappen ihn nicht sehen ließen, bis zu welchem Ausmaß die Erosion schon fortgeschritten war. Er erkannte nicht die komplexe Internationalisierung des Verrats in einem Zeitalter der Ideologien, das keine Grenzen respektierte.[46]

Verrat mag gewöhnlich eine Frage von Zeit und Ort sein, doch immer ist er eine Frage des Treuebruchs. Auf Treue beruht das Leben menschlicher Gemeinschaften, ganz gleich welcher Form, welchen Charakters. Doch Treue ist eine gegenseitig verpflichtende Beziehung. Was, wenn einer der Partner, in unserem Fall der Staat und seine Führer, diese Beziehung als erster bricht? Dieser Frage wich Freisler, wahrscheinlich wohlüberlegt, aus. Er ging darüber hinweg, vielleicht mit der stillschweigenden Voraussetzung, daß ausschließlich der einzelne zu einem Treuebruch fähig sei, oder eine Gruppe gegenüber dem Staat, speziell dem NS-Staat.

Verrat ist ein Element in der historischen Entwicklung von politisch organisierten Gemeinschaften; und jede grundlegende Änderung innerhalb dieser Gemeinschaften beginnt in der Regel mit einem Akt des Verrats. In der europäischen Geschichte war jahrhundertelang die Treue eine Beziehung von Person zu Person. Das germanische Wort *Rat* bezog sich auf den Schutz Gottes oder seines weltlichen Vertreters auf Erden, des Königs – zum Nutzen der Gemeinschaft. *Raten* umfaßte alles, was ein König denen schuldete, die ihm die Treue hielten, und denen er wiederum Treue schuldete – Schutz, Beistand und Hilfe, Fürsorge und Rat.[47] *Verraten* ist gleichbedeutend mit einem vorsätzlichen Ausscheren aus der Gemeinschaft der Geschützten, ein Ausscheren eines Mitglieds der Gemeinschaft oder auch des Königs. Die Beziehung zwischen ihnen war eine direkte und persönliche. Innerhalb des Feudalsystems regierten die Vasallen ihr Land mit den gleichen Vollmachten und Beschränkungen, die sie an den König oder Landesherren banden. Solange es in Mittel- und Westeuropa nur einen Gott und eine Kirche gab, solange akzeptiert wurde, daß alle weltliche Macht der Gnade Gottes entsprang, gab es keinen Verrat als solchen. Doch Ketzerei – ein Treuebruch gegenüber dem König – war ein Verstoß gegen die göttliche Ordnung.

Spätestens seit der Reformation änderte sich das. De facto, doch nicht de iure wurde die Auffassung von Treue säkularisiert. Der entscheidende Umbruch kam mit der Französischen Revolution, die Gott und den König abschaffte; und damit entstand auch ein völlig neues Verständnis des Verhältnisses zwischen Treue und Verrat. Im Rahmen der Nation entwickelte sich die Volkssouveränität, verkörpert im Parlament und in der öffentlichen Meinung. Das Verbrechen gegen den Staat und gegen die Gesellschaft trat an die Stelle des Verbrechens gegen die Krone. Und als die Ideen der Französischen Revolution mit ihren universalen Ansprüchen die französische Nation durchdrungen hatten, war das Zeitalter der Ideologien geboren, das immer weniger Respekt vor nationalen Grenzen zeigte.

Die Beziehung zur Treue wurde entpersönlicht, es gab immer weniger Treue. Wir sind in unserem Jahrhundert auf drastische Art Zeugen des Anwachsens von Verrat geworden – von einem individuellen Akt zu einem Gruppenakt oder sogar Massenakt. Auch Freisler schloß wie viele andere seine Augen vor den Folgen dieser Entwicklung. Bis auf den heutigen Tag trifft kein Gesetzbuch Vorkehrungen gegen diese Entwicklung. Und es ist mehr als zweifelhaft, ob man überhaupt wirksame Vorkehrungen treffen kann, wenn man nicht gleichzeitig das Gefüge des Staats zerstören will.

Für unser Zeitalter ist es bezeichnend, daß praktisch über Nacht ganze Gruppen zu Verrätern wurden, oder zumindest für potentielle Verräter gehalten wurden.[48] 1940 wurde Marschall Pétain mit einem überwältigenden Votum der Französischen Nationalversammlung französischer Staatschef. Das Parlament stattete ihn auch mit weitreichenden diktatorischen Vollmachten aus. Damals waren General de Gaulle und seine Gruppe in London die Verräter. Beide – Pétain in Vichy und de Gaulle in London – handelten im Interesse Frankreichs, wie sie es verstanden. Vier Jahre später waren plötzlich Pétain und seine Anhänger die Verräter.

Wer will wirklich beurteilen, ob die ersten Atomverräter nicht in der Überzeugung handelten, es sei zu gefährlich, wenn nur ein Staat das Atombombenmonopol innehabe? Aufschlußreich ist auch der Fall Robert Oppenheimer.[49] Zwischen 1936 und 1945 tat er alles für die Sache der Demokratie, dazu zählten z. B. seine Geldspenden für die spanischen Republikaner. 1953 war er ein Sicherheitsrisiko geworden, weil er es unterlassen hatte, einen persönlichen Freund als potentiellen Spion anzuzeigen, und mehr noch, weil er zögerte, für die Weiterentwicklung des nuklearen Waffenarsenals einzutreten, nachdem die furchtbare Zerstörungskraft der Atomwaffen offenkundig war.[50]

Mit anderen Worten, Eid, Treue, Gehorsam, das Wertsystem vergangener Jahrhunderte, das alles ist sehr problematisch geworden und wurde im gleichen Maß verdrängt wie seine ursprünglichen Repräsentanten, die durch unpersönliche Institutionen ersetzt wurden, deren einzige Maßnahme zum Schutze jener, die sie schützen sollen, eigentlich nur die Ausstellung des Passes ist. Und die Bedeutung dieses Dokuments hat sich bis zur Bedeutungslosigkeit verringert, verglichen mit der Achtung, die es vor einem Jahrhundert genoß.[51] Verrat ist kein verachtenswerter Akt mehr, der den Verräter automatisch von seiner Umwelt isoliert. Das zeigt z. B. in England der Verratsfall Anthony Blunt von 1979 und seine Auswirkungen. Etablierte Werte befinden sich im Stadium der Auflösung; und an ihre Stelle ist noch nichts getreten, das das Bindemittel und die integrierende Kraft bilden könnte, die für den Zusammenhalt der Gemeinschaften nötig sind, die in Form von Staaten existieren. Ambivalenz beherrscht das politische und gesellschaftliche Leben, auch in der Bundesrepublik, wo z. B. die Wehrpflichtigen in der Bundeswehr keinen *Eid* mehr schwören, sondern ein *Gelöbnis* ablegen, ein bloßes Versprechen. Nur Offiziere und Berufssoldaten schwören einen Eid auf etwas, das tatsächlich nur das provisorische politische Gefüge eines Teils der Nation ist.

Freislers literarische Abirrungen hinsichtlich seiner Auffassung von Verrat sind keineswegs einzigartig. Einzigartig und barbarisch ist nur sein Eintreten für eine beträchtliche Ausweitung der Verratstatbestände. Für ihn ging die größte Gefahr für den Staat und seine Führung von Akten des Hochverrats und des Landesverrats aus. Diese waren für ihn und viele seiner Zeitgenossen so schwerwiegend, daß irgendwelche Betrachtungen über Verratsmotive irrelevant erschienen. Die Erinnerung an *1918* war noch nicht ausgelöscht. Freisler meinte, bei jeglicher Straftat, besonders jedoch in Verratsfällen, sei der bloße Wille dazu, die Absicht, genauso gefährlich wie die begangene Straftat und müsse daher mit gleicher Schärfe bestraft werden.[52] Das allein würde garantieren, daß das Recht wieder zu einer Ethik des Volks zurückfände. Der Führer, Adolf Hitler, allein bestimme die Gestalt des Reiches. Und wenn jemand eine Straftat begehe unter dem Vorwand, das Reich zu verbessern, so sei er genauso ein Verräter wie alle anderen Verratstäter. Bereits vor Ausbruch des Krieges hatte Freisler also seine Haltung klar definiert, die er dann auch den 20.-Juli-1944-Verschwörern gegenüber einnahm.

In einem seiner Artikel stellte er eine formidable Liste von Straftaten zusammen. Sie schlossen Vergehen ein, die bis dato, also 1938, noch nicht ins deutsche Strafgesetzbuch aufgenommen waren. Weiterhin auch Straftaten, die Freisler erst durch weite Auslegung der die Verratshandlungen betreffenden Gesetze zu Straftaten erhob. So sollte bereits die geringste Kritik an der Regierung eine Straftat darstellen. Freisler zog zur Begründung ebenfalls die extensiv ausgelegte existierende Notstandsgesetzgebung heran. Um schließlich kirchlicher Kritik von den Kanzeln herab zu begegnen, versprach Freisler eine weitere Stärkung der Gesetzgebung, die Bismarck im *Kulturkampf* eingeführt hatte und die noch nicht völlig aus dem deutschen Strafgesetzbuch verschwunden war.[53]

In Freislers Liste von Straftaten nahmen Verbrechen gegen das *Blutschutzgesetz*, vor allem *Rassenschande* die erste Stelle ein.[54] Schon in seinen Reformvorschlägen zum Strafgesetzbuch von 1933/34 hatte Freisler angeführt, Blut und Boden seien die heiligsten deutschen Werte; deren grundlegenden Bestandteile seien rassereine Ehen und der Schutz der Familie.[55] 1935 stellte er fest, dem Nationalsozialismus sei »die biologische Betrachtungsweise eigen. Biologisch sieht er das Volk, sein inneres und äußeres Wachsen, biologisch bedingt seine Geschichte, biologisch bedingt auch die Lebenszielsetzung des Volkes und die richtige Wahl des Weges zur Verwirklichung dieses Lebenszieles. Biologisch erfaßbar erscheint dem Nationalsozialismus auch das Recht ...«[56]

Mit dieser Sicht, mit diesem »anderen Begriff vom Wesen des Rechtes« unterschied sich der Nationalsozialismus von früheren Regierungen, eine Tatsache, die Freisler ohne weiteres bestätigt.[57] Frühere Rechtsstandpunkte, egal ob sie auf dem Naturrecht basierten, auf der Gesellschaftsvertragstheorie oder auf Rousseaus »Volonté générale«, hätten alle die biologische Ordnung der Dinge ignoriert. Das neue deutsche Recht müsse auf der Idee von der biologischen Substanz des Volkes basieren, um die Rasseeinheit zu sichern. Es sei Aufgabe des Staates, »der in Deutschland im Laufe der Jahrhunderte eingetretenen Rassenmischung Einhalt zu gebieten« und dahin zu streben, das *nordische Blut* zu erhalten und zu stärken. Das sei ausschlaggebend für das deutsche Volkstum.[58]

Dieser Prozeß könne durch drei »Angriffe auf die Rasse« gefährdet werden: erstens durch *Rassenschande,* den Geschlechtsverkehr zwischen Deutschen und Juden, der durch das Verbot der Ehe zwischen Deutschen und Juden verhindert werden solle; zweitens durch *Verletzung der Rassenehre,* durch den öffentlichen Verkehr zwischen Deutschen und Juden; drittens durch *Rassengefährdung* – das bedeutete praktisch eine Generalklausel für jede auch nur entfernt denkbare und mögliche Verletzung der *Nürnberger Gesetze* von 1935. Unter diesem Gesichtspunkt sollte z. B. erfaßt werden: »Gegenpropaganda gegen Aufklärungsmaßnahmen der Volksführung«. Der Schutz der Rasse sei eine überragende Aufgabe nicht nur für die Regierung, sondern gleichermaßen auch für die deutsche Justiz. Die Pflicht der deutschen Nation und jedes einzelnen Bürgers sei es, *Rassenhygiene* zu praktizieren; deren Verletzung sei gleichbedeutend mit Verrat.[59]

Dennoch beschäftigte sich Freisler in seinen Publikationen niemals ausdrücklich mit dem angeblichen »Judenproblem«. Wie wir später noch sehen werden, äußerte er sogar gewisse Zweifel an der Existenz einer »jüdischen Weltverschwörung«.[60] Doch waren derartige antisemitische Strömungen keineswegs spezifisch nationalsozialistisch, sondern sie wurden weitgehend mitgetragen von Angehörigen der deutschen Oberschicht, insbesondere von der im Entstehen begriffenen konservativen Opposition gegen Hitler – ein Punkt, der im Zusammenhang mit der Verschwörung gegen Hitler, die im Attentat vom 20. Juli 1944 kulminierte, noch einmal aufgegriffen wird.

Besondere publizistische Anliegen Freislers waren auch der VGH, seine Stellung im deutschen Rechtswesen, das Ziel, ihn an die Spitze zu bringen, und das Ersetzen des Reichsgerichts. Der VGH sollte die Führungsrolle in der gesamten Justiz übernehmen. Das Fehlen einer solchen Führung habe zu dem Durcheinander und der Unordnung geführt, die für die deutsche Justiz vor 1933 charakteristisch gewesen seien. In ähnlicher Weise habe das Fehlen eines Führers Deutschland in den Abgrund geführt.

»Einen großen, starken Kerl, der das Gesamte als Persönlichkeit gebaut hätte – den gab es nicht. Ideen sind gewiß gut, an Ideen hat es nicht gefehlt, man hatte nun einen Vorrat, der für zwei Generationen ausreiche; Ideen sind vortrefflich, aber Menschen sind besser.«[61]

Mit diesen Worten charakterisierte Freisler das Wilhelminische Deutschland. Er übernahm sie ohne die geringste Änderung aus Veit Valentins Studie über die deutsche Revolution von 1848/49.[62] Zur Zeit dieses Plagiats befand sich Valentin als Emigrant in England.

Eine der Hauptaufgaben des VGH sei nicht nur die Führung der Verjüngung der Justiz, sondern auch der Verjüngung ganz Deutschlands durch das unerschütterliche Festhalten am Führerprinzip. Die Beteiligung des Volks sei durch Einbeziehung von Laienrichtern zu garantieren.

Der Präsident eines jeden Senats müsse der Führer sein, dessen Anweisungen von den Berufs- und Laienrichtern ohne Gegenfrage Folge zu leisten sei. Nur auf diese Art und Weise würde man den Weg zurück zur wahren »germanischen« Verhandlungsform finden, d. h. zu jener romantischen Vision Freislers über das, was er sich als ein »germanisches« Gerichtsverfahren vorstellte.[63] Neben der Ermittlung der Tatsachen sei es die wichtigste Aufgabe des Richters, das Verfahren so schnell wie möglich durchzuführen. Er führt und entscheidet; seinen Berufskollegen wie den Laienrichtern, die das Volk repräsentieren, wird eine beratende, nicht aber eine entscheidende Funktion zugewiesen. Nur der Vorsitzende ist im Besitz der ausschließlichen Verantwortung, eine Forderung, die er nicht müde wurde immer wieder zu wiederholen, besonders nach Kriegsausbruch. Vom Richter des VGH bis zum jüngsten Anwalt war ein jeder »ein Soldat des Gesetzes.«[64]

Obgleich Hans Franks Versuche, das kodifizierte römische Gesetz mit einer NS-Variante eines »germanischen« Gemeingesetzes zu ersetzen, im Sande verliefen, glaubte doch Freisler in seinen Veröffentlichungen auf dieser sekundären Front die »Reform« des Strafgesetzes plakatieren zu können, um das Strafgesetz der NS-Ideologie anzupassen. Die Basis dafür bot ihm die bereits oben diskutierte Denkschrift Kerrls aus dem Jahre 1933, die aber von Freisler entworfen worden war.[65] Obgleich auch dieser Denkschrift kein Glück beschieden war, fanden zwei von Freislers Gedanken ihren Niederschlag, besonders in den Urteilen des VGH. Erstens »das gesunde Volksempfinden«, gegen das zu verstoßen die Todesstrafe bedeuten konnte. Zweitens, daß *der Wille* und *die Absicht,* Verrat zu begehen, mit einer vollbrachten Verratshandlung gleichzusetzen sind.[66] Freisler argumentierte, daß innerhalb von allgemeinen NS-Postulaten (über deren präzisen Inhalt er sich nicht ausließ, sondern sie als gegeben betrachtete) der Richter der realen Sachlage besser Rechnung tragen könne, »als wenn er durch enger gefaßte Tatbestände eingeengt wird«.[67] Das Recht könne bestenfalls Richtlinien liefern; nur dann könne es erfolgreich sein und dem Volk vollen Schutz und Gerechtigkeit garantieren.[68]

Das bedeutet letztlich nicht mehr und nicht weniger, als das Freisler eingesteht, daß seine Bemühungen um eine gründliche Revision des Strafgesetzbuches im NS-Sinn gescheitert waren. Es bedeutet aber auch die Befürwortung einer quasi legalen Anarchie, in der das existierende Recht nur noch die Rolle eines Handlangers spielen sollte. Dieses Recht bestand demnach nur noch aus Gummiparagraphen, die je nachdem, wie es die Situation erforderte, enger oder weiter ausgelegt werden konnten. Die Strafen sollten hart sein; Zuchthausstrafen mit Schwerstarbeit sollten *wörtlich* ausgelegt werden.[69]

Obwohl die vom VGH verhängten Todesstrafen und Freiheitsstrafen sich ungefähr die Waage hielten – wie man später noch sehen wird –, bestand die Tendenz, eher eine Todesstrafe als eine lebenslängliche Freiheitsstrafe zu verhängen. Die Todesstrafe als solche inspirierte Freislers eher phantasievolle Vorstellungswelt. Er lehnte öffentliche Exekutionen ab, befürwortete jedoch Selbst-Hinrichtungen, z. B. unter Anwendung des »Giftbechers« – ein weiteres Rückbesinnen auf angeblich germanische Praxis.[70]

Um schnell Recht sprechen zu können, sei eine Überprüfung der Prozeßordnung erforderlich. Dazu sei es nötig, Wiederaufnahmen von Verfahren einzuschränken. Diese seien nicht nur verschwendete Zeit, sondern sie würden auch das Vertrauen der Öffentlichkeit in die Justiz erschüttern.[71] Freisler meinte damit offensichtlich, man könne gelegentliche Fehlurteile ruhig in Kauf nehmen, wenn nur das Vertrauen der Öffentlichkeit in die Unfehlbarkeit der Justiz erhalten bleibe. Grundsätzlich gebe es nur zwei Gründe, die eine Wiederaufnahme erlaubten; erstens wenn ein Richter gröblich gegen bestehende Rechtsgrundsätze verstoßen habe; zweitens wenn neues und schlüssiges Beweismaterial gefunden worden sei. Auf eine Wiederaufnahme solle verzichtet werden, wenn sie das Urteil nur unwesentlich revidieren würde.[72] Diese Maximen wurden dann vom VGH praktiziert.

Zur Reform der Juristenausbildung hatte Freisler einen recht radikalen Vorschlag zu machen. Nicht mehr die Justiz, sondern die Institutionen der NSDAP sollten den Juristennachwuchs auswählen. Diese Reform könne jedoch nicht über Nacht geschehen. Im Moment sei erst einmal sicherzustellen, daß Referendare und Assessoren nicht länger, wie es jahrhundertelang üblich gewesen sei, praktisch ohne Verdienst arbeiten müßten, sondern daß sie angemessen bezahlt würden, so daß der Juristennachwuchs aus allen Schichten der Volksgemeinschaft kommen könne, und nicht nur aus Familien, die es sich leisten könnten, ihren Sohn unbegrenzt zu finanzieren.

Drei Kriterien sollten jedoch für die Auswahl des Nachwuchses bestimmend sein. Erstens sollten die Kandidaten gesund sein – in Anbetracht der schweren Last, die auf einem Richter ruhte. Für gute Gesundheit könne die aktive Betätigung des Kandidaten in einer der NS-Formationen sorgen. Und eine intakte Gesundheit setze natürlich eine rassisch einwandfreie Abstammung voraus. Zweitens sollte der Kandidat Führungsqualitäten unter Beweis stellen, die er in der Hitlerjugend und dann in den NS-Formationen erwerben könne. Drittens solle er zeigen, daß er später in der Arbeit für die Gemeinschaft volle Befriedigung finden werde. Dies zeige sich schon in seiner Schulzeit. Und diese Charaktereigenschaft werde einen potentiellen Kandidaten mit biologischen Fragen konfrontieren. Allein die Beschäftigung mit der Geschichte werde ihn zwangsläufig in diese Richtung führen. Das wiederum werde ihm das Gespür für die Bedürfnisse des Volks vermitteln und für die wesentlichen Faktoren seiner Existenz.[73]

Nach dem Polenfeldzug sah Freisler den »Deutschen Osten« als vorzügliches Versuchsgelände, das die Spreu vom Weizen trennen werde. Ein Gelände für germanische Reformen ebenso wie ein Gebiet, in dem der zukünftige Richter mit solchen niederen Rassen wie Polen und Juden umzugehen habe, für die eine spezielle Gesetzgebung, z. B. das Polenstrafrecht existierte. Dessen Anwendung erlaube keinerlei Sentimentalität. Was zähle, seien die Interessen des deutschen Volkes. Eine neue Generation von Kolonisatoren müsse heranwachsen, die die Aufgabe neu anpacken würden, die einst die Deutschordensritter aus ihren Händen hätten gleiten lassen. »Alle, die im Osten sich bewährt haben, werden dem Antlitz der Rechtspflege im Gesamtreich ihre Züge aufprägen.«[74]

Im NS-Staat, in dem die organische Einheit von Führung und Volk herrsche, sei die Rolle der Justiz nicht die eines Kontrolleurs der Exekutive, sondern die eines vertrauensvollen Gefolgsmanns der Führung.[75] Das Recht, obwohl unzulänglich, sei dennoch insoweit bindend, als es vom Nationalsozialismus adaptiert werden könne. Doch das Prinzip von der Trennung der Gewalten existiere für niemanden mehr, da es auf Mißtrauen basiere. Der Führer und die NSDAP hätten dieses Mißtrauen überwunden und es ersetzt durch das »Vertrauen in die gesunde Einheit des Volkes«.[76] Diese Einheit werde auch dadurch demonstriert, daß generell Richter auf Vorschlag der Gauleiter an das Justizministerium ernannt würden, während VGH-Richter direkt von Hitler oder seinem Stellvertreter bestellt würden. »Die deutsche Rechtspflege kann stolz darauf sein, daß sie die erste Hoheitssparte des Dritten Reiches ist, die in der Personalpolitik den Grundsatz der Einheit von Bewegung, Volk und Staat im ganzen Reich und für alle Beamtengruppen restlos durchgeführt hat.«[77]

Mit dieser Erklärung negierte Freisler ohne weiteres die Unabhängigkeit der Justiz. In einer organischen Einheit wie der Nationalsozialismus, sei die Unabhängigkeit der Justiz obsolet geworden. Es bestehe eine gegenseitige Abhängigkeit aller Organe des Staates, doch keine Unabhängigkeit eines einzelnen Organs. Die Unabhängigkeit der Justiz müsse genauso wie individualistische Tendenzen ignoriert werden, da der Nationalsozialismus seine Kraft aus der ewig fließenden Quelle des Volkes beziehe; und eine der Hauptaufgaben der Justiz sei es, dieses Wasser sauber zu halten.[78] Es sei nicht Aufgabe der *Richter,* das Recht zu schaffen, sondern die des *Volkes,* das in der NSDAP repräsentiert sei und vom Führer geleitet werde. Die Richter hätten das Recht nur im Interesse des Volkes und nicht so sehr im Interesse des einzelnen anzuwenden.[79] Mit anderen Worten: erste und wichtigste Aufgabe der Justiz war es, sich den totalitären Ansprüchen des Nationalsozialismus voll und ganz unterzuordnen.

Nach Ausbruch des Krieges, nachdem insgesamt elf neue Gesetze und Verordnungen erlassen worden waren, erweiterte Freisler den Katalog seiner Forderungen.[80] Die »Verordnung über außerordentliche Rundfunkmaßnahmen« fand seine besondere Beachtung. Diese Verordnung untersagte den deutschen Rundfunkhörern das Abhören feindlicher und neutraler Rundfunksendungen sowie die Verbreitung von Nachrichten ausländischer Sender. Freisler meinte dazu, bestraft werde nicht die Neugier als solche, sondern die willentliche seelische Selbstverstümmelung eines Deutschen, die zusammen mit dem durch die Verbreitung von Nachrichten des Auslands angerichteten Schaden defaitistische Auswirkungen haben können.[81] Die Befürchtung, der November 1918 könne sich wiederholen, stand immer im Hintergrund von Freislers Überlegungen.

Genau wie in Deutschland sollte auch in den eroberten oder annektierten Gebieten für die deutsche Justiz die Maxime gelten: »Härte gegen den Volksfeind ist Fürsorge für das Volk! Einmal hat sie gefehlt, und dann kam – 1918!«[82] Und daß Härte regierte, zeigte sich nicht nur an der Praxis des VGH, der hauptsächlich innerhalb Deutschlands operierte, sondern auch am Einsatz von Sondergerichten im Reich und in den besetzten Gebieten sowie an den Aktivitäten der Einsatzgruppen. [83)] Darauf näher einzugehen, würde jedoch den Rahmen dieser Studie sprengen. Erwähnt werden soll nur noch, daß das im Jahr 1941 eingeführte Strafrecht gegen Polen und Juden diese Gruppen jedes rechtlichen Schutzes beraubte. [84)]

Während Freisler die slawischen Völker als »Untermenschen« ansah, hob er in einem Artikel über die deutsche Justiz in den Niederlanden die »kameradschaftliche« Zusammenarbeit zwischen deutschen und holländischen Juristen hervor, die »kameradschaftliche Hilfestellung« bei einer »kameradschaftlichen Aufgabe«. [85)]

Wenn man Freislers Publikationen einmal chronologisch durchgeht, besticht auf den ersten Blick die Klarheit von Stil und Ausdruck. Hierin praktizierte er das, was er von der deutschen Justiz verlangte: »Der Rechtswahrer der deutschen Strafrechtspflege denkt, spricht und schreibt deutsch!« [86)] Seine Artikel sind frei von der komplizierten, oft verwirrenden Juristensprache, wie sie damals und heute – und nicht nur in Deutschland – verbreitet ist. Jeder Artikel erscheint überzeugend begründet, doch nicht frei von Merkmalen eines ehrgeizigen Scharlatans. Analysiert man seine Artikel jedoch thematisch, so bleibt nur ein plumpes Eintreten für die totalitären Ansprüche des Nationalsozialismus-Totalitarismus, denen er beständig Rechtsgeltung verschaffen wollte, selbst wenn das ein beträchtliches Abweichen vom geltenden Recht oder sogar dessen Umkehrung bedeutete. Freislers Ziel war es, eine Doktrin der unkontrollierten Macht zu proklamieren.

Im Laufe der Jahre 1942/43 riß der Strom von Freislers Publikationen allmählich ab. Mit dem Tod des Reichsjustizministers Gürtner im Januar 1941 hatte eine Art Interregnum eingesetzt, in dem der Staatssekretär Schlegelberger das Justizministerium kommissarisch leitete. Dies bedeutete für Freisler eine beträchtliche Zunahme der Verwaltungsarbeit. Als Folge davon fehlte ihm schließlich wohl die Zeit für eine Fortsetzung seiner publizistischen Tätigkeit. Anderthalb Jahre nach Gürtners Tod befand sich Freisler in einer Position, in der er unbarmherzig die Maximen praktizieren konnte, die er bis dahin der deutschen Justiz zur Anwendung empfohlen hatte.

154

VI. 1942: Justiz in der Krise

Nach dem Kriegsausbruch im September 1939 wurden die Gesetze verschärft und die Strafen schneller vollstreckt. Das Kriegsstrafrecht wurde mit drakonischer Strenge gegen jeden angewandt, der es laut Richterspruch verletzt hatte. 1941, nach Gürtners Tod, beklagte Staatssekretär Schlegelberger immer noch die Milde, mit der die deutschen Gerichte die Straffälligen behandeln und damit das ganze deutsche Volk in Gefahr bringen würden.[1]

Bis 1938/39 arbeiteten die Justiz, die Gestapo und der SD eng zusammen, wobei die Justiz die außergesetzlichen Aktivitäten dieser Dienste noch bis zu einem gewissen Grad einschränkte, wenn die Polizeiorgane auch in Einzelfällen angebliche Justizirrtümer in drastischster Form »korrigierten«.[2] Im Jahre 1939 erhöhte sich die Zahl der Fälle, wo Personen, die der VGH freigesprochen hatte, von der Gestapo wieder verhaftet und in Konzentrationslager gebracht wurden.[3]

Am 27. März 1939 akzeptierte das Reichsjustizministerium diese Praxis im Fall zweier Zeugen Jehovas, indem es feststellte, es habe in Fällen, wo Zeugen Jehovas freigesprochen würden oder ihre Strafe verbüßt hätten, nichts dagegen, wenn sie in Konzentrationslager gebracht würden, »da sie trotz Verbüßung einer gegen sie erkannten Strafe nach wie vor hartnäckig an ihrer Irrlehre festhalten und so auch weiterhin das Staatswohl gefährden.«[4] Wann immer Zeugen Jehovas freigesprochen oder aus dem Gefängnis entlassen werden sollten, verständigte das Reichsjustizministerium die Gestapo, damit ein Polizeitrupp zur Stelle war, um die Betreffenden wieder zu verhaften.[5]

Anfangs hatte der VGH Bedenken wegen dieses Verfahrens geäußert. VGH-Präsident Thierack hatte sogar noch in einem Brief vom 21. Januar 1939 erklärt, es sei nach seiner und der Meinung aller VGH-Mitglieder unerträglich, daß die Betroffenen nach einem Freispruch von der Polizei in »Schutzhaft« genommen würden.[6] Aber bereits wenig über ein Jahr später wandte sich einer der Oberreichsanwälte am 29. Juli 1940 an Gürtner und wies darauf hin, daß er das Problem der Schutzhaft mit Thierack besprochen habe. Es solle in Zukunft so verfahren werden, daß ein Angeklagter mit Zustimmung des VGH-Präsidenten nach einem Freispruch oder nachdem eine Gefängnisstrafe bereits durch die in Untersuchungshaft verbrachte Zeit abgesessen sei, prinzipiell der Gestapo ausgehändigt werde, es sei denn, die Gestapo habe ausdrücklich ihr Desinteresse kundgetan. Im Fall eines Freispruchs wegen bewiesener Unschuld würde vom Oberreichsanwalt eine Anfrage bei der Gestapo erfolgen, ob sie an diesem Fall interessiert sei. Sollte die Gestapo ihr Interesse erklären, dann würde der Oberreichsanwalt die Überführung des Freigesprochenen an die Gestapo einleiten.[7]

Das lief darauf hinaus, daß die Justiz im allgemeinen und der VGH im besonderen schon in den ersten Kriegsjahen vor Himmlers SS-Staat völlig kapituliert hatten.

Inzwischen, am 26. Juli 1939, hatte Hitler persönlich angeordnet, daß alle Personen in der Schutzhaft der Justiz sofort dem Reichsführer-SS übergeben werden sollten, damit man sie in Konzentrationslager bringen könne.[8] Der Grund dafür lag in den Anforderungen des Vierjahresplans. Anläßlich des 50. Geburtstags Hitlers am 20. April 1939 beabsichtigte man, eine große Zahl von Konzentrationslagerinsassen freizulassen.[9] Himmler protestierte gegen diese Maßnahme mit der Begründung, er habe ohnedies zuwenig Arbeitskräfte in den Lagern, ebenso in den Gefängnissen.[10] Doch noch wichtiger war eine Steigerung der Zahl der Arbeitskräfte, um die Ziele zu erreichen, die im Vierjahresplan festgelegt waren.[11] Manche Untersuchungsgefangene wurden mit sinnloser Arbeit beschäftigt. Eine Inspektion des Zuchthauses Brandenburg-Görden durch einen Beauftragten der Kanzlei des Führers ergab, daß viele der Schutzhäftlinge damit beschäftigt waren, für Privatfirmen Pappsoldaten herzustellen und diese zu bemalen. Hitler entschied sofort, daß der Vierjahresplan Vorrang habe, so z. B. die im KZ Sachsenhausen betriebene Herstellung von Ziegeln, und befahl daher die schnelle Überstellung der Schutzhäftlinge an den Reichsführer-SS.[12]

Während der ersten Kriegsmonate zeigten einige Oberlandesgerichte die Tendenz, Fälle von Hochverrat und ähnliches selbst zu behandeln und nicht dem VGH zu überlassen. Dieser Praxis wirkte Freisler sofort durch ein Rundschreiben an alle Oberlandesgerichte entgegen, in dem er sie bei folgenden Verbrechen für unzuständig erklärte:

156

(a) heimtückische Vergehen gegen das Gesetz gegen heimtückische Angriffe auf Staat und Partei und zum Schutz der Parteiuniform vom 20. Dezember 1934;

(b) alle Fälle von Hoch- und Landesverrat;

(c) Vergehen gegen die Verordnung des Reichspräsidenten zum Schutze des deutschen Volkes vom 4.2.1933;

(d) wirtschaftlicher Landesverrat.[13]

Da es nicht möglich war, gegen ein VGH-Urteil Berufung einzulegen, hielt Gürtner eine Art Berufungsgericht für notwendig; und am 4. November 1939 schuf er ein solches, indem er innerhalb des VGH einen »Besonderen Senat« einrichtete, der VGH-Urteile überprüfen sollte, gegen die Berufung eingelegt wurde.[14] Doch dieser neue Senat, der wie jeder andere VGH-Senat aus Berufs- und Laienrichtern bestand, neigte dazu, eher die Einwände des Staatsanwalts, der ein Urteil zu mild fand, zu berücksichtigen als die Meinung des Verteidigers, dem es zu hart schien. Außerdem konnte der Verteidiger nicht direkt in die Berufung gehen, sondern nur über den Staatsanwalt.[15]

Was die Behandlung der Polen betraf, die in den von Deutschland annektierten polnischen Gebieten lebten, und der Russen, deren Territorien noch annektiert werden sollten, so schrieb Freisler am 24. Juni 1941 einen Brief an den Reichsstatthalter und Gauleiter Greiser, in dem er eine frühere mündliche Vereinbarung über die Einrichtung von Standgerichten, die Übertragung des Begnadigungsrechts, Hinrichtungen durch Hängen und die Verwendung von Justizhäftlingen als Geiseln zusammenfaßte. In diesem Brief stimmte er der Gründung von Standgerichten zu und erklärte, sie würden in das Strafrecht für Polen eingegliedert. Zusätzlich sprach er Greiser im Reichsgau Posen (Wartheland), für den er verantwortlich war, das Recht zu, Prozesse aus eigener Initiative anzustrengen, also Polen vor ein Standgericht zu stellen, die sich schwerer Vergehen gegen die »deutsche Aufgabe des Wiederaufbaus« schuldig gemacht hätten. Die Standgerichte sollten nur zwei Strafen verhängen – die Einweisung in ein Konzentrationslager oder die Todesstrafe. Außerdem wurde Greiser für die Dauer des Krieges in seinem Reichsgau das Begnadigungsrecht vom Führer persönlich übertragen. Aber man war sich darin einig, daß es wenig Sinn hätte, irgend jemanden zu begnadigen. Die Todesstrafe sollte durch Erhängen vollstreckt werden, und man stellte übereinstimmend fest, daß es nötig wäre, einige Untersuchungsgefangene als Geiseln zu nehmen. Mit dieser Vereinbarung würde man der öffentlichen Kritik entgegenwirken, ebenso Hitlers persönlicher Kritik an der Milde der Justiz.[16]

Was niemals völlig ausgeschaltet werden konnte, hatte Gürtner schon im September 1939 beklagt, nämlich die Diskrepanz in der Rechtsprechung zwischen dem VGH, der Wehrmachtsjustiz und den polizeilichen Standgerichten.[17] Der VGH versuchte, sich mit der SS hinsichtlich des Strafrechts für Polen und Juden zu arrangieren; aber Himmler widersetzte sich allen Bemühungen, den VGH an die Stelle der Standgerichte zu setzen, weil normale Zustände, wie die im Altreich, »bisher nicht erreicht worden« seien und »auch in der unmittelbaren Zukunft nicht erwartet werden« könnten. Während die Einführung des deutschen Strafrechts im Osten akzeptiert wurde, blieb das »Sonderstrafrecht« weiterhin in Geltung, aufgrund dessen Himmler seine eigenen sogenannten Gerichtsverfahren durchführte.[18]

Ende 1941 bestand der VGH aus sechs Senaten. Dem ersten saß VGH-Präsident Thierack vor. In den Senaten waren 78 Berufsrichter und 74 Berufsstaatsanwälte tätig. Außer drei Richtern und zwei Staatsanwälten gehörten alle der NSDAP an, waren der Partei aber erst nach dem 30. Januar 1933 beigetreten, in einem »Bergrutsch des Gesinnungswandel«, wie Freisler es bezeichnet hatte. Außerdem gab es 81 Laienrichter.[19] Davon waren 71 hohe Funktionäre der NSDAP und ihrer Formationen, der Rest Offiziere der drei Wehrmachtteile im Rang eines Obersten oder Generals. Keiner der Wehrmacht-Laienrichter war NSDAP-Mitglied.[20]

Trotz des deutsch-russischen Nichtangriffspakts vom 23. August 1939 ging der VGH nach Kriegsausbruch mit gesteigerter Aktivität gegen die illegale KPD vor; und dieses Vorgehen erfuhr eine weitere Steigerung nach dem Ausbruch des Krieges gegen die Sowjetunion. Von da an wurden alle staatsfeindlichen kommunistischen Handlungen nicht nur als Hochverrat, sondern auch als landesverräterisches Vergehen betrachtet, das die Ziele der Feinde des Deutschen Reiches, wie es Paragraph 91 b des StGB definierte, förderte. Ehemalige kommunistische Funktionäre wurden sofort der Spionage verdächtigt und zum größten Teil verhaftet. Die Beschuldigungen in den Anklageschriften gegen diese Leute verlagerten sich von Hochverrat mehr auf Landesverrat, weil man in den Beschuldigten Agenten des »Weltbolschewismus« und der Sowjetunion sah. [21] Die Grenzen zwischen Hoch- und Landesverrat wurden immer mehr verwischt.

Das Strafmaß wurde drastisch verschärft. Am 28. Mai 1942 berichtete der Oberreichsanwalt dem Reichsjustizministerium, daß die österreichischen Oberstaatsanwälte und die Gestapo in Wien ihn gebeten hätten, den Kommunisten härtere Strafen aufzuerlegen, und er setzte sich dafür ein, daß selbst für Kommunisten in untergeordneten Positionen die Todesstrafe obligatorisch sein sollte. [22] Schlegelberger, der damals das Reichsjustizministerium kommissarisch leitete, teilte Hitler in einer Führerinformation mit, daß kommunistischer Hochverrat während des Krieges viel strenger bestraft werden müsse als zuvor – ohne Ausnahme mit dem Tod, da alle kommunistischen Aktionen Landesverrat darstellten. [23] Vom 7. Juli 1942 an verurteilte der VGH auch Personen zum Tod, die man beschuldigte, früher Mitglieder der KPD oder einer ihrer untergeordneten Organisationen gewesen zu sein. [24]

Daß die Kommunisten in Deutschland aktiv blieben, wird in den Lageberichten des Oberreichsanwalts[25] deutlich, die häufig darauf hinwiesen, daß man kommunistische Zellen und Organisationen entdeckt habe. Außerdem geben natürlich zahlreiche Urteile des VGH Aufschluß über die beharrlichen Versuche der Kommunisten, sich in Deutschland im Untergrund zu reorganisieren, vor allem nach dem deutschen Angriff auf die Sowjetunion. Angestellte und Arbeiter der Frankfurter Hauptpost hatten schon vor Kriegsausbruch begonnen, sich wegen der angeblich schlechten Arbeitsbedingungen und der niedrigen Löhne zu organisieren. Mit Kriegsausbruch übernahmen die Kommunisten die Führung dieser Gruppe, aktivierten die illegale Arbeit in Form einer Antikriegspropaganda und formulierten die Ziele einer künftigen Revolution in Deutschland. Sie verteilten Flugblätter und sammelten die Adressen eingerückter Soldaten, um ihnen Propagandamaterial zu schicken. Kontakte mit einer kommunistischen Zelle in Wiesbaden wurden hergestellt. Aber da sie ihr Propagandamaterial auch Soldaten an der

Front schickten, konnten sie schließlich entdeckt werden, und am 24. Juni 1942 wurden der Gründer der Zelle, zwei andere Kommunisten aus Frankfurt und ein weiteres Zellenmitglied wegen Hochverrats zum Tod verurteilt. Am selben Tag wurde zwei weiteren Mitgliedern dieser Gruppe in einem anderen Prozeß gleichfalls die Todesstrafe auferlegt.[26]

Ende Juni 1941 zirkulierten im Gebiet von Mannheim zahlreiche Anti-Hitler-Flugblätter, die dessen Sturz und das Ende des Krieges forderten. Sie stammten aus einem Kreis, der auch seine eigene Zeitung, »Der Vorbote«, herausbrachte und dessen Anführer, Georg Lechleiter, ein ehemaliges kommunistisches Landtagsmitglied war. Im Februar 1942 wurden Lechleiter und seine Helfershelfer aufgespürt. 19 Mitglieder der Gruppe wurden zum Tod verurteilt, unter ihnen Lechleiter, und am 15. September 1942 wurden sie hingerichtet.[27] Am 9. Oktober 1942 wurden fünf ehemalige Kommunisten in Berlin vom VGH zum Tod verurteilt. Der Anführer dieser Gruppe war ein Bäcker, der Flugblätter und Plakate veröffentlicht und die Arbeiter aufgefordert hatte, ihr Arbeitstempo zu drosseln. Der Bäcker hatte einen Gesinnungsgenossen, der wie er selbst früher KPD-Mitglied gewesen war. Ein Musiklehrer, der die Kopiermaschine für die Flugblätter und Plakate beschafft hatte, wurde ebenfalls angeklagt. Während des Ersten Weltkriegs war er Pilot gewesen und für seine Tapferkeit vor dem Feind ausgezeichnet worden. Auch ein Büroangestellter und ein Fabrikarbeiter, die die deutschen Sendungen der BBC abgehört und deren Nachrichten verbreitet hatten, wurden angeklagt. Alle diese Personen, bis auf eine, wurden zum Tod verurteilt und hingerichtet. Die Ausnahme war eine Stenotypistin, der man zubilligte, daß ihr wegen ihrer Jugend nicht voll bewußt gewesen sei, was sie getan hatte, und die zu sieben Jahren Zuchthaus verurteilt wurde.[28]

Am 28. Juli 1944 wurde ein zweiundsiebzigjähriger Berliner Tischler zum Tod verurteilt. Der Angeklagte, dessen »marxistische« Vergangenheit bis ins Jahr 1895 zurückreichte, hatte von 1942 bis 1944 regelmäßig ausländische Radiosender abgehört. Anfang 1944 hatte er auch einen kommunistischen Funktionär für eine Nacht versteckt und Propagandamaterial weitergegeben, das er von ihm erhalten hatte. Im Urteil, verkündet vom damaligen VGH-Präsidenten Freisler, wurde festgestellt, es sei war besonders schwer, einen so alten Mann zum Tod zu verurteilen, aber er sei ein Verbrecher erster Ordnung. »Wer die erste Voraussetzung dafür schafft, daß kommunistische Wühlratten unterirdisch uns zersetzen können, nämlich ihnen Quartier verschafft, der betätigt sich damit selbst unmittelbar kommunistisch. Diese kommunistische Betätigung … ist aber zugleich eine verräterische für unsere Kriegsfeinde, denn diese wissen, daß sie mit unseren Soldaten im Osten, im Westen und im Süden nicht fertig werden können. Sie sind darauf angewiesen, daß sie Verräter in unserer Mitte finden, die uns von innen her aushöhlen. Das weiß auch jeder. Erst recht ein Mann wie …, der mit seinen Gedanken sich so weit in das Feindlager vertieft hat, daß er sogar sich eingehende Notizen über sein ständiges Rundfunkhören machte! So hat sich also … zum Propagandisten unserer Kriegsfeinde gemacht … Dadurch ist er für immer ehrlos geworden …

Die Rechtspflege hat … die Aufgabe, in solchen Fällen auch über den Einzelfall hinaus jedem anderen Verräter gleicher Art klarzumachen, was ihm blüht, damit er vielleicht doch noch von seinem Verhalten abläßt. Daher mußte um dieser erforderlichen Breitenwirkung in der politischen Strafrechtspflege willen … mit dem Tode bestraft werden, obwohl er bereits über 70 Jahre alt ist.«[29]

Im Frühjahr 1942 wurde in Berlin eine kommunistische Zelle innerhalb der bedeutenden Waffenfirma Rheinmetall-Borsig AG gegründet, die unter den anderen Fabrikarbeitern Prophezeiungen über die Niederlage Deutschlands verbreitete, zur Industriesabotage aufrief und mittels Flugblättern eine Fusion von SPD und KPD befürwortete, die eine Vereinigte Kommunistische Partei Deutschlands bilden sollten. Diese Gruppe stellte auch Kontakte mit Kriegsgefangenen her, vor allem mit französischen und russischen, gab Flugblätter in mehreren Sprachen heraus und versteckte einen kommunistischen Agenten. Als die Gruppe zwei Jahre später entdeckt wurde, verurteilte der VGH am 25. Juli 1944 zwei führende Mitglieder dieser Gruppe zum Tod. Ein Angeklagter wurde zu sieben Jahren Zuchthaus verurteilt. Die Anklage hatte auf Vorbereitung zum Hochverrat und Feindbegünstigung gelautet. Der Urteilsspruch basierte auf versuchter »Wehrkraftzersetzung«. Im Urteil erklärte Freisler: »Wer im vierten Kriegsjahr unter deutschen Rüstungsarbeiten solche Zersetzungsflugblätter verbreitet, noch dazu mit solch langdauernder Hartnäckigkeit und in solchem Umfang, der weiß, daß er damit unsere innere Geschlossenheit und unsere eiserne Bereitschaft, alles für den Sieg einzusetzen, aushöhlt ... und daß er damit in unserer Mitte die Geschäfte unserer Kriegsfeinde besorgt. Das hat auch ... gewußt. So ist er als Verräter unseres Volkes in unserem Kampf um unser Leben zu einem für immer ehrlosen Knecht unserer Feinde geworden. Sein Verhalten arbeitet geradezu auf die Wiederkehr eines Jahres 1918 hin, ist also in höchstem Maße gefährlich ...« Dieser Fall dient nur als ein Beispiel von vielen zahlreichen Verurteilungen von Kommunisten.[30]

Der Hauptimpuls kommunistischer Aktivitäten kam natürlich aus Moskau. Nach dem deutschen Angriff auf Rußland, setzten die Sowjets deutsche Agenten hinter den deutschen Linien und im Reichsgebiet ab. So wurden im Mai 1942 zwei Agenten in Ostpreußen und einen Monat später zwei weitere in Westpreußen abgesetzt. Die ersten beiden wurden sofort gefangen. Die beiden anderen, die den Auftrag hatten sich mit der »Roten Kapelle« in Berlin in Verbindung zu setzen, wurden erst ein wenig später aufgespürt, und alle wurden zum Tode verurteilt.[31]

Die »Rote Kapelle« konzentrierte sich in Deutschland in Berlin um Harro Schulze-Boysen, damals Oberleutnant im Luftwaffenforschungsamt, Görings persönlichem Geheimdienst, der vor allem internationale Telefonverbindungen anzapfte. 117 Mitglieder der »Roten Kapelle«, die nicht genügend auf ihre Sicherheit geachtet hatten, wurden im Sommer 1942 verhaftet. Hitler stimmte sofort dem Vorschlag zu, der VGH solle diesen Leuten den Prozeß machen, wobei Göring die Verhandlungsführung überwachen sollte. Allerdings behielt Hitler es sich vor, alle wichtigen Urteile zu bestätigen. Das mißfiel dem Oberstkriegsgerichtsrat der Luftwaffe Dr. Manfred Roeder. Erstens war er gegen einen Massenprozeß und dessen mögliche psychologischen Auswirkungen auf das ganze deutsche Volk. Zweitens warf er ein, daß noch nicht alle Fragen geklärt seien, und deshalb könne man keine Schnellverfahren durchführen. Außerdem – und dies war der wesentliche Punkt – liege der ganze Fall nicht im Kompetenzbereich des VGH. Hier gehe es um Militärspionage von Angehörigen der Wehrmacht, und dafür sei ausschließlich das Reichskriegsgericht (RKG) zuständig, das oberste Tribunal der Wehrmacht.

Göring nahm zwar Notiz von Roeders Kommentaren, war aber

keineswegs entzückt davon, denn Hitlers Schelte gegen die deutsche Justiz im April 1942, von der noch zu berichten sein wird, richtete sich auch gegen die Wehrmachtjustiz, der es nicht gelungen sei, während des Winterfeldzugs in Rußland 1941/42 gegen die Generäle vorzugehen, die ihre Truppen entgegen Hitlers Befehlen vor Moskau zurückgezogen hatten. Und – mag es nun richtig oder falsch sein – die Wehrmachtjustiz stand auch in dem Ruf, ein Gegengewicht zum VGH darzustellen. Doch Roeder, unterstützt von den Richtern des RKG, intervenierte erfolgreich und veranlaßte Göring, den Prozeß dem RKG zuzuteilen. Ende Oktober 1942 hatte Göring die widerwillige Zustimmung Hitlers erhalten, und einen Monat später wurde die erste Anklageschrift verfaßt. Von den 117 Verhafteten blieben 76 übrig, die angeklagt wurden, und diese Gruppe wurde auf zwölf verschiedene Verfahren aufgeteilt. Die Anklage lautete auf Landesverrat. Schulze-Boysen, ein Großneffe des Admirals von Tirpitz, gab seine verräterischen Handlungen bereitwillig zu. Andere verteidigten sich hartnäckig und mit gewissem Erfolg – sehr zur Verärgerung Hitlers, der mehrere Gefängnisstrafen in Todesstrafen umwandeln ließ.

Dies war das Ende der »Roten Kapelle« in Deutschland.[32] Aber es war nicht das Ende der kommunistischen Aktivität in Deutschland. Außer Agenten und Aktivisten wurden auch jene Personen angeklagt und verurteilt, die Mundpropaganda trieben. Ein Berliner Handwerker wurde zum Tod verurteilt, weil er Hitler als größten Schlächter der Geschichte bezeichnet hatte. »Jeder weiß, daß der Führer alles darangesetzt hatte, diesen Krieg zu vermeiden, und als der Feind ihn vom Zaune gebrochen hatte, um ihn wenigstens zu lokalisieren. Der Deutsche, der eine solche Äußerung tut, propagiert schon damit in besonders gefährlicher Weise kommunistisches Gedankengut, bereitet also kommunistischen Hochverrat vor.«[33]

Der Innendekorateur Louis Birk aus Wiesbaden, schon zuvor mehrmals wegen Beleidigung bestraft, wurde am 29. April 1943 aus drei Gründen angeklagt: Erstens beschuldigte man ihn, in Deutschland eine feindliche Macht unterstützt zu haben, zweitens, die Verfassung des Reichs durch Hochverrat bedroht und die Wehrmacht in der Ausübung ihrer Pflicht behindert zu haben, und drittens, öffentlich versucht zu haben, den Wehrwillen des deutschen Volkes zu untergraben, d. h. Wehrkraftzersetzung betrieben zu haben.

Birk war nicht einmal Kommunist. Bis 1929 war er Angehöriger der SS gewesen, und er gehörte immer noch der Deutschen Arbeitsfront (DAF) und der Nationalsozialistischen Volkswohlfahrt (NSV) an. Im Sommer 1942 hatte er zum erstenmal erklärt, daß Hitler in Wirklichkeit gar nicht Hitler, sondern »Schüttelgruber« heiße. Als seine Gesprächspartner ihm keinen Glauben schenkten, sagte er, daß er noch viel peinlichere Geschichten auf Lager habe. Im Dezember 1942 wiederholte Birk seine Behauptung vor einem Verwaltungsbeamten der Wehrmacht und fügte hinzu, Hitler habe dem Staat niemals einen Pfennig Steuern gezahlt. Dann äußerte er sich sehr pessimistisch über die Kriegssituation und meinte, Deutschland werde den Krieg verlieren, und alle Opfer seien dann umsonst gewesen. Er forderte den Beamten auf, seine Uniform wegzuwerfen und sich woanders eine Stellung zu suchen. Ende Januar 1943 machte er vor anderen Personen ähnliche Bemerkungen, ausgeschmückt mit Neuigkeiten, die er den Sendungen ausländischer Radiostationen entnommen hatte. Und als die 6. Armee am 1. Februar 1943 in Stalingrad kapitulierte, zeigte er sich hochbefriedigt, worauf er angezeigt wurde. Während des Prozesses behauptete der Angeklagte, er könne sich nicht an diese Äußerungen erinnern, was das Gericht jedoch nicht akzeptierte. Der VGH nahm aber zur Kenntnis, daß Birk zahlendes Mitglied der SS gewesen war, Anfang der 20er Jahre gegen die Separatisten gekämpft hatte und von den Franzosen eingesperrt worden war. Der VGH erklärte, er könne nicht eruieren, was Birks Sinneswandel verursacht habe; aber seine Vergehen seien so schwerwiegend, daß nur die Todesstrafe eine adäquate Bestrafung darstelle.[34]
In einem ähnlichen Fall wurde ein deutscher Bergmann, der einer Schaffnerin ein britisches Flugblatt gezeigt und erklärt hatte, es enthielte die Wahrheit, am 7. Januar 1943 zum Tod verurteilt. Das Gericht konstatierte: »Der Verteidiger hat gemeint, der Angeklagte sei doch nur ein Meckerer. Aber dem kann der Volksgerichtshof nicht zustimmen. Wer mit feindlichen Flugblättern in der Hand öffentlich sagt, das Volk solle Revolution machen, der höhlt höchst gefährlich die innere Front aus, während der deutsche Soldat in schwerem Kampf sein Leben einsetzt. Der versetzt unserem Heer einen Dolchstoß. Höchst gefährlich – wie 1917/18 zeigt –, selbst wenn der erste oder zweite oder viele erste solcher Dolchstöße noch

nicht treffen. Und das weiß auch jeder, so auch der freilich etwas beschränkte Angeklagte! Er ist also kein Meckerer, sondern ein gefährlicher Feind des kämpfenden Volkes. Er tut gerade das, worauf der Engländer spekuliert, wenn er Bomben und Flugblätter gemischt abwirft: Das Volk zersetzen, seine Wehrkraft im totalen Krieg schwächen, den Feind begünstigen.[35]

Ein anderer Angeklagter hatte mehr Glück als Birk. Er war bei den VW-Werken angestellt und hatte im Juli 1942 eine Nachricht mit folgendem Wortlaut an eine Arbeiterin aus dem Osten geschickt: »Kopf hoch, Helene, es wird noch alles gut, auch wir warten seit 1933 auf die Befreiung. Ein alter Genosse.« Der VGH betrachtete dies als Verletzung des »Heimtücke-Gesetzes« und verurteilte ihn zu einem Jahr Gefängnis, inklusive der Zeit, die er im Untersuchungsgefängnis verbracht hatte. Im Urteil wurde festgestellt, einige Aussagen schienen zu bestätigen, daß der Angeklagte versucht habe, kommunistische Propaganda zu treiben, doch sei dies nicht absolut sicher. Davon abgesehen sei der Angeklagte ein ausgezeichneter Arbeiter, der seine früheren kommunistischen Neigungen aufgegeben und die ihm unterstellten Russen mit großer Strenge beaufsichtigt habe.[36]

Professor Dr. Robert Havemann, vor wenigen Jahren verstorben, war ein wesentlich bedeutenderer Fall. Als Pharmakologe und Dozent an der Berliner Friedrich-Wilhelm-Universität war Havemann aufgrund seiner Entdeckungen und Erfindungen zu internationalem Ruhm gelangt. Er gründete die »Europäische Union«, für die er andere Intellektuelle warb. Er forderte, daß das Unionsprogramm keine nationalsozialistischen Prinzipien enthalten solle, sondern bolschewistische und angelsächsische Elemente. Im September 1943 wurden Havemann und drei seiner Genossen verhaftet, und am 15. Dezember 1943 mußten sie sich dem VGH stellen. Alle vier wurden zum Tod verurteilt; doch Havemann wurde nicht hingerichtet, weil er seit etlichen Jahren geheime Forschungsarbeiten für die Wehrmacht ausführte, die er nun fortsetzen sollte. Deshalb wurde der Hinrichtungstermin immer wieder verschoben, bis Havemann schließlich 1945 befreit wurde. Einige andere Mitglieder der Europäischen Union wurden vom VGH freigesprochen.[37]

Zu den engeren Mitarbeitern Hitlers in der Frühzeit der NSDAP bis November 1923 zählte Hauptmann a. D. Josef (Beppo) Römer, der

1921 das Freikorps Oberland im Kampf gegen die polnischen Aufständischen in Oberschlesien geführt hatte. Im Ersten Weltkrieg hatte er hohe Auszeichnungen erhalten. Nach seiner anfänglichen Sympathie für die NSDAP schloß er sich gegen Ende der zwanziger Jahre den Kommunisten an. Er kam in Kontakt mit Niekisch und Otto Strasser, wurde nach 1933 mehrmals verhaftet, aber wegen seiner Verdienste während des Ersten Weltkrieges immer wieder freigelassen. Er blieb weiterhin aktiv und gelangte schließlich zu der Überzeugung, daß man Deutschland nur durch Hitlers Tod erlösen könne. Mit der finanziellen Unterstützung des Industriellen Nikolaus von Halem traf er Vorbereitungen, um Hitler eigenhändig zu ermorden, doch aus dem Plan wurde nichts. Der »Aufbruchkreis«, den er organisiert hatte, wurde 1942 von der Gestapo zerschlagen. In Berlin hatte der Kreis etwa 100 Mitglieder gewonnen, in München 35, einige auch in Essen, Leipzig, Innsbruck und Wien. Römer selbst wurde am 19. Februar 1944 verhaftet; am 25. September 1944 machte ihm der VGH den Prozeß. Er wurde zum Tod verurteilt und unmittelbar danach gehängt. Bald darauf wurden auch seine ehemaligen Kameraden angeklagt und ebenso unnachsichtig bestraft.[38]

Jugendverbände, die schon vor 1933 existiert hatten und sich nach 1933 neu zu organisieren versuchten, waren der gleichen Verfolgung unterworfen wie die ehemaligen politischen Parteien.[39] Obwohl viele ihrer Führer emigriert waren, konnten sie sich im deutschen Untergrund recht wirkungsvoll organisieren.[40]

Viele dieser Jugendgruppen degenerierten zu kriminellen Banden. Im Rheinland formierten sich die »Edelweißpiraten«, eine Gruppe von 60 Mitgliedern, die 1943 zerschlagen wurde.[41] Sie hatten nicht nur Diebstähle begangen und von Bomben beschädigte Häuser geplündert, sondern auch Angehörige der Hitlerjugend angegriffen. Ende 1944, als Köln zum Kriegsgebiet erklärt worden war und die Amerikaner Aachen bereits besetzt hatten, bildete sich eine neue »Edelweiß-Gruppe«, die in der gleichen Weise wie die alte vorging. Ein Dutzend ihrer Mitglieder, zwischen 15 und 17 Jahre alt, wurden auf frischer Tat ertappt, von einem Standgericht zum Tod verurteilt und zum Zweck der Abschreckung öffentlich gehängt.[42]

Alle bisher angeführten Fälle basierten auf den Paragraphen des Strafrechts, die sich auf versuchten Hochverrat bezogen, oder auf gesetzlichen Bestimmungen, die mit diesen Paragraphen zusammenhingen. Der Landesverrat war immer noch ein gesondertes Thema, so sehr sich Freisler auch bemühte, Hoch- und Landesverrat gleichzusetzen. Schon vor dem Krieg hatte es eine Reihe spektakulärer Spionagefälle gegeben, in die ein polnischer Offizier verwickelt war, der seine Informationen von drei Sekretärinnen aus dem Reichswehrministerium erhalten hatte. Er erhielt eine lebenslängliche Freiheitsstrafe, die er aber nicht anzutreten brauchte, da man ihn gegen einen in Polen verurteilten deutschen Spion austauschte. Doch zwei der Sekretärinnen wurden zum Tod verurteilt, die dritte zu lebenslanger Haft.[43]

Wie wir gesehen haben, wurden die Gesetze und das Strafmaß schon in den Vorkriegsjahren verschärft. Landesverrat und die Beschaffung von Staatsgeheimnissen durch Spionage wurden nach den Paragraphen 89 und 90 des StGB geahndet, Kontakte, die auf Landesverrat abzielten, nach dem Paragraph 90c, während sich im Krieg die Kategorie »Feindbegünstigung« in unvorhersehbarer Weise ausdehnte. Die Anwendung der Paragraphen 89 und 90 hing vor allem davon ab, wie der Begriff »Staatsgeheimnis« interpretiert wurde. Der VGH pflegte sich nicht um Angelegenheiten zu kümmern, die nur aus innenpolitischen Gründen geheimgehalten wurden, ebensowenig um Dinge, die nur vertraulich behandelt und nicht ausdrücklich geheimgehalten werden mußten. In seiner Anfangsphase betrachtete der VGH eine Tat nur dann als Verbrechen, wenn ihr Ziel war, dem Reich außenpolitischen Schaden zuzufügen.[44]

Doch seit dem 26. Mai 1933 galt der Begriff »Spionage« nicht mehr nur für militärische Geheimnisse, sondern für alle Staatsgeheimnisse, und um dies gesetzlich zu untermauern, wurde dem StGB der Paragraph 92a hinzugefügt.[45] Dadurch erhielt der VGH die Möglichkeit, schon allein Vorbereitungen zum Landesverrat zu verfolgen, auch wenn die Tat noch gar nicht vollendet worden war. Der Landesverrat-Abschnitt des StGB erfaßte auch Taten, die ihrem Wesen nach rein kriminell waren, aber einbezogen wurden, wenn sie auch eine Verletzung der Loyalität darstellten, die jeder Deutsche dem Reich schuldete. Auch wenn jemand einen anderen aufforderte, Landesverrat zu begehen, wurde das mit der Todesstrafe belegt. Während des Krieges wurden Pläne zum Landesverrat in besonders schwerwiegenden Fällen mit dem Tod bestraft, auch wenn diese Pläne schon Jahre vor dem Krieg geschmiedet worden waren. Dies war eine rückwirkende Rechtsprechung[46], veranlaßt durch den Prozeß gegen den Emigranten Leo Sklarek. Zusammen mit seinem Bruder, der inzwischen gestorben war, hatte Sklarek in einem der aufsehenerregendsten Korruptionsfälle der Weimarer Republik eine wichtige Rolle gespielt und bereits vier Jahre Zuchthaus abgesessen. Nach seiner Freilassung war er nach Prag gegangen und dort verhaftet worden, als die Deutschen Böhmen und Mähren besetzten. Im Herbst 1941 wurde er vor dem VGH des Landesverrats angeklagt und nur zu acht Jahren Zuchthaus verurteilt. Dies brachte Hitler so in Wut, daß Staatssekretär Schlegelberger eine rückdatierte Forderung nach einem Todesurteil im Fall Sklarek stellte. Dieses Urteil wurde zwar nicht ausgesprochen, aber man übergab Sklarek der Gestapo, die ihn in ein Konzentrationslager brachte und wunschgemäß ermordete.[47]

Am 6. Mai 1940 wurden die Paragraphen 3 und 4 des StGB ergänzt, so daß sie alle von Deutschen im Ausland begangenen Taten, die sich gegen Deutschland richteten, erfaßten, ebenso derartige Aktionen von Ausländern.[48] Aber die strafrechtliche Verfolgung eines Ausländers erforderte die Zustimmung des Justizministeriums.[49] Außerdem hatten Ausländer eher die Aussicht, zu einer lebenslänglichen Freiheitsstrafe statt zum Tod verurteilt zu werden. Während sich der deutsche Machtbereich in Europa ausdehnte, wurden immer mehr Emigranten aufgespürt. Besonders die erbeuteten tschechischen und polnischen Akten lieferten unerwartete Einsichten, in quantitativer wie qualitativer Hinsicht. Das traf überwiegend auch auf die Akten der französischen, belgischen und holländischen Geheimdienste zu.

Am 30. Juli 1940 berichtete der Oberreichsanwalt, daß man während der Besetzung der Niederlande eine ganze Reihe von Landesverratsfällen und Verbindungen zwischen den Spionagenetzen der britischen und holländischen Geheimdienste aufgedeckt habe. Über Frankreich und Belgien wurden ähnliche Berichte vorgelegt. Im Juni 1940 spürte man in den polnischen Akten 77 Fälle von Landesverrat auf.[50] Natürlich erhob sich die Frage, ob ausländische Offiziere, Beamte etc. ebenso verfolgt werden konnten wie deren deutsche Agenten. Bei einer Konferenz im Justizministerium am

16. Februar 1940 argumentierte man, daß eine solche Verfolgung, insbesondere des polnischen Geheimdienstes, im Prinzip möglich sei, aber nicht obligatorisch, wenn die betreffende Person im Ausland agiert habe, es sei denn, sie hätte niederträchtige Methoden angewandt.[51] Man vereinbarte, daß Angehörige des polnischen Geheimdienstes nur verfolgt werden sollten, wenn sie ihre Straftaten auf deutschem Territorium begangen hatten oder Volksdeutsche oder »private Kollaborateure« waren. In den besetzten Westgebieten verfuhr man nach denselben Regeln.[52] Aber wegen dieses Themas kam es zwischen dem Oberkommando der Wehrmacht und dem Reichssicherheitshauptamt zu einer Meinungsverschiedenheit. Während die Wehrmacht dafür eintrat, solche Fälle großzügig zu behandeln, befürwortete das Reichssicherheitshauptamt einen härteren Kurs. Schließlich einigte man sich auf der Basis, daß die Wehrmacht das Reichssicherheitshauptamt über alle Fälle informieren sollte.[53]

Der plötzliche Anstieg von Landesverratsfällen bürdete dem VGH soviel Arbeit auf, daß sich Thierack am 18. Dezember 1941 über die starke und ständig wachsende Belastung beschwerte.[54] Trotz des deutsch-russischen Paktes hatten die Sowjets in Deutschland im gleichen Maß wie zuvor weiterspioniert. Aber ihr Spionagenetz blieb der deutschen Spionageabwehr nicht verborgen, die es bis 1942 unter Beobachtung hielt. Dann wurde eine Anzahl dieser russischen Spionagenetze zerschlagen und ihre Angehörigen verhaftet, vor allem in Ostpreußen.[55]

Am 15. September 1942 wurde ein jüdischer Kaufmann aus Brüssel namens Blumberg wegen Spionage zum Tod verurteilt. Der Beschuldigte besaß zwar einen italienischen Paß, hatte aber lange Zeit in Österreich, Ungarn, Rumänien, Kanada und Frankreich gelebt, bevor er sich 1930 in Brüssel niedergelassen hatte. Dort wurde er vom französischen Geheimdienst engagiert, und so kam er vor dem Krieg mehrmals nach Deutschland, um Garnisonen und Anlagen der Wehrmacht auszukundschaften. Die Deutschen fanden die entsprechenden Akten, verhafteten Blumberg, stellten ihn vor Gericht und richteten ihn hin.[56]

In einem ähnlichen Fall war ein ehemaliger Kommunist aus Bremen, der in Deutschland von der Anklage des Hochverrats freigesprochen worden war, 1937 nach Antwerpen ausgewandert und vom belgischen sowie vom französischen Geheimdienst als Agent angeheuert worden. Er lieferte seinen Arbeitgebern detaillierte Informationen über deutsche Häfen und Schiffswerften. Außerdem engagierte er einen weiteren Deutschen als Mitarbeiter. Während der Kommunist der Verhaftung entging, wurden sein Komplize und mehrere andere Leute, die mit beiden in Verbindung gestanden hatten, festgenommen. Der Mitarbeiter und eine weitere Person wurden zum Tod verurteilt, die übrigen für längere Zeit ins Gefängnis gesteckt.[57]

Die polnischen Spionagefälle können umfassender dokumentiert werden. So arbeitete ein ehemaliger Angehöriger der Reichswehr von 1924 bis 1928 für den polnischen Geheimdienst in Oberschlesien. Der Mann erhielt seine Informationen von einem Unteroffizier der Reichswehr. Beide wurden verhaftet und am 9. März 1943 zum Tod verurteilt.[58]

In einem anderen Fall war der schwedische Militärattaché in einem Spionageprozeß gegen drei Polen verwickelt. Einer der angeklagten Polen hatte 1942 dem Schweden mitgeteilt, daß die Deutschen in Warschau Generalstabskarten von Schweden druckten. Sein Informant war ein ehemaliger polnischer Offizier, der sich während des Ersten Weltkriegs in der österreichischen Armee durch besondere Verdienste ausgezeichnet hatte. Dieser Mann gab einen weiteren polnischen Offizier als seinen Informanten an; doch der letztere leugnete, etwas von der Angelegenheit zu wissen. Der VGH konnte den Fall nicht zufriedenstellend aufklären und sprach die beiden angeklagten Offiziere frei. Der erste Angeklagte jedoch, der die Information an den Schweden weitergegeben hatte, wurde zu fünf Jahren Gefängnis verurteilt, weil er das Wohl des Reichs fahrlässig gefährdet habe. Das Gericht anerkannte jedoch, daß er nicht von einer feindseligen Haltung gegenüber Deutschland motiviert worden sei.[59]

1936 hatte die tschechische Polizei zwei Sudetendeutsche auf den Verdacht hin verhaftet, daß sie mit dem deutschen Geheimdienst in Verbindung stünden. Die Festnahme war durch einen Brief veranlaßt worden, den die Tschechen abgefangen hatten. Sie arretierten sowohl den Absender als auch den Adressaten; aber keiner der beiden war zu einem Geständnis bereit. Daraufhin sperrte die tschechische Polizei einen sudetendeutschen Gewerkschaftler zunächst in die Zelle des Absenders, dann in die des Adressaten, mit dem Auftrag, das Vertrauen der beiden Männer zu gewinnen und herauszufinden, ob sie für Deutschland spionierten. Nachdem der Spion die gewünschten Informationen erhalten hatte, gab er sie an die Tschechen weiter. Die Sudetendeutschen wurden zu Gefängnisstrafen verurteilt. Dann erhielt der deutsche Informant der Tschechen den Befehl, zwei Deutsche über die deutsch-tschechische Grenze zu locken, doch dieser Plan konnte nicht durchgeführt werden. Später fiel der Informant in deutsche Hände, und am 22. November 1940 verurteilte ihn der VGH zu fünfzehn Jahren Zuchthaus. Die Zahl solcher Fälle ist Legion. Die bereits zitierten müssen hier genügen.[60]

In anderen Fällen von Landesverrat versorgten die Beschuldigten den Feind mit Waffen oder hatten auf andere Weise »Feindbegünstigung« begangen. Zu dieser Kategorie gehörte auch die »Wehrkraftzersetzung«.

Ein Österreicher war 1929 nach Frankreich gegangen, um sich dort Arbeit zu suchen. Er heiratete eine Französin und bemühte sich um die französische Staatsbürgerschaft. Aber nach dem Anschluß Österreichs entsprach er dem Wunsch seines Vaters und entschied sich für die deutsche Staatsangehörigkeit. Als der Krieg ausbrach, wurde er vorübergehend interniert; und nach seiner Freilassung suchte er erneut um die französische Staatsbürgerschaft an. Gleichzeitig meldete er sich freiwillig zum Dienst in der französischen Armee. Er wurde in die Fremdenlegion aufgenommen, nach Algier versetzt und schließlich im Sommer 1941 in Südfrankreich aus der Armee entlassen. Er blieb als Landarbeiter in Frankreich, doch im Januar 1943 wurde er von der deutschen Polizei festgenommen, und schließlich machte ihm der VGH den Prozeß. Im Urteil wurde festgestellt, der Angeklagte wäre verpflichtet gewesen, sich für den Dienst in der deutschen Wehrmacht zu melden. Er habe sich seiner Pflicht entzogen und somit Paragraph 5 der KSSVO verletzt. Gleichzeitig habe er Landesverrat begangen, indem er als deutscher Bürger in der französischen Armee gekämpft hatte. Deshalb habe er sein Blut und sein Volk verraten. Seine Entscheidung für die deutsche Staatsbürgerschaft sei nur ein Lippenbekenntnis gewesen, und das »gesunde Volksempfinden« verlange seine Ausmerzung. Am 15. Juli 1943 wurde er zum Tod verurteilt.[61]

Nach dem Paragraphen 91 b des StGB schloß Landesverrat alle Handlungen zugunsten des Feindes ein, zum Beispiel die Arbeit in einer feindlichen Fabrik, die Anwerbung Freiwilliger für feindliche Streitkräfte, die Beschaffung und Weitergabe militärischer Informationen, auch wenn sie nicht geheim waren, die Unterstützung von Agenten, die mit Fallschirmen absprangen, die Befreiung von Kriegsgefangenen oder Beihilfe zu deren Flucht, die Verbreitung feindlicher Flugblätter und die Benutzung gefälschter Lebensmittelkarten. Die Bestimmung dieses Paragraphen, wonach es illegal war, Freiwillige für feindliche Streitkräfte anzuwerben, kam vor allem in Böhmen und Mähren zur Geltung, wo viele Tschechen versuchten, über die Balkanländer nach Frankreich und später nach Großbritannien zu gelangen, um sich der »Tschechischen Legion« anzuschließen. Sogar Deutsche, die polnischen oder russischen Kriegsgefangenen aus Mitleid Nahrungsmittel oder Lebensmittelkarten gaben, riskierten eine Anklage wegen Wehrkraftzersetzung. Ein offizieller Bericht vom 1. August 1942 enthüllte, daß zahlreiche Prozesse anhängig waren, in denen sich Deutsche verantworten mußten, die insgesamt sechs- bis achthundert französischen Kriegsgefangenen zur Flucht verholfen hatten.[62]

Im »Reichsprotektorat« Böhmen und Mähren war der Fall des Generals Eliáš wohl der bedeutendste und gleichzeitig symptomatisch für den Verlust der Rechtssicherheit im Großdeutschen Reich.[63]

In der Nacht des 29. Januar 1941 erlitt Reichsjustizminister Franz Gürtner einen Schlaganfall und starb. Ob die letzte Verteidigungsbastion des Rechtsstaats mit seinem Tod zusammenbrach, ist mehr als zweifelhaft, da er sich im Lauf seiner Karriere so stark zur NS-Seite geneigt hatte, daß im Grunde alle Barrieren zwischen der Justiz (besonders dem VGH) und der NSDAP verschwunden waren. Das einzige, was er noch aufrechterhalten wollte, war die äußere Form des Rechtsstaats. Auf jeden Fall verursachte sein Tod eine Zeit des Interregnums im Reichsjustizministerium, die Heydrich sofort auszunutzen verstand.

Nach der Besetzung von Böhmen und Mähren im März 1939 verfolgte das Reich zuerst einen sehr gemäßigten Kurs, der auf der Linie des Reichsprotektors Konstantin Freiherr von Neurath lag. Aber schon 1940 wurden wichtige Teilgruppen von *Obrana naroda*, der tschechischen militärischen Widerstandsorganisation, aufgespürt und verhaftet. Zunächst verhinderte Hitler, daß den Leuten der Prozeß gemacht wurde; er gab nur die Anweisung, eine Anklageschrift zu verfassen.[64] Als die Zahl der tschechischen Unruhen und damit die Anzahl der Gefängnisinsassen anstieg, bat VGH-Oberreichsanwalt Lautz im Führerhauptquartier erneut um die Erlaubnis, in diesen Fällen Verfahren einleiten zu dürfen. Dies wurde gestattet, aber Hitler erklärte, daß Todesstrafen unerwünscht seien. Auf seine Anordnung hin mußten bereits verkündete Todesurteile aufgehoben werden.[65]

Doch Reinhard Heydrich, der Leiter des Reichssicherheitshauptamtes, beobachtete all dies mit erheblichen Bedenken, ebenso wie Bormann und Goebbels.[66] Auch Neuraths Staatssekretär, Karl-Hermann Frank, fühlte sich angesichts der Situation ziemlich unbehaglich. Er war selbst Sudetendeutscher und fand, daß Neurath für den Posten des Reichsprotektors zu nachgiebig sei.[67] Die Studentenunruhen in Prag, die dazu führten, daß die Hochschulen geschlossen wurden, und die daraus resultierende allgemeine Atmosphäre der Unruhe im Protektorat ermöglichten es Frank, Heydrich, Bormann und Goebbels, Hitler davon zu überzeugen, daß man Härte zeigen müsse, um die Tschechen unter Kontrolle zu bringen.

Am 23. September 1941 wurde Neurath in Hitlers Hauptquartier befohlen, wo er erfuhr, daß der Führer beschlossen habe, im Protektorat schärfere Maßnahmen zu ergreifen. Reinhard Heydrich, der Chef der Sicherheitspolizei und des SD, sollte nach Prag geschickt werden – angeblich, um Neurath zu vertreten, der aus gesundheitlichen Gründen einen längeren Urlaub nehmen sollte. Aber Neurath kehrte nur mehr für kurze Zeit nach Prag zurück, um seine Sachen zu holen.[68]

Heydrich zog in den Prager Hradschin, verfolgte eine Politik von »Zuckerbrot und Peitsche« und erzielte, was die deutschen Beziehungen zur tschechischen Arbeiterschaft betraf, erhebliche Erfolge. Er brauchte nicht lange, um festzustellen, daß die Quelle der öffentlichen Unruhe in der autonomen Protektoratsregierung, geleitet von General Alois Eliáš, zu suchen war. Während des Ersten Weltkriegs hatte Eliáš auf österreichischer Seite gekämpft und war 1938 zum Kommandeur des 5. tschechischen Armeekorps ernannt worden. Nach dem Münchner Abkommen wurde er zuerst Verteidigungsminister, dann Verkehrsminister, und seit dem 28. April 1939 war er Ministerpräsident. Als 1940 Paris fiel, fand der SD französische Akten, die den Beweis erbrachten, daß Eliáš persönlich über einen Kurzwellensender mit tschechischen Emigranten im Ausland in Verbindung gestanden hatte.[69] Der SD suchte nach weiteren Beweisen gegen Eliáš, offensichtlich mit Erfolg. Heydrich, damals noch in Berlin, schlug vor, Eliáš zu verhaften, doch das wurde von Neurath verhindert. Als Neurath ausgeschaltet war, konnte Heydrich seine Ziele uneingeschränkt verfolgen. Seine Beschuldigungen gegen Eliáš können im wesentlichen in sechs Punkten zusammengefaßt werden:

1. Ende April 1939 war der tschechische General Ingre an Eliáš mit der Aufforderung herangetreten, am Aufbau einer Untergrundorganisation mitzuwirken und sich auch an deren Arbeit zu beteiligen. Eliáš hatte sich scheinbar geweigert, aber den Vorfall nicht gemeldet.

2. Der tschechische General Neumann hatte 1939 eine militärische Widerstandsgruppe gegründet. Er selbst konnte zwar dann entkommen, aber ein Mitglied der Gruppe wurde festgenommen und belastete Eliáš, der angeblich vom Aufbau der Organisation gewußt hatte.

3. Ebenfalls im Jahr 1939 war Zdeněk Schmoranz, ein höherer tschechischer Beamter, in die eben erst gegründete tschechische Zensurstelle, den ehemaligen tschechischen Geheimdienst, eingetreten. Er hatte unter anderem die Aufgabe, Informationen über deutsche Truppenbewegungen zu sammeln. Im August 1939 wurde diese Operation entdeckt und die Angelegenheit zunächst dem Reichskriegsgericht, später dem VGH-Staatsanwalt übergeben. Heydrich beschuldigte Eliáš, dieser habe von den Vorgängen gewußt, weil es unwahrscheinlich sei, daß er in seiner früheren prominenten militärischen Position nicht alle Mitglieder des tschechischen militärischen Geheimdienstes gekannt habe.

4. Eliáš hatte angeblich dem Leiter einer anderen Geheimdienstorganisation, Oberstleutnant Trebicky, 50 000 Kronen überwiesen.

5. Um die Jahreswende 1939/40 waren die Minister Necas, Feierabend, General Gihak und einige andere, verkleidet als Lokomotivführer, über die slowakische Grenze geflohen. Eliáš wurde verdächtigt, dieses Unternehmen unterstützt zu haben.

6. Vom Frühjahr 1939 bis zum Sommer 1940 hatte der Bürgermeister von Prag, Otakar Klapka, zusammen mit dem Stadtkämmerer, Professor Ernst Wenig, Angehörige der »Tschechischen Legion« und deren Familien finanziell unterstützt und dabei öffentliche Gelder verwendet. Auch Gestapo-Gefangenen gaben sie finanzielle Hilfe; und weitere Staatsgelder wurden benutzt, um ehemaligen tschechischen Offizieren die Flucht ins Ausland zu ermöglichen, so daß sie sich der Tschechischen Legion anschließen konnten. Klapka hatte Eliáš nicht nur über diese Transaktionen informiert, sondern Eliáš selbst hatte auch Äußerungen gemacht, die ernsthafte Zweifel an seiner Loyalität gegenüber den Deutschen zuließen. Nach Eliáš' Ansicht war dem Protektorat nur eine kurze Lebensdauer beschieden. Er sagte, die Tschechoslowakei werde letztlich durch den Krieg ihre Freiheit zurückgewinnen. Die deutsche Luftwaffe sei sowohl in Quantität als auch in Qualität unzureichend, und das gleiche treffe auch auf das System der deutschen Bahnverbindungen zu. Klapka versicherte, diese Bemerkungen hätten ihn zu weiteren antideutschen Aktivitäten ermuntert.[70]

Heydrich war entschlossen, Eliáš vor Gericht zu bringen. Am 25. September 1941 besuchte er Thierack, den Präsidenten des Volksgerichtshofs, informierte ihn über die Maßnahmen, die er im Protektorat ergreifen wollte, und erkundigte sich, welche Fortschritte der VGH beim Verfassen der Anklageschrift gegen Klapka gemacht habe. Thierack sagte, er müsse sich erst einen Einblick verschaffen, und Heydrich stimmte zu; dabei betonte er, die ganze Sache müsse geheimgehalten werden und Thierack dürfe kein einziges Wort über das Thema verlieren.

Thierack ging dann zu Oberreichsanwalt Lautz und erklärte ihm, alle tschechischen Fälle, deren Behandlung man bisher hinausgezögert habe, würden bald vor Gericht kommen. Lautz erwiderte, er würde noch drei bis vier Wochen brauchen, um die Ermittlungen abzuschließen und die Anklageschriften fertigzustellen.[71]

Am nächsten Tag lud Thierack den Ermittlungsrichter ein, ihn an einem Ort aufzusuchen, wo er noch einige andere Geschäfte zu erledigen hatte. Er informierte sich über die tschechischen Angelegenheiten und kehrte dann nach Berlin zurück.

Am 27. September, an einem Samstagmorgen, rief er Heydrich an und verabredete ein Treffen mit ihm. Dabei erwähnte Heydrich zum erstenmal den Namen Eliáš und meinte, sein Interesse gehe weit über den tschechischen Ministerpräsidenten hinaus.[72]

Es gibt keinen Anhaltspunkt dafür, daß Heydrich die Absicht gehabt hätte, Eliáš durch ein Standgericht auszuschalten. Eine solche Methode hätte im Widerspruch zu seiner gesamten Politik in Böhmen und Mähren gestanden. Heydrich und Thierack beschlossen, daß sich Eliáš vor dem VGH verantworten müßte, und zwar so schnell wie möglich. Heydrich gab der Sorge Ausdruck, die Untersuchungen im Fall Klapka könnten weitere drei oder vier Wochen dauern. Im Fall Eliáš wünschte er, daß man ohne Umschweife zur Sache komme. Um das zu erreichen, vereinbarten Heydrich und Thierack offenbar – hier sind die Beweise nicht schlüssig und eher zweideutig –, den Oberreichsanwalt zu umgehen und die Anklage in Heydrichs Hände zu legen. Wenn dies den Tatsachen entspräche, so hätten beide in grober Weise gegen die Gerichtsverfassung des VGH verstoßen.

Jedenfalls war Thierack mit dem Verlauf der Dinge zufrieden, da er wußte, wie wenig Hitler von der Justiz hielt. Und es war ihm ebenso bewußt, daß die Spitze des Justizministeriums immer noch unbesetzt war. Vielleicht hoffte er, diesen Spitzenposten übernehmen zu können, wenn er sich der NSDAP gegenüber loyal zeigte und mit Heydrich zusammenarbeitete, dessen Unterstützung er brauchte. Er hätte den Oberreichsanwalt jederzeit veranlassen können, innerhalb von 24 Stunden Anklage zu erheben; doch damit hätte er Heydrich in den Hintergrund gedrängt, und Heydrich wollte die Anklage selbst kontrollieren.[73]

So verlangte Thierack von Lautz die Klapka-Akte, und nachdem er sie studiert hatte, übergab er sie Ministerialrat Joel, der noch am selben Tag mit Heydrich nach Prag reiste. Joel war ein Mann von bescheidenem Intellekt und bemerkenswerten Ambitionen. Wie die meisten seiner Kollegen war er der NSDAP erst am 1. Mai 1933 beigetreten; doch er bekam die Gelegenheit, einen Schlüsselposten zu bekleiden, als man ihm das Amt eines Verbindungsmanns zwischen dem Reichsjustizministerium und SS, SD und Gestapo gab. Er ging zum RSHA und stieg in der SS-Hierarchie sehr rasch nach oben. Seine kompromißlose Haltung gegenüber allen Elementen, die dem Staat feindlich gesinnt waren, machte ihn innerhalb der SS schnell prominent. Die Rolle, die er in der Eliáš-Affäre spielte, verwickelte

176

ihn eindeutig in einen Zwiespalt. Einerseits mußte er als Mitglied des Reichsjustizministeriums auf das achten, was zwischen Thierack und Heydrich vorging. Und andererseits mußte er sein eigenes Ministerium zum Narren halten.

Der Tag, an dem Thierack mit Heydrich zusammentraf, war auch der Tag, an dem Neurath seinen ausgedehnten Urlaub antreten und Heydrich seine Aufgaben übernehmen sollte. Lautz, der nicht wußte, was gespielt wurde, reiste zu seiner Konferenz in der Nähe von Wien, nachdem er veranlaßt hatte, daß die Klapka-Akte und die Gefangenen der Gestapo übergeben wurden.

Am nächsten Tag, am Sonntag, dem 28. September, erfuhr Thierack, daß Eliáš verhaftet worden war und ein volles Geständnis abgelegt hatte. Am Montagmorgen veröffentlichte der »Völkische Beobachter« die Nachricht, daß sich Eliáš vor dem VGH verantworten müsse. Natürlich war das Reichsjustizministerium überrascht. Staatssekretär Freisler versuchte erfolglos, nähere Einzelheiten in Erfahrung zu bringen.

Man teilte Lautz mit, er solle sich verfügbar halten, um in Prag bei den Prozessen gegen Klapka und Eliáš die Anklage zu vertreten. Lautz fragte nach dem Prozeßtermin, und man erklärte ihm, daß man ihn bald informieren werde. Er wurde niemals informiert, denn Heydrich war fest entschlossen, bei der Anklage persönlich Regie zu führen.

Plötzlich rief Joel aus Prag an und erwähnte nebenbei, daß am nächsten Tag, einem Dienstag, die Verhandlung gegen Eliáš vor dem VGH stattfinden werde. Im Justizministerium herrschten Verwirrung und Entsetzen. Man rief Thierack an, der den Unwissenden mimte und scheinheilig fragte, ob Joel das Justizministerium denn nicht informiert habe. Thierack wurde ins Justizministerium beordert, wo er vom kommissarischen Leiter des Ministeriums, Schlegelberger, empfangen wurde. Schlegelberger brachte seine Mißbilligung deutlich zum Ausdruck und fragte Thierack, ob er nicht wisse, daß schon der Name Heydrich »ein Programm« darstelle. Aber Thierack war überzeugt, daß er an Heydrichs Seite der Macht näher sei als Schlegelberger, und nahm wenig Notiz von dessen Kritik. Und Schlegelbergers Versuch, das Innenministerium und sogar die Reichskanzlei zu mobilisieren, verlief ergebnislos. Nur Wilhelm Stuckart, Staatssekretär im Innenministerium, telefonierte mit Heydrich in Prag, um zu erreichen, daß die VGH-Oberreichsanwaltschaft die Anklagevertretung übernahm. Heydrich weigerte sich in aller Entschiedenheit und verteidigte seine Ansprüche mit dem Hinweis auf die außerordentlichen Vollmachten, die Hitler ihm übertragen habe. Schlegelberger blieb schließlich nichts anderes übrig, als den Maßnahmen, die man ergriffen hatte und noch ergreifen würde, zuzustimmen.[74]

Thierack erhielt die Anklageschrift, die die Gestapo verfaßt hatte, und Lautz bemühte sich in letzter Minute erfolglos, seine Position als Oberreichsanwalt des VGH geltend zu machen. Er war sehr verbittert, denn er hatte in der Nähe von Wien auf weitere Instruktionen gewartet, die jedoch niemals kamen. Nun betrachtete er die ganze Affäre als eine Art Verschwörung, die gegen ihn persönlich gerichtet war.[75]

Das Justizministerium in Berlin war ernsthaft befremdet. Trotzdem bestieg der Erste Senat des VGH, unter Thieracks Vorsitz am Dienstag, dem 30. September, eine Maschine nach Prag und wurde dort von Joel erwartet. Am nächsten Tag begann der Prozeß gegen General Eliáš. Statt der roten Robe des Oberreichsanwalts erblickte man die schwarze Uniform des SS-Obersturmbannführers Dr. Geschke. Der Angeklagte sah sich etwa 200 Zuschauern gegenüber, darunter Neuraths Staatssekretär Karl-Hermann Frank, der vor nicht allzulanger Zeit sehr positive Ansichten über Eliáš geäußert hatte. Die Verhandlung wurde in deutscher Sprache geführt. Ein Dolmetscher war anwesend, wurde jedoch nicht gebraucht, weil Eliáš fließend Deutsch sprach.[76]

Die Anklage lautete auf versuchten Hoch- und Landesverrat. Einer der Klagepunkte mußte fallengelassen werden, nämlich die finanzielle Unterstützung, die Trebicky von Eliáš erhalten hatte. Eliáš war zwar in diesem Punkt geständig, doch er erklärte, es sei nur um 7000 Kronen gegangen, die Trebickys kranke Frau bekommen habe. Trebicky selbst war inzwischen gestorben. Man diskutierte auch über Necas' und Feierabends Flucht, erzielte aber keine schlüssigen Resultate.

Als man zum Anklagepunkt Neumann kam, beteuerte Eliáš seine Unschuld, und der Zeuge, den die Gestapo aus dem Gefängnis holte, erklärte, seine frühere Aussage sei nur die Äußerung seiner persönlichen Ansicht gewesen. Und so mußte man diesen Punkt wegen Mangels an Beweisen fallenlassen.

Was die Anklagepunkte Ingre und Schmoranz anging, so erklärte sich der Angeklagte für teilweise schuldig. Aber Eliáš behauptete, er habe jede Zusammenarbeit mit General Ingre abgelehnt und Präsident Hacha über die ganze Angelegenheit informiert. Er habe Schmoranz davor gewarnt, irgendwelche Dummheiten zu machen, die schriftlichen Berichte des Mannes verbrannt und den Innenminister angewiesen, ihn zu isolieren. Dr. Geschke beharrte jedoch auf seiner Meinung, daß es sich um schwerwiegende Vergehen handele, da Eliáš es in beiden Fällen versäumt habe, die deutschen Behörden zu verständigen. Doch vom rechtlichen Standpunkt aus betrachtet lagen immer noch zu wenig Beweise vor – bis der Fall Klapka behandelt wurde. Dieser Punkt genügte, um die Anklage wegen Landesverrats und Feindbegünstigung zu stützen. Denn die betreffenden Vorgänge lagen erst fünfzehn Monate zurück und hatten also bereits nach Kriegsausbruch stattgefunden, während sich die anderen Anklagepunkte auf Ereignisse bezogen, die sich zwei Jahre oder noch länger zuvor abgespielt hatten.[77]

Eliáš gab im Zusammenhang mit dem Fall Klapka bereitwillig zu, daß er von der finanziellen Unterstützung gewußt habe. Er rechtfertigte seine Haltung, indem er auf das Dilemma hinwies, in dem er sich befunden habe, als er gezwungen worden sei, sich zwischen den Forderungen der Menschlichkeit und den Interessen des Reichs zu entscheiden. Und er fügte hinzu, in diesem Fall habe er beschlossen, lieber den letzteren zu schaden. Aber er bestritt die Äußerungen, die Klapka ihm in den Mund gelegt hatte, und ihn ermutigt zu haben. Ganz im Gegenteil, erklärte er, denn er habe seit 1939 erkannt, daß das künftige Wohl des tschechischen Volkes in einer engen Zusammenarbeit mit dem Reich liege sowie in der Wiederherstellung der geopolitischen, sozialen und wirtschaftlichen Bedingungen, wie sie zur Zeit der Habsburger Monarchie herrschten. Die SS-Anklage beschrieb Eliáš als »fanatischen Tschechen« und rief Klapka als Zeugen auf. Liederlich gekleidet und unrasiert, kam er direkt aus dem Gestapo-Gefängnis und versicherte, daß er die Wahrheit gesagt habe. Offenbar glaubten ihm die VGH-Richter.[78]

Das Gericht zog sich zurück, um das Urteil zu formulieren, das 27 Seiten füllt und Hinweise auf die Gültigkeit des ganzen Verfahrens enthält sowie auch erkennen läßt, daß das Gericht Zweifel an der Rolle gehegt haben mußte, die es in dieser Angelegenheit spielte.

Die Richter räumten ein, daß nach dem Paragraphen 7 des VGH-Gesetzes nur die Reichsanwaltschaft das Recht gehabt hätte, die Anklage zu erheben und zu führen, und daß sie entsprechend einem anderen Paragraphen während der Verhandlung ständig hätte anwesend sein müssen. Aber man argumentierte, der Prozeß habe im Protektorat Böhmen und Mähren stattgefunden, in dem Heydrich nach dem Willen des Führers außergewöhnliche Machtbefugnisse habe, ganz abgesehen von der Tatsache, daß Heydrich den Notstand im Protektorat ausgerufen und daß der Reichsprotektor die Macht habe, Gesetze in eigener Verantwortung zu ändern, wenn es das öffentliche Interesse verlangte, und im Fall einer unmittelbaren Gefahr Verordnungen aller Art zu erlassen. Diese Erklärungen sollten offensichtlich das Vorgehen des VGH in Prag rechtfertigen. Eliáš wurde wegen versuchten Hochverrates und Feindbegünstigung zum Tod verurteilt.[79]

Am nächsten Tag ging der Fall Klapka über die Bühne. Wenn dieser gehofft hatte, durch seine Aussage gegen Eliáš sein Leben retten zu können, so wurde er enttäuscht. Thierack hatte die Anklageschrift gegen Klapka erst nach seiner Ankunft in Prag gelesen, und nach einer Verhandlung, die kaum mehr als zwei Stunden dauerte, wurde auch Klapka zum Tod verurteilt. Im Anschluß an diese beiden Prozesse wurden weitere 150 bis 200 Leute von Standgerichten hingerichtet.

Doch Heydrich beschränkte seine Operationen nicht auf Prag. Er war sehr verärgert über die Haltung des Justizministeriums, und am 1. Oktober 1941 übermittelte er Bormann eine Nachricht per Fernschreiber ins Führerhauptquartier: »Trotz verschiedener Behinderungsversuche durch das Reichsjustizministerium und Staatssekretär Schlegelberger gelang es dank der Loyalität und dem politischen Verständnis des Präsidenten des Volksgerichtshofes Dr. Thierack, innerhalb von drei Tagen zu einem abschließenden und endgültigen Urteil zu kommen.[80]

Am nächsten Tag betonte Heydrich in einer Rede vor den deutschen Leitern der Verwaltung, der Wehrmacht und der NSDAP noch einmal, daß es »dank der Loyalität des Präsidenten des Volksgerichtshofes und trotz des Reichsjustizministeriums ... möglich gewesen sei, »die Verfahren gegen Eliáš und Klapka in der kürzesten möglichen Zeit durchzuführen.[81]

Doch nun hatte Heydrich das Reichsjustizministerium aktiviert. Lammers, Reichsminister und Chef der Reichskanzlei, war über Heydrichs Fernschreiben informiert worden. Er sah seine Position bedroht, und so schrieb er einen persönlichen Brief an Bormann, in dem er sich gegen Heydrichs Andeutungen verwahrte und das Justizministerium verteidigte. Schlegelberger habe korrekt gehandelt und seiner Pflicht genügt. Und er sei nur deshalb so und nicht anders vorgegangen, weil man ihn nicht von Heydrichs eigenmächtigen Aktionen verständigt habe. Lammers schickte Schlegelberger eine Kopie des Briefes, für die ihm letzterer dankte. Es dauerte nicht lange, bis Schlegelberger herausgefunden hatte, wer Heydrich informiert hatte, nämlich Ministerialrat Joel und Thierack selbst, und er fand vor allem Thieracks Haltung äußerst illoyal.[82]

Auch Heydrich erhielt einen Brief, in dem das Vorgehen des Ministeriums gerechtfertigt wurde; doch dadurch wurde das Eis kaum geschmolzen. Heydrich beharrte auf seiner Version und stimmte neue Lobeshymnen auf Joel und Thierack an. Darauf antwortete Schlegelberger mit einer weiteren Beschwerde über die mangelnde Information.[83]

Nun mußte man sich noch mit Thierack befassen. Der wies die Beschuldigung, er habe sich illoyal und unklug verhalten, zurück und berief sich auf Stuckarts Intervention aus dem Innenministerium. Ganz abgesehen davon habe Heydrich auf äußerster Geheimhaltung bestanden. Thierack habe Heydrich gesagt, daß er Schlegelberger in Kenntnis setzen werde, doch Heydrich habe erwidert, das wolle er selbst tun. Er werde mit Freisler Verbindung aufnehmen. Freisler war tatsächlich verständigt worden, hatte aber sein Wissen für sich behalten.[84] Die Beschuldigung, der VGH habe in Prag wie ein Standgericht agiert, versuchte Thierack durch Hinweise auf tschechische Pressestimmen zu entkräften, die »das würdevolle Vorgehen des VGH« gepriesen hätten.[85] Als ob die tschechischen Zeitungen die Möglichkeit gehabt hätten, etwas anderes zu veröffentlichen! Doch Thierack ignorierte absichtlich den Kernpunkt der Angelegenheit. Es war nicht die Verfahrensweise bei den Prozessen, die in Frage gestellt werden mußte, sondern die ganze Konzeption des VGH, da der Fall Eliáš auf nichts anderes hinauslief als auf eine formale Übertragung von Justizbelangen in den Kompetenzbereich von SD und Polizei. Schon früher hatte man Schritte in diese Richtung unternommen, aber noch niemals in so augenfälliger Weise. Doch 1941 war der VGH noch nicht das Revolutionstribunal, zu dem er sich drei Jahre später entwickelt hatte.

Es ist unmöglich festzustellen, inwiefern Thieracks Rolle im Fall Eliáš ein Jahr später auf seine Beförderung zum Justizminister eingewirkt hat. Um diese Zeit war Heydrich bereits tot, und Schlegelberger wurde mit einer Abfindung von 100 000 Mark in den Ruhestand versetzt. Andererseits wurde Joel auf einen Nebenposten im Justizministerium abgeschoben, wo er isoliert und ohne den geringsten Einfluß blieb. [86]

Ein anderer Fall, Gegenstand intensiver Diskussion, wenn auch nicht in der Öffentlichkeit, war die Affäre Herschel Grynszpan, der am 7. November 1938 Ernst vom Rath, einen Legationssekretär[87] an der deutschen Botschaft in Paris, erschossen hatte. Dieser Mord löste in Deutschland den Judenpogrom vom 9. bis 11. November 1938 aus. [88] Hier soll weder Grynszpans Tatmotiv erörtert noch das Verhalten erklärt und analysiert werden, das er im Gewahrsam der französischen Polizei zeigte. Aber es soll festgestellt werden, daß die bis jetzt vorherrschende Meinung, Grynszpans Verbrechen ließe sich auf die Situation seiner Eltern zurückführen – auf den Umstand, daß diese als Polen in Deutschland gelebt hatten und dann zusammen mit anderen polnischen Juden nach Polen abgeschoben worden waren – keineswegs der vollen Wahrheit entspricht.

Im Juli 1940, nach der Niederlage Frankreichs, wurde Grynszpan zum erstenmal von der deutschen Polizei verhört und dann nach Deutschland gebracht, zunächst in das Konzentrationslager Sachsenhausen und im Sommer 1941 ins Untersuchungsgefängnis Berlin-Moabit. Das Justizministerium übergab dem Oberreichsanwalt des VGH zwei dicke Akten und erteilte ihm den Auftrag, die Anklageschrift gegen Grynszpan zu verfassen. Angeblich stammte die Idee, einen großen Prozeß aufzuziehen, von Martin Bormann. [89] Aber nachdem der VGH die Akten studiert hatte, bezweifelte er, daß er in diesem Fall zuständig sei, obwohl es zu jenem Zeitpunkt noch so aussah, als hätte der Mörder politische Motive gehabt. [90] Das Justizministerium antwortete, der Mordanschlag habe indirekt der Führung des Dritten Reiches gegolten und würde deshalb eine Anklage wegen Hochverrats rechtfertigen.

Auch das Reichspropagandaministerium versuchte, das Beste daraus zu machen, nachdem sich dessen späterer Ministerialrat Diewerge seit 1938 mit der Affäre befaßte.[91] Ursprünglich glaubte man, Grynszpan könne schon im Januar 1942 vor Gericht gestellt werden. Zu dieser Zeit war Thierack krank. Dennoch schrieb Goebbels am 24. Januar 1942 in sein Tagebuch: »Der Mordprozeß Grynszpan steht wieder zur Debatte.«

Doch dann folgt ein Hinweis, an dem der Plan, einen öffentlichen Prozeß zu führen, letzten Endes scheitern sollte: »Grynszpan hat das freche Argument gefunden, daß er mit dem erschossenen Legationsrat vom Rath ein homosexuelles Verhältnis gehabt habe. Das ist natürlich eine unverschämte Lüge; immerhin ist sie geschickt erdacht, und sie würde, wenn sie im öffentlichen Prozeß vorgebracht würde, sicherlich das Hauptargument der ganzen gegnerischen Presse werden. Ich lasse deshalb Vorsorge treffen, daß nur ein Teil der Prozeßverhandlung öffentlich vor sich geht, der andere Teil soll hinter verschlossenen Türen stattfinden.[92]

Den deutschen Psychiatern, die Grynszpan untersuchten, erzählte er, er habe sich vom Rath sexuell zur Verfügung gestellt – als Gegenleistung für das Versprechen, daß vom Rath den Eltern Grynszpans in Deutschland helfen würde. Es war eine peinliche Situation, vor allem, weil Hitler persönlich vom Rath am Grabe die letzte Ehre erwiesen hatte.

Am 11. Februar 1942 schrieb Goebbels in sein Tagebuch: »Diewerge kommt von Paris zurück und hält mir ausführlich Vortrag über die dortigen Zustände. Er hat mit Bonnet *(dem ehemaligen französischen Außenminister – Anmerkung des Verfassers)* gesprochen, der bereit ist, in dem demnächst stattfindenden Mordprozeß gegen den Juden Grynszpan auszusagen.«[93]

Trotzdem waren die Justizbehörden hinsichtlich ihrer Kompetenz noch unsicher und beunruhigt angesichts der Tatsache, daß Grynszpan das wußte und vor Gericht ausnützen konnte. Professor Friedrich Grimm, Rechtsberater des Auswärtigen Amts, glaubte im April 1942 nach wie vor, daß der Grynszpan-Prozeß Mitte des Monats in Berlin stattfinden würde.[94]

Grynszpans Behauptung, er habe homosexuelle Beziehungen zu vom Rath erhalten, war spätestens seit Dezember 1941 im Umlauf. Zu diesem Zeitpunkt bat Diewerge das Auswärtige Amt brieflich

um eine Zusammenkunft, bei der die propagandistischen Vorbereitungen für den Prozeß besprochen werden sollten. Es war ausdrücklich die Aufgabe Diewerges, alle nötigen Arrangements zu
treffen.[95] Karl Engert, der Vizepräsident des VGH, sollte bei dem
Prozeß im großen Saal des VGH in Berlin, Bellevuestraße 16, den
Vorsitz führen.

Dr. Lautz und Reichsanwalt Dr. Künze sollten die Anklage vertreten, während Dr. Weimann als Verteidiger fungieren sollte. Im Gerichtssaal sollten Lautsprecher eingebaut werden, ebenso zusätzliche Telefonzellen für die Auslandskorrespondenten. Auch ein Dolmetscher stand zur Verfügung. Der Prozeß sollte möglichst schnell
beendet werden. Diewerge lehnte es ab, ihn über mehrere Wochen
auszudehnen.[96] Er sollte keineswegs länger als sieben Tage dauern.
Dann sollte über das tägliche Prozedere diskutiert werden. Am ersten Tag sollten, falls Grynszpan die Aussage verweigerte, sofort
die französischen Zeugen aufgerufen werden. In diesem Zusammenhang wurde erstmals Grynszpans angebliches homosexuelles
Verhältnis mit vom Rath erwähnt, doch zu diesem Zeitpunkt nahm
man noch keine große Notiz davon. Am zweiten Tag sollten die
Mordmotive und die Persönlichkeit vom Raths besprochen werden, während der dritte Tag für eine Diskussion über die politischen
Hintergründe der Tat vorgesehen war. Darüber wollte man auch
noch am vierten Tag sprechen, außerdem Georges Bonnet als Zeugen vernehmen. Am sechsten Tag würden der Ankläger und der
Verteidiger ihre Plädoyers halten, und am siebenten sollte der VGH
das Urteil und das Strafmaß verkünden.[97]

Offenbar griff im April 1942 Hitler persönlich ein, und der Prozeßbeginn wurde für den 11. Mai 1942 festgesetzt. Schlegelberger un-
terrichtete Goebbels am 10. April 1942 brieflich über diesen Termin, teilte ihm auch mit, daß der Führer den Prozeß anbefohlen habe, und wies erneut darauf hin, daß Grynszpan seine homosexuellen Beziehungen zu vom Rath auch in der Verhandlung behaupten
werde.[98] Schlegelberger legte das maschinegeschriebene Protokoll
einer Konferenz bei, die Freisler am 22. Januar 1942 mit allen Personen abgehalten hatte, die mit der propagandistischen Auswertung
des Prozesses befaßt waren.[99] Bei dieser Konferenz war erwähnt
worden, daß Grynszpan den VGH ablehnen und dessen Zuständigkeit in seinem Fall anzweifeln könnte – ein Punkt, über den sich in

diesem Stadium nicht einmal das Reichsjustizministerium im klaren war. Außerdem könnte er das Thema Homosexualität zur Sprache bringen; doch man erwartete, daß Hitler dennoch befehlen werde, den Prozeß ohne Rücksicht darauf durchzuführen.[100]

Vier Tage später trat Herschel Grynszpan in den Hungerstreik, was man Hitlers Hauptquartier in Restenburg in einer Führerinformation mitteilte.[101] Dann geschah zunächst einmal nichts, bis eine weitere Führerinformation folgenden Inhalts übermittelt wurde: »Der Jude Grynszpan hat in einer verschlüsselten Niederschrift zugegeben, daß seine Behauptung gleichgeschlechtlicher Beziehungen zu vom Rath unrichtig ist. Er deutet jedoch den Verdacht an, daß der Ermordete zu anderen gleichgeschlechtliche Beziehungen gehabt habe.

In diesem Zusammenhang ist von Interesse, daß ein Bruder des ermordeten vom Rath, Oberleutnant und Chef einer Reiterschwadron, vom Feld-Kriegsgericht der Division z. b. V. 428 wegen Unzucht mit Männern zu einem Jahr Gefängnis und zum Rangverlust verurteilt worden ist.«[102]

Nach dieser Entdeckung waren die Beteiligten tatsächlich nicht mehr daran interessiert, einen Schauprozeß zu inszenieren: Es waren keine politischen Umstände, wie das durch die Prominenz der in dem Verfahren geladenen französischen Zeugen verursachte und unerwünschte propagandistische Mißverhältnis, die Grynszpan retteten, nicht einmal seine angeblichen homosexuellen Beziehungen zu vom Rath, sondern ihn rettete allein die simple Tatsache, daß vom Raths Bruder ähnliche Neigungen hatte wie er angeblich selber und dafür bestraft worden war. Das Risiko moralischer Peinlichkeiten war zu groß, und die ganze Affäre wurde auf unbestimmte Zeit verschoben. Grynszpan hatte Glück. Er überlebte das Konzentrationslager, kehrte nach Paris zurück und wanderte später nach Israel aus, wo er sich Mitte der siebziger Jahre in Tel Aviv immer noch seines Lebens freute.

Inzwischen sah sich die deutsche Justiz einer wachsenden Kritik ausgesetzt, die niemand anders als Hitler selbst übte. Schon in seinem Tischgespräch vom 1. August 1941 äußerte er seine Zweifel an der »fixen Idee« der deutschen Justiz, nach einer reichseinheitlichen zentralisierten Gesetzgebung zu streben. Warum sollte es keine Gesetze geben, die nur für einen Teil des Reichs Geltung hätten?[103]

Am 8. Februar 1942 gab er der Meinung Ausdruck, die deutsche Justiz sei nicht elastisch genug. [104] Sie übersehe die gegenwärtige Gefahr, daß sich die Kriminellen »eine Art Einbruchstelle« in die Gesellschaft öffnen könnten, durch die sie schlüpfen würden, sobald der richtige Moment gekommen sei.

Am 22. März 1942 beklagte sich Hitler über die milde Strafe, mit der ein Frauenmörder davongekommen war, denn dieses Verbrechen fand er besonders abscheulich. [105] Für den verstorbenen Reichsjustizminister Dr. Gürtner habe er nicht viel übrig gehabt, ihm jedoch eine gewisse Loyalität und Objektivität geschuldet. [106]

Am 5. Mai 1942 erklärte er, der einzige Jurist in seinem engeren Kreis von Mitarbeitern, der wirklich etwas tauge, sei der Reichsminister und Chef der Reichskanzlei Heinrich Lammers, denn er wisse, daß es seine Funktion sei, »für die Staatsnotwendigkeiten die juristische Untermauerung zu finden«; und er »verwechsle nicht juristische Abstraktionen mit dem praktischen Leben«. [107]

Am 10. Mai 1942 bezog sich Hitler auf den Reichstagsbrand und bemerkte, Juristen seien »leider nur so international wie die Verbrecher, aber nicht so geschickt wie sie«. Deshalb »habe sich der Prozeß über Wochen hingeschleppt und mit einem lächerlichen Ergebnis geendet«. [108]

Am 22. Mai 1942 befaßte er sich mit Spionage, an der sich nach seiner Meinung zwei Gruppen der deutschen Gesellschaft beteiligten – die »sogenannte gute Gesellschaft und das Proletariat«, während der Mittelstand zu »solide« für derartige Akte sei. Dann kam er auf andere Verbrechen zu sprechen und verlangte barbarische Strafen für Leute, die während der Verdunkelungen ihr Unwesen trieben, ob sie nun stahlen, Frauen vergewaltigten, irgendwo einbrachen oder sonstige Verbrechen begingen. Wenn man da nicht mit brutaler Härte vorgehe, ergäben sich zwei Gefahren: Erstens würde die Kriminalität Proportionen erreichen, die man nicht mehr kontrollieren könne, zweitens würde eine Diskrepanz zwischen dem anständigen Mann, der an der Front falle, und dem »Schweinehund« entstehen, der in der Heimat durch Straftaten seine Haut rette, da er genau wisse, daß er »bei dem Vergehen xy nach Praragraph Soundsoviel auf begrenzte Zeit ins Gefängnis wandere«. [109]

Am 31. Mai 1942 war Hitler auch auf die Frage eingegangen, nach welchen Gesichtspunkten man die Richter auswählen solle. Die Kriterien müßten von Grund auf geändert werden. Da man von einem Richter umfangreiche Erfahrungen im praktischen Leben verlangen müsse, könne man in Zukunft nur solche Leute für die Richterlaufbahn in Erwägung ziehen, die ihre Fähigkeiten bereits in anderen Lebenssphären erprobt hätten, die sich mit den nationalsozialistischen Ansichten identifizierten und sich der Probleme der Menschenführung bewußt seien. Niemand sollte vor seinem 35. Geburtstag Richter werden.[110]

Die Justiz habe ihn oft mit ihrer Verfahrensweise in Landesverratsprozessen »zur Raserei gebracht« »So habe sie einmal einen Landesverräter begnadigen wollen«, weil er *primär* in eine Schmuggeloperation verwickelt gewesen sei. Er (Hitler) habe auch große Schwierigkeiten gehabt, Gürtner davon zu überzeugen, daß der Verrat von Bunkerbauten Landesverrat sei und hart bestraft werden müsse. Er werde jeden Landesverräter, der zu milde bestraft worden sei, »durch ein SS-Kommando abholen und erschießen« lassen. Auch der VGH habe sich anfangs nicht an die »strengen Maßstäbe« gehalten, die er gesetzt habe. Jeder, der sich von der Volksgemeinschaft ausschließe, sollte liquidiert werden.[111]

Und Hitler versäumte es keineswegs, persönlich einzugreifen. Als in Polen ein Jude aufgespürt wurde, der über 30 000 Eier gehortet hatte, von denen über die Hälfte verfault war, und ihn daraufhin ein Wehrmachtgericht zu einer milden Gefängnisstrafe verurteilte, wandelte Hitler die Gefängnis- in die Todesstrafe um.[112]

Doch der Zwischenfall, der den Gewittersturm auslöste, der die gesamte deutsche Justiz berühren sollte, hatte seine Wurzeln im Rußlandfeldzug 1941/42, in dem Generaloberst Erich Hoepner seine Truppen aufgrund starker russischer Angriffe eigenmächtig zurückzog und damit Hitlers Befehle ignorierte. Aus diesem Grund hatte Hitler ihn zusammen mit anderen Generälen entlassen. Hoepner beanspruchte daraufhin seine Pension, die er zunächst nicht bekam. Dann verlangte er, man möge vor der Wehrmachtsgerichtsbarkeit ein Disziplinarverfahren gegen ihn einleiten. Man bestritt jedoch allerorten, für diesen Fall zuständig zu sein. Hoepner strengte nun einen Zivilprozeß an – und gewann ihn.[113] Später gab Hitler zu, er habe in dieser Sache zu voreilig gehandelt, und er ließ Hoepner durch seinen Wehrmachts-Chefadjutanten, Oberst Schmundt, wissen, daß man in angemessener Weise für ihn und seine Familie sorgen würde.[114]

Trotzdem war Hoepners Sieg vor dem Landgericht Berlin der Tropfen, der das Faß zum Überlaufen brachte. Außerdem wurde auch von anderer Seite scharfe Kritik an der Justiz geübt, zum Beispiel von Goebbels, der in seinem Tagebuch am 20. März 1942 besondere Machtbefugnisse des Führers befürwortete: »Die Justiz darf nicht die Herrin des Staatslebens, sie muß die Dienerin der Staatspolitik sein ... Eine Generalvollmacht an den Führer, die ihn ermächtigt, Offiziere, die ihre Pflicht verleugnen, kraft eigener Befugnis nicht nur ihrer Posten zu entheben, sondern infam zu kassieren, würde schon als Beispiel Wunder wirken.[115]

Doch dann hielt Hitler seine Reichstagsrede am 26. April 1942. Es sollte seine letzte Reichstagsrede und die letzte Reichstagssitzung sein. Nur einen knappen Monat davor, am 29. März, hatte Hitler in einem Tischgespräch konstatiert, daß »kein vernünftiger Mensch ... die Rechtslehren« verstehe, »die die Juristen sich ... zurechtgedacht hätten. Letzten Endes sei die ganze heutige Rechtslehre nichts anderes als eine einzige große Systematik der Abwälzung der Verantwortung.« Er, Hitler, »werde deshalb alles tun, um das Rechtsstudium, das heißt das Studium dieser Rechtsauffassungen, so verächtlich zu machen wie nur irgend möglich. Denn durch dieses Studium würden keine Menschen herangebildet, die fürs Leben paßten und geeignet seien, dem Staat die Aufrechterhaltung seiner natürlichen Rechtsordnung zu garantieren. Dieses Studium sei eine einzige Erziehung zur Verantwortungslosigkeit.«

Er werde persönlich dafür sorgen, daß die Justizverwaltung bis auf zehn Prozent »wirklicher Auslese« reduziert würde. Auch der ganze Schöffen-Schwindel müsse ein Ende haben. Er wolle dem Richter ein für allemal die Möglichkeit nehmen, die Verantwortung für seine Entscheidung abzulehnen, mit der Ausrede, die Schöffen hätten ihn überstimmt.

Heute erkläre er »klar und eindeutig«, für ihn sei jeder Jurist »entweder von Natur defekt« oder aber er werde es mit der Zeit.[116]

Der Anlaß zu diesem besonderen Gefühlsausbruch bot ein Fall, der am 19. März 1942 vor dem Oldenburger Landgericht verhandelt wurde. Ein 29jähriger Bautechniker namens Ewald Schlitt hatte 1937 geheiratet. Er hatte seine Frau so lange mißhandelt, bis sie geistesgestört wurde und an den Folgen der Mißhandlungen im

Oktober 1941 in einer Irrenanstalt verstorben war. Schlitt wurde wegen Totschlags angeklagt und zu fünf Jahren Zuchthaus verurteilt. Als Hitler davon erfuhr, war er entsetzt über die milde Strafe und rief Schlegelberger an, der nichts von dem Fall wußte. Hitler schrie, das sei typisch für die ganze Justiz. Ein Verbrecher werde auf Staatskosten für fünf Jahre eingesperrt, während Hunderttausende an der Front für ihre Frauen und Kinder ihr Leben riskierten. Er drohte Schlegelberger und dem gesamten Justizministerium, er werde sie »zum Teufel jagen«, wenn dieses Urteil nicht sofort revidiert würde. Wenn das nicht geschehe, werde er die gesamte Strafverfolgung[117] einfach dem Reichsführer SS überantworten.

Danach rief er Freisler an, der wie Schlegelberger auch keinen Rat wußte, wie man das Urteil revidieren sollte.

Bemerkenswert ist dieser Vorgang nicht an sich, sondern die Tatsache, daß sich Hitler um diese wie auch viele andere »Kleinigkeiten« kümmerte, was sich auch in seinen »Tischgesprächen« widerspiegelt (obwohl neuerdings berechtigte Zweifel an deren Authentizität aufgekommen sind, die noch der Klärung harren). Nichtsdestoweniger widerlegen diese und viele andere Vorgänge, manche davon reine Lapalien, David Irvings These, daß Hitler zu sehr mit seiner Kriegsführung beschäftigt gewesen sei, um Zeit dafür zu haben sich um die Geschehnisse hinter der Front zu kümmern.[118] Den damals geläufigen Ausruf: »Wenn das der Führer wüßte!?« ist die einfache Antwort entgegenzusetzen: »Ja, er wußte es schon«. Sein persönlicher Diener, der Chef des Persönlichen Dienstes bei Hitler, Heinz Linge bestätigt, daß Hitler auch während der ganzen Kriegszeit seine Akten eifrig las[119], besonders die geheimen *Lageberichte* des Sicherheitsdienstes der SS, die ihm monatlich vorgelegt wurden. Zusammengestellt wurden sie im Reichssicherheitshauptamt auf die Initiative Otto Ohlendorfs, um die deutsche Führung mit einem den Tatsachen entsprechenden Stimmungsbild der deutschen Bevölkerung zu versorgen.[120]

Hitlers Ärger über jenen Fall, ebenso über die Affäre Hoepner, kam in seiner Reichstagsrede vom 26. April 1942 zum Ausdruck, in der konstatierte, er erwarte ganz bestimmte Dinge: »Daß mir die Nation das Recht gibt, überall dort, wo nicht bedingungslos im Dienste der größeren Aufgabe, bei der es um Sein oder Nichtsein geht, gehorcht und gehandelt wird, sofort einzugreifen und dementsprechend handeln zu dürfen. Front und Heimat, Transportwesen, Verwaltung und Justiz haben nur einem einzigen Gedanken zu gehorchen, nämlich dem der Erringung des Sieges. Es kann in dieser Zeit keiner auf seine wohlerworbenen Rechte pochen, sondern muß wissen, daß es heute nur Pflichten gibt *(Hitler bezieht sich hier auf den Fall Hoepner – Anmerkung des Verfassers).*

Ich bitte deshalb den deutschen Reichstag um die ausdrückliche Bestätigung, daß ich das gesetzliche Recht besitze, jeden zur Erfüllung seiner Pflichten anzuhalten bzw. denjenigen, der seine Pflichten nach meiner Ansicht mit gewissenhafter Einsicht nicht erfüllt, entweder zur gemeinen Kassation zu verurteilen oder ihn aus Amt und Stellung zu entfernen ohne Rücksicht, wer er auch sei oder welche erworbenen Rechte er besitzt.

Und zwar gerade deshalb, weil es sich unter Millionen Anständigen nur um ganz wenige einzelne Ausnahmen handelt, denn über allen Rechten auch dieser Ausnahmen steht heute eine einzige gemeinsame Pflicht ...

Ebenso erwarte ich, daß die deutsche Justiz versteht, daß nicht die Nation ihretwegen, sondern sie der Nation wegen da ist, das heißt, daß nicht die Welt zugrunde gehen darf, in der auch Deutschland eingeschlossen ist, damit ein formales Recht lebt, sondern daß Deutschland leben muß, ganz gleich wie immer auch formale Auffassungen der Justiz dem widersprechen mögen. Ich habe – nur um ein Beispiel zu erwähnen – kein Verständnis dafür, daß ein Verbrecher, der im Jahre 1937 heiratet und dann seine Frau so lange mißhandelt, bis sie endlich geistesgestört wird und an den Folgen einer letzten Mißhandlung stirbt, zu fünf Jahren Zuchthaus verurteilt wird, in einem Augenblick, in dem Zehntausende brave deutsche Männer sterben müssen, um der Heimat die Vernichtung durch den Bolschewismus zu ersparen. Das heißt also, um ihre Frauen und Kinder zu schützen. Ich werde von jetzt ab in diesen Fällen eingreifen und Richter, die ersichtlich das Gebot der Stunde nicht erkennen, ihres Amtes entheben.«[121]

Mit anderen Worten, Hitler war nun, abgesehen von seiner Funktion als Führer, als Oberster Befehlshaber der Wehrmacht, als Regierungschef, als oberste vollziehende Autorität und Parteiführer, auch noch Deutschlands oberster Richter. Einen Präzedenzfall gab

190

es jedoch schon, als sich nämlich Hitler am 13. Juli 1934 zur Rechtfertigung der Morde vom 30. Juni bis 2. Juli 1934 zum »obersten Gerichtsherrn« gemacht hatte. Jetzt, 1942, hatte Hitler die oberste richterliche Macht de facto und de iure inne.

Einen Tag nach Hitlers Rede notierte Goebbels in seinem Tagebuch: »Die Generäle finden eine gewisse, nur zwischen den Zeilen wahrnehmbare Abfertigung. Er spricht auch von einzelnen, die in der kritischen Phase versagt und die Nerven verloren haben. In diesem Zusammenhang fordert der Führer für sich absolute Vollmacht, im Kriege das zu tun, auch Personen gegenüber, was er für notwendig hält, ohne auf sogenannte wohlerworbene Rechte Rücksicht nehmen zu müssen, diese Forderung wird vom Reichstag mit stürmischem Beifall quittiert.«[122]

Doch in der deutschen Öffentlichkeit erhob sich die Frage, »aus welchem Grund wohl der Führer nochmals eine besondere Ermächtigung verlange, da er doch bereits als Führer und Reichskanzler ... alle Macht in seiner Person vereinigt halte«.[123]

Andererseits wirkte diese Episode auch beruhigend, da man annahm, daß der Führer bis ins kleinste Teil über alles informiert sei, was in Deutschland geschah, und daß seine Reichstagsrede all jene warnen sollte, die immer noch glaubten, sie brauchten sich den Erfordernissen der Zeit nicht anzupassen. Aus diesem Blickwinkel gesehen, fand der zweite Teil von Hitlers Rede »begeisterten Widerhall«, besonders »in einfacheren Kreisen«; und man gab der Hoffnung Ausdruck, daß von nun an »gegen alle Volksgenossen – unabhängig von Person und Stellung – rücksichtslos durchgegriffen werde, sofern sie nicht ihre Pflichten gegenüber der Volksgemeinschaft erfüllen«.[124]

Aber in manchen Gegenden Deutschlands, zum Beispiel in Leipzig, fiel sowohl in Arbeiterkreisen als auch in der Intellektuellenschicht das Wort »Diktatur«[125]; und Carl Goerdeler, der ehemalige Oberbürgermeister von Leipzig, erklärte, mit Hitlers Rede sei in Deutschland der tiefste Stand der Gesetzlosigkeit erreicht worden. Nun könne praktisch jeder Deutsche ein Opfer werden, ohne die Möglichkeit, gesetzliche Hilfe zu beanspruchen.[126]

Auch die Beamten waren alarmiert, und der Justiz hatte die Rede einen großen Schock versetzt.[127] Sogar Freisler bezeichnete Hitlers Rede ein paar Tage später in einem Privatbrief als außergewöhnlich, und was die Justiz betraf, als völlig ungerecht.[128] Ein Richter faßte die Wirkung von Hitlers Rede mit folgenden Worten zusammen: »Die Wirkung der Führerrede auf die Richter meines Bezirks war geradezu niederschmetternd. Die proklamierte Absetzbarkeit der Richter und die Art der Verkündigung vor der Weltöffentlichkeit in Form eines Ermächtigungsbeschlusses durch den Reichstag unter dessen frenetischem Beifall ist in ihrer Wirkung auf die deutsche Richterschaft überhaupt nicht abzusehen ...[129]

Sogar Goebbels gab das zu. Am 13. Mai 1942 schrieb er in sein Tagebuch: »Der SD-Bericht legt dar, daß die Führerrede immer noch im Mittelpunkt der Diskussionen im Volke stehe. Vor allem die Beamten und die Juristen können sich immer noch nicht beruhigen. Sie fühlen sich durch diese Rede geradezu wie geschlagen. Es wäre vielleicht an der Zeit, ihnen eine kleine Ermunterungspille zu verabreichen. Es hat keinen Zweck, zwei Stände so tief zu demütigen, daß sie überhaupt die Lust am Krieg und an der Arbeit verlieren. Ich werde eine günstige Gelegenheit abwarten, um ein solches Verfahren einzuschlagen.«

Und das trotz der Tatsache, daß sich Goebbels in den letzten Monaten zu einem der Hauptgegner der deutschen Justiz entwickelt hatte. Am 17. April hatte er notiert: »Ich habe eine ausführliche Aussprache mit dem Ministerialdirigenten vom Justizministerium, dem ich klarlege, daß die Justiz die Aufgabe hat, vor allem im Kriege, der Volksführung zu dienen und nicht umgekehrt. Das Justizministerium bedauert sehr, mit der Volksführung im Kriege keinen engen Kontakt zu haben, insbesondere keine Verbindung zum Führer zu besitzen. Ich erkläre mich bereit, diesen Kontakt herzustellen, und werde jetzt auf die Rechtspflege ein erhöhtes Augenmerk richten; denn Kritisieren allein kann ja hier nichts ändern, man muß versuchen, mit den vorhandenen Kräften, da sie nicht ausgewechselt werden können und sollen, auszukommen. Jedenfalls sind die Herren im Justizministerium durchaus willens und bereit, auf einen volksverbundenen Kurs der deutschen Justizpflege einzugehen; man muß ihnen nur sagen, was man will, und das werde ich jetzt in ausgedehntem Umfange tun.«[130]

Doch im großen und ganzen blieben die Juristen deprimiert. »Die Führerrede hat auf weite Kreise der Beamtenschaft einen niederschmetternden Eindruck gemacht und die Vorstellung wachgerufen, daß der gute Wille des überwiegenden Teils der Beamtenschaft, dem nur verschwindend geringe Ausnahmen gegenstehen, verkannt wird. Die Folge ist eine allgemeine Unsicherheit, die nur ganz allmählich überwunden werden wird …«[131]

So beklagte der Generalstaatsanwalt Naumburg eine »allgemeine Unsicherheit« unter den Juristen als Folge der Führerrede[132], während der Generalstaatsanwalt Braunschweig erklärte, den Rechtswahrern wolle es »nicht in den Kopf, daß sie nun politische Beamte sein sollen«.[133] Und die entsprechende Behörde in Celle untermalte gar, daß die Autorität richterlicher Urteile künftig auch von rechtsuchenden Bürgern angezweifelt werden würde.[134]

Die Vertrauenskrise wurde zu einer Justizkrise, und Hitlers Manöver hatte Erfolg. Während es zuvor immer noch Richter und Beamte gegeben hatte, die sich gegen jede fremde Einmischung in juristische Vorgänge wehrten, hatte Hitlers Rede die Tore weit geöffnet. Allgemeine Unsicherheit breitete sich aus, und für die nächste Zeit wurde die Justiz zum Sündenbock für alles Übel. Die richterliche Unabhängigkeit war zum Tod verurteilt worden. Deshalb brauchten die Juristen, wie Goebbels es ausdrückte, eine »kleine Ermunterungspille«.[135]

Zu den Institutionen, die von Hitlers Rede am wenigsten betroffen waren, gehörte der VGH. Trotzdem begann er gemeinsam mit dem Justizministerium eine Verteidigungsfront gegen Angriffe von außen zu bilden. Schlegelberger schrieb einen Protestbrief an Bormann; Hans Frank schrieb an Goebbels.[136] Die SS-Zeitung »Das Schwarze Korps«, die den VGH vor dem Krieg bei verschiedenen Gelegenheiten gerühmt hatte, veröffentlichte einen Artikel unter dem Titel »Unabhängig – wovon?«, in dem sie objektive Richter ablehnte und eine politische Justiz verlangte.[137] Wiederum protestierten Schlegelberger und Frank, ebenso Freisler. Alle drei erwähnten die »Gefahren für die innere Einheit des Volkes«, die durch solche unbegründeten Angriffe entstünden, worauf sich Himmler persönlich an »Das Schwarze Korps« wandte und befahl, jeglicher Angriff, auch der leichteste, gegen die Justiz und die Juristen habe in Zukunft zu unterbleiben. Alle weiteren Übergriffe in dieser Hinsicht werde er, Himmler, persönlich streng bestrafen.[138]

Freisler zeigte sich in seiner Privatkorrespondenz weiterhin sehr irritiert über Hitlers Rede, wenn er sich auch nach außen hin nichts davon anmerken ließ.[139)]

Wenige Monate zuvor, am 20. Januar 1942, war Freisler als Vertreter des Reichsjustizministeriums Teilnehmer an der von Reinhard Heydrich einberufenen »Wannsee-Konferenz« gewesen, in der die Massendeportation des europäischen Judentums nach dem Osten der einzige Punkt der Tagesordnung war. Freislers Teilnahme an dieser Konferenz wirft selbstverständlich die Frage nach dessen Wissen um die »Endlösung« auf. Doch der Verfasser schließt sich der Meinung Heinz Höhnes an: »Es ist kein Zufall, daß die meisten Arbeiten der Historiker über den Holocaust für die Wannsee-Konferenz nur ein paar Absätze übrig haben. Aus gutem Grund: Man weiß zuwenig über sie.

Die Quellenlage ist äußerst dürftig. Ein vom Amt IV des Reichssicherheitshauptamtes erstelltes Sitzungsprotokoll von fünfzehn Seiten, die Aussagen Eichmanns in seinem Jerusalemer Verfahren, die eher verschleiernden als aufklärenden Erinnerungen überlebender Konferenzteilnehmer, dazu allenfalls noch ein paar Dokumente aus dem Umfeld der Konferenz – mehr ist nicht da.«[140)] Auch fehlt das Original des Protokolls. Die National Archives in Washington, Yad Vashem in Jerusalem und das Institut für Zeitgeschichte, um nur einige der wichtigsten Archive zu nennen, besitzen nur Photokopien. Dr. Robert Kempner, der US-Ankläger im »Wilhelmstraßenprozeß« in dem das Dokument zum erstenmal vorgelegt wurde, hat bisher jede Anfrage über den Verbleib des Originals unbeantwortet gelassen.[141)] Das Dokument das die »Endlösung« des »jüdischen Problems« zum Gegenstand hat, durch Deportation nach dem Osten, Vernichtung durch Arbeit wie auch die direkte Liquidation, schließt das Judentum aller europäischer Staaten ein, einschließlich das der neutralen wie auch Feindstaaten (Großbritannien), die nicht unter deutscher Kontrolle standen bzw. noch nicht erobert waren.

Wußte Freisler zum Zeitpunkt seiner Teilnahme an der Konferenz von der systematischen, »fabrikmäßigen« Ausrottung der Juden in Auschwitz und ähnlichen Lagern? Kaum, denn zum Zeitpunkt der Wannsee-Konferenz waren die Gaskammern in Auschwitz noch nicht in Betrieb. Nichtsdestoweniger, wie das Verfahren gegen die Verschwörer vom 20. Juli 1944 zeigen wird, war Freisler der allgemeine Prozeß und Begriff der »Judenausrottung« durchaus geläufig.[142)] Es bedurfte also nicht der Wannsee-Konferenz, um ihn über diesen Punkt aufzuklären.

Inzwischen hatte das Ministerium noch immer keinen Minister. Am 20. März 1942 empfahl Goebbels dem Führer, Thierack zum Reichsjustizminister zu ernennen. Die Debatten fanden großteils in Hitlers Hauptquartier statt, und es war hauptsächlich Lammers, der dem Führer die Entscheidungen oder Vorschläge unterbreitete.[143)] In einem Bericht vom 17. August 1942 wird die Vorbereitung folgender Dokumente erwähnt:

(a) die Ernennung Thieracks zum Reichsjustizminister;
(b) die Ernennung Dr. Curt Rothenbergers zum Staatssekretär im Reichsjustizministerium;
(c) das Dokument, das sich auf Schlegelbergers Versetzung in den Ruhestand bezieht;
(d) das Dokument, das sich auf Freislers Versetzung in den Wartestand bezieht;
(e) das Dokument, durch das der Generalgouverneur für die besetzten polnischen Gebiete, Hans Frank, von seinem Amt als Präsident der »Akademie für Deutsches Recht« entbunden wird;
(f) die Ernennung Freislers zum Präsidenten der »Akademie für Deutsches Recht«;
(g) das Protokoll für die Vereidigung Thieracks als Reichsminister der Justiz;
(h) eine Anordnung bezüglich Aufwandsentschädigungen für Thierack und Rothenberger.[144)]

Außerdem sollte Thierack »Leiter« – nicht »Reichsführer«, wie es Frank bisher war – des Nationalsozialistischen Rechtswahrerbundes werden.[145)] Das Reichsrechtsamt, bisher unter der Leitung Hans Franks, sollte aufgelöst werden.[146)] Hinsichtlich der Frage, ob man einen zweiten Staatssekretär im Justizministerium beibehalten solle, war man sich noch nicht im klaren. Auch die Frage, wer Präsident des VGH werden solle, blieb offen, aber nicht lange.[147)] Lammers diskutierte die ganze Angelegenheit mit Hitler und Bormann, wobei eine bedeutende Änderung vorgenommen wurde: Während man vereinbarte, daß Thierack Justizminister werden sollte, Schlegelberger mit einer »Ehrengabe« von 100 000 Mark in den Ruhestand versetzt und der Hamburger Oberlandesgerichtspräsident Rothenberger zum Staatssekretär im Reichsjustizministerium ernannt werden würde, sollte Freisler das Justizministerium verlassen.[148] Hitler wußte von Freislers Geistesverwandtschaft mit Franks Reformideen über das »Germanische Recht« und fand, daß er sich nicht zum Präsidenten der »Akademie für Deutsches Recht« eigne, schlug aber vor, daß Freisler Nachfolger Thieracks als Präsident des VGH werden solle. Wenn Freisler dieses Amt nicht akzeptiere, sollte er in den Wartestand versetzt werden.[149] Freisler akzeptierte und wurde am 20.8.1942 zum Präsidenten des VGH ernannt. Thierack wurde außer zum Reichsjustizminister auch noch zum Präsidenten der Akademie für Deutsches Recht und – auf Vorschlag des Leiters der Parteikanzlei Bormann – zum Leiter des NS-Rechtswahrerbundes (NSRB) ernannt. Gleichzeitig wurden das Reichsrechtsamt und die Gau- und Kreisrechtsämter der NSDAP aufgelöst. Die NS-Rechtsbetreuungsstellen sollten im Rahmen der Gau- und Kreisstabsämter ihre Tätigkeit fortsetzen.[150]

Außerdem unterzeichnete Hitler noch einen »Erlaß über besondere Vollmachten des Reichsministers der Justiz«, in dem es hieß: »Zur Erfüllung der Aufgaben des Großdeutschen Reiches ist eine starke Rechtspflege erforderlich. Ich beauftrage und bevollmächtige daher den Reichsminister der Justiz, nach meinen Richtlinien und Weisungen im Einvernehmen mit dem Reichsminister und Chef der Reichskanzlei und dem Leiter der Partei-Kanzlei eine nationalsozialistische Rechtspflege aufzubauen und dafür alle erforderlichen Maßnahmen zu treffen. Er kann hierbei vom bestehenden Recht abweichen.«[151] Praktisch war Thierack also nicht nur Hitler, sondern auch Lammers und Bormann untergeordnet.

Diese Maßnahmen Hitlers, seine Usurpation der richterlichen Macht, wie er sie in seiner Reichstagsrede, wie auch in dem eben zitierten Erlaß proklamierte, verursachten nicht die legale Anarchie, sondern institutionalisierten sie – ein wesentlicher Schritt weiter auf dem Weg der Realisierung der totalitären Forderungen des NS-Staates im allgemeinen, der Ausweitung der persönlichen Macht Hitlers im besonderen. Was von der Unabhängigkeit des deutschen Justizwesens übriggeblieben war – und im Zusammenhang mit dem VGH existierte diese ja von vornherein nicht – diese Überreste wur-

den nun hinweggefegt durch den nackten und brutalen Machtanspruch, der den *Rechtsstaat* ersetzte. Bisher hatte Hitler seine Maßnahmen innerhalb des Reiches mit dem Mantel der Legalität umgeben, obwohl an diesem Mantel die Zeichen der Abnützung nicht
mehr zu übersehen waren. 1942 glaubte er, von dem bisherigen Gebrauch absehen zu können. Die Diktatur war in seiner Sicht genügend zementiert, um jeden Hinweis auf den Artikel 2 des Ermächtigungsgesetzes überflüssig zu machen.

Aber betrachten wir doch die Kausalkette: Jeder Ring in ihr bestand
im allgemeinen Zusammenhang aus einem eher nebensächlichen
Mißgriff durch die Justiz, durch die Gerechtigkeit, so wie Hitler sie
interpretierte. So wird es auch in diesem Kontext schwierig sein,
hinter den Reaktionen Hitlers eine gezielte langfristige Planung zu
erkennen, Teil eines Programmes, das er sich schon vor langer Zeit
ausgedacht hatte. Aber Hitler wäre nicht Hitler gewesen, wenn er
nicht sofort die sich ihm bietenden Möglichkeiten erkannt und diese
entsprechend genutzt hätte. Mit wenigen Ausnahmen den Juristen
zu keiner Zeit gewogen, versetzten ihn juristische Mißgriffe – oder
das, was er darunter verstand – in den Zustand extremen Zorns, und
er reagierte mit der vollsten Stärke eines Temperaments, das zu zü-
geln er keine Notwendigkeit mehr sah.

Angesichts des deprimierenden Eindruckes, den Hitlers Maßnahmen in der deutschen Justiz hinterließen, ist es überraschend, daß
kein einziger Fall publik wurde, in dem ein Richter oder Staatsanwalt als Reaktion von seinem Posten zurücktrat. Natürlich hätte offener Protest das volle Gewicht des Polizeistaates gegen den Betroffenen ins Spiel gebracht, aber es gab auch andere Möglichkeiten, wie
eine »angegriffene Gesundheit«. Doch scheint es kein Zeugnis zu
geben, wonach auch nur ein Mitglied des deutschen Justizwesens
einen Schritt dieser Art in Betracht gezogen hätte. Und warum sollte man zurücktreten zu einem Zeitpunkt, da das Reich auf einer
Welle militärischer Siege ritt? Warum zurücktreten, um eventuell
als gemeiner Soldat an der Ostfront zu landen?

Die unangenehme Wahrheit muß hier unverblümt ausgesprochen
werden: Trotz persönlichen Mißbehagen unterwarfen sich die
Vertreter des deutschen Justizwesens, insbesondere der Richterstand, der Macht der Korruption, nicht im materiellen, aber im
ethischen Sinne. Ihre Politisierung hatte in den Tagen der Weimarer

Republik ihren Anfang genommen, die ersten Schritte auf einer schlüpfrigen, abwärtsführenden Bahn waren bereits getan, jetzt nahm die Geschwindigkeit, die in den moralischen Abgrund führte, rasant zu.

Doch für den Historiker sollte diese Entwicklung kein Anlaß sein, vorschnell und im Nachhinein schnell und leicht von der Feder fließende Verdammungsurteile von sich zu geben. Macht er den Versuch, sich in damalige Lage zu versetzen, bemüht er sein Einfühlungsvermögen, so mag er wohl zu dem Schluß kommen: Hier, doch durch die Gnade Gottes gerettet (oder die der »späten Geburt«), gehe ich.

Aber eine Stimme des Protestes regte sich. Es war Hans Frank. Er war, was seinen Status im deutschen Rechtswesen betraf, in erheblichem Maß degradiert worden. Er wurde nicht nur vom Amt des Präsidenten der Akademie für Deutsches Recht entbunden, sondern auch vom Amt des Leiters des Reichsrechtsamtes der NSDAP und von der Führung der NSRB. Trotz seiner brutalen, tyrannischen Herrschaft in Polen hatte er stets auf dem Primat des Gesetzes innerhalb der deutschen Reichsgrenzen bestanden; und aufgrund dieser seiner Beharrlichkeit war er mit vielen Mitgliedern der NSDAP-Hierarchie aneinandergeraten.[152] Im November 1941 hatte er eine private Rede in Berlin gehalten, in der er sich über die wachsende Rechtsunsicherheit beklagte, die auf eine Überbetonung der Staatssicherheit und die Einmischung der Polizei zurückzuführen sei. Er betonte die Notwendigkeit einer unabhängigen Justiz und eines angemessenen Spielraums für sie. Der NSRB sei die Kampforganisation, die den Punkt 19 des NSDAP-Parteiprogramms in die Realität umsetzen sollte, und angesichts des künftigen Weltreichs sei eine Rechtsordnung in wachsendem Maß erforderlich.[153] Im Juni 1942 wiederholte Frank öffentlich, was er in Berlin gesagt hatte.[154] Ein paar Wochen später, am 1. Juli 1942, hielt er eine Rede, die er mit programmatischen Schlagworten einleitete: »Kein Reich ohne Recht – auch das unsere nicht! Kein Recht ohne Richter – auch das deutsche nicht! Kein Richter ohne echte Macht nach oben – auch der deutsche nicht! Für mich, der ich seit jeher innerhalb der Bewegung den Rechtsgedanken jedermann gegenüber vertreten habe, ist es wahrlich keine Freude, erleben zu müssen, daß da und dort immer wieder Stimmen laut werden, die da sagen: man braucht für den autoritären Staat, in dem wir leben, keine Richter oder keine unabhängige Rechtsprechung. Ich werde mit dem ganzen Fleiß meiner Ideen immer wieder bezeugen, daß es schlimm wäre, wollte man etwa polizeistaatliche Ideale als ausgeprägt nationalsozialistische hinstellen, hingegen aber altgermanische Rechtanschauungen völlig zurücktreten lassen.«[155]

Unter großem Applaus plädierte er für eine Erneuerung des deutschen Rechts und seinen Vorrang innerhalb des Staates.

Einige Wochen danach sprach er in München vor Universitätsstudenten und übte versteckte Kritik an Hitlers Ansichten über die Justiz, wie sie in seiner Rede vom 26. April 1942 zum Ausdruck gekommen waren. Er protestierte gegen die Einmischung der SS und verlangte die Formulierung eines neuen Gesetzkodex' für das Deutsche Reich.[156]

Auf die Veränderungen vom 20. August 1942 reagierte er, indem er seinen Rücktritt vom Amt des Generalgouverneurs einreichte, den Hitler jedoch nicht annahm. Frank notierte in seinem Tagebuch: »In fortschreitendem Maß hat sich leider in den Reihen auch der nationalsozialistischen Staatsführung der Gesichtspunkt vorherrschend gezeigt, daß die Autorität desto gesicherter sei, je unbedingter die Rechtsunsicherheit auf seiten der machtunterworfenen Staatsbürger sich darstelle. Die Ausweitung des willkürlichster Anwendung ausgelieferten Vollmachtsbereiches der polizeilichen Exekutivorgane hat zur Zeit ein solches Maß erreicht, daß man von einer völligen Rechtlosmachung des einzelnen Volksgenossen sprechen kann. Freilich wird dieser Umstand begründet mit der Notwendigkeit des Krieges oder mit der Notwendigkeit der völligen Zusammenballung aller nationalen Energien auf ein Ziel und vor allem der völligen Unterbindung jeder Möglichkeit oppositioneller Störungen im Ablauf des völkischen Freiheitsprogramms. Demgegenüber vertrete ich die Meinung, daß der deutsche Charakter in sich ein so eminent starkes Rechtsempfinden trägt, daß bei Befriedigung dieses Rechtsempfindens die Gemeinschaftsfreude sowohl wie die Einsatzfreudigkeit unseres Volkes unendlich wirkungsvoller aufflammen würden und durchgehalten werden könnten, als das in Anwendung starrer Gewaltsätze jemals der Fall ist. Wenn es so wie heute möglich ist, daß jeder Volksgenosse ohne jede Verteidigungsmöglichkeit auf jede Zeitdauer in ein Konzentrationslager gebracht werden kann, wenn es so ist, daß jede Sicherstellung von Leben, Freiheit, Ehre, anständig erworbenem Vermögen usw. entfällt, dann entfällt damit nach meiner festen Überzeugung auch die ethische Beziehung zwischen Staatsführung und Volksgenossen völlig. Es bedarf dann des größten und ausschließlich durch die grandiose Persönlichkeit des Führers durchhaltbaren Vertrauensmaßes des deutschen Volkes, um diese Entwicklung noch einige Zeit zu ertragen.

Nach meinen Kenntnissen aus der Geschichte ist der Sachverhalt klar: Wenn unser Deutsches Reich Bestand haben soll, bedarf es nächst der klaren Staatsführung, nächst der klaren Eindeutigkeit der Wehrlage, der Gesunderhaltung der Rasse und der Aufrechterhaltung der nationalsozialistischen Weltanschauung vor allem dieses inneren Rechtsfriedens und der dauernden Befriedigung des Gerechtigkeitsbedürfnisses unseres Volkes. Die elementaren Formen, in denen diese Notwendigkeiten dauernd institutionell Rechnung getragen wird, sind folgende:

1. Kein Volksgenosse darf verurteilt werden, es sei denn durch den ordentlichen Richter in einem ordentlichen Verfahren und auf Grund eines Gesetzes, das vor Begehung der Tat in Kraft war.
2. In diesem Verfahren muß die volle Gewähr gegeben sein, daß der Beschuldigte zu dem gesamten Sachverhalt der gegen ihn vorgebrachten Anklage vernommen wird und sich dazu frei zu äußern vermag.
3. Der Beschuldigte muß die Möglichkeit haben, sich in jedem Stadium des Verfahrens eines rechtskundigen Verteidigers bedienen zu dürfen.
4. Der Verteidiger muß völlig frei und unabhängig seines Amtes walten und damit die Waffengleichheit zwischen Staatsanwalt und Angeklagtem gewährleistet sein.
5. Der Richter oder das Gericht muß seine Entscheidung völlig unabhängig, d. h. ohne jede Beeinflussung des Urteilsspruches durch irgendwelche nicht zur Sache selbst gehörigen Momente treffen in logischer Erkenntnis des Sachverhaltes und in gerechter Anwendung des Gesetzesinhaltes.
6. Wenn die auf Grund dieses Urteils vollzogene Strafe perfekt geworden ist, dann hat die Tat ihre Sühne erfahren.

7. Schutzhaftmaßnahmen und Sicherungshaftmaßnahmen können von polizeilichen Organen ebensowenig wie Strafen an Konzentrationslagerhäftlingen vorgenommen oder vollzogen werden, es sei denn in Anwendung dieser selben Gesichtspunkte, d. h. also nach Bestätigung der geplanten Maßnahmen durch den ordentlichen, unabhängigen Richter.

8. In entsprechender Weise hat auch die volksgenössische Rechtspflege in allen Beziehungen des eigentlichen Zivilprozesses die völlige Sicherstellung der Wahrnehmung der Einzelinteressen zu gewährleisten.«[157]

Nach Franks Ansicht waren dies die Grundsätze, auf denen das »alte germanische Recht« basiert hatte und die nun wieder befolgt werden müßten. In seinem Tagebuch fuhr er fort: »Niemals wurden mir bei der Verkündung dieser Grundsätze, die ich in feierlicher Weise und in größtem Ausmaß vor 25 000 Menschen auf dem letzten Leipziger Tag des Deutschen Rechts 1939 verkündete, Schwierigkeiten gemacht. Erst mit dem Aufstieg des Apparates der Geheimen Staatspolizei und dem zunehmenden Einfluß der autoritären polizeilichen Führungsgesichtspunkte wurde diese meine Anschauung in zunehmenden Gegensatz zu einer immer stärker werdenden Repräsentanz konträrer Art gebracht. Als ich nun in den letzten Jahren insbesondere auch in stets zunehmendem Maße die persönliche Verärgerung des Führers über die Juristen in vielfachen Zeugnissen zur Kenntnis nehmen mußte, als die Eingriffe des Staates in die Justiz immer stärker wurden und das Verhältnis zwischen Polizei- und Justizorganen sich zu einer fast völligen Beherrschung der Justiz durch die Polizeiorgane entwickelte, wurde mir klar, daß es mir persönlich immer schwieriger werden würde, meine von mir als heilig empfundene Idee so wie früher zu verkünden. Es traten da und dort auch für mich Hemmnisse aller Art auf, und immer deutlicher mußte ich die Ungunst der Machtgewaltigen dieser Zeit meinen Überlegungen gegenüber spüren.
Dabei wurde die Position, in der ich mich befand, um so schwieriger, als im Bereich der Justiz die Schwäche gegenüber mit bombastisch demonstrativer Stärke vorgetragenen antijuristischen Argumenten immer spürbarer wurde. Es wagte schon bald kein Richter mehr, ohne Aufblick zu irgendeiner autoritären Position sein Urteil

zu fällen, was selbstverständlich wiederum zur Folge hatte, daß eine grauenvolle Verzweiflung über die Rechtsentwicklung in Deutschland Platz griff. Das Organ der SS, das ›Schwarze Korps‹, befleißigte sich unter offensichtlich höchster Duldung eines stets aggresiver und verletzender werdenden Tones gegen alle Rechtseinrichtungen und Rechtswahrer ...

Im Hinblick auf die Entwicklung habe ich mich entschlossen, in vier großen Reden, die ich im Laufe des Juni und Juli in den Universitäten Berlin, Wien, München und Heidelberg hielt und deren Wortlaut ich vollinhaltlich dieser Erklärung beifüge, noch einmal zusammenfassend meine Rechtsidee und, wie ich fest überzeugt bin, die Rechtsidee unseres ganzen Volkes an den Stätten vorzutragen, die in den geistesgeschichtlichen Kampfperioden unseres Volkes immer edelste Plätze der Verteidigung von Menschenwürde, Persönlichkeitsglück und Staatsideal waren, nämlich an unseren Universitäten. Ich war mir dabei vollkommen darüber klar, daß nur durch ein in der weitesten Öffentlichkeit festgestelltes Ziel die Rechtsidee noch einmal zum Vorteil von Führer, Reich, Bewegung und Volk vorgetragen werden konnte. Da auch die Gegner der Rechtsidee und die Gegner der Rechtswahrer während des Krieges nicht schwiegen, sondern gerade den Krieg für geeignet hielten, ihre schweren und verletzenden Angriffe gegen die Rechtswahrer und ihre Arbeit immer noch zu steigern, mußte auch ich sprechen. Verzweifeltste Briefe aus allen Kreisen der Rechtswahrer kamen zu mir als dem Führer der Rechtswahrer. Aus dem deutschen Volk drang in vielen Briefen eine wahrhaft verzweifelte Stimmung über ein immer weiteres Umsichgreifen der Rechtsunsicherheit zu mir. Eine Möglichkeit, mit dem Führer persönlich über diese Fragen zu sprechen, wurde mir trotz verschiedener Versuche, eine Besprechung mit dem Führer herbeizuführen, nicht gegeben. Ich hielt es für notwendig, mich als Reichsleiter, Reichsminister und hoher Funktionär des Reiches im Namen des Führers zur Rechtsidee zu bekennen, um damit eine beruhigende Stimmung ins Land fließen zu lassen ...

Indessen war ich mir aber auch klar darüber, daß mit diesen Reden voraussichtlich meine Tätigkeit im Bereich des Rechtslebens ihr Ende finden würde. Die Kontroverse war bereits unheilbar geworden ... Meine Hoffnung, daß der Führer ... die Erkenntnis gewinnen würde, wie notwendig die Umgestaltung des Rechts-

lebens im Sinne der altgermanischen Rechtsidee sei, trog mich. Der Führer ließ mich durch Reichsminister Dr. Lammers auffordern, meine Ämter als Reichsführer des Nationalsozialistischen Rechtswahrerbundes, als Präsident der Akademie für Deutsches Recht und als Leiter des Reichsrechtsamtes der NSDAP niederzulegen. Zugleich verhängte der Führer über mich ein absolutes Redeverbot, von dem nur ausgenommen sein sollten meine Reden, die ich als Generalgouverneur... im Generalgouvernement halten würde.
Ich legte diese meine Ämter nieder und war damit praktisch am Ende meiner Tätigkeit als Rechtsführer der NSDAP und des Dritten Reiches angelangt.
Als nunmehr zu Beginn der vorigen Woche vom Führer der bisherige Präsident des Volksgerichtshofes Thierack, mit dem ich und die ganze Rechtswelt in schwerstem Konflikt standen – weil er es war, der als Volksgerichtshofpräsident zum ersten Mal Vertreter der Polizei in dem Strafverfahren in Prag als Staatsanwälte zugelassen hatte, unter Ausschaltung des eigenen Oberreichsanwalts des Volksgerichtshofs, und der nicht nur dadurch, sondern auch durch sein sonstiges Verhalten seine völlige Übereinstimmung mit dem neuen Kurs wiederholt praktisch zum Ausdruck gebracht hat –, zum Reichsjustizminister ernannt wurde, wurde er zugleich zum Reichsführer des Nationalsozialistischen Rechtswahrerbundes und zum Präsidenten der von mir gegründeten Akademie für Deutsches Recht berufen ... Damit betonte der Führer nach außen hin – zusammen mit dem Erlaß, den er an den neuen Reichsjustizminister Thierack richtete und mit dem er ihn ermächtigte, beim Aufbau einer nationalsozialistischen Rechtspflege vom geschriebenen Recht abzuweichen – seine Entschlossenheit, nunmehr mit den von mir propagierten Gesichtspunkten in jeder Weise Schluß zu machen. Da für mich diese Entwicklung nicht überraschend kam, konnte sie mich auch nicht treffen. Ich sehe hierin nicht eine Krisis des Rechts, sondern eine Krisis des Staates, und ich flehe in meinem Innern zu Gott, daß er die unausbleiblichen Folgen so gering wie möglich einmal möge ausschlagen lassen ...
Wenn mich in diesem Augenblick etwas mit Trost erfüllt, dann der Umstand, daß wenigstens zwei der von mir gegründeten Institutionen, nämlich der Nationalsozialistische Rechtswahrerbund und die Akademie für Deutsches Recht, vom Führer nicht sogleich aufge-

löst wurden. Er hat damit wenigstens indirekt meiner Aufbauarbeit eine gewisse Anerkennung gezollt.

Daß in diesem Gesamtzusammenhang der Auseinandersetzung des Führers mit den Rechtsaufgaben der Zeit nun die gesamten Blitze seiner antijuristischen Anschauungen sich auf meinem Haupte sammelten, ist gerecht. Denn ich allein bin für diese Entwicklung verantwortlich, ich trage die Schuld an ihr, und ich mußte denn auch, sollte diese Entwicklung, wie nun geschehen, beendet werden, getroffen werden. Ich hoffe nur, daß man meinen Mitarbeitern diesen Gesichtspunkt zu ihren Gunsten nicht vorenthält ...«[158]

Die Kampagne gegen Frank war damit noch nicht beendet. Als er Anfang September 1942 seine Arbeit wieder aufnahm, wurden die Angriffe gegen ihn fortgesetzt, sowohl öffentlich als auch privat.[159] Nur die Verschlechterung der militärischen Position Deutschlands bewog ihn, auf seinem Posten zu bleiben. Doch er betonte: »Ich gebe ihnen nichts in meiner Meinung nach, daß der jetzt vom Führer eingeschlagene Kurs der Gewalt, der völligen Vernichtung der Rechtssicherheit und des Regimes mit Hilfe von Konzentrationslager und Polizeiwillkür für den Führer wie für sein Reich eine der schwersten Gefahren darstellt, die überhaupt erstehen konnten. Es ist wieder dasselbe Bild ... wie wir es 1914 bis 1918 erlebt haben: während die Front auf das Heroischste kämpft, wird in der Heimat die innenpolitische Situation ... in eine Entwicklung getrieben, die Volk und Regierung auseinanderbringt.«[160]

Im Oktober 1942 brachte SS-Brigadeführer Otto Ohlendorf vom Reichssicherheitshauptamt die Niederschrift eines Vortrags in Umlauf, den er selbst gehalten hatte. Der erste Teil dieses Vortrags befaßte sich mit dem Aspekt der Rechtssicherheit und der richterlichen Unabhängigkeit und unterstrich Deutschlands Bedrohung. Ohlendorf erklärte, der Kampf gegen diese Bedrohung, deutsches Kriegsziel, habe zu Maßnahmen geführt, die im In- und Ausland Anlaß zu der Anschuldigung gegeben hätten, man würde das »Recht vergewaltigen« und dergleichen mehr sowie das Gesetz durch brutale Gewalt ersetzen. Die Plutokratien führten den Krieg nach dem Motto »Für das Recht, gegen die Gewalt!« Und mit der gleichen Parole habe sich Dr. Hans Frank offenbar zu ihrem »Wortführer« gemacht. Ohlendorf lenkte die Aufmerksamkeit auf die Tatsache, daß man sich, wohin man sich heutzutage auch immer wenden mochte, der Beschwerde Franks begegnen würde, die elementaren Inhalte des Rechtswesens seien bedroht und es gebe in Deutschland keine Rechtssicherheit und richterliche Unabhängigkeit mehr. »Frank ruft aus: ›Das Recht bleibt ewig heilig, ein Ideal der Gemeinschaft, stark und stolz, eine wahrhaft göttliche Sendung. Das Recht ist die große Sehnsucht aus dieser Zeit. Alle die irren, die Stärke mit Brutalität verwechseln. Stark ist, wer das Recht nicht fürchtet.‹«

Ohlendorf war völlig anderer Meinung als Frank und behauptete, auf diese Weise würde das Gespenst der Angst vor einem allmächtigen Polizeistaat beschworen, der Angst, daß die Rechte des Individuums zugunsten des allmächtigen Staates vernachlässigt würden. Danach befaßte sich Ohlendorf mit speziellen Punkten wie der richterlichen Unabhängigkeit und erklärte, alle diese Fragen würden eine eindeutige Lösung erfordern, da sie von größter Bedeutung seien. Eine Nation ohne eine geeignete auf dem Gesetz basierende Ordnung könne nicht existieren. Und wenn Deutschland eine neue Ordnung auf dem Kontinent einführen wolle, dann könne dies nur innerhalb des gesetzlichen Rahmens geschehen. Man könne eine bestehende Ordnung mittels brutaler Gewalt zerstören, doch eine neue Ordnung verlange nach dem Gesetz.

In der Realität könne man nun beobachten, »daß gegenwärtig eine geschichtlich gewordene formale Rechtsordnung erst jetzt in ihren Grundmauern erschüttert wird und zerbricht, in der diejenigen, die sie verteidigen, das Recht schlechthin sehen.« Die Situation gleiche jener eines Christen, der sich von der Kirche abgewandt hat, um seinen Glauben aus innerer Überzeugung heraus zu finden. Was Deutschlands Jurisprudenz im Moment charakterisiere, sei ein verknöchertes Dogma, das mit der explosiven Kraft einer neuen Weltanschauung konfrontiert werde. Jene, die das Dogma verteidigten, stellten sich praktisch damit gegen den Nationalsozialismus. Der Grund dafür liege in dem großen Einfluß, der immer noch von den alten Institutionen, zum Beispiel von der Kirche, ausgeübt werde. Jede Rechtsordnung sei von zwei grundlegenden Faktoren bestimmt – erstens der Beziehung des Volkes zu seinen Gesetzen und Richtern, zweitens von der Einstellung der Richter zum Gesetz und zum Volk. Eines der größten Hindernisse, die sich Deutschland in den Weg gelegt hätten, bestehe darin, daß es im Lauf des 15. und 16.

Jahrhunderts das alte Recht durch das Römische Recht ersetzt habe, ein Prozeß, der sich im 19. Jahrhundert durch die Einführung des Römischen Privatrechts wiederholt habe. Das Ergebnis dieser Vorgänge sei eine tiefgreifende Entfremdung zwischen den Deutschen, vor allem die Entstehung streng geteilter Gesellschaftsklassen, wobei Begriffe wie privates Eigentum zur Trennung geführt hätten. Begriffe, die der Volksgemeinschaft fremd seien. Daher der Punkt 19 des NSDAP-Programms. Dann ging Ohlendorf noch weiter auf die wesentlichen Vorbedingungen der Rechtssicherheit ein:

»1. Die einzelnen Rechtssätze müssen so bestimmt und erkennbar sein, daß eine Gleichmäßigkeit und Voraussehbarkeit des staatlichen Handelns soweit als möglich gewährleistet erscheint.

2. Der Richter ist streng an das Gesetz zu binden, wobei ihm auch insofern weitgehend jede Möglichkeit zu nehmen ist, seiner subjektiven Auffassung Eingang in seine Entscheidungen zu verschaffen, als die Verwendung von Generalklauseln wie ›Treu und Glauben‹ oder ›gute Sitten‹ … vermieden werden sollen, deren Auslegung wesentlich von der persönlichen, nicht voraussehbaren Einstellung des einzelnen Richters abhängig ist.

3. Eine Handlung darf nur dann strafbar sein, wenn sie durch einen gesetzlichen, nach abstrakten Begriffsmerkmalen genau umschriebenen Straftatbestand erfaßt wird. Was den einzelnen als Folge seiner Tat erwartet, muß ebenfalls voraussehbar und bestimmbar sein. Was nicht verboten ist, ist erlaubt.

4. Im Strafprozeß steht der Angeklagte dem Staatsanwalt als gleichberechtigt gegenüber. Gegen mögliche ›Übergriffe‹ des Staatsanwalts in die Freiheitsphäre des Angeklagten sind in die Strafprozeßordnung auf Schritt und Tritt Sicherungen durch die richterliche Kontrolle eingebaut.«[161]

Ohlendorf führte damit fast die gleichen Argumente an, wie sie Frank schon jahrelang gepredigt hatte; doch indem er diese Argumente nun für die SS übernahm, sollte sie offenbar zum Born aller Gerechtigkeit werden. Laut Ohlendorf lenke der Nationalsozialismus »den Blick vom einzelnen ab und zur Geheimschaft hin« und breche mit dem liberalen »Begriff der Rechtssicherheit. Wir meinen mit Rechtssicherheit die Gerechtigkeit in dem Sinne, daß der einzelne als Glied der Gemeinschaft darauf vertrauen kann, daß unter allen Umständen Recht geschieht.«[162)

Deutschlands Feinde könnten dies sehr wohl mit dem Chaos gleichsetzen, weil Deutschland nach Richtern verlange, die an ein organisches Recht gebunden seien, nach Richtern, die ihre Wertmaßstäbe aus dem Volk ableiten, aus der Rasse, dem Boden, der Arbeit, der Ehre, der Treue und so weiter. Der nationalsozialistische Richter sei an die nationalsozialistische Ideologie gebunden und erst in zweiter Linie an das Gesetz.

Es war ziemlich unwahrscheinlich, daß Richter, die den Nationalsozialismus als Privatangelegenheit betrachteten, solche Argumente akzeptieren würden, und dies war auch das Schlachtfeld, auf dem die nationalsozialistischen Rechtswahrer und die Juristen alten Schlages ihre Kämpfe austrugen.

Aber, so fragte Ohlendorf, was solle man von Franks Beschwerden über die Polizei, ihre Konzentrationslager, die Erschießungen und die Vorbeugehaft halten? Fast täglich könne man in der Zeitung lesen, daß der Reichsführer-SS die Hinrichtung einer Person ohne vorangegangenes Gerichtsurteil befohlen habe oder daß ein Priester, den ein Gericht freigesprochen habe, in ein Konzentrationslager gebracht worden sei.

Dies sei in der Tat ein zentrales Problem, denn nicht nur Deutschlands Feinde, sondern auch die Deutschen selbst sähen darin eine Bedrohung der Rechtssicherheit. Doch Rechtssicherheit bedeute nicht die Sicherheit des Individuums, sondern der Gemeinschaft. Von diesem Gesichtspunkt aus müsse man alle politischen Aktionen betrachten. Zusammen mit der Justiz sei die Polizei für Deutschlands innere Sicherheit verantwortlich. Zweifellos griffen die Aktivitäten beider Institutionen manchmal ineinander über oder kämen sich in die Quere. Doch es sei vor allem wichtig, daß ihren Operationen eine klare politische Entscheidung zugrunde liege. Es sei Aufgabe der Justiz, die innere Ordnung zu sichern, indem sie die Personen bestrafe, die das Gesetz verletzen. Politische Erwägungen spielten auch eine wesentliche Rolle, weil die Volksgemeinschaft geschützt werden müsse. Und sie spielten eine ebenso große und entscheidende Rolle in den Aktionen der Polizei, die ihre Aufgabe, die innere Sicherheit zu garantieren, prompt erfülle, ohne jedoch in allen Fällen immer imstande zu sein, mit Blick auf die Wahrung des Gleichgewichts zwischen Schuld und Strafe zu handeln. Die Aufgaben der Justiz und der Polizei tendierten in dieselbe Richtung, aber ihre Maßnahmen basierten auf grundlegend verschiedenen Voraussetzungen. In der Praxis sei diese krasse Trennung nicht immer klar erkennbar, und dies sei vielleicht der Grund für die Angriffe gegen die Polizei. Ohlendorf gab bereitwillig zu, daß sich die Polizei nicht immer als ein die Justiz ergänzendes Organ betrachte. In den letzten Jahren habe sie sehr oft unannehmbare Gerichtsentscheide korrigieren müssen. Dies habe sich aus den internen Schwierigkeiten der Justiz ergeben, ebenso aus der Unzulänglichkeit der existierenden Gesetze. Zum Beispiel garantiere das deutsche Recht in seiner derzeitigen Form nicht hundertprozentig die Bestrafung politischer Verbrechen. Jedenfalls sei es eine Streitfrage, ob man es als Korrektur oder als Ergänzung der Justiz betrachten solle, wenn die Polizei in zweifelhaften Fällen nach dem »gesunden Volksempfinden« handele. Sicher, Korrekturen des Strafrechts gehörten zu den politischen Maßnahmen, die man ergreife, um einer zu milden Justiz entgegenzuwirken. Und diese Maßnahmen würden meist in Form von Erschießungen durchgeführt. Doch diese seien in jedem Fall durch einen Führerbefehl angeordnet; also sei der Vorwurf, die SS handele eigenmächtig, völlig fehl am Platz. Die Differenzen zwischen der Justiz und der Polizei enthielten noch manche Gefahren, die die bestehende Rechtsordnung zwangsläufig gefährdeten; doch Deutschland habe noch immer kein gesundes Rechtssystem.

Deutschland befinde sich im Kriege, und der Krieg habe seine eigenen Gesetze. Zum Beispiel würden die deutschen Gerichte immer noch übertrieben milde Strafen über Polen verhängen, die brutale Gewaltverbrechen begangen hatten. Deshalb müsse die Polizei als Korrektiv auftreten. Ebenso sei es ihre Aufgabe, Präventivmaßnahmen zu ergreifen, ein Verbrechen zu verhindern, bevor es begangen werde. Je gesünder sich das deutsche Recht entwickele, desto überflüssiger würden die polizeilichen Interventionen. Rechtsunsicherheit sei nicht durch polizeiliche Eingriffe geschaffen worden, sondern durch das außerordentlich breite Spektrum gerichtlicher Strafen für ein und dasselbe Vergehen. [163)]

Deshalb werde es im Lauf der Zeit notwendig sein, die Unabhängigkeit der Richter, ihre unanfechtbare Bestallung und die Tatsache, daß sie innerhalb des Justizapparates nicht versetzt werden könnten, in Frage zu stellen. Hitlers Rede vom 26. April 1942 habe neue Machtbefugnisse geschaffen und neuen Quellen, die sich bei der Schaffung neuer Gesetze als fruchtbar erweisen würden, den Weg geebnet. Ein Richter, der sich in der Ausübung seiner Pflichten nachlässig zeige, könne nun ohne große Umstände entlassen werden. Außerdem existiere das exklusive Band zwischen Richter und Gesetz nicht mehr. An allererster Stelle stehe die Bindung des Richters an die nationalsozialistische Ideologie. Solange die Richter diese Ideologie als ihr Prinzip betrachteten und ihre Prozesse danach orientierten, seien sie völlig freie, unabhängige Vertreter des Gesetzes. Sie hätten sich viel zulange veralteten Wertvorstellungen untergeordnet, die der Krieg *ad absurdum* geführt habe, was durch zwei entscheidende Argumente belegt werde.

Erstens müsse die Justiz politische Funktionen erfüllen. Die Aktivität des Strafrichters müsse sich ausdrücklich auf die politische Ebene konzentrieren. Der Strafrichter habe immer wieder Entscheidungen zu treffen, die auf politischen Konzepten basierten. Deshalb müsse die politische Führung ihren Einfluß sicherstellen, wenn sie nicht an falschen politischen Entscheidungen scheitern wolle. [164]

Zweitens sei dieser Einfluß der politischen Führung auf die Aktionen der Richter nicht unter allen Umständen notwendig. Man könne völlig darauf verzichten, sobald ein politisch und ideologisch einheitliches Richterkorps zur Verfügung stehe. Wie die Vergangenheit zeige, sei dies bisher nicht der Fall gewesen. Die Justiz habe ihre erste Gelegenheit, die Richter ausschließlich nach politischen und ideologischen Gesichtspunkten auszuwählen, versäumt. Deshalb mangele es ihnen immer noch an der nationalsozialistischen Grundhaltung, die es jedem ermöglichen würde, die richtigen Entscheidungen zu treffen. Außerdem habe es die Justiz versäumt, ihre Handlungsweise den politischen Notwendigkeiten anzupassen, und deshalb müsse der Einfluß von oben auf den einzelnen Richter eher verstärkt als verringert werden. [165]

Der SD-Informationsdienst habe diese Erfahrungen vollauf bestätigt. [166] Deshalb habe die SS stets einen Kurs verfolgt, nach dem nur der Richter, der Nationalsozialist aus Überzeugung sei, von äußeren Einwirkungen unbehelligt bleibe. Wenn sich ein Richter dem Nationalsozialismus nicht verpflichtet fühle, so seien Fehlurteile unvermeidlich, wie das zum Beispiel in römisch-katholischen Richterkreisen zu beobachten sei. Die Feinde der SS hätten insofern recht, als die alte Unabhängigkeit der Richter nicht mehr existiere. Deshalb seien Franks Reden im Grunde bedeutungslos, weil bisher noch niemand versucht habe, die deutschen Rechtsprobleme vom politischen Standpunkt aus zu erklären. Die bloße Tatsache, daß man Kritik an den Juristen als Beleidigung dieses Berufstandes interpretiere, zeige den falschen Weg, den die Personalpolitik der Justiz eingeschlagen habe. Aber die Kritik an den Richtern richte sich nicht prinzipiell gegen ihre Aktivitäten, sondern nur gegen jene, die im Widerspruch zu den nationalsozialistischen Maximen stünden.

»Ich möchte zum Schluß noch einmal Ihren Blick über die auf die Grenzen Deutschlands beschränkten Erörterungen dieser Fragen hinaus auf die zukünftige Neuordnung Europas lenken. Auch das deutsche Recht wird dazu seinen Beitrag liefern müssen, nicht in der Form, daß wir, wie Frank es sieht, ›über die Trauernden, über die Gequälten, über die Unschuldigen und alle die, denen Unrecht geschah, einmal in der Gerechtigkeit den Ausgleich suchen‹. Gewiß müssen wir uns von dem Odium befreien, daß wir den anderen Völkern Europas, die von uns zu einer neuen Ordnung zusammengeführt werden sollen, den Kommißstiefel in den Nacken setzen wollten. Darüber brauchen wir weiter keine Worte zu verlieren. Aber wir haben es nicht nötig, dies im Sinne einer Wiedergutmachung für angeblich begangenes Unrecht zu tun.

Was heißt es denn, wenn Frank die Menschlichkeit anruft und behauptet, wir leugneten sie und hielten sie für etwas Müdes, für irgend etwas, was sich mit der Stärke dieser Zeit nicht vertrüge? Ein Volk, das wie das unsrige in einer Auseinandersetzung auf Tod und Leben steht, kann nicht im Zeichen der Menschlichkeit Völker zu sich bekehren wollen, die es in diesem Existenzkampf nicht begreifen wollen oder es sogar dabei stören. Die Schwierigkeiten, die dabei für eine künftige Gewinnung dieser Völker entstehen können, sehen wir ganz genau. Wir wissen, daß z. B. in den nordischen Ländern unsere Abwehrmaßnahmen, die Erschießung von Reichsfeinden, usw., mit bolschewistischen Methoden verglichen werden, ja, daß man dort vielfach sogar schon den Nationalsozialismus dem Bolschewismus gleichsetzt.

In unserer Grundeinstellung zum Recht vermag uns das nicht zu beirren. Wir haben als Ausgangspunkt für unser Rechtsdenken das Volk gewählt, dem das Recht zu dienen hat. Eines Tages werden auch die von uns angeblich gequälten Völker verstehen lernen, wie segensreich es für sie selbst war, daß wir diese Auffassung verwirklicht haben; denn sie ermöglicht uns schließlich auch mit den Sieg, der nicht nur uns, sondern allen Völkern Europas zugute kommen wird.«

Danach berief er sich auf das Vorbild Italiens, wo man erklärt habe, Deutschland kämpfe für die neue Ordnung in Europa in der militärischen Arena, während Italien, wie einst in den Tagen des Römischen Reiches, Europa ein neues Recht schenken werde.[167]

Ohlendorfs Gedanken machen deutlich, daß in der Grundeinstellung kaum Unterschiede zwischen ihm und Hans Frank bestanden. Aber Ohlendorf versuchte, den Einfluß der Polizei im allgemeinen und der SS im besonderen auf die Justizpraxis zu untermauern und ihnen ausreichende Machtbefugnisse zuzusprechen, damit sie Gerichtsentscheide korrigieren konnten. So wurde die Krise der deutschen Justiz beendet, indem sie sich Hitler völlig unterwarf, wie man es bereits 1939 verlangt hatte.

Am 3. September 1942 gab der SD einen Bericht über die öffentlichen Reaktionen auf die Veränderungen innerhalb der Justiz heraus. Darin wurde betont, daß diese Veränderungen unter den Mitgliedern des Justizapparates zu erheblichen Meinungsverschiedenheiten geführt hätten. Sogar politisch verläßliche Richter seien nicht einer Meinung und betrachteten die Ereignisse im großen und ganzen eher skeptisch. Sie wehrten sich gegen politische Leitlinien und Instruktionen und erklärten, die Herausstellung sogenannter Fehlurteile sei weit übertrieben.

Der Bericht zählte dann eine Reihe von Urteilen auf, die der Führer selbst korrigiert hatte, zum Beispiel im Fall einer Mutter, deren Kind beim Spielen in heißes Wasser gefallen und daraufhin gestorben war und die man zu sechs Wochen Gefängnis verurteilt hatte. Dieses Urteil hatte Hitler mit der Begründung aufgehoben, die Mutter sei durch den Verlust des Kindes schon genug gestraft. Er betonte auch, daß Frauen prinzipiell milde bestraft werden sollten.[168]

Ohlendorfs Ausführungen waren eine Antwort an Frank, aber es bei dieser Feststellung zu belassen, würde, abgesehen von den persönlichen Motiven, das eigentliche Grundmotiv verschleiern. In der Realisierung der totalitären Forderungen des NS-Staates mußte die Unabhängigkeit der Justiz als Machtquelle ebenso ausgeschaltet werden, wie es bei anderen Institutionen, z. B. der Wehrmacht, bereits der Fall war. Das Instrument der Ausschaltung wie beim »Röhm-Putsch« war die SS. Im Gegensatz zu Röhm, der das Monopol der Wehrmacht als Waffenträgerin der Nation in Frage gestellt hatte und dabei zu Fall gekommen war, ging Himmler wesentlich langsamer und vorsichtiger vor. Er organisierte seine anfangs kleine SS als eine eng zusammengeschlossene und gut disziplinierte Einheit, mit Hilfe derer er langsam aber sicher in alle Bereiche des Staatswesens, wie auch der Wirtschaft eindringen konnte. Innerhalb der SS-Führung waren die Juristen als Berufsgruppe überrepräsentiert, besonders im Verwaltungs- und Sicherheitswesen.[169] Entsprechend der in Deutschland bis zum heutigen Tage gültigen Maxime, wonach eine juristische Ausbildung unabdingbare Voraussetzung für eine Karriere im Staatsdienst ist, konnten hochqualifizierte Juristen in jeder Sphäre der Staatstätigkeit eingesetzt werden. Dieser Verfasser neigt dazu Himmler ein weit größeres Ausmaß rational kalkulierter langfristiger Planung zuzuschreiben als Hitler. Er war skrupellos, gleichzeitig aber vorsichtig, machte immer nur einen Schritt, jeden aber mit dem Ziel, die Macht des »Ordens unter dem Totenkopf« weiter und langfristig zu konsolidieren. Seine ersten Schritte gegenüber dem Justizwesen in der Vorkriegszeit haben wir bereits erwähnt und analysiert. 1942 war Himmlers »KZ-Staat« bereits zur Wirklichkeit geworden und stand außerhalb jeder Kontrolle. Seine Machtvollkommenheit und sein Einfluß hatten bereits ein Ausmaß erreicht, daß Himmler de facto bereits deutscher Innenminister war, bevor er es, ein Jahr später, de iure wurde. Von dieser Perspektive her gesehen waren Ohlendorfs Ausführungen nicht nur eine Antwort an Frank, noch ein Machtanspruch, sondern die öffentliche Erklärung, daß die SS auch ihren Supremat über die Justiz etabliert hatte. Mit voller Sanktion Hitlers konnte er jeden Anspruch auf die Unabhängigkeit der Justiz verwerfen und deren Hohlheit und Mangel an wirklicher Substanz demonstrieren. Frank konnte sich darob wohl beschweren, aber seine Beschwerde übersah einen wichtigen Punkt, nämlich das Ausmaß, in dem die Justiz selbst an dem Ast gesägt hatte, auf dem sie saß. Vom April

1942 anwärts war es Hitler, der über die SS das, was er unter »Gerechtigkeit« verstand, vollkommen überwachte – Teil eines Prozesses, der, wie Ohlendorf impliziert, nur in dem Augenblick seine Vollendung finden würde, in dem jeder Richter auch ein vollkommen überzeugter Nationalsozialist war. Daß es in diesem Zusammenhang der SS vorbehalten blieb, die entsprechende Auswahl zu treffen, bedarf keiner weiteren Erläuterung. In unserem Zusammenhang genügt es, darauf hinzuweisen, daß der neu ernannte Reichsjustizminister Hitler, Bormann, Lammers und auch Himmler unterstand.

Die Wurzeln dieser Entwicklung bis 1942 lassen sich aber bis in die zwei Jahrzehnte vor dem Zweiten Weltkrieg zurückverfolgen. Man muß sie im Kontext des geschädigten und verwirrten Rechtsbewußtsein des deutschen Volkes sehen, ein Thema das wohl Gegenstand einer weiteren Untersuchung sein sollte. Es muß hier genügen, auf den blutigen Terror von links und rechts hinzuweisen, auf die Atmosphäre des offenen und latenten Bürgerkrieges, der die Weimarer Republik kennzeichnete, die Feme-Morde, das gespaltene Rechtsbewußtsein gegenüber Fällen, die aus der Überzeugung entstanden, es sei die nationale Pflicht eines jeden Deutschen, die schmachvollen Bedingungen des Versailler Vertrages zu umgehen. All dies und noch viel mehr halfen, den deutschen Begriff des Rechtsstaates auszuhöhlen und den Blick der Öffentlichkeit diesem Prozeß gegenüber zu trüben.

VII. Freisler als VGH-Präsident 1942—1944

Freisler selbst war nicht so erfreut über sein neues Amt, wie man es hätte erwarten können, vor allem deshalb nicht, weil er nicht die erste Wahl war. Aber – wie er es kurz nach seiner Ernennung in einem Privatbrief ausdrückte, indem er eine Äußerung des Reichswehrministers Gustav Noske aus dem Jahr 1919 zitierte – »Einer wird ja der Bluthund sein müssen.«[1]

Trotzdem versuchte er das Beste aus seiner Beförderung zu machen und suchte um eine Audienz bei Hitler nach, um diesem offiziell seinen Dienstantritt zu melden.[2] Obwohl Thierack ihm versichert hatte, dieses Ansuchen zu unterstützen, tat er nichts dergleichen, denn wenn jemand Zugang zu Hitler haben sollte, dann nur er selbst als Reichsjustizminister und nicht der Präsident des Volksgerichtshofs.[3] Freisler wußte nichts davon und schrieb am 16. Oktober 1942 einen Brief an Thierack, in dem er sich für dessen Unterstützung bedankte und erklärte, er habe Hitler einen schriftlichen Bericht geschickt. »In mein Amt habe ich mich inzwischen eingelebt. Die Arbeit des Volksgerichtshofes habe ich so eingeteilt, daß ich persönlich auch durch eigene richterliche Tätigkeit jede Art von Hoch- und Landesverrat, sowohl von Deutschen als auch von Fremdvölkischen im Reich, selbst in ihrer Eigenart, ihrem Umfang und ihrer Gefährlichkeit, durch eigene, wie ich hoffe, für den Gerichtshof richtunggebende Richterarbeit zu erfassen und zu bekämpfen vermag.

Unter dem Hochverrat Deutscher überragt zur Zeit der kommunistische jeden anderen; er tritt besonders massiert in einigen Gebieten der Alpen- und Donaugaue auf. Kommunistischen Hochverrat während des Krieges mit den Sowjets betrachtet der Volksgerichtshof selbstverständlich zugleich als Feindbegünstigung.

Unter den vielen Verfahren, die in den letzten Wochen abgeschlossen sind, verdient besondere Hervorhebung das Verfahren gegen den früheren tschechischen General Homola, der der Chef der zweiten Garnitur der ›Narodni obrana‹ (recte: »Obrana národa«), der tschechischen Offizierswiderstandsbewegung, gewesen ist. Er wurde zum Tode verurteilt.

Unter den Verfahren der nächsten zwei Monate verdient hervorgehoben zu werden:

1) das Verfahren gegen den früheren Schriftsteller Dr. Klotz, der sich als Emigrant im Auslande in höchstem Maße hoch- und landesverräterisch betätigt hat;
2) einige Verfahren gegen Mitglieder kommunistischer Sabotageorganisationen im Ausland, deren Ziel Terrorangriffe auf deutsche, italienische und japanische Handelsschiffe gewesen sind.

Der Grynszpan-Prozeß dagegen wird nach dem Befehl des Führers bis auf weiteres nicht bearbeitet.«[4]
Mit Punkt 2 meinte Freisler deutsche kommunistische Sabotagespezialisten, die unter der Führung des in Moskau ausgebildeten Ernst Wollweber im neutralen Ausland Sprengladungen an deutschen Schiffen angebracht hatten, vor allem in schwedischen Häfen.[5]
Dem Brief Freislers an Thierack lag ein Schreiben an Hitler bei:

»Mein Führer!
Ihnen, mein Führer, bitte ich melden zu dürfen: das Amt, das Sie mir verliehen haben, habe ich angetreten und mich inzwischen eingearbeitet.
Mein Dank für die Verantwortung, die Sie mir anvertraut haben, soll darin bestehen, daß ich treu und mit aller Kraft an der Sicherheit des Reiches und der inneren Geschlossenheit des deutschen Volkes durch eigenes Beispiel als Richter und als Führer der Männer des Volksgerichtshofes arbeite, stolz, Ihnen, mein Führer, dem obersten Gerichtsherrn und Richter des deutschen Volkes, für die Rechtsprechung Ihres höchsten politischen Gerichtes verantwortlich zu sein.
Der Volksgerichtshof wird sich stets bemühen, so zu urteilen, wie er glaubt, daß Sie, mein Führer, den Fall selbst beurteilen würden.

Heil meinem Führer
In Treue
Ihr politischer Soldat
gez. Roland Freisler.«[6]

Dem Brief Freislers an Thierack war ein Schreiben des letzteren an Freisler vorausgegangen, in dem er erklärt hatte, daß er noch einiges hinzufügen wolle:

»Dabei bewegt es mich persönlich, daß ich Ihnen im Volksgerichtshof und seinen Richtern ein Gericht übergab, das ich mit Freude aufgebaut und geführt habe.

Bei keinem anderen Gericht als beim Volksgerichtshof tritt so klar zutage, daß die Rechtsprechung dieses höchsten politischen Gerichtshofes mit der Staatsführung in Einklang stehen muß. Dabei wird es zum größten Teil bei Ihnen liegen, die Richter in dieser Richtung zu führen. Sie müssen sich daher jede Anklage vorlegen lassen und erkennen, wo es notwendig ist, in vertrauensvoller und überzeugender Aussprache mit dem zum Urteil berufenen Richter das Staatsnotwendige zu betonen. Ich hebe hierbei auch nochmals hervor, daß das in einer Weise geschehen muß, die den Richter überzeugt und nicht befiehlt. Denn der Richter hat mit seiner eigenen Verantwortung das Urteil zu tragen. Natürlich darf diese Richterführung sich nur auf das Notwendige erstrecken. Überflüssige Einflußnahme bringt den Richter nur zum verantwortungslosen Richterspruch und wird von dem verantwortungsvollen Richter als schwer tragbare Belastung empfunden. Es muß dahin kommen, daß der Richter in Sachen, die es erfordern, von selbst zu Ihnen kommt, und daß Sie in Sachen, in denen dies überflüssig war, ihn dies auch fühlen lassen.

Im allgemeinen muß sich der Richter des Volksgerichtshofs daran gewöhnen, die Ideen und Absichten der Staatsführung als das Primäre zu sehen, das Menschenschicksal, das von ihm abhängt, als das Sekundäre. Denn die Angeklagten vor dem Volksgerichtshof sind nur kleine Erscheinungsformen eines hinter ihnen stehenden größeren Kreises, der gegen das Reich kämpft. Das gilt vor allem im Kriege.

Ich will versuchen, das an einzelnen Beispielen zu verdeutlichen:

1) Wenn ein Jude, noch dazu ein führender Jude, wegen Landesverrats – und sei es auch nur wegen Beihilfe hierzu – angeklagt ist, steht hinter ihm der Haß und der Wille des Judentums, das deutsche Volk zu vernichten. In der Regel wird das also Hochverrat sein, der mit dem Tode zu ahnden ist.

2) Wenn im Sinne des Kommunismus nach dem 22. Juni 1941 von einem Deutschen im Reich gehetzt oder auch nur versucht wird, das Volk in kommunistischem Sinne zu beeinflussen, so ist das nicht nur Vorbereitung zum Hochverrat, sondern auch Feindbegünstigung – nämlich der Sowjetunion.

3) Wenn im böhmisch-mährischen Raum die Tschechen immer wieder unter dem Einfluß des Londoner Senders, sei es auch nur durch Hetze, gegen das Reich wühlen, so ist das nicht nur Vorbereitung zum Hochverrat, sondern ebenfalls Feindbegünstigung.

Sollte Ihnen einmal unklar sein, welche Linie Sie einzuhalten haben oder welche politischen Zweckmäßigkeiten notwendig sind, so wenden Sie sich vertrauensvoll an mich. Ich werde stets in der Lage sein, Ihnen die erforderliche Aufklärung zu geben. Ich erinnere Sie dabei an meine Ausführungen. Auch mir war seinerzeit klar, daß der Vertrag mit Sowjetrußland im August 1939 nichts daran änderte, wie die Staatsführung den Kommunismus beurteilte, aber ich wußte nicht, ob es damals opportun war, die schwersten Strafen gegen Kommunisten im Reich zu verhängen. Ich habe mir damals selbst helfen müssen, heute stehe ich Ihnen bei solchen, oft nicht leichten Entscheidungen gern zur Verfügung.

Betrachten Sie bitte, lieber Parteigenosse Freisler, meine Ausführungen nicht als ein Belehrenwollen. Ich schrieb diesen Brief nur, weil ich die Bedeutung Ihrer Stellung kenne und Ihnen hierbei helfen will.

Heil Hitler!
(gez.) Dr. Thierack«.[7]

Angesichts der personellen Veränderungen an der Spitze der deutschen Justiz erscheint es angebracht, die Gesetze, Vergehen und Strafen zusammenzufassen, mit denen sich der VGH beschäftigte, und detaillierte Statistiken seiner Aktivitäten anzuführen.[8]

Gesetz	Gesetz-pragraph	Vergehen	Bestrafung
StGB	§ 80	Gebiets- und Verfassungs-hochverrat	Tod
	§ 81	Hochverräterischer Zwang	Tod oder Zuchthaus
	2§ 82	Vorbereitung des Hochverrats	Tod, Zuchthaus oder Gefängnis
	§ 84	minder schwere Fälle des Hochverrats	Zuchthaus oder Gefängnis
	§ 89	Landesverrat	Tod oder Zuchthaus
	§ 90	Ausspähung	Tod oder Zuchthaus
	§ 90a	Landesverräterische Fälschung	Zuchthaus
	§ 90b	Verrat früherer Staatsgeheimnisse	Gefängnis
	§ 90c	Landesverräterische Beziehungen	Gefängnis
	§ 90d	Preisgabe von Staatsgeheimnissen	Gefängnis
	§ 90e	Fahrlässige Preisgabe von Staatsgeheimnissen	Gefängnis
	§ 90f	Volksverrat durch Lügenhetze	Zuchthaus
	§ 90g	Landesverräterische Untreue	Tod oder Zuchthaus
	§ 90h	Landesverräterische Beweisvernichtung	Zuchthaus
	§ 90i	Landesverräterische Bestechung	Zuchthaus
	§ 91	Herbeiführung von Kriegsgefahr	Tod oder Zuchthaus
	§ 91a	Waffenhilfe	Tod oder Zuchthaus
	§ 91b	Feindbegünstigung	Tod oder Zuchthaus
	§ 92	Beabsichtigter Landesverrat	Zuchthaus
	§ 94, Abs. 1	Angriff auf den Führer	Gefängnis
	§ 139, Abs. 2	Schwere Fälle der Nichtanzeige von Hoch- und Landesverrat und der Wehrmittelbeschädigung	Tod oder Zuchthaus
Wehrmacht-schutzverordnung v. 25.11.1939	§ 1 Abs. 1	Schwere Fälle der Wehrmittelbeschädigung	Tod oder Zuchthaus
	§ 5	Gefährdung befreundeter Streitkräfte	Zuchthaus oder Gefängnis
Verordnung zum Schutze von Volk und Staat v. 28.2.1933	§ 5 Abs. 2	Unternehmen der Tötung des Reichspräsidenten oder eines Regierungsmitgliedes	Tod oder Zuchthaus

Gesetz gegen Wirtschafts- sabotage v. 1.12.1936	§ 1	Vermögensverschiebung ins Ausland	Tod
KSSVO v. 17.8.1938	§ 1	Spionage	Tod
Verordnung zum Schutze der Rüstungs- wirtschaft v. 23.1.1942	Art. 1	Falsche Angaben über wirt- schaftlichen Bedarf oder Be- stand	Tod, Zuchthaus oder Gefängnis
KSSVO, Er- gängzung der Zuständig- keitsverord- nung v. 29.1.1942	§ 1 Nr. 5	Öffentliche Wehrkraft- zersetzung	Tod, Zuchthaus oder Gefängnis

Während diese Gesetze und Verordnungen das rechtmäßige Fundament der Urteilssprechung des Volksgerichtshofs bildeten, ist es
ebenso interessant, sich die Anzahl der Anzeigen angeblicher Vergehen zu betrachten und sie mit der Anzahl der eigentlichen Anklagen zu vergleichen.

Anzeigen[9]

1939	4918
1940	4599
1941	5603
1942	4727
1943	6584
1944	13986

Jahr	*Anklagen[10]*	*Hochverrat[11]*	*Landesverrat[12]*	*Andere Delikte[13]*
1939	341	151	189	1
1940	598	381	214	3
1941	690	376	308	6
1942	1044	652	377	15
1943	1327	830	494	3
1944	2120	1859	256	5

Während im Zeitraum von 1939 bis 1944 fast eine Verdreifachung er
Anzeigen zu beobachten ist, vervielfachte sich die Anzahl der erhobenen Anklagen um mehr als das Sechsfache, ohne jedoch die Flut

der Anzeigen auch nur annähernd zu bewältigen. Die Ursachen der Denunzierungen werden wohl immer im Dunkeln bleiben, außer vielleicht 1944, ein anormales Jahr in Hinsicht auf die Ereignisse des 20. Juli 1944. Aber hinter jeder Denunzierung sind Motiv oder Motivkomplexe versteckt, die sich der empirischen Forschung entziehen. War es, unter anderem, der zunehmende Druck des Krieges, der letzte Funken Hoffnung, die Katastrophe, die dem deutschen Reich ins Gesicht starrte, doch noch abwenden zu können? Eine schlüssige Antwort wird wohl niemals zu geben sein. Doch die Anzeigenflut ist keineswegs auf ein Deutschland beschränktes Phänomen. Im besetzten Frankreich erreichte selbst noch 1944 die Denunzierungswelle ein Ausmaß, die es den SD- und Gestapostellen wie auch den Sicherheitsbehörden der Vichy-Regierung unmöglich machte, ihrer Herr zu werden.[14] Im Reich zeigen die Fälle von Hochverrat eine zunehmende Tendenz, während Landesverratsfälle starke Schwankungen aufweisen. Diese Diskrepanz spiegelt sich auch in der Zusammenstellung und dem Vergleich von neuen Fällen mit den eigentlich erhobenen Anklagen bzw. deren Abgabe an den Generalstaatsanwalt (GStA) wider:[15]

Jahr	Neuein-eingänge	Ein-stellungen	Abgabe an GStA	Auf andere Art erledigt	Anklagen
1935	5096	1040	2596	1039	317
1936	5895	1147	3438	852	268
1937	5592	1003	2821	1302	254
1938	5171	1095	1556	1707	277
1939	4918	989	1573	1740	339
1940	4599	951	1218	1367	596
1941	5603	1365	1785	1770	690
1942	4727	1096	1547	1460	1044
1943	6584	693	2872	1287	1336

Was man unter »Auf andere Art erledigt« zu verstehen hat, ist keineswegs klar. Aber angesichts der engen Zusammenarbeit des VGH mit der Gestapo kann man annehmen, daß eine ganze Reihe von Fällen eine Gerichtsverhandlung überhaupt nicht erlebten und daß die betreffenden denunzierten Personen in Konzentrationslager eingewiesen wurden. Auch ist es von Interesse zu beobachten, daß die Anzahl der Untersuchungsgefangenen des Volksgerichtshofes, die sich im Dezember 1938 auf 1230 belief, bis zum April 1943 auf

4128 angewachsen war und daß, während im Gründungsjahr 1934 der Volksgerichtshof insgesamt 57 Sitzungen abhielt, die Anzahl der Sitzungen 1943 auf 1258 anwuchs. Leider gelten die Akten für 1944 und 1945 als vernichtet.[16]

Nach den von Thierack und Freisler selbst erfolgten Zusammenstellungen der Urteile in den Jahren 1937 bis 1944 ergibt sich für den Volksgerichtshof das folgende Bild:[17]

Jahr	Ange-klagte	Tod	Lebens-lang	10–15 Jahre	5–10 Jahre	Unter 5 Jahre	Ge-fängnis	KZ	Geld-strafe	Frei-spruch
				Zuchthaus						
1937	618	32	31	76	115	101	99	–	–	52
1938	614	17	29	56	111	91	106	–	–	54
1939	470	36	22	46	100	98	131	–	–	40
1940	1096	53	50	69	233	416	188	–	–	80
1941	1237	102	74	187	388	266	143	–	–	70
1942	2572	1192	79	363	405	191	183	45	–	107
1943	3338	1662	24	266	586	300	259	42	–	181
1944	4379	2079	15	114	756	504	331	11	2	489

Zwischen 1934 und 1938 war die Anzahl der Todesurteile noch verhältnismäßig niedrig, 1935 mit 4 Todesurteilen und Vollstreckungen, 1935 mit 9 Todesurteilen und 8 Vollstreckungen, 1936 mit 10 Todesurteilen und Vollstreckungen, 1937 mit 32 Todesurteilen und 28 Vollstreckungen und 1938 mit 17 Todesurteilen und 16 Vollstreckungen.

Von den sechs Senaten, die vor Freislers Ernennung bis 1942 existierten, sprach der Erste Senat, der vom Präsidenten des VGH geleitet wurde – zunächst von Thierack, dann von Freisler –, stets die meisten Todesurteile aus. Dafür waren Thierack und Freisler verantwortlich, weil beide die wichtigsten und schwerwiegendsten Fälle an ihren Senat zogen. Im Jahr 1942, bevor Freisler Präsident wurde, sprach der Erste Senat 649 Todesurteile von insgesamt 1192 aus; 1944 fällte er 866 von insgesamt 2097.[18] Somit sprach Thierack über 54%; Freisler hingegen »nur« knapp 41% der vom VGH gefällten Todesurteile aus.

Bald nach Thieracks oben zitiertem Brief vom 9. September 1942 führte er die »NS-Richterbriefe« ein, die regelmäßig an alle Richter geschickt wurden und die NSDAP-Richtlinien für die Justizverwaltung enthielten. Alle befaßten sich mit dem gleichen Themenkreis –

das Justiz und Rechtsprechung im Einklang mit den Forderungen des Führers reformiert werden müßten, daß die juristische Ausbildung reformbedürftig sei und die Notwendigkeit bestehe, zum alten germanischen Führerprinzip zurückzukehren, in dem der Führer gleichzeitig der oberste Richter war, und daß die richterliche Unabhängigkeit zu relativieren sei. Fragen der Begnadigung könnten nur durch den Führer persönlich behandelt werden. Auch die Verteidiger sollten in Zukunft strengen Kontrollen unterzogen werden. Außerdem strebe man eine Gesetzesreform an, um dem moralischen Verfall der deutschen Frauen während des Kriegs zu begegnen. Die juristische und gerichtliche Verfahrensweise bedürften der Vereinfachung, ältere Anwälte sollten in den Ruhestand treten. Da man es als Zeitverschwendung betrachte, Verurteilte in Gefängnissen festzuhalten, sollten sie der Rüstungsindustrie zur Verfügung stehen, insbesondere Spezialisten aus Schlüsselindustrien. Natürlich fand auch die Behandlung von »Untermenschen«, zum Beispiel von Polen und Juden, Erwähnung. Sie besaßen kein Anrecht auf ein ordnungsgemäßes Gerichtsverfahren, da sie auf Grund der NS-Verordnungen als »gesetzlos« galten.[19]

Eine Verordnung vom 29. Januar 1943 übertrug dem VGH alle Fälle von Wehrkraftzersetzung, obwohl dieser das Recht behielt, Fälle nach eigenem Ermessen an ein untergeordnetes Gericht abzugeben, beispielsweise an ein Oberlandesgericht.[20] Soweit Fälle von Wehrkraftzersetzung vor dem VGH verhandelt wurden, verhängte man zumeist die Todesstrafe. Zuchthaus- und Gefängnisstrafen wurden, je länger der Krieg dauerte, vor allem nach Stalingrad, immer seltener. Zwischen Januar 1943 und Januar 1944 wurden 124 Todesurteile wegen Wehrkraftzersetzung ausgesprochen und vollstreckt. Die Anzahl der verhandelten Fälle belief sich allein in Berlin im Jahr 1943 auf 241, während die Zahl der verhandelten oder anhängigen Fälle von Januar 1944 bis zum Dezember 1944 auf 893 stieg.[21]

Die sogenannten »Defätisten« stellten die Mehrheit der Angeklagten, jene Personen, die die Kriegsentwicklung hinsichtlich Deutschlands pessimistisch betrachteten und der nationalsozialistischen Propaganda öffentlich mit Skepsis und Zweifel begegneten. Thierack teilte sie in drei Gruppen ein – die Reste von Marxisten und Kommunisten, die Intellektuellen, die ihre eigenen Fähigkeiten überschätzten, und all jene Leute, denen jedes Gefühl für soldatische Tugenden abging. Freisler war vorsichtiger und vertrat den Standpunkt: Da man den Defätismus nicht juristisch definieren könne, müsse man darüber von Fall zu Fall entscheiden. Er gab der Meinung Ausdruck, daß harmlose Meckerer sehr oft ungerechtfertigt als Defätisten abgestempelt würden.[22]

Da mit Ausnahme der Verhandlungen zum Komplex des 20. Juli 1944 die Verhandlungsprotokolle (wie auch der polizeilichen Vernehmungsprotokolle, auch zum 20. Juli) als verschollen oder vernichtet betrachtet werden müssen, ist der Historiker gezwungen einen beträchtlichen Grad der Unsicherheit über die Richtig- und Gültigkeit der jeweiligen Anklagepunkte in Kauf zu nehmen.

Eines der ersten Opfer dieser Rechtsprechung war ein Redaktionsmitglied des »Völkischen Beobachters«, das sich skeptisch über den Ausgang des Krieges geäußert und sarkastische Bemerkungen über Hitler und Goebbels hinzugefügt hatte. Der Mann hatte Glück, denn man verurteilte ihn nur zu fünf Jahren Gefängnis, da er kein eigentlicher Staatsfeind, sondern nur ein Schwächling sei.[23] Andererseits wurde ein 55jähriger Rentner am 21. Mai 1943 zum Tod verurteilt, obwohl er ein Psychopath war. Er war ein Feind der NSDAP, weil sie einen Punkt des Parteiprogramms nicht erfüllt hatte, nämlich die »Brechung der Zinsknechtschaft«. Während des Krieges hatte er Hitler sowie anderen Parteiführern und NSDAP-Funktionären beleidigende Postkarten geschickt. Auf einer dieser Karten behauptete er, daß Deutschland nur eine Leiche brauche – die von Hitler. Er wurde wegen Wehrkraftzersetzung verurteilt. Sein fragwürdiger Geisteszustand – normalerweise ein Grund für ein milderes Urteil – wurde nicht berücksichtigt, da das deutsche Volk sowieso von geistesschwachen Menschen befreit werden müßte.[24] Einen Monat später, am 26. Juni 1943, verurteilte man eine junge Kriegswitwe zum Tod, weil sie politische Witze erzählt hatte, zum Beispiel jenen von Göring, der Hitler auf der Spitze des Berliner Funkturms bat, dem deutschen Volk doch einen Gefallen zu tun. Auf des Führers Frage welchen, antwortete Göring, er solle vom Turm springen.[25]

Am 8. September 1943 wurde ein praktischer Arzt namens Dr. Alois Geiger zum Tod verurteilt, weil er gegenüber einer Patientin, der schwangeren Frau eines Frontsoldaten und Mutter dreier Kinder, skeptische Bemerkungen über den Krieg gemacht hatte. Er habe versucht, ihren Glauben an den deutschen Sieg zu erschüttern, indem er behauptete, daß ihr Mann im Fall einer deutschen Niederlage ermordet werden könnte, da er auch NSDAP-Mitglied und hoher HJ-Führer war. Die Urteilsbegründung lautete: »Im Juli dieses Jahres kam in Soldatenuniform der H.J.-Oberbannführer Will zu dem niederbayerischen Landarzt Alois Geiger und bat ihn, sich um seine Frau, die mit drei Kindern aus Berlin nach Niederbayern evakuiert war und ihr viertes Kind erwartete, ärztlich wegen ihrer Schwangerschaft zu bekümmern.

Ende Juli und Anfang August ging deshalb Geiger zweimal zu Frau Will und hat dabei nach seiner eigenen Angabe ihr folgendes gesagt: Sie habe aber Mut, sich jetzt noch ein Kind zuzulegen, denn wenn es schiefgehe, dann stehe es traurig um uns. Auf den Einwand von Frau Will, daß sie vom Siege überzeugt sei, will er davon gesprochen haben, daß es doch immerhin, zumal nach den Ereignissen in Italien, auch möglich sei, daß der Krieg verlorengehe; besonders schlimm sei, wenn uns die Russen besiegen, denn dann sei das unser physischer Tod als Volk; dann sei eine Niederlage durch die Engländer und Amerikaner schon das kleinere Übel. Als Frau Will entgegnete, die fressen uns ja schon jetzt auf, habe er geantwortet, sie stehe eben zu sehr unter dem Eindruck unserer gefärbten Propaganda; und auf den erschrockenen Ausruf der Frau, was denn dann mit ihnen (gemeint war ihr Mann) geschehe, antwortete er: Die in solchen exponierten Stellungen sind, kommen dann – denn dann gibt es ein Massenkatyn – natürlich zuerst dran.

Das gibt Geiger selbst zu. Er hat sicher viel mehr gesagt. Denn im Verfahren hat Frau Will bekundet, er habe ihr z. B. geraten, sofort dafür zu sorgen, daß ihr Mann aus seinem jetzigen Amt herauskomme, damit er nicht als erster drankomme. Der Volksgerichtshof hat aber seinem Urteil nur das zugrunde gelegt, was Geiger selbst zugibt, weil er nicht ohne Not die schwangere Frau der weiten Reise als Zeugin nach hier aussetzen wollte. Und das war nicht nötig. Denn was Geiger zugibt, langt wirklich schon ...

Geiger, der als gebildeter Mann eine besondere Stütze der festen Haltung unserer Heimatfront sein müßte, hat sich durch diese Untergrabung unseres Wehrwillens (Pgph. 5 KSSVO) für immer ehrlos gemacht. Er mußte deshalb um unseres Sieges willen mit dem Tode bestraft werden.«[26]

Leute wie er müßten aus der deutschen Volksgemeinschaft ausgeschlossen werden, und deshalb gebe es nur eine einzige Strafe für ihn – die Todesstrafe.

Am 1. September 1943 wurde August Barsch, der Bürgermeister eines Dorfes in der Mark Brandenburg, zum Tod verurteilt, weil er jahrelang feindliche Radiosender abgehört, deren Aussagen im Dorf verbreitet, defätistische Ansichten geäußert und sogar versucht hatte, andere Dorfbewohner zum Abhören von BBC London anzustiften. Er habe die Heimatfront jahrelang selbst »zermürbt«. Als Mitglied der NSDAP und Zellenleiter in seinem Dorf war er »dem Führer dafür verantwortlich, ... daß unsere innere Front hält ... So aber hat er sich selbst für immer ehrlos gemacht, weil er unsere Heimatfront unterwühlt hat.«[27]

Daß auch Prominenz keinen Schutz vor der Rechtsprechung des Volksgerichtshofes bot, zeigt der Fall des international renommierten Pianisten Karlrobert Kreiten im gleichen Monat. Obwohl holländischer Staatsangehöriger, hatte sich Kreiten einige Jahre zuvor um die Mitgliedschaft in der NSDAP beworben, war aber abgelehnt worden. Während eines Gastspiels in Berlin im März 1943 äußerte er sich ablehnend gegenüber dem NS-Regime und prophezeite, daß dessen Führung »einen Kopf kürzer gemacht werden würde«. Von einer Gesprächsteilnehmerin prompt denunziert, kam er Anfang September vor den Volksgerichtshof, der ihn zum Tod verurteilte. »Er ist in unserem jetzigen Ringen – trotz aller beruflichen Leistungen als Künstler – eine Gefahr für unseren Sieg. Er muß zum Tode verurteilt werden. Denn unser Volk will stark und einig und ungestört unserem Sieg entgegenmarschieren.« Selbst eine persönliche Intervention des weltberühmten Dirigenten Wilhelm Furtwängler erwies sich als nutzlos.[28] Dieses Urteil hat durch einen Kommentar im Berliner »12-Uhr-Blatt« noch eine besondere Note bekommen. Dort hieß es: »Wie unnachsichtig jedoch mit einem Künstler verfahren wird, der statt Glauben Zweifel, statt Zuversicht Verleumdung, statt Haltung Verzweiflung stiftet, geht aus einer Meldung der letzten Tage hervor, die von der strengen Bestrafung eines ehrvergessenen Künstlers berichtet. Es dürfte heute niemand dafür Verständnis haben, wenn einem Künstler, der fehlte, eher verziehen würde als dem letzten gestrauchelten Volksgenossen ...«

Verfasser dieses Kommentars war Werner Höfer, heute einer der maßgeblichen politischen Fernsehjournalisten der Bundesrepublik.[29)]

Todesurteile gab es für die Behauptung, daß deutsche Jagdflugzeuge nicht die Flughöhen alliierter Bomber erreichen könnten[30)], für pessimistische Kriegsprognosen[31)] und für die öffentlich ausgesprochene Forderung nach Absetzung Hitlers, um der Wehrmacht Gelegenheit für einen Friedensschluß mit den Alliierten zu geben.[32)] Dagegen hatten zwei Österreicher mehr Glück. Sie hatten es unterlassen, einen Fall von versuchtem Hochverrat anzuzeigen. Slowenische Partisanen hatten in Kärnten einen Bauernhof überfallen. Der Bauer und seine Tochter waren mit dem Tod bedroht worden und hatten deshalb versprochen, die Partisanen nicht zu denunzieren. In diesem Fall folgerte Freisler, die beiden Angeklagten seien offensichtlich von schlichtem Gemüt und leicht einzuschüchtern; deshalb verurteilte er sie nur zu vier Jahren Gefängnis.[32)]

Große Aufmerksamkeit erregte im Februar 1943 im In- und Ausland einer von Freislers großen Fällen. Es ging um die Jugendgruppe »Weiße Rose«, die sich in München um Professor Kurt Huber sowie Hans Scholl und seine Schwester Sophie gebildet hatte und seit 1942 gegen das NS-Regime agitierte.[33)] Dieser Fall ist so bekannt, daß hier nicht weiter darauf eingegangen werden muß.

Nach ihrer Verhaftung leugneten die Geschwister Scholl zunächst ihre Aktionen, legten aber dann ein volles Geständnis ab, so daß man auf die Methoden des »verschärften Verhörs« verzichten konnte. Am Nachmittag des 21. Februar 1943 wurde den Angeklagten, zu denen mittlerweile auch Christoph Probst zählte, die Anklageschrift vorgelegt. Am nächsten Tag sollte in München der Prozeß stattfinden, obwohl Berlin, Nord- und Nordwestdeutschland bereits unter schweren Luftangriffen zu leiden hatten, so daß es sich als schwierig erwies, Richter, Laienrichter und Verteidiger rechtzeitig nach München zu bringen. Deshalb verblieb den Angeklagten und ihrem Anwalt nur wenig Zeit, um sich auf die Verhandlung vorzubereiten. Aber der Tatbestand lag so klar auf der Hand, daß jede Verteidigung, so klug sie auch aufgebaut sein mochte, von vornherein aussichtslos war.

Am 22. Februar 1943 führte Freisler den Vorsitz im Prozeß gegen die Scholls und Probst. Sie wurden der Vorbereitung zum Hochverrat und der Feindbegünstigung mit der Absicht, Landesverrat und

Wehrkraftzersetzung zu begehen, angeklagt. Freisler blieb während der Verhandlung kühl und gelassen und hielt sein Temperament im Zaum. Den Angeklagten wurde das Recht zuerkannt, am Ende des Prozesses ein paar abschließende Worte zu sagen, ein Recht, von dem Sophie Scholl keinen Gebrauch machte. Hans Scholl bat um Probsts Leben, aber Freisler brachte ihn zum Schweigen, weil der Angeklagte nur das Recht hatte, in eigener Sache zu sprechen. Probst bat um sein Leben, um seiner Frau und seiner beiden Kinder willen. Die Angeklagten wurden zum Tod verurteilt, und die Strafe sollte noch am selben Tag im Gefängnis München-Stadelheim durch Enthaupten vollzogen werden. Man gab den Scholls die Gelegenheit, ein letztesmal mit ihren Eltern zu sprechen, dann erlaubte man den Verurteilten, ein letztesmal zusammenzutreffen und ein paar Worte zu wechseln. Danach wurde die Strafe vollstreckt. Sophie starb »frei, furchtlos, mit einem Lächeln auf den Lippen.« Bevor Hans Scholl seinen Kopf auf den Block legte, rief er so laut, daß es durch die leeren Gefängniskorridore hallte: »Lang lebe die Freiheit!« Probst folgte ihm. Himmler jedoch wollte zu diesem Zeitpunkt keine Märtyrer aus den Verurteilten machen und ordnete offenbar von Berlin aus die Verschiebung der Hinrichtungen an. Sein Telegramm traf jedoch um ein paar Stunden zu spät ein.[31]

Ob der Scholl-Prozeß die deutsche Justiz mehr als andere VGH-Prozesse besudelt hat, ist fraglich. Die Tatbestände waren ganz klar, und das führte zu einer beträchtlichen Verkürzung der Verhandlung. Natürlich sollten die Todesurteile der Abschreckung dienen, aber der Prozeß war keineswegs ein Beispiel für jene Fälle, in denen Freisler seinen politischen Fanatismus in vollem Maß ausspielte. Umständehalber konnte die Verteidigung nicht besser oder schlechter agieren, als sie es tat.

Am 19. April 1943 kam Freisler erneut nach München – diesmal um Alexander Schmorell, Otto Graf und Professor Kurt Huber den Prozeß zu machen. In seiner Urteilsbegründung stellte Freisler sofort einen Zusammenhang mit dem Urteil vom 22. Februar her. Und die Anklage führte an, daß Schmorell, in Übereinstimmung mit den Scholls, Flugblätter hergestellt und in Salzburg, Linz, Wien und München verteilt hatte. Zu diesem Zweck habe er auch versucht, in Stuttgart Geld aufzubringen, und an Versammlungen von verräterischem Charakter teilgenommen. Graf habe als Organisator fungiert, während Huber von Anfang an über diese Aktivitäten informiert gewesen sei. Zu diesen Angeklagten kamen noch elf weitere, darunter ein Stuttgarter Fabrikant, der Schmorell 5000 RM gegeben hatte. Da dieser Industrielle als beispielhafter Arbeitgeber galt und viel mehr als andere Fabrikbesitzer getan hatte, um die sozialen Bedingungen seiner Arbeiter zu verbessern, kam er mit zehn Jahren Zuchthaus davon.

Zwei weitere Angeklagte, ein junger Arzt und ein Student aus Freiburg im Breisgau, hatten Kontakt mit Schmorell gehabt. Sie hätten geahnt, was hinter seinen Aktivitäten steckte, seien sich aber nicht sicher gewesen und hätten es deshalb versäumt, ihn anzuzeigen. Beide wurden zu sieben Jahren Zuchthaus verurteilt. Einige von Hans Scholl beeinflußte Gymnasiasten wurden als seine Opfer betrachtet und bekamen fünf Jahre Gefängnis. Die übrigen erhielten niedrige Gefängnisstrafen von einem Jahr bis zu ein paar Monaten.[32]

Der letzte Angeklagte war der ehemalige Spielleiter am Weimarer Nationaltheater, Dr. Falk Harnack, dessen Bruder, Dr. Arvid Harnack, ein Jahr zuvor vom RKG wegen seiner Zugehörigkeit zur »Roten Kapelle« zum Tod verurteilt und hingerichtet worden war. Freisler anerkannte die kulturellen Verdienste, die sich Harnack in Deutschland erworben hatte, und betrachtete die Situation als so einzigartig, daß er ihn freisprach.[33]

Professor Huber jedoch, der dem Gericht und dem Staat seine moralischen Prinzipien ausführlich darlegen durfte, Alexander Schmorell und Willi Graf wurden zum Tod verurteilt. So brachten die Aktivitäten der »Weißen Rose« fünf jungen Leuten und einem renommierten Akademiker den Tod.[34] Ihre Bemühungen waren vergeblich gewesen – ihre Hoffnung, das deutsche Volk zur Vernunft zu bringen, indem man sein Gewissen wachrüttelte, hatte sich als illusorisch erwiesen.

Auch die Kirche war vor Strafverfolgung durch den VGH nicht sicher. Wann immer Freisler mit Geistlichen, vor allem mit katholischen Priestern und Nonnen zu tun hatte, konnte er es sich nicht verkneifen, sie mit sarkastischen Angriffen zu bombardieren. Doch sein Leitsatz war, daß jeder Deutsche das NSDAP-Programm kannte, das die Freiheit aller religiösen Bekenntnisse im Deutschen

Reich und innerhalb der NSDAP garantierte, ohne sich aber an eine Konfession zu binden – eine Haltung die mit der Formel »positives Christentum« beschrieben wurde. Predigten gegen den Krieg oder den Nationalsozialismus mußten zwangsläufig die Widerstandskraft des deutschen Volkes schwächen und die feindliche Propaganda multiplizieren.[35]

Am 4. November 1942 erhielt Hitler die Führerinformation Nr. 139 mit folgendem Inhalt: »Drei katholische Geistliche haben in Lübeck unter dem Vorwand religiöser Betreuung Gruppen gebildet, in denen sie bis Juni 1942 gegen den nationalsozialistischen Staat gehetzt haben. Neben von englischen Fliegern abgeworfenen Predigten des Bischofs von Galen *(der sich öffentlich gegen das NS-Euthanasieprogramm ausgesprochen hatte – der Autor)* und zahlreichen anderen äußerst gehässigen Hetzschriften und -nachrichten haben sie die Behauptung verbreitet, schwerverwundete deutsche Soldaten und Invaliden des Krieges und der Arbeit würden in Lazaretten getötet. Die 50 Angehörigen der Gruppen, die zur Hälfte Soldaten sind, wurden aufgefordert, die Hetzschriften an der Front und in der Heimat zu verteilen. Das Strafverfahren wird vor dem Volksgerichtshof durchgeführt werden.[36]

Die drei Geistlichen, alle relativ jung, waren verhaftet worden. Eine Zeitlang hatten sie einzeln oder gemeinsam die deutschen Sendungen des BBC abgehört und bei Gruppenversammlungen darüber gesprochen. Natürlich befaßten sie sich hauptsächlich mit den Maßnahmen des NS-Regimes, zum Beispiel der Auflösung von Orden und Klöstern, die in Kasernen und Kliniken umgewandelt wurden. Sie diskutierten über die schlechte Behandlung der Polen, verbreiteten Nachrichten über angebliche Meutereien innerhalb der Wehrmacht und unwahre Gerüchte über Euthanasiemaßnahmen, die angeblich bei schwerverwundeten deutschen Soldaten praktiziert würden. Schließlich brachten sie auch diverse Gerüchte über Hitler und die führenden Persönlichkeiten des Dritten Reiches in Umlauf.

Der VGH machte ihnen am 22. Juni 1943 in Lübeck unter dem Vorsitz des Vizepräsidenten Engert den Prozeß. Am nächsten Tag wurden sie zum Tod verurteilt, nachdem man sie des Landesverrats, der Feindbegünstigung und der Wehrkraftzersetzung schuldig gesprochen hatte. Zusammen mit den Geistlichen wurden zwei weitere

Männer verurteilt, einer zu fünf Jahren Zuchthaus, der andere zu einem Jahr Gefängnis. Die Geistlichen wurden am 10. November 1943 hingerichtet.[37)]

Am 2. Juli 1943 verurteilte der VGH einen weiteren Geistlichen zum Tod. Diesmal führte Freisler den Vorsitz. Der Angeklagte stammte aus Tirol. Er war 1920 nach Belgien gezogen und dort zum Priester geweiht worden. Nachdem er eine Zeitlang in einer österreichischen Pfarrgemeinde gearbeitet hatte, schickte ihn die »Gesellschaft Mariä«, der er angehörte, im Januar 1939 nach Frankreich und dann nach Spanien. Man hatte ihn wegen seiner antinazistischen Einstellung versetzt. Sowohl in Frankreich als auch in Spanien sprach er in seinen Predigten über die Bedrohung, der die deutsche Kirche ausgesetzt sei, und erklärte, daß der Nationalsozialismus eine weltweite Gefahr für die Religion und den Katholizismus darstelle. Offenbar erzielten seine Predigten nur geringe oder gar keine praktischen Ergebnisse, und so nahm er im Juli 1942 Verbindung mit dem britischen Konsul in Valencia auf, von dem er britisches, gegen Deutschland gerichtetes Propagandamaterial erhielt. Auf der Reise nach Deutschland, wo er es verteilen wollte, wurde er verhaftet. Freislers Urteilsbegründung war bei allem Schwulst ungewöhnlich detailliert. Die allgemeine Geisteshaltung des Priesters charakterisierte er mit den Worten: »Als das deutsche Blut in mächtigem Strome von den Alpen bis zur Nordsee sich sein Großdeutsches Reich schuf, blieb er abseits, ja feindlich. Denn er hielt den Nationalsozialismus für einen Todfeind der Religion und der katholischen Kirche.« Dann fuhr er fort: »Dem Angeklagten hat der Vorsitzer vorgehalten, daß der Führer und das Parteiprogramm, die bevorrechtigte öffentlich-rechtliche Stellung der Kirche und ihre Subvention eine Behauptung über Religionsfeindschaft des Nationalsozialismus von vornherein zur Lüge stempeln. Jakob G. berief sich für seine Behauptung auf dreierlei:

a) auf die Schließung privater Schulen. Ganz zu Unrecht. Damit bekundet der Nationalsozialismus nur, daß er die Erziehung der Deutschen von morgen als das deutsche Volk von heute in eigener Verantwortung durchführen wolle;

b) auf Rosenbergs ›Mythus des 20. Jahrhunderts‹; wie die Hauptverhandlung ergab, hat er das Buch völlig mißverstanden, wahrscheinlich weil sein Dogmatismus ihm ein Eindringen in das Wesen dieses Buches gar nicht gestattete;

c) auf eine Sendung des Vatikan-Senders von 1938, in der die Behauptung der Religionsfeindschaft und Christenunterdrückung durch den Nationalsozialismus aufgestellt war; mindestens äußerst leichtfertig, am Kreuzweg zwischen Volkstreue und Volksverrat, ganz vage Agitationsbehauptungen einer deutschfremden Stelle entscheidend werden zu lassen! Er hat für seine Behauptungen keine Grundlage.

Jakob G. war sich darüber klar, durch sein Verhalten das deutsche Volk und Deutsche Reich schwer zu schädigen und im Kriege dadurch dem Feinde zu helfen. Er erklärt dazu, für ihn gehe das Gebot der Kirche und ihr Interesse über die Stimme des Blutes, über Volkszugehörigkeit und Vaterland. Er sehe in diesem Kriege zwei Gefahren für das deutsche Volk: Die eine Gefahr, daß England siegt; dieser Sieg würde das deutsche Volk schädigen.

Die andere Gefahr (!!!), daß Deutschland siegt. Dieser Sieg sei eine schwerere Gefahr für das deutsche Volk als der Sieg Englands; denn dann bleibe der Nationalsozialismus. All das erklärte der Angeklagte selbst und fügte hinzu, daß er auch eine Gesinnungstäterschaft als solche anerkenne; denn wie der Katholizismus erhebe er einen weltanschaulichen Totalitätsanspruch. Deshalb müsse er – Jakob G. – ihn auch bekämpfen und werde das zeitlebens tun … Es kann nur eine Antwort geben: Wer so die Stimme des Blutes in sich verrät, wer alles daran setzt, Deutschland seinen Freunden zu entfremden und Deutschlands Feinden zu helfen, weil ihr Sieg für unser Volk weniger schlimm sei als unser Sieg – ein solcher Deutscher hat für immer, für unser Geschlecht und die Reihe der deutschen Geschlechter nach uns, seine Ehre verwirkt; und er muß deshalb als verräterischer Helfer unserer Kriegsfeinde (Paragraph 91 b StGB) mit dem Tode bestraft werden.«

Die Strafe wurde am 13. August 1943 vollstreckt.[38] Weitere Fälle dieser Art einschließlich gegen Wehrmachtgeistliche folgten. Selbst die Intervention des hl. Stuhles erwies sich als erfolglos.[39]

Aber es gab auch Freisprüche. Ein protestantischer Geistlicher, den man der Wehrkraftzersetzung beschuldigt hatte, wurde freigesprochen, weil sein Defätismus nicht bewiesen werden konnte.[40] Doch bis zum Ende des Zweiten Weltkriegs wurden mindestens 26 weite-

re Priester, hauptsächlich Katholiken, zum Tod verurteilt und hingerichtet[41], was vielleicht mehr auf Freisler ausgeprägten Antikatholizismus hinweist als auf eine allgemein antichristliche Haltung.
Mit dem Vergehen der Wehrkraftzersetzung mußte sich der VGH am häufigsten befassen. An zweiter Stelle standen die »Nacht-und-Nebel-Prozesse«. Sie basierten auf dem »Nacht-und-Nebel-Erlaß«, den Hitler im Dezember 1941 persönlich veranlaßt hatte. Nachdem die Deutschen einen Großteil von Nord- und Westeuropa besetzt hatten, herrschte bis zum Rußlandfeldzug relative Ruhe. Von da an nahmen die Angriffe auf einzelne Angehörige der deutschen Besatzungsmacht zu, hauptsächlich von Kommunisten initiiert, ebenso die Sabotageakte. Hitlers vergebliches Bemühen, den Krieg zu beenden, mobilisierte viele Leute, die das Geschehen bis dahin tatenlos und wie betäubt beobachtet hatten, während der Rußlandfeldzug die Kommunisten aktiv auf den Plan rief. Dem muß aber auch hinzugefügt werden, daß alle Terror- und Sabotageakte gegen die deutschen Streitkräfte klar gegen die Waffenstillstandsabkommen verstießen – in Frankreichs Fall unterzeichnet von der Regierung Marschall Pétains, ins Amt berufen von niemand anderem als der französischen Nationalversammlung, die ihm außerordentliche Vollmachten verlieh. Demzufolge verstieß jeder Widerstand gegen die Haager Landkriegsordnung.
Laut Hitler sollte jeder, der an öffentlichem Aufruhr oder an einem Terror- oder Sabotageakt teilnahm, prinzipiell zum Tod verurteilt oder nach Deutschland deportiert werden. Die Angehörigen der Personen, die man nach Deutschland verschleppte, sollten nicht benachrichtigt werden. Keitel, der Chef des OKW, übersetzte Hitlers Befehl in den folgenden Erlaß: »Es ist der lange erwogene Wille des Führers, daß in den besetzten Gebieten bei Angriffen gegen das Reich oder die Besatzungsmacht den Tätern mit anderen Maßnahmen begegnet werden soll als bisher. Der Führer ist der Ansicht: Bei solchen Taten werden Freiheitsstrafen, auch lebenslange Zuchthausstrafen, als Zeichen der Schwäche gewertet. Eine wirksame und nachhaltige Abschreckung ist nur durch Todesstrafen oder durch Maßnahmen zu erreichen, die die Angehörigen und die Bevölkerung über das Schicksal des Täters im ungewissen halten. Diesem Zweck dient die Überführung nach Deutschland.
Die anliegenden Richtlinien für die Verfolgung von Straftaten ent-

sprechen dieser Auffassung des Führers. Sie sind von ihm geprüft und gebilligt worden.«[42]

Diesen Richtlinien zufolge mußten Angriffe auf das Reich oder die deutsche Wehrmacht in den besetzten Gebieten prinzipiell sofort mit dem Tod bestraft werden. Die Richtlinien setzten sich aus sechs Punkten zusammen. Erstens bestand Keitel darauf, sich die Entscheidung vorzubehalten, welches Gericht praktisch imstande und formal kompetent sei, um diesen oder jenen Fall zu behandeln. Zweitens mußte der öffentliche Ankläger seine Entscheidung hinsichtlich einer Anklage von seiner Pflichtauffassung abhängig machen. Drittens lag es im Ermessen des öffentlichen Anklägers anzuordnen, wer hingerichtet oder aus der Untersuchungshaft entlassen werden sollte. Viertens mußten die Hauptverhandlungen hinter verschlossenen Türen stattfinden. Fünftens durfte ausländisches Beweismaterial nur mit der Zustimmung des öffentlichen Anklägers zugelassen werden. Sechstens und letztens konnte der Ankläger vor der Urteilsverkündung die Anklageschrift jederzeit zurückziehen oder die Verhandlung verschieben. Das Gericht mußte dem Antrag des Anklägers, eine Verhandlung zu verschieben, stattgeben. Der Ankläger mußte die Gelegenheit erhalten, seinen Standpunkt zu erläutern, falls das Gericht seinen Antrag *in re* ablehnte.[43]

Das Problem, das noch gelöst werden mußte, bestand in der Frage, welche Gerichte sich mit den Nacht-und-Nebel-Fällen befassen sollten. Der OKW-Spezialist für solche Angelegenheiten leistete im Januar 1942 seinen Beitrag, indem er feststellte, daß es innerhalb des OKW noch nicht entschieden sei, wer die Nacht-und-Nebel-Fälle aburteilen solle, das Reichskriegsgericht oder die untere Wehrmachtsgerichtsbarkeit. Auch der Innenminister, Dr. Wilhelm Frick, wurde um Rat gebeten. Die Frage der Rechtsprechung in den Nacht-und-Nebel-Fällen wurde von einem Ministerium ans andere weitergereicht, bis Freisler diesem Gerangel schließlich am 14. Oktober 1942 in einem Brief an Thierack ein Ende setzte. Er bezog sich auf ein Gespräch, das er im Justizministerium mit Ministerialdirektor Crohne geführt hatte. Dabei hatte er erfahren, daß man daran denke, die Personen, die in den besetzten Gebieten Angriffe auf das Reich oder die Besatzungsmächte unternehmen, vor Zivilgerichte zu stellen, und daß er, Freisler, in diesem Zusammenhang die Kompetenz des VGH prüfen solle. Als Präsident des Volksgerichtshofes enthalte er sich jedes Kommentars, weise aber darauf hin, daß der Volksgerichtshof diese Fälle aburteilen könne und wolle, wenn sie seinem Zuständigkeitsbereich zugeordnet würden.[44] Freisler bezog sich auf vorangegangene mündliche Verhandlungen mit dem OKW über dieses Thema, die nicht aktenkundig wurden, weil sie als Geheime Reichssache galten. Deshalb ist den Akten nicht zu entnehmen, wann der VGH zum erstenmal an dieser Angelegenheit beteiligt wurde. Laut Freisler war es viel wichtiger, zunächst sicherzustellen, daß das Gericht kein anderes Urteil fällen würde als jenes, das der öffentliche Ankläger forderte. Um dies technisch zu gewährleisten, vereinbarte Freisler mit dem OKW, daß der Ankläger erstens seine Anklage bis zur Urteilsverkündung zurückziehen könne und daß er zweitens, falls der VGH seinen Forderungen nicht zustimmte, nochmals die Möglichkeit erhalten solle, seinen Standpunkt klarzustellen. Das bedeutet in der Praxis, daß bei jedem Nacht-und-Nebel-Prozeß schon vorher feststand, wie das Urteil und das Strafmaß ausfallen würden.[45] Trotzdem muß hier noch einmal auf die Tatsache hingewiesen werden, daß die Nacht-und-Nebel-Justiz eine Reaktion auf die wachsende Zahl von Terror- und Sabotageakten in den von Deutschen besetzten Gebieten war, initiiert von Kommunisten und britischen Spezialeinheiten, aufgestellt mit Churchills Motto: »Set Europe ablaze!«

Freislers Haltung in dieser Sache entsprach voll und ganz den Instruktionen, die Thierack den früheren Justizbeamten nur einen Tag zuvor gegeben hatte und die sich mit der Rechtspflege in Kriegszeiten befaßten. In diesen Richtlinien gab Thierack zunächst seiner festen Überzeugung Ausdruck, daß die Justiz vor allem dem deutschen Sieg dienen und den Führer in seinem harten Kampf um die Freiheit Europas unterstützen müsse. Im Augenblick könne man diesem Bestreben nur nützen, indem man die Richter mit sanfter Hand dirigiere, denn aufgrund der historischen Entwicklung gebe es in Deutschland kaum Voraussetzungen für eine einheitliche Rechtspflege. Das Reichsjustizministerium wollte seine Kollegen nicht maßregeln, sondern ihnen nur auf taktvolle und kameradschaftliche Weise beistehen. Die Aufgabe des Gerichts bestehe hauptsächlich darin, Fakten zu registrieren. Anweisungen könnten nur hinsichtlich der Konsequenzen dieser Fakten gegeben werden. Die Instrumente der Instruktionen müßten in erster Linie die höhe-

ren Richter sein – in Zusammenarbeit mit den Generalstaatsanwälten, die ihm, Thierack, direkt verantwortlich seien.

Dann versuchte Thierack die verschiedenen Methoden der Instru-
ierung – erstens die kontinuierliche Information der Richter über
die Wünsche der Reichsführung, zweitens die Möglichkeit, frühere
Urteile für ähnliche oder identische Vergehen als Präzedenzfälle zu
verwenden, um im jeweiligen zur Debatte stehenden Prozeß das
richtige Urteil fällen zu können. Solche Praktiken seien allerdings
ständigen Veränderungen und Kontrollen unterworfen. Am effektivsten wäre es, wenn sich das Gericht schon vor dem Beginn eines
Prozesses einig wäre. Offensichtlich war es Thierack bewußt, daß
er sich hier – trotz der Bedingungen, die im Dritten Reich herrschten – auf dünnes Eis begab, und deshalb verzichtete er darauf, in
diesem Punkt detaillierte Anweisungen zu erteilen, und überließ es
seinen Untergebenen, in seinem Sinne zu verfahren, so wie sie ihn
interpretierten. Zu den Fällen, die vorherige Konsultationen und
Entscheidungen verlangten, zählten allerdings alle Vergehen, in denen Todesurteile ausgesprochen würden. Kriegsverbrechen, wirtschaftliche Kriegsverbrechen, Gewaltakte, Verletzungen der Verordnungen, die Kontakte zwischen deutschen Zivilisten und
Kriegsgefangenen verboten, Straftaten von Jugendlichen, Taten,
»begangen aus tragischen schicksalhaften Komplikationen, Nacht-
und-Nebel-Angelegenheiten sowie alle kriminellen und zivilrecht-
lichen Fälle, in die Beamte oder führende Funktionäre von Staat und
Partei oder Personen, die überhaupt im öffentlichen Leben eine
prominente Position bekleiden, verstrickt sind und in denen das
existierende Recht mit den sozialen und wirtschaftlichen Realitäten
in Konflikt gerät und dieses einer Lösung bedarf«. Sollte es irgendwelche Schwierigkeiten geben, so sei er, Thierack, der Mann, den
man konsultieren sollte. Er würde dann so schnell wie möglich seine
Ratschläge erteilen.[46]

Was die Nacht-und-Nebel-Fälle betraf, so ist kein einziger bekannt, der den VGH im allgemeinen oder Freisler im besonderen
veranlaßt hätte, sich an Thierack zu wenden. Keitel wünschte, daß
jedes Todesurteil, das man in den besetzten Gebieten fällte, innerhalb von vierundzwanzig Stunden vollstreckt würde.[47] Frauen
durften nicht hingerichtet werden, es sei denn, sie hätten einen
Mord oder Terrorakt begangen.[48] Der Nacht-und-Nebel-Erlaß

galt für die westlichen Gebiete und Norwegen. Dänemark bildete eine Ausnahme. Canaris, der Chef der deutschen Abwehr, war mit Keitels Maßnahmen einverstanden und fügte hinzu, daß standgerichtliche Urteile nur dann gefällt werden sollten, wenn es von vornherein um ein Todesurteil gehe. Ansonsten sollten die Terroristen nach Deutschland transportiert werden.[49] Der Nacht-und-Nebel-Erlaß traf aber nicht auf Deutsche oder Volksdeutsche zu, die in den Besatzungsgebieten straffällig wurden[50], auch nicht auf Juden, da sie von den normalen Gerichtsverfahren ausgeschlossen waren und nur der SS und der Polizei unterstanden.[51]

Nach dem Zweiten Weltkrieg wurde oft der Vorwurf erhoben, daß die Nacht-und-Nebel-Prozesse sowie auch andere Prozesse, die vor dem VGH stattgefunden haben, unabänderliche Vorgänge darstellten, wobei der Angeklagte die Anklageschrift erst kurz vor Verhandlungsbeginn oder gar nicht zu sehen bekam, und daß die Verteidigung nicht rechtzeitig genug informiert wurde, um sich entsprechend vorbereiten zu können.[52] Hier ist eine Diskrepanz in den Nachkriegsaussagen zu beobachten. In manchen eidesstattlichen Erklärungen wurde festgestellt, die oben erwähnten Vorwürfe seien zutreffend. Diese Behauptungen stammen von Angehörigen der Justiz, die andere Personen belasteten, hauptsächlich den toten Freisler, um die Vorwürfe abzuschwächen, mit denen sie wahrscheinlich zu rechnen hatten. Andere erklärten an Eides Statt: Solange Deutschland noch nicht den intensiven Luftangriffen der Alliierten ausgesetzt war, habe man die Anklageschriften rechtzeitig vorgelegt und der Verteidigung genügend Zeit gegeben, sich auf den Prozeß vorzubereiten. Dies habe sich erst geändert, als die Verkehrsarterien stundenlang oder oft tagelang lahmgelegt waren.[53] Andererseits spricht gegen die Annahme, daß man die Prozesse ordnungsgemäß abgewickelt habe, daß sie geheim und möglichst schnell vonstatten gehen mußten. Deshalb wurden in diesem Rahmen auch keine Priester oder Geistliche für die Angeklagten zugelassen.

Für die Nacht-und-Nebel-Fälle galt ungefähr das gleiche wir für die politischen oder schweren kriminellen Straftaten, die vor dem VGH oder anderen Gerichten verhandelt wurden: Ein Freispruch bedeutete nicht unbedingt die Haftentlassung; es war ebensogut möglich, daß die freigesprochene Person der Gestapo übergeben wurde und bis zum Kriegsende in einem Konzentrationslager bleiben mußte.

Auch hier gab es Ausnahmen, für die sich allerdings keine Kriterien feststellen lassen. In manchen Fällen erlaubte man den Freigesprochenen, in ihre Heimat zurückzukehren, weil man nicht ihren Transport nach Deutschland, sondern ihr künftiges Schicksal geheimhalten wollte.[54]

Diese Ausnahmen gab es aber nicht mehr, nachdem das OKW am 6. November 1943 angeordnet hatte, daß alle Nacht-und-Nebel-Gefangenen, mochte man sie nun freigesprochen haben oder nicht, der Gestapo übergeben werden müßten.[55] Die Gestapo konnte entscheiden, ob diese Gefangenen nach Hause entlassen oder in einem Konzentrationslager interniert werden sollten, vorausgesetzt, sie waren nicht zum Tode verurteilt worden. In einem Rundschreiben vom 21. Januar 1944 betonte Thierack im Zusammenhang mit diesem OKW-Befehl, daß der Reichsführer-SS und Chef der Deutschen Polizei bei Gefangenen, die freigesprochen oder deren Prozesse abgebrochen worden waren, die mildeste Form der Schutzhaft anwenden könne. Man müßte ihnen mitteilen, daß sie aus Sicherheitsgründen weiterhin festgehalten würden.

Die Gefangenen, die zum Tod verurteilt waren, legte man in Handschellen, falls die Hinrichtung nicht verschoben wurde, was bei Frauen nicht selten passierte. Oberreichsanwalt Lautz befand, daß man die Frauen, deren Hinrichtung verschoben wurde, darüber informieren müßte, sobald sie in ihrem Gefängnis eingetroffen waren. Aber aufgrund von Bormanns Einwänden wurde dieser Vorschlag abgelehnt.

Die Geheimhaltung ging bis über den Tod hinaus. Abschiedsbriefe wurden zurückgehalten und vernichtet; und obwohl die Standesämter von jedem Fall verständigt und die jeweiligen Namen ins Sterberegister eingetragen wurden, vermerkte man gleichzeitig, daß keine Informationen über den Tod der betreffenden Personen weitergegeben werden dürften, es sei denn, der Reichsjustizminister hätte dies persönlich gestattet. Eine weitere wichtige Anordnung untersagte jede Presseveröffentlichung.[56]

Die Wehrmachtjustiz wandte die Methoden der Nacht-und-Nebel-Rechtspflege nur widerstrebend an und versuchte, sich durch Verzögerungen und andere Manöver von solchen Fällen zu distanzieren und dem VGH die Hauptlast zuzuschieben.[57] Zum Beispiel mußten sich die OLG-Staatsanwaltschaften von Köln, Essen und

Kiel im Mai 1942 mit 50 Fällen befassen. Diese Zahl stieg in einem knappen Jahr auf über 2000; gleichzeitig wuchs die Zahl der Angeklagten von 600 auf fast 6700, die alle inhaftiert wurden.[58]

Die ersten VGH-Nacht-und-Nebel-Prozesse begannen Ende August 1942. Außerdem fanden Nacht-und-Nebel-Prozesse vor Sonder- und Oberlandesgerichten statt, die uns hier nicht interessieren. Bis Ende 1942 waren dem VGH über 1000 solcher Fälle übertragen worden. 800 gab Freisler an andere Gerichte ab, die restlichen 200 behandelte der VGH selbst. Freislers VGH-Senat, der Erste, befaßte sich mit dem größten Teil der Nacht-und-Nebel-Fälle. In manche waren Hunderte von Angeklagten verwickelt. Da die Berliner Gefängnisse bereits überfüllt waren, mußte der VGH die Prozesse in den Gefängnissen durchführen, wo man die Angeklagten untergebracht hatte, zum Beispiel im Zuchthaus Brandenburg. Auch die Todesurteile waren so zahlreich, daß einige Gefängnisse nicht mehr mit der Vollstreckung nachkamen, und so fanden die Hinrichtungen in den Gefängnissen anderer Reichsgaue statt – eine Verfahrensweise, die den dortigen Justizbehörden mißfiel, aber sie konnten wenig dagegen tun. In München ging das Widerstreben, Nacht-und-Nebel-Urteile zu vollstrecken, so weit, daß von 130 Verurteilten 30 gerettet wurden und am Leben blieben.[59]

Die wachsenden Verbindungsschwierigkeiten in Deutschland, die, wie bereits erwähnt, auf die Luftangriffe der Alliierten zurückzuführen waren, hatten chaotische Zustände zur Folge, auch bei simplen Vorgängen – wenn zum Beispiel Akten der Staatsanwaltschaften von einem Gericht ans andere geschickt werden sollten. Viele Briefe, Akten und dergleichen trafen nicht an ihrem Bestimmungsort ein. Manche Staatsanwälte behielten ihre Akten bei sich, aus Angst, sie könnten verlorengehen. Deshalb konnten einige Prozesse nicht stattfinden, und dies bedeutete wiederum, daß die Zahl der Gefängnisinsassen gewaltig anstieg.[60] Bei einem Luftangriff auf Berlin am 24. November 1943 wurden alle Nacht-und-Nebel-Akten zerstört. Und so mußte die Wehrmachtgerichtsbarkeit zusammen mit den deutschen Polizeibehörden in den besetzten Gebieten von neuem Ermittlungen durchführen, um die vernichteten Akten zu rekonstruieren. Ein Tag, den die Polizei verlor, war ein Tag, den der Angeklagte gewann.[61]

Erst nach dem Beginn der alliierten Invasion in Frankreich gab Hitler Befehl, den Nacht-und-Nebel-Aktionen ein Ende zu setzen. Die Untersuchungen und Verhandlungen wurden unterbrochen, die Gefangenen der Gestapo übergeben und in Konzentrationslager gebracht, wo man jene, die als gefährlich galten, sehr bald liquidierte. [62]

Der umfangreichste Nacht-und-Nebel-Fall, mit dem sich Freisler befaßte, betraf 360 Angeklagte[63], die auf ausdrückliches Ersuchen des OKW den Nacht-und-Nebel-Bestimmungen unterworfen wurden. [64] Die Angehörigen der Exekutierten wurden nicht informiert, ihre persönliche Habe sollte an den deutschen Polizeichef von Paris geschickt werden. [65] Thierack griff jedoch ein und erklärte, den allgemeinen Nacht-und-Nebel-Richtlinien zufolge dürfe man diese Sachen nicht einmal an den deutschen Polizeichef von Paris schicken. [66] Unter den Verurteilten befand sich ein französischer Lehrer, der sich Notizen über den Transport deutscher Truppen durch Nancy gemacht hatte. Aufgrund des Nacht-und-Nebel-Erlasses wurde er am 21. Januar 1943 wegen Spionage nach Paragraph 2 der KSSVO hingerichtet. [67]

Bald danach saßen 15 Belgier, die man der Spionage beschuldigte, auf der Anklagebank. Einer der Angeklagten hatte einem Landsmann, der, ausgerüstet mit einem Morsetelegrafen, mit einem Fallschirm über Belgien aus einem britischen Flugzeug abgesetzt worden war, Unterschlupf gewahrt. Der Angeklagte hatte dem Belgier auch einen falschen Personalausweis beschafft. Acht von den Angeklagten wurden zum Tode verurteilt, die übrigen bekamen verschiedene Zuchthausstrafen, und nur einer wurde freigesprochen und sofort der Gestapo überantwortet. [68]

Der belgische Agent, den die Engländer nach Belgien geschickt hatten, wurde nicht gemeinsam mit diesen 15 Angeklagten vor Gericht gestellt. Sein Prozeß fand erst viel später statt, am 5. Februar 1944. Nach dem Einmarsch der Deutschen in Belgien war er nach Frankreich geflohen und schließlich nach Großbritannien, wo er eine Spezialausbildung erhielt, bevor er nach Belgien zurückgeschickt wurde. Freisler fand anerkennende Worte für die Tapferkeit und männliche Würde des Angeklagten, was den Agenten aber nicht vor dem Todesurteil rettete. [69]

Auch die Mitglieder diverser Widerstandsgruppen fanden sich, wenn sie der Polizei in die Hände fielen, bald auf der Anklagebank des VGH wieder. In der Bretagne hatte sich eine Organisation entwickelt, die sich bemühte, aus deutscher Gefangenschaft entflohene alliierte Flieger zu verstecken und ihnen zur Rückkehr nach Großbritannien zu verhelfen. Am 15. Oktober 1943 verurteilte der VGH fünf Mitglieder dieser Organisation – ein weibliches zum Tod, die anderen zu je fünf Jahren Zuchthaus. Auch ein Geistlicher wurde zu fünf Jahren Zuchthaus verurteilt. Er hatte zwar von den Aktivitäten der Organisation gewußt, jedoch nicht daran teilgenommen; aber er hatte es unterlassen, die Polizei zu unterrichten.[70] Bei einem anderen Prozeß im selben Jahr standen 12 Personen vor Gericht, darunter 3 Frauen, denen man Franktireur-Aktionen zur Last legte. Alle 12 wurden zum Tod verurteilt, aber die 3 Frauen und ein 20jähriger Student überlebten den Krieg in einem Konzentrationslager.[71]

In Frankreich gründete ein pensionierter Major eine »Freiwilligentruppe«, die es sich zum Ziel setzte, die Kollaboration mit den Deutschen zu bekämpfen, die in Frankreich, Belgien und Holland wesentlich weiter verbreitet war als in Norwegen oder Dänemark. Der Major, ehemals Adjutant von Marschall Foch, wurde bald arretiert und durch einen hohen Verwaltungsbeamten ersetzt, der die Organisation mit der Bewegung General de Gaulles zusammenbrachte. Aber seine Organisation wurde von französischen Kollaborateuren unterwandert und existierte nicht sehr lange. Am 27. und am 28. Mai 1943 standen 15 ihrer Mitglieder vor dem VGH. Dem Major konnte man nichts weiter nachweisen, als daß er antideutsche Literatur gelesen hatte, wofür er mit einem Jahr Gefängnis bestraft wurde. Aber sein Nachfolger und 5 weitere Angeklagte wurden zum Tod verurteilt, weil sie Spionage getrieben und alliierte Kriegsgefangene bei Fluchtversuchen unterstützt hatten. Bei diesem Prozeß saß auch ein nominell deutscher Bürger auf der Anklagebank, ein Elsässer Musikladenbesitzer, der antideutsche Literatur verkauft und verteilt hatte. Auch er wurde zum Tod verurteilt. Diese Urteile wurden am 27. Mai verkündet.

Am 28. Mai wurde unter anderem gegen einen Arzt verhandelt. Er war wegen Spionage angeklagt, weil er Pläne und Skizzen von deutschen Luftwaffenstützpunkten und Munitionsdepots angefertigt hatte. Er wurde zum Tod verurteilt, ebenso wie drei andere: ein Angeklagter, der versucht hatte, eine gaullistische Jugendorganisation zu gründen, einer, der Informationen über deutsche Flugabwehrstützpunkte weitergegeben hatte, und ein dritter, der Pläne von einem deutschen Flugzeug beschafft hatte.[72)]

Fast alle Angeklagten, die spioniert, Sabotage- oder Terrorakte begangen oder Franzosen beziehungsweise anderen Alliierten zur Flucht nach Großbritannien verholfen hatten, mußten mit der Todesstrafe rechnen. Zwischen Juni und August 1943 wurden auch zwei französische Priester wegen Spionage zum Tod verurteilt.[73)]

Ein Holländer, der zwischen 1940 und 1942 Flugblätter veröffentlicht und darin zu Sabotage und passivem Widerstand aufgerufen hatte, wurde ebenfalls zum Tod verurteilt. Die deutsche Polizei war schon vor dem Krieg auf ihn aufmerksam geworden, als er SPD-Propagandamaterial über die deutsche Grenze geschmuggelt hatte.[74)]

Am 18. Januar 1944 verurteilte Freisler 8 Angeklagte. Man hatte sie beschuldigt, illegale Ausschüsse zu leiten, die sich um die zahlreichen Flüchtlinge kümmerten, die sich noch in Belgien aufhielten. Einer der Angeklagten war ein Industrieller aus Lüttich namens Lambert. Er hatte in Lourdes einen solchen Ausschuß gegründet, der seit 1941 tätig war. Außerdem hatte er spioniert und seine Informationen über verschiedene Kanäle an die Briten weitergegeben. Lambert und 6 andere Angeklagte wurden zum Tod, einer zu Zuchthaus verurteilt.[75)]

Im weiteren Verlauf des Krieges versuchten die Alliierten natürlich immer häufiger, Agenten in Europa einzuschleusen. Im gleichen Maß wuchs die Anzahl der Festnahmen von Agenten, der Prozesse gegen sie und der Hinrichtungen. Am 1. März 1942 waren drei belgische Agenten mit Fallschirmen aus britischen Flugzeugen abgesprungen, mit Waffen und Funkgeräten ausgestattet, aber nicht mit Uniformen. Bald bauten sie mit der Hilfe von Bekannten aus der Brüsseler Umgebung ihr Netz auf und planten, das Elektrizitätswerk von Mons in die Luft zu sprengen. Sie wurden tatkräftig unterstützt, sogar von einem Angehörigen der belgischen Waffen-SS-Division Wallonie. Der Mann half ihnen nicht aus ideologischen Gründen, sondern weil er mit einem der Agenten eng befreundet war. Kommunisten versuchten, in die Gruppe einzudringen, und als ihr Bemühen auf Widerstand stieß, denunzierte ein Kommunist die Gruppe bei den deutschen Besatzungsbehörden. Der belgische Waffen-SS-Angehörige wurde von seinem Kommandeur, Léon

242

Degrelle, vor ein Kriegsgericht gestellt, die anderen landeten vor dem VGH. 4 von den ersten 10 Angeklagten wurden zum Tod verurteilt, von der zweiten Gruppe, die aus 5 Angeklagten bestand, wurden 2 mit der Todesstrafe belegt.[76]

Kurz vor dem Ende der Nacht-und-Nebel-Aktionen standen ein Schwede und zwei Norweger vor dem VGH. Einer der Norweger, ein Student, hatte schon zuvor Schwierigkeiten mit der deutschen Besatzungsmacht gehabt, war aber mit einer Warnung davongekommen. Die treibende Kraft war der Schwede gewesen, der einen anderen Studenten beauftragt hatte, Anti-NS-Propagandamaterial zu verfassen, in größeren Mengen herzustellen und zu verteilen. Der erste Student gesellte sich erneut zu den beiden, und alle drei wurden zum Tod verurteilt.[77]

Man kann nicht behaupten, daß der VGH in den Nacht-und-Nebel-Fällen ungewöhnlich harte Strafen aussprach. In den anderen kriegführenden Ländern hatte man solche Vergehen auf ähnliche Weise geahndet. Was der ganzen Angelegenheit ihr besonders unmenschliches Gepräge gab, war erstens die Geheimhaltung, die in jedem einzelnen Fall praktiziert wurde, so daß die Angehörigen der Arretierten nicht erfuhren, ob diese noch lebten oder bereits tot waren, und zweitens die auch bei Deutschen angewandte Methode, den Angeklagten nach einem Freispruch oder einer Prozeßaussetzung der Gestapo und dem Konzentrationslagersystem zu übergeben. Aber letzten Endes zielten diese Methoden hauptsächlich auf den Abschreckungseffekt.

Außer den besetzten Gebieten gab es natürlich noch die zwischen 1938 und 1940 dem Reich angegliederten Territorien – vor allem Österreich, das Sudetenland, das Elsaß, Luxemburg, das Gebiet von Eupen-Malmedy, das Protektorat Böhmen und Mähren sowie die ehemals deutschen, von Polen annektierten Gebiete.

In Österreich entwickelte sich die Widerstandsbewegung sehr langsam. Die Habsburger Legitimisten waren eine winzige Minderheit, nur die Sozialisten und Kommunisten waren – wenn auch gering an der Zahl – einigermaßen organisiert. Aber die Habsburger Legitimisten hatten den Vorteil, daß ihre Bewegung über die Grenzen hinauswirkte, daß sie in Verbindung mit den bayerischen Legitimisten standen, die sich für eine Wiedereinführung der Wittelsbacher Monarchie einsetzten – was natürlich als Hochverrat galt. Einige

Bayern strebten eine politische Union mit Österreich an.[78] 1942 wurde eine weitere zahlenmäßig unbedeutende Gruppe entdeckt, die sich in gewaltiger Übertreibung »Großösterreichische Freiheitsbewegung« nannte und sich für eine neue Habsburger Monarchie einsetzte, der Süddeutschland, Polen, Ungarn und Rumänien angehören sollten.

Weniger weil diese Gruppen eine ernsthafte Bedrohung der NS-Regimes darstellten, sondern um der abschreckenden Wirkung willen wurden schon 1940 109 Österreicher des Hochverrats angeklagt; doch aufgrund des spärlichen Beweismaterials scheint erst am 9. Juli 1942 der VGH-Prozeß stattgefunden zu haben, wobei in der Urteilsbegründung festgestellt wurde: »Die Bestrebungen des Otto von Habsburg, mit Hilfe reichsfeindlicher ausländischer Mächtegruppen die österreichische Monarchie wiederherzustellen und als Erbe des verstorbenen Kaisers Karl Kaiser zu werden, sind gerichtsbekannt. Daß dieses Ziel auf friedlichem und verfassungsmäßigem Wege nicht durchgesetzt werden kann, braucht nicht weiter erörtert zu werden. Es hätte die gewaltsame Zerstückelung des Reichs, die gewaltsame Losreißung der Gebiete des ehemaligen österreichischen Bundesstaates durch einen Krieg gegen das Reich oder einen Bürgerkrieg im Innern und den Sturz der nationalsozialistischen Staatsführung zur Voraussetzung (Paragraph 80 Abs. 1 und 2 StGB).«[79]

In diesem Fall war auch Graf Stürgkh verwickelt, der Neffe des gleichnamigen 1916 ermordeten österreichischen Ministerpräsidenten. Graf Stürgkh war im Herbst 1938 nach Paris emigriert, wo er sofort Verbindung mit der Österreichischen Legion aufnahm, die Otto von Habsburg gegründet hatte. Er wurde zum Tode verurteilt, weil er sich für eine Donauföderation eingesetzt hatte, der auch die Ungarn, Tschechen und Jugoslawen angehören sollten: »Der Angeklagte hat sich, obwohl Träger eines alten deutschen und österreichischen Adelsnamens, in die Dienste einer Bewegung gestellt, die es sich zum Ziel gesetzt hat, die durch den Führer vollendete Verwirklichung des Zusammenschlusses aller Deutschen und insbesondere der Wiedervereinigung der deutschen Gebiete des früheren Österreich mit dem Reich zu zerschlagen ... Die Bewegung, für die er sich eingesetzt hat, war mitbestimmend für den dem Reich jetzt aufgezwungenen Krieg. Sie sollte den Feindmächten vortäuschen, daß der Nationalsozialismus und die Staatsführung im Volke keinen Rückhalt fänden, und war so geeignet, etwa bestehende Erwägungen gegen einen Krieg gegen das Reich zu schwächen ...«[80] Der nächste größere österreichische Fall trat erst 1943 auf, als ein Schuster eine kaisertreue »Volkspartei« gründete. Er behauptete, seine Partei habe achtzig Mitglieder und siebzig- bis achtzigtausend Flugblätter herausgebracht, aber vermutlich war beides stark übertrieben. Er wurde wegen Hochverrats zum Tod verurteilt. Die Herkunft der Dame, die alle Schreibarbeiten für ihn erledigte, hätte gar nicht unwahrscheinlicher sein können – sie stammte aus Berlin. Man verurteilte sie zu acht Jahren Zuchthaus.[81] Als man deutscherseits 1939 in Warschau polnische Akten beschlagnahmte, kam die Gestapo anderen Regimegegnern auf die Spur, zum Beispiel einem österreichischen Offizier, der 1938 in die Wehrmacht übernommen worden und ein Jahr später in den Ruhestand getreten war. Vor dem Krieg hatte er mit Otto von Habsburg Verbindung aufgenommen, um eine Legitimistenorganisation aufzubauen. Außerdem wurde er beschuldigt, geheime deutsche Mobilmachungsbefehle und andere Militär- und Staatsgeheimnisse verraten zu haben. Am 9. Dezember 1943 wurde er wegen Hoch- und Landesverrats zum Tod verurteilt.[82] Österreichs letzter Kanzler, Kurt von Schuschnigg, im Konzentrationslager von Dachau interniert, wo er besondere Privilegien genoß und die Grausamkeit, unter der KZ-Insassen normalerweise zu leiden hatten, nicht zu spüren bekam, fand vorübergehend außerhalb einen Rückhalt. Sein Freund Dr. Kastelic, ein hoher Staatsbeamter, hatte die »Großösterreichische Freiheitsbewegung« gegründet. In der angestrebten Regierung sollte er den Posten des Justizministers übernehmen. Die Organisation hortete Waffen und Explosivstoffe, doch das Depot wurde gefunden. Man verurteilte Kastelic zum Tod und seine vier Mitarbeiter zu unterschiedlich hohen Zuchthausstrafen.[83] Außer dem legitimistischen gab es noch einen demokratischen Separatismus. Der Leiter einer der größeren Organisationen, der »Österreichischen Freiheitsbewegung«, war Dr. Karl Roman Scholz, Professor für Theologie in Klosterneuburg bei Wien. Seine Pläne reichten bis ins Jahr 1939 zurück; er wurde aber erst ab 1941 aktiv und arbeitete darauf hin, die nationalsozialistische Führung zu stürzen, Österreich vom Reich zu trennen und ein demokratisches Österreich zu etablieren. Dieses Ziel versuchte er mittels Propaganda und Sabotage zu erreichen. Aber – und dies gilt für alle österreichischen Fälle, da sich die Mehrzahl der Österreicher, trotz ihrer Sympathien für die einstige kaiserliche Prachtentfaltung, eher mit Hitler verbunden fühlte als mit der ehemaligen Republik – diese Umtriebe wurden bald entdeckt; und zwischen 1940 und 1944 wurden praktisch alle Aktivisten vor den VGH gestellt und verurteilt, Scholz und einige andere zum Tod.[84]

Einzelkämpfern erging es in Österreich ebenso gut oder schlecht wie im übrigen Reich. Eine Wiener Nonne hatte ein Soldatenlied komponiert, in dem alle österreichischen Soldaten gebeten wurden, ihre Waffen gegen die »Preußen« zu richten, gegen das »Reich der braunen Sklaverei«, und für ein glückliches Österreich zu kämpfen. Im VGH-Urteil hieß es unter anderem: »In diesem Hetzgedicht werden die ostmärkischen Soldaten aufgefordert, sich nicht länger für das nationalsozialistische Großdeutschland, dessen Führung in niederträchtigster Weise beschimpft und verleumdet wird, einzusetzen, sondern die Waffen umzukehren und für die Wiederherstellung eines selbständigen österreichischen Staates zu kämpfen. Daß solche Bestrebungen, ein zum Deutschen Reich gehöriges Gebiet vom Reich loszureißen, bei dem festen Gefüge des nationalsozialistischen Deutschland nur mit Gewalt durchzuführen sind, ist selbstverständlich. Gleichzeitig ergibt sich aus dem Inhalt des Machwerks klar und unzweideutig, daß es gegen die deutsche Wehrmacht gerichtet ist, indem es den Versuch macht, die ostmärkischen Soldaten zu zersetzen und so die Schlagkraft der Wehrmacht zu vermindern ... Sie hat sich im schwersten Schicksalskampf gegen ihr Volk gestellt und Hand in Hand mit dessen Todfeinden an der Vernichtung desselben gearbeitet« und damit »das Recht verwirkt, innerhalb der Gemeinschaft dieses Volkes zu leben.«

Die Nonne wurde zum Tod verurteilt, und obwohl kein Geringerer als der Reichsstatthalter von Wien, Baldur von Schirach, der Reichsleiter für Jugenderziehung der NSDAP, um Gnade bat, wurde sie am 30. April 1943 hingerichtet. Freisler hatte wieder einmal triumphiert.[85]

Am 17. Oktober 1944 behandelte der VGH unter dem Vorsitz von

Freisler den Fall eines Schülers, den man beschuldigte, feindliche Radiosender gehört zu haben; aber er wurde aus Mangel an Beweisen freigesprochen. Im Hintergrund dieses Falles stand die Tatsache, daß während des Krieges ein ehemaliger höherer Beamter der Dollfuß-Regierung in Salzburg zusammen mit anderen feindliche Radiosender gehört hatte. Dies wurde entdeckt, und der VGH verurteilte ihn im Sommer zum Tod, worauf er exekutiert wurde. Zu den Angeklagten zählte auch die Mutter des Schuljungen, die ihren Mann wiederholt gewarnt hatte – denn da die Wohnung klein war, konnte jedermann mithören, wenn der Vater einen ausländischen Sender einschaltete. Dies bildete den Hintergrund des Prozesses, der dem Schüler gemacht wurde. Da der Vater oft politische Witze zum besten gab, wurden sie natürlich von seinem Sohn weitererzählt. Andererseits war der Junge regionaler Schimeister der Hitlerjugend; er hatte seine Pflichten als Hitlerjunge stets auf beispielhafte Weise erfüllt und war Jungvolkführer. Freisler betonte, daß der Angeklagte, der »seinen Dienst als Hitlerjunge ordentlich tat und Jungvolkführer war, der sich ersehnt, Soldat und später Offizier werden zu können, und der uns heute spontan diesen Wunsch wieder zum Ausdruck brachte«, daß dieser Junge nicht schuldig im Sinne der Anklage sein könne. Freisler schloß sich daher dem Antrag der Verteidigung auf Freispruch an.[86]

Wie bereits erwähnt, stammten die stärksten österreichischen Widerstandsgruppen aus den Reihen ehemaliger Sozialisten und Kommunisten, deren Aktivitäten sich hauptsächlich auf Wien konzentrierten, wenn auch in allen größeren österreichischen Städten Gruppen von Kommunisten existierten, deren Wirkung bis ins Sudetenland reichte. Vom 1. Januar bis 31. Juli 1941 wurden in Wien und Niederösterreich 200 Personen verhaftet, 154 in der Steiermark und 50 in Linz in Oberösterreich. 1942 häuften sich die kommunistischen Aktivitäten. In 11 Prozessen wurde gegen 650 Angeklagte verhandelt. Weitere 1500 potentielle Angeklagte konnten nicht festgenommen werden, weil man in den Gefängnissen keinen Platz für sie hatte. Erst Anfang Februar 1944 registrierte der VGH einen merklichen Rückgang der Fälle, in die Kommunisten verwickelt waren.[87] Ob dies Schlüsse auf eine Reduzierung der kommunistischen Aktivitäten zuläßt, ist mehr als zweifelhaft. Die Strömungen im Kriegsgeschehen hatten sich eindeutig gegen Deutschland gerichtet; und der Anschluß, 1938 von der Mehrheit der Österreicher begrüßt, hatte sich als bittere Enttäuschung erwiesen. So ließ natürlich die Bereitschaft nach, Leute anzuzeigen, deren Aktivitäten sich gegen das Dritte Reich und seine Organisationen richteten. Einige Reichsdeutsche, die Wien im Sommer 1944 besuchten, stellten eine klar erkennbare antideutsche Stimmung fest.[88]

Zunächst, bis zum Sommer 1941, zögerte der VGH, ehemalige Kommunisten und Sozialisten mit der Todesstrafe zu belegen.[89] Diese Tendenz kehrte sich ins Gegenteil, als der Krieg mit Rußland ausbrach. Im Prozeß vom 12. Februar 1943 gegen den Ingenieur Schranek und andere, die kommunistische Zellen in Fabriken gebildet hatten, wurde zweimal die Todesstrafe verhängt; das dritte Mitglied der Gruppe kam mit zehn Jahren Zuchthaus davon. Gegen die zum Tod Verurteilten sprach vor allem die Tatsache, daß sie sich die Adressen von Frontsoldaten besorgt und ihnen geschrieben hatten, sie sollten nicht für eine Sache kämpfen, deren Sieg zur völligen Unterjochung der Arbeiter führen würde. Ein weiterer Faktor spielte bei der Urteilsfindung eine Rolle: Beide waren jahrelang arbeitslos gewesen, bevor sie 1938 im wirtschaftlichen Aufschwung nach dem Anschluß Arbeitsplätze fanden.[90]

14 Österreicher hatten eine Gruppe gebildet, die Explosivstoffe für Sabotageakte sammelte. Als man sie aufgespürt hatte, machte ihnen der VGH unter dem Vorsitz Freislers den Prozeß, wegen Hochverrats und Feindbegünstigung. Vier von den Angeklagten wurden zum Tod verurteilt, und Freisler konnte kein Verständnis für ihre Beweggründe aufbringen: »Sie hatten alle ordentlichen und regelmäßigen Verdienst. Während sie vor der Gründung des Großdeutschen Reiches teilweise selbst sehr lange arbeitslos waren und jedenfalls früher am Arbeitslosenschicksal vieler Arbeitskameraden sehen konnten, daß der Nationalsozialismus für Arbeit und Brot gesorgt hat. Wenn wirklich in dem einen Jahr zwischen der Gründung des Großdeutschen Reiches und dem Krieg der verbündeten Plutokraten und Bolschewisten gegen uns in ihrer Umgebung nicht alle Vernachlässigungen früherer Zeiten gutgemacht werden konnten, so ist das demgegenüber bedeutungslos.[91]

Über 8 andere Angeklagten sagte Freisler: »Sie sind in ihrer Jugend (sie waren 8 Geschwister) in großem Elend aufgewachsen und mögen mit ihrer Angabe recht haben, daß dieses frühere Elend, um das sich damals kein Staat, keine NSDAP, und keine NSV kümmerten, sie zum Marxismus geführt habe. Aber sie hatten in nationalsozialistischer Zeit feste Arbeit und ihr Brot, wußten um das Wirken der NSV und hätten bei gutem Willen sehr leicht erkannt, daß der Nationalsozialismus unser Reich als ein Haus der sozialistischen Gerechtigkeit aufbauen und einrichten will … Die Zeit, in der kommunistischer Hochverrat als Kavaliersverbrechen angesehen wurde, ist vorbei. Auch wenn der Kommunist bei seinem Verbrechen nicht daran gedacht hat, daß er dem Feinde des Reiches hilft, hat er sich durch seine Untreue schuldig gemacht.«[92]

Zwei Wiener Sozialisten hatten Geld für die Angehörigen inhaftierter Kommunisten gesammelt und außerdem das verbotene Blatt »Die Rote Fahne« verteilt. Am 7. Dezember 1942 wurden sie wegen Vorbereitung zum Hochverrat zum Tod verurteilt: »Die illegale ›Rote Hilfe‹ bezweckt, wie gerichtsbekannt, durch die Unterstützung von Angehörigen festgenommener Kommunisten die Stärkung der Bereitschaft des einzelnen zu staatsfeindlicher kommunistischer Tätigkeit. Jede Mitarbeit bei dieser kommunistischen Unterstützungsaktion stellt deshalb eine Förderung der auf die gewaltsame Beseitigung der nationalsozialistischen Regierungsform gerichteten Bestrebungen der illegalen Kommunistischen Partei dar.«[93]

Dasselbe Schicksal erlitten zahlreiche andere Angeklagte, die sich für die »Rote Hilfe« eingesetzt hatten. Nur in wenigen der registrierten Fälle wurden Zuchthausstrafen verhängt. Einer der letzten VGH-Prozesse gegen Österreicher fand am 25. Januar 1945 statt, als das Dröhnen des Artilleriefeuers an der ungarischen Grenze bereits bis nach Wien drang, während im Norden die russischen Truppen die deutsche Front in Ostpreußen und Schlesien durchbrochen hatten. Einer der Angeklagten, ein Koch aus Innsbruck namens Telfen, hatte bereits im Ersten Weltkrieg gekämpft. 1917 hatten ihn die Russen gefangengenommen, und während der bolschewistischen Revolution war er Kommunist geworden. Nach seiner Freilassung arbeitete er in Großbritannien und Schweden. Von 1934 bis 1938 lebte er in der Sowjetunion und heiratete dort eine Russin. Nachdem ihn die Russen zum Agenten ausgebildet hatten, kehrte er mit einem Spionageauftrag nach Schweden zurück, wurde festgenommen und zu einer kurzen Gefängnisstrafe verurteilt. 1943 ging er nach Deutschland und trat in das deutsche Heer ein; er desertierte aber noch im Herbst desselben Jahres. Seitdem lebte er mit falschen Papieren in Österreich und beförderte sich zum Stabsfeldwebel. Er arbeitete aktiv im kommunistischen Untergrund und baute in Linz eine illegale kommunistische Organisation auf, die mit gefälschten deutschen Wehrmachtsformularen und gefälschten Ausweispapieren ausgerüstet war und Geld für die Angehörigen inhaftierter Kommunisten sammelte.

Er hatte zwei weitere Soldaten angeworben, beides Unteroffiziere. Der eine war mit dem Eisernen Kreuz Erster und Zweiter Klasse und mehreren anderen Orden ausgezeichnet worden. Er gehörte zu den wenigen Soldaten, die Ende August 1944 der russischen Einkreisung in Rumänien entkommen waren. Damals hatte er der 9. Infanteriedivision angehört, zu der man ihn erst kurz zuvor versetzt hatte – sehr zu seinem Ärger, da es sich um eine hessische Division handelte. Nachdem er den Russen entronnen war, fertigte er mit Hilfe von selbstgefertigten Gummistempeln Papiere an, die ihm die Rückkehr nach Wien ermöglichten. Dort ging er in den Untergrund und traf mit Telfer zusammen. Alle drei wurden zum Tod verurteilt, nachdem sie vorher offiziell aus der Wehrmacht ausgestoßen worden waren.[94]

Für die Aktivitäten des VGH im Protektorat Böhmen und Mähren wurden bereits zahlreiche Beispiele angeführt. Kurz nach der Gründung des Protektorats kündigte Hitler eine weitreichende Amnestie an, die auch für verräterische Aktivitäten von Tschechen gelten sollte. Diese Amnestie galt für insgesamt 1219 bekannte Fälle von tschechischer Spionage gegen Deutschland; doch Hitler und Himmler beschlossen, einen Strich unter die bisherige deutsch-tschechische Geschichte zu ziehen, in der Hoffnung, die Tschechen beschwichtigen und ins Reich integrieren zu können.[95] Doch da die Tschechen zum großen Teil wenig Neigung zeigten, sich integrieren zu lassen, ordnete Hitler eine neuerliche Strafverfolgung unbotmäßiger Personen an. Er betonte aber, daß größere Prozesse nicht vor dem VGH stattfinden sollten, da er dem Volk keine Märtyrer präsentieren wolle.[96] Man vertrat die Ansicht, daß die Einsatzkommandos der deutschen Polizei dieser Aufgabe gewachsen seien. Wenn ein Fall vor Gericht kam, sollte er zurückgestellt und erst nach Deutschlands Endsieg verhandelt werden. Die Urteile, die

dann verkündet würden, werden nur zu einer einzigen Strafe führen, zur Todesstrafe, die dann in eine lebenslängliche Festungshaft oder Deportation umgewandelt werden würde.[97]
Aber die Situation im Protektorat verschlechterte sich weiterhin, und Heydrichs Ernennung zum stellvertretenden Reichsprotektor markierte eine Zäsur, nach der der Fall Elias der erste prominente VGH-Fall war. Im März 1942, drei Monate vor Heydrichs Tod, teilte Dr. Otto Meißner, der Chef der Präsidialkanzlei, Schlegelberger mit, daß Hitlers Entscheidung, in Böhmen und Mähren Milde walten zu lassen, angesichts der Ereignisse überholt sei und daß es keine fundamentalen Gründe mehr gebe, auf Prozesse gegen tschechische Widerstandskämpfer und Exekutionen zu verzichten.[98]
Nun war die Tür weit geöffnet für den VGH, der Fälle auch an die Oberlandesgerichte von Breslau, Dresden und Leitmeritz abgeben konnte. Tschechische Verteidiger galten als unerwünscht, wenn sie auch nicht abgelehnt wurden. Ein weiteres Problem betraf die Dolmetscher. Die Anklageschrift mußte dem Angeklagten in deutscher Sprache vorgelegt werden, während ein Dolmetscher sie mündlich ins Tschechische übersetzte. Die Prozesse wurden in deutscher Sprache abgehalten, in Anwesenheit eines tschechischen Dolmetschers.[99]
Am 24. Mai 1941, bevor Hitler dem VGH grünes Licht gab, hatte die Gestapo 3523 Fälle im Protektorat untersucht. Der Großteil der Angeklagten gehörte zur bereits erwähnten *Narodna obrana*.[100]
Nach dem Fall Eliáš war Heydrich der Meinung, daß der VGH-Prozeß im Protektorat nicht die gewünschte Wirkung erzielt habe und daß deshalb keine weiteren VGH-Prozesse in Böhmen und Mähren stattfinden sollten.[101] Mit diesem Vorschlag hatte er keinen Erfolg.
Am 8. Juli 1943 stand der ehemalige Hauptmann des tschechischen Generalstabs Zemen wegen seiner Aktivitäten in einer geheimen Militärorganisation vor dem VGH. Dieser Tätigkeit war er aber schon vor Kriegsausbruch im Jahre 1939 nachgegangen und hatte sie danach offenbar aufgegeben. Deshalb lehnte der VGH den Antrag des Staatsanwalts auf Todesstrafe ab und verurteilte Zemen statt dessen zu zehn Jahren Zuchthaus.[102] Aber am 27. August 1943 wurde ein Oberstleutnant der tschechoslowakischen Armee, der

eine militärische Gruppe aus ehemaligen Stabsoffizieren um sich herum organisiert hatte, zum Tode verurteilt. [103]

Von allen illegalen Verbänden im Protektorat wurde *Narodna obrana* am schwersten getroffen. Sie hatte die meisten Mitglieder, und die deutsche Spionageabwehr konnte sie leichter unterwandern als andere Gruppen.

Während *Narodna obrana* als militärische Organisation aktiv war, entwickelten sich auch politische Oppositionskreise, vor allem *Politicke Ustredi,* das politische Zentrum, das eng mit Eduard Beneš verbunden war. Es pflegte Kontakte mit anderen Widerstandsgruppen und der tschechoslowakischen Exilregierung in London. Ein VGH-Urteil vom 4. September 1942 faßte die Aktivitäten von *Politicke Ustredi* zusammen: »Im Rahmen der gerichtsbekannten Bestrebungen tschechischer Kreise, Böhmen und Mähren wieder vom Reiche loszureißen und einen neuen tschechischen Staat zu errichten, waren bis weit in die Kriegszeit hinein im Protektorat auch mehrere Gruppen der tschechischen Intelligenz tätig. Diese Gruppen, in denen sich Beamte aller Zweige, ehemalige Parlamentsabgeordnete, Schriftleiter, Rechtsanwälte, und sonstige Angehörige freier Berufe zusammengeschlossen hatten, arbeiteten zunächst unabhängig voneinander, nahmen mit der Zeit jedoch Verbindung miteinander auf und unterhielten vor allem bald Beziehungen zu der illegalen Militärorganisation ›Obrana Národa‹, die das tschechische Heer im geheimen für einen Aufstand gegen das Reich wieder aufzubauen suchte.

Die Tätigkeit dieser Gruppe bestand darin, nach dem Vorbild der tschechischen Maffia des ersten Weltkrieges den Widerstand des tschechischen Volkes gegen das Reich zu organisieren und es für eine allgemeine Erhebung während des Krieges zu gewinnen, laufend Verkehr mit entsprechenden Kreisen im feindlichen Ausland, insbesondere der von Beneš gebildeten Scheinregierung, zu unterhalten, Nachrichten aller Art aus dem Protektorat ins Ausland weiterzuleiten, illegal tätigen Protektoratsangehörigen zur Flucht ins Ausland zu verhelfen und nach Ausbruch des Krieges den in den feindlichen Ländern aufgestellten Legionen Offiziere und Mannschaften zuzuführen.

Besondere Bedeutung unter diesen zivilen Widerstandsgruppen gewann zunächst ein Kreis namhafter Persönlichkeiten in Prag, der unter der Leitung des inzwischen verstorbenen Kanzlers a. D. Dr. Šamal und des Rechtsanwalts Dr. Rašin stand und ferner u. a. den damals noch im Amt befindlichen Landwirtschaftsminister der Protektoratsregierung Feierabend, den Präsidenten des tschechischen Preisprüfungsamtes Nečas, den früheren sozialdemokratischen Abgeordneten und Gewerkschaftsführer Laušman sowie die Professoren Klečanda und Prochátky umfaßte. Als dieser Kreis infolge der Festnahme mehrerer seiner Mitglieder im November 1939 seine Tätigkeit einstellen mußte, flohen Klečanda, Laušman, Feierabend und Nečas ins Ausland und traten dort als Berater in Beneš's illegales Regierungsgebilde ein. Rašin, ein Sohn des bekannten tschechischen Hochverräters des ersten Weltkrieges, wurde am 17. Dezember 1941 vom Senat zum Tode verurteilt.

In regem Gedankenaustausch mit dem Šamalkreis stand eine ... Gruppe, die von dem Richter am tschechischen Obersten Verwaltungsgericht Prokop Drtina geleitet wurde. Dieser war bis zum Herbst 1938 Sekretär in der Kanzlei des ehemaligen Staatspräsidenten Beneš gewesen und arbeitete in der von ihm geleiteten Gruppe u. a. besonders mit dem ehemaligen sozialdemokratischen Abgeordneten und Sekretär der tschechischen Eisenbahnföderation, Nemec, zusammen. Ende 1939 flüchtete auch Drtina aus dem Protektorat und trat in Beneš's illegale Kanzlei als politischer Referent ein. Daraufhin übernahm Nemec die Leitung dieser Widerstandsgruppe, bis auch er im März 1940 ins Ausland flüchtete.

Eine weitere Gruppe, deren Mitglieder als die ›Fachleute‹ bezeichnet wurden, umfaßte Angehörige mehrerer Beamten- und Gewerkschaftsverbände. Sie stand unter der Führung des Professor Cižek ... und fand einen besonders rührigen Vertreter in dem jüdischen Rechtsanwalt Karel Bondy. Dieser betätigte sich vor allem im illegalen Nachrichtendienst und bei der Fluchthilfe für Protektoratsangehörige.

In der gleichen Richtung war neben einer Reihe anderer Gruppen auch eine Organisation unter der Leitung des Eisenbahnsekretärs Träger (›Doktor‹) aus Prag tätig. Dieser ... schmuggelte mit seinen Helfern, meist Eisenbahnern, eine große Anzahl von politischen Flüchtlingen aus dem Protektorat. Auch der Minister Feierabend wurde Ende Januar 1940 mit seiner Hilfe über die Grenze gebracht. Träger, dem als Transportführer seine Geliebte ... zur Seite stand, wurde ebenso wie diese am 16. Juni 1942 vom Senat zum Tode verurteilt.

Die Nachrichten, die im Protektorat gesammelt wurden und ins Ausland gingen ... wurden durch Kuriere und mittels geheimer Sender an die illegalen tschechischen Auslandsgruppen weitergeleitet, von denen enge Fäden an die entsprechenden Nachrichtenstellen der Feindmächte liefen ... Diese gesamte Tätigkeit der zivilen Widerstandsgruppen war mit der Zeit durch eine enge Zusammenarbeit mit der geheimen Militärorganisation ON. gekennzeichnet und wurde von dieser maßgebend beeinflußt. Dabei betätigte sich als Vertreter der ON. vor allem der Oberstleutnant a. D. Balabán. Das alles ist gerichtsbekannt. «[104]

Trotz der deutschen Maßnahmen und der harten VGH-Strafen konnte der Widerstand im Protektorat niemals völlig unterdrückt werden. Die illegale Widerstandszeitung *V boy* (»Im Kampf«) erschien seit dem April 1943 einmal wöchentlich. Wenn der Redaktionsstab auch von Zeit zu Zeit festgenommen, vor Gericht gestellt, verurteilt und hingerichtet wurde – es fand sich stets jemand, der die Zeitung erneut herausbrachte, und so kann man behaupten, daß sie bis zum Ende des Zweiten Weltkriegs existierte. Der erste Herausgeber wurde zum Tod verurteilt, ebenso einige seiner Nachfolger. Sogar 1942, als eine Redakteurin von *V boj* zum Tod verurteilt und hingerichtet wurde, erschien in Prag am Tag der Exekution eine neue Ausgabe der Zeitung. Die letzte registrierte Strafe gegen einen Verteiler von *V boj* wurde am 14. Juni 1944 ausgesprochen; aber da er kein Redakteur war, sondern den Zeitungsleuten nur einen Arbeitsraum zur Verfügung gestellt hatte und behauptete, nichts von ihren Aktivitäten gewußt zu haben, kam er mit drei Jahren Zuchthaus davon.[105]

Um alle tschechischen Widerstandsbewegungen zu koordinieren, wurde am 3. Oktober 1942 *Ustredni Vodovi Odboja Domanaciku* (die zentrale Führung der Heimatverteidigung) gegründet. Auch diese Gruppe war mühelos zu infiltrieren, und der VGH verurteilte die meisten Verhafteten aus dieser Gruppe zum Tod.[106]

Besser organisiert und zählebiger war die KPČ, die tschechische kommunistische Partei. Sie war am 27. Dezember 1938 aufgelöst worden, setzte aber ihre Arbeit im Untergrund fort. Infolge ihrer guten Organisation und Disziplin machte sie von sich reden, nachdem der Krieg zwischen Deutschland und der Sowjetunion ausgebrochen war; sie propagierte nationalistische Ziele und verzichtete auf die früheren internationalistischen Schlagworte.[107]

»Die illegale KPČ war im Protektorat wie folgt aufgebaut: Oberste Parteistelle war die Zentralleitung in Prag. Ihr unterstanden die Landesleitungen Böhmen in Prag und Mähren in Brünn. Die Landesteile waren in Kreise eingeteilt, an deren Spitze je eine Kreisleitung stand. In Mähren bestanden vier Kreisleitungen mit dem Sitz in Brünn, Göding, Olmütz und Mährisch-Ostrau. Die Kreise waren ihrerseits in Bezirke eingeteilt. Diese gliederten sich im allgemeinen in Betriebszellen oder Ortsgruppen. Die dort geworbenen Personen wurden in der Regel zu Dreiergruppen zusammengeschlossen ...

Neben dem organisatorischen und politischen Apparat, der meist in einer Hand lag, bestand ein technischer Apparat. Dieser hatte für die Herstellung und Verbreitung von Flugblättern zu sorgen und lief gesondert durch alle Gliederungen bis zur Ortsgruppe. Um ihre Arbeit zu tarnen, traten die illegalen Funktionäre meist unter Decknamen auf. Für die Verteilung von Schriften wurden Anlaufstellen eingerichtet; zugleich wurden zur Beförderung von Nachrichten und Schriften besondere Kuriere eingesetzt.«[108]

In Quellen, die von tschechischen Kommunisten stammen, wird behauptet, die KPČ habe damals die meisten Todesopfer beklagen müssen. Leider sind die deutschen Quellen zu unvollständig, um diese Behauptung bestätigen zu können. Die VGH-Akten, die in diesem Zusammenhang noch existieren, befassen sich in erster Linie mit den Prozessen Ende 1943 und im Lauf des Jahres 1944. Am 28. März 1944 wurde ein Beamter aus der Umgebung von Prag wegen Vorbereitung zum Hochverrat und Feindbegünstigung zum Tod verurteilt. Der Angeklagte hatte ab 1922 der Sozialdemokratischen Partei angehört, war aber 1935 der KPČ beigetreten: »Aus diesem parteipolitischen Werdegang des Angeklagten ergibt sich bereits, daß es sich bei ihm um einen überzeugten Marxisten handelte, von dem nicht angenommen werden kann, daß die militärischen und politischen Ereignisse seit dem Jahre 1939 ihn auch nur im geringsten zu einem Gesinnungswechsel veranlaßt haben ... Tatsächlich hat das vorliegende Verfahren geradezu zwingend bestätigt, daß P. auch bis zu seiner Festnahme seiner Gesinnung nach der Gleiche geblieben ist, der er vor Jahren und Jahrzehnten war; ein Marxist.«[109]

Abgesehen von einigen Ausnahmen, wozu kein einziger Freispruch, aber mehrere Zuchthausstrafen zählten, verurteilte der VGH alle Kommunisten zum Tod. Dies trifft auch auf die Mitglieder kommunistischer Unterorganisationen zu, z. B. des »Nationalen Revolutionskomitees«, das den Anschein zu erwecken suchte, es stünde über den Parteien und Gruppen, in Wirklichkeit aber bemüht war, alle Widerstandsbewegungen im Protektorat unter kommunistischer Leitung zu zentrieren. Dagegen sträubten sich die anderen Organisationen ganz entschieden, vor allem die Führung von *Narodna obrana,* und so kam es zu erbitterten Feindseligkeiten zwischen den Kommunistengruppen und tschechischen Nationalisten. Vor allem in Emigrantenkreisen wirken diese Kämpfe zwischen Kommunisten, die Nationalisten an die Deutschen verraten hatten, und nationalistischen Kommunisten in Beschuldigungen des Verrats und Gegenbeschuldigungen bis zum heutigen Tag nach.[110]

Auch die Gewerkschaften spielten im Organisationsnetz der tschechischen Widerstandskämpfer eine bedeutende Rolle, da man sie bei der Gründung des Protektorats Böhmen und Mähren nicht aufgelöst hatte. Als Heydrich das Amt des stellvertretenden Reichsprotektors antrat, wandte er sich insbesondere an die Gewerkschaften, um die industrielle Produktion mit einer Politik von »Zuckerbrot und Peitsche« zu steigern.[111] Unnachgiebig gegenüber den tschechischen oberen Klassen, umwarb Heydrich die Gewerkschaften buchstäblich und mit Erfolg – einer von mehreren Gründen, warum man in London entschied, daß er gewaltsam entfernt werden müßte.[112]

Einige Gewerkschaftler, sowohl Mitglieder der KPČ als auch Sozialdemokraten, schlossen sich Widerstandsbewegungen an, unterstützten sie tatkräftig und mußten, wenn man sie aufgespürt hatte, auch den vollen Preis dafür bezahlen. Am 16. Juni 1944 wurde ein Gewerkschaftssekretär wegen Vorbereitung zum Hochverrat, Feindbegünstigung und seiner Arbeit für die illegalen tschechischen Geheimdienste zum Tod verurteilt. Er hatte auch versucht, innerhalb der bestehenden Gewerkschaftsstruktur eine neue geheime Gewerkschaft aufzubauen, die in der Nachkriegszeit die sozialen Probleme der Tschechoslowakei lösen sollte.[113]

Während die Gewerkschaften weiterhin existierten, war die Lebensdauer der Turnvereine, der *Sokoly* (Falken), begrenzt. Im April

1941 wurden sie verboten.[114] Praktisch während des ganzen 19. und zu Beginn des 20. Jahrhunderts hatten sie dieselbe Funktion erfüllt wie die Turner Vater Jahns und die Turnvereine, die er gegründet hatte, nachdem Preußen von Napoleon besiegt worden war. Unter dem Deckmantel des Sports wurden die Jugendlichen in Vereinen zusammengeführt, im patriotischen Sinn erzogen und auf den Befreiungskrieg vorbereitet.[115] Die *Sokoly* in Polen, in den tschechischen und slowakischen Gebieten sowie in der übrigen slawischen Welt erfüllten dieselbe Funktion.[116]

Ein Jahr nach ihrer Auflösung im Protektorat verhandelte der VGH zum erstenmal gegen *Sokol*-Leiter. In diesen Prozessen wurden mehrere Angeklagte freigesprochen, doch das war ziemlich bedeutungslos, da man sie sofort in Konzentrationslager brachte.[117]

Außer den bereits erwähnten Organisationen gab es noch viele andere, aber bei den weiteren größeren VGH-Prozessen im Protektorat spielten auch die tschechischen Legionen, Spionage, Gewalt- und Sabotageakte sowie Propaganda eine wesentliche Rolle. Als der Krieg ausbrach, formierten Großbritannien und Frankreich ihre tschechischen Legionen, Rußland folgte diesem Beispiel im Jahr 1941. Die Prozesse, die sich mit den tschechischen Legionen befaßten, begannen erst 1942. Am 18. März wurden drei ehemalige tschechische Offiziere, die Rekruten für die tschechische Legion ins Ausland geschmuggelt hatten, zum Tod verurteilt.[118]

Auf diese Verhandlung folgten zahlreiche mehr oder weniger ähnliche Prozesse – eine Kette, die erst Anfang 1944 abriß.[119]

In Böhmen und Mähren bildeten sich bald nach der Entstehung des Protektorats mehrere Spionagenetze. Teilweise konnten sie sich auf die Netze stützen, die schon in der tschechoslowakischen Republik existiert, zusammen mit den sowjetischen, polnischen und französischen als die effektivsten seit 1919 gegolten und der deutschen Spionageabwehr schon in Friedenszeiten große Sorgen bereitet hatten.[120]

Eine der größten Organisationen wurde 1940 entdeckt, wie einem Bericht der VGH-Staatsanwaltschaft vom 4. April dieses Jahres zu entnehmen ist. Es handelt sich um die Schmoranz-Organisation. Schmoranz war seit 1934 Leiter der Presse- und Informationsabteilung im Präsidium des Ministerrats gewesen. Nach dem Münchener Abkommen war in diesem Sektor eine Unterabteilung eingerichtet worden, geleitet von Dr. Swoboda, der die Aufgabe hatte, für eine strengere Zensur zu sorgen. Nach der Gründung des Protektorats ersetzte Schmoranz einen Großteil seines Mitarbeiterstabs durch Offiziere der ehemaligen tschechischen Armee. Insgesamt 38 Offiziere absolvierten zunächst einen intensiven geheimen Spionagekurs. Ihre späteren Aktivitäten beschränkten sich nicht auf das Gebiet des Protektorats, sondern erstreckten sich auch auf das Sudetenland und die benachbarten deutschen Provinzen. Zum Beispiel informierten sie die Regierung Eliáš über deutsche Truppenbewegungen, beschafften detaillierte Informationen über den deutschen Truppenaufmarsch vor dem Polenfeldzug und so weiter. Schmoranz pflegte außerdem enge Kontakte mit dem Prager Korrespondenten einer französischen Tageszeitung, der alle relevanten Informationen erhielt und nach Paris weiterleitete. Kurz vor Kriegsausbruch wurden Schmoranz, Swoboda und andere verhaftet, aber wegen Hitlers Aussetzungsbefehl nicht offiziell vor Gericht gestellt. Hitlers Sinneswandel in dieser Angelegenheit wurde bereits erwähnt; und nach Heydrichs Ernennung zum stellvertretenden Reichsprotektor fand am 21. November 1941 ein Prozeß statt, in dem Schmoranz, Swoboda und ein weiterer Mann zum Tod sowie mehrere andere Mitglieder der Gruppe zu Zuchthaus verurteilt wurden. Die VGH-Urteilsbegründung lautete: »Die Errichtung des Protektorats Böhmen und Mähren stieß in gewissen Kreisen des tschechischen Volkes auf völlige Ablehnung. Irregeführt durch die jahrelange chauvinistische Hetze gegen das Deutsche Reich und seine Führung, vermochten sich diese Kreise mit der durch die Errichtung des Protektorats geschaffenen, von ihrer eigenen verfassungsmäßigen Regierung bestätigten Neuordnung im böhmisch-mährischen Raum nicht abzufinden. Alsbald setzten unter der Decke Bestrebungen ein, die darauf abzielten, das Protektorat Böhmen und Mähren und den Sudetengau gewaltsam vom Reich loszureißen und wieder einen unabhängigen tschechoslowakischen Staat, zumindest in den alten Grenzen, zu errichten ... Führende Persönlichkeiten der ehemaligen tschechoslowakischen Regierung, an ihrer Spitze der ehemalige Staatspräsident Benesch und unter ihnen mehrere Generale und sonstige höhere Offiziere des aufgelösten tschechoslowakischen Heeres, förderten diese Umsturzbestrebungen vom deutschfeindlichen Auslande her, wohin sie geflohen waren, und

nahmen maßgeblichen Einfluß auf sie. Die Methoden des Kampfes ähnelten denen, die die Tschechen … schon während des Weltkrieges gegenüber dem damaligen österreichisch-ungarischen Staat angewendet hatten. Eine umfangreiche deutschfeindliche Flugschriften- und Mundpropaganda im Protektorat sollte die tschechische Bevölkerung mit den Zielen der Umstürzler bekannt machen, den Geist der Widersetzlichkeit gegen die deutsche Schutzmacht wachhalten und geistig den Boden für den Umsturz vorbereiten … Schon bald nach Errichtung des Protektorats rechnete man in diesen Kreisen mit dem Ausbruch eines Krieges zwischen Deutschland und den Westmächten und arbeitete auf ihn hin. In der Erwartung des Krieges wurde schon vor Ausbruch der deutsch-polnischen Feindseligkeiten eine tschechische Legion in Polen aufgestellt. Später schritt man auch zur Aufstellung tschechischer Verbände in Frankreich .., und mit der von den Feindmächten erzwungenen Ausdehnung des Krieges wurden auch auf anderen Kriegsschauplätzen tschechische Verbände aufgestellt, die durch ihren Einsatz zu der erhofften Niederlage des Deutschen Reiches und zur Erreichung der Kriegsziele der Feindmächte, insbesondere der Wiedererrichtung eines unabhängigen tschechischen Staates, beitragen sollten. Der tschechischen Bevölkerung im Protektorat aber war die Aufgabe zugedacht, der deutschen Schutzherrschaft Schwierigkeiten zu bereiten, die deutschen vor allem zur Fortführung des Krieges erforderlichen Maßnahmen zu sabotieren und im gegebenen Zeitpunkt zum Aufstand zu schreiten … Schließlich steigerte sich die Tätigkeit dieser Kreise trotz deutscher Warnungen in jüngster Zeit derart, daß Sabotageakte gegen Einrichtungen des Verkehrs und die Rüstungsindustrie im Protektorat vorbereitet wurden. Der stellvertretende Reichsprotektor sah sich daher am 27. September 1941 gezwungen, den Ausnahmezustand in mehreren Oberlandratsbezirken des Protektorats zu verhängen.«[121]
Auch nach Schmoranz' Tod wurden im Protektorat während des ganzen Krieges Spionagenetze gewebt. Deshalb erscheint es im Rückblick verwunderlich, daß Tschechen, die im Krieg freiwillig nach Deutschland gingen, um dort in Rüstungsbetrieben zu arbeiten, bis zum Kriegsende dieselben Privilegien genossen wie deutsche Bürger. Im Gegensatz zu Angehörigen anderer Ostvölker wurden sie nicht in Lagern interniert, konnten in Privatquartieren

wohnen, mußten sich keinem Ausgangsverbot fügen und bekamen dieselben Löhne wie ihre deutschen Kollegen. Im Protektorat wußten die Deutschen allerdings niemals, ob sie sich auf die tschechischen Behörden verlassen konnten, die unter ihrer Leitung arbeiteten; das zeigt auch die Zahl der tschechischen Beamten, denen zwischen Herbst 1944 und Anfang 1945 der Prozeß gemacht wurde.[122]

Der wichtigste Gewalt- und Sabotageakt war der Mordanschlag auf den stellvertretenden Reichsprotektor, SS-Obergruppenführer Heydrich am 27. Mai 1942. Das Attentat war in London geplant worden, wo sich die tschechische Exilregierung große Sorgen über das Ausmaß der Zusammenarbeit machte, die Heydrich zwischen dem deutschen Reich und der tschechischen Arbeiterschaft erzielt hatte. Nicht nur Heydrich erwog den Plan, das Protektorat am Dreimächtevertrag zu beteiligen und eine tschechische Streitmacht zu formieren, die gegen die Russen marschieren sollte – an der Seite zahlreicher anderer ausländischer Freiwilligentruppen, die unter deutscher Flagge in Rußland kämpften. Dies wollte die tschechische Exilregierung in London um jeden Preis verhindern – mit Mitteln, die einen unverrückbaren Keil zwischen die deutsche und die tschechische Bevölkerung treiben würde.[123] Sie rechnete mit einer exzessiven deutschen Reaktion auf ihre Maßnahme, und sie täuschte sich nicht. Nach Heydrichs Ermordung wurde Lidice von den Bulldozern deutscher Pioniere und des Reichsarbeitsdienstes dem Erdboden gleichgemacht, während eine Polizeikompanie als Vergeltungsakt die gesamte männliche Bevölkerung erschoß. Die Frauen wurden in Konzentrationslager gebracht, und die Kinder, die für geeignet gehalten wurden, in die »nordische« Volksgemeinschaft integriert zu werden, übergab man der Obhut deutscher Pflegeeltern. Doch das war noch nicht alles. In Prag und Brünn wurden Kriegsgerichte eingerichtet, die vom 28. Mai bis 3. Juli 1942 insgesamt 1351 Personen verurteilten.[124] So sollte auch das Todesurteil gegen Eliáš nicht vollstreckt werden, weil es sich herausgestellt hatte, daß Eliáš seine Beziehungen zu London und Paris etwa ein halbes Jahr vor seiner Verurteilung abgebrochen hatte. Erst nach dem erfolgreichen Attentat auf Heydrich hat Hitler die Vollstreckung befohlen. Ferner wurde die Ermordung der männlichen Bevölkerung Lidices, die Verschleppung der Frauen und Kinder und die Zerstörung des Ortes nicht auf Befehl der Reichsspitze durchgeführt, sondern auf

Grund einer Eigenmächtigkeit des Befehlhabers der Sicherheitspolizei und des SD in Böhmen und Mähren, SS-Standartenführer Böhmes, des »wirklichen Bluthunds des Protektorats.«[125] Damit wurde die Zusammenarbeit zwischen Deutschen und Tschechen sofort im Keim erstickt. Und von jetzt an war die Todesstrafe in VGH-Prozessen gegen Protektoratsbewohner eher die Regel als die Ausnahme.

Was die Propaganda betraf, so lieferten BBC und Radio Moskau der Bevölkerung genügend Material. Briefe wurden abgefangen, und ihr Inhalt konnte den Schreibern die Todesstrafe oder zumindest harte Zuchthausstrafen einbringen. So wurden im VGH-Prozeß vom 16. Juli 1942 zwei Angeklagte zu zwölf Jahren Zuchthaus verurteilt, weil sie gemeinsam einem Vetter geschrieben hatten, der in Belgrad lebte. In ihrem Brief hatten sie sich, ohne ein Blatt vor den Mund zu nehmen, über die wirtschaftliche Not im Protektorat beklagt, über die schlechte Behandlung und die Folterungen von Gefangenen und über die Tatsache, daß bei den Prager Studentenunruhen 120 junge Leute getötet worden waren.[126]

Am 15. Januar 1944 verurteilte der VGH einen weiteren Tschechen zum Tod. Er war bereits mehrfach vorbestraft und hatte 1943 in einem Nürnberger Gefängnis einen Zellengenossen gegen Hitler aufgewiegelt, auf die Überlegenheit der alliierten Luftwaffe hingewiesen und Deutschlands Niederlage prophezeit. Außerdem hatte er das alles mit Bleistift auf Kassiber geschrieben, die er im Gefängnis zirkulieren ließ. Er wurde wegen Wehrkraftzersetzung und Feindbegünstigung verurteilt.[127]

Obwohl Frankreich im deutsch-französischen Waffenstillstand vom 25. Juni 1940 Elsaß-Lothringen nicht an Deutschland abgetreten hatte[128], stand das Gebiet, verwaltet von Gauleiter Bürckel, praktisch unter deutscher Kontrolle, und die französischen Einwohner wurden ins Landesinnere vertrieben. Es handelte sich zwar nicht unbedingt um eine *De-jure-*, aber zumindest um eine *De-facto*-Annexion.[129] Es wäre viel zu einfach, die Elsässer in eine deutschfreundliche und eine deutschfeindliche Gruppe unterteilen zu wollen. Aus dem Elsaß stammten glühende deutsche Patrioten, aber auch ebenso begeisterte französische wie zum Beispiel Robert Schuman – Vater des Schuman-Plans und französischer Außenminister, der im Ersten Weltkrieg als Offizier in einem deutschen Trainregiment gedient hatte.

Doch zwischen diesen beiden Strömungen gab es eine rein elsässische Hauptströmung. Ihre Verfechter wollten in relativer Autonomie mit ihrem deutsch-elsässischem Dialekt leben, wobei sich sowohl Paris als auch Berlin so wenig wie möglich einmischen sollten. Zu dieser Bewegung gehörte die »Elsässer Jugendfront.« Zwölf Mitglieder der Gruppe mußten sich am 7. Juli 1943 vor Freislers VGH verantworten. Ursprünglich als Jugendbewegung entstanden, die sich für eine ausgeprägte Elsässer Identität einsetzte, wurde die Organisation aktiv, als das Deutsche Reich die Wehrpflicht auch auf das Elsaß ausdehnte. Die jungen Leute rissen amtliche Bekanntmachungen und Einberufungsplakate von den Anschlägen herunter. Vor Gericht verteidigten sich zwei Angeklagte, sie hätten die Einberufung in die deutsche Wehrmacht als ungesetzlich betrachtet – was sie auch war –, doch gerade diese beiden wurden zum Tod verurteilt. Freisler erklärte: »Das deutsche Volk im Elsaß empfing die nationalsozialistischen Revolutionsarmeen des Führers mit Begeisterung. Auch dem, dessen Bewußtsein und Stolz, Deutscher zu sein, unter dem Druck der Franzosenherrschaft eingeschlafen war, mußte nun das Herz höher schlagen, und er mußte seine Kraft für den Aufbau, und wenn er ein junger Mann war, sein Leben dem Siege zur Verfügung stellen. Das verpflichtende Vermächtnis von Langemarck mußte vor allem jedem deutschen Studenten, wie in den anderen deutschen Gauen, so auch im Elsaß, Vorbild der Pflichterfüllung und Hingabe sein. Im Elsaß aber fand sich dennoch eine Gruppe deutscher Studenten elsässischen Stammes, die ihr eigenes Blut, unser Volk, verrieten und eine Organisation, ›Front de la Jeunesse d'Alsace‹ gründeten, die einem Elsaß im Rahmen Frankreichs zustrebten.« Freisler fuhr fort: »Zunächst: Jede reine formale Rechtslage hätte gegenüber dem materiellen Lebensrecht unseres Volkes und damit der Opferpflicht junger Deutscher Männer unbedingt zurückstehen müssen. Aber weiter: Jedem Deutschen im Elsaß war, wenn auch nicht juristisch …, so doch gefühls- und gewissenmäßig klar, daß Frankreich auf seine an sich schon höchst zweifelhaften ›Ansprüche‹ aus einem Versailler Zwangsdiktat jedenfalls deshalb nicht mehr zurückgreifen konnte, weil es durch seine deutschfeindliche Politik, sein Hintreiben zum Kriege mit Deutschland und seine Kriegserklärung an Deutschland die wenigen, dafür aber um so selbstverständlicheren Pflichten aus dem Versailler Dokument verletzt, diesen ›Vertrag‹ also selbst annulliert hatte.«[130]

Franzosen, die sich im Elsaß für französische Ziele einsetzten, hatten, wenn sie aufgespürt wurden, bessere Chancen, denn man konnte ihnen zumindest nicht vorwerfen, daß sie ihr »Volk und Blut« verrieten.

Neben dem Elsaß wurde auch ein Teil von Lothringen, vor allem die Region um Metz, zu einem Zentrum der kommunistischen Résistance. Hier legte der VGH in seinen Urteilen besonders stenge Maßstäbe an.[131] Auch die Gaullisten bauten in dieser Gegend ihr eigenes Netz auf; doch hier wurde ebenso wie in anderen europäischen Regionen die Zeit, die man für den Widerstand hätte nutzen können, mit Streitigkeiten über die Frage verschwendet, ob Kommunisten oder Nichtkommunisten dominieren sollten oder könnten. Und die Personen, die zwischen die beiden Netze gerieten, landeten meist auch auf der Anklagebank des VGH.[132]

Im Gebiet von Eupen-Malmedy, das Deutschland auf Grund des Versailler Vertrages an Belgien hatte abtreten müssen und das 1940 wieder dem Reich angegliedert worden war, verurteilte der VGH am 4. Mai 1943 einen katholischen Priester zum Tode, weil er wehrpflichtigen jungen Männern geraten hatte, nach Belgien zu fliehen.[133] Am 27. April 1944 wurde ein anderer Priester zum Tod verurteilt, weil er einen französischen Kriegsgefangenen, der aus Deutschland geflohen war, bei sich aufgenommen hatte.[134]

In den Ostgebieten beschränkte sich die Rechtsprechung des VGH auf die Polen, die in den von Deutschland annektierten Provinzen lebten, z. B. Danzig, Westpreußen, Wartheland und Posen. Im Generalgouvernement hatte der VGH keine Kompetenzen, da es dem Generalgouverneur Dr. Hans Frank gelang, sich die ganze Macht zu sichern und in seinen Händen zu konsolidieren. Er unterstand nur Hitler und der Parteikanzlei.[135]

Es entwickelten sich jedoch 1939/40 in den annektierten Provinzen Rivalitäten zwischen dem VGH und den nationalsozialistischen Statthaltern, die in Danzig, Posen und Kattowitz residierten. Obwohl sich der VGH bis zu einem gewissen Grad durchsetzen konnte, waren es im wesentlichen die Statthalter, die in den einzelnen Gauen die konzentrierte Macht ausübten. Darin wurden sie durch eine Verordnung vom 4. Dezember 1941 unterstützt, die die Straf-gesetzgebung für Polen und Juden betraf, Standgerichte für Polen und Juden einführte und sie einer rein autoritären Rechtsprechung politischen Charakters unterwarf.[136] Diese Verordnung gestattete eine schnellere Abwicklung der Strafverfolgung, also der Prozesse, Urteilsverkündungen und Vollstreckungen, als es vor dem VGH der Fall war. Auch die Gestapo führte hier ein autoritäres Regiment – in stärkerem Maß als im Reich selbst.[137]

Die genaue Zahl der hingerichteten Polen wird sich vermutlich nie-mals eruieren lassen. In polnischen Historikerkreisen ist es üblich geworden, den polnischen Opfern eine geschätzte Zahl der ermor-deten Juden hinzuzählen – eine zweifelhafte Methode angesichts der Berichte deutscher Vewaltungsbeamter, die ihrem Abscheu vor jenen Polen Ausdruck gaben, die, obwohl selbst verfolgt, stets be-reitwillig mit den Deutschen zusammenarbeiten, wenn sich ir-gendwelche Maßnahmen gegen Juden richteten.[138]

Im ersten Halbjahr 1942 wurden etwa 530 Polen in Standgerichts-verfahren zum Tod verurteilt, 300 wegen politischer Vergehen, der Rest wegen gewöhnlicher Straftaten. Von Juli bis September 1942 wurden 584 Angehörige polnischer Widerstandsorganisationen verurteilt, 189 zum Tod. Die Zahl der Polen, die im Jahr 1942 nach der Strafgesetzgebung für Juden und Polen verurteilt wurden, schätzt man auf 61 836. Davon wurden nur wenige Ausnahmefälle vor dem VGH verhandelt.[139]

Nach der Machtergreifung beabsichtigte Hitler offenbar, in das französische Sicherheitssystem, das seit 1919 rings um Deutschland aufgebaut worden war, eine Bresche zu schlagen.[140] Der Nichtan-griffspakt mit Polen von 1934 war der erste größere Erfolg in dieser Hinsicht. Als polnische Spione aufgespürt wurden, war Deutsch-land deshalb geneigt, Milde walten zu lassen und kein großes Auf-heben von der Sache zu machen. Außerdem halfen besonders in Ostpreußen viele polnische Saisonarbeiter mit, wenn die Ernte ein-gebracht wurde. Wenn sie nach Polen zurückkehrten, wurden sie natürlich von der polnischen Polizei und dem militärischen Ge-heimdienst über die Zustände befragt, und offenbar sagten sie, was sie sagen zu müssen glaubten. In einem Fall wurde ein solcher Pole von den deutschen Behörden festgenommen und vor den VGH ge-stellt. Er wurde freigesprochen, kehrte nach Hause zurück, erhielt aber Einreiseverbot für Deutschland.[141] Als der Krieg ausgebrochen, Polen besiegt und die polnische Widerstandsbewegung entstanden war, lehnte es das Reichskriegsgericht ab, sich die Hände an polnischen Widerstandskämpfern schmutzig zu machen. Und so wurden solche Fälle an den VGH abgegeben.

Die ersten größeren Aktivitäten des VGH im Osten hingen mit der Entdeckung des *Stronnictwo Narodowe* zusammen, der »Nationalpartei« im annektierten Wartheland. Der Oberreichsanwalt meldete, daß am 15. Dezember 1941 568 Personen festgenommen worden waren, und erklärte, das Parteizentrum befinde sich in Warschau, es gebe aber auch eine Unterabteilung in Posen.[142] Am 17. und 18. Dezember 1941 standen die Angeklagten vor dem VGH; neun wurden zum Tod verurteilt. Thierack, damals noch VGH-Präsident, stellte fest: »Zur Verfolgung reiner Parteiziele, die sich erst in einem selbständigen polnischen Staat auswirken sollten, bestand um diese Zeit kein vernünftiger Anlaß. Damit wäre es noch früh genug gewesen, wenn die Neuerrichtung eines polnischen Staates festgestanden hätte. Wegen solcher Ziele würde es sich auch nicht gelohnt haben, die Gefahr der schweren Strafen auf sich zu nehmen, wie sie die Zuwiderhandlungen gegen die deutschen Verbote nach sich zogen. Der hohe Einsatz mußte durch den von der Organisation verfolgten Zweck gerechtfertigt erscheinen. Dies war nur dann der Fall, wenn sich Ziel und Arbeit der Organisation gegen das Deutsche Reich richteten und danach dessen Herrschaft über die ehemaligen polnischen Gebiete beseitigt werden sollte ... Gegen die ernstliche Absicht des SN im geeignet erscheinenden Zeitpunkt unter der polnischen Bevölkerung einen Aufstand zur Beseitigung der deutschen Regierung zu entfesseln, lassen sich auch nicht Vernunftgründe des Inhalts anführen, daß doch ein solcher Versuch bei der Stärke des Deutschen Reiches von vornherein zum Scheitern verurteilt sein mußte und auch eine Hoffnung auf eine Niederlage des Reiches bei seiner günstigen Kriegslage trügerisch wäre. Die Polen haben im Laufe der Geschichte häufig einen erstaunlichen Mangel an Wirklichkeitssinn bewiesen. Wenn ihre nationalen Leidenschaften entfesselt waren, haben stets diese und nicht die Vernunft ihr Handeln bestimmt ... Daß dies das Ziel des SN war, geht völlig eindeutig aus dem Inhalt der Schriften hervor, die es regelmäßig in kurzen Abständen herausgab. Es ist darin offen und unverblümt von der geplanten Gewaltanwendung die Rede, indem es dort heißt, >daß die Fesseln der Hitlerischen Okkupation gesprengt würden< und >der Augenblick der Rache< abzuwarten sei, um den Bedrücker niederzuhauen und ihn aus dem Lande zu kehren, um ihn für immer hinter die Oder zu treiben.«[143)

Aber keine der Reichsbehörden, schon gar nicht der VGH, konnte die polnische Widerstandsbewegung zerschlagen; man konnte sie bestenfalls in Grenzen halten. Und ebenso wie anderswo stellte die Spionage auch in Polen ein großes Problem dar. Es gab zwei herausragende Organisationen, die eine wurde von General Sikorski in London geleitet, die andere nannte sich *Stragan* (Marktbude). Beide wurden entdeckt, zumindest teilweise, was zu Prozessen sowohl vor dem Reichskriegsgericht als auch vor dem VGH führte. Das Reichskriegsgericht war in den Fall verwickelt, weil vier Wehrmachtsangehörige für die *Stragan*-Organisation gearbeitet hatten.[144)] Schon am 26. November 1940 saßen einige Mitglieder der Sikorski-Gruppe auf der Anklagebank des VGH – zwei Polen, ein Druckereibesitzer und ein Bergmann. Sie hatten 1940 umfangreiche Aufzeichnungen über die deutschen Truppenbewegungen im Osten gemacht und von einem Kurier nach Warschau bringen lassen, von wo man sie nach London weitergeleitet hatte. Außerdem hatten sie die Druckerei benutzt, um antideutsches Propagandamaterial herzustellen, und die Ansicht kundgetan, Deutschland werde bald keine Waffen mehr besitzen und der Augenblick, in dem man es vernichtend schlagen könne, rücke immer näher. Sie hatten Glück, als sie mit einer Zuchthausstrafe davonkamen. Weil sie keine Reichsbürger waren, unterlagen sie der deutschen Strafgesetzgebung für Ausländer; und sie konnten in der Tat froh sein, daß die Strafgesetzgebung für Juden und Polen damals noch nicht existierte.[145)]

Viel härter fiel das Urteil aus, dem sich am 6. Januar 1942 ein Lehrer und ein Student unterwerfen mußten, die Flugblätter produziert hatten. Darin hatten sie ihre polnischen Landsleute davor gewarnt, sich freiwillig zur Arbeit in Deutschland zu melden, und sie aufgefordert, zu den polnischen Legionen zu gehen. Beide wurden wegen Hochverrats und Feindbegünstigung zum Tod verurteilt. Die Frau, die als Sekretärin für sie gearbeitet hatte, bekam zehn Jahre Zuchthaus. Angeklagte, die Soldaten für die polnischen Legionen angeworben hatten, wurden im allgemeinen mit dem Tod bestraft, da dies einen eindeutigen Verstoß gegen den Paragraphen 91 b des StGB darstellte. [146)]

In Südosteuropa waren die Probleme nicht geringer. Betroffene waren vor allem die österreichischen Provinzen Steiermark und Kärnten, da sie an Slowenien grenzten, wo jugoslawische Partisanen sehr aktiv waren und auch die deutsche Grenze nicht respektierten. Außerdem war die Partisanenbewegung gespalten – grob gesprochen in die Tschetniks unter General Draža Mihailović und Titos Kommunistengruppen. Wenn es einen Vorteil für die Deutschen gab, dann lag er in der Tatsache, daß die Organisationen anfangs mehr damit beschäftigt waren, einander zu bekämpfen, als Deutsche oder Italiener anzugreifen. Erst nachdem Großbritannien und die Vereinigten Staaten Tito ihre volle Unterstützung zugesagt hatten, trat er als Partisanenführer in den Vordergrund; er wurde aber von in Südosteuropa rekrutierten SS-Divisionen mit geringer Kampfkraft operativ im Zaum gehalten und konnte keinen Durchbruch erzielen. [147)] Trotzdem sorgten die Aktivitäten der Partisanen für Unruhe, so daß zum Beispiel der Gauleiter von Kärnten am 4. Februar 1943 einen Brief an Thierack schrieb und seine Schwierigkeiten mit den Slowenen schilderte, die er darauf zurückführte, daß die Grenze im Süden nicht ausreichend geschützt war. Er fügte die Bitte hinzu, der VGH möge diverse Hochverratsfälle möglichst schnell erledigen. [148)] Die gleiche Beschwerde kam einen Monat später vom Gauleiter der Steiermark, der den Vorschlag machte, einen VGH-Senat in Graz einzurichten. [149)] Obwohl Thierack und Freisler schnelle und effektive VGH-Maßnahmen befürworteten, wurde das Ansuchen abgelehnt. [150)]

Vom 7. bis 9. April 1943 führte Freisler den Vorsitz bei einem Prozeß in Klagenfurt, der Hauptstädt Kärntens. 35 Slowenen waren angeklagt, darunter 14 Frauen, die des Hochverrats und der Feindbegünstigung beschuldigt wurden. Zwei Angeklagte waren aus der Wehrmacht desertiert und hatten sich an Morden und Raubüberfällen beteiligt. 9 Angeklagte wurden zum Tod verurteilt, weil sie kommunistischen Terrorbanden angehört hatten, »die die deutsche und überhaupt die reichstreue Bevölkerung terrorisierten, Deutsche ermordeten und Gehöfte plünderten, und Teile des Reiches von ihm losreißen wollten«, sagte Freisler und stellte dann fest, indem er sich auf einen der Angeklagten bezog: »Welch starker Haß gegen Deutschland diesen Angeklagten beseelt, zeigt auch folgendes: In der Hauptverhandlung hat er – ein Angestellter der deutschen Reichspost!!! – auf Vorbehalt seiner polizeilichen Geständnisse gemeint, die Beamten könnten ja viel hineinschreiben, und auf Vorhalt, daß es ihm auch vorgelesen sei, es sei ja möglich, daß ihm die Beamten beim Vorlesen Teile des Protokolls unterschlagen haben!! Ist er auch noch jung, so zeigen doch seine Handlungsweise und seine Verbissenheit, daß er schon ein ausgewachsener Schwerverbrecher ist (§ 1 der Verordnung zum Schutze gegen jugendliche Schwerverbrecher). Er muß also wie die anderen bisher genannten Angeklagten behandelt werden.«[151]

Trotz der Verschärfung der deutschen Gerichtspraxis standen die deutschen Gerichte weiterhin im Kreuzfeuer von Kritikern aus der NSDAP – nicht einmal der VGH war ausgenommen. Drei Monate nach Hitlers Rede vom 26. April 1942 hielt Goebbels eine Rede, in der er sich ausschließlich an die Mitglieder des VGH wandte, angeblich aufgrund einer Einladung von Thierack.[152] Goebbels erklärte zunächst, die Äußerungen, die er zu machen gedenke, seien vom Führer persönlich gebilligt worden. Dann fügte er hinzu, die Justiz sei stets ein Gegenstand öffentlicher Kritik gewesen, und man kritisiere sogar die derzeitigen juristischen Entscheidungen und bezeichne sie als dem Volksgeist fremd. Die Behauptung, die Justiz habe das Volk enttäuscht, könne nicht durch den Einwand widerlegt werden, daß jedesmal, wenn sich Kritiker zu Wort gemeldet hätten, zuvor ein einzelner Fall ans Licht der Öffentlichkeit gezerrt worden sei, während man die größere Anzahl korrekter richterlicher Entscheidungen ignoriert habe. Hier stehe etwas Grundsätzliches zur Debatte, nämlich die falsche Geisteshaltung einiger Richter, die unfähig seien, sich von alten Anschauungen zu lösen. Die Schuld daran liege in beträchtlichem Ausmaß an der falschen Geisteshaltung, die deutschen Jurastudenten an deutschen Universitäten eingeimpft werde. Man bilde sie zu einseitig aus, und wenn sie später als Richter tätig seien, führten sie ein abgeschiedenes Berufsleben – ohne echten Kontakt mit der Außenwelt. Kurz gesagt, die Richter besäßen zu wenig praktische Lebenserfahrungen. Und Entscheidungen, die das Volk nicht verstehe, könnten sich gerade in Kriegszeiten negativ auswirken. Deshalb müsse sich hier einiges ändern, bevor es für die Justiz zu spät sei. Kein anderer Berufsstand außer den Richtern hätte bisher das Privileg genossen, vor Entlassungen sicher zu sein – sogar Generäle könnten entlassen werden. Ein mächtiger Staat dürfe sich das Recht, inkompetente und aus anderen Gründen ungeeignete Staatsdiener ihrer Ämter zu entheben, nicht versagen. Dies treffe auch auf die Richter zu. Das Konzept, daß sie unkündbar seien, stamme ohnehin aus einem Bereich, dem der Nationalsozialismus frontal entgegenstehe.

Danach besprach Goebbels mehrere Urteile, die er angesichts des Zeitgeists als unerträglich betrachtete. Als erstes Beispiel führte er den Fall Leo Sklarek an und erklärte, es sei ihm unbegreiflich, daß dieser infame »jüdische Gauner«, der sogar nach seiner Emigration im Irak weiter spioniert habe, mit nur acht Jahren Zuchthaus wegen Landesverrats bestraft worden sei. Ebenso unhaltbar sei das Urteil, das gegen eine Frau erlassen worden war, die einen soeben an der Front gefallenen Soldaten beleidigt hatte. Als sie von der Ehefrau des Soldaten erfahren hatte, daß er tot sei, hatte sie nichts weiter gesagt als »Gott sei Dank« – und das Gericht habe sie dann freigesprochen.

Goebbels' nächstes Thema war der »berühmte« Brief von Werner Mölders, dem bis 1941 erfolgreichsten Jagdflieger der deutschen Luftwaffe. Nach dem Selbstmord des Generalluftzeugmeisters Ernst Udet fand für ihn im November 1941 in Berlin ein Staatsbegräbnis statt. Die sechs höchstdekorierten deutschen Jagdflieger sollten an seinem Sarg Ehrenwache stehen.

Mölders, der ein Jagdgeschwader in Rußland kommandierte, war beim Flug nach Berlin Passagier einer Heinkel He 111. Bei dichtem Nebel setzten die Motoren aus, und beim Versuch der Notlandung stürzte sie bei Breslau ab. Unter den Toten befand sich Mölders.[153]

Auch Mölders erhielt ein Staatsbegräbnis. Er war tiefgläubiger Katholik gewesen, und eine seiner Schwestern war Nonne. Wie bereits erwähnt, hatte man 1940 und 1941 mehrere Orden und Klöster aufgelöst oder stark verkleinert, um Platz für Kasernen und Krankenhäuser zu schaffen. In der deutschen Öffentlichkeit wurden diese Maßnahmen großteils als Repressalien interpretiert, die gegen die Kirche gerichtet waren. Nach Mölders' Tod begannen Gerüchte über einen Brief zu kursieren, den dieser angeblich an Hitler persönlich gerichtet habe, um gegen diese Maßnahmen zu protestieren.

Wir wissen heute, daß diese Gerüchte aus der Luft gegriffen waren; aber damals kamen erfundene Auszüge aus diesem Brief in Umlauf, was die britische Propaganda natürlich ausnutzte. Goebbels wünschte nunmehr, daß die Justiz mit aller Strenge gegen diese Gerüchte vorging.

Nach seiner Ansicht hatte ein Richter bei seinen Entscheidungen nicht das Gesetz zu berücksichtigen, sondern das grundlegende Prinzip, daß ein Rechtsbrecher aus der Volksgemeinschaft ausgeschlossen werden mußte. Im Krieg sei es nicht wichtig, ob ein Urteil gerecht oder ungerecht ist; entscheidend sei, ob es seinen Zweck erfülle. Der Staat müsse sich auf die wirksamste Weise gegen seine Feinde im Inland schützen und sie letzten Endes ausschalten. Die Überlegung, daß jemand ein Verbrechen aus einer besonderen Überzeugung heraus begehen könnte, müsse völlig ignoriert werden. Der wesentliche Zweck des Richteramts bestehe nicht darin, Vergeltung zu üben oder den Täter zu bessern, sondern den Staat zu erhalten. Man solle nicht vom rechtlichen Standpunkt ausgehen, sondern von der Notwendigkeit, daß man den betreffenden Mann loswerden müsse. Jedem Verbrecher müsse von Anfang an klar sein, daß man ihn enthauptet, wenn er an den Grundfesten des Staates rüttelt. Die Aufgabe, harte Maßnahmen zu ergreifen, dürfe man nicht den Behörden außerhalb des Justizapparates überlassen, dies sei die Pflicht der Justiz selbst. Die vielen blutigen Opfer, die der beste Teil des deutschen Volkes während des Krieges bisher gebracht habe, seien Grund genug, um mitleidlos gegen alle Rechtsbrecher vorzugehen. Man solle sich stets darauf besinnen, daß im schrecklichen Winter 1941/42 jeder Verbrecher in einem Gefängnis besser versorgt gewesen sei als die dreieinhalb Millionen deutschen Soldaten an der Ostfront. Gewisse Vergehen, die man in Friedenszeiten als nicht gravierend betrachtete, müßten nun mit anderen Augen angesehen und mit dem Tod bestraft werden, zum Beispiel Diebstähle während eines Luftangriffs, der Raub einer Handtasche während der Verdunkelung. Wer feindliche Radiosender hört, also geistige Selbstverstümmelung betreibe, müsse mit einer harten Strafe rechnen.

Die Justiz mache sich lächerlich, wenn sie Soldaten, die als vermißt gemeldet waren und deren Verwandte sie für tot erklären lassen wollten, auffordere, vor Gericht zu erscheinen. Jeder müsse doch wissen, daß Soldaten, die im Osten oder in anderen feindlichen Ländern verschwunden seien, keine Gelegenheit hätten, sich bei einem deutschen Richter zu melden.

Dann wandte sich Goebbels dem Judenproblem zu, vor allem dem in seinem eigenen Gau Berlin. Hier würden immer noch 40 000 Juden frei herumlaufen, lauter Staatsfeinde, und es liege nur an der Transportmittelknappheit, daß sie noch nicht in den Osten deportiert worden seien. Bei der Behandlung der Juden müsse die Justiz ihre politische Aufgabe sehen. Anschauungen, die von Gefühlen bestimmt werden, seien hier fehl am Platz. Es sei eine unhaltbare Situation, daß ein Jude heutzutage immer noch vor Gericht Beschwerde gegen eine Strafe einlegen könne, die der Berliner Polizeipräsident gegen ihn verfügt hatte. Es müsse dem Juden untersagt werden, deutsche Rechtsmittel einlegen zu dürfen und sich gegen offizielle Maßnahmen zu wehren, die man gegen ihn richtet.

In seinen zusammenfassenden Schlußworten betonte Goebbels noch einmal, wie notwendig es sei, daß der Staat alle Mittel einsetze, um sich vor seinen Feinden im In- und Ausland zu schützen. Deshalb müsse die Justiz in Kriegszeiten Entscheidungen treffen, die diesen Zweck erfüllten. Er erklärte, man müsse den Volk den unbedingten Willen zur Selbstbestimmung einbleuen und es in diesem Geiste inspirieren; und dann erinnerte er die Richter an die Worte, die Hitler am 30. Januar 1933 auf seinem Weg vom Kaiserhof zur Reichskanzlei gesprochen habe: »Hier bringt mich lebend niemand wieder heraus.«

Freisler, damals noch Staatssekretär, ergriff sehr rasch die Initiative, um Goebbels' Forderungen, soweit sie die Juden betrafen, in Gesetze umzuwandeln, und entwarf eine Verordnung, die die Rechtsmittel in Strafsachen für Juden beschränkte oder sie praktisch aller Rechtsmittel beraubte, und die er an Frick, Himmler, Goebbels, Rippentrop, Bormann, von Neurath sowie das OKW schickte. Dieser Erlaß enthielt nur einen einzigen Paragraphen, nach dem Juden gegen Entscheidungen in Strafsachen keine Berufung, Revision und Beschwerde einlegen durften. Frick ließ den Paragraphen erweitern, so daß er auch Entscheidungen von Verwaltungsbehörden mit einbezog. Er sollte für alle Teile Deutschlands gelten, für die annektierten Gebiete und das Protektorat. Außerdem sollte es den Juden nicht mehr gestattet werden, einen Eid abzulegen; doch wenn sie vor Gericht Behauptungen aufstellten, die sich als unwahr erwiesen, sollten sie dafür genauso bestraft werden, als hätten sie einen Meineid geleistet. Während die Parteikanzlei unter Bormann die Verordnung billigte, war Himmler der Ansicht, es gebe noch einige ungeklärte Fragen zu dem vorliegenden Entwurf, und er empfahl, eine Ministerkonferenz einzuberufen, um das Problem zu lösen. Das OKW fügte nur hinzu, daß man den Juden, wenn sie auch keinen Eid ablegen durften, die Bedeutung des Eides und einer Eidesverletzung klarmachen müßte, bevor sie vor Gericht aussagten. Man debattierte weiter über die Sache, bis Frick erklärte, die Angelegenheit sei in Deutschland irrelevant. Aber am 8. März 1943 wurde er von Ernst Kaltenbrunner, Heydrichs Nachfolger als Chef der Sicherheitspolizei und des SD, daran erinnert, daß die Angelegenheit nicht hinausgeschoben, sondern zum Ende gebracht werden müsse, da diesbezüglich Übereinstimmung zwischen dem Reichsjustizminister Thierack und Himmler herrsche und auch Hitler den Entwurf gebilligt habe. Schließlich wurde am 21. April 1943 beschlossen, die Verordnung in verkürzter Form zu veröffentlichen. Dies bedeutete praktisch, daß die Strafgesetzgebung für Juden und Polen für die Juden nicht mehr galt und daß die Juden nun endgültig außerhalb des Gesetzes standen. Ein Paragraph wurde noch hinzugefügt. Er besagte, daß das Vermögen eines verstorbenen Juden auf das Reich übergeht.[154)]

Thierack und Freisler waren im Jahr 1942 einige Wochen lang nicht in ihren Büros gewesen, als ein Streit über die jeweiligen Kompetenzen der Justiz und des Gauleiters des Warthegaus Greiser entbrannte. Greiser wünschte, daß sich der VGH so wenig wie möglich in seine Belange einmischte, überließ es aber der Justizverwaltung, die Todesurteile zu vollstrecken, die seine Standgerichte gegen Polen und Juden fällten. Seine bevorzugte Methode war der Galgen, und Thierack schrieb an Göring, daß man von seinen älteren Untergebenen nicht erwarten könne, solche Strafvollzugsmethoden anzuwenden, und daß er deshalb vorschlage, die zum Tod Verurteilten der Polizei zu übergeben. Außerdem bestand er darauf, daß der VGH im Gebiet des Deutschen Reichs, wozu auch der Reichsgau Wartheland gehörte, allein für die Gerichtsbarkeit zuständig sein müsse, was auch für die Ermittlungen in den Fällen zu gelten habe, in die

Juden und Polen verwickelt waren. Er hielt es für unklug, Hoch-
und Landesverratsfälle anderen Gerichten zu übertragen. Thierack
setzte in beiden Belangen seinen Willen durch.[155]
Thierack handelte auch sehr rasch, als er im Oktober 1942 eine Verordnung herausgab, der zufolge Richter und Justizbeamte bis zum
31. März 1943 bei gleichbleibendem Gehalt an andere Gerichte oder
Ämter versetzt werden konnten.[156] Ebenso konnten sie aus zwin-
genden Gründen und vorzeitig in den einstweiligen Ruhestand versetzt werden, d. h. auf eine »Warteliste« gesetzt werden, bis man
wieder einen geeigneten Posten für sie fand.[157]
Goebbels, der die mangelnde Zusammenarbeit zwischen dem VGH
und dem Propagandaministerium oft kritisiert hatte, war mit gutem
Grund sehr zufrieden, als man ihm vom Oktober 1942 an die regelmäßigen Berichte des Oberreichsanwalts, die Thierack vorgelegt
wurden, zugänglich machte.[158] Diese Berichte befaßten sich nur
mit Hochverrat, wozu auch »Marxistischer Hochverrat« zählte.
Verglichen mit dem Altreich (Deutschland in den Grenzen von
1937) hatte es hier keine grundlegenden Änderungen gegeben.
Man ermittelte gegen Einzelpersonen oder kleine Gruppen, die
marxistische Propaganda getrieben hatten. Im Prozeß gegen »Viktor Freund und andere« waren 10 Personen angeklagt, 5 stammten
aus dem Elsaß. Sie hatten kommunistische Mundpropaganda gemacht, Sabotageakte durchgeführt und weitere vorbereitet. Bei den
Ermittlungen stellte sich heraus, daß die Mehrzahl der Franzosen
und Elsässer, die in Konstanz arbeiteten, mit den herrschenden Bedingungen unzufrieden waren und die Niederlage Deutschlands
herbeisehnten. Viele Elsässer rechneten mit einem freien, unabhängigen Elsaß. Andere waren ebenso wie viele Franzosen, kommunistisch gesinnt und schmiedeten Pläne für einen kommunistischen
Aufstand. Viktor Freund etwa war ein Dreher, der bei verschiedenen Gelegenheiten an seinem Arbeitsplatz Sabotage begangen hatte.
Seine Mitangeklagten hatte er ermuntert, seinem Beispiel zu folgen.
Der kommunistischen Mundpropaganda lagen feindliche Radio-
sendungen zugrunde, die sich die Beschuldigten angehört hatten.
Im Prozeß gegen »Due und andere« waren drei Personen angeklagt,
die zum Zeitpunkt ihrer Straftaten noch minderjährig und Mitglieder einer deutschfeindlichen franko-elsässischen Gruppe in Konstanz gewesen waren. Einer der Angeklagten hatte vorübergehend

der Hitlerjugend angehört. Ihr Hochverrat hatte darin bestanden, im Frühjahr 1942 Flugblätter mit deutschfeindlichem Inhalt herausgebracht und verteilt zu haben; deren Text lautete: »Roosevelt, Stalin und Churchill sollen leben! Nieder mit Deutschland, es lebe Frankreich!«[159]

Der Franzose Marcel Gerbohay, der römisch-katholischer Priester werden wollte, hatte 1938 zusammen mit zehn anderen Theologiestudenten in Frankreich die »Compagnie du Mystère« gegründet, deren einziges Ziel es angeblich war, den Kommunismus zu bekämpfen. Er gab zu, daß er 1938 als Leiter dieser Organisation Maurice Bavaud nach Deutschland geschickt hatte, mit dem Auftrag, den Führer zu überreden, Rußland den Krieg zu erklären, und ihn zu töten, wenn er sich weigerte (Bavaud war Schweizer und ebenfalls Theologiestudent). Im Oktober 1938 reiste Bavaud nach Deutschland, und im November versuchte er, Hitler in München zu töten. Am 18. Dezember 1939 machte ihm der VGH den Prozeß und verurteilte ihn zum Tod; die Hinrichtung fand jedoch erst am 14. Mai 1941 statt.[160]

Am 3. Oktober 1942 schickte Oberreichsanwalt Lautz den folgenden Bericht an Thierack: » ... Am 18.5.1942 sind in der Ausstellung *Das Sowjetparadies* im Lustgarten in Berlin von jüdischen Tätern ein Spreng- und ein Brandkörper niedergelegt worden, durch die die Ausstellung in Brand gesetzt werden sollte. Die an diesem Anschlag beteiligten Juden sind vom Sondergericht Berlin in der Strafsache 1 PK. Ls. 25/42 g. Rs. 116/42 zum Tode verurteilt und hingerichtet worden.

Die Ermittlungen der Geheimen Staatspolizei haben ergeben, daß die wegen des Anschlages auf die Ausstellung abgeurteilten Täter *zwei jüdischen Gruppen* angehörten, in denen besonders in den Jahren 1941 und 1942 Beiträge erhoben, politische Schulung auf kommunistischer Grundlage betrieben, Hetzschriften ausgetauscht und Vorbereitungen für die Herstellung und Verbreitung weiterer staatsfeindlicher Schriften getroffen worden. Ferner befaßte man sich in den jüdischen Gruppen damit, Ausweise französischer Arbeiter zu beschaffen, um den Mitgliedern den illegalen Aufenthalt in Berlin zu ermöglichen.

Bei den von den jüdischen Gruppen veranstalteten Zusammenkünften wurde davon ausgegangen, daß der Bolschewismus der stärkste

Feind Deutschlands sei und sein Sieg die Lösung der Judenfrage zugunsten der Juden bringen werde. Die Juden müßten sich daher mit dem bolschewistischen Gedankengut vertraut machen, um in der Lage zu sein, sich gegebenenfalls für das Gelingen einer bolschewistischen Revolution einzusetzen.

In dem Ermittlungsverfahren 10 J 207/42 befinden sich 13 Juden in Untersuchungshaft, die im Alter von 19–23 Jahren stehen. 7 Beschuldigte sind flüchtig. Die Mitglieder der zweiten Gruppe werden demnächst dem Richter vorgeführt werden.

Die Zahl der Eingänge aus den Alpen- und Donau-Reichsgauen hat in der Berichtszeit nicht abgenommen. Diese Neueingänge richten sich gegen insgesamt 244 Beschuldigte. Die Zahl der der Geheimen Staatspolizei bekanntgewordenen marxistischen Hochverräter ist jedoch weit höher. Die Geheime Staatspolizei hat bei Aktenvorlage wiederholt darauf hingewiesen, daß die Festnahme zahlreicher, bereits bekannter Mittäter ›zu gegebener Zeit‹ erfolgen werde. Der Grund für diese Verzögerung liegt darin, daß entweder noch immer nicht genügend Haftraum zur Verfügung steht oder daß durch die Festnahme dieser Beschuldigten die Leistungsfähigkeit kriegswichtiger Betriebe (z. B. der Deutschen Reichsbahn) gefährdet werden würde. Wegen des fehlenden Haftraumes habe ich schon bei früherer Gelegenheit anläßlich von Dienstbesuchen in Wien auf die Entlastung der ostmärkischen Strafanstalten hingewirkt. Ich werde diese Frage erneut aufgreifen.

Auch die in der Berichtszeit erfaßten 244 Beschuldigten haben sich zum überwiegenden Teil im organisatorischen Rahmen der *KPÖ* betätigt. Nach wie vor liegt der Schwerpunkt dieser Betätigung in den Betrieben. So konnten umfangreiche kommunistische *Betriebsorganisationen* aufgedeckt werden u. a. in

1. den Siemens-Schuckert-Werken in Leopoldau,
2. der Firma Frosa und Büssing in Wien.

Ferner steht die Aufrollung von Betriebszellenorganisationen in den Großbetrieben Siemens-Halske AG., Alexander Friedmann, Simmering-Graz-Pauker AG. und Hofherr-Schrantz-Clayton-Shuttleworth bevor. Die meisten Beschuldigten waren im Rahmen der ›Roten Hilfe‹ tätig. Folgende Eingänge verdienen besondere Erwähnung:

1.) In dem Verfahren 7 J 457/42 sind 17 Funktionäre der Betriebszellenorganisation in den *Siemens-Schuckert-Werken* in Leopoldau festgenommen. Die Festnahme von 46 bereits bekannten Zellenmitgliedern soll noch ›zu gegebener Zeit‹ erfolgen.

2.) In dem Verfahren 7 J 418/42 wird der frühere Straßenbahnschaffner und jetzige Oberfeldwebel Johann Hornschall verfolgt, der sich bis Ende Januar 1941 als Provinzkontrolleur sowie als Leiter der vorläufigen KPÖ.-Leitung in Wien betätigt hat. Das Verfahren gegen diesen Beschuldigten ist zuvor bei dem Reichskriegsgericht anhängig gewesen.

3.) Der Straßenbahnschlosser Friedrich Fass (7 J 445/42) war zunächst Kreisleiter und dann bis März 1941 ›Gebietsobmann‹ im Gebiet III der KPÖ. in Wien. Er arbeitete eng zusammen mit der Stadtleitung Wien und betätigte sich als Verbindungsmann zwischen ihr und den illegalen KJV. Er unterhielt auch Verbindungen zur Provinzfunktionären der KPÖ. und förderte den Vertrieb kommunistischer Hetzschriften.

4.) Der Mechanikergehilfe Leopold Morawetz (7 J 443/42) betätigte sich bis zum Sommer 1940 als ›Bezirksobmann‹ im XII. Wiener Gemeindebezirk für die KPÖ. Er befaßte sich mit der Verbreitung kommunistischer Hetzschriften und hatte Verbindung zu Funktionären aus dem Burgenland.

5.) Das Verfahren 7 J 428/42 gegen die Wehrmachtangehörigen Mastny (1921 geboren) und Fischer (1916 geboren) ist vom Reichskriegsgericht an mich überwiesen worden. Die beiden Beschuldigten haben sich bis zu ihrer Festnahme im Mai 1942, d. h. auch nach dem Beginn des Krieges mit Rußland aktiv damit befaßt, kommunistische Mundpropaganda weiterzutragen nur kommunistischen Propagandamaterial an Wehrmachtangehörige und Zivilisten zu verteilen.«[161]

Solche Berichte wurden nun auch in redigierter Form Goebbels unterbreitet, wenn der es auch vorgezogen hätte, sie selbst zu redigieren. Dieser Bericht weist ebenso wie alle anderen auf ein beträchtliches Ausmaß an antinazistischen Aktivitäten in Großdeutschland hin; und Ernst Noltes bereits zitierte Feststellung, daß sich der Widerstand der Kommunisten und Sozialisten in Deutschland zu einem kleinen Polizeiproblem reduziert hätte, bedarf zumindest für die Zeit nach dem Ausbruch des Krieges einer gewissen Einschränkung. [162] Dies geht auch aus den oben zitierten Statistiken der Anzahl der Prozesse und der Todesstrafen hervor, die für Hoch- und Landesverrat ausgesprochen wurden. Und dann gibt es natürlich noch die Dunkelziffer der deutschen Oppositionselemente, die nie aufgespürt wurden, oder jener, die nie vor Gericht gestellt wurden, sondern statt dessen in Konzentrationslagern dahinvegetierten und starben oder dort exekutiert wurden.

Thierack wollte die gesamte deutsche Justiz auf einen rigorosen NS-Kurs führen. Schon einige Monate vor seiner Ernennung zum Reichsjustizminister hatte er »Führerinformationen« eingeführt, die nur für Hitler persönlich bestimmt und streng geheim waren. Sie enthielten kurze Angaben über Prozesse, Urteile und Strafen, hauptsächlich dem Zuständigkeitsbereich des VGH entnommen. Thierack erfreute sich auch einer engen Zusammenarbeit mit Himmler und Heydrich sowie später mit Kaltenbrunner; und ein Gerücht besagt, daß er sich besonders der Polizei dadurch empfahl, daß er während der Luftangriffe auf Berlin die diversen Gefängnisse besuchte und die sofortige Hinrichtung politischer Gefangener anordnete. [163] Um den Dschungel an Rechtsklauseln kümmerte er sich nicht, und deshalb bot er die Garantie dafür, daß Justiz und NSDAP in wechselseitigem Vertrauen »zusammenarbeiteten«.

Die Kooperation zwischen Justiz und Polizei insbesondere erweckte nach außen hin den Anschein einer friedlichen Atmosphäre. Seit die Polizeiaktionen einen rechtlichen Hintergrund hatten, wurden sie von einem Großteil der Öffentlichkeit nicht als willkürlich betrachtet. Gleichzeitig bedeutete dies in der Praxis eine Erweiterung der polizeilichen Macht. Die vermehrten Funktionen der Polizei machten ihre »korrektive« Rolle, von der Ohlendorf gesprochen hatte, überflüssig. Um die Rolle der Justiz aufzuwerten, gab Thierack am 12. Oktober 1942 ein Rundschreiben heraus, in dem er feststellte, daß die Richter eine Sonderposition unter den Staatsdienern einnähmen. Indem er sich in der Feudalterminologie des Mittelalters ausdrückte, beschrieb er den Richter als »Lehnsmann des Führers«, der ein Lehen des Führers verwaltet, wozu ihn der Führer selbst beauftragt habe. Deshalb würden sich die Richter grundlegend von anderen Staatsbeamten unterscheiden, und in Zukunft müsse dieser Unterschied auch verfassungsgemäß erkennbar werden, indem man die Richter aus dem Staatsdienst hervorhebt. Sie sollten nicht mehr als Staatsdiener bezeichnet werden, sondern als das, was sie sind – Richter.[164]

Zu einer noch engeren Zusammenarbeit leistete auch Freisler seinen Beitrag. In der letzten Oktoberwoche des Jahres 1942 besuchte er das Protektorat und konferierte mit dem stellvertretenden Reichsprotektor Kurt Daluege, einem persönlichen Freund der Familie Freisler seit den frühen dreißiger Jahren.[165] Das Hauptdiskussionsthema war die Rolle des Ermittlungsrichters. Offenbar brachte Daluege seine volle Zufriedenheit mit der Arbeit der VGH-Ermittlungsrichter im Protektorat zum Ausdruck, und man vereinbarte, daß der Ermittlungsrichter des VGH, der Oberreichsanwalt und die Polizei künftig bei allen Fällen von Anfang bis Ende eng zusammenarbeiten sollten, also bis zur Abfassung der Anklageschrift. Die Personen, auf die sich diese Abmachung bezog, waren Oberreichsanwalt Lautz, der Chef der VGH-Ermittlungsrichter und der stellvertretende Reichsprotektor Daluege.[166]

Eine weitere Terrormaßnahme, die Ende 1942 eingeführt wurde, bestand darin, den zum Tod Verurteilten den priesterlichen Beistand zu versagen. Nachdem die evangelisch-lutherische Kirche am 28. Dezember 1942 dagegen protestiert hatte, wurde sie am 13. Januar 1943 vom Justizministerium schroff zurückgewiesen.[167]

Ab Februar 1943 galt die Regel, daß es in VGH-Prozessen gegen Bürger aus den besetzten westeuropäischen Staaten im Ermessen des Richters lag, ob der Angeklagte durch einen Verteidiger vertreten werden sollte oder nicht.[168] In manchen Fällen war Himmler offenbar der Ansicht, daß es nicht im öffentlichen Interesse liege, den VGH oder andere Gerichte damit zu befassen; und konsequenterweise ließ er die betroffenen Personen sofort erschießen. Am 19. Januar 1943 schrieb der SS-Richter im Büro des Reichsführers-SS, SS-Obersturmbannführer Munder, an den neuen Staatsekretär im Justizministerium, Dr. Rothenberger. Dieser hatte verlangt, daß die Öffentlichkeit nichts von solchen Hinrichtungen erfahren sollte, denn dies würde dem öffentlichen Ansehen der Gerichte schaden. Obwohl Hitler ursprünglich angeordnet hatte, daß derlei Fälle öffentlich bekanntgegeben werden sollten, entschied Himmler nun, daß jede Bekanntmachung von ihm persönlich gebilligt werden müsse.[169]

278

Seit Anfang 1943 zeigten die Bombenangriffe der Alliierten ihre Wirkung, was auch in der Verfahrensweise und Dauer der VGH-Prozesse und anderer Gerichtsverhandlungen zum Ausdruck kam. Die Laienrichter konnten oft nicht pünktlich zur Stelle sein, da sie aus allen Teilen Deutschlands angereist kamen; die erforderliche Anzahl von Verteidigern stand nicht immer zur Verfügung. Manche Verhandlungen wurden beeinträchtigt, weil der Verteidiger nicht gekommen war. Oder er erschien so spät, daß er nur eine Stunde Zeit hatte, um den Fall mit seinem Klienten durchzusprechen. Und so schlug Oberreichsanwalt Lautz in einem vom 9. Februar 1943 datierten Brief an Freisler mit dem Vermerk »Geheim« vor, daß letztlich die Entscheidung bezüglich der Frage, ob ein Verteidiger in einem VGH-Prozeß oder einem Sondergerichtsprozeß auftreten solle oder nicht, dem Richter überlassen werden sollte. Freisler hielt aber nichts von solchen starren Regeln, sondern zog flexiblere Methoden vor. Im Prinzip wollte er die Kompetenzen der Richter in dieser Frage eher einschränken als erweitern.[170]

Selbst wenn es nur ein Gerücht war, daß Thierack einen »günstigen« Eindruck hinterlassen haben soll, als er aus eigener Initiative« während der Luftangriffe Gefängnisse besuchte und Hinrichtungen anordnete, dann bekam dieses Gerücht Substanz, als Lammers, Reichsminister und Chef der Reichskanzlei, am 17. August 1943 an Thierack schrieb und die Besorgnis Hitlers über die Tatsache erwähnte, daß zur Zeit 900 zum Tod Verurteilte in den Gefängnissen säßen, einige schon seit zwei Monaten oder länger. Laut Hitler stellten diese Gefängnisinsassen, besonders in den großen Städten, eine ernsthafte Gefahr dar, und deshalb müsse man hinsichtlich ihrer Hinrichtung zu einer schnellen Entscheidung gelangen. Für die Dauer der Luftangriffe sollte man zumindest keine Gnadengesuche mehr berücksichtigen, und die Todesurteile müßten sofort vollstreckt werden. Diese Anordnung sollte sich allerdings auf die Fälle beschränken, in denen das Todesurteil ohne den geringsten Zweifel verhängt worden war. Dies traf auf alle VGH-Fälle zu. Von Hitlers Einschränkungen profitierten nur gewöhnliche Verbrecher. Zehn Tage später versandte Thierack ein ergänzendes Rundschreiben, und die offizielle Verordnung wurde am 8. September 1943 erlassen.[171]

Man hatte eine ganze Anzahl von VGH-Hilfsrichtern zu den Waffen gerufen, und der Personalmangel machte sich bereits 1942 bemerkbar. Aber erst 1943 kamen neue Richtlinien für die Auswahl von Richtern heraus. Erstens mußten sie NSDAP-Mitglieder sein und aktiv in der Partei mitarbeiten. Zweitens mußten sie sich aufgrund ihrer Persönlichkeit und ihrer Fähigkeiten für das Amt eignen und sollten, wenn möglich, einige Erfahrungen im Bereich des Strafrechts mitbringen. Potentielle VGH-Richter sollten bereits auf der Liste zur Beförderung zum Landgerichtsdirektor oder Oberlandesgerichtsrat stehen; und, was am wichtigsten war, sie sollten einer Altersgruppe angehören, die nicht mehr zur Wehrmacht eingezogen werden konnte.[172]

Verglichen mit dem Bereich des VGH-Oberreichsanwalts von Ende 1942 gibt jener vom 19. Februar 1944 interessante Aufschlüsse. Er ist in die Abschnitte A bis E unterteilt: Abschnitt A befaßt sich mit Hochverrat und Wehrkraftzersetzung im Altreich inklusive Österreich. Unter »Allgemeines« wird festgestellt, daß die Ermittlungsarbeit in Hochverratsfällen nicht angewachsen ist. Zweifellos gebe es immer noch staatsfeindliche Gruppen, die nach wie vor ihre Gedanken austauschten und einander ihr Propagandamaterial zur Verfügung stellten, aber ihre Anzahl habe sich nicht erhöht, und ihre Aktivitäten hätten nicht zugenommen. Die größte Gefahr sei noch immer die KPD, deren ehemalige Mitglieder dazu neigten, neuen Kommunistengruppen beizutreten, falls solche auftauchten. In diesem Zusammenhang sei der Fall des Bergmanns Zielasko kennzeichnend, dem es innerhalb weniger Monate gelungen sei, eine kommunistische Organisation mit annähernd 60 Mitgliedern aufzubauen. Andererseits sei in den Alpen- und Donaugauen ein geringfügiges Absinken kommunistisch inspirierter Hochverratsdelikte zu verzeichnen. Die Fälle von Wehrkraftzersetzung hätten allerdings überall beträchtlich zugenommen, bis zu 25 pro Tag: »Da außerdem noch zahlreiche nicht im besonderen Verfahren behandelte Ermittlungssachen anhängig sind, die bisher nicht zum Abschluß gebracht werden konnten, bin ich bei dieser angespannten und durch die Auswirkungen der Terrorangriffe noch weiter erschwerten Geschäftslage zur Zeit gezwungen, von meiner Abgabebefugnis einen etwas weitergehenden Gebrauch zu machen. Doch wird im Interesse einer einheitlichen Rechtsprechung in allen Fällen grundsätzlich Anklage vor dem Volksgerichtshof erhoben, in denen

a) die Zersetzungstätigkeit sich auf Wehrmachtangehörige er-
streckt hat,
b) den Äußerungen des Beschuldigten auf Grund seiner Stellung im
öffentlichen Leben oder in der Wirtschaft erhöhtes Gewicht bei-
zumessen ist,
c) der Beschuldigte als grundsätzlicher Staatsfeind oder systematischer Hetzer, sei es seiner Persönlichkeit nach oder der Art der
Tatbegehung hervorgetreten ist,
d) die Persönlichkeit des Beschuldigten in Verbindung mit der Art
seines Vorgehens oder dem von ihm angestrebten Erfolg eine besondere Behandlung angezeigt erscheinen läßt,
e) der Täter ein Geistlicher ist.«

Lautz betonte auch, daß man in den Gebieten, die in besonderem
Ausmaß unter den Terrorangriffen der Alliierten litten, kein Ansteigen politischer Delikte beobachtet habe. Das sei in der Tat ein ermu-
tigendes Zeichen für die disziplinierte Haltung der Bevölkerung.
Danach ging er auf spezielle Fälle im Altreich ein, wo er sich erneut
auf den Bergmann Zielasko bezog, der 1932 in die Sowjetunion emigriert sei, dann im spanischen Bürgerkrieg gekämpft habe und
schließlich zwei Jahre lang als Komintern-Agent ausgebildet worden sei. Im März 1943 sei er mit einem Fallschirm über Polen in der
Nähe von Warschau abgesprungen, um mit einer Kommunisten-
gruppe im Ruhrgebiet Kontakt aufzunehmen. Dank seiner Clever-
ness habe er bald nach seiner Ankunft im Ruhrgebiet viele seiner
ehemaligen Parteifreunde für sich gewonnen, vor allem frühere
kommunistische Arbeitersportler. Niemand aus dieser Gruppe sei
seit 1933 illegal aktiv gewesen; doch obwohl Zielasko ihnen erzählt
habe, daß er russischer Fallschirmagent sei, habe ihn niemand denunziert.
Lautz erwähnte auch den »Aufbruchkreis« der Nationalbolschewisten und den ehemaligen Freikorpsführer Beppo Römer, der verhaftet worden sei. Dann befaßte er sich mit der »Europäischen Union«, gegründet von Berliner Intellektuellen, die die Sowjetunion im
Fall eines deutschen Zusammenbruchs um Unterstützung bitten
und ein freies, sozialistisches Europa aufbauen wollten. Auch der
Name Dr. Robert Havemann, von dem bereits die Rede war, fällt in

diesem Zusammenhang. Einige Unionsmitglieder hätten schon früher für den sowjetischen Geheimdienst gearbeitet, zum Beispiel der frühere Abteilungsleiter der »Tobis-Film« Dr. Hatschek, ehemalige Staatsbeamte und Industrielle.

Außerdem wies Lautz auf illegale Jugendgruppen in Köln und Düsseldorf hin. Sie nannten sich z. B. »Navajos« und »Edelweißpiraten« und waren zwischen 14 und 22 Jahre alt. Mitglieder von zwei dieser Gruppen seien bereits festgenommen worden.

In Österreich oder den sogenannten Alpen- und Donau-Reichsgauen hätten die kommunistischen Hochverratsdelikte in Wien und Umgebung, wo sie seit Ende 1941 relativ konstant geblieben seien, abgenommen. Signifikant sei nur der Jirak-Prozeß, in den noch 28 andere Angeklagte verwickelt seien. Hier ging es um den versuchten Wiederaufbau des illegalen Zentralkomitees der KPÖ. Zwei der Festgenommenen hätten in der Untersuchungshaft Selbstmord begangen. In einem anderen Prozeß standen 25 ehemalige Kommunisten vor dem Richter, die sich in der »Roten Hilfe« engagiert hatten.

Vor allem in Klagenfurt und in Wien sei eine legitimistische Bewegung registriert worden, die sich »Antifaschistische Freiheitsbewegung Österreichs« nenne. Die verhafteten Mitglieder seien hauptsächlich Intellektuelle, Wehrmachtsangehörige und Geistliche. Auch ein Anwalt namens Dr. Wanner gehöre dieser Gruppe an. Nach dem Anschluß sei er wegen seiner vorhergehenden politischen Betätigung kurzfristig in Schutzhaft gewesen.

Im Sudetengau habe im Sommer 1942 der fahnenflüchtige Gefreite Mohr versucht, in Brünn eine Organisation mit hochverräterischen Zielen aufzubauen. Er sei vor allem an tschechische und französische Arbeiter herangetreten. Seine Organisation hatte 11 Mitglieder umfaßt, die sich zum Teil in den Besitz von Waffen und Sprengstoff gesetzt habe.

Aus dem Elsaß gab es nichts weiter zu berichten, als daß einige Arbeitsmaiden, die in Deutschland tätig waren, in ihrer Korrespondenz mit Verwandten im Elsaß einer deutschfeindlichen Haltung, der Hoffnung auf eine Wiedervereinigung mit Frankreich und ihrer Freude über die Invasion angloamerikanischer Truppen in Italien Ausdruck verliehen hatten.

In Lothringen habe man durch Mundpropaganda und Flugblätter den nahen Untergang Deutschlands prophezeit. In einigen dieser Fälle seien die Ermittlungsarbeiten noch im Gange.

Im Protektorat hätten die Aktivitäten der rechtsgerichteten Widerstandsgruppen »NO« und »Sokol« beträchtlich nachgelassen, während auf der anderen Seite die KPČ rühriger denn je sei und versuche, nationaltschechische Kreise für eine Volksfrontpolitik zu gewinnen. Mit dem Protektorat befaßte sich Abschnitt B des Berichts.

Abschnitt C war mit »Vorsätzlicher Landesverrat und Spionage« überschrieben und befaßte sich hauptsächlich mit dem Fall des polnischen Agenten Lanaszewski, dem es gelungen sei, eine karitative Frauengruppe zu unterwandern und in ein polnisches Spionagezentrum umzufunktionieren. 24 Personen seien verhaftet worden, darunter auch zwei Volksdeutsche.

Abschnitt D befaßte sich mit dem Delikt der Feindbegünstigung. Bei den meisten dieser Fälle ging es um Fluchthilfe, die man Kriegsgefangenen gewährt hatte. Von Ende September 1943 bis Ende Januar 1944 seien 75 Angeklagte in 37 Prozessen verurteilt worden. Die französischen Kriegsgefangenen hätten am meisten von der Hilfsbereitschaft der Deutschen profitiert.

Auch die Flugblätter, die von den Flugzeugen der Alliierten abgeworfen wurden, gaben Anlaß zur Sorge. Diese Vorgänge hatten zu 15 Prozessen geführt, wobei man den Angeklagten anlastete, daß sie die Flugblätter an sich genommen und ihren Inhalt verbreitet hatten, statt sie, wie es gesetzlich vorgeschrieben war, in der nächsten Polizeistation abzugeben. Hier wurde Wert auf die Feststellung gelegt, daß sich ausländische Arbeiter, die von deutschen Kollegen gebeten worden waren, ihnen den Inhalt der fremdsprachigen Flugblätter zu übersetzen, geweigert hatten, diesen Wunsch zu erfüllen.

Was die Wehrmittelbeschädigung anging, so hätten die Fälle ausländischer, besonders französischer Arbeiter in Deutschland zugenommen, die der Versuchung, Sabotage zu treiben, nicht hatten widerstehen können. Die Delikte reichten von direkter Sabotage über ausgedehnten Krankenurlaub bis zur Selbstverstümmelung.

Im Abschnitt E wird »Fahrlässiger Landesverrat« behandelt. Hier geht Lautz nicht auf Einzelheiten ein, abgesehen von der Bemerkung, daß die Paragraphen 90 d und 90 e des StGB (Verletzung der Geheimhaltungspflicht) angesichts der derzeitigen Kriegssituation nicht mehr ausreichen, um dieses Problem zu bewältigen.

Abschließend stellt er fest, daß der VGH zufriedenstellend arbeite.

Sogar die Akten, die bei Luftangriffen zerstört worden waren, habe man in großem Umfang wiederbeschaffen können.

Wie aus dem Lautz-Bericht hervorgeht, spielte der Klerus eine große Rolle in den erledigten oder noch anhängigen VGH-Prozessen. Um Gerüchten entgegenzuwirken, die in der Bevölkerung kursierten, schrieb Thierack am 15. März 1944 an Freisler und betonte, daß im Geschäftsverteilungsplan für die sechs Senate des VGH die Beschreibung »strafbare Handlungen katholisch-kirchlich staatsfeindlicher Richtung« vermieden und durch »konfessionell bedingte staatsfeindliche Handlungen« ersetzt werden solle.[173]

Um sich über die organisatorische Arbeit des VGH unter Roland Freisler zu informieren, sollte man sich den abgeänderten Geschäftsverteilungsplan für 1944 ansehen, den Freisler Thierack vorlegte und der durch die wachsende Zahl der Fälle notwendig geworden war:

A.

Der 1. Senat bearbeitet:

I. a) Angriffe auf den Führer,

b) Angriffe auf leitende Männer des Staates, der Bewegung oder der Wehrmacht,

c) Angriffe auf Deutsche im Ausland, um ihres Deutschtums willen, um damit das Reich zu treffen oder auf Repräsentanten des Reiches, soweit diese Angriffe über Wortangriffe hinausgehen, hierunter fallen auch alle Verbrechen gegen § 5 der VO. vom 28.2.1933.

II. a) Strafbare Handlungen von Deutschen der Intelligenz oder Wirtschaftsführung,

b) Konfessionell bedingte staatsfeindliche Handlungen aus den Gauen Baden, Bayreuth, Berlin, Danzig-Westpreußen, Düsseldorf, Essen, Franken, Kärnten, Köln-Aachen, Mainfranken, Moselland, München-Oberbayern, Niederdonau, Oberdonau, Oberschlesien, Salzburg, Schwaben, Steiermark, Sudetenland, Tirol-Vorarlberg, Wartheland, Westmark, Wien, Württemberg-Hohenzollern und aus dem Generalgouvernement, ausgenommen Landesverrat und marxistischen Hochverrat.

III. Strafbare Handlungen von Deutschen aus dem Elsaß, aus Luxemburg, Untersteiermark oder Ober-Krain und Straftaten in diesen Gebieten; strafbare Handlungen Deutscher in Böhmen und Mähren.

IV. Marxistischen Hochverrat aus den Gauen Berlin, Mark Brandenburg und den seit Kriegsbeginn neu eingegliederten Gebieten.

V. Nichtmarxistischen Hochverrat, jedoch mit Ausnahme des separatistischen (häufig legitimistischen genannt), soweit er die Alpen- und Donaugauer oder Bayern betrifft.

VI. Defaitismus (sic!), Zersetzung und vorsätzliche Wehrdienstentziehung (§ 5 KSSVO) aus den Gauen Berlin, Brandenburg, Schlesien, Pommern, Ostpreußen, Mecklenburg, Sudetenland, Oberschlesien und den Reichsgauen Danzig-Westpreußen und Wartheland.

VII. Straftaten Fremdvölkischer – außer Landesverrat – aus Böhmen, wenn sie nach der Errichtung des Protektorats begangen sind.

VIII. Anklagen wegen Straftaten nichtdeutscher Zivilpersonen gegen das Reich oder die Besatzungsmacht in den besetzten nordischen Gebieten im Sinne der hierüber bestehenden besonderen Richtlinien.

IX. Hauptsächlich im Ausland begangene strafbare Handlungen – ausgenommen Landesverrat.

B.

Der 2. Senat bearbeitet:

I. Allen anderen marxistischen Hochverrat im Altreich.

II. Anklagen wegen Straftaten nichtdeutscher Zivilpersonen gegen das Reich oder die Besatzungsmacht in Frankreich und Belgien im Sinne der hierüber bestehenden besonderen Richtlinien.

III. Konfessionell bedingte staatsfeindliche Handlungen aus den Gauen Halle-Merseburg, Hamburg, Hessen-Nassau, Kurhessen, Magdeburg-Anhalt, Mark Brandenburg, Mecklenburg, Niederschlesien, Osthannover, Ostpreußen, Pommern, Sachsen, Schleswig-Holstein, Südhannover-Braunschweig, Thüringen, Weser-Ems, Westfalen-Nord, Westfalen-Süd – ausgenommen Landesverrat.

IV. Gefährdung der Wehrmacht befreundeter Staaten (§ 5 der VO. vom 25.11.1939).

C.

Der dritte Senat bearbeitet:

I. Den Landesverrat zugunsten der UdSSR und von Polen.

II. Defaitismus (sic!), Zersetzung und vorsätzliche Wehrdienstentziehung (§ 5 KSSVO) aus dem ganzen Reich, soweit nicht der 1. Senat (A II und A VI) oder der 2. Senat (B III) diese Sache bearbeitet, ausgenommen jedoch die Gaue Essen, Düsseldorf, Köln-Aachen, Moselland, Westfalen-Nord, Westfalen-Süd und Sachsen.

D.

Der 4. Senat bearbeitet:
I. Den Landesverrat zugunsten aller Länder der Welt, außer UdSSR und Polen.
II. Die Wehrmittelbeschädigung.
III. Straftaten von Deutschen aus Lothringen und Straftaten in Lothringen.
IV. Straftaten Fremdvölkischer aus Mähren, wenn sie nach Errichtung des Protektorats begangen sind, Landesverrat jedoch nicht zugunsten der UdSSR und Polen.

E.

Der 5. Senat bearbeitet:
I. Straftaten außer Landesverrat und Defaitismus, Zersetzung sowie Wehrdienstentziehung in den Reichsgauen Wien, Ober- und Niederdonau.
II. Separatistischen Hochverrat, der die Reichsgaue Wien, Ober- und Niederdonau, Steiermark, Kärnten, Salzburg und Tirol-Vorarlberg betrifft.

F.

Der 6. Senat bearbeitet:
I. Straftaten außer Landesverrat und Defaitismus (sic!), Zersetzung sowie Wehrdienstentziehung in den Reichsgauen Steiermark und Kärnten, Salzburg und Tirol-Vorarlberg.
II. Separatistischen Hochverrat, der Bayern betrifft.
III. Anklagen nach dem Gesetz gegen Wirtschaftssabotage vom 1. 12. 1936.
IV. Anklagen nach der VO. des Führers zum Schutze der Rüstungswirtschaft vom 21. März 1942.
V. Defaitismus, Zersetzung und die vorsätzliche Wehrdienstentziehung (§ 5 KSSVO) aus den Gauen Essen, Düsseldorf, Köln-

Aachen, Moselland, Westfalen-Nord, Westfalen-Süd und Sachsen, soweit nicht der 1. (A II und A VI) oder der 2. Senat (B III) diese Sache bearbeitet.

G.

Anklagen wegen Nichtanzeige eines Verbrechens bearbeitet der Senat, der für das nichtangezeigte Verbrechen zuständig wäre.

H.

Wird ein Angeklagter des Hoch- und Landesverrats beschuldigt, so richtet sich die Zuteilung nach der Hochverratsbeschuldigung, wenn diese nicht nebensächlich ist.

Feindbegünstigung durch hochverräterische Betätigung, Defaitismus, Zersetzung oder Wehrdienstentziehung beeinflußt die Zuteilung nicht.

Sachen mit innerem Zusammenhang kann *ein* Senat im Einvernehmen mit den anderen beteiligten Senaten übernehmen. Fälle der Nichteinigung bitte ich mir vorzulegen.

J.

Für Anklagen, die vor dem 1. April 1944 eingegangen sind, gilt die bisherige Geschäftsverteilung, doch bitte ich, mir bis zum 1. Juni mitzuteilen, ob und welche solche Anklagen dann noch nicht erledigt sind.

Berlin, den 1. April 1944
gez. Dr. Freisler.«[174]

Abgesehen von der Struktur des VGH unter Freisler, die dieses Dokument enthüllt, muß auf einen weiteren bedeutenden Aspekt hingewiesen werden – daß Freisler nämlich, wie sein Vorgänger, alle potentiell wichtigen Prozesse mit voller Absicht für sich selbst reservierte, indem er sich z. B. die Entscheidung darüber vorbehielt, welche Hoch- und Landesverratsdelikte vom Ersten Senat behandelt werden sollten. Thierack hatte in bereits in aller Freundschaft davor gewarnt, alles an sich zu reißen; er solle auch den anderen Senaten ausreichend Handlungsfreiheit geben. Doch Freisler zog es vor, diese Warnung zu ignorieren.[175]

Kurz bevor Hitler persönlich die »Nacht-und-Nebel-Prozesse« unterband, schrieb Thierack an den Sekretär des Führers, Reichsleiter Martin Bormann, und erwähnte die Ansicht des VGH-Oberreichsanwalts, daß man die Frauen, die in »Nacht-und-Nebel-Prozessen« verurteilt worden waren, deren Exekution man verschoben hatte und die nun wie Zuchthausfälle behandelt wurden, über die Aussetzung der Hinrichtung informieren sollte. Dies habe jedoch durch eine generelle Anweisung zu geschehen, da die Entscheidung über Begnadigungen beim Führer liege. Thierack betrachtete es als unnötige Härte, die verurteilten Frauen jahrelang im ungewissen darüber zu lassen, ob die Strafe nicht doch eines Tages vollstreckt werden würde. Deshalb bat er um eine Entscheidung durch den Führer.[176] Wie bereits erwähnt, fiel diese Entscheidung, als der gesamte »Nacht-und-Nebel«-Komplex fallengelassen wurde.[177]

Diese Entscheidung betraf jedoch nicht die zum Tode verurteilten Deutschen. Die Verwandten wurden *nach* den Hinrichtungen verständigt, durften aber keine Todesanzeigen in die Zeitungen setzen lassen. Alle Informationen mußten zurückgehalten werden, wenn die Verwandten keine Deutschen waren oder wenn es andere Gründe gab, die zu Zweifeln Anlaß gaben. Das Justizministerium führte eine Untersuchung in den größeren deutschen Gefängnissen durch, um deren Praktiken zu eruieren – nur um herauszufinden, daß viele dieser Anstalten die Verwandten nicht benachrichtigten. Wenn überhaupt, und auch das kam selten vor, wurden ihnen die Habseligkeiten der Opfer ausgehändigt. Daraufhin empfahl man, diese Verfahrensweisen zu vereinheitlichen und die Verwandten zu informieren, um überflüssigen und unerfüllbaren Ansuchen um Besuche, Korrespondenzmöglichkeiten etc. zuvorzukommen. Auf Lautz' Initiative hin wurden die Informationen nicht von den Gefängnissen gegeben, sondern von den lokalen Justizbehörden, und wenn, dann nur auf Anfrage. Erfolgreich protestierte er gegen den Vorschlag, daß der Verteidiger den Angehörigen die traurige Nachricht mitteilen sollte.[178]

Aber so zentralistisch und effektiv die Struktur des VGH auch war, sie blieb nicht von Kritik verschont. Am 3. Juni 1943 schrieb der Rechtsexperte der Kärntner NSDAP dem Justizministerium, daß die derzeitige Verfahrensweise ungeeignet sei, um mit den in- und ausländischen Reichsfeinden fertig zu werden. Die Strafe sollte unmittelbar der Verhaftung folgen, und dafür sei die überzentralisierte Struktur des VGH ungeeignet. In Kärnten sei nur ein einziger Fall registriert worden, in dem eine Person innerhalb von drei Wochen nach ihrer Verhaftung verurteilt wurde, und das nur, weil die Gauleiter persönlich eingegriffen hatten. Im allgemeinen säßen die Gefangenen jahrelang in Untersuchungshaft, so daß dann bei der Urteilsverkündung die abschreckende Wirkung gleich null sei. Deshalb empfahl dieser »Rechtsexperte« nichts Geringeres als die Einführung von polizeilichen Standgerichten, wobei die Justiz umgangen werden sollte.[179]

Nichtsdestoweniger wurde die Kompetenz des VGH noch erweitert, hauptsächlich als Resultat des Attentats vom 20. Juli 1944 (s. nächstes Kapitel), nach dem Hitler persönlich seine Verordnung vom 21. Juni 1943 zurückzog und durch eine andere ersetzte, der zufolge alle politischen Straftaten von Angehörigen der Wehrmacht, Waffen-SS und Polizei, die darauf hinausliefen, das Vertrauen in die politische und militärische Führung zu erschüttern, vom VGH oder, falls nötig, von Sondergerichten behandelt werden sollten. Die Ermittlungsarbeiten sollten sofort beginnen, und wenn es wirklich erforderlich war, sollte der Kommandeur aufgrund eigener Initiative handeln und den Angeklagten hinrichten lassen.

Der Beginn von Ermittlungen sollte dem OKW und dem Reichsjustizminister binnen sechs Tagen mitgeteilt werden. Das Ergebnis der Ermittlungen sollte dann dem Leiter des entsprechenden Dienstbereichs sofort vorgelegt werden, ebenso dem OKW und dem Justizministerium. Soweit SS und Polizei betroffen waren, übernahm der Reichsführer-SS die Rolle des OKW; und die Entscheidung, ob der VGH oder ein Sondergericht diesen oder jenen Fall übernehmen sollte, lag beim Justizministerium. Sobald die Entscheidung gefallen war, würde der Angeklagte nach dem Willen des Führers aus der Wehrmacht, SS oder Polizei oder aus der Partei und ihren Formationen ausgestoßen und der staatlichen Justiz übergeben. Wenn der Justizminister entschied, daß ein Prozeß überflüssig sei oder daß die Tat des Angeklagten, trotz eines Freispruchs, eine Verletzung der Treuepflicht gegenüber Führer, Volk und Reich darstellte, mußte das OKW oder der Reichsführer-SS die betreffende Akte dem Führer persönlich übergeben.[180]

In der letzten Kriegsphase versuchte Thierack, mit »Richterbrie-
fen« und »Rechtsanwaltbriefen« neuen Optimismus in Justizkrei-
sen zu wecken. In seinem ersten Rechtsanwaltbrief wies er darauf
hin, daß verkürzte, vereinfachte Verfahren, aber auch extreme
Konzentration der Kräfte der Justiz notwendig seien, damit man
den Aufgaben gewachsen sei, die sich im totalen Krieg stellten. Es
sei die Pflicht jedes Anwalts, sich auf den Kampf für die Freiheit zu
konzentrieren. Alles, was nichts mit diesem Kampf zu tun habe, sei
zweitrangig. Man müsse alle Fälle möglichst schnell und möglichst
rationell erledigen. Das beinhalte für den Anwalt, der bei seiner Arbeit nur das Ziel des nationalsozialistischen Sieges vor Augen haben
dürfe, eine besondere Verantwortung.[181]
Kurz zuvor hatte Thierack eine undatierte Zusammenfassung der
Arbeit der deutschen Justiz im fünften Kriegsjahr vorgelegt. Er
stellte fest, daß die Justiz besonders umsichtig zu Werke gehen und
angesichts der Kriegssituation andere Maßstäbe anlegen müsse als in
Friedenszeiten. Eine Person, die sich im Zusammenhang mit den
Folgen der Luftangriffe auf Deutschland zu bereichern versuche,
verletze nicht nur die Eigentumsrechte, sondern auch ihre Treuepflicht gegenüber der Volksgemeinschaft, die im Krieg ihr Eigentum ebenso schützen müsse wie im Frieden. Solche Aktionen unter-
minierten die öffentliche Moral und damit die gesamten deutschen
Kriegsanstrengungen. Der Verbrecher helfe damit dem Feind, und
das Volk verlange seine Ausschaltung. Außerdem schaffe der Krieg
in biologischer Hinsicht eine Negativauslese. Während die besten
Männer an der Front fallen, könne man Verbrechern nicht gestat-
ten, hinter der Front ihr Unwesen zu treiben. Sie müßten eliminiert
werden. Während die Straftaten vor 1940 zurückgegangen seien,
hätten sie seither wieder zugenommen. 1937 habe es 17931 Fälle gegeben, 1940 seien es 243351 gewesen und 1942 schließlich 288688.
Die Zahlen für 1943 und 1944 lägen noch nicht vor. Auch die Frau-
enkriminalität steige an.
Weniger günstig sei die Situation bei der deutschen Jugend, die 1940
in 21274 Fällen verwickelt gewesen sei, eine Zahl, die sich bis 1942
auf 52426 erhöht habe. Die Jugendkriminalität falle in drei Gruppen. Die erste umfasse Verbrechen, die von politischen Oppositionsgruppen begangen würden, die zweite Delikte von »liberalistisch-individualistischen Cliquen« und die dritte Straftaten von

asozialen Banden. Die erste Gruppe habe sich aus der »Bündischen Jugend« herausgebildet, die sich gegen die Hitlerjugend stelle, obwohl viele ihrer Anhänger der Hitlerjugend angehörten. Ihre Vergehen bestünden darin, daß sie Hitlerjugendführer und -patrouillen überfielen.

Die liberalistisch-individualistischen Gruppen, die sogenannte »Swing-Jugend«, orientierten sich an englischen Modelaunen und Manieren, stünden dem Militär feindlich gegenüber und gäben sich sexuellen Ausschweifungen hin.

Die kriminellen asozialen Banden bestünden hauptsächlich aus biologisch minderwertigen Jugendlichen, die keine ideologischen Ziele hätten.

Sie hätten einer Menge Gefahren der Jugendkriminalität Tür und Tor geöffnet, während der erzieherische Faktor in der Heimat, in der Hitlerjugend, in Schulen und Fabriken durch die Einberufung vieler Jugendlicher und durch die Trennung der Familien infolge der Luftangriffe gelitten habe.

Bei den Todesurteilen stünden Hoch- und Landesverratsdelikte an der Spitze der Liste, allein 1942 seien es 1745 gewesen. An zweiter Stelle lägen nur 894 Todesurteile, die in den Gebieten verhängt worden waren, die man seit Kriegsbeginn dem Reich angegliedert hatte. 1943 jedoch habe man im ganzen 5336 Todesurteile ausgesprochen.

Thierack fuhr nun fort, verschiedene Straftaten näher zu erläutern. Dabei wies er besonders darauf hin, daß 1943 6500 Frauen verurteilt worden seien, die sich verbotenerweise mit Kriegsgefangenen eingelassen hatten. Außerdem stellte er fest, daß die meisten Straftaten nicht von hartgesottenen Kriminellen, sondern von labilen Charakteren begangen worden seien. Deshalb müsse man das Land sauberhalten und die öffentliche Meinung im Sinne von Recht und Ordnung festigen, denn dies sei eine Vorbedingung für die Stabilität der deutschen Verteidigungsmacht. Für geringfügige Vergehen sollte man neue Strafen einführen, zum Beispiel bei Bauern eine Erhöhung der Ablieferungen, bei Arbeitern eine Produktionssteigerung oder unbezahlte Arbeitsleistungen für das Allgemeinwohl.

Im Bereich der Wirtschaftsverbrechen sei die Strafverfolgung problematisch, weil die Angeklagten unentbehrlich für die Fabriken seien, in denen sie arbeiteten. Dies stelle eine Gefahr dar, die bekämpft werden müsse. Außerdem hätten viele Kriminelle gute

Kontakte mit Mitgliedern und führenden Funktionären der NSDAP, die ihnen großartige Zeugnisse ausstellten. Nun habe man allen NSDAP-Mitgliedern verboten, ihren Freunden solche Empfehlungsschreiben auszuhändigen.[182]

Freisler selbst wurde sowohl innerhalb als auch außerhalb der NSDAP kritisiert. So schrieb Thierack am 18. Oktober 1944 an Freisler, daß die Bedeutung des VGH für die Aufrechterhaltung der Heimatfront in mancher Hinsicht gewachsen sei. Die Aufgaben des VGH dürften sich nicht darauf beschränken, schuldigen Personen ihre wohlverdiente Strafe zuzuerkennen, er müsse auch als verlängerter Arm der politischen Führung fungieren. Das Volk müsse die VGH-Urteile nicht nur als richtig anerkennen, sondern auch darüber informiert werden, warum dieses oder jenes Strafmaß notwendig war.[183]

Die Prozeßführung vieler Senatspräsidenten leide oft darunter, daß in politisch wichtigen Fällen die schwerwiegende politische Bedeutung einer Straftat vor dem Hintergrud der Lage von Volk und Reich nicht immer klar aufgezeigt werde. Man müsse auf die politische Wirkung einer Tat hinweisen, und der vorsitzende Richter müsse imstande sein, die Gründe darzulegen, warum er diese oder jene Straftat als gefährlich für Volk und Reich betrachtet. Dies gelte vor allem für die sogenannten Defätistenprozesse, die immer häufiger stattfänden und die in »eiskalter« Weise geführt werden müßten. Thierack forderte Freisler auf, nur Richter auszuwählen, die fähig seien, die politischen Aspekte solcher Fälle klar herauszuarbeiten.[184]

1943 und 1944 gab Thierack eine steigende Anzahl von »Führerinformationen« heraus, die sich ausschließlich mit VGH-Prozessen befaßten. Sie wurden bis 1945 nicht getippt, sondern in großen Lettern gedruckt und informierten Hitler über die wichtigsten Prozesse. In einem Fall hatte Hitler offensichtlich Grund einzugreifen. Dieser Fall wird in der »Führerinformation« 1944, Nr. 175, besprochen und betraf Franz Duhr, einen 57jährigen Gutsbesitzer, Präsident der Gauwirtschaftskammer im Moselland, seit 1932 Parteimitglied. Angeblich hatte er gesagt, es sei ein Fehler gewesen, daß Hitler den Oberbefehl über das Heer übernommen habe, denn immerhin seien die Generäle die Experten. Nun warte jedermann auf ein Wunder. Und was, wenn das Wunder nicht eintrete? Die öffentliche Moral sei schlecht, weil es ein böses Ende geben werde. Zu einem guten Ende könne man nur durch ein Abkommen zwischen Deutschland, den USA und England gelangen, weil die USA Deutschland als Absatzmarkt bräuchten. Wenn Deutschland Konzessionen zugunsten der Amerikaner und Engländer machte, würden diese die Bolschewisten fallenlassen, und der Krieg könne beendet werden. Zu der Frau eines anderen Gutsbesitzers hatte Duhr angeblich gesagt, daß Deutschland den Krieg nicht mehr gewinnen könne, weil die Überlegenheit der Gegenseite zu groß sei. Er glaube nicht, daß die Engländer Deutschland den Bolschewisten überlassen würden. In der Untersuchungshaft bestritt Duhr, dergleichen geäußert zu haben. Aber der Oberreichsanwalt des VGH erhob dennoch Anklage gegen ihn. Angeblich hatte dann Duhrs Frau ein Bittgesuch an Dr. Frick und Reichsmarschall Göring gerichtet.[185] Am 29. März 1944 berichtete Thierack[186] in der Führerinformation Nr. 179: »Zur Führerinformation 1944 Nr. 175 (Strafverfahren wegen Wehrkraftzersetzung gegen den Gutsbesitzer Franz Duhr, Schwiegersohn des am 9. November 1923 vor der Feldherrnhalle gefallenen Blutzeugen Theodor von der Pfordten) melde ich weiter: Der Volksgerichtshof hat Franz Duhr am 28. Februar 1944 von der Anklage der Wehrkraftzersetzung freigesprochen. Der Hauptzeuge Dr. Reichertz, dem gegenüber Duhr sich defaitistisch geäußert haben sollte, hat sich als unglaubwürdig erwiesen. Eine weitere Zeugin hat ihre im Vorverahren gemachten belastenden Angaben in der Hauptverhandlung nicht aufrechterhalten. Im Urteil des Volksgerichtshofs wird festgestellt, daß die Ehre Duhrs durch das Verfahren nicht angetastet worden ist.

Berlin, den 29. März 1944.
(gez.) Thierack.«[187]

In der Zwischenzeit war viel geschehen, was Deutschland die Initiative in der Kriegsführung aus der Hand nahm. Zunächst hatte es seine Überlegenheit im Luftraum eingebüßt. Rommels Truppen vor den Toren von Alexandria waren durch ganz Nordafrika zurückgetrieben und zusammen mit ihren italienischen Alliierten in Tunis eingeschlossen worden. Die Briten rückten von Osten her nach, die amerikanischen Streitkräfte schlossen den Kreis von Westen her, nachdem sie in Marokko gelandet waren; und der Großteil des einst so stolzen Afrikakorps geriet in Gefangenschaft. Die Alliierten landeten in Sizilien und dann in Italien, Mussolini wurde gestürzt, ein Zermürbungskrieg begann sich die italienische Halbinsel hinaufzubewegen, sehr langsam, aber zerstörerisch. Noch wichtiger war die Entwicklung im Osten, wo die Niederlage der deutschen 6. Armee in Stalingrad ein Warnzeichen war, das kein Deutscher ignorieren konnte. Obwohl die Ostfront wieder gefestigt wurde, lag die Initiative nun in russischen Händen, eine Tatsache, die durch die größte Panzerschlacht der Geschichte bei Kursk bestätigt wurde. Danach wurde die deutsche Ostfront von den angreifenden Russen langsam, aber stetig nach Westen zurückgedrängt.

Nach der Schlacht von Stalingrad gründeten die Russen zusammen mit deutschen kommunistischen Emigranten wie Wilhelm Pieck, Walter Ulbricht und Erich Weinert und relativ jungen deutschen Offizieren wie Leutnant Graf von Einsiedel, einem Urenkel Bismarcks, das »Nationalkomitee Freies Deutschland« (NKFD). Kurz darauf, im September 1943, entstand ein »Bund Deutscher Offiziere« (BDO). Sein Leiter war der in Stalingrad gefangengenommene General von Seydlitz-Kurzbach.[188]

Diese Vorgänge bedeuteten die Errichtung einer »Volksfront« aller deutschen »Antifaschisten« in der Sowjetunion. Kleinere Gruppen wurden von den Russen für eine Spezialausbildung ausgewählt und nach erfolgreichem Abschluß dieser Schulung hinter den deutschen Linien abgesetzt, von wo aus sie sich auf den Weg nach Deutschland machen sollten. In Berlin wurde die größte NKFD-Gruppe von den kommunistischen Funktionären Anton Saefkow, Franz Jacob und Bernhard Bästlein ins Leben gerufen. Saefkow war ein Veteran der Untergrundarbeit, der 1942 mit Jacob in Verbindung trat, einem ehemaligen Kommunisten, der bis 1940 in einem Konzentrationslager gewesen war. Bästlein kam aus Hamburg. Er wurde 1942 verhaftet, konnte aber fliehen. Moskau hatte ihnen die Aufgabe gestellt, in Deutschland eine Volksfront aufzubauen und Kontakt mit der bürgerlichen und sozialdemokratischen Opposition in Deutschland aufzunehmen, vornehmlich mit der Goerdeler-Gruppe und den beiden darin vertretenen Gewerkschaftsführern Dr. Julius Leber und Adolf Reichwein, die aber im Juli 1944 festgenommen wurden. Auch Saefkow, Bästlein und Jacob wurden verhaftet. Die erste-

294

ren wurden hingerichtet, während Jacob Selbstmord beging.[189]
Zwei andere NKFD-Gruppen operierten in Leipzig und in Thüringen. In Leipzig wurden ihre Mitglieder sehr bald von der Gestapo festgenommen, in erster Linie ehemalige KPD-Funktionäre, die vom VGH zum Tod verurteilt wurden. Die Thüringer Gruppe wurde von einem weiteren ehemaligen Kommunisten geleitet, Dr. Theodor Neubauer, einem hochdekorierten Offizier des Ersten Weltkriegs, der danach als kommunistischer Abgeordneter dem Reichstag angehört hatte. Im Gegensatz zu Saefkow trat Neubauer nicht für eine Volksfront ein, sondern für ein rein kommunistisches Regime. Aber auch er wurde im Juli 1944 verhaftet und von Freisler zum Tod verurteilt.[190]
Es wurden viele weitere Kommunisten festgenommen, doch es ist heute nicht mehr möglich zu eruieren, ob und bis zu welchem Grad sie mit dem NKFD zusammengearbeitet haben. Aber daß das NKFD die deutsche Führung bis in die letzten Kriegsmonate hinein beschäftigte, geht aus der Führerinformation 1945, Nr. 190, hervor, in der Thierack dem Reichskanzler mitteilte, das OKW habe ihm im Dezember 1944 Akten über 32 Wehrmachtangehörige ausgehändigt, die angeblich in der Sowjetunion beim NKFD und BDO aktiv gewesen waren. Nach einer ersten Überprüfung des Materials schien es in den meisten Fällen Probleme zu geben. Das vorhandene russische Beweismaterial, zum Beispiel Flugblätter, Broschüren und Fotos, sei möglicherweise zum Großteil gefälscht. Die Untersuchung einiger Bilder habe ergeben, daß es sich um Fotomontagen handelte. Auch die Beweiskraft der erstatteten Schriftgutachten lasse zu wünschen übrig, da sich sogar ein graphologischer Experte des Reichskriminalpolizeiamtes (RKPA) geirrt habe. Man war nämlich so weit gegangen, einen Schriftfälscher einzuschalten; dieser stellte ein Falschschreiben her, das der RKPA-Experte als authentisch bezeichnete. Schließlich blieben nur die Aussagen der sogenannten »Rückkehrer« übrig. Es stehe aber zur Zeit nicht fest, in welchem Umfang diese als Zeugen gegen NKFD- und BDO-Mitglieder zur Verfügung stünden. Ein Teil der Rückkehrer sei zu Truppenteilen entlassen, ein zweiter Teil sei in einem Lager bei Graudenz untergebracht worden, doch wo er jetzt verblieben sei, wisse man nicht. Eine dritte Gruppe von Heimkehrern sei in einem Lager bei Lissa verwahrt worden, doch das Reichssicherheitshauptamt habe mitge-

teilt, daß Insassen dieses Lagers infolge der Kriegsereignisse erschossen worden seien, um zu verhindern, daß sie den Russen in die Hände fielen. Man beschleunige die Ermittlungsarbeiten, um herauszufinden, welche Rückkehrer noch als Zeugen zur Verfügung stünden. »In einigen Strafsachen, in denen Verurteilungen bereits auf das zur Verfügung stehende Beweismaterial gestützt werden können, habe ich alsbaldige Anklageerhebung angeordnet; die Hauptverhandlungen werden in der kommenden Woche beginnen. In den übrigen Sachen wird auf beschleunigten Abschluß der Materialsichtung Bedacht genommen.«[191]

Diese Führerinformation vom 12. Februar 1945 war die vorletzte, die Hitler erhielt; und es gibt keine Unterlagen dafür, daß nach diesem Datum Hauptverhandlungen gegen Deutsche stattgefunden hätten, die mit dem NKFD oder dem BDO zusammengearbeitet hatten.

Die letzte Führerinformation vom 15. Februar 1945, Nr. 191, enthielt die Mitteilung, daß Maria Emanuel Herzog zu Sachsen, ein 19jähriger Schüler aus Dresden-Loschwitz, angeklagt worden war. Man beschuldigte ihn der Wehrkraftzersetzung und des Rundfunkverbrechens. Er habe von 1943 bis Ostern 1944 Feindsendungen abgehört. Über den Inhalt dieser Sendungen habe er seinen Vetter, den Erbprinzen von Hohenzollern, brieflich informiert. In einem dieser Briefe habe er geschrieben: »Das verfluchte Reich wird ja ganz bestimmt nächstes Jahr ausgepfiffen haben.« Und Thierack bemerkte noch: »Emanuel Herzog zu Sachsen, ein Enkel des ehemaligen Königs Friedrich August von Sachsen, hat zuletzt als Hauptjungzugführer im Jungvolk Dienst getan.«[192]

Ende 1943, wenn nicht schon früher – und trotz seiner rigorosen Prozeßführung in seinem Senat –, begann auch Freisler, Zweifel zu äußern, allerdings nur privat. In einem vom 2. Oktober 1943 datierten Brief konstatiert er: »Wir haben wohl den totalen Krieg proklamiert, führen wir ihn aber in seiner vollen und notwendigen Totalität? Ich denke nur an die zahllosen Nischen und Sonderrestaurants für die Prominenz, die im ganzen Reiche wuchern, in denen NSDAP und Wehrmachtsführer trinken und essen wie im tiefsten Frieden. Ich kenne sie, aber auch der Arbeiter kennt sie, der neben unseren Frontsoldaten die Hauptlast trägt und trotz Terrorangriffen die Waffen unseres Volkes schmiedet. Es kommt einem oft hart an, einen kleinen Mann über die Klinge springen lassen zu müssen, nur weil er sich abfällig gegen manche Mitglieder unserer Staats- und Parteiführung geäußert hat. Ich kann nicht mehr tun, als jene Personen und Kreise, die mir persönlich nahestehen, auf die Miß- stände hinzuweisen; was ich nicht tun kann, ist, darauf von meinem Richterstuhle aus hinzuweisen. Ich wäre nicht nur das erste Opfer, ich würde auch zugleich der anderen Seite allzu willkommenes Pro- pagandamaterial liefern. Ich bin mir durchaus der Tatsache bewußt, eine einseitige Rechtsprechung zu praktizieren, aber dies nur für einen politischen Zweck: eine Wiederholung von 1918 mit allen meinen mir verfügbaren Kräften zu verhindern.«[193]

In einem vom 4. Februar 1944 datierten Brief erwähnt er, »daß die ganze Gesetzgebung, die das Abhören ausländischer Sender verbie- tet, eigentlich lächerlich ist, und nicht nur an der Oberfläche. Ich glaube, die entsprechenden Gesetze wären niemals erlassen wor- den, wenn wir Deutsche ein wirklich auch im Innersten geeintes Volk wären, mit einem Nationalbewußtsein und einem National- stolz, die man als gegeben, als selbstverständlich betrachten könnte, die keiner Gefühsappelle bedürften, um sie zu mobilisieren, jenes Nationalbewußtsein, wie es den Franzosen und Engländern eigen ist. Aber sie haben Jahrhunderte der Konsolidierung hinter sich, während gleichzeitig unser Reich sich durch unsere Kleinstaaterei zertrümmerte. Auf welch schwachen Beinen unser Nationalstaat stand, zeigte sich deutlich in den Jahren 1917/18. Ich bin ziemlich sicher, daß wir den Weltkrieg nicht hätten gewinnen können, aber unser innerer Zusammenbruch erlaubte es den Siegern, uns Bedin- gungen aufzuzwingen, an die sie vorher selbst in ihren Träumen niemals gedacht hatten. Mit dem Zusammenbruch der Heimat- front, wen gab es da, der die Interessen des Reiches hätte vertreten können? Diese Situation darf sich niemals wiederholen. Aber wie- derum das Leben einiger Leute gibt uns kaum Grund zur Ermunte- rung; viele scheinen nichts anderes zu tun zu haben, als ihre Kolle- gen zu Fall zu bringen, um ein weiteres Amt einzuheimsen und noch mehr Lametta auf Brust und Schulter zu häufen. Manchmal, wenn die Zeit reicht, um einen vernünftigen Gedanken fassen zu können und ihn konsequent durchzudenken, wundere ich mich oft, daß wir in den Jahren zwischen 1933 und 1939 so weit kamen und daß wir seit 1939 solche militärischen Glanzleistungen vollbrachten, Leistungen, die wir trotz unseres inneren Zustandes erreichten. Aus diesem Grunde ist es um so notwendiger, vorsichtig zu sein, Vorsicht vor einer Wiederholung von 1918, selbst wenn das einen Kampf bedeutet, dessen Ruinen uns begraben werden. Vielleicht zum letzten Mal in unserer Geschichte besitzen wir jetzt die Möglichkeit, unter der Führung des Reiches ein geeintes Europa zu schaffen, das den Vereinigten Staaten und dem Britischen Empire ins Auge sehen kann. Sollten wir das nicht schaffen – und die Zeichen der Zeit geben zur Unruhe Anlaß –, dann hat die Zukunft den Nationen Europas nicht viel zu bieten, entweder schnappt sie Stalin, oder sie werden zu Vasallenstaaten. Und das, was von Deutschland übrigbleiben wird, wird aus den Händen der Großmächte fressen müssen und wie üblich die Mühlen der Selbstbesudelung drehen – wie gehabt nach 1918. Aber Deutschland als Nation und ein gesunder deutscher Nationalismus werden für immer der Vergangenheit angehören.«[194]

Noch vor Beginn der Prozesse in der Folge des 20. Juli 1944 geriet Freislers VGH in die Schußlinie, als Lammers am 29. Juli 1944 an Thierack schrieb und die Kopie eines Briefes beilegte, in dem eine »mir als vertrauenswürdig bekannte Person« dagegen protestierte, daß die Öffentlichkeit Zugang zu den VGH-Prozessen hatte.

»Die Verhandlungen vor dem Volksgerichtshof finden vor vielen Zuhörern statt, vor dem Bombenschaden vor etwa 500, jetzt in einem kleineren Saal vor etwa 150, etwa Sportpalastzusammensetzung aus allen Volksschichten, geladen und nicht geladen. Man drängt sich dazu wie zum Kino.

Der Präsident, Staatssekretär Dr. Freisler, wünscht dieses Publikum. Seine Gründe sind naheliegend, aber es muß darauf aufmerksam gemacht werden, daß früher 500, jetzt 150 (fast täglich) Zuhörer es weitertragen, was sie dabei hören, z. B.:

Der Führer habe nach Stalingrad in heftigen Gemütsbewegungen in der Reichskanzlei usw. usw. und nun kommt eine angebliche Teppichgeschichte *(Eine Anspielung auf die zweifelhafte Geschichte von Hitler, dem Teppichbeißer – der Autor)*, die der Angeklagte von einem General gehört hat, und seit der der Führer in der Wehrmacht einen gewissen Namen trage *(Gemeint ist »Göfaz«, die populäre Abkürzung für »Größter Feldherr aller Zeiten« – der Autor)*, alles ganz ausführlich und mit allen gehässigen Redewendungen und Behauptungen über den Führer vor diesen 150 Leuten, meist ganz kleinen, vorgetragen und verhandelt.

Wenn auch Dr. Freisler in einer ganz großartigen und geradezu meisterhaften Form und Genialität die Verhandlungen führt und den Nachweis erbringt, daß alles erfunden worden ist, so haben aber 150 kleine Leute alle Einzelheiten dieser angeblichen Szenen in der Reichskanzlei und den angeblichen Spitznamen des Führers, der in der Wehrmacht in der gehässigsten Form bestehen soll, gehört. Sie werden es sicherlich weitererzählen. Niemand von ihnen ist unter ein Schweigegebot gestellt worden. Auf diese Weise werden über den Volksgerichtshof übelste Gerüchte verbreitet.
Oder: Im Verfahren gegen Botschaftsrat Kiep, Frau Solf (Kolonialstaatssekretär und Botschafter) u. a. hören die 150 Zuhörer, daß diese im deutschen Volke weitbekannten und angesehenen Personen, von denen breiteste Kreise glauben, sie seien besonders gut unterrichtet und urteilsfähig, den deutschen Sieg für unmöglich und es für notwendig halten, sich nach Wirth, Hirtsiefer und Gen. umsehen und mit ihnen in Verbindung setzen zu müssen. Diese 150 Zuhörer mögen alle, was aber zu bezweifeln ist, das Urteil für gerecht halten. Sie werden aber jeder für sich mehreren oder gar vielen Volksgenossen die Einzelheiten dieses Defätistenprozesses weitererzählen und somit dazu beitragen, daß immer mehr Volksgenossen sich und anderen sagen: wenn schon diese doch viel besser unterrichteten diplomatischen Kreise (Kiep war noch dazu Major im OKW, Frau Solf lange Gattin unseres Botschafters in Japan!) am Ausgang des Krieges verzweifeln, wo sollen *wir* da die Hoffnung auf einen guten Ausgang hernehmen? Sollte auf diese Weise der Volksgerichtshof, statt Defätismus zu köpfen, ihn nicht gar ungewollt nähren?
Diese Sorge bewegt mich, weshalb ich mich für verpflichtet halte, diese zweifellos außerordentlich wichtige Frage auch Ihnen zur Kenntnis bringen zu müssen.«[195]
Thierack besprach die Angelegenheit mit Goebbels und Freisler und schrieb an Lammers, er habe mit den beiden Herren darüber diskutiert und Freisler klargemacht, daß er bei öffentlichen Prozessen vorsichtiger sein solle.[196]

Schon im Vorjahr, am 11. September 1943, hatte Thierack den VGH-Präsidenten auf sanfte Art zurechtgewiesen und in einem Brief erklärt, daß Freisler den Begriff »Öffentlichkeit« zu großzügig interpretiere: »Wenn alles, was politisch geredet wird, grundsätzlich als öffentlich gesagt angesehen würde, würde das bewußt aufgestellte Tatbestandsmerkmal der ›Öffentlichkeit‹ in Paragraph 5 KSSVO keinen Sinn mehr haben.«

Freisler antwortete am 28. September 1943 und erwiderte, er habe auf der Grundlage von Thieracks Brief einige Prozesse noch einmal durchgearbeitet und sei zu dem Schluß gekommen, daß die Gedanken, die in einem besonderen Fall zum Ausdruck gekommen seien, nicht mit der nationalsozialistischen Auffassung von der Struktur des Reichs übereinstimmen. Das Urteil reflektiere die Sicherheitsbedürfnisse des Reichs, ohne dabei gleichzeitig jede Unterhaltung zu einer öffentlichen zu erklären. Die Interpretation des Gerichts erlaube die Bestrafung von Handlungen als Wehrkraftzersetzung, die »das gesunde Volksempfinden« als solche betrachte. »Für mein Rechtsempfinden ist damit schon gesagt, daß diese Auffassung auch nicht im Widerspruch zum gesetzten Recht stehen kann.«[197]

Wenig später, am 16. November 1943, schrieb Melitta Wiedemann, die Herausgeberin von »Die Aktion, Kampfblatt für das neue Europa«, einen Brief an Thierack, in dem sie harte Kritik an Freisler übte. Sie berief sich auf ein Gespräch, das sie mit Thierack früher geführt hatte und fuhr fort: »Unser damaliges Gespräch ist mir über den Teil hinaus, über den ich berichten konnte, eindringlich im Gedächtnis geblieben, weil Sie ebenso logisch einwandfrei wie psychologisch einfühlsam eine Begründung der Kriegsgesetze sowohl auf wirtschaftlichem wie auf politischem Gebiet gaben, die die Härte dieser Gesetze auch breiten Volkskreisen, ja sogar dem Ausland verständlich machen kann.

Leider habe ich durch Zufall in den allerletzten Wochen von einer Reihe sehr überlegener Zeugen, die über diese Entwicklung in Sorge waren, gehört, daß beim Volksgerichtshof in Berlin (I. Senat) in einer Reihe von Prozessen der Prozeßführung anscheinend dieses notwendige psychologische und propagandistische Verständnis nicht im notwendigen Ausmaße eigen war.

So wurde kürzlich ein Koblenzer Arzt zum Tode verurteilt, der seinem Friseur gegenüber, verärgert durch eine gerade erhaltene Verdunklungsstrafe, völlig abwegige Äußerungen über den Einfluß des damals gerade erfolgten italienischen Verrats auf unsere innerpolitische Lage gemacht hatte. Zu dem Prozeß waren zahlreiche Personen aus dem medizinischen Leben Berlins teils eingeladen, teils befohlen worden. Jedenfalls war der Saal voll.

Der Angeklagte, als höherer Beamter und Parteigenosse, hatte sich unglaublich benommen. Vor Gericht machte er einen nervösen, feigen, ungeschickten, jedenfalls unsympathischen Eindruck. Es wäre ein Kinderspiel gewesen, den Prozeß so zu führen, daß alle Anwesenden von dem an sich harten Todesurteil wenn nicht befriedigt worden, so doch es als gerecht und notwendig hingenommen hätten. Statt dessen behandelte der Vorsitzende den Angeklagten so unsachlich und betont hart, ungerecht, unfreundlich, er war so offensichtlich bestrebt, den Mann, der sowieso ein Todeskandidat war, bei seiner ungeschickten Verteidigung zu hemmen und zu irritieren, daß dem größten Teil der Anwesenden die Empörung darüber leicht anzusehen war, zumal der Vorsitzende mit der gleichen Unsachlichkeit, aber mit umgekehrten Vorzeichen, die Zeugen buchstäblich hofierte.

Wie der soeben angelaufene innerdeutsche Propagandafeldzug beweist, wird die Stimmung unseres Volkes als wichtig betrachtet. Deshalb ist es auch wichtig, die Volksgerichtshof- und Sondergerichtsprozesse so zu gestalten – was mit Leichtigkeit erreicht werden kann –, daß die Zuhörer gerade durch die betonte Sachlichkeit, Rechtlichkeit in der Prozeßführung, die menschliche, schonende Behandlung des Angeklagten zur Überzeugung gebracht werden, daß das dann folgende harte Urteil im Staatsinteresse notwendig und deswegen zu bejahen sei.«[198]

Dann wandte sich die Briefschreiberin einem anderen Thema zu, nämlich dem Problem, daß jeder einfache deutsche Bürger einen Schwarzmarkthändler kenne, der seine Waren zu horrenden Preisen verkauft, daß man sich aber weigere, solche Leute anzuzeigen, da die Strafe, mit der ein Schwarzmarkthändler rechnen müsse, für das Volksempfinden zu hoch sei. Je mehr Todesstrafen ausgesprochen würden, desto weniger Leute seien bereit, andere anzuzeigen – es sei denn, aus persönlicher Rachsucht.[199]

Wie die oben dargelegte Statistik zeigt, war der letzte Punkt dieser Kritik unberechtigt.

Freisler nahm kaum Notiz von dieser Kritik, abgesehen von der

Tatsache, daß die VGH-Prozesse später unter Ausschluß der Öffentlichkeit stattfanden. Seine Haltung gegenüber den Personen, die vor ihm auf der Anklagebank saßen, hing von ihrer Haltung ab. Augenfälligen Versuchen, einen eindeutigen Tatbestand zu verharmlosen oder zu leugnen, begegnete er mit beißendem Sarkasmus. Die Angeklagten, die sich zu ihren Taten bekannten, behandelte er mit einigem Respekt.

Vielleicht in der Absicht, seine eigene Persönlichkeit in den Vordergrund zu stellen, schlug Freisler im April 1944 vor, den 10. Jahrestag der VGH-Gründung gebührend zu feiern, doch dazu brauchte er die Erlaubnis seines Ministers.[200] Thierack, weniger bestrebt, die Person Freislers ins Rampenlicht zu rücken, schrieb am 18. April 1944 an Bormann und erwähnte die Angelegenheit, meinte aber, er bezweifle, daß eine solche Feier im fünften Kriegsjahr angebracht sei. Der Brief, per Fernschreiben übermittelt, wurde schon am nächsten Tag beantwortet. Bormann erklärte, angesichts der Kriegssituation wünsche der Führer nicht, daß am 24. April 1944 eine solche Feier stattfinden solle. Vielleicht könne man sie zu einem passenden Zeitpunkt nachholen.[201]

Im Frühsommer 1944 erlitt Freislers Ansehen auch in den Kreisen der höheren Beamten im Justizministerium eine leichte Erschütterung. Da gab es z. B. das Problem der Laienrichter, die immer häufiger und immer zahlreicher ärztliche Atteste vorlegten, um sich von der Teilnahme an VGH-Verhandlungen befreien zu lassen. In dieser Kriegsphase war man nicht mehr darauf erpicht, an einem solchen Tribunal, noch dazu unter Freisler, als Beisitzer teilzunehmen. Auch die juristischen Ansichten des VGH-Präsidenten wurden manch scharfer interner Kritik unterzogen. Man behauptete, der VGH könne nur gewinnen, wenn die Presse seine Urteilsbegründungen ausführlicher abdruckte, statt nur in stereotypen Formulierungen.[202] Aus zwei Gründen machte man sich über Freisler lustig – erstens, wie schon erwähnt, wegen seiner offensichtlichen Unfähigkeit, den Begriff Defätismus klar zu definieren, denn er konnte ihn nur umreißen, indem er mehrere Beispiele anführte; und zweitens wegen seiner Ansicht, die Formulierung des Paragraphen 51, Absatz III, des StGB, der Angeklagte *könne* milde bestraft werden, bedeute, daß er *nicht* milde bestraft werden solle.[203] Kaum einer von Freislers Kritikern nahm an, daß seine »große« persönliche Stunde noch kommen würde.

VIII. Der Prozeß gegen die Attentäter vom 20. Juli 1944

Auf Hitlers Leben wurden zahlreiche Anschläge verübt, meist von Einzelpersonen wie dem oben erwähnten Bavaud.[1] Der spektakulärste Attentatsversuch wurde kurz nach dem Ausbruch des Krieges unternommen, am 8. November 1939 im Münchener Bürgerbräukeller, als die Säule hinter dem Podest, auf dem Hitler gestanden und zu seinen »alten Kämpfern« gesprochen hatte, explodierte. Dabei wurden acht Menschen getötet und viele verletzt. Hitler war ein paar Minuten vorher abgereist und zählte deshalb nicht zu den Opfern.[2]

Am selben Abend, um 19 Uhr 45, wurde ein Mann in der Nähe des Bodensees festgenommen, der im Schutz der Dunkelheit versucht hatte, die schweizerische Grenze zu überqueren. Die Grenzschutzbeamten hielten sich offenbar in einem Haus auf, dessen Fenster Ausblick auf ein ziemlich weites Gebiet boten. Gleichzeitig hörten sie die Radioübertragung von Hitlers Rede im Bürgerbräukeller. Der Verhaftete wies sich als Johann Georg Elser aus. Er behauptete, er habe einen Bekannten besuchen wollen und sich verirrt. Man brachte ihn ins Zollbüro am Kreuzlinger Tor, wo er durchsucht wurde. Außer etwas Bargeld und einer Hartwurst trug er eine Zange bei sich, die er offenbar benutzen wollte, um den Drahtverhau an der Grenze zu zerschneiden. Außerdem fand man einen Stern des »Rotfrontkämpferbundes«, Rechnungen von deutschen Munitions- und Waffenfabriken, eine unbeschriebene Ansichtskarte mit einer Abbildung des Münchener Bürgerbräukellers sowie Metallstücke, Spiralfedern, Bolzen und Schrauben, die Elser als Teile einer Uhr bezeichnete. Aber ein Zollbeamter, der mit militärischer Technologie vertraut war, sagte ihm sofort auf den Kopf zu, daß dies Teile eines Zünders wären.

Nachdem ihn die Zollbeamten verhört hatten, wurde Elser der Grenzpolizei übergeben und ins Polizeigefängnis nach Konstanz gebracht. Erst als um Mitternacht per Fernschreiben die Nachricht vom Sprengstoffattentat an alle Grenzpolizeistationen übermittelt und die Anweisung erteilt wurde, alle verdächtigen Personen gründlich zu durchsuchen, erinnerten sich die Beamten, daß man

bei Elser eine Ansichtskarte vom Bürgerbräukeller gefunden hatte. Die Grenzpolizei erwähnte dieses Detail in ihrem Bericht an die Staatspolizeistelle in Karlsruhe und fügte hinzu, daß der Gefangene möglicherweise mit dem Bombenanschlag in Verbindung stünde. Während Hitler mit der Bahn nach Berlin zurückfuhr, liefen die Ermittlungen zur Aufklärung des Attentatsversuchs auf vollen Touren. Himmler bildete sofort eine Kommission aus Gestapobeamten und Beamten der Kriminalpolizei, genannt »Sonderkommission Bürgerbräuattentat«, in der Münchener Gestapoleitstelle im Wittelsbacher Palais. Sie wurde vom Chef des Reichskriminalpolizeiamts im RSHA, Reichskriminaldirektor Nebe, geleitet. Die Kommission bestand aus zwei Abteilungen. Die eine befaßte sich mit dem Ort, wo der Attentatsversuch stattgefunden hatte, die zweite suchte Anhaltspunkte, die zur Festnahme des Täters führen konnten. Bei der Berliner Gestapo prüfte man sorgfältig einen Komplex von Angaben, die sich auf etwa 120 Personen bezogen. Dabei befand sich auch der Bericht der Staatspolizei von Karlsruhe über Elsers Verhaftung. Konstanz wurde angewiesen, Elser ins Wittelsbacher Palais zu überführen. Nach dem Verhör war die Polizei geneigt, ihn nur als Kriegsdienstverweigerer und möglicherweise auch als kleinen Spion zu betrachten. Die anderen Gegenstände, die Elser bei sich getragen hatten, paßten einfach zu gut ins Bild, als daß sie als stichhaltiges Beweismaterial hätten dienen können. Aber im Zuge der Ermittlungen häuften sich die Verdachtsmomente, die gegen Elser sprachen. Die Aussage von Kellnerinnen und anderen Zeugen aus dem Bürgerbräukeller wiesen auf einen kleinen, schlanken Mann hin, der schwäbischen Dialekt sprach. Außerdem war Elser nicht in der Lage, auf zufriedenstellende Weise zu erklären, was er während der letzten Monate in München gemacht hatte. Als die Säule im Bürgerbräukeller untersucht wurde, entdeckte man, daß ihr Sockel hohl war. Aus ihm war eine Tür herausgeschnitten worden, groß genug, so daß eine kniende Person im Sockel arbeiten konnte. Man untersuchte Elsers Knie und stellte fest, daß die Haut dort wund und an manchen Stellen entzündet war. Nun bekam es Elser mit der Angst zu tun und erkundigte sich sogar, mit welcher Höchststrafe er rechnen müsse. In den frühen Morgenstunden des 14. November 1939 legte er ein Geständnis ab.
Hitler, Himmler und andere glaubten ihm nicht, und die Sache

wurde der Gestapo übertragen, die eruieren sollte, für welche potentiellen ausländischen Agenten Elser gearbeitet hatte. Otto Strasser, den der britische Geheimdienst unterstützte, wurde verdächtigt; und nachdem am 9. November 1939 die britischen Agenten Captain Best und Major Stevens vom SD an der deutsch-holländischen Grenze festgenommen worden waren, bezeichneten die deutschen Medien diese beiden Männer wenige Stunden später als die Initiatoren des Anschlags. Elser bestand darauf, daß er aus eigenem Antrieb gehandelt habe. Er behauptete, er habe im Herbst 1938 den Entschluß gefaßt, Hitler zu töten, und zeichnete aus dem Gedächtnis die Pläne der Zeitbombe. Als Motiv gab er die verschlechterten Lebensbedingungen der Arbeiter an, ihre Unzufriedenheit, die gesenkten Löhne und die steigende Besteuerung der Schreiner sowie die Gewalt, die in allen Bereichen des deutschen Lebens und der Religion angewandt werde, Hitlers expansive Außenpolitik und seine Schuld am Kriegsausbruch. Elser vermied es, irgend jemand in die Sache hineinzuziehen, der ihm durch Fahrlässigkeit oder Gedankenlosigkeit geholfen haben könnte.

Bald mußten Staat und NSDAP Gerüchten entgegentreten, daß das Attentat von oben veranlaßt worden sei und Elser nur als Werkzeug gedient habe. Es ist äußerst unwahrscheinlich, daß diese Gerüchte der Wahrheit entsprechen. Selbst wenn die SS einen solchen Sprengkörper hergestellt hätte, ist es unvorstellbar, daß Himmler und Heydrich dem Führer erlaubt hätten, in der Nähe einer Zeitbombe eine Rede zu halten, da die Zeitzünder damals noch ziemlich unzuverlässig waren. Außerdem hätte man es Elser unter solchen Umständen nicht gestattet, frei herumzulaufen, bis er zufällig von der Grenzpolizei gefaßt wurde.

Aber wie hatte Elser den Attentatsversuch tatsächlich durchgeführt? Er wohnte in München und besuchte fast drei Monate lang regelmäßig den Bürgerbräukeller, wo er etwas zu essen und zu trinken bestellte. Kurz vor der mitternächtlichen Sperrstunde versteckte er sich unter Tischen und hinter Vorhängen, und wenn der Bierkeller leer war, begann er, an der Stelle zu arbeiten, wo, wie er wußte, Hitlers Rednerpodest stehen würde. Zuerst mußte er vorsichtig eine Platte aus der Säule lösen und, obwohl diese hohl war, den Innenraum vergrößern, um mehr Platz für die Bombe zu schaffen. Die Bombe bastelte er hauptsächlich in seinem schwäbischen Elternhaus und transportierte sie stückweise nach München. Jedesmal, wenn er an der Säule gearbeitet hatte, mußte er die Platte am Morgen wieder einsetzen und alle Spuren seiner nächtlichen Tätigkeit beseitigen. Und so arbeitete er weiter bis in die frühen Morgenstunden des 8. November 1939; da war sein Werk vollendet. Nachdem die Angestellten das Lokal betreten hatten, schlüpfte er wie immer unbemerkt hinaus, ging in sein Quartier und von dort zum Münchener Hauptbahnhof, wo er eine Fahrkarte zu einer Station nahe der schweizerischen Grenze löste.

Nach dem Verhör wurde er ins Konzentrationslager Sachsenhausen nördlich von Berlin gebracht. Er genoß gewisse Privilegien und bewohnte eine besonders geräumige Zelle. Sämtliche Werkzeuge, die ein Schreiner braucht, wurden ihm zur Verfügung gestellt, und er rekonstruierte im Auftrag der Gestapo seine Zeitbombe. Elser war ein talentierter Bildschnitzer und bei den Wachposten sehr beliebt. Er durfte sogar Billard und Zither spielen. Die Gründe, warum man ihn bevorzugt behandelte, sind ungeklärt. Vielleicht wollte man ihn sich für einen spektakulären VGH-Prozeß »aufsparen«. Hitler ließ sich nicht von seiner Überzeugung abbringen, daß Elser für »Drahtzieher« im Hintergrund gearbeitet habe. Himmler mußte den Fall weiterverfolgen. Man hoffte, nach dem »Endsieg« in den Londoner Archiven das nötige Beweismaterial zu finden, um Elser, Best und Stevens gemeinsam den Prozeß machen zu können.[3]

Anfang 1945 wurde Elser von Sachsenhausen nach Dachau gebracht und im Zellenblock für prominente Häftlinge einquartiert, wo er erneut eine bevorzugte Behandlung genoß. Hier waren zeitweise auch Stevens, Best, Léon Blum, Hjalmar Schacht, Niemöller und mehrere prominente Wehrmachtangehörige wie die Generäle von Falkenhausen, Halder und von Bonin interniert. Am 5. April 1945 erhielt Dachau von der Gestapo den Befehl, Elser bei der nächsten passenden Gelegenheit, zum Beispiel während eines Luftangriffs auf München, unauffällig zu liquidieren. Am 9. April wurde der Befehl durchgeführt.

Elser war ein typischer Einzelgänger gewesen, ein fast fanatischer Hobby-Mechaniker, ein Perfektionist, der sich erst dann von seinen Arbeiten trennte, wenn sie jeder Kritik standhalten konnten. Welches Motiv stand hinter seiner Tat? Seiner Aussage zufolge hatte er kaum Bücher oder Zeitungen gelesen. Er war ideologisch nicht geschult und zeigte wenig Interesse an politischen Diskussionen. Obwohl er ehemals Mitglied des »Rotfrontkämpferbundes« war, hatte er in seiner Gewerkschaft niemals aktiv an Diskussionen teilgenommen und nur selten Versammlungen besucht. Seiner sozialen Herkunft nach betrachtete er sich als Arbeiter, der bei den Wahlen vor 1933 für die KPD gestimmt hatte – nicht, weil er deren ideologisches Programm gebilligt hätte, sondern weil er ganz einfach die Arbeitsbedingungen des deutschen Volkes verbessern wollte. Daß dieser unauffällige Mann Hitler und das nationalsozialistische Regime ablehnte, merkte selbst sein engster Freundeskreis nur aufgrund seltener Bemerkungen und seiner Weigerung, bei öffentlichen Anlässen das Hakenkreuz zu grüßen. Die Gründe für seine negative Einstellung zum Nationalsozialismus wurden bereits genannt – die Senkung der Schreinerlöhne, die Einschränkung der persönlichen Freiheit in allen Lebensbereichen. Aber die entscheidenden Motive waren die Sudetenkrise und die Kriegsgefahr. Dieser politischen Entwicklung konnte nach seiner Ansicht nur Einhalt geboten werden, wenn man den Mann im Zentrum dieser Ereignisse, Adolf Hitler, ausschaltete. Ein ganzes Jahr arbeitete er an der Verwirklichung seines Gedankens, der allmählich zu einer fixen Idee wurde.

Daß er kein gewöhnlicher Verbrecher war, stellte sogar der Völkische Beobachter in seiner Ausgabe vom 22. November 1939 fest: » … dieser Mann … hat keine auffällige Verbrecherphysiognomie, sondern intelligente Augen, leise, vorsichtig abwägende Ausdrücke, die Vernehmungen dehnen sich endlos, jedes Wort überlegt er lange und genau, bis er Antwort gibt, und wenn man ihn dabei beobachten kann, vergißt man im Augenblick, vor welchem satanischen Untier man steht, welche Schuld, welche grausige Last dieses Gewissen dort scheinbar so leicht zu tragen imstande ist.«

Aber Elser war nicht gewissenlos. Zu der Zeit, als er an der Durchführung seines Plans arbeitete, besuchte er mehrere Kirchen, um die nötige seelische Kraft für sein Unternehmen zu finden, das er als seine ureigenste persönliche Aufgabe betrachtete, als Verpflichtung, der er sich nicht entziehen konnte. Als Protestant rechtfertigte er sich damit, daß seine Tat nicht verbrecherisch und keine Sünde sei, da er damit weiteres Blutvergießen verhindern wollte – eine Schlußfolgerung, die einige deutsche Offiziere erst 1943 zogen. Er mußte in Kauf nehmen, daß seine Bombe auch andere Menschen töten würde – eine Bürde, die auf seinem Gewissen lastete, die er aber zu tragen bereit war. Als er mit Fotos von den Todesopfern konfrontiert wurde, brach er in Tränen aus und rief: »Das wollte ich nicht!«[4] Am Ende seiner Häftlingszeit gelangte er, im Glauben an ein vorherbestimmtes Schicksal, zu der Überzeugung, daß seine Tat zum Fehlschlag verdammt war und daß er sich deshalb schuldig gemacht habe.

Und wenn er sein Ziel erreicht hätte? Als Schreiner konnte er nicht an der Spitze einer Verschwörung stehen. Nur die Männer in Schlüsselpositionen hätten eine Veränderung herbeiführen und, falls Hitler dem Attentat zum Opfer gefallen wäre, Deutschland retten können. Aber die Anführer der Militär-Opposition, von denen Elser ebensowenig wußte wie sie von Elser, hatten bereits kapituliert. Es ist unwahrscheinlich, daß sie zu diesem Zeitpunkt einen Staatsstreich inszeniert hätten. Doch im Laufe der Zeit wäre ihr Einfluß innerhalb der deutschen Führung bedeutend stärker geworden, hätte man die charismatische Persönlichkeit des Führers ausgeschaltet. Dann wäre vielleicht eine gemäßigtere Regierung an die Macht gekommen.

Elsers Tat trug den Stempel eines ausgeprägten Individualisten. Sie führte zu nichts. Aber wie reagierte die deutsche Öffentlichkeit darauf?

»Das ganze deutsche Volk stand gestern unter dem Eindruck des gegen den Führer gerichteten Attentatsversuches. In allen Teilen der Bevölkerung wurde mit leidenschaftlicher Ergriffenheit über dieses Geschehnis gesprochen. In vielen Schulen wurde der Choral ›Nun danket alle Gott‹ gesungen. Verschiedene Betriebsführer gaben ihrer Gefolgschaft von dem Attentat in Betriebsappellen Kenntnis. Besonders beunruhigt war die Allgemeinheit im Laufe des gestrigen Vormittags, ehe die näheren Angaben über die Auswirkungen des Attentats bekannt wurden. Überall tauchten Gerüchte auf, z. B. darüber, daß der Führer schwer verletzt worden sei und daß verschiedene führende Männer der Partei und des Staates getötet worden seien. Als im Laufe des Tages nähere Angaben zu dem Attentatsversuch bekannt wurden, wurde allgemein über alle daraus sich ergebenden Probleme gesprochen. Mit Erbitterung wurde über die Engländer und Juden, die im wesentlichen als Hintermänner des Attentats angesehen werden, gesprochen. In einigen Orten kam es

zu Demonstrationen gegenüber Juden. Allgemein wird nunmehr gehofft, daß der Führer in Zukunft sich nicht mehr derartigen Gefahren aussetzen werde, wie er es in letzter Zeit oftmals getan habe. Weiterhin erwarte man nunmehr verschiedentlich Vergeltungsmaßnahmen gegen alle Staatsfeinde und nach außen hin einen schlagartigen Angriff gegen Großbritannien. Vielfach – besonders in der Arbeiterschaft – wurde in den Gesprächen geäußert, man solle in England ›keinen Stein mehr auf dem anderen lassen‹ oder Göring solle jetzt durch die deutschen Flieger ›London in Schutt und Asche legen lassen‹. In der Freude, die über das Mißlingen des Attentats zum Ausdruck kam, zeigten sich ein eindeutiges, die Gemeinschaft verbindendes Gefühl der Dankbarkeit gegen die Versehung und die Stärke des Vertrauens, das der Führer überall, auch in den Kreisen der früheren marxistischen Arbeiterschaft, besitzt.«[5]
Aber der Bericht verschwieg auch nicht, daß es auch gegenteilige Reaktionen gab, denn er erwähnte, daß in der Nacht vom 9. auf den 10. November eine Schaufensterscheibe eines Berliner Fotogeschäfts, in dem ausschließlich Fotos des Führers ausgestellt waren, mit einem Ziegelstein eingeschlagen worden war.[6]
Zur Festnahme und zum Geständnis Elsers berichtete der SD am 22. November 1939: »Die Mitteilung von der Ergreifung des Attentäters von München wurde der Öffentlichkeit erstmalig in der Nacht vom Dienstag zum Mittwoch durch den Rundfunk bekanntgegeben. Allgemein bekannt wurde die Nachricht erst durch die Zeitungen vom Mittwochmorgen. Ihr Eindruck auf die Öffentlichkeit war ungeheuer stark. Auch in den letzten Tagen noch wurde, besonders angeregt durch die Wochenschauen der Lichtspieltheater, das Münchener Attentat in der Bevölkerung vielfach besprochen, wobei auch zahlreiche Gerüchte, die z. T. unsinnige Verdächtigungen bezüglich der Täterschaft enthielten, in Umlauf kamen. Die nunmehr erfolgte Bekanntgabe des Ereignisses der bisher durchgeführten Untersuchungen wirkte sich, soweit bisher festgestellt werden konnte, stimmungsmäßig sehr gut aus. Die Mitteilung, daß Auftraggeber des Attentats der britische Geheimdienst gewesen sei, und die Nachricht von der Festnahme der Angehörigen des britischen Geheimdienstes an der holländisch-deutschen Grenze haben die feindliche Stimmung gegen Großbritannien, die sich schon in den letzten Tagen in der Er-

wartung eines baldigen Angriffs gegen England äußerte, verstärkt.«[7]

Wie wir noch sehen werden, dominierten im deutschen Volk *anfangs* ähnliche Reaktionen auf das Attentat vom 20. Juli 1944.

Wenn man von der deutschen Widerstandsbewegung als Ganzes spricht, muß man zwischen der Militär- und der Zivil-Opposition unterscheiden und innerhalb der letzteren zwischen verschiedenen Kreisen, insbesondere zwischen dem sogenannten Goerdeler-Kreis und dem Kreisauer Kreis. Im wesentlichen vertraten sie alle konservative Standpunkte.[8]

Die militärische Opposition begann sich 1937/38 zu bilden und richtete sich gegen Hitlers außenpolitische Methoden, nicht gegen seine Ziele. Im Prinzip entwickelten sich im Laufe der Zeit viele Meinungsverschiedenheiten zwischen der Wehrmacht und Hitler. Nicht so am Anfang. So war der sogenannte Arierparagraph 1933 auf wenig Widerstand gestoßen, mit Ausnahme des Obersten und späteren Feldmarschalls von Manstein, der Blomberg eine entsprechende Denkschrift schickte. Aber er protestierte nicht gegen den Antisemitismus, sondern stellte fest, die Anwendung eines solchen Paragraphen würde den Kameradschaftsgeist im Heer untergraben. Blomberg legte die Denkschrift zu den Akten.[9]

Dann kamen die Morde an von Schleicher, seiner Frau und von Bredow im Zuge des »Röhm-Putsches«. Wenn auch im Offizierskorps besorgte Stimmen laut wurden, die eine Untersuchung verlangten – Blomberg ignorierte sie, und sie verstummten mit der Zeit.[10]

Kritischer war Blombergs eigene Mesalliance mit einer Dame von zweifelhaftem Ruf, doch deshalb schieden sich die Geister nicht.[11] Dies bedeutete nur das Ende seiner Karriere. Das gleiche passierte in dem infamen Fall Fritsch.[12] Das Reichskriegsministerium verschwand samt all seinen Kompetenzen, und an seine Stelle trat das Oberkommando der Wehrmacht mit Keitel als nominellen Chef; aber in Wirklichkeit nahm Hitler die Zügel immer fester in die Hand, bis er das OKW schließlich allein beherrschte.[13]

Mehrere Heeres-Generale hatten sich bereits vor dem Krieg emotional von der Reichsführung distanziert, darunter General von Witzleben und General von Stülpnagel.[14] Das Krisenjahr brach erst mit dem Anschluß Österreichs und der Sudetenkrise an. In beiden Fällen befürchtete man, daß eine weltweite Katastrophe entstehen könnte,

für die die Wehrmacht weder vorbereitet noch gerüstet war. [15]
Teile der militärischen Opposition arbeiteten parallel zur Zivilopposition unter Carl Goerdeler, ehemals Bürgermeister von Leipzig
und bis 1937 Reichspreiskommissar. Beide nahmen Verbindung mit
Londoner Regierungskreisen auf, vor allem mit dem Außenministerium, das Goerdeler mit einer Flut von Denkschriften mit
manchmal extravagantem, unglaublichem, selbsterfundenem Inhalt
überschüttete. [16] Die Zivilopposition erkannte natürlich, daß sie
ohne militärische Unterstützung nichts erreichen würde. Doch
nachdem Generaloberst von Fritsch, der Oberbefehlshaber des
Heeres, seines Amtes enthoben und General von Brauchitsch, ein
Mann ohne moralisches Rückgrat, sein Nachfolger geworden war,
bestand keine Chance mehr, eine Front gegen Hitler und seine Pläne zu bilden. Generalstabschef Beck legte sein Amt in Opposition
gegen Hitlers Politik während der Sudetenkrise nieder, und General
Halder wurde zu seinem Nachfolger ernannt, ein kompetenter
Mann, der sich des katastrophalen Kurses bewußt war, den
Deutschland unter Hitler steuerte, seine Opposition aber auf bloße
Nörgeleien beschränkte.
Während der Münchener Krise 1938 schien die Verschwörung
Früchte zu tragen, als angeblich ein Stoßtrupp unter der Führung
des ehemaligen Freikorps-Angehörigen Oberstleutnant Friedrich
Wilhelm Heinz in der Nähe der Reichskanzlei Stellung bezog, um
die Macht zu übernehmen sowie Hitler zu arretieren oder, falls nötig, zu töten. Das Oberkommando bei diesem Plan lag in den Händen des Generals von Witzleben. Als jedoch der britische Premier
Neville-Chamberlain den Vorschlag machte, Hitler in Berchtesgaden zu treffen, dann noch einmal in Bad Godesberg und schließlich
in München, wurde der Opposition der Wind aus den Segeln genommen, und sie mußte ihren Plan aufgeben. [17]
Während der Vorgänge, die zum Ausbruch des Krieges mit Polen
führten, hielten sich die Aktivitäten der deutschen Opposition allem Anschein nach in Grenzen, denn daß deutsche Gebiete von den
Alliierten 1919 den Polen zugesprochen worden waren, war nach
wie vor eine offene Wunde im Herzen jedes deutschen Patrioten.
Trotzdem hielt Goerdeler seine Kontakte mit London aufrecht.
Welche Wirkung er damit erzielte, ist nicht geklärt. Aber in britischen, französischen und polnischen Regierungskreisen glaubte

man, daß die Wehrmacht das NS-Regime am Tag des Kriegsausbruchs hinwegfegen würde.[18]

Erst zwischen Oktober 1939 und April 1940 ließ die deutsche Opposition erkennen, daß in Deutschland bald etwas geschehen würde.[19] Dies könnte teilweise eine Erklärung für den »Sitzkrieg« im Westen sein, für die Untätigkeit der westlichen Alliierten, die in diesen Monaten hofften, daß Hitler bald gestürzt würde. Abgesehen von dem Vorhaben, Hitler bei einem Besuch der Westfront festzunehmen, das nicht verwirklicht werden konnte, weil der Führer seinen Zeitplan änderte, passierte nichts. Am 10. Mai 1940 begann Hitler seinen Feldzug im Westen; und dieselben Generale, die der Opposition angehört hatten, führten ihre Truppen nicht nur getreulich, sondern auch erfolgreich in den Kampf. Als Hitler schließlich am 19. Juli 1940 ein Dutzend Feldmarschälle ernannte, Marschallstäbe und Ritterkreuz verlieh, nahmen die oppositionellen Generale dies ebenso dankbar an wie jene, die Hitler loyal unterstützten.

So kam die Zivil- und Militäropposition zum Stillstand, bis der Krieg mit Rußland begann. Auch dann taten die Generale, die gegen Hitler opponierten, immer noch ihre Pflicht. Der Hitler-Gegner von 1944 Generaloberst Hoepner, 1941 Chef der Panzergruppe 4, erhob keinen Einwand, als seiner Gruppe eine »Einsatzgruppe der Sicherheitspolizei und des SD« zugeteilt wurde, die normalerweise hinter der Front kurzen Prozeß mit den Juden machte.[20] SS-Brigadeführer Dr. Franz Stahlecker, Chef der Einsatzgruppe A, berichtete, daß von Anfang an die Zusammenarbeit zwischen Einsatzgruppe und Wehrmacht im allgemeinen gut, in verschiedenen Fällen sogar herzlich gewesen sei, besonders mit der Panzergruppe 4 unter General Hoepner. Anfängliche Mißverständnisse in den ersten Tagen seien durch persönlichen Kontakt sehr schnell beiseite geräumt worden.[21] Es war ebenfalls Hoepner, der in einem Bericht vom 6. Juli 1941 betonte, daß Sabotage-Akte hauptsächlich das Werk von Juden gewesen seien.[22] Kurz vor dem Einmarsch in Rußland gab Hoepner gar folgenden Tagesbefehl an seine Truppen heraus: »Der Kampf gegen Rußland ist das unvermeidliche Ergebnis aus dem uns aufgezwungenen Kampf ums Überleben ... Es ist der alte Kampf der germanischen Rasse gegen die Slawen, die Verteidigung der europäischen Kultur gegen die moskowitisch-asiatische Flut, das Zurückwerfen des jüdischen Bolschewismus ... Dieser

Kampf muß deswegen mit äußerster Rücksichtslosigkeit geführt werden … Insbesondere darf gegenüber den Anhängern des gegenwärtigen russisch-bolschewistischen Systems keine Gnade gezeigt werden.«[23]

Etwa um die gleiche Zeit liquidierte ein anderer »Hitler-Gegner«, der Chef des Amtes V (Reichskriminalpolizeiamt) im RSHA, SS-Brigadeführer Nebe[24], über 40000 Juden.[25]

Der Widerstand erwachte erst wieder zum Leben, als die Russen den deutschen Vormarsch vor Moskau stoppten. Viele Generale wie Feldmarschall von Witzleben und General Hoepner zogen ihre Truppen angesichts des strengen Winters und der russischen Offensive zurück und widersetzten sich damit dem expliziten Befehl Hitlers, die Stellung zu halten und nicht zurückzuweichen.[26] Hitler kam persönlich an die Front, entließ eine ganze Anzahl von Generalen, darunter Witzleben und Hoepner, und übernahm persönlich den Oberbefehl über das Heer.[27] Bei dieser Gelegenheit ergriff Hitler äußerst drastische Maßnahmen, um die Ostfront unter fast unbeschreiblichen Bedingungen neu zu stabilisieren, was ihm auch gelang.

Doch wenn das Wiederaufleben der militärischen Opposition durch einen bestimmten Zeitpunkt zu markieren ist, dann ist dies die Niederlage in Stalingrad 1942/43. Der Schwerpunkt des militärischen Widerstandes verschob sich von den Generalen zu relativ jungen Offizieren in der Heimat und an der Front, die ihre Vorgesetzten auf ihre Seite zu ziehen und auf die Notwendigkeit hinzuweisen versuchten, daß Hitler ausgeschaltet werden müsse. Aber was hatten sie anzubieten? Goerdeler gab sich damals immer noch sehr optimistisch: Deutschland mit den Grenzen von 1939! Aber als sich die Frage erhob, wer dies garantieren solle, herrschte einhelliges Schweigen.[28] Churchills und Roosevelts Casablanca-Direktiven[29] mit der Forderung nach einer bedingungslosen Kapitulation des Reiches entzogen den Verschwörern den Boden. Trotzdem wurden 1943 angeblich mehrere Attentatsversuche auf Hitler unternommen, und alle schlugen fehl, weil entweder die Bomben nicht explodierten oder der Führer von einem zu zahlreichen Gefolge umgeben war.[30] Außerdem mangelte es den Verschwörern in auffälliger Weise an persönlichem Mut. Admiral Canaris, der bis 1943 uneingeschränkten Zugang zu Hitler hatte, dachte niemals daran, eine Pistole auf ihn zu richten, ebensowenig General Fellgiebel, der Chef der Nachrichtengruppe, der sich oft im Führerhauptquartier aufhielt.

Die Bereitschaft, die notwendige Tat zu begehen und Hitler eigenhändig zu töten, zeigte nur der relativ junge schwerverwundete Oberst Claus Graf Schenk von Stauffenberg, ein Offizier, der an allen Fronten gedient hatte und 1943 in Tunesien mit seinem Wagen auf eine Mine gefahren war. Dabei verlor er sein linkes Auge, den rechten Arm und zwei Finger der linken Hand. Nach seiner Genesung wurde er am 1. Juli 1944 zum Stabschef des Befehlshabers des Ersatzheeres, Generaloberst Fromm, ernannt. Die Behauptung ist keineswegs übertrieben, daß die Widerstandsbewegung, sowohl der Zivilisten als auch der Militärs seit dem Augenblick, als Stauffenberg in ihr aktiv wurde, von neuem Leben und neuer Kraft erfüllt wurde. Ohne ihn wäre sie eine Salonverschwörung mit wenig oder keiner praktischen Wirkung geblieben – mit einer Wirkung, die jene des *Kreisauer Kreises* nicht übertroffen hätte.[31] Mit der Rolle Stauffenbergs als das eigentliche Triebwerk der Verschwörung war aber bei weitem noch nicht die Frage gelöst, ob auch nach einem erfolgreichen Attentat die Truppe die Attentäter unterstützen würde. General der Bundeswehr a. D. Graf Kielmannsegg weist auf ein Zusammentreffen mit General Henning v. Tresckow im Herbst 1943 hin, in dem Kielmannsegg auf seine skeptische Einstellung zu einem Attentat hingewiesen haben will und vorschlug, das Führerhauptquartier samt Hitler durch eine Truppe ausheben zu lassen. Tresckow lehnte ab: »Ich finde wohl einen Divisionskommandeur, der das macht, aber keine Division«, und zwar eben, weil die meisten sich noch als »Soldaten des Führers« fühlten.[32]

Der *Kreisauer Kreis* hatte keine eigentliche Führung und bestand aus Konservativen, die sich gelegentlich auf den Landgütern oder in den Stadthäusern einzelner Mitglieder trafen. Die Mitglieder, wie Helmuth James Graf von Moltke, wollten Hitler nicht selber stürzen. Sie beschränkten ihre Bemühungen darauf, Zukunftspläne für ein Deutschland nach Hitler zu schmieden – Pläne, die durch die Casablanca-Direktiven ohnehin irrelevant geworden waren. Die Mitglieder standen nicht vereint hinter einem gemeinsamen Programm, sie waren alle Individualisten mit eigenen Überzeugungen, aber bereit, Kompromisse zu schließen, um zu einem gemeinsamen

Beschluß zu gelangen. Bis zum Schluß gab es Meinungsverschiedenheiten über die verschiedenen Dinge wie die Verstaatlichung der Schwerindustrie, über die Frage der Konfessionsschulen und die Frage, ob die künftige Verwaltungsstruktur in Deutschland zentralisiert werden oder auf einem föderalistischen System beruhen sollte. Großen Wert legte man auf das Christentum als Basis der Gesellschaft, wofür sich vor allem Pastor Dr. Dietrich Bonhoeffer einsetzte[33], ein protestantischer Geistlicher – sowie auf Religions- und Gewissensfreiheit. Viele Konzepte des Kreisauer Kreises waren ebenso wirklichkeitsfremd wie der utopische Sozialismus, dem zufolge die Familie die Basiszelle bildet und der Staat alle lebensnotwendigen Güter wie Nahrung, Kleidung, Wohnhäuser, Gärten und Gesundheit schützen soll.[34]

In anderen Fragen näherte sich der Kreisauer Kreis den Ideen des militärischen Widerstands, wie in den Prinzipien, die sich auf die Arbeit und die politischen Aktivitäten der Bürger bezogen: »Die Arbeit muß so gestaltet werden, daß sie die persönliche Verantwortungsfreudigkeit fördert.«[35] Dazu gehörten die berufliche Weiterbildung mit staatlicher Unterstützung, die Mitverantwortung der Arbeiter in den Betrieben und im gesamten Wirtschaftsleben, damit dem einzelnen seine organische Funktion und ein Gefühl für den Sinn des Lebens wiedergegeben würde. Auf ähnliche Weise sollte der einzelne Bürger politische Verantwortung tragen, indem er in kleinen Gemeinden an deren Selbstverwaltung partizipierte; von da an, von der Basis bis zur Spitze, sollte die Teilnahme an der politischen Arbeit durch gewählte Gemeindevertreter für das Land und vom Land für den Staat gesichert werden. Dies war ein im wesentlichen föderalistisches Konzept, ausgearbeitet von Fritz-Dietlof Graf von der Schulenburg. Die Länder sollten nicht zu groß sein, damit man den Überblick nicht verlor, aber historisch-charakteristische Eigenschaften und besondere kulturelle Aspekte dürften nicht ignoriert werden.[36]

Im Gegensatz zu Goerdelers viel autoritäreren Gedanken (die militärische Opposition strebte einen autoritären Staat an)[37] sollte ein Wahlsystem bis hinunter auf Kreisebene geschaffen werden. Für alle volljährigen Bürger wollte man das allgemeine, geheime Wahlrecht wieder einführen. Die Väter sollten für jedes Kind eine zusätzliche Stimme erhalten. Goerdeler schlug vor, daß nur Väter mit mindestens drei Kindern eine weitere Stimme bekommen sollten. Die Abgeordneten sollten direkt von relativ kleinen Wahlkreisen gewählt werden, um einen engen Kontakt zwischen Parlamentariern und Wählern zu gewährleisten. Über die Anzahl der Parlamentskandidaten, ihre Qualifikationen etc. konnte im Kreisauer Kreis keine Einigkeit erzielt werden, nicht einmal hinsichtlich der erforderlichen Mehrheit für den Wahlsieg eines Kandidaten.[38]

Auf Land- und Reichsebene sollten diese Repräsentanten indirekt in Erscheinung treten. Die Landtage sollten von den Kommunal- und Kreis-Abgeordneten gewählt werden. Diese Verfahrensweise wollte man auch in den großen Städten anwenden: dort wählten die Bezirksvertreter ihr Stadtparlament. Jeder, der über 27 Jahre alt war, konnte gewählt werden, ausgenommen Militärs. Ebenso sollten Beamte nicht in die Stadtparlamente, Landtage und auch nicht in den Reichstag gewählt werden dürfen. Die Mitglieder von Kommunal- oder Kreis-Parlamenten sollten weniger als die Hälfte der Gewählten in den anderen Parlamenten ausmachen.[39] Diese Selbstverwaltungsorgane sollten eine wesentlich größere Macht ausüben, als es zum Beispiel Goerdelers Vorstellungen entsprach. Der Kreisauer Kreis trat dafür ein, daß der Landtag nicht nur das Eigentum des Landes zu verwalten habe, sondern auch Steuern erheben, seinen eigenen Haushalt haben, eigene Gesetze erlassen und seinen eigenen Landeshauptmann und den Landesverwalter wählen müsse. Letzterer sollte für zwölf Jahre gewählt werden. Der Landeshauptmann sollte einer Regierung vorstehen, die von Staatsräten gebildet würde. Der Landesverwalter, dessen Wahl vom deutschen Staat bestätigt werden sollte, sollte den gesamten Verwaltungsapparat überwachen und dafür sorgen, daß sich das Land nach der Reichspolitik richtete.

Es wurden noch viele andere Einzelheiten berücksichtigt; aber der Kreisauer Kreis betrachtete es als unmöglich, unmittelbar nach dem Staatsstreich zu einer parlamentarischen Regierung zurückzukehren.[40] »Weimar« hatte für den Kreisauer Kreis eine ebenso negative Bedeutung wie für die Nationalsozialisten.[41] »Weimar« – das war für seine Mitglieder die Teilung der Nation, der selbstsüchtige, skrupellose Kampf zwischen den Parteien, der nur Unheil über ganz Deutschland gebracht hatte. Die Möglichkeit, neue Parteien zu gründen, wurde für später offengelassen; sie waren jedoch in der

Anfangsphase nicht erwünscht. Das erste Parlament sollte ohne Parteien gebildet werden, durch die Wahl von Persönlichkeiten und durch das Prinzip der Delegation von ganz unten bis zur Spitze.[42] Ein gemeinsamer Aspekt des Kreisauer Kreises und aller anderen bürgerlichen und aristokratischen Widerstandskreise war die Ablehnung der »Vermassung« des Volkes. Man suchte nach »dem neuen Menschen« und wollte den Menschen in seinen organischen Zusammenhang stellen oder wieder hinführen. Politische Parteien sollten zumindest vorerst nicht entstehen, weil sie »seelenlose Machtapparate« seien.[43] Goerdeler wollte die gebildetsten Leute in der Verwaltung sehen, während die Kreisauer, vor allem Moltke, nach einer neuen Elite suchten. Beide hatten wenig Vertrauen zur Wählerschaft, obwohl sie diese natürlich hofieren mußten. Sie wollten Bürger heranziehen, die ihr Vertrauen eines Tages verdienen würden; aber bis dahin wollten sie dem Volk ihre Standpunkte aufoktroyieren, besonders weil das Weimarer Beispiel sie dazu zwingen schien.[44]

Der Kreisauer Kreis war nach dem Familienlandgut des Grafen von Moltke benannt, eines Großneffen des Siegers von Königsgrätz und Sedan. Moltke war Anwalt, praktizierte in Berlin und hatte als Anwalt (Barrister) auch in London gearbeitet.[45] Seine Mutter war Engländerin. Nachdem er als Experte für internationales Recht ins OKW berufen worden war, befürwortete er sehr bald eine neue politische Ordnung in Deutschland, die den Nationalsozialismus vollkommen negierte. Peter Graf Yorck von Wartenburg[46] und Fritz-Dietlof von der Schulenburg[47] teilten seinen Standpunkt. Um Moltke und Schulenburg entstand ein Intellektuellenkreis, dem zum Beispiel die Legationsräte im Auswärtigen Amt Adam von Trott zu Solz[48] und Hans Bernd von Haeften[49] angehörten, ebenso der ehemalige Sozialdemokrat Carlo Mierendorff[50], der Pädagoge Professor Dr. Adolf Reichwein, der protestantische Theologe Dr. Eugen Gerstenmaier[51] sowie die Jesuiten Augustin Rösch und Dr. Alfred Delp.[52] Vor allem Delp versuchte, Kontakte mit der bayerischen Gruppe aufzunehmen, mit Dr. Franz Reisert aus Augsburg, Fürst Fugger zu Glött und dem ehemals liberalen Reichswehrminister Dr. Otto Geßler. Diese Verbindungen erwiesen sich als erfolgreich. Doch, wie bereits erwähnt, blieben die Kontakte zur Goerdeler-Gruppe dürftig, und es kam sogar zu ausgesprochenen Feindseligkeiten. Trotzdem nahmen Mitglieder der Goerdeler-Gruppe wie der ehemalige Gewerkschaftler Dr. Julius Leber und Hermann Maaß, bis 1933 einer der Führer der Jugedbewegung der SPD, an mehreren Treffen des Kreisauer Kreises teil.

Der »Solf-Kreis« bildete sich um die Witwe des ehemaligen deutschen Staatssekretärs, Leiter des Reichskolonialamtes und späteren Botschafters Wilhelm Solf, der 1936 gestorben war. Es war eine lose Gruppe von Freunden.[53] Die Gestapo kam ihnen auf die Spur, und zu den Verhafteten zählten Frau Solf, die Rote-Kreuz-Schwester Elisabeth von Thadden (die Stiefschwester des westdeutschen NPD-Politikers Adolf von Thadden) und der ehemalige Gesandte Dr. Otto Kiep. Im Januar 1944 wurde Graf von Moltke festgenommen, weil er Kiep vor dessen unmittelbar bevorstehender Verhaftung gewarnt hatte.[54] Erst nach dem fehlgeschlagenen Attentat vom 20. Juli 1944 fand die Gestapo reichhaltiges Beweismaterial, das der Haft Moltkes eine völlig neue Grundlage gab und zur Festnahme praktisch aller Kreisauer führte.

Ein Problem das die Forschung bis in die jüngste Zeit ausgeklammert hat, ist das Verhältnis des konservativen Widerstandes zur Behandlung der Juden durch den NS-Staat. Hans Mommsen charakterisiert es mit den Worten: »Auch bei den Angehörigen der Widerstandsbewegung wurde die Judenfrage erst dann zu einem Ärgernis, als die Verfolgungsmaßnahmen die assimilierten jüdischen Gruppen sowie Halbjuden und jüdische Mischlinge erfaßten, während man bereitwillig der Fiktion folgte, daß es notwendig sei, den Einfluß des Ostjudentums in der deutschen Gesellschaft zu eliminieren. Dies wird ferner durch die jüngsten Forschungen Ch. Dippers belegt, denen zufolge Goerdeler und seine Gruppe wohl die Judenausrottung mißbilligte, daß Bestehen eines ›Judenproblems‹ aber bejahten und es kurzfristig durch eine Gesetzgebung, die sich nur in Nuancen von den ›Nürnberger Gesetzen‹ unterschied, zu lösen versuchten, langfristig aber eine zwangsweise Abschiebung der Juden nach Kanada oder Südamerika ins Auge faßten.[55] Am nationalsozialistischen Rassegedanken sollte also grundsätzlich festgehalten werden, ohne aber die NS-Methoden zu seiner Verwirklichung zu übernehmen, die man verabscheute. Auch beschuldigte man das NS-Regime des Verrates am Rassegedanken durch die Aufopferung besten deutschen Blutes einerseits, die Hereinnahme von Millionen

Fremdarbeitern andererseits ›die sicher nicht als rassisch hochwertige zu bezeichnen sind‹.«[56]

Ganz klar wird die Haltung des konservativen Widerstandes gekennzeichnet durch eine unter der Federführung des Historikers Gerhard Ritter erarbeitete Denkschrift über die »politische Gemeinschaftsordnung« zur Jahreswende 1942/43. Ihr Schlußteil beschäftigt sich mit der Lösung der »Judenfrage« und gliedert sich in drei Teile:

1. Kirchliche Grundlegung, 2. Die geschichtliche Entwicklung und 3. Die künftige Regelung. So heißt es im 1. Teil: »Es ist die Aufgabe der Christenheit, allen Völkern das Evangelium zu bringen. Diese Aufgabe besteht auch gegenüber dem jüdischen Volk, *dessen entscheidende Schuld es ist, daß es der Offenbarung Gottes in Jesus Christus bis zum heutigen Tage widerstrebt.* (Alle Hervorhebungen durch den Verf.) Juden aus äußeren Gründen, ohne daß der christliche Glaube im Herz geweckt worden ist, in die christliche Gemeinschaft aufzunehmen, ist Versündigung an der Kirche.«

Im 2. Teil wird darauf hingewiesen, daß trotz der gesetzlichen Gleichberechtigung der Juden diese nur zum geringen Teil in den Völkern aufgingen, in denen sie lebten, »daß sie sich nicht gleichmäßig auf die verschiedenen Berufe verteilten; sie betätigten sich vornehmlich in bestimmten Zweigen des Handels, in der Presse, im Theaterwesen, als Ärzte und als Rechtsanwälte, auch in der Parteipolitik. In diesen Berufen erlangten sie vielfach eine starke, ja beherrschende Bedeutung ... Der starke Einfluß, den Juden auf wichtigen Lebensgebieten erlangten, gab ... die Grundlage für das Aufkommen von antisemitischen Strömungen.« Diese gewannen nach 1918 weiter an Stärke, dadurch »daß politische Parteien, die früher in Opposition gestanden hatten, und *in denen zahlreiche Juden führende Stellungen innehatten,* an die Macht kamen und nun z. B. in Justiz und Verwaltung *auch nicht wenige Juden in einflußreiche Ämter kommen ließen. So erschienen die Juden schlechthin vielen als Nutznießer des nationalen Unglücks ...* Die Nationalsozialisten haben in Deutschland nicht zuletzt vermittels der Ausnutzung und weiterer Entfachung antisemitischer Gefühle massenhaft Angang gefunden.« Die nationalsozialistische Judenpolitik wird jedoch verdammt, weil sie die Juden als schlechtes, gefährliches und verächtli-

ches Volkstum darstellt und durch ihre unkontrollierten Polizei-
maßnahmen unterdrückt, die »während des Krieges seit 1939 im
Reich wie in den besetzten Gebieten noch viel größere Ausmaße
und noch weit entsetzlichere Formen angenommen haben«.

Im 3. Teil wird gefordert, daß das geschehene Unrecht »gesühnt
und wieder gutgemacht wird« und daß den Juden *angemessene Lebensbedingungen* geschaffen werden. Widerrechtlich enteignete
Güter müssen zurückgegeben werden, aber eine Wiedergutmachung ist in den Fällen unmöglich, »*wo Menschenleben vernichtet
oder menschliche Gesundheit gebrochen ist*«. Soweit es sich nicht
um Güter dreht, ist eine Entschädigung auf finanziellem Wege vorzunehmen. Jedoch »*solche Geldentschädigungen können nicht so
hoch ausfallen, daß die Betroffenen in dieselbe wirtschaftliche Lage
gesetzt werden, welche sie vor den erlittenen Schädigungen genossen. Haben doch alle Teile des deutschen Volkes infolge der nationalsozialistischen Politik, des Krieges und seiner Folgen bedeutende
Einbußen an ihrer früheren Lebenshaltung erlitten. Die geschädigten Juden können nicht von der allgemeinen Verarmung ausgenommen werden ...* Damit ist aber die Judenfrage nicht gelöst ... Auch
darüber besteht Einmütigkeit, *daß jeder Staat das Recht haben
muß, seine Grenzen gegen die jüdische Rückwanderung zu schließen, wenn er das um des Gesamtvolkes willen für nötig hält.*« Diese
Forderung gliedert sich lückenlos an die bereits im 1. Teil gestellte
Forderung: Jeder Christ »*um der Liebe zum eigenen Volke willen
muß ... die Augen offenhalten, ob enge Berührung oder gar Vermi-
schung mit anderen Rassen sich nicht schädlich auswirken kann für
Leib und Seele*«.

Dem folgen dann institutionelle Vorschläge zur Lösung der Judenfrage, aber fest steht: »*Juden haben in allen Staaten, in denen sie be-
heimatet sind, die Stellung von Ausländern ...*« Juden, die zum
Christentum übertreten, bleiben Juden »solange sie nicht vom Staat
ihrer Heimat eingebürgert worden sind«. Und letztlich: »Einzu-
bürgern sind Juden, die das beantragen *und triftige Gründe dafür
vorbringen*, insbesondere dann, wenn sie auf eine entsprechende
Überlieferung ihrer Familie und *auf besondere Leistungen für das
Volk ihres Aufenthaltsstaates verweisen können*. Die Entscheidung
erfolgt von Fall zu Fall ...«[57]

Teile dieser Ausführungen könnten, so möchte man meinen, würde man nicht den federführenden Autor und die Gruppe, für welche er sprach, kennen, durchaus auch aus dem offiziellen Programm der NSDAP stammen, andere entsprechen den Denkschemata gemäßigter Antisemiten.

Inzwischen hatte die Invasion der Alliierten in Nordfrankreich stattgefunden, wenn es ihnen auch noch nicht gelungen war, von ihren Brückenköpfen aus weiter vorzustoßen. In Italien hatten sich die deutschen Truppen aus Rom zurückgezogen, und die alliierten Streitkräfte paradierten vor Papst Pius XII. zu den Dudelsackklängen von »Lillibullero«, einem ausgesprochen antikatholischen Lied.[58]

Stauffenbergs Plan basierte auf dem »Unternehmen Walküre«, ein offizieller Plan, der entwickelt worden war, um eventuell einem landesweiten, von ausländischen Arbeitern in Deutschland inszenierten Aufstand zu begegnen. Die Leute, die direkt unter seinem Kommando standen, hegten keine Zweifel bezüglich seiner wahren Ziele. Unfähig, in der Generalität die Unterstützung einiger bedeutender Persönlichkeiten zu gewinnen – abgesehen von Rommel, der seine Hilfe nur unter der Bedingung zusagte, daß Hitler nicht getötet, sondern verhaftet und vor ein ordentliches Gericht gestellt würde[59] –, rekrutierte Stauffenberg seine Mitverschwörer aus den Reihen jüngerer Offiziere. Seine Überredungskunst veranlaßte viele junge, politisch völlig unerfahrene Subalterne, sich an dem Komplott zu beteiligen. Das Kameradschafts- und Loyalitätsgefühl im Heer war so stark ausgeprägt, daß keiner, der von dem Komplott wußte, von den Feldmarschällen über die Generale bis hinunter zu den Leutnants, die Verschwörer bei der Gestapo anzeigte.[60] Trotzdem hatte Himmler seine Finger im Spiel – über Hartmut Plaas, ehemals Angehöriger der Brigade Ehrhardt und Rechtsterrorist in den Anfängen der Weimarer Republik. Nach Hitlers Machtübernahme erhielt Plaas von Ehrhardt den Befehl, der SS beizutreten, um dort seine Ohren zu spitzen. Plaas wurde dann als Hauptmann auch von der Luftwaffe übernommen und arbeitete in Görings Luftwaffenforschungsamt.[61] Durch Plaas, der sich von seinem Charakter und seiner Überzeugung her viel mehr zu den Verschwörern hingezogen fühlte als zu Himmler, war dieser mehrere Jahre lang ziemlich genau über alles, was da vor sich ging, informiert, unternahm aber nichts. Außerdem stand Himmler über den ehemaligen preußischen Finanzminister Popitz mit den Verschwörern in Verbindung. Wahrscheinlich wollte er sich beide Wege offenhalten, und als die kritische Stunde immer näherrückte, schaltete er plötzlich die einzige Person aus, die von dieser Verbindung wußte, nämlich das Verbindungsglied selbst. Am 19. Juli 1944 wurde Hartmut Plaas an seinem Arbeitsplatz verhaftet und noch am selben Tag im Konzentrationslager Sachsenhausen gehängt.[62]

Im Juli 1944 wurden mehrere Anschläge geplant, aber wieder abgeblasen, angeblich weil Göring und Himmler, die gemeinsam mit Hitler dem Attentat zum Opfer fallen sollten, nicht zugegen waren. Schließlich schritt Stauffenberg trotzdem zur Tat. Am 20. Juli 1944 stellte er in der Lagebaracke des Führerhauptquartiers eine Aktentasche mit Sprengstoff an den Tisch, an dem Hitler eine Lagebesprechung abhielt. Stauffenberg konnte sich unbehelligt entfernen, und auf seinem Weg zum Flugzeug beobachtete er eine gewaltige Explosion, die nach seiner Überzeugung niemand überlebt haben konnte. Hitler erlitt aber nur geringfügige Verletzungen. Stauffenberg flog nach Berlin zurück, wo seine Mitverschwörer in der Zwischenzeit nichts unternommen hatten. Erst nach seiner Ankunft wurde das Stichwort »Walküre« ausgegeben, aber nicht von Fromm, der, von Hitlers Tod nicht überzeugt, beschlossen hatte, nicht an der Verschwörung teilzunehmen. General Olbricht und Stauffenberg gaben zwei Fernschreiben mit Befehlen heraus, unter die sie ohne Legitimation die Namen Witzlebens und Fromms setzten. Jeder Soldat jedoch wußte, daß Witzleben aus der Wehrmacht ausgeschieden war. Auch die Anwesenheit des ehemaligen Generalsstabschef Generaloberst Beck machte keinen Unterschied. Der ganze Plan basierte auf der gigantischen Fehleinschätzung, daß jeder deutsche Soldat und Offizier bedingungslos das tun würde, was ihm Vorgesetzte befahlen.[63]

Dann spielte auch der Zufall in zweierlei Hinsicht eine größere Rolle. Erstens hätte die Lagebesprechung in einem Bunker stattfinden sollen, und in diesem Fall wären alle Teilnehmer getötet worden. Aufgrund von Renovierungsarbeiten wurde sie aber in eine Baracke verlegt, wo die Explosion keine maximale Wirkung entfalten konnte. Zweitens glaubte an einem Tag ein Angehöriger des Berliner Wachregiments »Großdeutschland« Generalfeldmarschall v. Brauchitsch in voller Uniform in einem Wagen eine Berliner Hauptstraße entlangfahren gesehen zu haben.[64] Es muß eine Täuschung vor-

gelegen haben, wie sich später herausstellte. Aufgrund dieser Beobachtung schöpfte ein Leutnant Hans W. Hagen, NS-Führungsoffizier und zugleich für Goebbels arbeitend, jedenfalls Verdacht. Kurz danach traf er bei seinem Regiment ein, das in Berlin-Moabit stationiert war. Der Regimentskommandeur, Major Otto Ernst Remer, wegen Tapferkeit vor dem Feind hochdekoriert, erhielt das Stichwort »Walküre« und den Befehl, das Regierungsviertel abzusperren, so daß niemand, auch kein Minister, passieren könne. Hagens Verdacht bekam dadurch neue Nahrung, und das teilte er Remer mit. Remer ließ sich zu einem Besuch bei Goebbels überreden. Während das Regiment, wie befohlen, Stellung bezog, gingen Remer und Hagen zu Goebbels, der Remer zunächst auf charmante Art beruhigte und ihm dann vorschlug, mit dem Führer persönlich in dessen Rastenburger Hauptquartier zu telefonieren. Der Kontakt wurde hergestellt. Hitler beförderte Remer zum Oberst und erteilte ihm dann ausgedehnte Vollmachten, um den Aufstand niederzuschlagen, was Remer auch in aller Eile tat.[65]
Die Offiziere in der Bendlerstraße, die das Regime unterstützten, hatten jedoch schon Fromm befreit und Stauffenberg und seine Mitverschwörer verhaftet. Vielleicht um Mitwisser zu beseitigen, die gegen ihn hätten aussagen können, ließ Fromm Stauffenberg und drei seiner Kameraden im Scheinwerferlicht zweier Lastwagen standrechtlich erschießen.[66] Das Attentat war fehlgeschlagen, die Nachwirkungen standen noch bevor.[67]
Aber was wäre geschehen, wenn der Anschlag geglückt und Hitler getötet worden wäre? Immerhin hatte die Bombe einige Leute getötet. Angenommen, Hitler wäre ums Leben gekommen, hätte Hitlers Reichstagserklärung vom 1. September 1939, die in einem Erlaß vom 29. Juni 1941 bestätigt worden war, Göring zum Nachfolger des Führers bestimmt. Sicher, unter Hitlers Satrapen herrschte eine starke Rivalität. Aber angesichts der Gefahr, der sie ausgesetzt gewesen wären, ist es sehr wahrscheinlich, daß sie vorerst zusammengehalten hätten, um der unmittelbaren Bedrohung zu begegnen, so erbittert sie sich vielleicht später auch bekämpft hätten. Sie besaßen das Monopol der Macht, das Monopol von Presse und Rundfunk, und sie wußten sie wie niemand anders in Deutschland zu handhaben. Aber es gibt noch eine andere Hypothese – sie hätten dem Heer und der Widerstandsbewegung, aus welchen Gründen auch immer,

die Macht übergeben können. Die Alliierten hatten jedoch ihr Kriegsziel bekanntgegeben – bedingungslose Kapitulation. Beck hätte allenfalls die Rolle eines Badoglio spielen können, und seine Regierung hätte früher oder später das gleiche Schicksal erlitten wie die Regierung Dönitz am 23. Mai 1945 – ein schmachvolles Ende.

Was die öffentliche Meinung in Deutschland anging, so bestand die unmittelbare Wirkung des Attentatsversuchs darin, daß sich die Unterstützung für das Regime vorübergehend konsolidierte – dies allein ist ein ausreichender Beweis für die Isolation der Verschwörer. Alle Berichte zeigen, daß die Mehrheit der Deutschen – nicht nur die Nationalsozialisten und die Unentschiedenen, sondern auch die Gegner und Kritiker des Regimes – gegen den Tyrannenmord zu einem Zeitpunkt war, als die Nation um ihr Überleben kämpfte. Vor allem in den unteren und mittleren Gesellschaftsschichten Deutschlands verurteilte man die Tat. Aber auch in den Kreisen der ehemaligen Elite, denselben Kreisen, aus denen die Widerstände selbst kamen, stimmte man nicht einhellig mit den Verschwörern überein. Der NSDAP-Führung gelang es sogar kurzzeitig, die unteren Schichten gegen die Oberschicht aufzuhetzen.[68]

Die ersten Berichte über öffentliche Reaktionen erschienen bereits am 21. Juli 1944. Sie stammen aus zwei Quellen, dem RSHA, wo sie von Obersturmbannführer von Kielpinski zusammengefaßt wurden, und dem Reichspropagandaamt der NSDAP. Ihre Feststellungen werden von Berichten anderer hoher NSDAP-Funktionäre, hoher Justizbeamter und von Briefen aus der Bevölkerung bestätigt.

»In allen Berichten wird übereinstimmend darauf hingewiesen, daß die Meldung von dem Attentat im gesamten Volk schockartig stärkste Bestürzung, Erschütterung, tiefe Empörung und Wut ausgelöst hat. Aus mehreren Städten (z. B. Königsberg und Berlin) wird gemeldet, daß die Frauen in Läden und auf offener Straße in Tränen ausbrachen und z. T. völlig fassungslos waren. Die Freude über den glimpflichen Ausgang war außerordentlich groß. Mit einem Aufatmen wurde überall festgestellt: ›Gott sei Dank, daß der Führer lebt.‹ Teilweise überschattete eine gewisse Niedergeschlagenheit die Freude über die Rettung des Führers. Die Volksgenossen wurden sich schlagartig einer sehr gefährlichen und ernsten Lage bewußt. Überall stoße man nach dem ersten Schrecken und nach dem ersten

Trost, daß dem Führer nichts Schlimmes passiert ist, auf eine große Nachdenklichkeit.

Bisher ist nicht eine einzige Äußerung erfaßt worden, die auch nur andeutungsweise erkennen lassen würde, daß irgendein Volksgenosse mit dem Anschlag einverstanden wäre. Es wird im Gegenteil durchweg beobachtet, daß selbst die Teile der Bevölkerung, die sonst nicht hundertprozentig zum Nationalsozialismus stehen, das Attentat verabscheuen. Z. B. liegen dafür eine Reihe von Stimmen aus Kreisen des Berliner Nordens vor, die früher eindeutig auf der gegnerischen Seite standen. So erklärten Arbeiter aus den nördlichen Vierteln der Reichshauptstadt, daß es eine Mordsschweinerei ist, dem Führer derartig in den Rücken zu fallen. ›Es hat doch keinen Zweck, jetzt mit dem Krieg aufzuhören. Wir müssen ihn gewinnen. Bloß keinen Bürgerkrieg‹ oder ›was haben sich die Attentäter bloß gedacht, wie der Krieg weitergehen soll, wenn der Führer nicht mehr da wäre‹.

Überall werden die Folgen, die sich ergeben haben würden, wenn der Anschlag gelungen wäre, als unausdenkbar bezeichnet. Die Volksgenossen stellten z. T. düstre Betrachtungen darüber an, welches unausdenkbare Unheil über unser Volk gekommen wäre. Der Tod des Führers würde nach der Meinung vieler Volksgenossen der jetzigen Situation den Verlust des Reiches bedeutet haben. ›Das hat uns gerade noch gefehlt. Das wäre das Ende‹, ist eine immer wieder anzutreffende Ansicht.

Durchgehend ist die Frage, wie dies geschehen konnte und wie der Anschlag überhaupt möglich war.«[69]

Ein zweiter Bericht vom selben Tag aus dem Büro des Chefs der Sicherheitspolizei und des SD bestätigt diese ersten Beobachtungen. Man sprach darin von Entsetzen und Abscheu, ebenso davon, daß sich die Frage erhoben hätte, was geschehen wäre, wenn Hitler den Anschlag nicht überlebt hätte. Das Attentat werde als das Werk reaktionärer Elemente bezeichnet, und das Volk verstehe nun die Worte, die der Führer anläßlich des Staatsbegräbnisses von General Dietl geäußert hatte – Hitler hatte in aller Deutlichkeit darauf hingewiesen, daß im deutschen Offizierskorps nicht alles so sei, wie es sein sollte.[70] Aus allen Teilen Deutschlands kämen Berichte ähnlichen Inhalts. Die Rede Hitlers an das deutsche Volk am selben Abend habe eine geringere Wirkung erzielt. »Während zur Führerrede weitere Stimmen nicht vorliegen, besagen die Meldungen, daß die Rede des Reichsmarschalls den Ernst der Situation stärker herausgestellt habe als der Führer selbst. Den Worten Görings habe man entnommen, daß ein Verrat im Entstehen war, der sich mit den seinerzeitigen Vorgängen in Italien vergleichen lasse. Um so größer ist die Freude der Bevölkerung, daß der Anschlag in jeder Weise mißglückt ist ...

Allgemein wird erwartet, daß nunmehr gegen die Feinde des Volkes rücksichtslos und ohne Ansehung von Person, Stand und Familie eingeschritten wird. Man verbinde daher mit der Ernennung des Reichsführers-SS HIMMLER große Hoffnungen, daß er ›mit starker Hand Ordnung schaffe‹ und ›mit eisernem Besen alle Elemente aus der Wehrmacht entferne‹, die gegen den Staat eingestellt sind (Königsberg, Berlin).

In der Berufung Guderians in den Generalstab erblicke man eine weitere Konzentration aller aktiven Kräfte, um die Rückschläge im Osten, die auf das Schuldkonto dieser Generalsclique zu buchen seien, wieder auszugleichen.«[71]

Auch wenn man berücksichtigt, daß die Tatsache des fehlgeschlagenen Attentats und die Angst vor weiteren Repressalien und neuem Terror die wahre Haltung der Deutschen verschleiert haben könnte, muß man zugeben, daß der Anschlag weder in der Bevölkerung noch bei den Frontsoldaten Anklang fand.[72] Im Offizierskorps war die Situation differenzierter, denn viele Offiziere litten unter Gewissenskonflikten.[73] Die Behauptung des Obersturmbannführers von Kielpinski vom 22. Juli 1944 scheint der Wahrheit zu entsprechen, wenn man annimmt, daß unter der breiten Masse des Volkes 60 bis 70 Prozent zu verstehen sind: »Kein Ereignis des Krieges habe die breite Masse so im Innersten gepackt wie der Mordanschlag. Noch nie sei so klar zu erkennen gewesen, mit welcher Treue das Volk zum Führer stehe.«[74]

Die Kirchen verdammten den Tyrannenmord sowohl 1944 als auch nach dem Krieg.[75] Diese Bindung an den Führer stellten auch psychologisch geschulte amerikanische Offiziere fest, die deutsche Kriegsgefangene zwischen dem 1. und 17. Juli 1944 verhörten: 57 Prozent der Gefangenen erklärten, sie vertrauten dem Führer. Anfang August 1944 stieg diese Zahl auf 68 Prozent.[76]

Dem SD zufolge wurde das Attentat nur in ganz besonderen Fällen nicht verdammt. Ein Kreisleiter berichtete, »lediglich die intellektuellen Kreise, die ja schon immer unangenehm aufgefallen sind, hätten es offensichtlich mit Befriedigung aufgenommen, wenn ein Umsturz gelungen wäre. Diese Menschen können gar nicht genug im Auge behalten werden, und es muß ihnen ihr Einfluß und Machtpositionen beschnitten werden.«[77]

Man agitierte heftig gegen Deutschlands »blaues Blut«; und auf höchster Ebene war es Dr. Ley, der Leiter der Deutschen Arbeitsfront, der den Adel in einer öffentlichen Rede am radikalsten kritisierte.[78]

Die Haltung des Adels ist aus Mangel an Zeugnissen schwer abzuschätzen. Da die Aristokraten nun unter Beschuß standen, war es unwahrscheinlich, daß sie sich öffentlich oder auch nur im Freundeskreis mit dem Attentat identifizierten. Viele aus ihren Reihen hatten ursprünglich mit dem nationalsozialistischen Regime sympathisiert. Unter den höheren SS-Führern war der Adel prominent vertreten. Aber seit sich das wahre Wesen des NS-Regimes immer deutlicher enthüllte, distanzierten sie sich teilweise insgeheim von dem Staat, in dem sie lebten. Das gleiche kann von Deutschlands Schwerindustriellen behauptet werden. Einer ihrer bedeutenden Repräsentanten, Robert August Bosch, hatte vor dem Krieg Goerdelers ausgedehnte Auslandsreisen finanziert.[79] Daß die Industriellen nach der Verkündung des totalen Krieges zu bloßen Staatsfunktionären herabgestuft wurden, stieß bei ihnen auf heftige Ablehnung. Und während sie in den Anfangsjahren des Dritten Reiches große Gewinne erzielt hatten, war um 1944 klar zu erkennen, welche Richtung Deutschland einschlug. Manche hatten bereits begonnen, die Produktion für künftige Friedenszeiten zu planen, was natürlich ein Deutschland ohne Hitler implizierte.[80] Das Attentat hatte diese Situation schlagartig beleuchtet, und offenbar begann sich jetzt auch die Mehrheit der Industriellen vom Dritten Reich zu distanzieren.

Die NSDAP veranstaltete nun Massenversammlungen zur Unterstützung Hitlers. In Berlin verliefen sie allerdings nicht so eindrucksvoll wie zum Beispiel in Wien. Die Zahl der Verhaftungen wegen öffentlicher staatsfeindlicher Äußerungen stieg plötzlich an. Solche Bemerkungen wurden wahrscheinlich von Leuten gemacht, die über den Fehlschlag des Attentats enttäuscht waren. Sie wurden wegen marxistischen Hochverrats und Feindbegünstigung ange-klagt.[81]

Der römisch-katholische Teil der Bevölkerung teilte vermutlich die Haltung der restlichen Nation. Doch an den öffentlichen Versammlungen, bei denen Führertreue bekundet wurde, nahmen in Paderborn, einem der Zentren des deutschen Katholizismus, nur 20 Prozent der Bevölkerung teil, während es im Kreis Schaumburg, einer Hochburg des Nationalsozialismus, 70 Prozent waren. Die 20 Prozent in Paderborn repräsentierten allerdings eine Zahl, die nie zuvor bei nationalsozialistischen Versammlungen erreicht worden war. Viele Katholiken nahmen daran teil, die vorher, soweit dies möglich gewesen war, zu allen nationalsozialistischen Aktivitäten Distanz gehalten hatten.[82]

Aus Freiburg im Breisgau wurde berichtet: »Das Attentat auf den Führer hat auch in katholischen Kreisen tiefe Abscheu und gerechten Zorn erregt. Im stockkatholischen Freiburg fand am 27.7. eine der machtvollsten Kundgebungen statt, die dieser Erzbischofssitz je gesehen hat. Weit über 50 000 Einwohner Freiburgs legten das Treuebekenntnis zum Führer ab. Die wiederholten Beifallkundgebungen zeigten auch hier eine starke innere Anteilnahme.«[83]

Die Dolchstoß-Legende erwachte zu neuem Leben, und verschiedentlich wurde gefordert, daß die Leute, die den Dolch erhoben hatten, eliminiert werden sollten. Man begann zu glauben, daß die vielen Hochverratsdelikte für die militärischen Rückschläge Deutschlands verantwortlich seien, vor allem für den massiven Durchbruch der sowjetischen Truppen durch die Heeresgruppe Mitte bei Minsk, der ein Loch in die deutsche Front riß, das vielleicht entscheidend gewesen wäre, wenn die russische Logistik besser funktioniert hätte.[84] Aber am 20. Juli ließ der Angriffsschwung der Russen nach, und sie wurden am Ostufer der Weichsel aufgehalten. Plötzlich richtete die Bevölkerung auch wieder ihr Augenmerk auf prominente Spitzenpersönlichkeiten, die bei Unfällen ums Leben gekommen waren, von Udet über Mölders und Dr. Todt bis zu General Dietl.[85] Auch in diesen Fällen vermutete man Verschwörungen. Das hatte Verdächtigungen gegen das ganze Offizierskorps zur Folge. Der SD berichtete darüber: »Zahlreiche Gespräche der Volksgenossen lassen eine verallgemeinerte Mißstimmung gegen das Offizierskorps erkennen. Man will oft keinen Unterschied mehr machen zwischen den zuverlässigen und einsatzfreudigen Offizieren und den verantwortungslosen Elementen, die sich zu dem Anschlag auf den Führer hergegeben haben. Unter den Volksgenossen machen sich teilweise klassenkämpferische Tendenzen bemerkbar, die teilweise auch die Rede Dr. Leys in diesem Sinne andeuten. Die Bevölkerung der verschiedensten Gaue äußert sich in scharfen Worten gegen die ›Hohen‹, ›Großkopfeten‹ und ›Monokelfritzen‹ ...«

Einige »Volksgenossen«, fährt der Bericht fort, gingen so weit, Parallelen mit der Sowjetunion zu ziehen, kommentierten Stalins Säuberung der Roten Armee in den 30er Jahren mit Zustimmung und empfahlen für die Wehrmacht ähnliches. Die zeit- und umstandsbedingten Kompromisse, die Hitler und vor ihm Mussolini eingehen mußten, besonders mit Wehrmacht und Kirche, wurden scharf verurteilt. Hitler habe offensichtlich auf das falsche Pferd gesetzt.

»Die nationalsozialistische Revolution genau wie die faschistische« habe »vor dem reaktionären Adel und einem ehemaligen deutschnationalen Klüngel« haltgemacht.

»Auch der Nationalsozialismus hat wie der Faschismus mit Phrasen und Schlagworten nur den Arbeiter stillmachen wollen, damit er zur Stange hält und nicht sieht, daß er nur Steigbügelhalter der doch stets tonangebenden besitzenden adeligen Schicht ist ... Stalin sei von allen führenden Männern der einzig klare Kopf, der Verrat von vornherein durch Ausrottung der tonangebenden, aber unzuverlässigen Elemente unmöglich gemacht habe.« Der deutsche Verrat sei weit schlimmer als der italienische und beweise, wie sehr sich Hitler getäuscht habe. »Eine seit langer Zeit schon bestehende Zusammenarbeit zwischen italienischen und deutschen Verrätern sei jetzt offenkundig geworden und zeige dem ganzen deutschen Volk in erschreckender Deutlichkeit ›die wirkliche Ursache der deutschen Rückschläge‹ an allen Fronten auf, die den Heldentod so überaus vieler und bester deutscher Männer verursacht habe.« Und dann wurde noch die Frage gestellt, ob sich nicht der Verrat seit Hermann dem Cherusker wie ein roter Faden durch die deutsche Geschichte ziehe, und: »Sei nicht letzten Endes Deutschland immer durch Verrat unterlegen?«

Die Konsequenz der Nationalsozialisten bestand darin, sich noch stärker auf den Krieg zu konzentrieren. Goebbels trat für einen spartanischen Lebensstil ein, den er sogar selbst streng einhielt.[86] Vergnügen, Luxus, große Feste – dies alles gehörte der Vergangenheit an. Aber um dem gefährlichen offiziersfeindlichen Trend in der Bevölkerung zu begegnen, gab Martin Bormann am 24. Juli 1944 die folgenden Richtlinien heraus: »Der Führer wünscht, daß bei der Behandlung der Ereignisse des 20. Juli sich niemand dazu hinreißen läßt, das Offizierskorps, die Generalität, den Adel oder Wehrmachtsteile in corpore anzugreifen oder zu beleidigen. Es muß vielmehr betont werden, daß es sich bei den Teilnehmern des Putsches um einen ganz bestimmten, verhältnismäßig kleinen Offiziersküngel handelt.«[87]

Doch nicht einmal an der Spitze der deutschen Führung vertrat man einmütige Ansichten. Himmler stellte zum Beispiel fest: »Ich bin zur Überzeugung gekommen, daß der Großteil der Schwierigkeiten an der Ostfront, das Nichtmehrhalten und die Auflösung der Divisionen, in einem ungeheuer raffinierten Hineinschicken von Offizieren der Seydlitz-Armee und von zu Kommunisten umgeschulten kriegsgefangenen deutschen Soldaten durch die Russen zu suchen ist.«[88]

Je weiter sich die Nachricht über den Zusammenbruch der Heeresgruppe Mitte und die Neuigkeit verbreiteten, daß es den Amerikanern endlich gelungen war, aus dem Landekopf von Avranches in der Normandie vorzustoßen, desto stärker wurde die deutsche Bevölkerung von der Überzeugung durchdrungen, daß dies alles auf verräterische Umtriebe zurückzuführen sei.[89] In einem Brief vom 1. August 1944 bemerkte Freisler: »Es ist eine traurige Tatsache, feststellen zu müssen, daß unsere Volksgemeinschaft mit Verrätern durchsetzt ist. Sollten sie erfolgreich sein, dann wird 1918/19 im Vergleich ein Kinderspiel sein. Sie müssen ohne jede Gnade ausgemerzt werden.«[90]

Allmählich glaubte man in Deutschland nicht mehr an die Geschichten von fliehenden Soldaten im Osten, von der schlechten Moral der Soldaten, die manchmal sogar ihre Waffen verkauften; denn die Haltung eines deutschen Offiziers und Soldaten schien über jede Kritik erhaben zu sein. Zu lange waren die Deutschen von der Überlegenheit ihrer Wehrmacht überzeugt gewesen. Die Erfolge im Blitzkrieg waren zu leicht errungen worden, als daß sie über Nacht hätten einsehen können, daß Tüchtigkeit, Tapferkeit und

Mut der Soldaten ihre Grenzen hatten, daß sie angesichts der überwältigenden zahlenmäßigen und materiellen Überlegenheit des Feindes unterliegen mußten. Deshalb war es leichter, an Verrat zu glauben, und die schrittweise Entdeckung, daß der Kreis der Verschwörer viel größer sei, als ursprünglich angenommen, bestärkte viele in dieser Überzeugung: »Glaubte man zunächst, es handelte sich um eine ganz kleine Clique von Offizieren, die eine von vornherein aussichtslose Sache versuchten, so denkt man sich heute, daß die Verräter schon seit langer Zeit die Absichten und Aufträge des Führers sabotiert haben. Zu dieser Ansicht gelangt man vornehmlich auf Grund sich häufender brieflicher und mündlicher Berichte von Soldaten der Ostfront, in denen zum Ausdruck gebracht wird, daß sie jetzt erst dahinter kämen, aus welchen Gründen kein Ersatz gekommen und die oft sinnlose Verschiebung von Einheiten und das Bloßlegen der Front erfolgt sei.«[91] »Der überwiegende Teil der Bevölkerung gewinnt immer mehr die Überzeugung, daß die Offiziers- und Verrätercliquen, die das Attentat auf den Führer vorbereitet und unternommen haben, schon seit längerer Zeit systematisch auf allen Gebieten der Verteidigung Sabotage betrieben haben, so daß die Ostfront weder mit dem nötigen Nachschub noch mit den notwendigen Waffen und Munition versehen wurde.«[92]

Die Verratsthese barg aber auch Gefahren in sich. Entweder, so argumentierte man, wußte der Führer nichts von diesen Dingen und würde, wie der letzte Kaiser, über die wirklichen Umstände schlecht informiert – oder der Führer war eben doch nicht der größte Feldherr aller Zeiten. Im Lauf der Wochen und Monate verrieten die Berichte des SD, daß nach der anfänglichen Empörung über das Attentat nur noch die Aktivisten der NSDAP und eine kleine Minderheit anderer Leute an den Sieg glaubten – es sei denn, es geschehe ein Wunder.

Der Attentatsversuch weise darauf hin »daß das deutsche Volk von den führenden Staatsmännern in gemeinster Weise belogen werde. Sämtliche Publizisten und Staatsmänner, unter anderem der Führer, Dr. Goebbels, Göring, Ley usw., hätten seit Jahren behauptet, die Zeit arbeite für uns, unsere Kriegsproduktion sei ständig im Steigen und der Tag, an dem wir wieder offensiv werden würden, stehe ebenso fest, wie daß wir neue und entscheidende Waffen im Hinterhalt hätten. Nun höre man plötzlich, und zwar aus keinem geringeren Mund als dem des Führers, daß seine Maßnahmen seit Jahren sabotiert würden und daß nun endlich, nachdem der letzte Hinterhalt beiseite geschafft worden wäre, die deutsche Kriegsmaschine auf vollen Touren laufen könne. Mit anderen Worten würde das heißen: Der Führer gibt zu, daß die Zeit bisher nicht für uns, sondern gegen uns gearbeitet hat. Wenn sich also ein Mann wie der Führer einer solch gewaltigen Täuschung hingegeben hat – über die Behauptung von Dr. Goebbels in seiner Rede, der Führer habe von allem gewußt, könne man nur lachen –, so wäre er entweder nicht das Genie, für das er immer hingestellt wird, oder aber er hätte in Kenntnis der Tatsache, daß Saboteure am Werk sind, das deutsche Volk vorsätzlich belogen, was ebenso schlimm wäre, denn mit solchen Feinden im eigenen Haus könnte die Kriegsproduktion niemals gesteigert werden, könnten wir niemals siegen. Die Zeit hätte also in all den Jahren, in denen es der Führer behauptet, nicht für uns gearbeitet, sondern gegen uns, zumal die amerikanische und russische Kriegsproduktion zu diesem Zeitpunkt erst richtig ins Laufen kam.«[93]

Was man also nach dem 20. Juli 1944 registrieren kann, ist eine kurzlebige plötzliche Konsolidierung der öffentlichen Meinung zugunsten Hitlers und seiner Regierung, worauf sehr bald eine Periode der Nachdenklichkeit folgte und schließlich eine größere Neigung zum Pessimismus, als sie Anfang 1944 beobachtet werden konnte.

Vor diesem Hintergrund muß man die Prozesse unter Freislers Vorsitz betrachten, die sich mit denen befaßten, die in das Attentat gegen Hitler verwickelt waren. Freisler war bestrebt, sich ausschließlich auf die Tat zu konzentrieren, gestattete den Angeklagten und ihren Verteidigern nur, über den Anschlag als solchen zu sprechen und versuchte, sie daran zu hindern, vor Gericht öffentliche Erklärungen über ihre Ziele im allgemeinen und ihre moralische Motivation abzugeben. Es muß von Anfang an festgestellt werden, daß die Angeklagten, von wenigen Ausnahmen abgesehen, mit ihren vergeblichen Versuchen, sich reinzuwaschen, keinen sehr günstigen Eindruck machten.

Ursprünglich wollte Hitler einen großen öffentlichen Prozeß in Anwesenheit von Presse, Rundfunk und Film abhalten.[94] Himmler sah jedoch potentielle psychologische Gefahren in diesem Plan.

Unter seinem Einfluß besann sich Hitler anders und ordnete einen Prozeß unter Ausschluß der Öffentlichkeit an. Nur eine größere Gruppe sorgfältig ausgewählter Zuhörer wurde zugelassen. Der Prozeß sollte vor dem VGH stattfinden, hauptsächlich auf Thieracks Betreiben hin, der sofort an Bormann und Himmler herangetreten war.[95] Hitlers Mißtrauen gegenüber der Militärjustiz, die er verdächtigte, mit den Attentätern zu sympathisieren, veranlaßte ihn, zugunsten des VGH zu entscheiden. Aber da von der ersten Gruppe der Angeklagten die meisten der Wehrmacht angehörten, waren sie der Militärjustiz unterworfen. Um diese Klippe zu umschiffen, setzte Hitler einen »Ehrenhof des Heeres« unter dem Vorsitz des Generalfeldmarschalls von Rundstedt ein, der alle Angeklagten aus der Wehrmacht ausstieß und der Ziviljustiz überantwortete.[96] Am 20. September 1944 weitete Hitler diese Maßnahme aus, indem er dem VGH alle politischen Verfahren gegen Angehörige der Wehrmacht, Waffen-SS und Polizei zuteilte.

»Führerhauptquartier, 4. August.
Das Heer hat dem Führer den Wunsch unterbreitet, zu sofortiger Wiederherstellung seiner Ehre schnellstens durch eine rücksichtslose Säuberungsaktion auch von den letzten am Anschlag am 20. Juli 1944 beteiligten Verbrechern befreit zu werden. Es möchte die Schuldigen sodann der Volksjustiz überantwortet sehen.
Der Führer hat diesem Wunsch entsprochen, zumal der schnelle und tatkräftige Zugriff des Heeres selbst den volks- und hochverräterischen Anschlag im Keime erstickt hat. Im einzelnen hat der Führer bestimmt: Ein Ehrenhof von Feldmarschällen und Generälen des Heeres hat zu prüfen: Wer an dem Anschlag irgendwie beteiligt ist und aus dem Heere ausgestoßen werden soll. Wer als verdächtig zunächst zu entlassen sein wird.
In diesen Ehrenhof hat der Führer berufen: Generalfeldmarschall Keitel, Generalfeldmarschall von Rundstedt, Generaloberst Guderian, General der Infanterie Schroth, Generalleutnant Specht. Als Vertreter: General der Infanterie Kriegel, Generalleutnant Kirchheim. Der Führer hat sich vorbehalten, über die Anträge des Ehrenhofes persönlich zu entscheiden.
Soldaten, die der Führer ausstößt, haben keine Gemeinschaft mehr mit den Millionen ehrenhafter Soldaten des Großdeutschen Rei-

ches, die die Uniform des Heeres tragen, und mit den Hunderttausenden, die ihre Treue mit dem Tode besiegelten. Sie sollen daher auch nicht von einem Gericht der Wehrmacht, sondern zusammen mit anderen Tätern vom Volksgerichtshof abgeurteilt werden. Dasselbe muß gelten für Soldaten, die zunächst aus der Wehrmacht entlassen werden.

Der vom Führer berufene Ehrenhof des Heeres ist am 4. August zusammengetreten und hat auf Grund der vorliegenden Untersuchungsergebnisse dem Führer folgende Anträge unterbreitet: Aus der Wehrmacht werden ausgestoßen:

Die in Haft befindlichen: Generalfeldmarschall von Witzleben, General der Nachrichtentruppe Fellgiebel, Generalleutnant von Hase, Generalmajor Stieff, Generalmajor von Tresckow, Oberst i. G. Hansen, Oberstleutnant i. G. Bernardis, Major i. G. Hayessen, Hauptmann Klausing, Oberleutnant d. R. Graf von (der) Schulenburg, Oberleutnant d. R. von Hagen, Leutnant d. R. Graf Yorck von Wartenburg. Die am 20. Juli standrechtlich erschossenen: General der Infanterie Olbricht, Oberst i. G. Graf von Stauffenberg, Oberst i. G. Quirnheim, Oberleutnant d. R. v. Haeften. Die Verräter, die sich durch Selbstmord selbst schuldig bekannt haben: Generaloberst a. D. Beck, General der Artillerie Wagner, Oberst i. G. Freytag-Loringhoven, Oberstleutnant Schrader. Die Fahnenflüchtigen: General der Artillerie Lindemann, Major i. G. Kuhn (zu den Bolschewisten übergelaufen).

Ein Antrag auf Ausstoßung des ehemaligen Generaloberst Hoepner erübrigt sich, da Hoepner – als im Jahre 1942 bereits aus der Wehrmacht ausgestoßen – dem Heer nicht mehr angehört. Der Führer hat den Anträgen stattgegeben. Die Ausgestoßenen werden dem Volksgerichtshof zur Aburteilung übergeben. Die Verhandlung vor dem Volksgerichtshof gegen die Schuldigen findet in Kürze statt.«[97]

Mit dieser Maßnahme hatte Hitler einen Präzedenzfall geschaffen, den sich die Alliierten ein Jahr später zunutze machten. 1945, als Göring, Dönitz, Keitel, Jodl und andere deutsche Spitzenmilitärs verhaftet wurden, galten sie offiziell als Kriegsgefangene. Dann enthoben die Alliierten sie ihrer militärischen Ränge und ihres Kriegsgefangenenstatus, um sie in Nürnberg als Kriegsverbrecher vor Gericht stellen zu können. Dieses Verfahren wurde dann auch auf breiter Grundlage angewandt, als man den Gefangenen der Waffen-SS einfach ihren militärischen Status absprach.

1944 hatte sich Freisler mit zahlreichen kleineren Prozessen befaßt, wie dem Prozeß gegen den bereits erwähnten Solf-Kreis, dem unter anderem Frau Solf, Elisabeth von Thadden, Dr. Kiep, der ehemalige Staatssekretär Dr. Zarden und Legationsrat Dr. Hilger van Scherpenberg, ein Schwiegersohn des ehemaligen Reichsbankpräsidenten Dr. Hjalmar Schacht, angehörten.[98] Während man 1943 in diesem Kreis über Italiens Kapitulation diskutierte, besprach man auch die Aussichten Deutschlands, und die Möglichkeit eines Staatsstreichs wurde ebenfalls erwähnt. Es wurden Personen genannt, denen man zutraute, das Vertrauen der Westmächte zu gewinnen. Auch über die Maßnahmen, die nach Kriegsende in Deutschland ergriffen werden müßten, wurde debattiert. Ein Verräter in der Gruppe überredete Elisabeth von Thadden dazu, Kontakt mit einem Bekannten in der Schweiz, Friedrich Wilhelm Siegmund-Schultz, aufzunehmen. Ihr Brief wurde dem Verräter zur Weiterleitung anvertraut. Die Gestapo wußte aber, daß Siegmund-Schultz auf Goerdelers Veranlassung hin versucht hatte, Kontakte mit der englischen Kirche und Regierung herzustellen, daß er in Verbindung mit dem ehemaligen Reichskanzler Wirth stand, der jetzt in der Schweiz lebte, und daß er für die »Rote Kapelle« arbeitete. Am 12. Januar 1944 war der ganze Solf-Kreis verhaftet worden.[99]

Es wird behauptet, daß Freisler während des Prozesses die Verteidigung behinderte, so daß sie kaum aktiv werden konnte. Dies wird vor allem im Zusammenhang mit Elisabeth von Thadden festgestellt.[100] Ihr Mitangeklagter Kiep hatte bereits aufgegeben und verteidigte sich überhaupt nicht mehr. Beide wurden zum Tod verurteilt. Aber wenn Freisler die Verteidigung tatsächlich behindert hatte – wieso erklärt derselbe Historiker ein paar Zeilen später, der Verteidiger Hilger van Scherpenbergs habe so klug argumentiert, daß dieser schließlich nur zu zwei Jahren Gefängnis verurteilt wurde, weil er den Solf-Kreis nicht angezeigt hatte?[101] Frau Solf und die anderen Mitglieder des Kreises wurden nicht vor Gericht gestellt, blieben aber in Gefängnissen und Konzentrationslagern, bis man sie befreite. Die Verhaftungen und VGH-Prozesse im Zusammenhang mit dem Solf-Kreis veranlaßten jedenfalls die Verschwörer vom 20. Juli, beschleunigt zur Tat zu schreiten.

Am 7. und 8. August 1944 fand der erste einer Serie von Prozessen vor dem Ersten Senat des VGH statt. Um die Berichterstattung zu verbessern, ließ Goebbels drei Mikrofone vor Freisler installieren, der nicht daran gewöhnt war und oft so laut sprach, als seien sie nicht vorhanden. Deshalb klingt seine Stimme auf Tonaufnahmen und Filmen übermäßig verzerrt, ebenso wie die frühen Reden Hitlers verzerrt klingen, weil er nicht mit dem Mikrofon vertraut war.[102]

Freisler eröffnete den Prozeß, indem er feststellte, daß der VGH des Großdeutschen Reiches nunmehr zusammentrete, in ordnungsmäßiger Besetzung als Erster Senat mit dem Präsidenten des VGH als Vorsitzer, dem Senatspräsidenten Günther Nebelung als Ersatzvorsitzer, dem General der Infanterie Reinecke, dem Berliner Gartentechniker und Kleingärtner Hans Kaiser, dem Fürther Kaufmann Georg Seuberth als ehrenamtlichen beisitzenden Richtern, dem Bäcker Emil Winter und dem Ingenieur Kurt Wernicke als ehrenamtlichen Ersatzrichtern, dem Volksgerichtsrat Lemmel als hauptamtlichem beisitzendem berichterstattendem Richter und dem Oberlandesgerichtsrat Dr. Köhler als hauptamtlichem berichterstattendem Ersatzrichter. Oberreichsanwalt Lautz vertrat die Anklage. Als Pflichtverteidiger waren Dr. Weissmann, Dr. L. Schwarz, Dr. Neubert, Dr. Gustav Schwarz, Dr. Kunz, Dr. Falck, Hugo Bergmann und RA Boden bestellt worden.[103]

Dann kam es zum ersten Eklat. Freisler bat Oberreichsanwalt Lautz, Anklage gegen Erwin von Witzleben zu erheben. Witzleben trat vor, die Hand zum »Deutschen Gruß« erhoben. Diese Tatsache wurde bisher in der Geschichtsschreibung verschwiegen. Obwohl die Szene in Filmen und auf Tonbandaufnahmen festgehalten ist, wurde sie aus den Dokumenten herausgeschnitten, die der deutschen und der ausländischen Öffentlichkeit zugänglich sind.

Freisler reagierte mit schneidender Schärfe: »Sie sind Erwin von Witzleben. Ich würde an Ihrer Stelle den deutschen Gruß nicht mehr anwenden. Den deutschen Gruß wenden Volksgenossen an, die Ehre haben. Das soll ein Urteil nicht vorausnehmen. Ich würde mich an Ihrer Stelle schämen, den deutschen Gruß noch anzuwenden.«

Witzleben wurde dann nach seinem Geburtsort und -tag befragt. Nach ihm machten Erich Hoepner, Hellmuth Stieff, Albrecht von

Hagen, der ehemalige Berliner Stadtkommandant Paul von Hase, Robert Bernardis, Karl Klausing und Peter Yorck von Wartenburg die entsprechenden Angaben. Nun las Freisler die »amtliche Erklärung« vom 4. August 1944 in voller Länge vor. Dann wurde dem Oberreichsanwalt das Wort erteilt: »Gegen die Angeklagten von Witzleben, Hoepner, Stieff, von Hagen, von Hase, Bernardis, Klausing und von Wartenburg erhebe ich Anklage wegen folgender Tat: Sie haben im Inlande im Sommer 1944 als Teilnehmer an einer zahlenmäßig unbedeutenden Führerclique mutlos gewordener Offiziere es unternommen, den Führer durch feigen Mord zu töten, um sodann unter Beseitigung des nationalsozialistischen Regimes die Gewalt über Heer und Staat an sich zu reißen und den Krieg durch würdeloses Paktieren mit dem Feinde zu beenden. Als Hoch- und Landesverrat haben sie sich gegen folgende gesetzliche Vorschriften vergangen.«

Nun wurden die einschlägigen gesetzlichen Bestimmungen verlesen, die verletzt worden waren.

Dann faßte Freisler zusammen: »Diese Anklage, Angeklagte, ist die ungeheuerlichste Anklage, die in der Geschichte des deutschen Volkes je erhoben worden ist. Der Herr Oberreichsanwalt behauptet also, Grundlagen dafür zu haben, daß Sie die ungeheuerlichste Verratstat begangen haben sollen, die unsere deutsche Geschichte kennt. Unsere Aufgabe ist es heute festzustellen, was Sie getan haben, und dann unserem deutschen Rechtsempfinden entsprechend ein Urteil zu fällen.

Ich werde wie folgt vorgehen. Ich werde mit jedem von Ihnen das durchsprechen, was ihm zur Last gelegt wird. Dabei werde ich zunächst davon ausgehen, den Werdegang eines jeden von Ihnen knapp zu behandeln. Inwieweit eine nähere Schilderung des früheren Werdegangs uns interessiert, wird sich erst herausstellen, wenn wir wissen, was Sie getan haben. Es gibt nämlich Taten derart grausigen Verrates, daß vor ihnen alles, was jemand im Leben vorher begangen hat, verlöscht. Falls sich herausstellen sollte, daß Sie solche Taten begangen haben, ist es also möglich, daß uns Ihr weiteres Vorleben dann gar nicht mehr interessiert. Deshalb werde ich mich zunächst eingangs bei Feststellung Ihres Vorlebens kurz fassen.«

Nun forderte Freisler den Angeklagten Stieff auf vorzutreten: »Zunächst sage ich Ihnen das, was hiermit auch für alle anderen Angeklagten gilt. Zwar ist die Anklage, die jeder von Ihnen hat, eine der wichtigsten Grundlagen unseres jetzigen Wahrheitssuchens, aber sie hat einen besonderen Zweck, den Zweck nämlich, daß wir uns alle auf die heutige Hauptverhandlung vorbereiten konnten.

Damit und damit, daß sie die Tat, deren Untersuchung der Herr Oberreichsanwalt beantragt hat, umreißt, ist ihre Aufgabe erfüllt. Ich sage das deshalb, weil ich sehe, daß Sie die Anklage in der Hand haben. Jetzt gilt das, was hier verhandelt wird, und wenn ich irgend etwas nicht erwähne, was in der Anklage enthalten ist, so ist sicher, daß das auch nicht zu Ihrem Nachteil bei der Urteilsfindung eine Rolle spielen kann. Deshalb ist es für Sie nicht zum Nachteil, wenn ich Sie auffordere, nunmehr, soweit Sie das können, Auge in Auge die Sache zu behandeln.«

Dann wurde die Verhandlung durch einen Antrag von Lautz unterbrochen, die Öffentlicheit auszuschließen. Nachdem sich herausgestellt hatte, daß die Anwesenden Amtsträger aus Staat und Partei sowie Offiziere der Wehrmacht waren, die alle auf Herz und Nieren geprüft worden waren, schloß Freisler offiziell die Öffentlichkeit aus, weil über Staatsgeheimnisse gesprochen werden könnte, erlaubte aber den Anwesenden zu bleiben. Mit anderen Worten – die »allgemeine Öffentlicheit«, die ohnehin nicht anwesend war, wurde ausgeschlossen, die Anwesenden durften bleiben.

Freisler belehrte die Zuhörer: »Dies ist eine nichtöffentliche Sitzung des Volksgerichtshofes des Großdeutschen Reiches. Wer irgend etwas über eine nichtöffentliche Sitzung weiterträgt, macht sich nach unserem Gesetz schwer strafbar. Das gilt für alle hier Anwesenden, nicht nur für alle diejenigen, denen eben die Anwesenheit gestattet worden ist, sondern auch für alle diejenigen, die amtlich hier im Gerichtssaal bei der Hauptverhandlung selbst beteiligt sind, für sämtliche Organe der Polizei, für alle Organe des Volksgerichtshofes, für alle Organe der Behörde des Herrn Oberreichsanwalts, natürlich für den Herrn Oberreichsanwalt und mich persönlich ebenso. Ich mache jeden einzelnen darauf aufmerksam und füge hinzu, daß aus dieser Verhandlung etwas hinauszutragen naturgemäß viel schwerer als Vergehen oder Verbrechen wiegt, als aus irgendeiner sonstigen nichtöffentlichen Sitzung etwas hinauszutragen. Was ich gesagt habe, gilt insbesondere auch für die Angeklagten.«

Nun wandte sich Freisler an Stieff und fragte ihn nach Einzelheiten aus seiner Laufbahn. Zum Schluß erwähnte er, daß Stieff erklärt habe, daß er sich vor der Machtergreifung politisch nicht betätigt habe.

Freisler fuhr fort: »Sie haben sich nicht politisch betätigt, haben aber erklärt, daß Sie sich mit der Machtergreifung vorbehaltlos zum Nationalsozialismus bekannt haben.«

Stieff antwortete mit »Jawohl!«

Freisler: »Schon jetzt möchte ich eins hervorheben: Ein Bekenntnis zum Nationalsozialismus ergreift den ganzen Mann; dann kann der Mann dieses Bekenntnis nicht wieder verlassen und dieses Bekenntnis den Mann nicht wieder verlassen. Ein Bekenntnis zum Nationalsozialismus ist ein Bekenntnis zu unserem Führer, wie ein Bekenntnis zu unserem Führer ein Bekenntnis zum Nationalsozialismus ist. Beides ist untrennbar und unlösbar für Zeit und Ewigkeit. Wenn Sie also eben bejahten, daß Sie sich zum Nationalsozialismus bekannt haben, müssen Sie sich ja auch jetzt noch dazu bekennen. Ob das, was Sie eben gesagt haben, Wahrheit oder Lüge war, werden wir im Laufe der nächsten Stunden ja erfahren.«

Stieff bat, über seine inneren Motive sprechen zu dürfen, doch das lehnte Freisler aufgrund seiner eben vorgebrachten Argumente ab und fuhr dann fort: »Sie stehen hier als Angeklagter und sind vorgeführt. Sie wissen, was der Herr Oberreichsanwalt Ihnen vorgeworfen hat. Sie sind schon mehrfach von der Polizei eingehend vernommen worden. Sie haben, wenn Ihre Äußerungen richtig sind – und in einer Eingabe von Ihnen, die mir eben vorgelegt worden ist und von der ich Kenntnis genommen habe, bestätigen Sie noch einmal, daß Ihre Angaben, wie Sie sich ausdrücken, den objektiven Hergang richtig wiedergeben –, zuerst gelogen. Ich sage nicht zuviel, wenn ich behaupte, daß Sie zunächst vor der Polizei gelogen haben, daß sich die Balken biegen mußten. Stimmt das?«

Stieff: »Ich habe ...«

Freisler: »Ja oder nein?«

Stieff: »Ich habe Dinge verschwiegen.«

Freisler: »Ja oder nein? Zwischen Lüge und Wahrheit gibt es kein Wenn oder Aber. Sie können nachher im einzelnen etwas sagen. Haben Sie gelogen, oder haben Sie die volle Wahrheit gesagt?«

Stieff: »Ich habe nachher die volle Wahrheit gesagt.«

Freisler: »Ich habe gefragt, ob Sie zunächst in Ihrer ersten Vernehmung vor der Polizei die volle Wahrheit gesagt haben.«

Stieff: »In der ersten Vernehmung habe ich nicht die volle Wahrheit gesagt.«

Freisler: »Also hätten Sie, wenn Sie ein Mann wären, eben antworten können: Ja, ich habe gelogen, daß sich die Balken bogen.«

Stieff: »Bei der ersten Vernehmung!«

Freisler: »Ja, eben! Danach habe ich gefragt. Passen Sie gefälligst auf! Sie haben nämlich in Ihrer ersten Vernehmung – um Ihnen das zu Gemüte zu führen, da es Ihnen offenbar nicht mehr so gegenwärtig ist – folgendes erzählt, Sie hätten von allem, was mit dem furchtbaren Ereignis zusammenhängt, das wir jetzt untersuchen sollen, überhaupt erst nach dem Mordanschlag erfahren. Sie haben dann sich erkühnt, vor der Polizei breit zu schildern, was Sie denn alles an Gutem getan hätten, wie Sie sich so fabelhaft ordentlich unmittelbar nach dem Attentat benommen hätten. Wenn, wie Sie mir bestätigen mußten, das unwahr war, indem Sie das Wesentliche verschwiegen haben, dann kann ich nur sagen: Pfui, so ein Heuchler! Sie haben dann breit geschildert, wie Sie kurz vorher den Mörder Graf von Stauffenberg wegen einer zersetzenden Äußerung im Kasino einmal zurechtgewiesen haben. Es mag sein, daß Sie das getan haben.«

Stieff: »Das habe ich auch getan!«

Freisler: »Mag sein. Aber das bewußte Verschweigen des andern, das Die-weiße-Weste-Hervorkehren, nachdem Sie den Verräterfleck nach innen gekehrt hatten, das nenne ich eben feige Lüge, daß sich die Balken bogen. Sie haben das dann vornehm, wie Sie sein wollen, in die Worte gekleidet: ›Ich habe zuerst nicht ganz die Wahrheit gesagt.‹ Dann aber haben Sie also gesagt, was geschehen ist. Jetzt werde ich die einzelnen Punkte Ihres polizeilichen Geständnisses kurz herausheben – selbstverständlich nur das Wesentliche, denn die Einzelheiten interessieren uns nicht – und werde Sie jedesmal fragen, ob das stimmt, oder ob das nicht stimmt. Ist es richtig, daß Sie im Sommer 1943 Oberst von Tresckow aufgesucht hat, (Stieff: »Jawohl!«) daß er davon gesprochen hat, der Krieg müsse durch Verhandlungen zu Ende gehen, Voraussetzung dafür sei die Beseitigung des Führers, (Stieff: »Ja!«) und das sei möglich durch einen Sprengstoffanschlag bei einer Lagebesprechung?«

Stieff: »Jawohl.«

Freisler: »Haben Sie das Ihrem Vorgesetzten gemeldet?«

Stieff: »Ich habe über dieses Gespräch mit General Heusinger, dem stellvertretenden Chef des Generalstabs, gesprochen.«

Freisler: »Haben Sie darüber hinaus dem nächsten Vorgesetzten darüber Meldung erstattet?«

Stieff: »Nein.«

Freisler: »Haben Sie es unserem Führer zur Meldung gebracht?«

Stieff: »Nein, das habe ich nicht getan.«

Freisler: »Sie haben erklärt, Sie seien der Meinung, es gebe Lagen, wo so etwas eine historische Pflicht der Generalstabsoffiziere sei. Haben Sie das vor der Polizei erklärt?«

Stieff: »Ich habe diese Erklärung in meiner schriftlichen Darlegung der inneren Motive abgegeben.«

Freisler: »Gut! Es ist richtig, daß Sie mich, wenn ich mich irre, korrigieren. Sie haben das nämlich nicht vor der Polizei gesagt, sondern Sie haben das in einer handschriftlich geschriebenen eigenen Erklärung über Ihre Motive gesagt.«

Stieff: »Über meine inneren Motive!«

Freisler: »Motive pflegen innere zu sein. Meine Herren Richterkameraden! Genügt Ihnen, daß der Angeklagte sagt, er sei der Meinung, daß das eine historische Aufgabe deutscher Generalstabsoffiziere ist, um das Urteil über dieses sein Motiv zu fällen? – Meinen Richterkameraden genügt und uns genügt, daß jemand wagt, zu erklären, was er auch denken möge, es könne eine Lage geben, wo es historische Pflicht deutscher Generalstabsoffiziere sei, sich an einem Attentat auf den Obersten Befehlshaber der Wehrmacht, auf den einmaligen Obersten Befehlshaber, unseren Führer zu beteiligen. Hier gibt es nur eins: Gehorchen, siegen, sterben können, kein rechts und links. Wir wollen darüber nicht weiter von Ihnen hören. Das war das Gespräch mit von Tresckow. Ich komme nunmehr zur Fortsetzung. Ist es richtig, daß Sie später eine Besprechung mit General Olbricht gehabt haben, zu der Tresckow herangeholt wurde?«

Stieff: »Jawohl!«

Freisler: »Ist es richtig, daß Sie bei dieser Besprechung mit dem damaligen Generaloberst Beck bekannt gemacht wurden?«

Stieff: »An diesem oder einem anderen Tage! Jedenfalls bin ich mit ihm einmal bekannt gemacht worden.«

Freisler: »Jedenfalls bei einer solchen Besprechung. Ist es richtig, daß der damalige Generaloberst Beck Ihnen gleiche Ideen entwickelt hat (Stieff: »Jawohl!«) und Sie gefragt hat, ob Sie mitmachen wollen?«

Stieff: »Jawohl.«

Freisler: »Ist es richtig, daß Sie ihm nicht eine Ohrfeige heruntergehauen haben, daß er liegenblieb, sondern sich Bedenkzeit ausgebeten haben?«

Stieff: »Jawohl, das ist richtig.«

Freisler: »Das war die zweite Szene. Drittens: Ist es richtig, daß Sie nach diesem Zusammentreffen mit dem damaligen Generaloberst Beck wieder einmal in Berlin mit Olbricht und von Tresckow zusammen gewesen sind und daß Ihnen dabei gesagt worden ist, daß Feldmarschälle, die ich nicht nenne, weil es eine schäbige Verleumdung war, das zu behaupten, der gleichen Meinung waren, und daß Sie dann erfahren haben, daß das tatsächlich eine Verleumdung sei, (Stieff: »Jawohl!«) und nunmehr erklärten: ›Dann mache ich auch nicht mit.‹?«

Stieff: »Jawohl.«

Freisler: »Haben Sie nunmehr diesen ganzen Sachverhalt, diese in unserer Geschichte einmalige Ungeheuerlichkeit dem Führer gemeldet?«

Stieff: »Nein, das habe ich nicht getan.«

Freisler: »Vierte Szene: Ist es richtig, daß etwa in der Zeit, in der wir vom Dnjepr zurückgingen, der Mordbube Graf von Stauffenberg etwa im Oktober 1943 wieder in Sie gedrungen ist und daß Sie nun nicht nein gesagt haben?«

Stieff: »Es ist richtig, daß er bei mir war, es ist auch zutreffend, daß ich nicht nein gesagt habe.«

Freisler: »Stimmt es, daß Sie nicht nein gesagt haben, weil Sie ihre Finger darin haben wollten?«

Stieff: »Jawohl.«

Freisler: »Wörtlich so haben Sie nämlich vor der Polizei ausgesagt. Wissen Sie, daß Sie damit nicht Ihre Finger darin hielten – von Ihrem Kopf reden wir nicht –, daß Ihre Ehre damit für immer abgeschnitten war, weil Sie bei einer solchen Sache nicht einmal nein sagten, um die Finger darin zu haben? Sind Sie sich darüber klar?«

Stieff: »Aber ich verweise auf meine Erklärung.«

Freisler: »Sind Sie sich darüber klar?«

Stieff: »Ja, aber ich verweise auf meine Erklärung.«

Freisler: »Verweisen Sie, soviel Sie wollen. Hier gilt eins, das, wovon Sie behaupten, daß Sie sich dazu bekannt hätten: nationalsozialistische Mannentreue.«

Stieff: »Dem deutschen Volk gegenüber!«

Freisler: »Nationalsozialistische Mannentreue! Führer und Volk sind auch immer eins. Was ist das für ein jesuitisch-reaktionärer Vorbehalt, den Sie da machen? Was glauben Sie, was geschehen wäre, wenn einer der letzten Goten am Vesuv einen solchen Vorbehalt gemacht hätte? Was glauben Sie, was da mit einem geschehen wäre, der bei einem wandernden Treck germanischer Stämme so etwas gesagt hätte? Er wäre in den Sumpf versenkt worden, weil Sumpf zu Sumpf gehört. Mannentreue zum Führer ist Volkstreue, ist Reichstreue. Eines verraten, heißt alles verraten. Politisch schizophrene Persönlichkeiten können wir nicht gebrauchen, die da meinen, sie könnten spalten zwischen der Treue zum Führer und der Treue zum Volk. Das also ist gewesen, als wir ringend am Dnjepr standen. Da wollten Sie die Finger darin haben. Ist es richtig, daß der Mordbube Graf von Stauffenberg Sie gefragt hat, ob Sie nicht das Attentat durchführen wollten?«

Stieff: »Jawohl.«

Freisler: »Ist es richtig, daß Sie das abgelehnt haben?«

Stieff: »Jawohl.«

Freisler: »Ist es richtig, daß er dann Ihnen ein Paket mit Sprengstoff, Zeitzündern usw. belassen hat?«

Stieff: »Jawohl.«

Freisler: »Was glaubten Sie, wozu dieser Sprengstoff sein sollte?«

Stieff: »Der Sprengstoff war von Stauffenberg bzw. Tresckow, von dem er ursprünglich stammte, für einen Anschlag gegen den Führer geplant. Das weiß ich.«

Freisler: »Aha! Also, während Ihnen der Stauffenberg ansinnt, Sie möchten doch den Attentatsplan durchführen, haben Sie das zwar abgelehnt, aber Sprengstoff, der, wie Sie wußten, für ein solches Mordverbrechen vorgesehen war, von Stauffenberg angenommen. Um Sie noch einmal an die Jämmerlichkeit Ihres Auftretens auch heute, als Sie Ihr Leugnen leugneten, zu erinnern: Sie haben tatsächlich die Frechheit gehabt, vor der Polizei zunächst auszusagen: ›Ich habe nie Sprengstoff besessen.‹ Dann haben Sie freilich ganz klein in der nächsten Vernehmung erklärt: ›Ich habe eben gelogen.‹ Man muß überhaupt, auch wenn es etwas Zeit kostet, die hierfür, für diese Lüge zu verwenden, vielleicht zu schade ist, einmal vorlesen, wie klassisch Sie gelogen haben. Der Polizeibeamte hat Sie gefragt: ›Haben Sie in Ihrer Wohnbaracke Sprengstoff aufbewahrt?‹ Antwort: ›Nein.‹ ›Haben Sie Sprengstoff besessen?‹ ›Sprengstoff habe ich nicht besessen, aber Zündschnüre, braune und gelbe, diese braunen und gelben Handgranatenzünder.‹ Nach langen Vorhaltungen erklärten Sie – damals mußte noch hineingeschrieben werden: ›General Stieff‹, jetzt heißt es ›der ausgestoßene Stieff‹ –: ›Ich will eins zugeben. Etwa im November vorigen Jahres wurde ich von dem Major Kuhn gebeten, für den Oberleutnant von Hagen eine Dienstreise zum AOK IV zu genehmigen, da er dort etwas besorgen sollte. Was sollte er besorgen? Das wurde mir am Telefon nicht gesagt. Es wurde mir lediglich gesagt, es handele sich um Fragen der Osttruppensicherungsverbände. Ich glaube, ich war damals in Berlin, als ich den Anruf bekam. Nach zwei Tagen meldete sich der Oberleutnant von Hagen bei mir und überbrachte mir in einer Aktentasche diese Granatzünder, Zündschnüre, eine Schachtel Sprengkapseln und zwei Einheitssprengkörper, die er auf Geheiß von Major Kuhn beim Heerespionierbataillon beim AOK geholt hatte. Kuhn war an diesem Tage nicht an einer Stelle, die ich nicht nennen will, anwesend, sondern in Königsberg zum Wehrkreiskommando I. Kuhn gab mir am nächsten Tag die Erklärung ab, daß er dieses Material in der Stauffenbergschen Angelegenheit besorgt hätte.‹ – Was die Stauffenbergsche Angelegenheit ist, daß Sie das wissen, haben Sie ja nun bekannt. – ›Ich füge hinzu, daß Kuhn ein angeheirateter Vetter des Grafen Stauffenberg ist. Er bat mich, diese Gegenstände bei mir aufzubewahren. Ich habe die Zündmittel in einem Schreibtisch meiner Wohnung, die Sprengkörper bis zum März in einem Schreibtisch meines Büros, später nach meiner Übersiedlung nach Berchtesgaden in einer unverschlossenen Hutschachtel in meiner Wohnung aufbewahrt. Über die Aufbewahrung dieser Gegenstände habe ich den Oberstleutnant Klamroth unterrichtet, der auch mit im Komplott war. Nach meiner Schätzung im Mai dieses Jahres habe ich von Berchtesgaden aus Klamroth angerufen und ihn gebeten, diese Sachen fortzuschaffen.‹ ›Wohin?‹ ›Nach Berlin.‹ ›Zu wem?‹ ›Zu Stauffenberg. Was daraus dann geworden ist, weiß ich nicht.‹ ›Um was für Sprengkörper handelte es sich?‹ ›Um heeresübliche deutsche Sprengkörper. Es sind feste Packungen, glaube ich, mit soundsoviel Gewicht, die zur Sprengung von Grabenstücken benutzt werden. Daß es nur zwei Sprengkörper waren, das weiß ich ganz sicher. Wie viele Zünder und Zündschnüre es waren, kann ich nicht mehr sagen.‹ ›Wozu ist der Sprengstoff beschafft worden?‹ ›Der Sprengstoff ist im Zusammenhang mit dem Stauffenbergschen Unternehmen beschafft worden.‹ – Und jetzt kommen Sie erst damit heraus. Bis dahin haben Sie das alles bestritten gehabt. – ›Sie wußten also, daß der Sprengstoff zu dem Anschlag auf den Führer Verwendung finden sollte!‹ ›Ja, wobei ich allerdings die Einschränkung machen muß, daß sowohl der Sprengstoff als auch die Zündmittel nach meiner Kenntnis dazu unbrauchbar waren.‹ – Richtig ist, daß der Mordanschlag mit englischen Zündmitteln unternommen worden ist. Sind Sie der Meinung, daß, wenn ein Lump wie der Graf von Stauffenberg Sprengstoff in der Tasche hat und ihn zwei Meter vom Führer zur Explosion sprengt, das keinerlei Unheil anrichten kann?«

Stieff: »Wieso? Die Menge des Sprengstoffs war viel zu gering …«

Freisler: »Es war immerhin ein Kilo.«

Stieff: »… um so etwas, wie es sich Stauffenberg dachte, anrichten zu können. Die Zündmittel waren deshalb ungeeignet, weil sie eine viel zu kurze Brennzeit von nur viereinhalb Sekunden hatten.«

Freisler: »Sie waren doch nur ungeeignet, wenn der Täter sein wertes Leben selbst retten wollte. Sonst war ja, scheint mir, die kurze Brenndauer der Zündschnüre auch gleich. Nur wenn er der Meinung war, sein hochwertes Leben zu retten, sei Pflicht eines Generalstabsoffiziers – das entspricht Ihrer Art –, dann war der Sprengstoff nicht tauglich. Aus Ihrer Aussage von eben geht hervor, daß Sie genau über den Plan Stauffenbergs orientiert waren …«

Freisler wies auf weitere Einzelheiten von Stieffs Aussage hin und fuhr dann fort: »Da haben Sie ja nun eine tolle Sache geschildert. Sie haben geschildert, daß ein anderer Plan bestand: Es bestand ein

Plan, bei einer Vorführung so etwas zu tun. Ich könnte mir vorstellen, daß z. B. die Bekleidung der Soldaten hie und da, den Erfahrungen des Krieges entsprechend, sich ändert, das Rückengepäck anders gepackt und getragen wird. Sie haben bekundet, daß Stauffenberg nach den Plan hatte, den Mordanschlag auf unseren Führer auszuführen anläßlich einer Besichtigung solcher neuen Soldatenbekleidung und Gepäckpackung. Stimmt das?«

Stieff: »Jawohl.«

Freisler: »Pfui! Einem deutschen Soldaten etwas ins Gepäck packen ...«

Stieff: »Nein.«

Freisler: »... um einen Anschlag auf unseren Führer durchzuführen! Schämen Sie sich?«

Stieff: »So war es nicht.«

Freisler: »Jawohl! Unser Führer ist kein Büromensch. Unser Führer prüft so etwas nicht, indem er sich an Hand von Akten und Mustern das ansieht, er prüft es, wie es der Soldat trägt; denn unser Führer ist Soldat, der erste Gefreite des Weltkriegs. Unser Führer! Schämen Sie sich, und reden Sie solches Zeug nicht weiter! Wir wissen Bescheid. – Diesen Plan hat also der Stauffenberg gehabt.«

Stieff: »Diesen Plan hatte Stauffenberg, ich nicht.«

Freisler: »Und Sie haben davon gewußt.«

Stieff: »Ja, ich habe ihn aber verhindert.«

Freisler: »Wissen Sie, daß unser Recht auf unserem Gewissen beruht und daß unser Rechtsgewissen sehr tief in unseren Volkssprichwörtern verankert ist? Kennen Sie das Sprichwort ›Mitgegangen, mitgefangen, mitgehangen‹?«

Stieff: »Jawohl.«

Freisler: »Also bei einer Bekleidungsvorführung sollte so etwas gemacht werden. Sie sagen: Sie haben das unter Vorgabe verschiedener Gründe verhindert.«

Stieff: »Jawohl.«

Freisler: »Ja, und es ist richtig, daß darauf, wie Sie nun ausgesagt haben, Stauffenberg den Plan faßte, eine geballte Ladung in die Führerlagebesprechung einzuschmuggeln, und zwar in einer Aktentasche?«

Stieff: »Nein, diese Idee stammte von Tresckow und war schon viel älter.«

Freisler: »Sie haben aber vor der Polizei erklärt: ›Daraufhin hatte
Stauffenberg die Überlegung, eine geballte Ladung in die Führer-
lage einzuschmuggeln, und zwar in einer Aktentasche. Ich nehme
an, daß das Attentat auf diese Weise durchgeführt worden ist.‹
Woraus sich ergibt, daß zwar von Tresckow diesen Gedanken
hatte, von Stauffenberg ihn aber auch hatte, wie Sie aussagten; das
ergibt sich daraus.«
Stieff: »Ja.«
Freisler: »Eben! Ihr Nein von vorhin war also verfehlt.«
Stieff: »Herr Präsident, Sie sagten eben ...«
Freisler (unterbrechend): »›Herr Präsident sagten‹ (hier liegt ein
Hörfehler Freislers vor) ist nicht nationalsozialistische Art zu re-
den. ›Sie sagten‹ heißt es bei Nationalsozialisten.«
Stieff: »Sie sagten eben, daß das die Folge dieser Ablehnung der Be-
kleidungsvorführung war; das habe ich gemeint.«
Freisler: »Es liegt parallel mit einem Attentat aus Anlaß einer Be-
kleidungsvorführung, war eine Episode mitten darin.«
Stieff: »Ja, das wollte ich klarstellen.«
Freisler: »Es tut aber der Schande keinen Abbruch. Hat Ihnen
Stauffenberg auch gesagt, daß er es so beabsichtige?«
Stieff: »In dieser Form mit der Aktentasche?«
Freisler: »Ja.«
Stieff: »Jawohl!«
Freisler: »Es war ein Augenblick gekommen, wo Sie zwar, wie Sie
vorhin bestätigten, sich darüber klar waren, daß Sie nicht nur die
Finger darin hatten – nicht den Kopf, auf den es nicht ankommt –,
sondern auch die Ehre längst weg war. Trotzdem, jetzt kannten
Sie den, der den Anschlag ausführen wollte. Haben Sie ihn dem
Führer gemeldet?«
Stieff: »Nein.«
Freisler: »Ist es richtig, daß der General der Artillerie Lindemann
sich einige Zeit danach an Sie mit defätistischen Sorgen wandte?«
Stieff: »Mit Sorgen über die Lage hat er sich mehrfach an mich gewandt. Ich lehne den Ausdruck ›defätistisch‹ ab.«
Freisler: »Sie können den Ausdruck ›defätistisch‹ ablehnen. Das
können Sie tun. Was Sie ablehnen, interessiert uns ebensowenig
wie die perverse Neigung eines geschlechtlich Homosexuellen
den gesunden deutschen Mann interessiert; denn Sie sind ja auf

politischem Gebiet, wenn Sie nicht einsehen, daß das tollster Defätismus ist, ebenfalls pervers. Hier gilt aber unsere gesunde Meinung und nicht die Ihrige. Ist es richtig, daß Sie Lindemann an Olbricht gewiesen haben?«

Stieff: »Ich habe ihm bei dieser Gelegenheit gesagt: ›Sie können sich auch mit Olbricht darüber unterhalten.‹«

Freisler: »Er könne sich darüber mit Olbricht unterhalten! Wir wissen ja nun und werden das heute noch des näheren sehen, was für eine Rolle Olbricht gespielt hat. Haben Sie auch mit dem General Wagner über diesen Komplex gesprochen?«

Stieff: »Jawohl, und zwar habe ich mit ihm darüber im November oder Dezember des vorigen Jahres meiner Ansicht nach gesprochen.«

Freisler: »Eben, noch in den Endmonaten des Vorjahres 1943. – Ich nehme an, Herr Oberreichsanwalt, daß die Zeitbegrenzung der Anklage bis auf 1943 einschließlich als ausgedehnt gilt.

Lautz stimmte zu.

Freisler: »Er war also im Bilde.«

Stieff: »General Wagner ist voll im Bilde gewesen. Ich habe mich ja an ihn in erster Linie als den älteren Kameraden gewandt.«

Freisler: »Ich kann wieder nur sagen: Pfui Teufel! Als den älteren Kameraden? Als den älteren Verbrecher, von dem Sie wissen, daß er einen Mordplan auf den Führer kennt. Derjenige, von dem Sie wissen, daß er einen Mordplan auf den Führer kennt, ist niemandes Kamerad; er ist, wie die alten Deutschen sagten, wolfsfrei. Wenn Sie schon von einer Kameradschaft sprechen, so war er nicht mehr älterer Kamerad, sondern der ältere Verbrecher. Also Sie haben ihn als den älteren Mitverbrecher betrachtet.«

Stieff: »Nein, ich habe das nicht aus Verbrechergründen getan.«

Freisler: »Nein, weil Sie eben auf diesem Gebiet wie ein Homosexueller abartig sind.«

Stieff: »Nein!«

Freisler: »Hier gilt nur unsere Meinung und keine andere. Hier gilt nur die nationalsozialistische Anschauung, die heißt: Mit dem Führer durch dick und dünn bis zur letzten Minute und darüber hinaus, dann kommt der Sieg. Nichts anderes gilt. Alles andere ist Defätismus, von dem wir nichts hören wollen.«

Stieff: »Herr Präsident, dann hätte ich meine Stellung nicht ausgefüllt.«

Freisler: »Schluß! Schluß! Ihre Stellung konnten Sie nur aushalten, indem Sie, wenn Sie schon ein Schlappschwanz von Defätist sind, starben wie die letzten Goten, die in uns nunmehr weiterleben. Aber es ist mir ja klar, daß Sie nicht zu belehren sind, nicht zu bekehren. Es wäre schade darum. Also Wagner war im Bilde. Dann weiter! Es ist aber nicht so, daß Sie und Wagner immer der gleichen Meinung waren: So ein Attentat muß man laufen lassen? Es kamen auch einmal Zeitpunkte, wo Sie beide schwankten.«

Stieff: »Wir haben beide von Anfang an nicht gewollt, daß ...«

Freisler: »Sie haben Sprengstoff in Verwahrung genommen. Zwischen Ihrer Reaktion und dem Jesuitismus besteht eine gewisse Ähnlichkeit, und deshalb kann ich es so nennen und nenne ich es auch den geheimen Vorbehalt. Hier ist es doch öffentlich der Vorbehalt gegenüber der geheimen Tat. Die geheime Tat war das Versteckthalten des Sprengstoffs. Angesichts dieser Tatsache können Sie nicht sagen: wir haben nicht gewollt; denn das ist gleichgültig, weil Sie gehandelt haben. Jetzt wollen wir einen Zeitsprung machen etwa bis in den Juni 1944. Etwa im Juni 1944 bat der Wagner Sie, den Stauffenberg hinzubestellen.«

Stieff: »Jawohl.«

Freisler: »Bestellten Sie auch den Lindemann, oder kam er so?«

Stieff: »Das weiß ich nicht mehr. Ich habe ihn jedenfalls nicht bestellt.«

Freisler: »Wahrscheinlich haben Sie das gemacht nach der Art eines Bolschewistentreffs. Sie haben die Leute eben zu einem geheimen Treffen bestellt. Jedenfalls der Lindemann war auch da.«

Stieff: »Er ist an dem Tage dienstlich drüben gewesen.«

Freisler: »Wenn Sie schon sagen: ›Ich weiß nicht mehr, ob ich das auch getan habe!‹«

Stieff: »Ich habe ihn bestimmt nicht bestellt.«

Freisler: »Soll man das nun wieder glauben! Wer so oft lügt, wie soll man dem glauben! Jedenfalls Lindemann war da.«

Stieff: »Er war als Waffengeneral oft da, zum Vortrag sehr häufig da.«

Freisler: »Jetzt sprechen wir aber nicht, wie Sie sehr wohl wissen, von einem Vortrag, bei dem die Waffengenerale waren, sondern jetzt sprechen wir von dem Ganoventreffen, das abgehalten wurde zwischen Wagner, Lindemann und Stieff und bei dem Sie nun alle der Auffassung waren: man muß jetzt gewaltsam vorgehen. Stimmt das?«

Stieff: »Jawohl! Das heißt: Wagner und Lindemann haben sehr stark gedrängt.«

Freisler: »Sicher, und Sie haben den älteren Verbrechern nicht widersprochen.«

Stieff: »Ich habe meine sehr starken Bedenken ausgesprochen.«

Freisler: »Sehr starke Bedenken geäußert und haben den Sprengstoff gehabt. Wir haben vorhin gehört, was Sie mit dem Sprengstoff alles zu tun hatten. Es ist Ihnen eben im Halse stecken geblieben, was Sie sagen wollten, während Ihnen eine Viertelminute vorher die Sache im Gegenteil klar war. Jetzt kommen wir in den Monat, in dem Ihre hundsgemeine Schandtat offenbar wurde, jetzt kommen wir in den Juli, also in den vergangenen Monat hinein. Ist es richtig, daß am 3. Juli eine Besprechung stattfand zwischen Wagner, Lindemann, Fellgiebel und Ihnen in Wagners Wohnung?«

Stieff: »Es war in den ersten Tagen des Monats Juli. Ob es der 3. Juli war, kann ich nicht sagen.«

Freisler: »Schön, das mögen Sie nicht genau wissen. Wichtigste Daten in Ihrem Leben scheinen Sie sich nicht zu merken. Es war der 3. Juli. Wir wissen es ja. Das war die grundlegende Besprechung. Wo ist die Besprechung gewesen?«

Stieff: »Sie war in der Wohnung von General Wagner im Berchtesgadener Hof in Berchtesgaden.«

Freisler: »Ja, in Berchtesgaden, in der Wohnung Wagners!«

Stieff: »Jawohl.«

Freisler: »Warum ich das betone, dafür haben Sie auch kein Verständnis. Es ist die grundlegende Besprechung der unmittelbaren Akteure. Worüber wurde da gesprochen?«

Stieff: »Es wurde bei dieser Gelegenheit in erster Linie von General Wagner und Lindemann über politische Dinge gesprochen.«

Freisler: »Was nennen Sie politische Dinge?«

Stieff: »Es war die Frage der Besetzung der Regierungsbildung. Diese Frage hat Wagner behandelt.«

Freisler: »Das nennen Sie politische Dinge: Die Frage der Beset-

zung der Regierungsbildung! Sagen Sie einmal: Die Umbesetzung der Regierung des Großdeutschen Reiches scheint mir nicht
Sache eines gewissen Stieff, sondern Sache des Führers des Großdeutschen Reiches zu sein. Was haben Sie denn für eine ulkige Besprechung über Regierungsumbildung gehabt?«
Stieff: »Im Zusammenhang mit dem Beck'schen und Stauffenberg'schen Plan.«
Freisler: »Aha, aus dem Päckchen (Freisler besteht auf ›Päckchen‹
statt ›Beck'schen‹) sollte dann die neue Regierung herausspringengen ... Der Führer sollte ermordet werden, und dann sollte eine
neue Regierung geschaffen werden. Und diese Verräterclique,
die dann das deutsche Volk ins Elend reißen sollte, nennen Sie
eben Regierung, und deshalb sprechen Sie von Regierungsbildung. Also darüber wurde geredet, und das nannten Sie politisch. Das ist ja bei Ihnen nicht anders zu erwarten, nachdem
Sie das Päckchen hatten. Aber sehr richtig haben Sie gesagt, daß
das mit dem Päckchen, mit dem Sprengstoffpäckchen zusammenhing.«
Stieff: »Nein, nicht mit dem Päckchen, sondern mit dem Beckschen
Plan. Generaloberst Beck meinte ich.«
Freisler: »Aber der Beck hing wieder mit dem Päckchen zusammen.«
Stieff: »Ich meinte den Beck'schen und Stauffenbergschen Plan.«
Freisler: »Der Beck hing wieder mit dem Päckchen zusammen,
denn der Beck kam nur ans Ruder, wenn das Päckchen explodierte.«
Stieff: »Das ist klar.«
Freisler: »Unverschämt sind Sie auch noch. Wenn das aber das einzige ist, was Ihnen geblieben ist, soll es uns nicht stören. – Darüber haben Sie gesprochen.«
Stieff: »Jawohl.«
Freisler: »Haben Sie auch über andere Dinge noch geredet?«
Stieff: »Es ist bei dieser Gelegenheit mit Fellgiebel über die Frage
der Nachrichtentechnik gesprochen worden, über nachrichtentechnische Dinge.«
Freisler: »Über was für nachrichtentechnische Sachen?«
Stieff: »Über die in diesem Falle.«

Freisler: »Abschirmung usw. ?«

Stieff: »Darüber, wie die nachrichtentechnische Abschirmung erfolgen sollte.«

Freisler: »Was nennen Sie Abschirmung?«

Stieff: »Die Abschirmung derjenigen Stellen, von denen unter Umständen Widerstand zu erwarten war.«

Freisler: »Tatsächlich hat nämlich Fellgiebel unmittelbar nach dem ruchlosen Mordanschlag zu verhindern versucht, daß aus dem Führerhauptquartier, der dort in Frage kommenden Stelle, die ich nicht nenne, die wir aber kennen, Nachrichten herauskamen. Dieses Abschirmen eines Widerstandes unseres Führers gegen das Verbrechen oder derjenigen, die, wenn der ruchlose Anschlag gelungen wäre, das ewige Erbe unseres Führers fortzuführen hatten, besprachen Sie miteinander. Ja, und nun käme bald die Ausführung selbst. War etwas Besonderes auf dem Berghof am 11. Juli? Am 11.7. war der Graf Stauffenberg zu einem Vortrag bestellt.«

Stieff: »Richtig, zu diesem Vortrag war er von General Heusinger hinbestellt worden.«

Freisler: »Hat Graf von Stauffenberg den Sprengstoff mit herübergenommen?«

Stieff: »Jawohl, er hat ihn mitgenommen.«

Freisler: »Sie behaupten – weil der Mörder Graf von Stauffenberg nicht mehr da ist, können wir Ihnen das nicht widerlegen –, Sie hätten die Ausführung des Attentats am 11.7. auf dem Berghof dadurch verhindert, daß Sie den Stauffenberg nicht aus den Augen gelassen hätten.«

Stieff: »Jawohl, ich möchte betonen, daß am 6. dasselbe der Fall war.«

Freisler: »Am 6. auch. Das haben Sie früher schon gesagt: am 6. bzw. am 11.«

Stieff: »Am 6. und 11.; statt ›beziehungsweise‹ muß es heißen ›und‹. Das am 15.7. war etwas Besonderes.«

Freisler: »Das war mir nicht bekannt.«

Stieff: »Da war ich zu einer kurzen Besprechung zwischen Generaloberst Fromm und dem General Heusinger ins Führerhauptquartier mitgenommen worden und habe dann das Lager verlassen.«

352

Freisler: »Sie haben ausgesagt: ›Ich habe Stauffenberg dringend ge-
mahnt, bei seinem ersten Besuch am 15.7. auf keinen Fall zu handeln.‹«

Stieff: »Ich habe ihn kurz gesprochen und habe ihm das noch gesagt.«

Freisler: »Aha! Nun sehen Sie doch einmal diese Jammergestalt an!
Der ganze Saal hat gehört, daß Sie eine Minute vorher erklärt haben: ›Da war ich nicht im Bilde.‹ Als ich Ihnen das vorhalte, was
Sie selbst ausgesagt haben, müssen Sie eine Minute darauf sagen:
Sie haben ganz kurz mit ihm gesprochen und ihm das noch gesagt. Haben Sie vor dem 20.7. gewußt, daß der Stauffenberg an
diesem Tage seinen Mordplan ausführen wollte?«

Stieff: »Am 19.7. abends hat mir General Wagner das erklärt.«

Freisler: »Also am Abend vorher wußten Sie: Morgen geschieht
diese entsetzliche Tat, wie es in der deutschen Geschichte nie eine
gegeben hat; morgen, mitten in unserem Ringen um Leben und
Freiheit wird unser Führer ermordet. Sie wußten mehr, Sie wußten: morgen ermordet mein Verbrechergenosse Graf von Stauffenberg unseren Führer in einem Augenblick, in dem er durch
dessen Vertrauen zu uns bestellt ist. Haben Sie das gemeldet?«

Stieff: »Nein!«

Freisler: »Sagen Sie das ruhig laut!«

Stieff (lauter): »Nein!«

Freisler: »Und dann geschah das, was wir wissen. Nach diesem
Nein von Ihnen müssen wir eine Pause machen. Wir machen eine
Pause von fünf Minuten, dann fahren wir fort.«

(Pause)

Freisler: »Wir wollen fortfahren. Angeklagter Stieff, an sich sind
wir mit Ihnen fertig, wir haben kein weiteres Interesse mehr an
Ihnen. Aber Sie haben vorhin auch einmal gesagt, daß Ihnen Namen genannt worden sind. Sie nannten das das Politische. Welche
Namen sind Ihnen genannt worden?«

Stieff: »Generaloberst Beck ...«

Freisler: »Beck war ja da.«

Stieff: »Generaloberst Hoepner, Feldmarschall von Witzleben.
Dann sind Namen dort gefallen wie von Hassell ...«

Freisler: »Jetzt meine ich Namen von militärischen Personen.«

Stieff: »Beck, von Witzleben, Hoepner sind genannt worden.«

Freisler: »Sind auch Namen von Zivilpersonen genannt worden, die das bilden sollten, das Sie vorhin eine Regierung nannten? Was haben Sie sich gedacht, was das deutsche Volk staunend sagen wird, wenn sich ihm diese sogenannte Regierung vorstellen sollte?«

Stieff: »Herr Präsident, diese ganzen Ideen habe ich selber innerlich nicht voll anerkennen können.«

Freisler: »Ja, das können Sie jetzt gut sagen.«

Stieff: »Ich habe auch in meinen Erklärungen zum Ausdruck gebracht, daß ich in all den Dingen geleitet worden bin von der militärischen Seite.«

Freisler: »Na ja! Da will ich Ihnen folgendes sagen: Ein deutscher Mann ist ein deutscher Mann und folgt dem Führer ganz. Wenn er dem Führer untreu ist, ist er kein deutscher Mann. Sie sind dem Führer untreu geworden. Worauf ich jetzt nur noch hinaus wollte, ist folgendes: Mit dem Volk haben Sie überhaupt keine Verbindung gehabt, sondern da bestand ein meilenweiter Abstand. Sonst müßten Sie sich doch einmal gesagt haben, was unsere Soldaten sagen würden, wenn ihnen jetzt zu ihrem Erstaunen am Rundfunk verkündet worden wäre: Herr von Witzleben und Herr Beck machen die Sache. Haben Sie sich da gar nicht Gedanken gemacht?«

Stieff: »Selbstverständlich habe ich mir Gedanken gemacht.«

Freisler: »Na, was haben Sie denn da gedacht?«

Stieff: »Ich habe mir Gedanken vom Militärischen ausgehend gemacht.«

Freisler: »Gut, vom Militärischen ausgehend! Das Experiment, im fünften Jahrzehnt des zwanzigsten Jahrhunderts einen Kabinettskrieg zu führen, einen Krieg, bei dem es auf die politische Gesinnung und Haltung der Soldaten nicht mehr ankommt, ist ja gemacht worden; das hat Badoglio gemacht, nämlich dem Soldaten über Nacht zu sagen: alles, was du im Herzen getragen hast, ist falsch. Jetzt kämpfe für meine Ministerkabinettsbeschlüsse.«

Stieff: »Für Deutschland.«

Freisler: »Für Deutschland? Es ist eine Schande, daß Sie sich nicht schämen, das noch zum Ausdruck zu bringen, da ich Ihnen vorhin schon mehrfach gesagt habe, wie es mit Deutschland ist. Unser Führer ist Deutschland, und wir sind seine Gefolgsmannen. Der erste, der das fühlen muß, ist der militärische und politische Soldat. Beide müssen das in gleicher Weise fühlen. Sie können also wirklich nicht von Deutschland sprechen. Nein, früher waren Sie da auch ehrlicher. Sie haben nämlich einmal geschrieben: ›Das Gottesurteil durch das Mißlingen des Anschlags hat meine Gedankengänge als falsch und irrig dargestellt. Das Schicksal weiß, warum es diese Dinge so geleitet hat, und ich beuge mich diesem Schicksalsspruch ohne Murren.‹ Das haben Sie selbst einmal mit eigener Hand geschrieben. Zwar kommt es nicht mehr darauf an, ob Sie sich dem Schicksalsspruch beugen, erst recht nicht, ob mit oder ohne Murren. Vielleicht ist das der einzige Schimmer einer Erkenntnis, der in Ihr verblendetes Gehirn noch einmal hereingekommen ist, daß da nämlich ein Gottesurteil gesprochen ist. Und nun setzen Sie sich hin auf Ihren Platz!«

Nun faßte Freisler den Attentatsversuch noch einmal zusammen, wobei er auch Pläne und vergrößerte Fotos verwendete, um zu demonstrieren, was in Rastenburg geschehen war.

Dann wandte er sich an den Oberleutnant d. R. Albrecht von Hagen, der im Mai 1944 Sprengstoff übernommen, versteckt und dann bei Stauffenberg abgeliefert hatte. Von Hagen hatte bereits 1943 zusammen mit Major Kuhn britischen Sprengstoff in der Nähe von Hitlers Hauptquartier versteckt. Als von Hagen von Freisler verhört wurde, gab er zu, er habe gewußt, welchen Verwendungszweck der Sprengstoff gehabt habe.

Nach Hagen nahm sich Freisler das prominenteste Mitglied der Verschwörergruppe vor, Feldmarschall von Witzleben. In der Winterkrise von 1942 war er aus dem aktiven Dienst zur Führerreserve versetzt worden. Witzleben gab zu, er sei verärgert über seine Versetzung gewesen, die man aus Gesundheitsgründen vorgenommen habe. Und obwohl er am 15. Juni 1942 schon wieder kerngesund gewesen sei, habe er kein Kommando mehr erhalten.

Freisler: »Aha! Ich habe als Reichstagsabgeordneter miterlebt, wie unser Führer Sie am 19.7.1940 im Reichstag zum Generalfeldmarschall ernannte. Es war für uns alle etwas Erhebendes, eine Reihe von Männern zu sehen, die nun vom Führer vor der Nation so ausgezeichnet wurden. Ein Mann, der zu so hoher Ehre gelangt ist, muß Verständnis dafür haben, daß, wenn man wegen

Krankheit zur Führerreserve gestellt wurde, man nicht verärgert sein darf; denn nur wer ganz gesund ist, kann in solcher Stellung eine Führeraufgabe haben ...

Stimmt das nicht? – Ja! Aber Sie haben früher erklärt, Sie seien verärgert gewesen.«

Witzleben: »Ja!«

Freisler: »Und Sie sagen das ja auch heute.«

Da man Witzleben wie den anderen Angeklagten die Hosenträger weggenommen hatte, zog er sich immer wieder die herunterrutschende Hose hoch, was Freisler zu der Frage veranlaßte: »Sind denn da nicht Knöpfe, die es ermöglichen, die Hose ein bißchen enger zu ziehen? – Sie haben gesagt, Sie seien verärgert gewesen.«

Witzleben: »Jawohl.«

Freisler: »Daß Sie in diese Sache verwickelt sind, ist Ihnen ja so klar wie uns allen.«

Witzleben: »Jawohl.«

Freisler: »Es fragt sich nur, wie und mit welcher Schuld.«

Witzleben: »Ja.«

Freisler: »Wir müssen jetzt unser Augenmerk von dem Komplex abwenden, den wir vorhin gesprochen hatten. Wir kommen nunmehr zu Vorfällen, die die Frage der Führung des Putsches, wenn ich es einmal so nennen soll, hier in der Putschzentrale betreffen. Da fehlt uns einer, genauso, wie uns beim ersten Komplex auch einer fehlte. Im ersten Komplex fehlte uns der unmittelbare, manuelle Mörder Stauffenberg. Hier fehlt uns der wohl Agilste, nämlich Olbricht. Kennen Sie Olbricht?«

Witzleben: »Jawohl.«

Freisler: »Wer ist Olbricht?«

Witzleben: »Olbricht war der Chef des Stabes des Befehlshabers des Ersatzheeres Fromm.«

Freisler: »Ja! Und was für einen militärischen Rang hatte er?«

Witzleben: »Er war General der Infanterie oder vielmehr der Artillerie, nicht der Infanterie.«

Freisler: »Was war er? – Er war General der Infanterie, und er war Chef des Stabes des Befehlshabers des Ersatzheeres. Seit wann kennen Sie ihn?«

Witzleben: »Ich kenne ihn aus Dresden seit dem Jahre 1926.«

Freisler: »Also seit langem vor der Zeit, lange vor dem Krieg.«

356

Witzleben: »Ja.«

Freisler: »Kennen Sie den früheren Generaloberst Beck?«

Witzleben: »Jawohl.«

Freisler: »Seit wann kennen Sie ihn?«

Witzleben: »Auch seit 1926 aus Dresden.«

Freisler: »Kennen Sie den früheren Generaloberst Hoepner?«

Witzleben: »Jawohl.«

Freisler: »Seit wann?«

Witzleben: »Das kann ich nicht sagen.«

Freisler: »Auch seit sehr lange! Ich wollte eben nur feststellen: Die kennen Sie alle schon sehr lange vor dieser Zeit.«

Witzleben: »Ja.«

Freisler: »Sie sind ja nun am 20. Juli in der Bendlerstraße gewesen, und Sie sind zum 20. Juli nach Berlin von Ihrem Wohnsitz hineingefahren. Wo ist Ihr Wohnsitz?«

Witzleben: »Seese, Kreis Kalau.«

Freisler: »Von dort sind Sie hineingefahren. Sind Sie im Wagen gefahren?«

Witzleben: »Ja.«

Freisler: »Sie sind während der Ereignisse wieder herausgefahren, in eine Wehrmachtdienststelle außerhalb, ein Städtchen in der Nähe.«

Witzleben: »Jawohl.«

Freisler: »... und von dort wieder nach Seese gefahren. Sie sind auch kurz vorher mehrmals nach Berlin hineingefahren, zum 15. Juli.«

Witzleben: »Das ist richtig.«

Freisler: »Zum 11. Juli.«

Witzleben: »Am 11. Juli war ich in Kissingen.«

Freisler: »Wir werden nachher sehen. Es ist möglich, daß ich mich da irre. Uns fällt auf, daß Sie gerade an diesen beiden Tagen in Berlin waren, weil wir vorhin gehört haben, daß am 15. Juli unter Umständen ein Mordanschlag des Grafen von Stauffenberg auf den Führer unternommen werden sollte, und weil wir wissen, daß am 20. Juli ein solcher Mordanschlag geführt wurde, und weil wir aus der Hauptverhandlung wissen, daß die Dienststelle, bei der Sie anriefen, darin verwickelt gewesen ist. Das werden Sie verständlich finden.«

Witzleben: »Am 15. bin ich nicht in Berlin gewesen.« *(Witzleben widerspricht sich – siehe oben, was Freislers Aufmerksamkeit entgeht – der Autor).*

Freisler: »Ich muß einmal nachsehen. Es ist möglich, daß ich mich da geirrt habe. Nun haben Sie zunächst, von der Polizei vernommen, abgeleugnet, etwas mit der Sache zu tun zu haben.«

Witzleben: »Ja, leider.«

Freisler: »Mit Recht sagen Sie: leider; denn wer damals Generalfeldmarschall war, hatte zu seinen Taten zu stehen …«

Witzleben: »Gewiß!«

Freisler: »… und nicht ein derart erbärmliches – ich sage nicht: weibisches, weil sich eine Frau nicht so benimmt –, aber sagen wir einmal: weibisches Verhalten zu zeigen. Sie haben damals folgendes geflunkert: Sie wären hereingekommen, das wäre mit Bezug auf das Attentat so zufällig gewesen, aus anderen Gründen, und dann hätten Sie im Auto die Nachricht von dem Attentat erwischt, weil Sie das Radio im Auto angestellt hätten. Sie seien ganz erschüttert gewesen; daraufhin hätten Sie sich mit General Wagner und dessen Dienststelle in Verbindung gesetzt, und der hätte Ihnen den Rat gegeben, nach Berlin zu fahren; dann seien Sie nach Berlin in die Bendlerstraße gefahren, und zwar zu General Fromm, dem Befehlshaber des Ersatzheeres; da wären dann im Zimmer Beck, Hoepner und kurz darauf Stauffenberg gewesen; dort hätten Sie von dem Attentat gehört und hätten erfahren, daß der Beck nunmehr die Befehlsgewalt übernehmen solle. Sie wären aber von dem scheußlichen Attentat ganz erschüttert gewesen, hätten gesagt: ›Ich kann noch gar keinen Grund dafür einsehen, sich der Befehlsgewalt zu bemächtigen, sich des militärischen Oberbefehls und der Regierung zu bemächtigen‹, hätten sich dann in längeren Ausführungen gestritten, weil Beck immer behauptete, der Führer sei tot, und das zweifelhaft gewesen wäre; dann sei Graf Stauffenberg gekommen und hätte Ihnen Befehle gezeigt, unter denen Ihr Name gestanden hätte und die schon herausgegangen wären; da hätte Sie die Wut gepackt, Sie hätten sich energisch dagegen verwahrt, daß ein solcher Befehl ohne Ihre Kenntnis und Genehmigung herausgegangen sei; dann hätte Beck Sie gefragt, ob Sie den Oberbefehl der Wehrmacht übernehmen wollten; darauf hätten Sie gesagt: ›Nein, kommt gar nicht in Frage‹; dann sei der ehemalige Oberst Mertz und später auch der General Olbricht dazugekommen, und dann sei Ihnen von Mertz und Stauffenberg ein Gegenbefehl des Generalfeldmarschalls Keitel gezeigt worden; Sie hätten dann darauf hingewiesen: ›Alles, was ihr hier macht, ist ja Unsinn‹, und dann seien Sie losgebraust, seien wieder vorbeigebraust bei Wagner in der Nähe von Berlin und hätten ihn auch unterrichten wollen; er habe aber schon alles gewußt; dann seien Sie wieder heimgefahren. Es läßt sich ja nun nicht leugnen, daß diese Darstellung, wie Sie ja selbst eben sagten, so verschleiert ist, daß man sie zu deutsch mit zwei Worten als eine Lüge bezeichnen muß, zumal nun noch die positive Lüge hinterher steht: ›Ich erkläre weiterhin, daß ich weder mit Beck noch mit Hoepner, Stauffenberg, Olbricht, Mertz oder anderen Personen vorher irgendwelche Vereinbarung über einen Umsturz getroffen hatte.‹ Grandios gelogen, so grandios wie dumm! Später haben Sie dann ein Geständnis abgelegt. Ich nehme nun an, daß Sie zu diesem Geständnis stehen. Ist das so?«

Witzleben: »Ja.«

Freisler: »Deshalb müssen wir dieses Geständnis in seinen Phasen auch knapp behandeln und uns auf die wesentlichen Punkte beschränken. Wenn etwas, was ich jetzt vortrage, in einzelnen Punkten nicht stimmt, erwarte ich, daß Sie darauf aufmerksam machen, daß das nicht stimmt. Es ist natürlich möglich, daß ich mich irre. Sie sprachen davon, daß Sie den damaligen Generaloberst Beck im Februar 1943 in der Wohnung einmal aufgesucht hätten und daß sie über die Lage gesprochen hätten, die Sie äußerst ernst fanden; daß Sie darüber gesprochen hätten, der Führer habe Umstellungen vorgenommen, und Ihnen schienen Leute, die etwas könnten, zum Schaden der Kriegführung ausgeschaltet, Heerführer kurz gesagt. Haben Sie sich denn dabei auch Gedanken darüber gemacht, wer es besser machen könnte?«

Witzleben: »Ja.«

Freisler: »Ja, Sie haben sich Gedanken darüber gemacht, wer es besser machen könnte! Wer sollte es denn besser machen können?«

Witzleben: »Alle beide.«

Freisler: »Alle beide! Sie beide! Sie sagten also: ›Wir könnten es besser machen.‹ Sagen Sie es doch so, daß man es hört.«

Witzleben (lauter): »Ja!«

Freisler: »Da muß ich allerdings sagen, das ist ein Hochmut, wie er noch nicht dagewesen ist. Ein Feldmarschall und ein General-oberst erklären, Sie könnten es besser machen als der, der unser aller Führer ist, der die Grenzen des Reiches an die Grenzen Eu-ropas, die Sicherheit des Reiches an die Grenzen Europas gelegt hat. Sie bekennen sich dazu, das gesagt zu haben?«

Witzleben: »Jawohl!«

Freisler: »Sie werden verstehen, daß man so etwas mit dem Wort ›Ehrgeizling‹ belegen kann. – Dazu zucken Sie die Achseln. Gut, das ist auch eine Antwort. Diese Besprechung darf ich also nun wohl als die grundlegende Besprechung bezeichnen.«

Witzleben: »Jawohl.«

Freisler: »Nun komme ich zu der zweiten Besprechung, im Okto-ber etwa oder im November 1943 suchte Sie nun Olbricht auf ...«

Witzleben: »Richtig.«

Freisler: »... und zwar im Auftrage von?«

Witzleben: »Nicht im Auftrage.«

Freisler: »Sie haben früher gesagt: Im Auftrage von Beck.«

Witzleben: »Er hat mir vorher gesagt, daß Olbricht das jetzt bear-beitet.«

Freisler: »Nun ja, er hat Ihnen vorher gesagt, daß der Olbricht das jetzt bearbeite. Was denn bearbeite? Daß die Tüchtigeren, näm-lich Sie beide, herankämen? – Ja, also so, daß der Generalreferent dieser lang angelegten Sache, wie bereits im Februar 1943 klarge-legt war, Olbricht war und Sie beide an der Spitze standen! Hat-ten Sie damals die Posten schon verteilt?«

Witzleben: »Nein. Ob Olbricht schon soweit gekommen war, weiß ich nicht.«

Freisler: »Die Posten waren sicher noch nicht verteilt, wer das Zivi-le, wer die Wehrmacht hätte, wer über dem Ganzen schwebte. Das ist in der ersten Besprechung noch nicht gesagt worden. Nur Sie beide, Beck und Sie, könnten es besser und Sie beide müßten herankommen und Olbricht würde das bearbeiten. Olbricht kam nun im Oktober.«

Witzleben: »Im Laufe der Monate ist das gewesen.«

Freisler: »Im Laufe der Monate war nun der erste Referent, der Ge-neralreferent, gefunden, nämlich der Olbricht. Ja, was sagte Ih-nen denn nun bei dieser Besprechung Olbricht?«

Witzleben: »Er könne es kaum allein machen.«

Freisler: »Er könne es allein kaum schaffen!«

Witzleben: »Ja, er müsse noch irgendeinen haben.«

Freisler: »Er müsse noch irgend jemand haben! Haben Sie schon darüber gesprochen: wen?«

Witzleben: »Nein.«

Freisler: »Nun, das haben Sie zur Kenntnis genommen. Haben Sie sich da nun auch schon Gedanken darüber gemacht, wie da etwas geschehen könnte?«

Witzleben: »Nein. Ich habe überhaupt mit Olbricht über die Einzelheiten dieser Vorbereitungen gar nicht gesprochen.«

Freisler: »Ja, aber wenn nun der Führer nicht sagte: ›Beck tritt an meine Stelle, und Sie übernehmen das Oberkommando der Wehrmacht‹, dann war doch ein nicht ganz unbedeutendes Hindernis zu nehmen.«

Witzleben: »Ich habe in einer Vernehmung ausgesagt, wie ich mir das gedacht habe.«

Freisler: »Ja, Sie haben das ausgesagt, aber ich muß Ihnen wieder sagen: was Sie ausgesagt haben, weiß ich natürlich, aber wir müssen es alle wissen, denn wir müssen gemeinsam das Urteil fällen. Deshalb müssen Sie uns jetzt einmal ganz kurz darlegen, wie Sie sich das gedacht haben.«

Witzleben: »Diese erste Ausführung stammt aus der ersten Besprechung mit Beck.«

Freisler: »Richtig; das ist schon in der ersten Besprechung gewesen.«

Witzleben: »Da haben wir uns darüber unterhalten, wie wir uns das vorstellten.«

Freisler: »Da haben Sie sich darüber unterhalten. Und was haben Sie sich vorgestellt?«

Witzleben: »Ich habe gleich gesagt: ich verstehe von der ganzen Politik und den inneren zivilistischen Belangen nichts.«

Freisler: »Sie verstehen von der ganzen Politik und den inneren zivilistischen Belangen nichts. An dieser Ausdrucksweise merkt man eben: Die Reaktion versteht davon überhaupt nichts. Aber ich meinte vorhin: das Hindernis, das vorhanden war, war noch ein anderes.«

Witzleben: »In erster Linie wollten wir uns natürlich der Person des Führers bemächtigen.«

Freisler: »›In erster Linie wollten wir uns‹, wenn ich richtig gehört habe, ›natürlich des Führers bemächtigen!‹«

Witzleben: »Ja.«

Freisler: »Das finden Sie natürlich?«

Witzleben: »Das fand ich damals natürlich.«

Freisler: »Das fanden Sie damals natürlich! Also Sie wollten sich des Führers bemächtigen.«

Witzleben: »Und zwar habe ich mir das nicht gedacht in Form dieses Attentats.«

Freisler: »Nein, Sie haben es sich nicht gedacht in der Form, daß ein Sprengstoffattentat gemacht wird, sondern wie haben Sie es sich gedacht?«

Witzleben: »Es sollte ein Stoßtrupp gebildet werden und der Zeitpunkt abgewartet werden, wo der Führer unter möglichst geringer Begleitung irgendwo auf der Reise war.«

Freisler: »Es sollte eine Gelegenheit und ein Zeitpunkt abgewartet werden, wo der Führer unter möglichst geringer Begleitung auf der Reise war, damit man seiner dann habhaft werden könne.«

Witzleben: »Ich war mit Olbricht zusammen der Meinung, daß das viel mehr hilft, als wenn er dabei zu Schaden käme.«

Freisler: »Sie waren der Meinung, er würde Ihnen lebend sehr viel mehr helfen. Wir sind allerdings des Glaubens, daß uns der Führer lebend und wohlbehalten als unser Gefolgsherr alles hilft. Sie haben das aber anders verstanden: Ihnen mehr hilft, damit Sie, die beiden, die es besser können, wie Sie vorhin sagten, ans Ruder kommen. Und nun, Erwin von Witzleben, wer sollte denn diesen Stoßtrupp führen?«

Witzleben: »Irgendeiner. Die Leute mußten erst gesucht werden.«

Freisler: »Das glaube ich. Die Leute mußten erst gesucht werden. Sie finden sich nämlich im deutschen Volk nicht. Demnach haben Sie sogar das Ersterfindungsrecht gegenüber Badoglio. Melden Sie dieses Patent in der Hölle an! Nun aber: denken Sie, der Führer wäre ein Mann so wie Sie? Denken Sie, der Führer ließe sich kampflos nehmen, schnappen? Denken Sie das?«

Witzleben: »Ja, das habe ich mir damals eingebildet.«

Freisler: »Das hatten Sie sich damals eingebildet! Ach, diese Mischung von Verbrechen und Stupidität! Ja, haben Sie denn aber nicht daran gedacht, der Führer könnte sich doch zur Wehr setzen, und, wenn es nur zwei seiner nächsten Gefolgsmänner waren, sie könnten sagen: wir lassen jeder unser Leben, damit der Führer nicht in die Hände von jemand fällt?«

Witzleben: »Das habe ich ja angegeben.«

Freisler: »Das haben Sie angegeben. Ich sagte Ihnen schon einmal: wir müssen es hören.«

Witzleben: »Diese Möglichkeit hatte ich zugegeben.«

Freisler: »Diese Möglichkeit hatten Sie bedacht. Was dachten Sie? Dachten Sie, der Führer könnte dabei ums Leben kommen?«

Witzleben: »Zum mindesten verwundet werden.«

Freisler: »Zum mindesten verwundet werden! Nun, liegt es dann so fern anzunehmen, daß die Verwundung eventuell auch eine tödliche sein könnte?«

Witzleben: »Natürlich nicht! Ich habe gesagt, daß alles das – wie soll ich mich ausdrücken? – bloß als Schema aufzufassen ist.«

Freisler: »Sicher, daß alles als Schema aufzufassen ist; denn bei der Einzelausführung mit eigener Hand, ach, da hätten Sie doch lieber etwas abseits bleiben wollen. Sie haben nur das Schema gegeben. Schema ist übrigens gut gesagt. Wenn nun der Führer dabei ums Leben gekommen wäre, was ja möglich war?«

Witzleben: »Dann wäre die Geschichte genauso schlimm gewesen wie jetzt.«

Freisler: »Dann wäre die Geschichte – wie Sie sich so salopp ausdrücken – genauso schlimm gewesen wie jetzt, das heißt, dann wären Sie Mörder. Das ist doch klar. Ja oder nein?«

Witzleben: »Das kann man natürlich sagen.«

Freisler: »… Ja, das kann man sagen. Und trotzdem haben Sie einen solchen Gedanken gehabt.«

Witzleben: »Wobei ich immer wieder betone, daß ich in erster Linie an den Versuch des Gefangennehmens gedacht habe.«

Freisler: »Ja, Sie haben geglaubt: wenn wir den Führer in unseren Händen haben, dann muß er, wie wir wollen.«

Witzleben: »Das ist richtig.«

Freisler: »Das ist richtig! Das ist diese hundsgemeine Felonie, dieser hundsgemeine Verrat des Lehnsmannes gegenüber dem Lehnsherrn, des Soldaten gegenüber dem ersten Soldaten, des Deutschen gegenüber dem Führer, gegenüber unserem Herzog. Das ist es. Das war in dem Gespräch zwischen Ihnen und Beck bereits zutagegetreten. Das war der Plan, und darüber war ja gesprochen worden. Ich überspringe nun eine längere Zeit. Zwischendurch waren Sie einmal krank gewesen. War das 1944 oder 1943?«

Witzleben: »Nein, 1943.«

Freisler: »Da waren Sie krank gewesen, und da haben Sie einmal Ihrem Verbindungsmann gesagt, daß Sie ausscheiden müßten. Genauso, wie es die Kommune macht, macht es die Reaktion. Wir singen ja nicht umsonst im Lied: ›Kameraden, die Rotfront und Reaktion erschossen‹. Alles dasselbe: Mord, geheime Treffs, Feigheit und Lüge nachher, wenn man bekennen soll, Verbindungsmänner, unterirdische Verbindungsmänner. Sie hatten den Grafen Schwerin als Verbindungsmann.«

Witzleben: »Ja.«

Freisler: »Das ist der Verbindungsmann, der zwischen den Komplizen die Verbindung aufrechterhielt, und dem haben Sie während Ihrer Krankheit – Sie hatten Magenbluten. Waren Sie sehr krank?«

Witzleben: »Ja.«

Freisler: »Also dem haben Sie gesagt, wegen Ihrer Krankheit könnten Sie das nicht mehr machen. Sehen Sie: das ist mir unverständlich. Daß jemand verärgert ist, weil er krankheitshalber nicht Heerführer sein kann, aber doch erklärt: ›Ich bin so krank, daß ich nicht mitmachen kann‹, ist nicht ganz logisch. Aber Sie können mit Recht antworten: ›Herr Präsident, das Leben ist nicht immer logisch.‹ Da hätten Sie sogar recht. Nun komme ich zum Juni 1944. Einen längeren Zeitabschnitt habe ich übersprungen, weil wir alle Einzelheiten gar nicht brauchen. Wir hatten uns vorgenommen, die Hauptsachen zu behandeln. Rückzug im Osten! Grund für alle, jetzt die Glieder enger zu schließen und den Helm fester zu binden, das Schwert fester in die Hand zu nehmen und immer gerade auf unseren Führer hin, immer vorne durch dick und dünn. Das war der Juni 1944, der Rückzug im Osten. Da haben Sie Olbricht aufgesucht.«

Witzleben: »In Kissingen?«

Freisler: »Sie haben nicht verstanden. Wenn Sie mich richtig verstehen wollen, müssen Sie scharf aufpassen. Ich bemühe mich, sehr deutlich zu sprechen. Wenn Sie dann etwas nicht verstehen, wie vorhin, dann wollen Sie mir das eben sagen, damit alles Wesentliche klargeht. Sind Sie zu Olbricht gegangen?«

Witzleben: »Im Juni des Jahres glaube ich nicht.«

Freisler: »Mai oder Juni, haben Sie früher ausgesagt. Ich kann einmal nachsehen, ob ich mich nicht irre. Sie haben ausgesagt: ›Als die Lage im Osten sehr ernst wurde, suchte ich General Olbricht im Mai oder Juni 1944 in seinem Büro in der Bendlerstraße auf, um mich allgemein zu orientieren.‹ Das kann also stimmen.«

Witzleben: »Im Mai habe ich mir die Lagekarte zeigen lassen.«

Freisler: »Also mag es Mai gewesen sein. Sagen wir: Mai oder Juni wahrscheinlich.«

Witzleben: »Es ist im Mai gewesen.«

Freisler: »Es ist im Mai gewesen, sagen Sie. Ihr Gedächtnis wird mit den weiteren Zeitabschnitten besser; denn vorher wußten Sie nur: Mai oder Juni.«

Witzleben: »Ich war im Juni nach Kissingen gefahren.«

Freisler: »So, daher wissen Sie das. Da haben Sie ihn aufgesucht. Haben Sie da auch Stauffenberg kennengelernt, oder kannten Sie ihn von früher?«

Witzleben: »Da habe ich ihn zum erstenmal gesehen.«

Freisler: »Da sahen Sie zum erstenmal Stauffenberg. Da ist Ihnen auch klargemacht worden, daß nunmehr der Olbricht den gesuchten und bis dahin vermißten Gehilfen hatte; denn Stauffenberg war ja Gehilfe. Ist es so?«

Witzleben: »Jawohl, selbstverständlich.«

Freisler: »Demnach war auch Stauffenberg im Bilde.«

Witzleben: »Ja.«

Freisler: »Und Sie haben auch darüber in großen Zügen gesprochen.«

Witzleben: »Das ist an dem Tage kaum geschehen.«

Freisler: »Warum? Immerhin haben Sie sich nach den Vorbereitungen erkundigt.«

Witzleben: »Ja, aber nur ganz flüchtig, denn mein Adjutant war mit.«

Freisler: »Aha! Ihr Adjutant war mit. Sie konnten nur getarnt sprechen, gewiß, also flüchtig. Sie durften nicht zu deutlich werden. Oder war Ihr Adjutant im Bilde?«

Witzleben: »Nein, er war nicht im Bilde.«

Freisler: »Immerhin konnte Ihnen Olbricht auf Ihre Frage nach den Vorbereitungen sagen, daß die Vorbereitungen im Gange seien.«

Witzleben: »Aber keine Einzelheiten.«

Freisler: »Nein, Einzelheiten nicht. Nun, nach dem Schema, das Sie gegeben hatten, haben die Einzelheiten auch nur noch zweitrangiges Interesse.«

Witzleben: »Ja.«

Freisler: »Wann haben Sie nun zwischen dieser Maizusammenkunft und dem 20.7. über die Sache noch etwas erfahren?«

Witzleben: »Am 10. oder 11. Juli telefonierte mich der Graf Schwerin unter einem Vorwand an und sagte mir, ich solle schleunigst nach Hause kommen. Ich habe zunächst nicht verstanden, was das heißen sollte, und habe meinem Ordonnanzoffizier gegenüber meine Verwunderung zum Ausdruck gebracht. Am nächsten Tag kam der Graf und holte mich ab.«

Freisler: »Er holte Sie ab. Da wußten Sie nun, was los war, oder ahnten es.«

Witzleben: »Er sagte: ›Man braucht Sie in Berlin.‹ Er wußte ja nichts Näheres.«

Freisler: »Er sagte also, man brauche Sie wieder in Berlin. Aber Sie wußten ja nun Näheres. Ihnen war klar: heute klappt es vielleicht. Ist das so? Sind Sie in die Bendlerstraße gegangen?«

Witzleben: »Nein.«

Freisler: »Wohin denn? Namen brauchen Sie nicht zu nennen. Zu wem?«

Witzleben: »Die Sache fiel ins Wasser.«

Freisler: »Die Sache fiel ins Wasser, ohne daß Sie kamen. Es war falscher Alarm.«

Witzleben: »Ich bin am 11. nicht dagewesen und bin erst am 12. gefahren.«

Freisler: »Wann haben Sie nochmals später davon erfahren?«

Witzleben: »Erst am 19. – da war ich wieder in Berlin.«

Freisler: »Wie ist es gekommen, daß Sie am 19. in Berlin waren?«

Witzleben: »Es war große Wäsche und so etwas.«

Freisler: »Also auch nichts, was damit zu tun hatte?«

Witzleben: »Nein.«

Freisler: »Haben Sie da Fühlung genommen?«

Witzleben: »Nein. Schwerin kam zu mir und sagte: ›Herr Feldmarschall, es sind zu morgen Vorbereitungen zu treffen.‹«

Freisler: »Also da hat Ihnen der Verbindungsoffizier Schwerin erklärt: Wahrscheinlich klappt es morgen. Sind Sie wieder herausgefahren?«

Witzleben: »Ja, wieder zurück nach Seese.«

Freisler: »Sagen Sie einmal: Panzer sollen doch mit unserem Benzin rollen. Sie machen ja tolle Fahrten mit unserem Benzin.«

Witzleben: »Erstens fahre ich kein Benzin, sondern Gas.«

Freisler: »Auch damit kann man sparen.«

Witzleben: »Und zweitens bekomme ich das dauernd zugewiesen.«

Freisler: »Aber für Zwecke anderer Art! Das ist wohl klar.«

Witzleben: »Meine Wohnung ist in Berlin.«

Freisler: »Natürlich, eine Ausrede haben Sie ja. Sie können immer wieder ungefähr dasselbe sagen. Aber Sie haben natürlich keinen Sinn dafür. Wie kann man auch eine solche Kleinigkeit bei den großen Sachen erwarten, die Sie getan haben!«

Witzleben: »Bei den großen Sachen ist es ja genauso gekommen.«

Freisler: »Sehen Sie mal an! Na, das war der 19. Haben Sie am 20. einen Anruf bekommen?«

Witzleben: »Nachmittags hat ein Adjutant angerufen.«

Freisler: »Sie sollten irgendwo hinkommen.«

Witzleben: »Nach Templin.«

Freisler: »Also in die Dienststelle. – Das haben Sie eben sehr gut gemacht. Sie haben das natürlich absichtlich gemacht. Was Sie eben getan haben, ist ein Skandal. Ich rede darüber nicht, damit es nicht noch klarer wird. – Dann haben Sie an der Dienststelle, zu der Sie hinfuhren, erfahren, daß die Vorbereitungen nun soweit seien.«

Witzleben: »Da war das Attentat schon gewesen.«

Freisler: »So! Oder haben Sie nicht, als Sie den Anruf bekamen, gesagt: ›Heute ist es soweit.‹?«

Witzleben: »Das war jetzt klar.«

Freisler: »Denn am 19. ist Ihnen gesagt worden: ›Wahrscheinlich morgen‹ und am 20. kam der Anruf, worauf Ihnen nun klar war: jetzt ist es soweit.«

Witzleben: »Dann ging in Berlin die Handlung los.«

Freisler: »›Dann ging die Handlung los, die Beck und mich, die es besser können, an die Stelle setzte.‹ Sie behaupten immer noch: ohne daß Sie wußten, daß die Sache nicht mit einer Gefangennahme des Führers, sondern mit einem Mordanschlag gemacht werden sollte? Das wußten Sie nicht?«

Witzleben: »Nein. Davon war nichts gesagt worden.«

Freisler: »Dann haben Sie auf der Dienststelle draußen etwas erfahren. Was haben Sie da erfahren? Wer war da?«

Witzleben: »Das war General Wagner.«

Freisler: »Dann sind Sie zu Wagner gefahren. Und was hat Wagner Ihnen gesagt?«

Witzleben: »Er wußte auch nichts Näheres als das, was durch das Radio gekommen war.«

Freisler: »Was war durch das Radio gekommen?«

Witzleben: »Es ist ein Mordanschlag auf den Führer gemacht worden, und der Führer sei leicht verletzt, verwundet, leider verwundet, tot, glaube ich nicht.«

Freisler: »Der Führer sei leicht verletzt, und leider, sagen Sie, verwundet. Das ›leider‹ schloß den Führer nicht ein. Es soll Ihr ›leider‹ den Führer auch gar nicht mit einschließen. Es ist gut, daß Sie das nicht gesagt haben. Dann hat Wagner gesagt: ›Wohin möchten Sie fahren?‹«

Witzleben: »Nach Berlin.«

Freisler: »Nach Berlin, und Sie sind zur Bendlerstraße gefahren. Wen trafen Sie dort?«

Witzleben: »Dort traf ich Beck, Hoepner, Olbricht, Stauffenberg und Mertz.«

Freisler: »Nun war ja alles beisammen. Jetzt schildern Sie knapp, was Sie nun in der Bendlerstraße erlebten.«

Witzleben: »Beck hat mir zuerst erklärt, warum er den Putsch ausgelöst hatte.«

Freisler: »Warum denn?«

Witzleben: »Er hielt es für unbedingt die letzte Stunde.«

Freisler: »Er hielt es für die letzte Stunde. Er war ein derartig feiger Defätist, daß er meinte: Dies ist der Ausweg aus dem Kriege. Wir haben so ein paar schleimige Kurfürstendammintellektualisten vor dem VGH gehabt, die genau dieselbe Idee hatten. Das hat uns nicht gerade aufgeregt. Aber damit Sie sehen, was Sie für Kumpane haben: diese schleimigen Kurfürstendammintellektualisten wollten das zusammen mit den ausländischen Arbeitern machen.«

Witzleben: »Mit den ausländischen Arbeitern?«

Freisler: »Na ja, Sie sind ja nicht besser … Das sind ja doch immer wieder dieselben Sachen, zumal Sie eine Stellung in der Geschichte haben sollten. Nun, Verräter gehen bald in der Geschichte unter. Das ist gar nicht mehr eine Sache, die wir abzuurteilen haben. Der Untergang in der Geschichte ist Ihnen gewiß. Als Verräter behalten ihren Namen nur die, die es nie gegeben hat. Von Ephialtes liest man viel, ihn hat es nie gegeben. Über den Verräter Witzleben werden Volk und Geschichte schweigen, weil unser Volk ehrlich, rein und anständig sein will. Nun, da waren Sie also mit den Kumpanen beisammen. Was machten die denn da?«

Witzleben: »Da kamen die besagten Befehle heraus.«

Freisler: »Was für Befehle?«

Witzleben: »Ein Befehl, von mir unterschrieben.«

Freisler: »Ein von Ihnen unterschriebener Befehl!«

Witzleben: »Er muß bei den Akten liegen.«

Freisler: »Ich will einmal feststellen, ob dieser hier ist. ›Eine gewissenlose Clique frontfremder Parteiführer hat es unter Ausnutzung der Lage versucht …‹«

Witzleben: »Nein, es ist ein anderer.«

Freisler: »›Der Führer ist tot …‹«

Witzleben: »Ja, das ist der Befehl.«

Freisler las den Befehl vor – mit der einleitenden Behauptung, daß Hitler tot sei, daß Parteiführer versucht hätten, die Macht an sich zu reißen, und daß die Reichsregierung deshalb den militärischen Ausnahmezustand verhängt habe. Die NSDAP sei dem neuen Oberbefehlshaber der Wehrmacht, nämlich Witzleben, unterstellt, ebenso alle Reichsbehörden, insbesondere die Polizei. Die Waffen-SS sei in das Heer einzugliedern. Der Befehl war vom »Oberbefehlshaber der Wehrmacht, gez. v. Witzleben, Generalfeldmarschall« unterzeichnet.

Freisler: »Dieser Befehl ging heraus oder war schon herausgegangen?«

Witzleben: »Er war schon herausgegangen.«

Freisler: »Ich habe eine Bitte an die Herren, die hier für die Sicherheit tätig sind. Ich weiß nicht, ob auf dem Balkon jemand ist; ich nehme an, daß die Sache in Ordnung ist. Dankbar wäre ich, wenn das nur einmal festgestellt würde.«

Zuruf: »Es ist ein Wachtmeister von uns da!«

Freisler: »Gut, dann ist es in Ordnung. Also, der Befehl war schon herausgegangen, und zwar mit Ihrem Namen?«

Witzleben: »Mit meinem Namen.«

Freisler: »Nun, dann hatten Sie wohl auf Vorrat unterzeichnet?«

Witzleben: »Das nicht!«

Freisler: »Dann stellten Sie wohl politische Blankowechsel aus, weil Sie von Politik nichts verstanden?«

Witzleben: »Etwas anderes konnte man ja gar nicht befehlen.«

Freisler: »Ach so: etwas anderes konnte man ja gar nicht befehlen! Das heißt also: ›Wenn ich auch nicht unterzeichnete, so hätte ich doch dasselbe befohlen‹, so daß das also Ihres Geistes Bastard war. Na ja. Da ist nun ein Satz wahr: ›Der deutsche Soldat steht vor einer geschichtlichen Aufgabe, von seiner Tatkraft und Haltung wird es abhängen, ob Deutschland gerettet wird.‹ Das Wachbataillon Berlin hat diese historische Aufgabe, von der Sie allerdings nicht sprachen, erfüllt. Das war also Ihr erster Erlaß als Oberbefehlshaber der Wehrmacht. War Ihnen denn nun auch gesagt worden, daß Sie jetzt Oberbefehlshaber sind?«

Witzleben: »Ja.«

Freisler: »Wer hatte Ihnen das denn gesagt?«

Witzleben: »Beck.«

Freisler: »In welcher Eigenschaft konnte Ihnen denn nun Beck das sagen?«

Witzleben: »Beck hatte sich sozusagen zum Reichspräsidenten oder Generalstatthalter gemacht.«

Freisler: »Richtig, er hatte sich sozusagen zum Reichspräsidenten oder Generalstatthalter ... Nun bitte das Verbum dazu! Er hatte sich dazu ...? Das Zeitwort fehlt.«

Witzleben: »Gemacht.«

Freisler: »Ja, gemacht. Welches Recht hatte er denn, Ihnen dieses Amt anzuvertrauen?«

Witzleben: »Natürlich kein Recht.«

Freisler: »Natürlich kein Recht, und Sie sagen natürlich: ohne Recht konnte ich nicht anders als so befehlen, wenn es auch vor mir schon geschehen war. Ja, sagen Sie einmal, da ist ja nun allerhand in dieser Sache darin. Erstens, so macht man es nicht, so stockdumm.«

Witzleben: »Das ist mir klar geworden.«

Freisler: »Es ist Ihnen klar geworden, daß das stockdumm war. Aber über Ihre Intelligenz unterhalten wir uns nicht; das ist nicht

370

unsere Aufgabe, sondern wir unterhalten uns über den Verbrecher. Es ist Ihnen doch klar, daß die Ausführung dieses Befehls, wenn er geglückt wäre, das Ende des Deutschen Reiches gewesen wäre.«

Witzleben: »Wir haben das eben nicht geglaubt. Sonst hätten wir es nicht getan.«

Freisler: »Demnach das Ende des nationalsozialistischen Deutschen Reiches!«

Witzleben: »Auch nicht.«

Freisler: »Sie vereinnahmen – natürlich nur in Ihrer Wahnidee – in einem Zuge restlos alles, was unser Leben als Volk bedeutet. Sie vereinnahmen unsere Bewegung. Sie unterstellen die Amtsträger der Gliederungen der NSDAP und der ihr angeschlossenen Verbände sich. Sie gliedern die Waffen-SS mit sofortiger Wirkung ein. Sie vereinnahmen mit einem Federstrich RAD und OT. Na, Ihre Dummheit muß alle Grenzen überschritten haben, wenn Sie nicht kapiert haben sollten, daß das das Ende des nationalsozialistischen Reiches war. Aber es kommt ja weiter. Unter Ihrer Ägide sind ja auch andere Befehle herausgekommen. Sie haben ja sicher als Mann, der immerhin Jahrzehnte Soldat war, einen Sinn für Verantwortung. So ist herausgekommen ein Geheimbefehl, unterschrieben vom Oberbefehlshaber im Heimatkriegsgebiet. Wer war denn der Oberbefehlshaber im Heimatkriegsgebiet?«

Witzleben: »Das war Generaloberst Hoepner.«

Freisler: »Ja, wer hat ihn denn dazu gemacht?«

Witzleben: »Beck.«

Freisler: »Beck hat ihn dazu gemacht, genauso usurpiert wie Ihre Ernennung und Becks Ernennung. Er unterstand also Ihnen; das ist klar. Dem Oberbefehlshaber der Wehrmacht unterstand natürlich der Oberbefehlshaber im Heimatkriegsgebiet, und da Sie es ja besser konnten, sind Sie dafür nun auch zweifellos verantwortlich. In diesem Befehl steht folgendes darin …«

Freisler zitierte nun den – nicht von Hoepner, sondern von Fromm und Stauffenberg unterzeichneten – Befehl, nach dem die vollziehende Gewalt den Stellvertretenden Kommandierenden Generälen und Wehrkreisbefehlshabern übertragen wurde. Alle Nachrichtenanlagen seien militärisch zu sichern. Alle Minister, Gauleiter, Reichsstatthalter, Polizeipräsidenten, Gestapoleiter, Leiter der SS-

Dienststellen etc. sollten abgesetzt und in Einzelhaft genommen werden. Die Konzentrationslager sollten besetzt, ihre Kommandanten verhaftet, die Wachmannschaften verhaftet und kaserniert werden. Den politischen Gefangenen sollte mitgeteilt werden, daß sie sich bis zu ihrer Entlassung »aller Kundgebungen und Einzelaktionen zu enthalten« hätten.

(Lachen im Zuhörerraum!)

Freisler: »Sehen Sie! Da sagen Sie: das wäre weniger gemein und verräterisch gewesen als die Verbindung mit den ausländischen Arbeitern. Diejenigen, die in den Konzentrationslagern sitzen, sind ja der Abschaum derer, die uns gehindert haben, ein Reich, das stark ist, ein Volk, das wieder würdiger leben kann, aufzubauen und den Kampf um die Freiheit anzutreten. Sie sollten herausgelassen werden. Die Herren sollten nur so freundlich sein, sich des Einzelausbruchs zu enthalten, bis sie entlassen werden. Sie hatten ja schon die Genugtuung, daß die Wachmannschaften an ihrer Stelle kaserniert sitzen.« *(Heiterkeit im Zuhörerraum.)*

Nun wandte sich Freisler der Waffen-SS zu. Der Geheimbefehl bestimmte, daß die Führer der Waffen-SS, die ungeeignet erschienen, mit anderen Worten, die Beck und Witzleben den Gehorsam verweigern würden, in Schutzhaft genommen und durch Offiziere des Heeres ersetzt werden sollten.

Freisler: »Nun, damit kein falsches Bild entsteht: Die Offiziere des Heeres hätten sich bedankt, von Verbrechern einen solchen Verratsbefehl entgegenzunehmen! Nun kommt die Polizei. Dasselbe! Dann kommen Kriegsmarine und Luftwaffe. Da soll man versuchen, gemeinsames Handeln sicherzustellen. ›Und da wir von Politik nichts verstehen: Für die Bearbeitung aller politischen Fragen, die sich mit Bezug auf den Ausnahmezustand ergeben, bestelle ich bei jedem Wehrkreisbefehlshaber einen politischen Beauftragten.‹ Es ist nun interessant: ›Als politischen Beauftragten bestelle ich z. B. den Oberpräsidenten a. D. Noske.‹ Das ist einer von Ihnen. Die anderen brauche ich Ihnen nicht alle zu nennen.«

Stauffenberg hatte diesen Befehl ohne Wissen und Billigung Fromms mit »gez. Fromm, Generaloberst – Oberst Graf Stauffenberg« unterzeichnet.

Freisler: »Ob nun der Name Fromms mit oder ohne seine Kenntnis darunter stand oder nicht, können wir hier nicht klären, denn er kann sich hier nicht verantworten. In diesem Augenblick ist dafür der Zeitpunkt noch nicht gekommen.«

Witzleben: »Ich habe das ja gebilligt.«

Freisler: »Sie haben es gebilligt. Deshalb können Sie von diesem Befehl ab nicht mehr sagen, daß das nationalsozialistische Deutsche Reich noch weiter bestanden hätte. Wissen Sie was: es gibt kein Deutsches Reich, das nicht nationalsozialistisch ist, und ein nicht nationalsozialistisches ist nie deutsch. Sie hätten für diese paar Tage, bis der absolute Abgrund unter Ihnen sich auftat und im Bolschewismus und der Plutokratie das Blut des Volkes versank, allerdings etwas gehabt: Kein Reich, keinen Adel, keinen Staat; Sie hätten eine, wie unser Reichsminister Dr. Goebbels gesagt hat, ins 17. Jahrhundert zurückgehende Angelegenheit aus dem Deutschen Reich gemacht; denn Sie wollten ja gegen das Volk regieren. Das stimmt doch?«

Witzleben: »Wo steht denn das?«

Freisler: »Gegen das Volk wollten Sie regieren.«

Witzleben: »Nein.«

Freisler: »Doch! Das will ich Ihnen beweisen ... Wenn man das Volk bei sich weiß, dann braucht nicht die erste Regierungshandlung zu sein, daß man sozusagen alles, was es an Missetaten gibt, den Standgerichten überweist: Hochverrat, Landesverrat, Widerstand gegen die Staatsgewalt, Verbrechen gegen die öffentliche Ordnung, Religionsvergehen, Verbrechen gegen das Leben, Raub, Erpressung, Sachbeschädigung, gemeingefährliche Verbrechen, Vergehen gegen das Sprengstoffgesetz, Verbrechen nach der Verordnung gegen Gewaltverbrecher – da wollten Sie ein nationalsozialistisches Gesetz bestehen lassen –; alle diese und andere Verbrechen, die man für wichtig hielt, sollten vor die Standgerichte kommen. In dem Erlaß steht als zentrale Bestimmung, daß jeder, der dem Standgericht verfällt, die Todesstrafe erleiden soll, daß die regelmäßige Strafe die Todesstrafe ist, daß man aber in einigen Fällen bis zu einer Freiheitsstrafe von 15 Jahren heruntergehen kann. Wer so etwas als erste Regierungshandlung macht, zeigt damit, daß er das Volk nicht hinter sich hat. Sie haben noch einen Erlaß herausgebracht. Darin steht: 9 Uhr Polizeistunde. Das spricht auch nicht gerade dafür, daß Sie der Meinung waren, das Volk stehe auf Ihrer Seite. Sie haben noch einen Befehl herausgebracht, in dem steht: alle Versammlungen werden bis auf weiteres verboten. Das spricht auch nicht dafür, daß Sie der Meinung waren, das Volk sei auf Ihrer Seite. Noch einen Befehl haben Sie herausgebracht, daß 3 Tage lang jede irgendwie geartete Reise streng verboten sein soll. Diese Dinge zeigen, daß der im Verhältnis zu Ihnen allen schmählich zu Unrecht schlechtgemachte Metternich ein Progressist war. Sie sind ja die Ultrareaktion gewesen; denn was Sie taten, heißt allerdings: eine kleine Clique schamloser Verräter nimmt dem Volk seine ihm eigene Lebensart, unseren Nationalsozialismus. Damit haben wir eine Blütenlese Ihrer und der unter Ihrer Verantwortung herausgegangenen Erlasse hier vorgetragen. Stimmt das?«

Witzleben: »Gewiß.«

Freisler: »Jawohl. Und nun geht es also weiter. War Ihres Bleibens dort in der Bendlerstraße lange? Wie lange blieben Sie dort?«

Witzleben: »Vielleicht dreiviertel Stunden.«

Freisler: »Sie hatten ja gezeigt, daß Sie es besser machen. Aber nun hatte doch die Sache einen Haken. Nämlich Sie waren doch der Meinung: die Sache hat zur Voraussetzung, daß man sich des Führers bemächtigt. Deshalb mußte doch nach Ihrem Programm, nach Ihrem Schema, die Sache so gehen. Sie hatten den Führer, Sie zwangen den Führer, daß er Beck ernannte, und dann konnte Beck Sie ernennen, damit hatten Sie die Sache soweit, wie Sie sie haben wollten. Nun kam es aber nicht dazu; Sie hatten den Führer nicht.«

Witzleben: »Alles war vorbei mit dem Moment, wo wir die Reichshauptstadt nicht in unsere Hände kriegten.«

Freisler: »Vorbedingung war, sich des Führers und der Reichshauptstadt zu bemächtigen. Sie hatten weder den Führer noch die Reichshauptstadt. Wie hatten Sie denn gedacht, daß Sie die Reichshauptstadt in die Hände bekämen? Wie wollten Sie das machen?«

Witzleben: »Das weiß ich nicht.«

Freisler: »Ach so, das interessiert einen so Großen ja nicht, wie das gedacht war, dafür hatten Sie kein Schema!«

Witzleben: »Nein.«

Freisler: »Nun, das werden wir herausbekommen, wenn wir mit

dem nächsten Angeklagten darüber sprechen, wie es gemacht werden sollte, die Reichshauptstadt in die Hand zu bekommen. – Außerdem war Stauffenberg in der Bendlerstraße, und es entstand ein wüster Streit darüber, ob der Führer getötet sei oder ob er lebe.«

Witzleben: »Mir wurde gleich gesagt, es sei eine Lüge, wenn im Radio gesagt worden sei, der Führer lebe: der Führer sei tot.«

Freisler: »Ihnen wurde gesagt, daß im Radio gesagt worden sei, der Führer lebe, der Führer sei aber tot. Da war ein gewisses Etwas beruhigt.«

Witzleben: »Ich habe gleich gesagt: das kann nicht stimmen.«

Freisler: »Ach so, die Furcht regte sich. ›Das kann nicht stimmen‹, meinten Sie. Es stimmte dann auch nicht.«

Witzleben: »Ich habe gesagt: ›Die Unterlagen muß ich haben.‹«

Freisler: »Wenn es nun nicht stimmte, gab es einen Kampf am Radio. Es war zu erwarten, daß der Führer …«

Witzleben: »Wir hatten nicht einmal das Berliner Radio.«

Freisler: »Nein! Aber Beck wollte dauernd den Rundfunk besetzen. Davon war dreiviertel Stunden lang die Rede, der Rundfunk müsse besetzt werden. Warum denn?«

Witzleben: »Damit ein Aufruf an das Volk kommen konnte.«

Freisler: »Natürlich an das Volk, das Ihnen schnurz und egal war; denn Sie wollten ja ultrareaktionär regieren. Also an das Volk sollte ein Aufruf gerichtet werden. Na, das Volk hätte den Aufruf ja zerrissen.«

Witzleben: »Wie will man es anders nennen?«

Freisler: »Für solche Geschichten gibt es keinen vernünftigen Namen, da haben Sie ganz recht. Frech sind Sie genauso wie die anderen. Nun kam heraus, daß der Führer auch im Rundfunk sprechen würde.«

Witzleben: »Das habe ich nicht mehr erlebt.«

Freisler: »Darüber müssen wir dann nachher uns bei den nächsten Angeklagten klarwerden. Sie haben das nicht mehr erlebt. Sie sind abgebraust.«

Witzleben: »Jawohl.«

Freisler: »Wohin?«

Witzleben: »Zu Wagner.«

Freisler: »Haben Sie Wagner unterrichtet?«

Witzleben: »Jawohl. Er hat gesagt: ›Wir fahren nach Hause.‹«

Freisler: »›Wir fahren nach Hause.‹ Sie sind dann nach Hause gefahren und haben es nicht besser gekonnt. Das wäre alles.«

Witzleben: »Sagen Sie mir endlich meinen Anteil an der ganzen Sache!«

Freisler: »Den haben wir gehört. Ihr Anteil ist absolut klargestellt. Wir haben Ihnen genug Zeit gegeben, und Sie haben gesagt, was Sie getan haben. Stimmt das?«

Witzleben: »Das will ich gar nicht abstreiten.«

Freisler: »Es langt uns vollkommen. Wir haben Ihren Anteil nunmehr gehört. Nur eins ist mir unklar. Generalfeldmarschall des Großdeutschen Reiches, ich darf Sie folgendes fragen: Was glauben Sie wohl, was die Generalfeldmarschälle etwa dazu gesagt hätten? Sie würden Sie pflichtgemäß verurteilen. Einmal haben Sie dazu gesagt: ›So wahr ich hier sitze, keiner war daran beteiligt.‹ Sagen Sie das hier laut.«

Witzleben: »Das ist richtig.«

Freisler: »Das ist richtig! Von Soldaten war auch keiner beteiligt. Ich weiß persönlich auf Grund eines kleinen Erlebnisses, daß Sie sie schändlich mißbraucht haben. Als Sie nämlich das Regierungsviertel absperrten, wollte ich zum Anhalter Bahnhof, weil ich eine dienstliche Aufgabe in Salzburg zu erledigen hatte. Ich erhob dagegen Einspruch. Es kam ein Leutnant, und ich sagte ihm: ›Ich habe eine Dienstpflicht zu erfüllen, ich muß nach Salzburg fahren.‹ Er antwortete mir: ›Wenn Sie eine dienstliche Aufgabe zu erfüllen haben, dann dürfen Sie heraus‹, und ich durfte mit dem Zug abfahren, woraus man sieht, wie schändlich Sie die Soldaten mißbraucht haben. Sie wußten alle nicht, was sie mit Ihnen machen sollten. Eine kleine Lumpenclique hatte dieses Verbrechen ohnegleichen begangen …«

Weder Lautz noch die Verteidiger hatten weitere Fragen, und Freisler schlug vor, eine einstündige Pause zu machen. Nachdem das Gericht um 14.30 Uhr wieder zusammengetreten war, sollte Hoepner vernommen werden, der einst mit den Einsatzgruppen des SD in den baltischen Staaten zusammengearbeitet hatte. Nachdem persönliche Einzelheiten wie Geburtsort, Ausbildung, und Laufbahn besprochen waren, erwähnte Freisler, daß Hitler Hoepner wegen Ungehorsams in den Ruhestand versetzt hatte.

Hoepner: »Jawohl.«

Freisler: »Das paßt ja nicht zusammen: Soldat des Führers, im Reichstag zum Generaloberst befördert, und dann – ich habe das zweite vorhin nicht gesagt – in Wirklichkeit wegen Ungehorsams und Feigheit in den Ruhestand versetzt. Sie haben nämlich eine Stellung nicht gehalten, die Sie nach dem Befehl halten sollten, sondern haben gesagt: ›Ich kann auch ein paar Kilometer zurückgehen.‹«

Hoepner: »Darf ich dazu etwas bemerken?«

Freisler: »Das wollen wir hier nicht untersuchen. Das hat der Führer entschieden, und wir haben kein Wort dazu zu sagen. Jedenfalls ist es so; für uns steht fest: Am 1.7.1942 sind Sie in den Ruhestand versetzt worden. Das Recht zum Tragen der Uniform haben Sie nicht. Sie haben früher erklärt, daß Sie sich bis zu Ihrer Verabschiedung zum Nationalsozialismus bekannt haben.«

Hoepner: »Jawohl.«

Freisler: »Früher gehörten Sie zum Wullekreis.«

Hoepner: »Jawohl, das heißt, soweit ich als Offizier dazu die Möglichkeit hatte.«

Freisler: »Sie gehörten zum Wullekreis; den kennen wir ja auch. Sie sind verheiratet und haben zwei Kinder.«

Hoepner: »Ja.«

Freisler: »Von den acht Angeklagten – es ist schon langweilig, daß ich das jedesmal wieder sagen muß – haben durch die Bank erst alle feige gelogen, Sie genauso. Einer hat nicht gelogen. Das ist der Angeklagte Yorck von Wartenburg. Er hat von Anfang an die Wahrheit gesagt. Alle anderen haben von Anfang bis Ende feige gelogen. Das stimmt doch?«

Hoepner: »Jawohl.«

Freisler: »Ich brauche also hier diese Lüge, wonach alles rein zufällig gewesen ist, nicht noch einmal zu bringen. Wir haben in Bausch und Bogen gehört, daß alles gelogen war. Aber dann haben Sie doch angefangen, schließlich vor der Polizei etwas zu bekennen, und das wollen wir miteinander besprechen. Neben Ihnen müßte auch immer der Olbricht erscheinen; aber er ist eben nicht mehr: ihn müssen wir uns dazudenken. Nach eingehender Ermahnung haben Sie sich schließlich bereit erklärt, nunmehr die volle Wahrheit zu sagen. Wann haben Sie denn nun Olbricht kennengelernt?«

Hoepner: »Mitte der zwanziger Jahre.«

Freisler: »Zunächst dienstlich?«

Hoepner: »Jawohl.«

Freisler: »Näher erst in den letzten Jahren?«

Hoepner: »Näher erst in den letzten Jahren.«

Freisler: »Etwa seit 1940?«

Hoepner: »Ja, schon 1939.«

Freisler: »Sie haben Ihre Wohnung in Dahlem in der Nähe gehabt?«

Hoepner: »Jawohl, dicht dabei.«

Freisler: »Von da ab kannten Sie sich genauer. Haben Sie auch einmal nach der Sizilienlandung über Stalingrad, Tunis, Sizilien gesprochen? Können Sie sich an dieses Gespräch erinnern? Da haben Sie schon sehr bedenkliche Äußerungen getan. Sie sagen zwar: immer noch keine negative Kritik. Aber Ihre Kritik ging schon ziemlich weit. Stimmt das? Sie meinen, das ist Geschmackssache, ob man das ›weitgehend‹ nennt.«

Hoepner: »Es kommt darauf an, in welchem Kreis und vor welchen Leuten man sich äußert.«

Freisler: »Je näher man dem Führer gestanden hat und je mehr das, was man kritisiert, Sache des Führers ist, desto weniger kritisiert man es … Schließlich waren Sie ein wegen Feigheit herausgeworfener Offizier. Sie hatten wahrhaftig nichts zu kritisieren. Sie haben ganz ordentlich kritisiert, Sie sagen, negativ sei die Kritik nicht gewesen. Das ist, wie gesagt, Geschmackssache. Aber im September des vorigen Jahres – das war danach – sind Sie der Meinung gewesen, wieder in einem Gespräch mit Olbricht, man müsse politisch aktiver werden. Stimmt das?«

Hoepner: »Nein.«

Freisler: »Oder hat Olbricht diese Meinung vertreten?«

Hoepner: »Ich persönlich habe diesen Ausdruck nicht gebraucht. Das ist in diesem Gespräch, das ich mit Olbricht geführt habe, zum Ausdruck gekommen.«

Freisler: »Wollen Sie damit sagen: ›Gleiche Brüder, gleiche Kappen‹, oder wollen Sie darüber streiten, wer das von Ihnen beiden gesagt hat?«

Hoepner: »Ich kann das nicht mehr genau sagen.«

Freisler: »Es ist auch wahrscheinlich egal. Sie waren ziemlich derselben Meinung.«

Hoepner: »Jedenfalls war davon die Rede, daß Olbricht sagte, der
Zeitpunkt, wo wir irgendeinen von den Verbündeten heraussprengen müßten, sei bald gekommen.«

Freisler: »Aus der Reihe der anderen heraussprengen! Dazu ist
nichts zu sagen. Darüber kann man sich unterhalten.«

Hoepner: »Daß, kurz gesagt, die Koalition der Feinde nicht ewig
dauern könne. Das war im Anschluß an die Beteiligung der Amerikaner in Italien, in Verbindung mit der voraussichtlichen Lan-
dung.«

Freisler: »Ja, das haben wir schon gehört. Sie sagen: eine Koalition
kann nicht immer dauern, einer muß herausgesprengt werden
können; wir müssen da vielleicht etwas unternehmen, um politisch aktiver zu werden und einen heraussprengen. Das hieß nicht
unbedingt, daß Sie das unautorisiert machen müßten. Das war
nicht gemeint?«

Hoepner: »Das war nicht gemeint. Es war gedacht, daß der Herr
Reichsaußenminister in dieser Beziehung in Tätigkeit treten sollte.«

Freisler: »Das ist dann eine Politik, wie wir sie alle einmal machen.
Man redet darüber: Wird die Koalition immer währen, oder wird
es gelingen, England oder Rußland oder irgendeinen herauszusprengen? Na ja! Damit paßt aber nun gar nicht die Schilderung
zusammen, die Sie zwar nicht in diesem Saale, sondern früher gegeben haben. Früher haben Sie nämlich gesagt, Sie seien sich dabei darüber im klaren gewesen, daß der Führer nicht mit Rußland
und Ribbentrop nicht mit England das machen könne, daß infolgedessen die jetzige Führung das nicht machen könne.«

Hoepner: »Diese Äußerung ist viel später gewesen.«

Freisler: »Wann etwa?«

Hoepner: »Sie ist etwa im Februar 1944 gefallen.«

Freisler: »Sie haben freilich bei Ihrer Vernehmung …«

Hoepner: »Herr Präsident, es kann sein, daß ich mich irre. Ich habe
ja solche Gespräche mit Olbricht öfter geführt.«

Freisler: »So daß Sie nicht wissen, wann es war! Vor der Polizei haben Sie gesagt, es sei damals gewesen, obgleich so sicher nicht ist,
daß es damals gewesen ist … Jedenfalls im Laufe des Jahres 1943

oder Anfang 1944 waren Sie zu der Überzeugung gekommen, daß dieses notwendige politische Aktivwerden, um einen der Feinde aus der gegnerischen Koalition herauszusprengen, nicht möglich sei, wenn der Führer an der Spitze stehe, und nicht ... wenn Ribbentrop Außenminister bleibe: Der Führer könne nicht mit Rußland, Ribbentrop nicht mit England dies erreichen, also gehe es nicht.«

Hoepner: »Ich habe gesagt, auf die Frage ...«

Freisler (unterbrechend): »Verstecken Sie sich ruhig wieder hinter der Frage des anderen! Aber wir sehen Sie hinter dem Versteck genauso. Ob Sie auf eine Frage das gesagt haben oder von sich aus, wird auf uns kaum viel Eindruck machen. Schließlich waren Sie einmal Generaloberst gewesen und konnten sich nicht ohne weiteres hinter jemand verstecken. Jedenfalls sind Sie zu dem Ergebnis gelangt. Stimmt das?«

Hoepner: »Jawohl.«

Freisler: »Ja, sehen Sie! Damit war es aber noch nicht zu Ende, sondern Sie meinten, es sei jetzt höchste Zeit, einen Frieden zu suchen.«

Hoepner: »Nein, das habe ich nicht gemeint.«

Freisler: »Also von der Erzbergerstimmung waren Sie noch ein bißchen weg.«*

Hoepner: »Noch ein ganz Teil weg!«

Freisler: »Noch ein ganz Teil weg. Sie kamen ihr auf einem anderen Wege aber näher und haben sie sehr bald überholt. Das werden wir sehr bald sehen. Haben Sie bei diesem Gespräch gesagt, Sie wären dabei, wenn etwas unternommen würde, nachzuhelfen, daß der Führer und der Reichsaußenminister ersetzt würden?«

Hoepner: »Nein.«

Freisler: »Sie haben aber vor der Polizei gesagt: ›Ich habe so geantwortet, daß Olbricht wohl den Schluß ziehen konnte, daß ich mitmachen würde.«

Hoepner: »Die Frage von Olbricht war so, daß er sagte, und zwar im Februar – auf diese Sache kam es eben an –: ›Allmählich

---

* Matthias Erzberger, Zentrumspolitiker, hatte 1917 entscheidenden Anteil an der Friedensresolution des Reichstags und unterzeichnete den Waffenstillstand von 1918. 1921 fiel er einem Attentat zum Opfer.

kommt jetzt die Sache zum Schwur *(damit ist eine Entscheidung für oder gegen eine Teilnahme an einem Staatsstreich gemeint – der Autor)*; es wird immer schwieriger, und es kann der Moment kommen – der Krieg ...‹ Er erzählte mir von den Geschichten im Osten am Dnjepr, von dem Rückzug nach Besserabien. ›Der Krieg kann jetzt in eine Phase kommen ...‹«

Freisler: »Ich kannte den Ausdruck ›Die Sache kommt zum Schwur‹ nicht; inzwischen habe ich festgestellt, was er zu bedeuten hat.«

Hoepner: »Er sagte, es könne der Moment kommen, wo in der Führung oben ein Wechsel stattfände. Dies habe ich damals und auch weiterhin so aufgefaßt, daß das mit Rücksicht auf das Gespräch gemeint war, das wir früher einmal geführt hatten, daß der Führer sich von der Führung des Ostens selbst zurückziehen würde. Das war meine Meinung; es bedeutete nur, es komme die Zeit, wo der Führer vielleicht einen Entschluß fassen würde, im Osten nicht mehr zu führen, sondern irgendeinem General die Führung zu übergeben; sonst sollte sich nichts ändern.«

Freisler: »Das paßt aber immer noch nicht zu Ihrer Grundeinstellung. Sie war, wie Sie sagten, die, es müsse nun einer herausgesprengt werden, mit einem müsse Frieden geschlossen werden; der Führer könne das nicht mit Stalin und Ribbentrop könne es nicht mit Churchill. Das heißt also: es geht nicht.«

Hoepner: »Damit habe ich keineswegs sagen wollen, daß ich oder irgendein anderer das ändern solle.«

Freisler: »Zunächst war es dieses nichtsnutzige Gespräch, mit einem Wort. Wir werden allmählich über die nichtsnutzigen Gespräche hinauskommen. Was ist dann zwischen Ihnen und Olbricht damals geredet worden, als Sie wegen Ihrer Bombenbeschädigungen von ihm eingeladen wurden, weil Sie bei sich nicht kochen konnten? Wahrscheinlich erinnern Sie sich dieses Falles noch?«

Hoepner: »Jawohl. Das ist am 15. Februar gewesen: es war der Hausbrand bei uns.«

Freisler: »Es muß die zweite Februarhälfte gewesen sein. Was haben Sie da besprochen?«

Hoepner: »Dort hat er mir nur kurz gesagt: ›Ich habe gerade die Lagekarte; kommen Sie einmal herein‹ – da war meine Frau mit dabei –, ›sehen Sie sich an, wie es im Osten aussieht; hier rutscht die Sache nach dem Westen ab; irgend etwas muß nun passieren; der Führer hat Manstein abgelöst.‹«

Freisler: »Sie brauchen nicht Namen zu nennen. Das haben wir bis jetzt vermieden. Nur einmal hat der vorhin vernommene Angeklagte in unverschämt verantwortungsloser Weise zwei Namen von Männern genannt, so daß jeder, der zugehört hat, weiß, wer es war. Aber Sie haben es nicht nötig, es auch so zu machen. Also, da wurden Namen genannt.«

Hoepner: »Er sagte: ›Schließlich muß doch einmal oder wird zwangsläufig eine Änderung der Führung im Osten eintreten.‹«

Freisler: »Das ist das, wovon Sie vorhin sprachen. Ich reite immer wieder darauf herum, weil ich annahm, daß es ein anderer Fall wäre, von dem Sie bis jetzt redeten; nämlich das Gespräch vom Februar/März, auf das ich, wie Sie sehr wohl wissen, hinauswill, erkenne ich in Ihrer Erzählung gar nicht wieder. Dieses Gespräch haben Sie selbst vor der Polizei ganz anders geschildert. Sie haben dort gesagt: ›Etwa Anfang Februar oder März 1944, als ich zum fünften Male in meinem Haus einen Bombenschaden erlitten hatte, gingen meine Frau und ich zu Olbricht, der uns zum Essenaufwärmen einlud; und bei dieser Gelegenheit sprachen wir wieder über die allgemeine Lage, kamen darauf zu sprechen, daß mehrere Heerführer abgelöst seien. Wir waren der Auffassung, daß diese Heerführer doch recht tüchtig waren und daß wir nicht verstehen könnten, weshalb sie abgesetzt würden. Wir sprachen davon, daß das wohl nicht nur an diesen Führern allein liegen könne, sondern die Ursache sicher bei der höheren Führung liegen müsse.‹ Wenn Sie nun Heerführer in diesem Range meinten, brauchen wir uns gar nicht darüber zu unterhalten, wer die höhere Führung war, der Sie die Schuld beimaßen. Sie haben weiter ausgesagt: ›Olbricht sprach dabei davon, daß da noch in der höheren Führung eine Änderung eintreten müßte.‹ Das ist noch so, wie Sie eben schilderten. Jetzt aber läuft Ihre Darstellung von eben auf dem Gleise der Lüge, und Ihre Darstellung von damals wird wohl auf dem Gleise der Wahrheit gelaufen sein. Ihre Darstellung von damals geht wie folgt weiter: ›Olbricht sagte, daß da noch in der höheren Führung eine Änderung eintreten müßte. Er sprach dabei nicht davon, daß dies durch einen Anschlag auf den

Führer erfolgen müßte, sondern ich verstand ihn dahin ...‹ Wohin nun? Vielleicht ist es Ihnen jetzt eingefallen. Wohin verstanden Sie ihn?«

Hoepner: »Ich verstand ihn dahin, daß der Führer freiwillig einen anderen mit der Führung an der Ostfront beauftragen würde.«

Freisler: »Ach so, daß durch eine Aktion von der Front her oder aus dem Führerhauptquartier heraus eben ein Druck auf den Führer ausgeübt werden könnte, durch den dieser gezwungen wäre, die verantwortliche Führung an einen Heerführer abzugeben. Ich habe vorhin angedeutet, daß ich dachte, Sie würden auch zu dem stehen, was Sie damals gesagt haben.«

Hoepner: »Dazu stehe ich auch.«

Freisler: »Dazu stehen Sie auch! Da kann nun von Freiwilligkeit keine Rede mehr sein: daß durch eine Aktion – wir wissen, was Aktion ist – von der Front her oder aus dem Führerhauptquartier heraus ein Druck auf den Führer ausgeübt werden könnte, durch den dieser gezwungen wäre, die verantwortliche Führung an einen Heerführer abzugeben. Das ist ja nun ein Vertauschen der Rollen. Freie Entscheidung muß derjenige haben, der vor dem deutschen Schicksal die volle Verantwortung für unseres Volkes Blutstrom trägt. Daß jemand mit einem anderen Gespräche nach der Richtung hin führt, es müsse etwas geschehen, damit unser Führer durch eine Aktion unter Druck gesetzt und gezwungen wird, etwas zu tun, das ist vielleicht in der Ausführungsart noch nicht so durchdacht, wie es uns der Angeklagte von Witzleben geschildert hat, den Führer, wenn er einmal mit möglichst wenig Begleitern unterwegs sei, durch einen Stoßtrupp gefangenzunehmen; aber selbst ohne diese manuelle Gewalt wäre es an Treulosigkeit, an Felonie des Lehnsmannes gegenüber seinem Lehnsherrn, des Gefolgsmannes gegenüber dem Gefolgsherrn dasselbe. Das war also der wesentliche Inhalt des Gesprächs etwa vom Februar. Da sind Sie nun über die Erzbergerstimmung bereits weit hinaus; denn der Erzberger hatte mit Papierzetteln den Verrat betrieben. Sie aber wollten den Führer unter Druck setzen.«

Hoepner: »Nein.«

Freisler: »Das haben Sie gesagt; dazu haben Sie sich eben bekannt.«

Hoepner: »Ich habe aber nie gesagt, daß das von mir oder Olbricht ausgehen sollte.«

Freisler: »Das wäre Ihnen ja auch schwergefallen; denn Sie waren wegen Feigheit weggejagt worden. Sie kamen ja nicht an die Front. Sie waren wegen Ungehorsams und Feigheit weggejagt worden und hatten keine Möglichkeit, vom Führerhauptquartier aus eine Pression auszuüben. Aber daß ein solcher Gedanke als mögliche Lösung erörtert wird, hat eine hohe tatsächliche Bedeutung. Alles, was nämlich in der Welt der Ideen ist, ist dann auch schon einen Schritt näher auf dem Wege der Durchführung. Sie haben sogar noch mehr darüber geredet. Sie waren sich noch darüber einig, freilich aufgrund von Ausführungen von Olbricht, man dürfe im Ersatzheer dann natürlich nicht hinter der Front herhinken. Erinnern Sie sich daran?«

Hoepner: »Der Ausdruck stammt von Olbricht.«

Freisler: »Im selben Gespräch: man dürfe nicht hinterherhinken hinter der Front. Wenn also durch eine Aktion der Front ein Druck auf den Führer ausgeübt würde, dürfe man hier ja nicht hinterherhinken! Der Unterschied ist eben der: 1918 Meuterei der Feigen in der Heimat; 1944 Ihr erbärmlicher Versuch, wenn auch durch andere, Meuterei gegen den Führer von der Front her und dann mit der nötigen Unterstützung in der Heimat. Das ist der Unterschied. So macht es eben die Reaktion. Aber damit war es auch noch nicht zu Ende, sondern, nachdem Sie soweit waren, kam ja dann noch die Frage: ›Sie stehen doch dann auch zur Verfügung?‹ Hat Olbricht Sie danach gefragt?«

Hoepner: »Jawohl.«

Freisler: »Jawohl! Nun wäre es ja heraus. Wir hätten es schneller haben können. Ich kann mir nicht vorstellen, daß Ihnen das Gewissen etwa Schwierigkeiten gemacht haben würde; denn ein Gewissen haben Sie ja nicht. Das hätten wir also schneller haben können. Was haben Sie nun geantwortet, als Olbricht fragte: ›Sie stehen doch zur Verfügung?‹«

Hoepner: »Ich habe gesagt: ›Ich stehe zur Verfügung, wenn ein ordentlicher, legitimer Umschwung, ein Wechsel ...‹«

Freisler (unterbrechend): »Donnerwetter! Ein ordentlicher, legitimer Wechsel! Was dann noch? Wie soll dieser Satz enden?«

Hoepner: »... stattfände, der es mir also ermöglichte, der ich nicht mehr Soldat bin, wieder Soldat zu werden.«

Freisler: »Aha! Jetzt haben Sie sich gedreht und gewunden wie eine getretene Schlange. Aber vor der Polizei haben Sie der Sache einen geraderen Ausdruck gegeben: ›Sie stehen dann doch auch zur Verfügung, fragte er, was von mir zugesichert wurde, mit der Bemerkung, daß ich bereit wäre, wenn es sich um eine vernünftige, gutvorbereitete Aktion handelte, die kein Hasardspiel einer Einzelstelle darstellte.‹ – Daß das etwas anderes ist als das, was Sie eben dahergestottert haben – ›eine legitime, ordentliche Sache‹ –, darüber sind Sie sich doch klar. Wenn die Sache so gut eingefädelt wäre, daß man möglichst wenig Gefahr läuft, dann seien Sie bereit mitzumachen! Das heißt das, was Sie gesagt haben! Haben Sie von Hasardspiel gesprochen?«

Hoepner: »Nein.«

Freisler: »Warum haben Sie das der Polizei gesagt?«

Hoepner: »Ich bin, wie schon bemerkt, auf der Polizei 12 Stunden lang vernommen worden.«

Freisler: »Ja, um so genauer wird wohl Ihre Aussage gewesen sein. Sie haben jedenfalls auf der Polizei von Hasardspiel gesprochen.«

Hoepner: »Das stimmt, aber in diesem Sinne.«

Freisler: »Na also!«

Hoepner: »Ich habe damit diesen Sinn ausdrücken wollen, weil ich den Ausdruck aus der Unterhaltung mit Olbricht nicht mehr in der Erinnerung hatte.«

Freisler: »In dem Gespräch mit Olbricht mag von Hasardspiel nicht die Rede gewesen sein; aber als Sie bei der Polizei charakterisieren sollten, wie es war, haben Sie den Ausdruck ›Hasardspiel‹ als charakteristisch angesehen.«

Hoepner: »Ich habe Olbricht damals gesagt: ›Ich mache keine Putschgeschichte oder eine blödsinnige Geschichte wie Kapp-Putsch.‹ Diese Erfahrung habe ich mir gekauft. Ich habe immer betont: temporäre, sekundäre Lage.«

Freisler: »Das ist schon deutlich. Es ist zwar nicht deutsch gesprochen, man muß es erst übersetzen: ›temporäre, sekundäre Lage‹ – ›zeitlich komme ich erst später, wenn die Sache sicher ist‹ –. Das heißt es doch?«

Hoepner: »Ja.«

Freisler: »Na, sehen Sie! Es hat also nichts damit zu tun, ob es eine rechtmäßige oder, wie es der Polizeibeamte ganz richtig formuliert hat, eine vernünftig vorbereitete Sache und kein Hasardspiel ist, also sicher ist, temporär, erst sekundär, zeitlich erst dann, wenn die Geschichte sicher ist! Feiner Knabe! Da hätten wir also mit vieler Mühe das Februar/Märzgespräch doch herausgekriegt. Das ist ja nun der Anfang des Ganzen, wenn er nicht schon früher war. Hier jedenfalls stand die Sache fest. Und nun überspringen wir einige Monate. Wir befinden uns jetzt im Juli. Da waren Sie wieder bei Olbricht und haben sich nach der Lage erkundigt. Erinnern Sie sich daran nicht?«

Hoepner: »Er hat mich bestellt.«

Freisler: »Er hat Sie sogar bestellt. Was sagte er Ihnen da?«

Hoepner: »Er sagte mir: ›Ich wollte Sie über die allgemeine Lage orientieren‹ – ich war ja wochenlang nicht bei ihm gewesen –, ›es ist jetzt auch im Westen sehr eklig geworden.‹«

Freisler: »Ja, er war nun Defätist nach beiden Seiten geworden. Wenn Friedrich der Große solche Untergeneräle gehabt hätte, wie diese paar – zum Glück! –, die wir heute hier genossen haben und die, weil sie nicht mehr sind, vor uns noch so erscheinen, er hätte seine liebe Last gehabt mit denen, die immer, wenn es irgendwo brenzlig wird, den Mut sinken lassen. Aber nach Kunersdorf *(Die Schlacht bei Kunersdorf am 12. August 1759, wo Friedrich der Große seine schwerste Niederlage während des Siebenjährigen Krieges erlitt. – Anm. des Autors)*, nach dem Nichts, als der Feind in die Hauptstadt Preußens einzog, kam doch der Sieg, weil, wie heute unser Führer, damals ein Mann an der Spitze stand, der Ehre hatte, genau wie unser Führer, auch Männer um sich hatte, genau wie unser Führer. Solche wie Sie werden ausgestoßen. Ich kann mir schon vorstellen, daß Sie wegen Feigheit ausgestoßen sind, wo Sie mit solchen Männern Verkehr haben, die einmal rechts, einmal links defätistische Ansichten haben. Olbricht hatte jetzt auch nach Westen defätistische Ansichten. Was hat er weiter gesagt?«

Hoepner: »Ich weiß nicht, ob ich das ausführen kann.«

Freisler: »Sie führen es dann aus, wenn Sie ein Fünkchen Anstand zu haben glauben, es verantworten zu können. Über den Defätismus im Westen brauchen Sie nicht zu reden. Was führte er sonst über den Plan aus?«

Hoepner: »Er hat nichts weiter gesagt. Er sagte nur: ›Es kann über kurz oder lang der Moment eintreten, von dem ich damals Er-

386

wähnung getan habe, daß nämlich im Führerhauptquartier irgendeine Veränderung eintritt.«

Freisler: »Wir können wieder von vorne anfangen. Bereits vor 10 Minuten waren wir dabei, die Veränderung im Führerhauptquartier ganz anders darzustellen, weil Sie selbst bekennen mußten, daß es anders war. Veränderung im Führerhauptquartier! Sind Sie so feige, daß Sie so um die Sache herumreden müssen?«

Hoepner: »Die Sache ist so, wie ich sie zu Protokoll gegeben habe. In dem vorhergehenden Gespräch, das schon lange vorher geführt worden war, war die Sache derart geklärt, daß Olbricht erwartete, im Führerhauptquartier würde eine Anzahl von Generalen oder Heeresgruppenführern auf den Führer einen Druck in dem Sinne ausüben, daß er die Führung abgibt.«

Freisler: »Einen Druck auf unseren Führer! Das langt uns vollkommen. Das nennen Sie eine Veränderung im Führerhauptquartier!«

Hoepner: »Das war seine Ansicht.«

Freisler: »Sie haben erklärt, Sie machten mit, nur temporär, sekundär. Das haben wir alle gehört. Davon brauchen Sie sich nicht herunterreden zu wollen. Wir kommen zu der nächsten Besprechung: Lageerkundigung, Olbricht defätistisch, auch was den Westen anlangt. Ich kann aber Ihrem Gedächtnis ein bißchen nachhelfen. Sie haben ausgesagt: ›Olbricht gab zu erkennen, daß seiner Auffassung nach sich die weitere Entwicklung nur nach Wochen bemessen könne. Er vertrat die Auffassung, daß man zu einem Frieden kommen müsse, es müsse etwas Grundlegendes erfolgen: Und jetzt heißt es wieder: ›Da der Führer nicht mit Stalin, Ribbentrop nicht mit England Frieden schließen könne. Er schimpfte, daß gerade in diesem Augenblick er den Stauffenberg nicht mehr habe.‹ Stimmt das?«

Hoepner: »Jawohl.«

Freisler: »Was hat das zu tun mit einer – um darauf zurückzukommen – ›legitimen Veränderung im Führerhauptquartier‹, ob er Stauffenberg hat oder nicht? Stauffenberg war inzwischen zu Fromm gekommen.« (*Oberbefehlshaber des Ersatzheeres, Stauffenberg war zu seinem Stabschef ernannt worden – Anm. des Autors*).

Hoepner: »Jawohl.«

Freisler: »... hatte damit gar nichts zu tun. Daraus ersehen Sie schon, daß an etwas ganz anderes gedacht war.«

Hoepner: »Nein, Verzeihung! Die Sache war so, daß er sagte: ›Ich habe neue Sperrdivisionen aufstellen müssen; ich habe die ganze Zeit Schwierigkeiten gehabt mit der Mannschaftsersatzbewirtschaftung, und jetzt ist mir auch noch der Stauffenberg weggenommen worden. Ich habe mich wieder neu mit Mertz einarbeiten müssen.«

Freisler: »Das ist alles? Das ist fürchterlich feige! Früher haben Sie die Sache ganz klar geschildert: ›Olbricht schimpfte darüber, daß ihm gerade in diesem Augenblick sein Abteilungschef Oberst Graf von Stauffenberg weggenommen wurde und zu Fromm kam. Olbricht sagte, es sei ärgerlich, daß er gerade jetzt Stauffenberg verloren habe; Mertz wäre zwar sehr tüchtig, aber Stauffenberg wäre der einzige Mann gewesen, mit dem man gerade solche heiklen Fragen besprechen könne, wie sie gerade im Zusammenhang mit einer solchen Veränderung im Führerhauptquartier auftauchten.‹ Also gar nicht Schwierigkeiten mit Mertz, wenn Sie nicht so viel zurückgehalten hätten – Sie wissen ja wohl, was ich meine –, wenn Sie nicht durch die Auslösung der Walküre so viel zurückgehalten hätten!«

Hoepner: »Ich? Nein!«

Freisler: »Sie sind alle in einem Topf, Sie und Olbricht, zählen also eins. Wenn diese Verschwörerclique nicht so viel zurückgehalten hätte, wären die Schwierigkeiten auch nicht so groß gewesen. Das haben Sie früher gesagt, nicht weil sich ein neuer Mann in die Nachschubfragen oder Ersatzfragen einarbeiten mußte, sondern Olbricht sei deshalb ärgerlich gewesen, weil Stauffenberg der einzige Mann gewesen wäre, mit dem er gerade solche heiklen Fragen – nämlich den Druck auf den Führer – hätte besprechen können. Wenn Sie meinen, das sei noch nicht deutlich, so sind Sie selbst noch deutlicher vor der Polizei geworden, nämlich in dem nächsten Satz: ›Ich entnahm daraus, daß Olbricht schon vorher mit Stauffenberg zusammen in diesen Dingen zusammengearbeitet hatte.‹ Das hätten Sie nämlich nicht zu entnehmen brauchen, wenn es sich um die amtlichen Aufgaben Stauffenbergs und Olbrichts gehandelt hätte. Irgendwelche näheren Pläne der Vorbereitungen waren von Olbricht nicht mitgeteilt worden. Die Tendenz seiner Ausführungen war aber, daß die Lage von Tag zu Tag mehr drängte, daß etwas in der Richtung einer Änderung der Obersten Führung geschehe. Ist das richtig?«

Hoepner: »Ja.«

Freisler: »Womit Sie eben wieder als Lügner entlarvt sind.«

(Widerspruch des Angeklagten Hoepner!)

Freisler: »Nun, wenn Sie das nicht einsehen, jeder andere im Saal hat es eingesehen. Ich will nicht noch einmal wörtlich die betreffende Stelle verlesen. Sie haben weiter gesagt, daß Sie aus den weiteren Ausführungen von Olbricht entnommen hätten: in gewisser Weise ist es auch wieder gut, daß Stauffenberg jetzt bei Fromm ist, denn dann kann er in diesem Sinne auch auf Fromm einwirken. Stimmt das?«

Hoepner: »Jawohl.«

Freisler: »Eben! Womit ja nun allmählich alles klargeworden wäre! Sie haben ausgesagt: ›Dabei sagte er, nunmehr dränge es schon nach Tagen.‹ Das können Sie heute nicht mehr sagen? Nun, wenn Sie es früher ausgesagt haben, wird es wohl stimmen.«

Hoepner: »Er hat jedenfalls die Sache äußerst krisenhaft geschildert.«

Freisler: »Na ja! Er meinte also auf Grund seiner pessimistischen defätistischen Stimmung, die Sache sei sehr krisenhaft, es müsse aufs schnellste etwas geschehen, es dränge nach Tagen. So ähnlich haben Sie es auch früher ausgesagt. Das wäre also diese Besprechung aus den ersten Julitagen dieses Jahres mit Olbricht. Nun kommen wir zur Tat selbst. Wo wohnten Sie?«

Hoepner: »In Bredereck.«

Freisler: »Wo ist das?«

Hoepner: »Bei Fürstenberg in Mecklenburg.«

Freisler: »Am 10.7. starb Ihre Frau Mutter?«

Hoepner: »Jawohl.«

Freisler: »Sie hat also von dieser furchtbaren Schande nichts mehr erlebt. Am selben Tag rief Sie Olbricht an?«

Hoepner: »Jawohl.«

Freisler: »Er wollte, daß Sie nach Berlin kämen. Nun hatten Sie wahrscheinlich mit der Beisetzung zu tun. Es paßte also nicht gut. Sie wollten am 12. hin. Hatten Sie da nicht Regimentstag?«

Hoepner: »Ja.«

Freisler: »Aber Olbricht sagte: ›Am 12. ist es zu spät, kommen Sie am 11.‹«

Hoepner: »Ja.«

Freisler: »Als er am 10. anrief, blieb also nur der 11. übrig. Am 11. sollten Sie kommen. Er sagte Ihnen noch mehr. Was sagte er noch dazu?«

Hoepner: »Er habe mir etwas Neues mitzuteilen.«

Freisler: »Er sagte auch, daß Sie etwas mitbringen sollten.«

Hoepner: »Ja, meine Uniform.«

Freisler: »Sie sollten Ihre Uniform mitbringen, die zu tragen Sie nicht berechtigt waren. Sie sollten sie nicht tragen, sondern im Koffer mitbringen. Was haben Sie gedacht, als er sagte, am 12. sei es zu spät. Sie müßten morgen kommen und sollten die Uniform mitbringen?«

Hoepner: »Die Sache war so: ich konnte nur morgen kommen, und ich habe ihm gesagt: ›Ich muß morgen gleich wieder wegen der Beisetzung abfahren.‹«

Freisler: »Das haben wir schon gehört, das ist nicht mehr interessant. Er sagte also: ›Es muß der 11. sein.‹ Ich frage Sie, was Sie sich dachten, als Sie hörten: es muß der 11. sein, und ich soll meine Uniform mitbringen? Anrufender war ja Olbricht. Was haben Sie sich dabei gedacht?«

Hoepner: »Nichts Positives! Genaues kann ich darüber nicht angeben.«

Freisler: »Also, Sie haben das schnell wieder verschluckt wie heiße Knödel. Sie sagen, nichts Positives, nichts Genaues. Aber irgend etwas werden Sie sich doch dabei gedacht haben?«

Hoepner: »Ich dachte, es könnte irgendeine Sache eintreten, die doch meine Wiederverwendung möglich machte.«

Freisler: »So daß Sie also temporär und sekundär gerade am 11. richtig kämen! So ungefähr!«

Hoepner: »Ja, das mußte ich annehmen.«

Freisler: »›Ja, das mußte ich annehmen.‹ Das frage ich auch nur. Sie haben das angenommen. Und dann natürlich sind Sie gleich mit der Uniform hingefahren. Eins ist ja erfreulich bei der ganzen Sache. Sie haben die Uniform bei dem Verräterhandwerk angezogen. Daß Sie sich nicht schämten, die Uniform in der Bendlerstraße anzuziehen! Aber das Schicksal hat Ihnen einen Fingerzeig gegeben. Ihr Ritterkreuz war wenigstens nicht an Ihrer Uniform dabei! Stimmt das?«

Hoepner: »Jawohl.«

Freisler: »Also das Schicksal hat wieder einmal etwas Richtiges gemacht. Das Ritterkreuz hatten Sie nämlich vergessen, was auch bezeichnend ist, aber in diesem Falle gut gewesen ist. Sie fuhren also mit der Uniform hin. Per Bahn, per Auto oder wie?«

Hoepner: »Im Auto.«

Freisler: »Nun, das wundert mich, daß Sie von Fürstenberg nach Berlin mit dem Auto fahren.«

Hoepner: »Nein, von Fürstenberg bin ich mit der Bahn gefahren.«

Freisler: »Und hier in der Stadt sind Sie per Auto gefahren. Das war zwar auch nicht ordnungsmäßig; aber darüber brauche ich hier nicht zu reden. Und dann sind Sie wohin gefahren? In die Bendlerstraße?«

Hoepner: »Ja.«

Freisler: »Zu Olbricht?«

Hoepner: »Ja.«

Freisler: »Was hat er erzählt?«

Hoepner: »Olbricht erzählte mir das, was ich vorhin sagte. Sie haben mich vorhin unterbrochen, als ich davon sprechen wollte.«

Freisler: »Sie haben nicht angegeben, daß Sie den 11. Juli meinten, sondern Sie sagten: Anfang Juli.«

Hoepner: »Ich bin vorher im Juli nicht dagewesen. Dieses Gespräch ist jetzt geführt worden.«

Freisler: »Na, ich habe Geduld. Wir fangen wieder von vorne an. Also Anfang Juli!«

Hoepner: »In den letzten Tagen des Juni oder in den ersten Tagen des Juli war ich von Fürstenberg nach Berlin gekommen.«

Freisler: »Das habe ich berichtigt.«

Hoepner: »In dieser Zeit war ich jedenfalls in Berlin.«

Freisler: »Wann ist das gewesen?«

Hoepner: »Es ist der 11. gewesen.«

Freisler: »Sie sagen also: das ist identisch mit dem 11. Juli?«

Hoepner: »Ja.«

Freisler: »Das wäre also eine Berichtigung?«

Hoepner: »Ich habe hinterher festgestellt, daß ich zu der anderen Zeit gar nicht in Berlin gewesen bin.«

Freisler: »Dann sind Sie selbst an diesem Mißverständnis schuld; denn bei Ihrer Schilderung dessen, was angeblich Ende Juni, Anfang Juli gewesen sein soll, sagten Sie gar nichts davon, daß der nächste Tag zu spät wäre. Also an dieser Verwechslung, wenn es eine sein sollte, sind Sie dann schon selbst schuld.«

Hoepner: »Es ist mir vorgehalten worden, ich müßte eine Besprechung dieses Inhalts gehabt haben.«

Freisler: »Ja, weil die Polizei bereits wußte, daß Sie eine solche hatten. Die Polizei hat noch andere Vernehmungen gehabt.«

Hoepner: »Da habe ich gesagt: es kann Anfang Juli gewesen sein. Aber es kann auch später gewesen sein; denn zu diesem Zeitpunkt war Stauffenberg erst von Olbricht weggekommen und hatte die andere Stellung eingenommen, über die sich Olbricht beklagt hatte.«

Freisler: »Ich denke, Stauffenberg ist zu Fromm am 1.7. gekommen.«

Hoepner: »Ja.«

Freisler: »Also zwingend wäre das gar nicht, wenn Sie sagen: ›Die Besprechung war Anfang Juli! Es kann gerade passen; aber zwingend ist es nicht. Sie sprachen davon, daß er die Wut im Leibe darüber hatte, daß ihm sein Putschorganisator gerade wegversetzt war.«

Hoepner: »Ich bin aber nicht dagewesen.«

Freisler: »Sie sagen: ›Sie sind nicht dagewesen.‹ Dann würde diese Besprechung die sein, von der Sie vorhin gerade sagten, daß Sie mit der Einleitung versehen wurde: ›Bringen Sie die Uniform mit.‹«

Hoepner: »›Bringen Sie die Uniform mit‹ ist bei der telefonischen Unterhaltung gesagt worden.«

Freisler: »Ich meine selbstverständlich: mit der vorherigen Einleitung. Natürlich, wenn Sie schon da sind, hat das keinen Sinn mehr. Er mußte es selbstverständlich vorher sagen. Nehmen wir also an, daß es so gewesen ist. Es ist im Wesen auch nichts anderes. Jedenfalls hat er Sie geholt und hat Ihnen diese Rede mit der militärischen Lage gehalten, diese defätistische Rede, und dann ist das Gespräch gewesen, das wir bereits behandelt haben. Dann haben Sie aber vorhin dieses Gespräch noch nicht vollständig geschildert und sind auch insofern an der Verwechslung schuld. Er

(Olbricht – Anm. des Autors) hat nämlich bei der Besprechung noch mehr gesagt.«

Hoepner: »Er hat mir in dem Gespräch gesagt: ›Stauffenberg ist zum Führer und zur Besprechung nach Berchtesgaden geflogen: er sollte zu einer Besprechung herüber. Ich weiß nicht, warum!«

Freisler: »Sagen Sie: wenn Sie auch nicht mehr Offizier sind, im Laufe der Jahrzehnte könnten Sie sich eigentlich angewöhnt haben, Sätze auszusprechen. Wir können nicht anders, als aus diesem Gestottere eines früheren Generaloberst das schlechte Gewissen zu entnehmen. Sie bringen keinen einzigen Satz heraus. Sie haben befehlen gelernt, aber nicht gelernt, Sätze auszusprechen. Man wird überhaupt nicht mehr klug aus dem, was Sie dahinschnattern. Also er hat Ihnen gesagt, daß Stauffenberg nach Berchtesgaden geflogen sei. Was hat er Ihnen über das gesagt, was dort vielleicht geschehen solle?«

Hoepner: »Er sagte mir: ›Dort soll eine Besprechung sein; diese Besprechung findet aber voraussichtlich nicht statt, weil der Reichsführer-SS nicht angekommen ist.‹«

Freisler: »Eine Besprechung! Wir wissen ja, worum es sich handelte. Wir haben heute hier bereits eindeutig festgestellt, daß es sich darum handelte, daß Stauffenberg den Sprengstoff aus dem Berghof mitgenommen hatte, daß das Attentat durchgeführt werden sollte und daß nur angeblich ein Begleiter, einer der Angeklagten, den wir heute gehört haben, ihn nicht aus den Augen gelassen habe, weil er nicht wollte, daß die Sache an dem Tage stattfinde, und daß außerdem geplant war, den Reichsführer-SS ebenfalls umzubringen, daß, wie wir noch von einem anderen Angeklagten, der nachher vernommen wird, hören werden, Stauffenberg, als er von der Besprechung um 16 Uhr herauskam, diesem seinem Begleiter sagte, er habe es nicht getan, weil der Reichsführer-SS nicht dagewesen sei, der ja mit umgebracht werden sollte. Das brauchten Sie nicht im einzelnen gewußt zu haben. Aber wenn nun Ihnen, dem Meister in dieser Höllenküche, der andere Meister, Olbricht, sagte: ›Der Stauffenberg ist heute zu einer Besprechung hingefahren; sie findet aber nicht statt, weil der Reichsführer nicht da ist‹, dann werden Sie wohl verstehen, daß wir an Ihrer ganzen Darstellung das Wort ›Besprechung‹ einigermaßen bezweifeln. Sie haben zuerst ausgesagt, Ihnen habe Olbricht gesagt:

›Der Stauffenberg ist vollgeladen hingeflogen, um eine neue Entscheidung herbeizuführen.‹ Nachher haben Sie freilich in einer Berichtigung diesen Satz auf die spätere Fahrt bezogen.«

Hoepner: »Ich habe ihn auf den 20. bezogen.«

Freisler: »Es war Ihnen doch klar, daß jetzt plötzlich etwas geschehen könne, daß man vor einer ganz neuen Situation jetzt am 11. stehen konnte.«

Hoepner: »Das war mir nicht klar. Ich habe sowenig wie später daran gedacht, daß Stauffenberg etwa einen Anschlag ausüben würde.«

Freisler: »Aber daß der Druck auf den Führer ausgeübt würde, die Pression, die meuterische Erpressung!«

Hoepner: »Das habe ich! Ich habe aber über diese Dinge nicht weiter gesprochen.«

Freisler: »Nein, aber gedacht! Sie lachen! Sie können noch lachen?«

Hoepner: »Ich wüßte nicht, daß ich lache. Ich habe jedenfalls über die Pression seinerzeit mit Olbricht rein theoretisch gesprochen. Ich wollte das niemals. Das muß ich besonders betonen und darauf hinweisen, daß ich mich nicht als ein Haupt dieser ganzen Sache betrachtet habe.«

Freisler: »Nun, wenn einer in der früheren Stellung des Generaloberst erklärt: ›Ich mache mit, nur muß es sicher sein, temporär, sekundär‹, dann wird wohl jeder diesen als ein Haupt ansehen. Vielleicht mochte er nicht unmittelbar diese Frage mit Olbricht besprechen und mochte deshalb nähere Einzelheiten nicht wissen, aber die Früchte will er genießen; denn Sie haben ja die Uniform wieder mitgenommen und haben nachher auch das Amt angenommen. Das ist dann dasselbe, wie wenn man es gleich tut. Das werden Sie ja wohl einsehen. Es ist genau dasselbe. Jedenfalls haben Sie erklärt: ›Olbricht sagte mir, wir könnten ganz plötzlich vor einer neuen Situation stehen, und darauf wollte er mich aufmerksam machen: Diese Sache hätte nicht lange Zeit, auch nicht bis zum anderen Tage, und deshalb hätte er mich heute, am 11.7., nach Berlin bestellen müssen.‹ Das haben Sie vor der Polizei gesagt; das wissen Sie auch.«

Hoepner: »Jawohl.«

Freisler: »Das bezieht sich nun nicht auf den 20.«

Hoepner: »Nein.«

Freisler: »Eben, so daß, selbst wenn Sie damals nicht aus Olbrichts Munde gehört haben sollten: ›Er ist vollgeladen dorthin geflogen‹, sondern das eine Verwechslung mit dem 20. gewesen sein sollte, was möglich ist, doch das andere bleibt, daß Ihnen nämlich Olbricht eröffnete: ›Bestellen mußte ich Sie hierher, und zwar konnte ich nicht bis morgen warten, sondern mußte das heute tun; denn er ist dorthin geflogen, und wir können jeden Augenblick vor einer völlig anderen Situation stehen; morgen wäre es zu spät; deshalb mußten Sie heute kommen.‹ So ist das gewesen. Das langt ja auch. Einen tiefen Blick haben wir wieder getan. Sie haben dann noch mehr aus diesem Anlaß gesprochen. Sie haben sich erkundigt, wie sich Olbricht denn die Sache denke, nicht wahr? Sie haben gefragt, wie er das meine.«

Hoepner: »Wieso sollte ich mich denn erkundigt haben, nach was, wie er sich was denke? Ich bin tatsächlich nicht mehr im Bilde darüber, wie sich das alles auf die einzelnen Tage und Gespräche verteilt.«

Freisler: »Dann bin ich bereit, weiter Ihre Erinnerung zu stärken. Bei der Polizei wußten Sie das noch genauer. Da haben Sie folgendes gesagt: ›Anschließend besprachen wir nochmals eingehend die Lage auf Grund des Vortrages des bearbeitenden Generalstabsoffiziers. Nach dessen Weggang stellte ich Olbricht die Frage: Wie denken Sie sich denn nun die Änderung? Olbricht antwortete, das wisse er auch nicht, wie man das im einzelnen machen wolle, es bestehe aber die Möglichkeit, daß einer anläßlich eines Vortrages die ganze Sache zum Platzen bringe. Ich verstand das in dem Sinne, daß ein Gewaltakt unternommen werden könnte.‹ Erinnern Sie sich jetzt wieder?«

Hoepner: »Ja.«

Freisler: »Aha, das Gedächtnis ist wieder gestärkt. Sie haben ausgesagt: ›Ich fragte nun Olbricht, wie denn das geschehen würde, da ja doch im Führerhauptquartier eine ganze Reihe von Offizieren wäre, von denen auch einer den anderen beobachte. Daß Stauffenberg persönlich diesen Gewaltakt plane, hat Olbricht nicht gesagt. Immerhin war mir klar, daß Stauffenberg in den Dingen darinstecken mußte.‹ Diesen Satz haben Sie beim Durchsehen des Protokolls geändert in den Satz: ›... daß Stauffenberg den Dingen nahe sein müßte.‹ Diese Änderung ist ja klein, ist aber für etwas bezeichnend; deshalb habe ich sie mir für jetzt aufgespart. Sie haben vorhin gesagt: ›Nun ja, ich bin ganze 12 Stunden vernommen worden.‹ Nach der Vernehmung haben Sie das durchgesehen und haben doch die Geistesschärfe gehabt, diese kleine Veränderung vorzunehmen, woraus sich wieder einmal ergibt, daß Sie also auch hinter diesem Protokoll voll und ganz stehen. Stimmt das?«

Hoepner: »Ja.«

Freisler: »Aber damit ist ja das Gespräch immer noch nicht aus gewesen. Erinnern Sie sich noch, wie es weiterging? Sie haben noch gefragt, wie man das, wenn nun überhaupt, ausführen könnte. Was hat Ihnen dazu Olbricht gesagt?«

Hoepner: »Er hat gesagt, er wüßte das auch nicht.«

Freisler: »Sehen Sie: das wüßte er auch nicht! Und dann haben Sie noch gefragt, was Sie nun hier noch sollten. Was hat er daraufhin erklärt?«

Hoepner: »Daraufhin hat er gesagt: ›Also, es ist ja nichts passiert‹; denn es war an dem Tage ein Luftangriff auf München gewesen; telefonische Nachrichten über das Ergebnis der Besprechung in Berchtesgaden waren nicht zu bekommen. Daraufhin habe ich ihm gesagt: ›Ich muß jetzt weg‹, denn ich hatte ja noch einige Besorgungen zu machen, und dann wollte ich nach Hause fahren.«

Freisler: »Früher haben Sie ausgesagt, auf die Frage, was Sie denn nun hier sollten, habe er erwidert, daß er Sie hiervon unterrichten wolle, daß … gerade heute, am 11.7., ein solch kritischer Tag im Führerhauptquartier sei, und er hätte früher schon davon gesprochen, es könnte ja sein, daß Fromm weg wäre oder nicht mitmachte, und dann sollten Sie an seine Stelle treten oder auch einen anderen Posten übernehmen; denn wir in der Heimat müßten auf die Dinge vorbereitet sein, wie wir das schon früher besprochen hätten; und in diesem Zusammenhang nannte er die Namen Beck und von Witzleben, und zwar sagte Olbricht …: ›Beck macht die Politik, von Witzleben das Militärische.‹ Stimmt das?«

Hoepner: »Jawohl.«

Freisler: »Sehen Sie, so eine Jammerfigur, als ob Sie von allem nichts mehr gewußt hätten! Haben Sie nicht auch über den militärischen Ausnahmezustand gesprochen, den Sie verhängen wollten?«

Hoepner: »Ich weiß nicht, ob es bei dieser Gelegenheit oder ob es an einem anderen Tag gewesen ist. Jedenfalls am 20. habe ich darüber gesprochen. Es muß an diesem Tage ... oder ... am 15. gewesen sein, daß ich danach fragte und daß Olbricht sagte: ›Wenn einmal eine Sache im Hauptquartier passiert ...‹«

Freisler: »Eine Sache passiert! Wir wissen jetzt allmählich, was Sie mit dieser merkwürdigen Ausdrucksweise meinen.«

Hoepner: »... dann müssen wir hier zu Hause selbstverständlich darauf gefaßt sein, und dann muß ...«

Freisler: »Dann dürfen wir nicht hinterherhinken – das haben Sie alles schon gesagt , und dann muß? Was muß dann?«

Hoepner: »›Dafür haben wir Vorbereitungen getroffen, und die entsprechenden Maßnahmen liegen im Schrank!‹«

Freisler: »Wir haben für den Fall schon Vorbereitungen getroffen, und zwar Verhängung des Ausnahmezustandes, die Regierungskunst von Ihnen, die wir vorhin ja genossen haben, die schwärzeste Reaktion gegen das Volk, gegen alles, nur mit der Gewalt einer kleinen Clique, dumm genug, nicht von vornherein zu begreifen, daß so etwas nicht zu zerbrechen braucht, weil man es so nicht zusammensetzen kann. Das war also dieser 10./11. Sie sprachen schon – wir können noch einmal darauf zurückgehen – von einem Zum-Platzen-Bringen in einer Lagebesprechung. Sie hatten also an ein Sprengstoffattentat nicht gedacht?«

Hoepner: »Nein.«

Freisler: »Woran haben Sie denn gedacht?«

Hoepner: »Ich habe das gar nicht gesagt. Das hat Olbricht gesagt.«

Freisler: »Angehört haben Sie das; aber das Bild stammt von Olbricht. Es war ja ein Gespräch, und Sie waren doch eines Geistes Kinder. Sie haben dem jedenfalls nicht widersprochen, sondern haben das wie eine Offenbarung angehört. Sie hatten Ihre Uniform noch mitgebracht und haben das wie eine Offenbarung angehört. Was hatten Sie denn für ein Vorgehen im Sinn?«

Hoepner: »Ich habe Olbricht direkt gefragt und ihm gesagt: ›Ich kann mir gar nicht vorstellen, wie man es zum Platzen bringen soll; denn erstens einmal kann ich mir nicht denken, daß man überhaupt mit einer Sprengmunition hereinkommt ...‹«

Freisler (unterbrechend): »Aha! Also wurde doch das Platzen etwa auch im Sinne von Sprengmunition erörtert. Ich habe also gar nicht mehr nötig, Sie dann noch zu fragen, ob Sie etwa das Bild des Faschisten-Großrats vor Augen hatten. Wir Nationalsozialisten vom ältesten bis zum jüngsten, wir Deutschen haben uns damals gesagt: so etwas gibt es bei uns nie, nie, nie. Und wenn Sie schon bei dem Platzen nicht von Sprengstoff gesprochen haben, konnte es ja nun so etwas Ähnliches von der militärischen Seite her, aber auch von der Reaktion her sein. Aber sie haben ja eben die Sache offenbart.«

Hoepner: »Ich habe gesagt, wie ich das auch im Protokoll ausgesagt habe, daß ich Zweifel gehabt hatte, dauernd Zweifel gehabt und es nie für möglich gehalten habe, daß jemand das fertigbringt, selbst wenn er es wollte.«

Freisler: »Alles, temporär, sekundär! Als erster kommen Sie selbst natürlich nicht in Frage, sondern Sie müssen jemand haben, der es als erster macht, nicht wahr? Bis soeben, bis es herausplatzte, als Sie unvermutet noch einmal darauf zurückkamen, haben Sie mit aller Energie ... bestritten, daß überhaupt an Sprengstoff gedacht, davon gesprochen worden wäre. Jetzt ist es also heraus.«

(Widerspruch des Angeklagten Hoepner!)

Freisler: »Ja, das haben Sie eben gesagt. Sie lachen schon wieder.«

Hoepner: »Ich habe nicht gelacht.«

Freisler: »Sie können noch lachen? Lachen Sie nur, solange Sie noch lachen können! Sie kamen nun nach Hause. Es war doch etwas ungewöhnlich, daß Sie am Tage, nachdem Ihre Frau Mutter gestorben war, nun von den Vorbereitungen zur Bestattung weg nach Berlin kamen und die Uniform mitnahmen. Hat denn Ihre Frau nicht einmal gefragt?«

Hoepner: »Natürlich hat sie gefragt.«

Freisler: »Was haben Sie denn Ihrer Frau geantwortet?«

Hoepner: »Ich habe meiner Frau gesagt: ›Es spielt irgend etwas im Führerhauptquartier; Näheres kann ich nicht sagen.‹ Darauf erwiderte sie: ›Das ist ja schrecklich! Warum bist du daran beteiligt?‹, worauf ich ihr nur sagen konnte: ›Ich bin an der Sache selbst nicht beteiligt, aber ich habe in anderer Beziehung etwas versprochen, und das muß ich jetzt halten.‹«

Freisler: »Ein bißchen haben Sie das wieder verdreht. Sie haben früher ausgesagt: ›Ich habe meiner Frau erklärt, daß ich ihr im einzelnen nichts sagen könne, es sei aber eine ernste Geschichte, offenbar sei etwas gegen den Führer geplant, dieser Plan rücke näher, und Olbricht habe mich orientieren wollen und von mir ver-

langt, daß ich da sei. Meine Frau erwiderte darauf: das sei ja
schrecklich, und fragte mich, warum ich mich daran beteiligen
würde. Ich erklärte ihr, daß ich früher versprochen hätte, mich
zur Mitarbeit zur Verfügung zu stellen, und daß ich deshalb jetzt
nicht nein sagen könnte.‹ – Jetzt kommt der nächste Tag. Am 12.
abends kam wieder ein Anruf.«

Hoepner: »Jawohl.«

Freisler: »Sie sollen wieder nach Berlin kommen. Stimmt das?«

Hoepner: »Ja.«

Freisler: »Sind Sie hingefahren?«

Hoepner: »Jawohl.«

Freisler: »Wieder zu Olbricht, Bendlerstraße?«

Hoepner: »Ja.«

Freisler: »Was erzählte er Ihnen? Fromm und Stauffenberg seien
zum Führerhauptquartier?«

Hoepner: »Jawohl.«

Freisler: »Und was sollten Sie?«

Hoepner: »Er wollte mich darüber unterrichten. Er hat nebenbei
am Freitagabend, als er dort anrief, gesagt: ›Kommen Sie doch
morgen! Er wollte nämlich sowieso in der Woche nach Hause
kommen. Da sagte ich: ›Fromm ist nicht da.‹ Er erwiderte: ›Wir
können uns ja etwas über die Geschichte erzählen. Ich wollte Sie
weiter darüber orientieren, was neulich passiert ist, am Dienstag,
den 11.; am Obersalzberg ist tatsächlich nichts passiert, und
Stauffenberg ist spät abends zurückgekommen.‹«

Freisler: »›Aber es kann heute passieren!‹«

Hoepner: »›Heute‹, sagte er, ›ist Stauffenberg hin.‹«

Freisler: »Da kann es auch passieren?«

Hoepner: »Das hat er mir nicht so in diesem Sinne gesagt.«

Freisler: »Das wollte er sagen, nicht mit diesen Worten, aber wohl
in dem Sinne. Oder nicht?«

Hoepner: »Aber ich habe daran gezweifelt, denn ich sagte mir …«

Freisler: »Er hatte ja an dem Tage Walküre ausgelöst.«

Hoepner: »Das wußte ich nicht.«

Freisler: »Sie haben das bei dem Gespräch erfahren?«

Hoepner: »Ja, aber dieses Auslösen von Walküre hat er mir als einen
Probealarm hingestellt.«

Freisler: »Weil er gesagt hat, Walküre versucht man in dem Augen-

blick auszulösen. Also war es vorher wohl dabeigeblieben. Sie
haben früher ausgesagt: ›Olbricht sagte mir, Fromm und Stauffenberg wären zum Führerhauptquartier geflogen; wenn dabei
etwas Neues passierte, wäre es ihm lieb gewesen, wenn ich bei
ihm gewesen wäre, damit er mir das gleich sagen könnte.‹«
Hoepner: »Das stimmt.«
Freisler: »Also dann ist ja wieder alles klar. Dann haben Sie noch
weiter miteinander geredet. Dann haben Sie aus einem Telefongespräch erfahren, daß wieder nichts passiert ist, aber er hat Ihnen
gesagt, er hätte Walküre ausgelöst. Stimmt das?«
Hoepner: »Er hat mir gesagt, daß er Walküre für die Schulen ausgelöst habe.« *(Gemeint sind die Heeresfeuerwerkerschule und die
Heereswaffenmeisterschule – Anm. d. Autors).*
Freisler: »Also teilweise ausgelöst. Für die Schulen hätte er Walküre ausgelöst und sei dann, um die Sache zu kaschieren, schnell
hinausgefahren, um zu besichtigen, wie es klappt. Auf die Wal-
küresache kommen wir vielleicht noch zurück. Das ist also eine
Alarmierung nach einem Plan, den für innenpolitische Zwecke
niemand ohne die zuständigen Stellen machen durfte und zu dem
die zuständigen Stellen nicht gehört worden sind, der ganz anderen, rein militärischen Zwecken dienen sollte und jetzt ausgelöst
wurde. Sie werden wohl verstehen, daß wir uns Gedanken darüber machen, ob Sie, als Sie nun erfuhren: ›Heute ist zum zweitenmal Stauffenberg im Hauptquartier, heute kann wieder etwas
passieren, heute haben wir Walküre, wenigstens was die Schulen
anlangt, ausgelöst‹, das nicht als in innerem Zusammenhang ste-
hend ansehen mußten. Sie werden sich darüber schon ihre Gedanken gemacht haben, zumal nämlich Olbricht Walküre überhaupt nicht auslösen konnte, weil er dafür gar nicht zuständig
war.«
Hoepner: »Das wußte ich nicht. Das hat er mir erst das nächstemal
erzählt. Ich wußte auch nicht, was Walküre ist, zu welchem
Zweck die ganze Sache erfolgte.«
Freisler: »Na, daß er die Schulen alarmiert hatte, soviel haben Sie
begriffen. Er fuhr nachher heraus, um zu besichtigen, wie lange
sie brauchen, um marschbereit zu sein. Nun, das besprechen wir
nachher. Als Sie nun nach Hause kamen, hat Sie wieder Ihre Frau
gefragt, wie es nun sei?«

Hoepner: »Meine Frau hat mich gefragt: ›Warum warst du wieder da?‹«

Freisler: »Und was haben Sie da Ihrer Frau geantwortet?«

Hoepner: »›Für mich hat es keine praktische Bedeutung, kein Ergebnis gehabt.‹«

Freisler: »›Für mich ist wieder kein praktisches Ergebnis herausgesprungen!‹ Das ist die klassische Art. Er macht Putsch, will den Führer zwingen, weiß oder denkt wenigstens daran, daß auch Sprengstoff dabei eine Rolle spielen könnte, alles, damit für ihn etwas dabei herauskommt, sagt seiner Frau zu Hause: ›Für mich ist heute wieder nichts dabei herausgekommen.‹ Und nun kommen wir zum 20. Wie ist es am 20. gewesen?«

Hoepner: »Ich bin am 19. nach Berlin gefahren.«

Freisler: »Wie sind Sie am 19. hingekommen? Wie ist es dazu gekommen, daß Sie dorthin fuhren?«

Hoepner: »Meine Frau hatte von ihrem Pelzhändler Salbach die Aufforderung bekommen, sie möchte in der ersten Hälfte der Woche hinkommen, um ihren Pelz, den sie von ihrer Mutter geerbt hatte, anzuprobieren. Da wollten wir am Dienstag an sich fahren. Meine Frau hatte aber ein geschwollenes Gesicht und konnte sich nicht rühren. Infolgedessen wurde die Sache von Dienstag auf Mittwoch verschoben.«

Freisler: »Jetzt kommt die lange Vorgeschichte. Zwei Seiten hindurch sprechen Sie davon. Schließlich fuhren Sie nach Berlin. Warum? Erstens wegen Ihrer Frau?«

Hoepner: »Ja. Zweitens wollte ich von Berlin aus nach Schlawe telefonieren. Drittens wollte ich mir Zigarren besorgen, und viertens wollte ich meiner Frau behilflich sein.«

Freisler: »Das war schon erstens. Waren Sie bestellt?«

Hoepner: »Nein.«

Freisler: »War Ihnen angedeutet worden, Sie möchten kommen?«

Hoepner: »Nein.«

Freisler: »War Ihnen das schon am 15. gesagt worden?«

Hoepner: »Nein.«

Freisler: »Sehr merkwürdig! Sie kamen also herein und begaben sich wieder …?«

Hoepner: »Nein, ich bin nach Wannsee gefahren.«

Freisler: »Wohin?«

Hoepner: »Zu meinem Schwiegervater.«

Freisler: »Wer ist das?«

Hoepner: »Gebauer.«

Freisler: »Das spielt hier keine Rolle. Und dann?«

Hoepner: »Dann habe ich dort das Telefongespräch nach Schlawe geführt.«

Freisler: »Und dann?«

Hoepner: »Dann bin ich zu Hause in Wannsee geblieben.«

Freisler: »Den ganzen 20. sind Sie in Wannsee gewesen?«

Hoepner: »Den 19.«

Freisler: »Na, ich war schon weiter, weil mich der 19. nicht so sehr interessiert. Sie haben ausgesagt: Am 19. in Wannsee. Und am 20.?«

Hoepner: »Am 20. habe ich vormittags Besorgungen in der Stadt gemacht.«

Freisler: »Welche Besorgungen?«

Hoepner: »Ich habe mich mit meiner Frau ins Benehmen gesetzt, und danach bin ich zu Olbricht gefahren.«

Freisler: »Hat Sie Olbricht – Sie können sich denken, daß das andere uns nicht interessiert – wieder über die Lage unterrichtet?«

Hoepner: »Jawohl.«

Freisler: »Was hat er Ihnen gesagt?«

Hoepner: »Er hat zunächst gesagt: ›Ich muß Ihnen erzählen – was ich Ihnen neulich erzählte –: nachdem ich die Schulen alarmiert hatte, Walküre ausgelöst hatte, hat mich Fromm gerüffelt.‹«

Freisler: »Sicher, weil er etwas getan hatte, was er gar nicht durfte.«

Hoepner: »... und hat mir noch gesagt, daß durch diese Art und Weise wir Gefahr gelaufen sind, die Panzer aus der Schule Krampnitz zu verlieren, die Guderian sofort nach Ostpreußen genommen hätte.«

Freisler: »Das ist eine interessante Sache. Das wollen wir noch einmal hören. Was hat er Ihnen gesagt?«

Hoepner: »›Fromm hat mir vorgehalten, daß ich durch meine fickrige Art‹« – wie er sich ausdrückte – »›die Gefahr heraufbeschworen habe, daß Guderian diese Panzer aus Krampnitz wegnimmt.‹«

Freisler: »Wohin?«

Hoepner: »Nach Ostpreußen.«

Freisler: »Also daß man Gefahr lief, daß Guderian, der die Panzer aufmarschieren gesehen hatte, nun diese Panzer wegnimmt und für die Front haben will. Wofür sind denn die Panzer da, wenn sie fertig sind und die Mannschaft fertig ist? Sie sind doch für die Front da. Da kommt also das zum erstenmal heraus.«

Hoepner: »Ich bitte um Verzeihung, wenn ich ...«

Freisler: »Daß man also Gefahr läuft, daß Guderian die Panzer nach dem Osten holt, das hat Ihnen Olbricht als Inhalt eines Gesprächs im BdE – so nennt man das ja wohl – gesagt *(Fromm war BdE, Befehlshaber des Ersatzheeres Anm. des Autors)*. Na, das müßten unsere Soldaten, unsere Grenadiere wissen, daß da von solchen Halunken gesprochen wurde, es bestünde die Gefahr, daß ein General dafür sorgt, daß die Panzer an die Front kommen.«

Hoepner: »Es handelte sich ja dabei um Panzer zur Ausbildung.«

Freisler: »Das ist egal. Wenn die Panzer an die Front gehören, gehören sie an die Front, dann hat sie keiner zu horten. Jetzt gehen wir über diesen Punkt hinweg. Nun hatte er Ihnen erzählt, wie es am 15. gegangen ist und welche Gefahr da aufgetaucht ist. Und weiter?«

Hoepner: »Dann hat er mir gesagt: ›Im übrigen ist der Stauffenberg heute wieder im Führerhauptquartier.‹«

Freisler: »Stauffenberg ist im Führerhauptquartier, mit wem?«

Hoepner: »Das hat er mir nicht gesagt.«

Freisler: »Und dann?«

Hoepner: »Dann hat er gesagt: ›Da ist Vortrag über die beschleunigte Aufstellung der Sperrdivisionen.‹«

Freisler: »Und dann?«

Hoepner: »›Stauffenberg ist vollgeladen‹ – das heißt, so hat er sich nicht ausgedrückt, sondern ›voller Spannung losgefahren‹.«

Freisler: »Erst haben Sie gesagt ›vollgeladen‹, und später haben Sie das in ›voller Spannung‹ umgewandelt nach dem Protokoll. ›Er ist also losgefahren.‹«

Hoepner: »›... ist losgefahren, ich vermute, daß da heute etwas passiert.‹«

Freisler: »Ich vermute, daß da heute etwas passiert! Ist am Vormittag noch etwas geschehen?«

Hoepner: »Dies, was er mir gesagt hat, war, glaube ich, um 12.30 Uhr, als er mir das erzählte, zwischen 12.30 und 13 Uhr.«

Freisler: »Sie sind dann Mittag essen gegangen ... Jetzt kommt eine Szene von solch hundsföttischer Gemeinheit ...«

(Widerspruch des Angeklagten Hoepner.)

Freisler: »Doch, natürlich!«

Hoepner: »Ich bitte um Verzeihung: In der Anklageschrift ist das doch anders dargestellt.«

Freisler: »Ich bin gar nicht bei der Anklageschrift. Ich habe vorhin allen Angeklagten gesagt, daß ich gar nicht nach der Anklage verhandele. Die Anklage hat ihre große Bedeutung voll gewahrt, weil sie alles vorbereiten sollte. Wir sind aber nach dem Gesetz verpflichtet, hier unmittelbar zu sprechen und zu verhandeln, nach dem, was im Vorverfahren herausgekommen ist. Und da kann ich mich an Ihre eigenen Worte halten. Sie hatten auch eine halbe Flasche Wein beim Mittagessen. Nun, mit einer halben Flasche können ja zwei einander nicht allzuoft zuprosten; aber das eine Mal, wo man einander zuprosten kann, ist folgendes geschehen; Sie haben ausgesagt: ›Während des Frühstücks prostete er (Olbricht) mir einmal zu und sagte dabei: Nun wollen wir einmal sehen, was heute passiert.‹ Stimmt das?«

Hoepner: »Ja.«

Freisler: »Ja, haben Sie kein Gefühl, was das bedeutet? Vorher haben Sie also wahrscheinlich erfahren – so ist es doch wahrscheinlich gewesen –: heute passiert etwas. Dann gingen Sie zum Mittagessen, und dann hat die Reaktion das Glas Wein erhoben. Man sieht geradezu, wie sie sich freut, mit diesem verfluchten Nationalsozialismus Schluß machen zu können, damit das Volk Herr seines Lebens ist – das Volk knuten zu können unter dem Ausnahmezustand: 9 Uhr abends Schluß –, es unter den Standgerichten knuten zu können, ihm verbieten zu können, sein Gemeinschaftsleben führen zu können, alles einzubeziehen, was das Gemeinschaftsleben ist, ohne jede Idee! Darauf ein Schlückchen Wein! Dann die beiden, besonders Sie, der wegen Ungehorsams und Feigheit die Uniform nicht tragen darf! Das ist Gesicht der Reaktion. Und nun kommt die Reihenfolge der Vorfälle selbst am 20., die sich nun abspielen und die wir auch einmal nach Ihren Erlebnissen kurz vor unseren Augen ablaufen lassen können. Nach dem Mittagessen haben Sie die Bendlerstraße wieder aufgesucht.«

Hoepner: »Jawohl.«

Freisler: »Warum, war ja nun klar, weil ja etwas passieren konnte.«

Hoepner: »Vor allen Dingen, weil ich die Lagekarte noch nicht gesehen hatte und auch wissen wollte, wo mein Sohn steckt.«

Freisler: »Ach, schämen Sie sich doch, das zu sagen, jetzt, nachdem Sie gerade mit ihm geprostet hatten! Schämen Sie sich, in diesem Zusammenhang davon zu sprechen: von Lagekarte und Ihrem Sohn! Können Sie Ihren Sohn nicht herauslassen? Bringen Sie das denn nicht fertig – nachdem Sie das vorher und jetzt an diesem Tage erlebt hatten? – Um 15.15 Uhr General Thiele! Was war da?«

Hoepner: »Da kam General Thiele und teilte mit ...«

Freisler: »Es käme ein Kommuniqué aus dem Hauptquartier!«

Hoepner: »Ein Kommuniqué aus dem Führerhauptquartier sei zu erwarten.«

Freisler: »Was antwortete darauf Olbricht?«

Hoepner: »›Fragen Sie an, was dieses Kommuniqué enthält.‹«

Freisler: »Sie haben ausgesagt, er hätte überlegt: ›Was bedeutet das? Wenn etwas passiert wäre, könnte von da kein Kommuniqué mehr kommen; es wird also nichts passiert sein. Aber was bedeutet das?‹ Jedenfalls bekam Thiele nunmehr Auftrag festzustellen, was für ein Kommuniqué zu erwarten sei. Das ist richtig. Zweitens: Nächste Szene! Wie ging es weiter? 15.50 Uhr: Der Führer ist tot. Haben Sie das nicht mehr in Erinnerung?«

Hoepner: »Jawohl.«

Hoepner: »Die Zeit kann ich nicht mehr genau angeben.«

Freisler: »Aber das ist die Zeit!«

Hoepner: »Jedenfalls auf Vorschlag von Thiele wurde der Radioapparat angestellt, um dieses Kommuniqué zu erwarten. Es kam nicht. Dann kam Olbricht herein, der zwischendurch hinausgegangen war.«

Freisler: »Zusammen mit?«

Hoepner: »Mit Mertz und sagte: der Führer ist tot.«

Freisler: »Gleichzeitig kam Thiele wieder herein.«

Hoepner: »Thiele kam wieder herein und sagte: ›Ich habe mit dem Hauptquartier gesprochen und habe nichts Bestimmtes feststellen können, nur soviel, daß dort eine Explosion in dem Besprechungssaal erfolgte, wobei eine größere Anzahl von Offizieren schwer verwundet worden ist.‹ Ich habe zwischen den Worten auch herausgehört, daß der Führer schwer verwundet oder sogar tot ist.«

Freisler: »Daß der Führer tot oder verwundet sei! Früher haben Sie ›schwer verwundet‹ bei den Offizieren gesagt und ›verwundet‹ beim Führer – daß der Führer tot oder verwundet sei. Es war also zweifelhaft, ob der Führer tot sei oder nicht. Ja, was taten denn nun in diesem Augenblick Olbricht und Mertz?«

Hoepner: »Olbricht und Mertz holten sich aus dem Panzerschrank von Olbricht verschiedene Papiere und gingen damit.«

Freisler: »Ihnen war doch ziemlich genau bekannt, was das für Papiere waren. Sie wußten ja, daß gewisse Dinge vorbereitet waren. Wir haben das von Ihnen vor einer halben Stunde gehört. Sie wußten, daß für diesen Fall bereits Ausnahmezustand und ähnliches vorbereitet war. Also war Ihnen auch klar, was Olbricht und Mertz herausholten, zumal Sie sagten, daß Sie auf das, was Thiele jetzt sagte, gar keine Acht mehr gaben. Ist das richtig?«

Hoepner: »Jawohl.«

Freisler: »Nun wußten Sie: Führer tot – nein, zweifelhaft, ob Führer tot. Jedenfalls jetzt rollt das Verratskomplott am deutschen Volke; jetzt werden die vorbereiteten Befehle aus dem Panzerschrank herausgeholt. Sie, der wegen Feigheit und Ungehorsam Entlassene, stehen erwartungsvoll dabei. Jetzt brauchen Sie zurückkommend Ihrer Frau nicht mehr zu sagen: für mich ist nichts Praktisches herausgekommen. Nun geht es weiter. Wohin ging denn nun der Olbricht?«

Hoepner: »Er ging wieder herüber zu Mertz.«

Freisler: »Zu Fromm!«

Hoepner: »Ob er gleich zu Fromm ging …«

Freisler: »Oder danach, jedenfalls zu Fromm!«

Hoepner: »Er ist jedenfalls vorher noch einmal hereingekommen und hat gesagt: ›Ich muß jetzt zu Fromm herüber und dem das vorlegen.‹«

Freisler: »Schön! In diesem Augenblick kam auch noch ein Anruf, eine Mitteilung.«

Hoepner: »Eine Mitteilung von Oberleutnant von Haeften aus Rangsdorf, daß das Flugzeug Stauffenbergs gelandet sei.«

Freisler: »Daß Stauffenberg gelandet sei und Meldung gebracht habe!«

Hoepner: »Die Meldung, daß der Führer tot sei.«

Freisler: »Übrigens Olbricht hatte Fromm auch bereits gemeldet, daß er da wäre, und Fromm wußte es auch vom Vormittag her.«

Hoepner: »Das weiß ich nicht.«

Freisler: »Das wissen Sie nicht. Und dann zu Fromm! Nach einiger Zeit kam Olbricht von Fromm zurück. Was sagte er?«

Hoepner: »Es dauerte ziemlich lange Zeit. Er sagte: ›Der Fromm will nicht unterschreiben.‹«

Freisler: »›Fromm ist verrückt, er will den Mertz verhaften.‹«

Hoepner: »Das ist etwas später gewesen.«

Freisler: »Das ist möglich, weil mir das nicht ganz klar geworden ist. Es ist möglich, daß es etwas später war. Also: ›Er will nicht unterschreiben; infolgedessen noch einmal zu ihm.‹«

Hoepner: »Jawohl.«

Freisler: »Ist er wieder hin?«

Hoepner: »Ja. Jedenfalls ist er dann wieder herübergegangen. Man kann das ja von seinem Zimmer aus nicht beobachten.«

Freisler: »Nein, aber Sie haben das angenommen.«

Hoepner: »Ich habe angenommen, daß er wieder herüberging.«

Freisler: »Als er dann zurückkam?«

Hoepner: »Als er dann zurückkam, kam Stauffenberg hinter ihm her. Das muß gut eine halbe Stunde bis dreiviertel Stunde später gewesen sein; denn als diese erste Meldung kam, von der ich vorhin sprach, von Oberleutnant Haeften aus Rangsdorf, da sagte ich noch, als Olbricht herüberging: ›Warten Sie erst einmal ab, bis Stauffenberg da ist, damit man klar sieht.‹ Darauf erwiderte er: ›Nein, das kann zu lange dauern, es kann eine halbe Stunde bis dreiviertel Stunde dauern, bis er hier ist.‹ Damit verschwand er. Und dann ist zwischendurch offenbar wieder eine Unterredung bei Fromm gewesen. Auf dem Wege entweder zu Fromm oder von Fromm hat Olbricht den Stauffenberg getroffen. Er kam also mit Stauffenberg.«

Freisler: »Jetzt kam Olbricht mit Stauffenberg.«

Hoepner: »Ja, und sagte: ›Was ist los? Erzählen Sie einmal!‹ Da sagte Stauffenberg: ›Ich habe alles das von außen gesehen; ich habe außerhalb der Baracke zusammen mit General Fellgiebel gestanden; da ist eine Explosion in der Baracke erfolgt, und da habe ich nur noch gesehen, wie eine große Anzahl Sanitäter herübergelaufen sind, Wagen hingebracht worden sind; diese Detonation war so, als ob eine 15-cm-Granate hineingeschlagen hätte: da kann kaum noch jemand am Leben sein.‹«

Freisler: »›Da kann kaum noch jemand am Leben sein!‹ Das ist wiederum ein Wunder, das wir uns vorhin anhand der Fotografien und der Lageskizze vergegenwärtigt haben, daß es eben doch anders war. Nun, er hat aber noch mehr gesagt. Das hat der Stauffenberg gesagt. Was haben die beiden denn über die Sache Fromm gesagt?«

Hoepner: »Nun sagte Olbricht: ›Der Fromm ist verrückt; er will mir den Mertz verhaften.‹ Er sagte: ›Stauffenberg, kommen Sie mit; wir müssen gleich wieder hinüber.‹ Dann sind sie wieder herüber. Das hat wieder eine ganze Weile gedauert. Unterdessen waren nunmehr zwischen dem ersten Alarm und dieser Sache beinahe eineinhalb Stunden vergangen. Während dieser Zeit erschien also der Generaloberst Beck.«

Freisler: »Ehe die zurück waren und gesagt haben: ›Die Sache Fromm ist erledigt‹?«

Hoepner: »Ja.«

Freisler: »Da kam also Beck.«

Hoepner: »Da kam Beck herein, und während er auf mich loskam und mich begrüßte, erschien auch gleich wieder Olbricht und sagte: ›Also die Sache ist jetzt drüben in Ordnung; sie müßten das jetzt für Fromm übernehmen.‹ Daraufhin sagte ich: ›Wieso? Wie komme ich dazu jetzt?‹ Da sagte er: ›Ja, Witzleben ist jetzt Oberbefehlshaber der Wehrmacht, und der Generaloberst Beck ist hier jetzt Regierungschef; der Witzleben wird Sie mit der Führung des Ersatzheeres beauftragen.‹«

Freisler: »Hier wollen wir einmal einen Punkt machen. Also ›Fromm erledigt. Sie müssen an die Stelle Fromms treten, Beck ist Regierungschef.‹ Er nannte sich Generalstatthalter.«

Hoepner: »Mir gegenüber nicht.«

Freisler: »Aber das war vorgesehen. Oder Reichsverweser, Reichspräsident. Sie hatten sich überlegt, ob Reichsverweser oder Reichspräsident, und schließlich waren Sie auf die Idee gekommen: Beck Generalstatthalter, Witzleben Oberbefehlshaber der Wehrmacht. Und Sie?«

Hoepner: »Ich sollte Nachfolger von Fromm werden, den Fromm als Befehlshaber des Ersatzheeres ersetzen.«

Freisler: »Ja, jetzt war es erreicht. Die beiden, die die ganze Sache als die Ehrgeizlinge gemacht hatten, die da meinten, sie könnten es besser als der Führer, Beck und Witzleben, hatten ihre Posten; und Sie hatten auch Ihren Posten. Sie konnten zu Ihrer Frau sagen: ›Diesmal hat es mir praktisch etwas eingebracht.‹ Und nun mußten Sie ja anfangen zu regieren.«

Hoepner: »Das heißt, ich habe erst noch Einspruch erhoben. Ich habe gesagt: ›Ich habe keine Beorderung. Wie komme ich dazu?‹«

Freisler: »Eben! ›Wo ist das Papier?‹«

Hoepner: »Darauf sagte Beck: ›Ja, das müssen Sie jetzt übernehmen; Witzleben ist auch hier; er beauftragt Sie damit.‹ Ich erwiderte: ›Ich habe noch keinen Befehl von Witzleben; ich kann das nicht so ohne weiteres machen.‹«

Freisler: »Also da hat jedenfalls die Reaktion sehr bürokratisch begonnen. Die drei standen dabei, und die erste Erklärung ist also die: ›Ich habe mein Papier noch nicht in den Händen.‹ Haben Sie denn das nicht bekommen?«

Hoepner: »Jawohl.«

Freisler: »Eben! Sie wurden ja befriedigt und hatten auch das. Sie konnten sagen: ›Was ich schwarz auf weiß besitze, kann ich getrost nach Hause tragen.‹ Die Schwierigkeit hatte sich also schnell behoben. Wer gab Ihnen das Papier?«

Hoepner: »Der Olbricht.«

Freisler: »Dann hätten Sie sagen können: ›Es hat mir einer gegeben, der gar nicht zuständig war.‹ Dann wäre das der erste Ressortstreit gewesen. Na, nun hatten Sie das Papier, und nun konnte es aber losgehen. Jetzt ging das Regieren los. Stimmt das?«

Hoepner: »Olbricht sagte: ›Kommen Sie bitte mit; Sie müssen die Geschäfte von Fromm übernehmen.‹«

Freisler: »›Sie müssen erst in dieses Zimmer hier, also in das Amtszimmer gehen.‹ Da war aber noch jemand darin? Denn Fromm verließ es ja wohl gleich. Sie trafen sich zwischen Tür und Angel. Fromm verließ es gleich, als Sie hereingingen, und Sie haben eine bedauernde Bewegung gemacht, ungefähr des Inhalts, ›daß es sehr bedauerlich ist, daß wir uns in dieser Situation treffen; ich muß Ihr Amt übernehmen.‹ Ist es so ungefähr gewesen?«

Hoepner: »Jawohl.«

Freisler: »Und was hat er geantwortet?«

Hoepner: »Er sagte: ›Ja, Hoepner, es tut mir leid, aber ich kann nicht anders; meiner Ansicht nach ist der Führer nicht tot, und Sie irren.‹«

Freisler: »›Ich kann Ihnen diesen Befehl nicht unterschreiben.‹ Und dann setzten Sie sich auf den Stuhl, setzten sich richtig zurecht, und nun saßen Sie da. Waren Sie denn nun der Meinung, der Führer sei tot oder er sei nicht tot?«

Hoepner: »Ich war der Ansicht: er ist tot.«

Freisler: »Aha! Sie meinen, mit dieser Ansicht könnten Sie etwa den Sachverhalt zu einem anderen machen. Der Führer ist ewig im deutschen Volke. Wenn der Führer stirbt, dann muß sein Werk als ein Vermächtnis in unserer Seele leben, dann muß das nationalsozialistische Reich durch die Treue aller seiner Männer und Frauen die Selbstsicherheit und Festigkeit haben, den vom Führer gewiesenen Weg in die Zukunft zu marschieren; und wenn Sie dann in einem solchen Augenblick die Macht usurpieren, dann sind Sie auch dann noch Mörder am Führer. Aber davon abgesehen, wer gab Ihnen das Recht zu wissen, daß der Führer tot sei? Es war immer noch etwas anderes da, nämlich der Thielesche Anruf und die Thielesche Meldung, er habe so etwas gehört, der Führer sei tot oder verwundet. Von Sicherheit konnte also gar keine Rede sein. Aber Ihnen ist vielleicht klargeworden, was ich Ihnen eben gesagt habe, wenn der Führer tot gewesen wäre, daß Ihre Handlung dann genau dieselbe gewesen wäre. Wurde es denn nun mit der Zeit sicherer oder unsicherer, ob der Führer lebe?«

Hoepner: »Es wurde nicht sicherer.«

Freisler: »Ja, es wurde immer unsicherer, daß der Führer diesem Morde zum Opfer gefallen wäre; und ich nehme an: Sie wurden immer nervöser. Inzwischen gingen die Befehle heraus, von denen wir schon vorhin gehört haben.«

Hoepner: »Diese Befehle habe ich mir erst geben lassen; die kannte ich nicht.«

Freisler: »Sie haben sie sich geben lassen und haben sie gelesen. Sie mußten doch irgend etwas tun. Der erste bürokratische Einwand war bereits erledigt. Der erste Ressortstreit war von Ihnen nicht erhoben worden. Also mußten Sie Akten lesen, und Sie lasen also Akten, die inzwischen entstanden waren, nämlich die Befehle. Nun hätte ja der größte Esel wissen müssen, was los war. Sie blieben weiter auf Ihrem Sitz sitzen. Das stimmt doch?«

Hoepner: »Jawohl.«

Freisler: »Na ja! Dann sind Sie also auch verantwortlich für die Befehle. Nachträglich gebilligt und weitergemacht ist genau dasselbe wie vorher entworfen; das ist alles eins. Die Befehle gingen heraus. Darunter war doch auch ein Befehl – oder wußten Sie von dem Befehl nichts? –, das Regierungsviertel zu zernieren.«

Hoepner: »Das weiß ich nicht.«

Freisler: »Das werden wir bei einem späteren Angeklagten noch verhandeln. Jetzt wurde immer unklarer, ob der Führer wirklich tot sei. Nun mußte man etwas unternehmen. Ob das Gebäude in der Bendlerstraße, über dessen Sicherung wahrscheinlich der Befehl gegeben war, daß das Gebäude gesichert wurde, nun von Ihnen gesichert wurde, will ich nicht fragen; denn Sie schwebten über dem Ganzen in den neuentstandenen Akten und Sie werden sich darum nicht groß gekümmert haben. Aber nun mußte man außer dem Gebäude in der Bendlerstraße noch mehr haben. Wie war denn das gedacht?«

Hoepner: »Ich habe eben gesagt: Zunächst habe ich mir die Grundlagen einmal ansehen wollen.«

Freisler: »Das haben Sie nun getan. Jetzt haben Sie das gelesen. Sie haben eine Bestallungsurkunde gehabt. Sie waren zufrieden: Das, was man schwarz auf weiß besitzt, kann man getrost nach Hause tragen. Sie haben die Befehle, die Akten studiert und haben da gelesen: jetzt sind wir soweit. Nun, was geschah denn da?«

Hoepner: »Darauf war zunächst gar nichts zu veranlassen; denn der Befehl, den Sie vorhin erwähnten, war ja herausgegangen.«

Freisler: »Nun gab es doch überall in den einzelnen Wehrbezirken Dienststellen, nämlich die Wehrbezirkskommandeure. Denen mußte man doch etwas sagen. Schließlich besteht Berlin nicht aus der Bendlerstraße, und das Großdeutsche Reich besteht wieder nicht nur aus Berlin; da gibt es Wien, Kassel, Köln, Frankfurt. Da hatten Sie Noske usw. Das weiß selbst die Reaktion. Na, geschah denn da nichts in der Richtung?«

Hoepner: »Nein.«

Freisler: »Haben Sie nicht telefoniert?«

Hoepner: »Erst sehr viel später, abends.«

Freisler: »Gut also! Dann wollen wir dabei bleiben.«

Hoepner: »Spät am Abend, als ich angerufen wurde.«

Freisler: »Aber zunächst geschah nichts?«

Hoepner: »Nein.«

Freisler: »Da haben Sie Daumen gedreht?«

Hoepner: »Zunächst hat mich Generaloberst Beck beiseite genommen und hat mir irgendwie seine Auffassung über die Lage mitgeteilt, hat mir den Gedanken, mit dem er seine Geschäfte, wie er sagte, übernommen hat, erläutert.«

Freisler: »Aber das war Ihnen doch schon klar. Das brauchen wir im einzelnen nicht zu hören. Wir haben seinen fabelhaften Aufruf und alles das. Wir wissen schon, was er war. Das hat er mit Ihnen besprochen. Sie waren davon begeistert. Und weiter, nachdem auch das geschehen war?«

Hoepner: »Ich habe dann zunächst noch einmal den Befehl gegeben nachzufragen. Olbricht sollte noch einmal durch Anruf im Führerhauptquartier feststellen lassen, wieweit die Meldung richtig ist, daß der Führer tot ist. Diesen Befehl habe ich sowohl an Olbricht wie an Stauffenberg gegeben und habe nachher gehört, daß Beck denselben Wunsch mehrfach geäußert hatte.«

Freisler: »Beck wollte nun Bescheid wissen; denn es wäre ja nun so gekommen: Beck wollte doch auch vor das Volk treten.«

Hoepner: »Ich habe zu Beck gesagt: ›Diese Geschichte muß erst geklärt werden; sonst entbehrt die ganze Aktion, dieser ganze Befehl der Grundlage; denn es steht ja darüber …‹«

Freisler (unterbrechend): »Mindestens ist es erheblich gefährlicher; denn Ihre Bedingung ›temporär, sekundär‹ war dann nicht erfüllt. Die Sache war noch gefährlich. Sie waren sich schon so sicher, daß der Führer tot war. Das hatten Sie gar nicht angenommen.«

Hoepner: »Ich habe eben doch im Laufe der Zeit Zweifel bekommen und habe sie auch Generaloberst Beck gegenüber zum Ausdruck gebracht.«

Freisler: »Beck wollte auch Bescheid wissen. Da haben Sie Befehl gegeben, es solle nachgefragt werden. Haben Sie eine Antwort bekommen?«

412

Hoepner: »Nein, es wurde gesagt, die Leitung sei gestört.«

Freisler: »Es hat etwas gedauert, weil nämlich Fellgiebel eine Zeit-lang die Leitung gestört hatte. Das war vorbesprochen gewesen von Stieff, daß man die Leitungen stört, abschirmt. Aber schließ-lich kamen auch Nachrichten, der Führer werde sprechen.«

Hoepner: »Diese Nachricht ist erst spät abends gekommen.«

Freisler: »Aber es kam auch die Nachricht im Radio: Attentat, der Führer lebt.«

Hoepner: »Das ist so gegen 19 Uhr gewesen.«

Freisler: »Das mag sein: um 19 Uhr. Was haben Sie bis 19 Uhr sonst noch getan?«

Hoepner: »Ich habe zuerst einen kurzen Augenblick die Gruppen-leiter gesprochen.«

Freisler: »Gut! Sie haben also nun mindestens einmal die Herrschaft in der Bendlerstraße angetreten. Die Gruppenleiter haben Sie zu sich bestellt. Was haben Sie ihnen denn gesagt?«

Hoepner: »Die hatte Stauffenberg bestellt.«

Freisler: »Sie sind nicht herumgelaufen, um den einzelnen zu holen. Aber das kann man trotzdem so nennen: Sie haben die Gruppen-leiter bestellt. Nun, was haben Sie ihnen gesagt?«

Hoepner: »›Meine Herren, der Führer ist tot. Der Feldmarschall von Witzleben hat den Oberbefehl über die Wehrmacht über-nommen und mich hierher gesetzt als Vertreter von General-oberst Fromm, der die Geschäfte nicht führt: ich bitte Sie, ebenso treu und zuverlässig wie bisher weiterzuarbeiten.‹«

(Lachen im Zuschauerraum.)

Freisler: »Was? Sie, der Verräter, sprachen von Treue? Wenn Sie die Männer baten, treu zu sein, dann mußten die Männer Sie sofort erschießen oder festnehmen. Das war die Treue. Sie sprachen also von Treue! Donnerwetter! Sie haben gehört, was das für einen Erfolg hatte.«

Hoepner: »Ich habe Ihnen gesagt: ›Es handelt sich jetzt darum, daß das Ersatzheer weiterarbeitet, daß der Stab, Chef Rüst, dafür sorgt, daß die Truppe an der Front weiter versorgt wird.‹«

Freisler: »Ach, bisher haben wir nur gehört, daß die Gefahr bestan-den hatte, daß etwa Guderian die Panzer holte. Jetzt plötzlich an-ders!«

Hoepner: »Davon habe ich aber nichts gesagt.«

Freisler: »Nein, aber das war das Gespräch zwischen Ihnen beiden.«

(Hoepner und Olbricht – Anm. des Autors).

Hoepner: »Das hatte auch Fromm gesagt.«

Freisler: »Auch der Fromm, aber auch der Olbricht, und Ihnen hatte er das gesagt. Es war ja eine Clique. Der Olbricht und Sie. Also: ›Wir müssen dafür sorgen, daß die Front versorgt wird‹, haben Sie auch noch gesagt. Schön. Was noch? Sie sollten so treu
wie bisher arbeiten. Na, was haben Sie noch getan? Dann haben
Sie wieder kehrtgemacht und sind heraus.«

Hoepner: »Ich bin herausgegangen. Das war im Vorzimmer gewesen.«

Freisler: »Damit waren Sie überzeugt, daß Sie die Lage erobert hatten.«

Hoepner: »Nein.«

Freisler: »Das glaube ich auch nicht. Und dann?«

Hoepner: »Dann sind die Amtschefs zu Olbricht gebracht worden.«

Freisler: »Aha! Dann kamen die Amtschefs. Was haben Sie denen
gesagt?«

Hoepner: »Den Herren habe ich dasselbe gesagt wie den anderen:
›Meine Herren, der Führer ist tot; ich bin hierhergesetzt worden
als Vertreter des Generalobersten Fromm, und es handelt sich
jetzt darum, daß wir weiterarbeiten, ohne daß eine Unterbre-
chung stattfindet.‹ Darauf sagte der General Specht: ›Ja, Herr
Generaloberst, ist denn der Führer wirklich tot?‹ Daraufhin erwiderte ich ihm: ›Ich habe eine mehrfache Meldung darüber, daß
er tot ist; sie wird allerdings von anderer Seite bezweifelt.‹ Daraufhin sagte Specht: ›Ja, mit dieser Auskunft allein kann ich nicht
weiterarbeiten.‹«

Freisler: »Da hat er wohl auch recht gehabt. Auch mit der präzisen
Auskunft hätte er nicht weiterarbeiten können. Das habe ich Ihnen vorhin schon klargemacht, daß es ein Mord am Führer gewesen wäre, einen solchen Putsch zu machen, auch wenn der Führer
tot gewesen wäre. Was haben Sie darauf geantwortet?«

Hoepner: »Darauf habe ich gesagt: ›Sie haben recht, wir werden sehen, daß wir in allerkürzester Zeit etwas Endgültiges feststellen.‹«

414

Freisler: »Sie sind dann sofort aus dem Zimmer herausgegangen, in dem Sie ja nichts zu suchen hatten. Das nehme ich doch an. Haben Sie gesagt: ›Ich lege mein Amt nieder; die Herrlichkeit ist zu Ende‹?«

Hoepner: »Das habe ich in dem Augenblick nicht gesagt.«

Freisler: »Das haben Sie nicht gesagt. Es ist auch völlig egal. Aber immerhin Sie scheinen derjenige gewesen zu sein, der die Männer am Zuge hatte: Wenn ihr anders wollt, könnt ihr auch anders.‹ – Das waren die zwei Reden, die Sie gehalten haben. Was geschah noch bis 7 Uhr abends?«

Hoepner: »Außerdem kam der General von Kortzfleisch und fragte ebenfalls, ob der Führer tot sei.«

Freisler: »Er wollte zu Fromm?«

Hoepner: »Er wollte zu Fromm.«

Freisler: »Eben!«

Hoepner: »Da habe ich ihn zu dem Generaloberst Beck gebracht.«

Freisler: »Wissen Sie, was Sie damit getan haben? Sie wissen ganz genau, daß Beck Fromm weggenommen hatte. Wenn Sie Kortzfleisch, der zu Fromm wollte, … zu Beck brachten, konnte ja Kortzfleisch dasselbe passieren.«

Hoepner: »Ich habe Kortzfleisch gesagt: ›Sie können Fromm augenblicklich nicht sprechen: Er ist nicht hier.‹«

Freisler: »›Er ist nicht hier.‹ Das war aber eine sehr verhüllte Bemerkung, aus der nicht ohne weiteres zu entnehmen war, was inzwischen geschehen war. Sie haben also nun Kortzfleisch eigentlich in die Gewalt von Beck gebracht. Das ist es. Das haben Sie also auch getan. Wieder eine sehr positive Verräterhandlung, die Sie begangen haben! Was ist noch bis 19 Uhr geschehen? Na, allmählich ist es wohl 19 Uhr geworden. Sehr intensiv haben Sie nicht gearbeitet. Ich weiß nämlich nicht, ob noch viel bis dahin geschehen ist. Jetzt sind wir allmählich bei dem Augenblick angelangt, in dem nun im Radio bekanntgemacht wurde: Der Führer ist nur unwesentlich verwundet, der Führer lebt. Was war nun?«

Hoepner: »Als dies gemeldet wurde, habe ich dem Generaloberst Beck gesagt: ›Wissen Sie, jetzt kommt dieses Kommuniqué, die Bestätigung dessen, daß der Führer eben nicht tot ist.‹«

Freisler: »›Sehen Sie wohl, ich habe es immer gesagt: die Geschichte hat nicht geklappt‹, haben Sie ungefähr gesagt. Und Beck?«

Hoepner: »Beck sagte daraufhin: ›Es braucht gar nicht richtig zu sein, was durch das Radio gegeben wird; es kann eine sehr geschickte Mystifikation des Tatbestandes sein, und wir müssen das abwarten.‹ Daraufhin sagte ich ihm: ›Nun ja, wenn aber der Führer selbst über das Radio sprechen sollte, dann …‹«

Freisler: »Also, das sagten Sie: ›Wenn nun aber der Führer selbst über das Radio spricht?‹«

Hoepner: »›… dann ist doch der Beweis erbracht, daß die ganze Sache hier, die ganze Geschichte Unsinn ist; also damit entfällt jeglicher weiterer Sinn für die Arbeit hier.‹«

Freisler: »Er hat aber auch etwas darüber gesagt, was dann oben geschehen müsse.«

Hoepner: »Er sagte: ›Erstens einmal hat er vorläufig noch nicht gesprochen, und zweitens handelt es sich jetzt für mich darum, daß ich über das Radio spreche.‹«

Freisler: »›Dann muß ich eben vorher über das Radio sprechen.‹«

Hoepner: »Jawohl.«

Freisler: »Und daraufhin meinten Sie: ›Dann käme es also auf eine Kraftprobe hinaus.‹«

Hoepner: »Mit den Worten habe ich das nicht ausgedrückt.«

Freisler: »Nicht mit den Worten. Die Worte sind mir jetzt entfallen; aber der Sinn ist es gewesen. Einen Augenblick. Hier haben wir es: ›Als ich, wie oben gesagt, nach dem Besuch von Kortzfleisch mit Beck zusammen in sein Zimmer zurückgegangen war, hatte ich nun ein längeres Gespräch mit Beck, anschließend an meine schon erwähnte erste grundsätzliche Besprechung. Beck sprach noch davon, daß ihm dringend darum zu tun wäre, die Möglichkeit, über den Rundfunk zu sprechen, zu erhalten. Ich sagte ihm, es wäre immer noch keine Bestätigung über den Tod des Führers zu erhalten, und damit stehe und fiele ja alles; wenn das nicht der Fall wäre, wäre alles Quatsch, was wir machten. Beck wies darauf hin, daß die anderen ja so viel von Propaganda verständen und so viel mit Bluff arbeiteten, daß sie unbedingt an der Fiktion, der Führer lebe, festhalten würden. Ich wandte demgegenüber ein: Ja, aber wenn der Führer selbst im Rundfunk spräche! Beck entgegnete: Ja, darum muß ich eben vorher sprechen. Und man müsse unter allen Umständen verhindern, daß der Führer dazu die Möglichkeit hätte, wenn er tatsächlich noch leben sollte. Darauf

416

ich: Dann käme es also auf eine Kraftprobe an. Er: Das allerdings; das ist ja auch unsere Aufgabe für das deutche Volk in der heutigen Lage.‹ Ist das richtig?«

Hoepner: »Ungefähr dem Sinne nach.«

Freisler: »Dann setzen Sie sich einmal hin. Es soll jetzt die Volksgenossin Else Bergenthal hereinkommen. Wir wollen einmal sehen, ob wir von ihr ein Bild darüber bekommen können, wer derjenige war, der die Kraftprobe machen wollte.«

Die Zeugin Else Bergenthal, die nun aufgerufen wurde, war Becks Wirtschafterin. Freisler fragte sie nach Becks Charakter, und sie erklärte, darüber könne sie sich kein Urteil erlauben. Aber er habe in den letzten Wochen oft Schweißausbrüche gehabt, und sein Bett sei morgens klatschnaß gewesen. Diese Aussage interpretierte Freisler: »Also der Mann, der sich in seiner Angst nachts so im Bett wälzt, daß sein Bett am Morgen klatschnaß ist, 14 Tage lang, das ist der Mann, der sagt: ›Es kommt auf eine Kraftprobe an.‹«

Dann rief Freisler Hoepner wieder auf: »... Sie sehen also: das ist der Mann, der schon früher immer keine Entschlossenheit hatte, niemals Entschlüsse fassen konnte. Das ist also der Mann, der nun sagte: ›Ja, es kommt darauf an, daß wir diese Kraftprobe machen.‹ Und nun gehen wir weiter. Kam es denn zur Besetzung des Rundfunks?«

Hoepner: »Nein.«

Freisler: »Es war aber alles vorgesehen. Es kam nicht dazu, weil unsere deutschen Soldaten treu sind. Deshalb kam es nicht dazu und weil unser Nationalsozialismus uns in unseren Herzen Lebensgewohnheit, ein Bedürfnis geworden ist und unser Nationalsozialismus fest steht. Deshalb kam es nicht einmal bis zur Rundfunkbesetzung. Wie ging es weiter?«

Hoepner: »Abends kamen dann verschiedene telefonische Anrufe, das heißt, ich wurde an den Apparat geholt. Ein Gespräch war auf dem Apparat von Stauffenberg, entweder von ihm angemeldet oder wurde von mir hingelegt. Ich habe nun nach dem Eindruck, den ich nach dem sogenannten Kommuniqué gehabt habe, und sonst überhaupt den Wunsch gehabt, jetzt die ganze ...«

Freisler (unterbrechend): »Es war Ihnen jetzt zu gefährlich! Der Führer lebte.«

Hoepner: »Das nicht! Ich wollte jedenfalls keine unnötige Beunruhigung weiter schaffen.«

Freisler: »Eine Beunruhigung konnten Sie nicht mehr schaffen – die Sache war längst liquidiert –, selbst wenn Sie da noch saßen und noch nicht verhaftet waren. Sie Unruhe schaffen? Sie, dieser Beck, dieser Witzleben, dieser Olbricht Unruhe schaffen? Na, es hätte ja niemanden gegeben, der Ihnen gefolgt wäre. Sie konnten nur noch eines: Sie konnten sich noch schnell eine Kugel durch den Kopf jagen. Sie waren noch im Besitz der Waffe. Dazu waren Sie in der Lage. Aber Unruhe konnten Sie nicht mehr stiften. Und nun, Sie haben doch telefoniert, zum Beispiel mit Wien telefoniert?«

Hoepner: »Jawohl.«

Freisler: »Da war schon vorher ein Verbindungsoffizier hingeschickt worden, der Oberst Graf Marogna-Redwitz. Mit wem haben Sie dieses Wiener Telefongespräch geführt?«

Hoepner: »Mit General von Knesebeck. Er rief an und sagte, er käme in Gewissenskonflikt.«

Freisler: »Er brauchte gar nicht in Gewissenskonflikt zu kommen, wenn er ein fester Kerl war.«

Hoepner: »Er sagte mir, er komme in Gewissenskonflikt, weil ein Befehl vom BdE vorliege und zweitens ein Befehl vom Feldmarschall Keitel gekommen sei, daß die Befehle nicht zu befolgen waren.«

Freisler: »Von einem Gewissenskonflikt ist da gar keine Rede. Es war vollständig klar, was er zu tun hatte. Aber das sagte er. Was haben Sie nun geantwortet?«

Hoepner: »Ich fragte: ›Wie sieht es aus?‹ Er erwiderte: ›Es ist alles vollkommen ruhig.‹ Daraufhin habe ich ihm gesagt: ›Dann befolgen Sie den Befehl von Keitel.‹«

Freisler: »Nun, so schnell ist es nicht gegangen. Sie haben gesagt: ›Wenn Sie meinen, können Sie auch nach Keitels Befehl handeln.‹ Also: ›Sie können so oder auch so.‹ Stimmt das?«

Hoepner: »Nein.«

Freisler: »So haben Sie es aber ausgesagt: man könnte es auch anders machen. Wir finden die Stelle nachher. Wir werden daran denken, sie herauszusuchen. Sie haben noch andere Gespräche mit Wehrkreisbefehlshabern geführt.«

418

Hoepner: »Ich habe ein Gespräch geführt mit Stettin. Der stellvertretende Kommandierende General meldete, er wüßte nicht, was er tun solle, er habe ein Telefongespräch mit Keitel gehabt. Daraufhin fragte ich: ›Wie ist vom Amt aus das Gespräch zustande gekommen?‹ Da antwortete er: ›Das kann ich nicht sagen: ich habe Schweigegebot.‹ Darauf sagte ich: ›Dann kann ich Ihnen auch nicht beantworten, was Sie tun sollen. Haben Sie von mir einen Befehl bekommen?‹ Er entgegnete: ›Nein.‹ Ich sagte ihm: ›Dann ist es gut; dann befolgen Sie den Befehl von Keitel.‹«

Freisler: »Es ist richtig, daß ich mich eben geirrt habe. Dem General Knesebeck haben Sie ähnlich geantwortet. Mit einem Wort: die Herrlichkeit war nun zu Ende. Aber nun eines! Sie hatten die ganze Zeit sehr wenig zu tun, am ersten Tag Ihrer Regierung. Nun war doch Stauffenberg in der Nähe. Haben Sie ihn nicht einmal näher gefragt?«

Hoepner: »Stauffenberg war eigentlich nicht in der Nähe, sondern im wesentlichen immer unterwegs, soweit er nicht mit Telefongesprächen drüben bei Olbricht in Anspruch genommen war.«

Freisler: »Aber Sie hatten doch mehrere Male Gelegenheit, ihn zu sprechen.«

Hoepner: »Zwischendurch ist er mehrere Male durchgekommen und hat eine Verbindung aufgegeben.«

Freisler: »Haben Sie ihn nicht näher gefragt, wie es im einzelnen gewesen ist?«

Hoepner: »Ich habe ihn zwischendurch gefragt: ›Wie ist das eigentlich, Stauffenberg? Ich muß eine Bestätigung haben, ob der Führer eigentlich tot ist. Wie ist das gewesen?‹ Da sagte er: ›Ich habe meine Mappe in der Baracke liegen lassen und bin herausgegangen, und dann ist die Explosion erfolgt, und zwar im Zusammenhang mit dem Liegenlassen der Mappe.‹«

Freisler: »Haben Sie nicht nähere Einzelheiten erfahren?«

Hoepner: »Nein.«

Freisler: »Warum nicht?«

Hoepner: »Weil ich mir im Augenblick gar nicht ein Bild davon machen konnte, daß er in der Mappe einen so großen Sprengkörper gehabt haben sollte, um eine Explosion herbeizuführen, die so war, wie er sie zuerst geschildert hatte.«

Freisler: »Immerhin, wenn der Sprengkörper … explodierte, konn-

ten Sie sich sagen, daß da etwas passierte. Früher haben Sie anders
ausgesagt. Früher haben Sie gesagt: ›Ich habe ihn nicht mehr gefragt, weil ich mich mit den Einzelheiten nicht belasten wollte.‹
Stimmt das?«

Hoepner: »Jawohl.«

Freisler: »Na also! Das war der Grund. Ein feiner Kerl! Nun war
bald das Ende da. Wie kam das Ende?«

Hoepner: »Zuerst wurde draußen im Flur geschossen; es wurde
plötzlich geschossen. Ich hörte, wie Stauffenberg in das Neben-
zimmer kam und von Haeften sagte: ›Gehen Sie heraus und machen Sie Ordnung!‹ Kurz darauf erschienen mehrere Offiziere
mit Maschinenpistolen; und ein Oberstleutnant kam auf mich zu
und sagte: ›Herr Generaloberst, wir möchten wissen, was hier
gespielt wird; wir sind doch dazu da, für die Front zu sorgen;
jetzt ist aber durch die Walküregeschichte der Nachschub unterbrochen.‹«

Freisler: »›Jetzt ist durch die Walküregeschichte der Nachschub unterbrochen!‹ Inzwischen wissen Sie längst, daß Walküre ausgelöst war und daß Walküre so eingerichtet worden war …«

Hoepner (einfallend): »So ist es nicht; das wußte ich nicht.«

Freisler: »Es ist aber so. Das wußten Sie nicht?«

Hoepner: »Ich konnte auf diese Frage keine Auskunft geben. Ich
sagte zu Olbricht, der dabeistand: ›Wie ist es? Trifft es zu, daß
durch die Walküremaßnahmen der Nachschub an die Front gestört wird?‹ Darauf antwortete er: ›Jawohl, es trifft in begrenztem
Umfange zu.‹ Daraufhin sagte ich zu dem Oberstleutnant: ›Das
ist natürlich falsch …‹«

Freisler (unterbrechend): »Da haben Sie sich natürlich auf das hohe
Roß gesetzt, aber die Rückgängigkeit des Befehls nicht für nötig
erachtet. Die Front konnte weiter warten. Was sagte denn der
Oberstleutnant?«

Hoepner: »Er sagte: ›Kann ich Herrn Generaloberst Fromm sprechen?‹ – ›Jawohl.‹ – ›Wo ist er?‹ – ›Gehen Sie in seine Wohnung;
da können Sie ihn sprechen.‹«

Freisler: »Inzwischen war folgendes geschehen. Der Generaloberst
Fromm war an sich unter Bewachung gestellt gewesen. Das ist
doch richtig? Sie wissen das ja genau. Dann hatte er gebeten, den
Bewachungsoffizier aus dem Zimmer zu nehmen.«

Hoepner: »Richtig. Er bat, den Bewachungsoffizier, der vor der Tür gestanden hat, wegzunehmen.«

Freisler: »Dann hat er gebeten, in seine Wohnung gehen zu können. Es ist ihm erlaubt worden, in die Wohnung zu gehen. Er hatte allerdings die Verpflichtung übernommen, nichts zu unternehmen.«

Hoepner: »Freiwillig, ohne Zwang hat er gesagt: ›Ich verspreche Ihnen, daß ich nichts unternehme, daß ich nichts telefoniere, was ich Ihnen nicht vorher sage.‹«

Freisler: »So war er also nun in seiner Wohnung, und er hatte auch versprochen, die Wohnung nicht zu verlassen.«

Hoepner: »Er hatte durch seinen Ordonnanzoffizier sagen lassen, er wolle gern in die Wohnung gehen, um sich schlafen zu legen.«

Freisler: »Und er wollte die Wohnung nicht verlassen!«

Hoepner: »Das nehme ich an, wenn er sich schlafen legen wollte. Daraufhin habe ich gesagt: ›Selbstverständlich, bitte sehr.‹ Dann habe ich den Oberstleutnant in seine Wohnung geschickt; und er erschien nach ganz kurzer Zeit wieder mit Fromm sowie einer größeren Anzahl von Offizieren mit Waffen. Sie erschienen in dem Zimmer bei mir, und Fromm sagte: ›So, meine Herren, jetzt mache ich es mit Ihnen so, wie Sie es heute mittag mit mir gemacht haben.‹«

Freisler: »Aus war die Herrlichkeit. Das war also das Ende dieser Geschichte.«

Hoepner: »Die Szene vom Nachmittag war mir nicht bekannt. Ich konnte sie mir nachträglich konstruieren, und zwar …«

Freisler (unterbrechend): »Reden Sie doch kein dummes Zeug! Sie wußten ganz genau, daß Fromm gesagt haben sollte, er könne das nicht unterschreiben, daß man doch einmal hingegangen war, weil er den Mertz hatte verhaften wollen, daß er dann sein Zimmer verließ und Sie an seiner Stelle von jemand eingesetzt wurden in sein Amt, von jemand, der gar nicht das Recht dazu hatte. Das wußten Sie alles.«

Hoepner: »Ich wußte aber nicht, daß er mit der Waffe gezwungen worden war herauszugehen.«

Freisler: »Mit oder ohne Waffe? Das ist nicht das Wesentliche. Und dann spielte sich wohl alles sehr schnell ab?«

Hoepner: »Jawohl. Fromm hat dann zu Beck gesagt: ›Legen Sie die

Waffe weg!‹ Worauf Beck erwiderte: ›Ich möchte meine Waffe
zum privaten Gebrauch behalten.‹ Dann sagte Fromm: ›Bitte sehr,
aber dann gleich.‹ Darauf hat er die Pistole, die auf seinem Koffer
lag, genommen, sie geladen, und nach ein paar Worten hat er geschossen, sich aber nur einen Streifschuß beigebracht. Darauf sagte Fromm: ›Nehmen Sie dem alten Herrn die Waffe weg. Die anderen Herren, die etwas aufschreiben wollen, haben noch Gelegenheit, hier etwas aufzuschreiben; bitte sehr!‹ Darauf habe ich mich
an den Schreibtisch Olbrichts, an den Mitteltisch gesetzt. Dann ist
Fromm einen Augenblick verschwunden, kam wieder und sagte:
›Im Namen des Führers hat ein von mir bestelltes Standgericht das
Urteil gesprochen: Es werden der Oberst im Generalstab von
Mertz, General Olbricht, der Oberst – den ich mit Namen nicht
nennen will *(er meinte Stauffenberg – Anm. des Autors)* – und der
Oberleutnant von Haeften zum Tode verurteilt.‹«
Freisler: »Und wer war dabei nun alles im Zimmer darin?«
Hoepner: »Da waren Beck und diese vier und ich sowie Leutnante
und Oberleutnante.«
Freisler: »Die Sie nicht mit Namen kennen; sie waren mit Fromm
gekommen. Das waren die, von denen Sie sagten: ›Offiziere und
Mannschaften kamen herein.‹ War sonst noch jemand da?«
Hoepner: »Nein.«
Freisler: »Sonst war niemand im Raum?«
Hoepner: »Nein.«
Freisler: »Also nicht zum Tode verurteilt war in diesem Augenblick
wer?«
Hoepner: »Beck!«
Freisler: »Beck und Sie! Wie ist es mit Beck weitergegangen?«
Hoepner: »Beck wollte die Waffe nicht abgeben. Sie wurde ihm
weggenommen. Er sagte noch, er wolle es noch einmal versu-
chen. Dann wurden die vier, diese vier Offiziere abgeführt.
Fromm bestimmte einen Offizier, der die Exekution vornehmen
sollte, und da sagte er noch zu Beck: ›Ich überlasse es Ihnen jetzt,
zum zweiten Schuß zu kommen.‹«
Freisler: »Also behielt er doch die Pistole. Zum zweitenmal konnte
er es versuchen.«
Hoepner: »Jawohl. Dann sagte er zu mir: ›Bitte, kommen Sie mit
mir mit.‹ Er nahm mich in das Zimmer von Stauffenberg.«

Freisler: »Wie ist die Sache mit Beck weitergegangen?«

Hoepner: »Da habe ich nur einen Schuß fallen hören.«

Freisler: »Mehr können Sie nicht sagen? Dann kamen Sie in das Zimmer von Stauffenberg. Mit Fromm allein?«

Hoepner: »Jawohl. Da sagte er: ›Hoepner, ich weiß jetzt nicht, was ich tun soll; wollen Sie denselben Weg gehen wie Beck? Sonst muß ich Sie verhaften.‹ Darauf sagte ich: ›Fromm, ich fühle mich nicht in dem Sinne schuldig und als Schweinehund, daß ich mich selbst richten muß; ich will das, was ich getan habe, auch vor meiner Familie verantworten.‹«

Freisler: »›Ich fühle mich nicht in dem Sinne schuldig und als Schweinehund; ich will das, was ich getan habe, auch vor meiner Familie verantworten.‹«

Hoepner: »Jawohl.«

Freisler: »Sagen Sie einmal: Welche zoologische Charakterisierung hätten Sie nun als die richtige für das angesehen, was Sie getan haben, wenn Sie diese ablehnen?«

Hoepner: »Esel!«

Freisler: »Nein! Denn Esel ist eine Sache des Intellekts; Schweinehund ist eine Sache des Charakters nach unserem Sprachgebrauch. Nun wurden Sie nicht zum Tode verurteilt in diesem Augenblick und richteten sich auch nicht selbst, sondern was geschah mit Ihnen?«

Hoepner: »Fromm gab mir die Hand und sagte: ›Als Mensch und alter Freund …‹«

Freisler: »Als Mensch und alter Freund! Davon wollen wir gar nichts hören. Was geschah mit Ihnen?«

Hoepner: »Er ließ mich in das Wehrmachtsuntersuchungsgefängnis abführen.«

Freisler: »Eben! Es ist natürlich möglich, Herr Oberreichsanwalt, daß bei dieser Vernehmung dieser oder jener Punkt weggeblieben ist. Haben Sie noch einen Punkt, auf den Sie Wert legen?«

Oberreichsanwalt Lautz: »Ich habe keine Frage zu stellen.«

Freisler: »Dann setzen Sie sich, Angeklagter Hoepner. Meine Herren Richterkameraden und meine Herren Verteidiger, jetzt sind wir mit dieser Gruppe ebenfalls zu Ende. Wir machen eine Pause und werden in etwa 10 Minuten wieder neu anfangen.«

Als das Gericht wieder zusammengetreten war, verhörte Freisler als nächsten Angeklagten Peter Graf Yorck von Wartenburg. Nachdem Yorck die erforderlichen Angaben zu seiner Person und seiner beruflichen Laufbahn gemacht hatte, beendete Freisler diesen Teil der Vernehmung mit der Frage: »Politisch waren Sie bis 1933 nirgends organisiert?«

Yorck: »Nein.«

Freisler: »Sie haben zunächst mit der Deutschnationalen Volkspartei und später mit der nationalsozialistischen Partei sympathisiert.«

Yorck: »Gewählt!«

Freisler: »Sie sind nach 1933 nicht organisiert gewesen?«

Yorck: »Nein.«

Freisler: »Sie sind der Partei nicht beigetreten?«

Yorck: »Nein, ich bin nicht in die Partei eingetreten, war nur Mitglied der NSV.« (NSV = *Nationalsozialistische Volkswohlfahrt – Anm. des Autors*).

Freisler: »Sie sind auch keiner Gliederung beigetreten?«

Yorck: »Nein.«

Freisler: »Warum denn nicht?«

Yorck: »Weil ich an und für sich nicht Nationalsozialist bin.«

Freisler: »Aha, weil Sie nicht Nationalsozialist von Gesinnung sind! Damit ist das geklärt. Waren Sie in diesem Kriege an der Front?«

Yorck: »Ich habe den Polenfeldzug bei einem Panzerregiment mitgemacht.«

Freisler: »Sie haben das EK II.«

Yorck: »Jawohl.«

Freisler: »Und nachher hatten Sie ein Sonderkommando.«

Yorck: »Nachher bin ich von meiner Behörde uk gestellt worden.«

Freisler: »Was waren Sie, als der Krieg begann?«

Yorck: »Leutnant.«

Freisler: »Sie haben also die Ausbildung des Reserveoffiziers durchgemacht.«

Yorck: »Ja, ich habe bis 1934 die Übung gemacht.«

Freisler: »Dann sind Sie uk gestellt worden. Wann sind Sie neu einberufen worden?«

Yorck: »Am 15.7.1942.«

Freisler: »Wohin?«

Yorck: »Zum Wirtschaftsstab Ost. Das ist eine Dienststelle. Da bin ich bis zuletzt geblieben, bis zum Juli.«

Freisler: »Kennen Sie Graf Stauffenberg? Jetzt meine ich den Mörder.«

Yorck: »Jawohl.«

Freisler: »Seit wann?«

Yorck: »Stauffenberg war ein Vetter von mir.«

Freisler: »Dann ist die Frage überflüssig gewesen. Das ist richtig; ich habe das im Augenblick nicht gewußt. Erstmalig 1944 soll nach Ihrer früheren Aussage zwischen Ihnen und Stauffenberg ein Gespräch gewesen sein, das uns jetzt interessieren könnte. Wie ist das gewesen?«

Yorck: »Gelegentlich eines Besuchs von Stauffenberg in meiner Wohnung, der ganz zufällig war, kamen wir auf die allgemeine Lage, auf die militärische Lage zu sprechen. Er sah schwarz und meinte, es müsse etwas geschehen, es müsse eine Änderung herbeigeführt werden, was mich in dem Falle bei ihm überraschte, weil ich ihn als besonders aktiven Offizier kannte.«

Freisler: »Also er sah schwarz, und er meinte, es müsse etwas geschehen, er wolle eine Änderung herbeiführen. Sagte er, mit wem?«

Yorck: »Nein. Ich fragte ihn natürlich, auf welche Weise diese Änderung nach seiner Vorstellung herbeigeführt werden könne.«

Freisler: »Also er wollte eine Änderung und sagte, es müsse eine Änderung kommen. Das ist doch richtig! Aber mit wem? Mit welchem Kreis? Was sagte er da?«

Yorck: »Auf mein Befragen hin hat er den Namen des Generalobersten Beck genannt.«

Freisler: »Sie fragten, wer in Frage komme. Darauf antwortete er: ›Generaloberst Beck könnte etwa in Frage kommen‹?«

Yorck: »Ja.«

Freisler: »Wurde das näher ausgesponnen?«

Yorck: »Nein.«

Freisler: »Die zweite und dritte Unterhaltung interessieren nicht. Die zweite Zusammenkunft haben Sie geschildert. Es waren noch andere dabei, und er machte Ihnen noch Vorwürfe, indem er sagte: ›Wir können gar nicht reden, weil Dritte dabei sind.‹ Die vierte Zusammenkunft war etwa Anfang Juni dieses Jahres. Bei wem?«

Yorck: »Auch in meiner Wohnung.«

Freisler: »Unter vier Augen?«

Yorck: »Ja.«

Freisler: »Schildern Sie kurz in den wichtigsten Punkten diese Unterhaltung!«

Yorck: »Graf Stauffenberg kam auf unsere erste Unterhaltung im Januar zurück und schilderte dann die militärische Lage, die er dahin skizzierte, daß seine Erwartungen an und für sich nach der schlechten Seite noch übertroffen worden wären.«

Freisler: »Er sah noch schwärzer?«

Yorck: »Es waren die Tage der Invasion. Es war nicht gelungen, die Invasion abzuwehren.«

Freisler: »Na, es ist sehr fraglich, ob sie gelungen war. Es kommt darauf an, wie man die Sache ansieht. Jedenfalls sah er schwarz.«

Yorck: »Jawohl.«

Freisler: »Das war nichts Neues. Er sah die Lage schwarz an Hand neuer Ereignisse.«

Yorck: »Ja.«

Freisler: »Aber nun kam der Gedanke, es müsse Schluß gemacht werden, also der Erzbergergedanke.«

Yorck: »Ja, nur insofern meiner Ansicht nach verschieden, als er von der militärischen Seite, von der militärischen Beurteilung her kam.«

Freisler: »Ja, das ist insofern ein Unterschied; das habe ich vorhin schon hervorgehoben; aber im Ergebnis ist es gehupft wie gesprungen. Dann kam eine feierliche Verpflichtung, die er Ihnen abnahm.«

Yorck: »Jawohl.«

Freisler: »Welche Verpflichtung nahm er Ihnen ab?«

Yorck: »Über den Inhalt der Unterhaltung zu schweigen.«

Freisler: »Über das, was Sie besprachen, mit niemand zu sprechen! Ehrenwort!«

Yorck: »Jawohl.«

Freisler: »Was hat er, als er Sie so gebunden hatte, gesagt?«

Yorck: »Er hat an und für sich deutlich ausgesprochen, daß er selbst vor einer Beseitigung des Führers nicht zurückschrecken würde.«

Freisler: »Früher haben Sie sogar positiv gesagt, er wolle den Führer beseitigen – das ist ja auch dasselbe –, weil rasches Handeln erforderlich sei, das sei seine Einstellung.«

Yorck: »Jawohl.«

Freisler: »Dann kam eine Frage an Sie.«

Yorck: »Es handelte sich damals im übrigen um andere Voraussetzungen.«

Freisler: »Für Friedensverhandlungen?«

Yorck: »Nein, es handelte sich damals darum, andere Voraussetzungen für die militärische Führung zu schaffen.«

Freisler: »Für die militärische Führung! Noch toller! Aber auch für die Friedensverhandlungen.«

Yorck: »Friedensverhandlungen wurden in dieser Unterhaltung auch gestreift, allerdings von mir der Standpunkt vertreten und auch von ihm nicht lebhaft widersprochen, daß die Friedensaussichten nach einem Umsturz nicht etwa derart seien, daß keine bedingungslose Kapitulation verlangt würde.«

Freisler: »Auf deutsch, daß höchstwahrscheinlich nachher der Feind nicht weniger verlangen würde ...«

Yorck: »Richtig.«

Freisler: »... daß rasches Handeln nötig sei. Und er hat eine Frage an Sie gerichtet.«

Yorck: »Jawohl.«

Freisler: »Welche?«

Yorck: »Er hat mich gefragt, ob ich mich in diesem Falle zur Verfügung stellte.«

Freisler: »Ob Sie sich bei einem militärischen Vorgange, wenn etwas geschähe, zur Verfügung stellen würden ...«

Yorck: »Jawohl.«

Freisler: »... bei einem Attentat und dem, was folgt!«

Yorck: »Die Zurverfügungstellung bezog sich nicht auf das Attentat.«

Freisler: »Ich habe mich schlecht ausgedrückt. Er hat Sie gefragt, ob Sie bei der Lage, die in Verfolg des Attentats entstehen würde und entstehen sollte, sich zur Verfügung stellen würden.«

Yorck: »Jawohl.«

Freisler: »Nun, Sie hatten ein Ehrenwort gegeben. Was haben Sie für einen Gedanken gehabt, als Sie das gehört hatten?«

Yorck: »Herr Präsident, ich habe bereits bei meiner Vernehmung angegeben, daß ich mit der Entwicklung, die die nationalsozialistische Weltanschauung genommen hatte ...«

Freisler (unterbrechend): »... nicht einverstanden war! Sie haben, um es konkret zu sagen, ihm erklärt: In der Judenfrage passe Ihnen die Judenausrottung nicht, die nationalsozialistische Auffassung vom Recht hätte Ihnen nicht gepaßt.«

Yorck: »Das Wesentliche ist, was alle diese Fragen verbindet: der Totalitätsanspruch des Staates gegenüber dem Staatsbürger unter Ausschaltung seiner religiösen und sittlichen Verpflichtungen Gott gegenüber.«

Freisler: »Sagen Sie einmal, wo hat der Nationalsozialismus die sittlichen Verpflichtungen eines Deutschen ausgeschaltet? Der Nationalsozialismus hat die sittlichen Verpflichtungen eines Deutschen, des deutschen Mannes, der deutschen Frau unendlich gesundet und unendlich vertieft. Daß er sittliche Verpflichtungen ausgeschaltet hätte, habe ich noch nie gehört. Und was die Religion anlangt, so ist im Grunde der Nationalsozialismus sehr bescheiden. Er sagt: Bitte, mache das doch ab, wie du willst, nur bleibe im Jenseits mit deinen Ansprüchen, Kirche! Denn die Seelen sollen ja im Jenseits herumflattern; hier auf der Erde gilt unser jetziges Leben. Sonst kann sie sich um die Politik kümmern. Also, was Sie sagen, ist zumindest sehr schief gesehen; es hat keinen Sinn.«

Yorck: »Ich wollte das nur als Erklärung geben.«

Freisler: »Was weiter die nationalsozialistische Auffassung vom Recht betrifft, so kann ich als einer, der seit vielen Jahren nun wirklich im Rechtsleben darinsteht, sagen, daß unsere Auffassung vom Recht theoretisch und praktisch ebenfalls eine ungeheure Vertiefung erfahren hat, daß das Recht unseres Volkes eine ungeheure Gesundung und Verstärkung erfahren hat. Dafür ein Satz! Wenn es früher hieß – Kapuzinerpredigt –: ›Was nicht verboten ist, ist erlaubt‹, das heißt, wenn der Schieber und Schurke sich nicht in den Maschen ausdrücklicher Bestimmungen fängt, läuft er frei aus, so ist das heute anders. Der schlüpfrige Raum zwischen gut, anständig und unanständig war früher freies Jagdgebiet auf Kosten des anständigen Bürgers. Jetzt ist er freies Betätigungsgebiet, Sanierungsgebiet des anständigen Bürgers auf Kosten des Schiebers. Was Sie vorgetragen haben, bleibt rätselhaft. Aber Sie sagen: Ich war nicht einverstanden. Nun frage ich Sie: Wenn Ihnen ein Ehrenwort abgenommen war und Sie so etwas hörten, was haben Sie sich für Gedanken gemacht? Kann denn so ein Ehrenwort ziehen?«

Yorck: »Ich fühle mich dadurch gebunden, Herr Präsident.«

Freisler: »Das ist allerdings ein Zeichen dafür, daß Ihre Einstellung eine absolut anarchistische ist.«

Yorck: »Ich möchte es eigentlich nicht so ausdrücken.«

Freisler: »Ich glaube aber, daß sie so deutlich und richtig bezeichnet ist. Es ist nämlich anarchisch, wenn jeder durch ein eigenes Wort sich ein eigenes Gesetz des freien Handelns in unserer Gemeinschaft schaffen kann. Das allgemeine Gesetz des Handelns in unserer Gemeinschaft ist, daß Verrat an Volk, Führer und Reich unter allen Umständen bekämpft und vernichtet werden muß. Wenn Sie sich das Gesetz machen: ›Wenn ich ein Ehrenwort gebe, darf ich da nicht teilnehmen‹, so ist das ein anarchisches Prinzip, das Sie haben. Sie mögen es anders nennen. Sie haben sich für gebunden gehalten. Haben Sie sich damals auch in dieser Besprechung zur Verfügung gestellt? Die Frage war doch an Sie gerichtet!«

Yorck: »Jawohl.«

Freisler: »Das war Anfang Juni. Ende Juni haben Sie wieder eine Besprechung gehabt. Da hat er wieder eine Frage an Sie gerichtet. Welche Frage?«

Yorck: »Er hat noch einmal die Frage gestellt, ob ich zur Verfügung stände.«

Freisler: »Sie haben diese Frage noch einmal bejaht. Was hat er noch für eine Frage gestellt?«

Yorck: »Ob ich besondere Wünsche für eine eigene Verwendung hätte.«

Freisler: »Ob Sie besondere Wünsche für eine eigene Verwendung hätten! Ja, man sieht: die Herren fragten gleich nach den gewünschten Ämtern. Sie haben aber abgewehrt?«

Yorck: »Jawohl. Das muß ich mit Nachdruck betonen.«

Freisler: »Er hat ein Amt genannt. Welches war das?«

Yorck: »Jawohl, er nannte das Amt des Chefs des Stabes in der Reichskanzlei. Das habe ich mit aller Entschiedenheit abgewehrt.«

Freisler: »Nämlich Reichskanzler sollte Goerdeler werden, und Staatssekretär des Reichskanzlers sollten Sie werden. Die Gesichtspunkte, nach denen ausgesucht wurde, bleiben für vernünftige Nachforschungen unerforschbar. Sie aber haben gesagt: Nein.«

Yorck: »Jawohl.«

Freisler: »Das war eine Selbsterkenntnis. Zur Verfügung standen Sie aber?«

Yorck: »Ja.«

Freisler: »Er sagte Ihnen dann auch, wie er sich das denke: Er wolle in der nächsten Zeit sehen, ob er in das Führerhauptquartier kommen könnte. Stimmt das?«

Yorck: »Jawohl.«

Freisler: »Wozu?«

Yorck: »Um ein Sprengstoffattentat auszuführen.«

Freisler: »Um dort den Mordanschlag ausführen zu können! Ihnen war aber außer dem Amt, das für Sie ausersehen war und das Sie abgelehnt hatten, auch sonst bekannt, wer dem Führer in seinem Schicksalskampf für unser Leben in den Weg treten sollte. Wer noch?«

Yorck: »Das war mir an und für sich nicht gewiß. Ich hatte verschiedene Namen gehört. Aber ich war an und für sich mit Stauffenberg darin einig gewesen, daß das gar keinen Zweck hätte. Jedenfalls habe ich mich so geäußert.«

Freisler: »Sie meinen: das Fell des Bären vorher zu verteilen, hat keinen Sinn. Das mag sein. Aber welche Namen wurden genannt?«

Yorck: »Es wurde der Name des Oberbürgermeisters Goerdeler genannt.«

Freisler: »Da haben Sie recht: das hätte allerdings keinen Zweck gehabt. Welche Namen wurden noch genannt?«

Yorck: »Es wurde vom Außenministerium gesprochen, und es wurden von Hassell und Schulenburg genannt. Es blieb völlig offen, ob mit den Herren überhaupt verhandelt worden war.«

Freisler: »Wurde von Beck als Staatschef gesprochen?«

Yorck: »Jawohl.«

Freisler: »Von Schulenburg als Innenminister?«

Yorck: »Ja.«

Freisler: »Da haben wir ja ein nettes Bild. Von da an haben Sie nun Verbindung gehalten, nicht wahr?«

(Widerspruch des Angeklagten Yorck von Wartenburg.)

Freisler: »Ich denke, Sie haben durch den Ordonnanzoffizier Stauffenbergs Verbindung gehalten.«

Yorck: »Das meinte ich eben.«

Freisler: »Das meinten Sie. Er hat einen ersten Termin genannt.«

Yorck: »Ich glaube, es war der 11.«

Freisler: »Das war der Termin, der früher auch genannt worden ist. Dann hat er gesagt, am 11. sei es nichts geworden. Warum?«

Yorck: »Weil der Reichsführer-SS nicht anwesend gewesen sei.«

Freisler: »Weil der Reichsführer-SS nicht anwesend gewesen wäre. Er sollte auch gleich mit hochgehen. Ein paar Tage später sagte Ihnen von Haeften, der 15. sei der Tag.«

Yorck: »Jawohl.«

Freisler: »Da haben Sie auch wieder erfahren, daß nichts los war. Es wurde gesagt, er habe telefonieren müssen; als er wieder hereingekommen sei, sei die Sitzung schon beendet gewesen, und es sei nicht mehr gegangen.«

Yorck: »Jawohl.«

Freisler: »Aber am 15. waren Sie alarmiert.«

Yorck: »Jawohl.«

Freisler: »Wo waren Sie?«

Yorck: »Ich war in der Prinz-Heinrich-Straße.«

Freisler: »Bei wem?«

Yorck: »Beim Grafen Schwerin.«

Freisler: »Waren Sie auch bei Schulenburg?«

Yorck: »Jawohl.«

Freisler: »Da haben Sie noch etwas getan; Personalpolitik haben Sie auf Vorrat gemacht.«

Yorck: »Bei dieser Gelegenheit hatte Schulenburg eine Liste von Regierungspräsidenten, wie er sie sich dachte.«

Freisler: »Also Personalpolitik der inneren Verwaltung! Woher hatten Sie die Personalkenntnis?«

Yorck: »Ich habe an und für sich durch meine dienstliche Tätigkeit einen verhältnismäßig großen Überblick gehabt.«

Freisler: »Oh, das ist ein Wort: einen verhältnismäßig großen Überblick! Na ja!«

Yorck: »Wobei ich betonen möchte, daß sich dieser Überblick lediglich auf die fachliche Seite bezog.«

Freisler: »Das ist auch kolossal. Sie sind Oberregierungsrat in einer zentralen Dienststelle, nicht in einem Ministerium, aber an einer anderen zentralen Dienststelle, und haben einen so kolossalen Überblick über die fachliche Fähigkeit der vielen eingearbeiteten und tätigen Männer, die nun jahrelang, dem Führer treu, wichtigste Arbeitsgebiete, von denen Sie nichts verstehen, bearbeiten! Bescheidenheit, meinen Sie, ist zwar eine Zier, doch weiter kommt man ohne ihr! Mag sein! Sehr weit sind Sie nicht gekommen. Sie haben auch noch andere Personalpolitik betrieben. Es mußte doch dafür gesorgt werden, daß die Ministerien weiterarbeiteten. Sollte da nicht auch überall ein Vertrauensmann sein, der dafür sorgte, daß weitergearbeitet wurde?«

Yorck: »Diese Absicht wurde fallengelassen, weil eine Verständigung von Zivilpersonen nicht möglich erschien.«

Freisler: »Warum erschien sie nicht möglich?«

Yorck: »Sie erschien schon aus Geheimhaltungsgründen nicht möglich.«

Freisler: »Sie meinen, bei Offizieren wäre die Geheimhaltung eines Attentats auf den Führer leichter als bei anderen Volksgenossen?«

Yorck: »Nein, das nicht.«

Freisler: »Haben Sie denn nicht dem Führer den Treueeid geleistet?«

Yorck: »Jawohl, Herr Präsident.«

Freisler: »Wie kamen Sie dazu, von dem Augenblick ab noch des Führers Soldatenrock zu tragen, wo Sie doch dem Führer den Treueeid geleistet hatten? Das gilt für alle anderen genauso. Sie meinen also: die Geheimhaltung wäre so besser gewesen. Also darüber haben Sie gesprochen und Personalpolitik gemacht. Hatten Sie noch sonstige Aufgaben bekommen, welche vorbereitenden Aufgaben, die Ihrer enormen Sachkunde entsprachen?«

Yorck: »Nein, bis auf eine Aufgabe. Da handelte es sich lediglich um die Ausweise für die in die Reichsministerien abzusendenden Offiziere.«

Freisler: »Ihr Ressort war zusammengestellt: erstens die gesamte Personalpolitik der allgemeinen Verwaltung und zweitens der

432

Entwurf von Ausweispapieren. Eine fabelhafte Zusammenstellung! Also das haben Sie auch gemacht! Auftragsschreiben haben Sie auch entworfen!«

Yorck: »Jawohl, dieses eine.«

Freisler: »Haben Sie auch den Attentatstermin vom 20. vorher erfahren?«

Yorck: »Jawohl.«

Freisler: »Wann?«

Yorck: »Den habe ich am 18. erfahren.«

Freisler: »Von wem? Von Schwerin?«

Yorck: »Jawohl.«

Freisler: »Der hat Sie benachrichtigt, daß der 20. der Termin sei; und am 20. hat er Sie wieder benachrichtigt?«

Yorck: »Nein. Ich habe mich am 20. gegen Mittag eingefunden.«

Freisler: »Was hat er Ihnen erzählt? Stauffenberg sei in Rangsdorf angekommen?«

Yorck: »Jawohl.«

Freisler: »Das Attentat sei geglückt?«

Yorck: »Jawohl. Das war die erste Mitteilung.«

Freisler: »Das ist ja furchtbar! Welches Vertrauen hat der Nationalsozialismus diesen Leuten entgegengebracht! Da finden wir drei Männer – Graf von Stauffenberg, Graf Yorck von Wartenburg und Schwerin, auch Graf ...«

Yorck: »Jawohl.«

Freisler: »... die, wie man annehmen muß, von einem Haß sondergleichen getrieben, alle Mannesehre vergessen und so konspirieren! Also er erzählte Ihnen, das Attentat sei geglückt. Wohin sind Sie jetzt gegangen?«

Yorck: »In die Bendlerstraße.«

Freisler: »Natürlich! Da mußte man dabeisein. Was haben Sie in der Bendlerstraße erlebt? Schildern Sie das ganz knapp.«

Yorck: »Da habe ich persönlich verhältnismäßig wenig erlebt, da ich in einem Durchgangszimmer mich befand.«

Freisler: »Viele Offiziere waren da, und Sie kannten wenige.«

Yorck: »Es war eigentlich mehr ein Durchgehen.«

Freisler: »Es war ein Taubenschlag, wollen Sie sagen?«

Yorck: »Jawohl.«

Freisler: »Immerhin haben Sie sich mit einem Stoß von Papieren umgeben.«

Yorck: »Jawohl.«

Freisler: »Sie haben Ausweise selbst ausgefüllt und sie mit dem Faksimile von Stauffenberg versehen?«

Yorck: »Nein. Die Papierscheine waren bereits faksimiliert.«

Freisler: »Also, es nannte jeder seinen Namen, Sie schrieben den Namen in den Ausweis hinein, und fertig war die Sache! Eine besondere Rolle haben Sie nicht gespielt.«

Yorck: »Nein.«

Freisler: »Aber Sie haben alles gehört?«

Yorck: »Bruchstückweise.«

Freisler: »Sie haben gehört: Die militärischen Maßnahmen müssen nun ablaufen; wir haben bisher die Absperrung mit der Besetzung gewisser Gebäude versucht; die Walküreaktion muß ablaufen. Dann haben Sie gehört, Beck werde kommen.«

Yorck: »Jawohl.«

Freisler: »Der Fromm sei verhaftet.«

Yorck: »Das wurde auch gesagt.«

Freisler: »Hoepner sei an seine Stelle getreten. General Kortzfleisch habe abgelehnt.«

Yorck: »Jawohl.«

Freisler: »Thüngen sei Wehrkreisbefehlshaber an der Stelle von Kortzfleisch geworden, dann, Witzleben sei da, er sei erst zu Wagner draußen gegangen, habe jetzt den Oberbefehl übernommen. Alle diese Dinge haben Sie miterlebt.«

Yorck: »Ja, zum Teil habe ich sie erst heute in der Verhandlung gehört.«

Freisler: »In großen Zügen haben Sie sie damals erlebt!«

Yorck: »In großen Zügen! Es wurde zum Beispiel gesagt: ›Nun geht es los.‹ Dann entstand Unruhe auf dem Flur. Stauffenberg läuft hin und guckt nach hinten. Es knallt. Er fragt: ›Was ist los? Wer schießt hier?‹ Es kam Schwerin und sagte: ›Die Sache ist aus; Offiziere des Generalstabs haben die Gegenabwehr ergriffen und mit Maschinenpistolen das Gebäude besetzt; damit ist es aus.‹«

Freisler: »Und Sie?«

Yorck: »Ich wurde mit den anderen verhaftet.«

Freisler: »Haben Sie sich denn verhaften lassen?«

434

Yorck: »Ja.«

Freisler: »Na ja! Eins haben wir vergessen, nämlich daß Sie etwa 14 Tage vorher in Wannsee einmal in der Wohnung Stauffenbergs waren.«

Yorck: »Jawohl.«

Freisler: »Da ist dann auch davon gesprochen worden, daß man schnellstens Verbindung mit unseren westlichen Gegnern suchen sollte.«

Yorck: »Jawohl, nach Westen und Osten.«

Freisler: »Daß man ebenso versuchen sollte, Verbindung nach Osten zu nehmen; für den Osten komme Graf Schulenburg besonders in Frage. Warum?«

Yorck: »Weil der dort Botschafter war.«

Freisler: »Weil er die Dinge persönlich kannte. Ich habe diese Dinge sehr kurz behandelt, glaube aber, daß die wesentlichen Punkte behandelt sind. Wird noch eine Aufklärung gewünscht? – Dann nehmen Sie wieder Platz.«

Abgesehen von Stieff, Witzleben, Hoepner und Yorck von Wartenburg waren in diesem ersten einer ganzen Reihe von Prozessen, die sich mit den Ereignissen des 20. Juli 1944 befaßten und bis zum Frühjahr 1945 andauerten, der Berliner Stadtkommandant General von Hase, Oberstleutnant im Generalstab Robert Bernardis, Hauptmann Friedrich Karl Klausing und Oberleutnant d. R. Albrecht von Hagen angeklagt. Viele andere folgten noch, auch die Mitglieder des Kreisauer Kreises, der von Helmuth James Graf von Moltke geführt worden war.

Nach Kriegsende ist der 20. Juli 1944 nicht nur ein Symbol des deutschen Widerstands gegen Hitler, sondern auch eine Legende geworden. Zweifellos war die Art und Weise, wie der VGH seine Macht demonstrierte, fast überwältigend, die Szenerie furchterregend. Weil das Gebäude des VGH in der Bellevuestraße bei einem Bombenangriff zerstört worden war, fanden die Prozesse im großen Saal des Berliner Kammergerichts in der Elseholzstraße statt. Die Wand hinter der Bank, an der die haupt- und ehrenamtlichen Richter unter Freislers Vorsitz ihres Amtes walteten, war mit Hakenkreuzfahnen und einer Hitlerbüste geschmückt. Der Saal war bis zum Bersten gefüllt, die Zuhörer sorgfältig ausgewählt – Offiziere sowie

Parteifunktionäre und Beamte. Außerdem waren zahlreiche Journalisten, Rundfunk- und Filmteams anwesend. Wenn die Öffentlichkeit auch ausgeschlossen war, so nahm sie doch indirekt und durch den Filter der Propaganda an den Prozessen teil, die zudem noch von Stenographen des Reichstags protokolliert wurden.

Zu den Legenden, die sich um den 20. Juli 1944 ranken, gehört auch die Behauptung, daß die Angeklagten der despotischen Dialektik Freislers nicht gewachsen waren. Aus dem oben zitierten Auszug aus dem Protokoll des ersten Prozesses geht eindeutig das Gegenteil hervor. Vor allem Peter Graf Yorck von Wartenburgs Auftreten steht im Widerspruch zu dieser Behauptung, ebenso die Vernehmung Albrecht von Hagens. Beiden – wie auch späteren Angeklagten – gelang es, ihre tief und ehrlich empfundenen Beweggründe zum Ausdruck zu bringen – im Gegensatz zu Stieff, Witzleben mit seinem peinlichen Hitlergruß und Hoepner. Diese Angeklagten waren nicht bereit, rückhaltlos zu den Rollen zu stehen, die sie im Lauf der geschilderten Ereignisse gespielt hatten. Nicht, daß ihnen die Verhandlungsführung des VGH neu gewesen wäre, denn dessen Ruf war bis in alle Gesellschaftsschichten Deutschlands vorgedrungen. Nur ihre Naivität und ihr Wunschdenken konnten diese Männer in der Hoffnung wiegen, sie würden dem Tod entkommen. Deshalb muß man jetzt, über vierzig Jahre nach diesen Ereignissen, die Schlußfolgerung ziehen, daß sie ihrer Sache besser gedient hätten, wenn sie auch vor Gericht dafür eingetreten wären und nicht versucht hätten, sich der Verantwortung zu entziehen. Graf Yorck von Wartenburg und Albrecht von Hagen geben ein Beispiel dafür, wie sich die andern hätten verhalten sollen, die gerade wegen der Widersprüche, in die sie sich verwickelten, zu leichten Opfern für Freislers infamen Spott und Sarkasmus wurden, während das Protokoll zeigt, daß der Vorsitzende den Grafen Yorck von Wartenburg zum Beispiel wesentlich anders behandelte als die älteren Generäle, die er zuvor vernommen hatte.

In einem Brief vom 11. August 1944 schrieb Freisler: »... auch ich war einmal ein Leutnant, und alles vom Majorsrang anwärts waren Halbgötter für mich, geschweige denn ein Feldmarschall! Abgesehen von ihrem Versuch, die große Sache zu sabotieren, für die unsere Nation kämpft und stirbt, abgesehen von dem versuchten Mord an jenem Mann, der unser Vaterland auf bisher unerreichte Höhen gehoben und einen inneren Einigungsprozeß vollzogen hat, wie ihn Deutschland seit dem Mittelalter nicht mehr erlebt hat, abgesehen von all dem gab es nichts, was mich tiefer erschütterte als die feige Haltung von Männern, die einst Positionen bekleideten, die ich für sakrosankt gehalten habe. In diesem ersten Verfahren gab es zwei Ausnahmen, aber rangmäßig sind sie bedeutungslos. Wenn z. B. Witzleben oder Hoepner für das, was sie verbrochen hatten, geradegestanden hätten, wäre es wohl notwendig geworden, den Zuhörerkreis wesentlich zu beschränken, wenn nicht gar auszuschließen. Aber sie wären zumindest als aufrechte Männer in den Tod gegangen. Aber so, wie es geschah, benahmen sie sich wie Würmer.«[104] Witzleben wird der folgende an Freisler gerichtete Ausruf zugeschrieben: »Sie können uns dem Henker überantworten; in drei Monaten zieht das empörte und gequälte Volk Sie zur Rechenschaft und schleift Sie bei lebendigem Leib durch den Kot der Straßen.«[105]

Für dieses Zitat ist keine Quelle zu eruieren. Der Ausspruch ist weder im Kurzschriftprotokoll noch in Ton- oder Bildaufnahmen zu finden, die den ganzen Prozeß festgehalten haben. Er ist eine der vielen Äußerungen, die den Verschwörern zugeschrieben wurden, um ihre edle Motivation zum Ausdruck zu bringen – einer jener vielen Zwischenrufe, für die es keine Belege gibt oder die von Überlebenden des Widerstands stammen.[106] Moltke schrieb zum Beispiel aus dem Gefängnis an seine Frau und seine Kinder, es sei nun ihre Aufgabe, aus seinen Briefen »eine Legende« zu machen.[107] Darin waren die Verschwörer, sowohl die toten als auch die Überlebenden, sehr erfolgreich. Der 20. Juli 1944 ist zum Alibi der Nation geworden.

Die Sonderkommission des SD, die die Verschwörung damals untersuchte, eine Kommission, die aus etwa 400 Angehörigen der Gestapo und der Kriminalpolizei bestand, gelangte zu Schlußfolgerungen, die das hier Gesagte unterstreichen, wobei sie sich freilich einer infamen und ehrabschneiderischen Terminologie bedienen. In den Berichten, die Heydrichs Nachfolger, Dr. Ernst Kaltenbrunner, von August bis Dezember 1944 direkt in Hitlers Hauptquartier schickte, wurden die Angeklagten im ersten Prozeß folgendermaßen charakterisiert:

»In der ersten Verhandlung vor dem Volksgerichtshof wurden die

Untersuchungen der Sonderkommission durch folgende Eindrücke ergänzt:

von Witzleben

erschien als völlig verbrauchter Greis, der jede Haltung und Würde verloren hatte. Es trat deutlich hervor, daß Witzleben über seine Versetzung zur Führerreserve sehr verärgert gewesen ist und daß dies seine Einstellung bis zur Teilnahme an dem Anschlag wesentlich bestimmt hat. Witzleben hat in der Zeit seiner Untätigkeit fortgesetzt Kritik an der militärischen Führung des Krieges geübt und sich in die Auffassung hineingesteigert, daß er es besser machen könne. Witzleben gibt zu, daß er dem politischen Leben völlig entfremdet war und daß er seine Kenntnisse und Anschauungen nur aus dem Verkehr mit einem kleinen Kreis Gleichgesinnter bezogen hat. Auf die Frage, wie er sich die politische Weiterentwicklung nach einem gelungenen Anschlag vorgestellt hat, erklärt er wörtlich: ›Ich verstehe von den ganzen politischen und zivilistischen Dingen nichts‹ …

Hoepner

bot ein geradezu jämmerliches Bild. Auch bei ihm hat der Ausschluß aus der Wehrmacht und die Form seiner Absetzung (er sei zu den gegen ihn erhobenen Vorwürfen nicht gehört worden) zu dem ehrgeizigen Wunsch geführt, durch die Änderung des Regimes wieder Soldat werden zu können. Kennzeichnend für Hoepner ist es, daß er dabei keinerlei Risiko eingehen wollte. Er hatte vielmehr die Absicht, ›temporär, sekundär‹ in Erscheinung zu treten, d. h. erst dann mitzutun, wenn das Unternehmen voll gelungen war. Da Hoepner am 20.7. in der Bendlerstraße schon sehr bald gemerkt hat, daß das Unternehmen nicht so glatt lief, wie er es sich vorgestellt hatte, hat sein schwankendes und unentschlossenes Verhalten, etwa den Befehlshabern der Wehrkreise gegenüber, mit dazu geführt, daß der Putschversuch im Reich keine größeren Folgen hatte und innerhalb weniger Stunden zusammenbrach …

Stieff

wirkte auch in der Verhandlung vom 7. und 8.8. als Giftzwerg, verschlagen, persönlich feige und frech. Genau wie die anderen hat Stieff von den politischen Folgen, die ein gelungener Anschlag gehabt hätte, keinerlei Ahnung. Sein Horizont endete mit militärischen Facherörterungen.

Von Hagen
erwies sich als typisches Beispiel für den falsch verstandenen Korpsgeist und Kameradschaftsbegriff, der bei einer großen Zahl von Mithelfern und Mitwissern angetroffen wird und mit dazu beigetragen hat, daß eine Anzeige des geplanten Verbrechens unterblieb. Das einmal gegebene Wort, das Treueverhältnis dem nächsten Vorgesetzten gegenüber galten mehr als der Soldateneid dem Führer gegenüber. Männer wie von Hagen empfinden es als unehrenhaft, Kameraden anzuzeigen ...

Yorck
zeigte sich als degenerierter Intellektueller. Er gab in der Verhandlung ohne weiteres zu, daß er der Partei oder einer ihrer Gliederungen auch nach 1933 nicht beigetreten ist, weil er nie Nationalsozialist war. Auch Yorck war, von seiner gesinnungsmäßigen Einstellung zum Nationalsozialismus abgesehen, durch das ›Ehrenwort‹ gegenüber Stauffenberg fester gebunden als durch den Eid, den er als Beamter (Oberregierungsrat) und als Offizier abgelegt hatte ...

Klausing und Bernardis
waren in der ersten Verhandlung des Volksgerichtshofes die einzigen, die als jüngere Offiziere offen und ohne zu stottern für ihre Tat einstanden. Ohne Versuch der Entschuldigung erklärten sie ihre Teilnahme damit, daß sie der defaitistischen Beeinflussung ihres Dienstvorgesetzten Stauffenberg und der demoralisierenden Luft in der Bendlerstraße erlegen sind.
Angesichts des erbärmlichen Auftretens von Stieff, Witzleben und Hoepner erklärte Klausing abschließend, wenn er gewußt hätte, was für Männer an der Spitze des Komplotts gestanden haben und mit führenden Stellungen betraut werden sollten, wäre er von vornherein zu der Überzeugung gelangt, daß aus einem Umsturz niemals etwas habe werden können.«[108]

Abgesehen von dem Urteil über Yorck, das in jeder Hinsicht fehlgeht, enthält diese Einschätzung – abgesehen von der zum Teil rüden Ausdrucksweise – manch wahren Kern. Es handelte sich um eine Verschwörung; und wie in jeder Verschwörung finden wir auch hier Idealisten, die ihre Erfolgschancen unrealistisch einschätzen, und Opportunisten, die Karriere machen oder ihre verlorenen Positionen zurückerobern wollen.

Die SD-Berichte über die Verhöre bieten eine interessante Lektüre, allein schon deshalb, weil man über die Bereitschaft und Ausführlichkeit staunen muß, mit der die meisten Verschwörer mit ihren Befragern sprachen. Es wurde auch behauptet, man hätte Foltermethoden angewandt, aber dafür gibt es keine Beweise.[109] Im Nachkriegsdeutschland fand kein einziger Prozeß gegen einen Angehörigen der Gestapo- und Kriminalpolizei-Sonderkommission statt, den man beschuldigt hätte, Mitglieder des Widerstandskreises vom 20. Juli gefoltert zu haben. Ein Gestapoangehöriger gestand einem Häftling bereitwillig zu: »Es gibt keinen Zweifel, daß Sie und Ihre Freunde gute Deutsche sind. Aber Sie sind Feinde des Systems. Darum müssen Sie vernichtet werden.«[110]

Freisler fungierte nicht als Richter, dessen Aufgabe nach der deutschen Justizterminologie in der Wahrheitsfindung bestand, sondern er vertrat praktisch auch die Anklage. Oberreichsanwalt Lautz blieb erstaunlich zurückhaltend. Einer eidesstattlichen Aussage zufolge, die er nach dem Krieg machte, war er über die Verschwörung informiert gewesen. Aber das hinderte ihn nicht daran, in seinem Schlußwort aktiver zu werden und die Todesstrafe für alle Angeklagten zu fordern.[111] Sowohl Lautz als auch die Gestapo hatten ein leichtes Spiel. Die bereits festgenommenen Verschwörer sagten bereitwillig aus. Wie Lautz berichtet, übergab der zivile Anführer der Verschwörung, Dr. Carl Goerdeler, nachdem er zum Tod verurteilt worden war, der Gestapo umfangreiche Memoranden, in denen er zahlreiche Personen nannte und sie beschuldigte, teilweise schon 1942 von dem Komplott gewußt zu haben und daran beteiligt gewesen zu sein.[112]

Die Verteidigung spielte eine extrem passive Rolle. Das ist angesichts der Aussagen, die von den Angeklagten gemacht wurden, nicht verwunderlich. Nur Stieffs Verteidiger, ein prominenter nationalsozialistischer Anwalt, erklärte, der General habe, zumindest nach subjektiver Betrachtungsweise, keinen Landesverrat begangen. Dr. Neubert argumentierte, der General habe nicht dem Stab des Ersatzheeres angehört, deshalb habe er die Versorgung der Front auch nicht behindern können.[113]

Auf die Einwände von Dr. Gustav Schwarz, dem Verteidiger Albrecht von Hagens, reagierte Freisler keineswegs ungehalten, argumentierte aber, wenn sich ein Mann so wie sein Mandant benommen und es unterlassen habe, das Komplott anzuzeigen, sobald er erkannt hatte, daß die Ermordung Hitlers geplant war, sei das genauso, als hätte er den Sprengstoff selbst gezündet.[114]

Im Fall Hoepners sah Dr. L. Schwarz angesichts des Beweismaterials keine Möglichkeit, ein milderes Urteil für seinen Klienten zu erwirken. Auch in Witzlebens Fall stellte der Verteidiger in einem Schlußwort fest: »Die Tat des Angeklagten steht, und der schuldige Täter fällt mit ihr.«[115]

Als die Angeklagten gefragt wurden, ob sie den Ausführungen ihrer Verteidiger noch etwas hinzuzufügen hätten, kam nichts wesentliches Neues dabei heraus. Nur Klausing, Bernardis und Stieff baten um die Vollstreckung des Todesurteils durch Erschießen; ein Wunsch, dem sich am nächsten Tag – noch vor der Urteilsverkündung – auch die anderen Angeklagten anschlossen, mit Ausnahme von Yorck von Wartenburg. Dies lehnte Freisler in der Urteilsbegründung ab: »Als sich seinerzeit unser Reich das Gesetz schuf, wonach in Fällen besonders schimpflicher Tat die Vollstreckung der Todesstrafe durch den Strang erfolgen könnte, hatte es eine furchtbare Terrortat im Jahre 1933 im Auge *(den Reichstagsbrand vom 28. Februar 1933 – Anm. des Autors)*, die Terrortat, deren wir uns erinnern, eine Terrortat auch von großer Gefahr für unser Leben. Wir sind heute sicherer. Die Tat, unter deren Eindruck damals dieses Gesetz erlassen wurde, verblaßt gegenüber der Tat, die diese Angeklagten, zunächst also diese acht Angeklagten, vollbrachten.

Damit haben wir gesagt, was hier zu sagen ist. Wir haben festgestellt, daß sie, der Ehre bar, Verrat begangen haben an allem, was wir sind, an allem, was wir haben, an allem, für das wir leben und für das wir kämpfen. Wir stellen fest: hier gibt es nur eins, den Tod. Wir stellen fest: es ist die schimpflichste Tat, die je unsere Geschichte gesehen hat.«[116]

Im Fall Stieffs und von Hagens, die Sprengstoff besorgt hatten, der nicht verwendet wurde, hätte Freisler tatsächlich einen Präzedenzfall heranziehen können, der sich in der Weimarer Republik ereignet hatte. Für das Attentat auf Walther Rathenau im Jahre 1922 hatte der damals knapp 20jährige Ernst von Salomon einen Chauffeur für das Mordauto organisiert, mit dem der Anschlag durchgeführt werden sollte. Aber die beiden Attentäter, ehemalige junge Marineoffiziere, änderten ihre Pläne und nahmen einen anderen Chauffeur. Trotzdem verurteilte das Reichsgericht Salomon zu fünf Jahren Zuchthaus[117], eine Strafe, die auf rückwirkender Gesetzgebung beruhte. Die Weimarer Republik hatte bereits mit der etablierten deutschen Rechtsmaxime »nulla poena sine lege« gebrochen. Sicher, hier war kein Todesurteil ausgesprochen worden. Aber was hätte man 1944 von diesem Regime anderes erwarten können, in einer Zeit, als der totale Krieg ungeahnte Dimensionen erreicht hatte und das Strafmaß natürlich auch von der deutschen Öffentlichkeit gebilligt wurde?

Die Lektüre des oben zitierten Protokolls zeigt, daß man diesen Prozeß nicht mit den Schauprozessen in der Sowjetunion vergleichen kann. Aber ein Schau-Element war zweifellos auch hier vorhanden, sonst wäre das geladene Publikum überflüssig gewesen. Außerdem waren Freislers Bemerkungen oft infam, bissig und beleidigend, doch hauptsächlich in jenen Fällen, die für ihn und übrigens auch für jeden anderen Juristen völlig klar auf der Hand lagen wie die Fälle von Witzleben, Stieff und Hoepner. Und sein Zorn wurde vor allem durch das vergebliche Bemühen dieser Angeklagten erregt, die Rolle, die sie bei der Verschwörung gespielt hatten, abzustreiten und zu beschönigen. Ob die gleiche Tat zu jener Zeit in irgendeinem anderen Land, das in den Zweiten Weltkrieg verwickelt war, zu einem anderen Urteil geführt hätte – darüber kann man nur Vermutungen anstellen. Aber man braucht sich nur zu vergegenwärtigen, was nach der Befreiung Frankreichs 1944 dort alles geschah, um zu ermessen, welche Leidenschaften in jener Zeit entfesselt werden konnten.[118]

Die Behauptung, der Film, der während des Prozesses gedreht worden war, habe in der Öffentlichkeit solchen Abscheu erregt, daß man ihn bald nicht mehr zeigte, basiert nur auf äußerst zweifelhaften Quellen.[119] Erstens wurde der Film nur in Hitlers Hauptquartier vorgeführt, während die deutsche Öffentlichkeit lediglich Auszüge im Rahmen der Wochenschauen zu sehen bekam.[120] Aus den relevanten SD-Berichten geht hervor, daß die Verhandlungsführung und das Strafmaß allgemeine Zustimmung gefunden hätten.[121] Nur wenige gegenteilige Ansichten wurden registriert, und man habe es erstaunlich gefunden, daß sich Männer, die Hitler in höchste Ränge erhoben hatte, vor Gericht so erbärmlich benahmen. Man hätte erwartet, daß sie sich mannhafter verhielten. Ebenso überrascht sei man angesichts der Tatsache gewesen, daß es überhaupt möglich gewesen war, eine solche Verschwörung – offenbar unbemerkt – über einen so langen Zeitraum hinweg vorzubereiten.[122] Dies wäre nicht so verwunderlich gewesen, hätte die Öffentlichkeit gewußt, daß Himmler, wie bereits erwähnt, informiert gewesen war, nicht nur durch Hartmut Plaas, sondern auch durch den ehemaligen preußischen Finanzminister Johannes Popitz[123], der ebenfalls ein Opfer der Prozesse wurde, die sich mit dem 20. Juli 1944 befaßten.[124] Sicher, das Beweismaterial ist spärlich und keineswegs schlüssig, doch die Verschwörung erreichte ihren Höhepunkt gerade zu dem Zeitpunkt, als Himmler aus eigenem Antrieb und ohne die ausdrückliche Billigung Hitlers die Massenvernichtung der Juden einstellte.[125] Ein anderer Faktor müßte noch berücksichtigt werden: Himmler war bei keinem der Attentatstermine, die die Verschwörer vereinbart hatten, anwesend, obwohl er zuvor sein Erscheinen angekündigt hatte, was er jeweils wieder rückgängig machte. Nach dem fehlgeschlagenen Putsch tauchte Himmler schon nach kürzester Zeit im Führerhauptquartier auf.

Die acht Angeklagten wurden noch am Nachmittag des Tages der Urteilsverkündung hingerichtet. Der Legende nach wurden sie mit einem dünnen Strick oder Stahldraht[126] erdrosselt, der an einem Metzgerhaken befestigt wurde. Der Todeskampf der Verurteilten wurde angeblich auf Hitlers persönlichen Wunsch gefilmt. Trotz intensiver Nachforschungen wurden keine Kopien dieses Film gefunden. In einer Veröffentlichung einer dem Bundesinnenministerium unterstellten Bundesanstalt berichtet ein Augenzeuge, ein Kameramann – der trotz intensiver Suche nicht aufgespürt werden konnte –, daß das Urteil vollstreckt wurde, indem man den Verurteilten Hanfstricke um den Hals legte, die an Haken befestigt waren. Dann stieß man die Schemel weg, auf denen die Verurteilten standen, so daß die Körper bis kurz oberhalb des Fußbodens heruntersackten. Der Tod soll nach sieben bis zwanzig Sekunden eingetreten sein.[127]

Wenn man seine eigene prinzipielle Abneigung gegen die Todesstrafe für einen Augenblick beiseite läßt, so muß man feststellen,
daß sich diese Todesart deutlich von der Methode unterschied, die
man bei den Deutschen anwandte, die im Oktober 1946 im ersten
der Nürnberger Kriegsverbrecherprozesse zum Tod verurteilt wurden. Es dauerte zum Beispiel zwanzig Minuten, bis Ribbentrop
starb. [128]

Es kann nicht die Aufgabe der vorliegenden Untersuchung sein, die
folgenden Ereignisse in allen Einzelheiten zu schildern. Eine kurze
Zusammenfassung im nächsten Kapitel muß genügen. Aber ein
Faktor sollte noch hervorgehoben werden: Trotz der schwerwiegenden Vergehen und trotz der rechtlichen Bestimmungen wurde
das Eigentum der Verurteilten nur selten konfisziert. Im Fall des
Grafen Moltke ließ Freisler dessen Familie schon vor dem Prozeß
wissen, daß ihr Kreisauer Landgut nicht vom Staat konfisziert werden würde. [129] Es existiert auch eine bemerkenswerte Korrespondenz, in der ein Untergebener des Reichskommissars für die Festigung deutschen Volkstums – der Reichskommissar war niemand
anders als Himmler – am 22. Oktober 1944 an Thierack schrieb und
einen Verordnungsentwurf für die Konfiszierung des Vermögens
der Angeklagten beilegte, die im Zusammenhang mit den Ereignissen vom 20. Juli 1944 zum Tod verurteilt worden waren. [130] Der Finanzminister erhielt einen ähnlichen Brief. [131] Bedauerlicherweise
fehlt der Verordnungsentwurf in den Dokumenten. Was immer er
auch enthalten haben mag – zwei Tage später schrieb Thierack direkt an Himmler und erklärte, er nehme an, daß es bei dem betreffenden Vermögen um ausgedehnte Ländereien in Ostpreußen und
Schlesien gehe. Er erhob ausdrücklich Einwände gegen die Maßnahmen, die in dem Verordnungsentwurf vorgeschlagen wurden.
Erstens bestehe das Vermögen nicht nur aus Länderein, sondern
auch aus Wertsachen wie Aktien, Hausrat und Stadtwohnungen,
aus Besitztümern, die in vielen Fällen von dritter Seite beansprucht
würden. Thierack vermutete außerdem, daß Himmler den größten
Wert auf den Grundbesitz lege, der besiedelt werden solle. In diesem Fall sagte er Himmler seine Unterstützung zu. Doch dann folgen die wichtigen Sätze: »Außerdem ist mir bekannt, daß der Führer eine großzügige Versorgung der Hinterbliebenen der Gerichteten wünscht, die Obergruppenführer Breithaupt durchführt. Zu

diesem Zwecke ist aber die Heranziehung eines Teiles des eingezogenen Vermögens erwünscht und schon im Gange. Dazu gehört vor allem Hausrat, Wäsche und auch sonst bewegliches Vermögen ...«[132] Himmler stimmte dem Inhalt dieses Briefes zu.[133]

Es hat den Anschein, als gehörten die Berichte über schwere Repressalien, unter denen die Angehörigen der Verschwörer vom 20. Juli 1944 zu leiden gehabt hätten, auch in den Bereich der Legende – der Legende, die teilweise auch die »Sippenhaft« einbezog, i. e. die Verhaftung aller nahen Verwandten der Verschwörer und ihre Internierung in Konzentrationslagern. Die Polizei drohte zwar mit Verhaftungen, als sie die Angehörigen der Verschwörer verhörte, und es wurden auch tatsächlich einige Personen festgenommen, wobei man recht willkürlich verfuhr. Aber der Großteil der Verhafteten wurde wieder freigelassen, sobald sich herausstellte, daß sie sich nicht an dem Putschversuch beteiligt hatten. Nur eine kleine Gruppe blieb eingesperrt, hauptsächlich in Dachau und in Tirol, wo sie 1945 befreit wurde – nicht von den vorrückenden Amerikanern, sondern von Einheiten des deutschen Heeres, die das SS-Wachpersonal entwaffneten.[134]

IX. Der VGH in seiner letzten Phase

Der erste Prozeß gegen die Verschwörer vom 20. Juli war nur einer von vielen. Zwei Tage nach dem Abschluß des ersten Prozesses standen Stauffenbergs älterer Bruder, Berthold Graf von Stauffenberg, Regierungspräsident Fritz-Dietlof Graf von der Schulenburg und der Korvettenkapitän Albert Kranzfelder vor dem VGH.
Stauffenberg war qualifizierter Anwalt und Marineoberstabsrichter bei der Seekriegsleitung, wo er als Experte für internationales Recht tätig war. Im Gegensatz zu seinem Bruder hatte er nicht an den Erfolg des Anschlags geglaubt, ihn aber aus Loyalität unterstützt, vor allem bei den juristischen Aspekten des Entwurfs für die ursprüngliche Proklamation der Verschwörer. Er hatte auch an den Besprechungen der Verschwörer teilgenommen, ebenso wie von der Schulenburg. Auf Fromms Befehl hin verhaftete man ihn noch am Abend des 20. Juli 1944, am gleichen Tag, an dem sein Bruder erschossen worden war.
Kranzfelder war der Verbindungsoffizier der Verschwörer zur Marine. Auch er stand dem Unternehmen skeptisch gegenüber, und zwei Tage, bevor das Attentat stattfinden sollte, fragte er den älteren Stauffenberg, ob es angesichts der militärischen Lage überhaupt sinnvoll sei, den Plan durchzuführen. Berthold von Stauffenberg erwiderte resignierend, daß man keine andere Wahl habe. Kranzfelders Aufgabe bestand darin, zum Oberkommando der Kriegsmarine zurückzukehren, dort die Haltung des Oberbefehlshabers der Kriegsmarine, Großadmiral Dönitz, zu beobachten und darüber zu berichten.[1]
Im Gegensatz zum älteren Stauffenberg und Kranzfelder war von der Schulenburg schon 1932 der NSDAP beigetreten, wo er dem »linken Flügel« Gregor Strassers und Ernst Röhms angehörte.[2] Angesichts der Art und Weise, wie man mit Röhm umgegangen war, und in Unkenntnis der Tatsache, daß u. a. das Heer unter Blomberg und Reichenau die treibende Kraft war, die Hitler zum Handeln gezwungen hatte, war von der Schulenburg ein Gegner Hitlers im besonderen und der NSDAP im allgemeinen geworden.[3] Er nahm wichtige Posten im preußischen Staatsdienst ein und wurde schließlich Oberpräsident von Schlesien. Nach Kriegsausbruch kehrte er

als Reserveoffizier zum Heer zurück und kam gleich an die Front; später arbeitete er in Stäben.

Schon Ende der dreißiger Jahre schloß er sich Goerdelers kleinem Kreis an, blieb auch mit der militärischen Widerstandsbewegung in Verbindung und gehörte zu der Gruppe, die 1938 Hitler angeblich zu verhaften hoffte, bis ihr die schicksalhafte Nachricht von Chamberlains Besuch bei Hitler in Berchtesgaden den Wind aus den Segeln nahm. Zusammen mit Yorck hatte er Pläne für verfassungs- und verwaltungsmäßige Reformen ausgearbeitet, die eingeführt werden sollten, sobald Hitler beseitigt war. Diese Pläne fanden keineswegs die ungeteilte Zustimmung der Verschwörer, da viele eine föderalistische Staatsform in Deutschland ablehnten und statt dessen für eine stärkere Zentralisierung eintraten, eine noch weitgehendere Zentralisierung, als Hitler sie eingeführt hatte. Von der Schulenburg sollte Innenminister oder zumindest Staatssekretär im Innenministerium werden. Seine ursprüngliche Tendenz zum linken Flügel, die er bereits in den ersten Jahren seiner Mitgliedschaft in der NSDAP gezeigt hatte, behielt er bei; durch ihn wurde die Verbindung zu ehemaligen Sozialisten und Gewerkschaftlern hergestellt. Er hatte auch Kontakte mit dem Kreisauer Kreis. Die Ansicht etlicher Verschwörer, die sich für eine Wiedereinführung der Monarchie in Deutschland einsetzten, teilte er nicht, da er den preußischen Kronprinzen für völlig unfähig hielt. In dieser Meinung wurde er von seinem Vater bestärkt, der während des Ersten Weltkriegs Stabschef des Kronprinzen gewesen war. Als er vom Fehlschlag des Putschversuchs erfuhr, versuchte er, das belastende Beweismaterial in der Bendlerstraße weitgehend zu vernichten, was ihm aber nur zum Teil gelang. Zwei Tage später wurde er verhaftet.[4]

Von den drei Angeklagten, die vor Freisler standen, machte Schulenburg den besten Eindruck, da er seine Teilnahme an der Verschwörung rückhaltlos eingestand und als Motiv seinen Wunsch angab, Deutschland vor einer Katastrophe zu retten. Er erklärte Freisler geradeheraus, er rechne damit, gehängt zu werden, dennoch bereue er nicht, was er getan habe.

Sein Auftreten stand in starkem Gegensatz zu der Haltung, die die meisten anderen Angeklagten einnahmen, gegen die vor und nach ihm verhandelt wurde und die in ihren Abschiedsbriefen ihr Tun bedauerten. So schrieb Stieff an seine Frau: »Mein Leben ist zerstört.

448

Gestern und heute hat die Hauptverhandlung stattgefunden. Der Antrag lautet auf Tod, und er kann nicht anders ausfallen. Er ist gerecht ... was habe ich für Leid und Schande über Dich gebracht. Das ist der schlimmste Gedanke, der mich peinigt ... Ich gehe ruhig und gefaßt in den Tod, den ich mir schuldbeladen zugezogen habe.«[5]

Andere, die noch vor dem Urteilsspruch standen, äußerten sich auf ähnliche Weise. Major von Leonrod schrieb: »Ich bin nicht wert gewesen, ein Leonrod zu sein. Hoffentlich werde ich in die Familiengeschichte nicht aufgenommen, denn für diese bin ich ein Schandfleck. Möge der gute Bruder mehr auf seinen Namen und auch seine Klugheit sehen.«[6]

Major Knaak schrieb vor seiner Hinrichtung: »Vergiß mich, der ich unwürdig bin.«[7]

Und Oberst Jäger erklärte: »Ein Zufall führte mich nach Berlin, der mich mitschuldig werden ließ. Ändern kann ich es leider nicht mehr.«[8]

Der Berliner Polizeipräsident Wolf Heinrich Graf von Helldorf, der sich besonders 1934 beim »Röhm-Putsch« hervorgetan hatte, schrieb: »In meiner Vernehmung habe ich meine Schuld eingestanden, die in der Treulosigkeit gegenüber dem Führer und der Bewegung besteht. Die Folgerungen aus meiner Handlungsweise sind mir klar, und ich muß sie tragen.«[9]

Oberleutnant von Hagens letzte Zeilen lauteten: »Von mir selbst ist nicht mehr viel zu sagen. Mit meinem Schicksal kann ich nicht hadern, da ich es selbst verschuldet habe. Es bleibt mir nur, auch für die letzten Stunden die Haltung zu wahren, die ich mein Leben lang als die Grundvoraussetzung des Adels angesehen habe.«[10]

Hauptmann Karl Friedrich Klausing schrieb an seinen Vater Prof. Dr. Klausing, Rektor der deutschen Universität Prag und Mitglied der »Akademie für Deutsches Recht«: »Heute (8. August 1944) ist nun über mich durch den Volksgerichtshof das Urteil gesprochen, das dem angemessen ist, was ich getan habe. Wenn Ihr diesen Brief erhaltet, ist es bereits vollstreckt.

Ich möchte Euch noch eins sagen. Rückschauend betrachtet, insbesondere nachdem ich die Anführer des Ganzen gesehen habe, kann ich es nur als ein Zeichen göttlicher Gnade ansehen, die es unmöglich machte, daß der Putsch gelang und damit das Chaos und Ende des deutschen Volkes heraufbeschworen wurde.«

Klausing wußte nicht, daß sich sein Vater bereits zwei Tage vorher erschossen und seinen Abschiedsbrief mit den Worten beendet hatte: »Es lebe Deutschland – es lebe der deutsche Soldat! Es lebe die SA – Es lebe der Führer.«[11]

Sogar Goerdeler stellte fest: »Ich habe dem Attentat widersprochen und den Weg der offenen Aussprache mit dem Führer gefordert. Das Scheitern des Attentats hat mich als eine Antwort der Vorsehung auf die Verletzung eines göttlichen Gebotes nicht überrascht … Wenn wir das Vaterland über alles stellen, was doch unser Glaube ist, so haben wir den 20. 7. 1944 als ein endgültiges Gottesurteil zu achten. Der Führer ist vor fast sicherem Tod bewahrt. Gott hat nicht gewollt, daß Deutschlands Bestand, um dessen willen ich mich beteiligen wollte und beteiligt habe, mit einer Bluttat erkauft wird, er hat auch dem Führer diese Aufgabe weiter anvertraut. Das ist alte deutsche Auffassung. Jeder Deutsche in den Reihen der Umsturzbewegung ist nunmehr verpflichtet, hinter den von Gott gerichteten Führer zu treten, auch die Mittel, die einer neuen Regierung zur Verfügung gestellt werden sollten, rückhaltlos ihm zu geben; ob er sie nützen will, für brauchbar hält, entscheidet er.«[12]

Zweifelsohne spiegeln diese Briefe und Bemerkungen die ungeheure psychische Belastung der Verurteilten wider wie auch die Sorge um ihre Familien. Nichtsdestoweniger gibt es keinen Grund, nicht anzunehmen, daß auch sie, wie der Großteil des deutschen Volkes, im Mißlingen des Attentats ein »Gottesurteil« sahen.

Aus den noch erhaltenen Berichten über den zweiten Prozeß geht nicht hervor, ob Schulenburg tatsächlich so aggressiv mit Freisler gesprochen hat, wie es ihm zugeschrieben wird. Die einzigen diesbezüglichen Berichte stammen aus Nachkriegsveröffentlichungen und sind wohl zum Großteil in das Reich der Fabel zu verweisen.[13] Schulenburg, Kranzfelder und Stauffenberg wurden alle zum Tod verurteilt.

Am 15. August 1944 wurde drei Wehrmachtsangehörigen, zwei Zivilisten und einem »alten Kämpfer« der NSDAP der Prozeß gemacht. Die angeklagten Offiziere waren Oberstleutnant Bernhard Klamroth, sein älterer Vetter und Schwiegervater Major Hans-Georg Klamroth und Major Egbert Hayessen. Der »alte Kämpfer« war der bereits erwähnte Berliner Polizeipräsident, SA-Obergruppenführer Wolf Graf von Helldorf, und die beiden Zivilisten waren

Angehörige des Auswärtigen Amtes, die dem zivilen Widerstands-
kreis Goerdelers angehört und schon lange vor dem Krieg gegen
Hitler agitiert hatten.[14]

Der 34jährige Oberstleutnant Bernhard Klamroth war Generalstabsoffizier in der Organisationsabteilung des Oberkommandos
des Heeres (OKH) und Stauffenbergs Nachfolger gewesen, nachdem letzterer zum Stabschef General Fromms ernannt worden war,
des Oberbefehlshabers des Ersatzheeres. Er war ein enger Freund
von Olbricht und Stieff und hatte mitgeholfen, den Sprengstoff zu
beschaffen, ein Vergehen, für das Oberleutnant von Hagen am
8. August bereits zum Tod verurteilt worden war. In gewisser
Hinsicht saß er auch an Stelle des Generalmajors Henning von
Tresckow auf der Anklagebank, der Erster Generalstabsoffizier der
Heeresgruppe Mitte und Generalstabschef der 2. Armee gewesen
war und sich der Verhaftung und dem Prozeß vor dem VGH durch
Selbstmord an der Front entzogen hatte.[15]

Major Hans-Georg von Klamroth war von Beruf Kaufmann und
diente als Reservemajor in der deutschen Abwehr. 1944 hatten sich
die meisten älteren aktiven Abwehroffiziere mehr oder weniger verdächtig gemacht, da die Gestapo im Jahr zuvor Geheimpapiere gefunden hatte, die auf ehemalige Verbindungen zwischen der Abwehr, dem britischen Geheimdienst und dem Vatikan hinwiesen.
Dies hatte zur Festnahme Generalmajor Osters und einiger seiner
Kameraden geführt, während Himmlers SD die Abwehr übernommen hatte. Der damalige Abwehrchef, Admiral Canaris, wurde su-
spendiert und schließlich unmittelbar nach dem 20. Juli 1944 verhaftet.[16] Major Klamroth war auch mit Stieff befreundet, der ihm
erklärt hatte, die nationalsozialistische Führung müsse, falls nötig,
eliminiert werden, um eine Niederlage zu vermeiden.[17]

Major Egberg Hayessen war Oberstleutnant Bernardis unterstellt
gewesen und hatte detaillierte Pläne für die Operation Walküre ausgearbeitet, besonders für die Besetzung aller wichtigen Regierungs-
gebäude und -ämter in Berlin. Am 20. Juli war er zum Berliner
Stadtkommandanten General von Hase geschickt worden, um ihm
bei der Durchführung der Pläne zu helfen. Er war einer der ersten,
die man festnahm.[18]

Wolf Graf von Helldorf, Offizier im Ersten Weltkrieg und später
Mitglied der Brigade Ehrhardt, eines der Freikorps, die man Ende

1918 und Anfang 1919 einsetzte, um die revolutionären Aufstände in Deutschland niederzuschlagen, war schon 1926 der NSDAP beigetreten. Bald nach Hitlers Ernennung zum Kanzler wurde er Polizeipräsident von Berlin, war aber schon nach kurzer Zeit sowohl von Hitler als auch von dessen Politik enttäuscht. Mit einem Fuß im Lager des militärischen, mit dem anderen in dem des zivilen Widerstands, hatte er sich 1938 mit den bereits erwähnten Putschplänen einverstanden erklärt, denen zufolge Hitler unter von Witzlebens Kommando verhaftet werden sollte. Sein Spiritus rector war der etwas zwielichtige Hans Bernd Gisevius, ehemaliger Gestapoangehöriger und späterer Abwehragent in Bern, der nach 1945 mehrere Rechenschaftsberichte publizierte, darunter »Bis zum bitteren Ende«, ein Buch, das sich seither als eines der unverläßlichsten Dokumente über die Angehörigen des Widerstands erwiesen hat. Helldorf hatte Goerdeler allerdings die Teilnahme der Berliner Polizei an dem Putsch verweigert, obwohl er Stauffenberg am 20. Juli einige Polizeibeamte zur Verfügung stellte.[19]

Die beiden Diplomaten waren Legationsrat Hans-Bernd von Haeften und Legationsrat Adam von Trott zu Solz. Von Haeftens Bruder Werner zählte zu denen, die am Abend des 20. Juli standrechtlich erschossen worden waren. Er war ein Neffe des Feldmarschalls von Brauchitsch, der bis zur Winterkrise 1941/42 Oberbefehlshaber des deutschen Heeres gewesen war. Auch er war eng mit von Stauffenberg befreundet. Hauptsächlich aus religiösen Gründen hatte er sich der Widerstandsgruppe innerhalb des Auswärtigen Amtes angeschlossen, einer Gruppe die dem damaligen Staatssekretär Ernst Freiherr von Weizsäcker nahestand.[20] Er war praktisch von Anfang an über die gegen Hitler gerichteten Pläne informiert gewesen, hatte aber, wiederum aus religiösen Gründen, gegen dessen Ermordung protestiert – eine Haltung, die auch der Kreisauer Kreis eingenommen hatte.[21]

Adam von Trott zu Solz, ein Sohn des ehemaligen preußischen Kultusministers, war Rhodes-Stipendiat in Oxford gewesen, hatte weite Reisen unternommen und dem Goerdeler-Kreis schon vor dem Krieg angehört. Vor dem Kriegseintritt der Vereinigten Staaten hatte er gehofft, die Amerikaner würden die deutsche Widerstandsbewegung unterstützen, und zu diesem Zweck hatte er eine Denkschrift für Präsident F. D. Roosevelt ausgearbeitet. Sein Plan mißlang hauptsächlich aus zwei Gründen: Erstens hielten die Amerikaner und die Briten die politischen und territorialen Ziele der Deutschen Opposition immer noch für übertrieben; zweitens verdächtigte man von Trott zu Solz, als Agent für die deutsche Regierung zu arbeiten. Er war im Kreisauer Kreis aktiv und tendierte zum linken Flügel. Bis 1944 hatte ihn die persönliche Erfahrung gelehrt, daß sich die Kriegsziele der Feinde Deutschlands nicht ändern würden, ob Hitler nun an der Macht blieb oder nicht; dennoch nahm er am Putschversuch teil.[22]

Während des Prozesses richteten sich Freislers Angriffe in erster Linie gegen Helldorf, der letzten Endes öffentlich zugab, ein Verräter zu sein.[23] Als von Haeften gefragt wurde, warum er seinen dem Führer geleisteten Treueeid gebrochen habe, soll er geantwortet haben: »Weil ich den Führer für den Vollstrecker des Bösen in der Geschichte halte.« Darauf soll Oberreichsanwalt Lautz erwidert haben, diese Bemerkung stelle alles in den Schatten, was bisher bei diesem Prozeß und bei den vorangegangenen Verhandlungen gesagt worden sei. Dieser Vorgang mag durchaus der Wahrheit entsprechen.[24]

Die Klamroths versuchten sich der Verantwortung nach besten Kräften zu entziehen, aber das Beweismaterial, das gegen sie vorlag, war erdrückend.[25] Hayessen dagegen, der nichts von der Verschwörung gewußt und die Walküre-Pläne für den Fall ausgearbeitet hatte, daß innere Unruhen in Deutschland drohten, gab seine Teilnahme an dem Putsch, von dem er erst am 20. Juli erfahren hatte, bereitwillig zu, was ihm Lautz' Anerkennung und Respekt eintrug.[26] Von Haeften wurde beschuldigt, von den Putschplänen seines Bruders gewußt zu haben; außerdem warf man ihm vor, daß er, falls das Attentat geglückt wäre, den Auftrag gehabt hatte, einen deutschen General zu Verhandlungen nach Großbritannien zu begleiten. Er gab dies zu, betonte aber, daß er dieses Vorhaben als hoffnungslos betrachtet habe.[27] Trott zu Solz versuchte sich vergeblich in der Kunst der Diplomatie, ein Bemühen, das Freisler durch fundierte Informationen, gezielte Fragen und den bei ihm üblichen Zynismus vereitelte.[28]

Alle Angeklagten wurden zum Tod verurteilt. Abgesehen von Hans-Georg Klamroth und Trott zu Solz wurden sie noch am selben Tag gehängt. Angeblich mußte Helldorf auf Hitlers Befehl vor seiner eigenen Hinrichtung der Hinrichtung der anderen Verurteilten beiwohnen. Doch diese Behauptung stammt von einer Person, die nicht bei der Urteilsvollstreckung anwesend war[29], und wird von einem der Henker entschieden dementiert.[30] Von Trott zu Solz und Klamroth wurden am 26. August 1944 hingerichtet.

Einer von Helldorfs guten Freunden, Gottfried Graf von Bismarck-Schönhausen, ein direkter Nachfahre Otto von Bismarcks, wurde ebenfalls angeklagt. Er hatte an verschiedenen Gesprächen teilgenommen und war am 20. Juli in die Bendlerstraße gekommen, hatte sich aber angesichts der dort herrschenden Verwirrung rasch wieder entfernt. Angeblich hatte Stauffenberg ihn beauftragen wollen, mit Churchill Kontakt aufzunehmen, doch dafür gab es keine konkreten Beweise; und Freisler war anscheinend auch nicht bereit, den Träger eines so großen deutschen Namens zu verurteilen. Und so plädierte Lautz für Freispruch wegen Mangels an Beweisen. Allerdings konnte sich Freisler die Bemerkung nicht verkneifen, daß der Graf Umgang mit äußerst zweifelhaften Personen gepflegt habe, mit »Personen, die im Verlauf des 20. Juli eine außerordentlich bedeutsame Rolle gespielt haben.«[31] Wie einer der Zeugen erklärte, habe sich Bismarck, Regierungspräsident in Potsdam, an jenem verhängnisvollen 20. Juli als treuer Nationalsozialist erwiesen. Freisler teilte diese Meinung nicht, aber um seine Unparteilichkeit zu demonstrieren, wie er konstatierte, habe Bismarck schließlich der Mangel an Beweisen vor einer Bestrafung bewahrt.[32]

Major Ludwig Freiherr von Leonrod, den die Oppositionsführer zum Verbindungsoffizier zum Befehlshaber des Wehrkreiskommandos VII in München ernennen wollten, entstammte einer alten bayerischen Adelsfamilie. Als tiefreligiöser Katholik hatte er vor dem Putschversuch Kaplan Hermann Wehrle aufgesucht, den Beichtvater seines Vaters, und ihn gefragt, ob das Wissen um einen bevorstehenden Mord eine Sünde sei. Wehrle war leichtsinnig genug, ihn nicht in den Beichtstuhl zu führen. In diesem Fall hätte er sich auf das Beichtgeheimnis stützen können. Statt dessen zog er mehrere theologische Werke zu Rate und erklärte dann, es bestehe kein Grund für Leonrod, eine Beichte abzulegen. Er riet ihm jedoch, nicht an Aktivitäten dieser Art teilzunehmen, was Leonrod ignorierte.[33] Leonrod versuchte, sich mit dem Argument herauszureden, er habe sich auf den Rat seines Beichtvaters verlassen.[34]

Trotzdem wurde er zum Tod verurteilt. Er reichte ein Begnadigungsgesuch ein, das aber nichts weiter einbrachte als die Verschiebung der Hinrichtung um ein paar Tage.

Am 30. August standen vier weitere Offiziere vor dem VGH, der ehemalige Militärbefehlshaber in Frankreich, General Karl-Heinrich von Stülpnagel, sein vertrauter Ratgeber, Oberstleutnant der Reserve Cäsar von Hofacker, und die beiden Oberstleutnants im Generalstab Günther Smend und Karl Ernst Rathgens. Stülpnagel hatte seit 1938 der militärischen Opposition angehört. 1938 und Anfang 1940 hatte er zusammen mit Gleichgesinnten verschiedene Pläne geschmiedet, Hitler festzunehmen, aber der Sieg im Westen hatte diese Bemühungen vereitelt. Während des Angriffs auf Rußland im Sommer 1941 ging Stülpnagels Zusammenarbeit mit dem Sonderkommando 4b in der Judenvernichtung wesentlich über die vom Chef des Reichssicherheitshauptamtes Reinhard Heydrich gestellten Forderungen und die mit ihm getroffenen Vereinbarungen hinaus. Erst Stalingrad gab ihm und der militärischen Widerstandsbewegung neue Kraft.[35] Im Februar 1942 war Stülpnagel zum Militärbefehlshaber in Frankreich ernannt worden und hatte um sich eine Gruppe von Offizieren gesammelt, an deren antinationalsozialistischer Haltung kein Zweifel bestand, darunter General Speidel, Rommels Stabschef in Frankreich[36], und Hauptmann Ernst Jünger – berühmt durch seine Metaphysik des Krieges und seine Typologie des Krieges, Träger des Ordens pour le mérite –, der ein detailliertes Friedensmemorandum erarbeitet hatte.[37]

Als am 20. Juli die Nachricht von der Ermordung Hitlers und der Befehl aus der Bendlerstraße eintrafen, trat Stülpnagel prompt in Aktion, arretierte alle SS- und SD-Führer in Paris und hielt sie in einem Luxushotel fest. Als am Abend desselben Tages die Wahrheit ans Licht kam, ließ Stülpnagel die Verhafteten wieder frei. Die Wehrmachts-, SS- und SD-Offiziere feierten den Fehlschlag des Attentats mit Champagner.[38] Stülpnagel wurde seines Kommandos enthoben und nach Berlin beordert. Unterwegs – auf dem Schlachtfeld von Verdun, wo er im Ersten Weltkrieg gekämpft hatte – versuchte er, Selbstmord zu begehen, doch es gelang ihm nur, sich zu blenden.[39] Als Blinder stand er Freisler gegenüber.

Cäsar von Hofacker, der Sohn des bekannten württembergischen Generals Eberhard von Hofacker, hatte sich seit 1940 in Görings

Vierjahresplandienststelle in Paris mit Wirtschaftsfragen befaßt. Stülpnagel wurde durch ein von Hofacker verfaßtes umfangreiches Memorandum über die deutsch-französischen Beziehungen, in dem er den Nationalsozialismus scharf kritisierte, auf ihn aufmerksam. Als Vetter der Stauffenbergs und Yorck von Wartenburgs stand er dem militärischen Widerstand ohnehin nahe, und Stülpnagel ließ ihn in seinen Stab versetzen. Er hatte von Anfang an einen Staatsstreich befürwortet.[40] Nach der Invasion der Alliierten und dem vergeblichen Versuch der deutschen Verbände, sie zurückzuwerfen, vertiefte sich die Beziehung zwischen Stülpnagel und Hofacker. Hofacker wurde zu Rommel geschickt, um ihn für die Putschpläne zu gewinnen. Rommel erkannte die absolute Notwendigkeit eines Kurswechsels.[41] Nach dem fehlgeschlagenen Attentat wurde auch Hofacker verhaftet, und während des Verhörs arrangierte man – wenn auch die diesbezüglichen Belege widersprüchlich sind – eine Gegenüberstellung von Hofacker und Speidel, bei der einer der beiden, möglicherweise unabsichtlich, Rommel in die Sache hineinzog, was für den letzteren fatale Folgen hatte.[42] Während des Prozesses soll sich Hofacker gegen Freisler tapfer zur Wehr gesetzt haben, aber für die Worte, die ihm in den Mund gelegt wurden, gibt es keine anderen Quellen als die nach 1945 veröffentlichten, zum Teil nicht verifizierbaren Berichte, über den deutschen Widerstand.[43]

Smend und Rathgens hatten nichts mit den Ereignissen in Paris zu tun gehabt, zählten aber zu den Berliner Verschwörern und hatten am 20. Juli aktive Rollen gespielt. Es half Rathgens nichts, daß er ein Neffe des Generalfeldmarschalls von Kluge war, der bereits in Verdacht geraten war, von der Verschwörung zumindest gewußt zu haben, und Selbstmord beging, als man ihn seines Kommandos enthob.[44] Stülpnagel und Rathgens wurden am selben Tag gehängt, an dem der Prozeß stattgefunden hatte, am 30. August, Smend am 8. September und Hofacker am 20. Dezember 1944.

In einem anderen Prozeß wurden am selben Tag zwei weitere Mitglieder der Pariser Gruppe verurteilt, Oberst i. G. Eberhard Finkh und Oberst Otfried von Linstow. Wie Hofacker war auch Finkh eingesetzt worden, um Rommel für die Putschpläne zu gewinnen, aber Rommel hatte Bedenken geäußert. Von Linstow hatte an der Pariser Aktion teilgenommen und versuchte vergeblich, sich mit dem Argument zu verteidigen, er habe nur Befehle ausgeführt; man habe ihm erklärt, das nationalsozialistische Regime werde von SS und SD bedroht, und er sei nur aus diesem Grund gegen sie vorgegangen. Freisler glaubte ihm kein Wort. [45]

Am nächsten Tag wurde der hochdekorierte Panzerkommandeur Oberst Friedrich Jäger vor Gericht gestellt und zum Tod verurteilt. Seit der Winterkrise 1941/42 hatte er den Glauben an Hitler und dessen Regime verloren. Um die Zeit des Putschversuchs befehligte er die Panzertruppenschule in Kalisch. Am 20. Juli kam er in Berlin an, wo er sofort einen hohen SS-Führer und dessen Adjutanten festnahm. Danach sollte er Goebbels verhaften und dessen Ministerium sowie das Reichssicherheitshauptamt (RSHA) besetzen. Doch der Versuch schlug fehl, als ihm Major Remer und seine Soldaten entgegentraten. Auch Jäger beteuerte seine Unschuld und behauptete, er sei zufällig in Berlin gewesen und ebenso zufällig in die Ereignisse verwickelt worden. In Wirklichkeit war er jedoch seit 1942 ein enger Vertrauter Stauffenbergs gewesen. [46]

Im September fanden weitere Prozesse vor Freislers Erstem VGH-Senat statt, zunächst am 4. September ein Prozeß gegen sieben Offiziere. General Fellgiebel, Generalleutnant Fritz Thiele und Oberst Kurt Hahn waren führende Offiziere des Wehrmacht-Nachrichtenverbindungswesens. Fellgiebel war Chef des Wehrmacht-Nachrichtenverbindungswesens im OKW. Auch er hatte sich der militärischen Opposition schon sehr früh angeschlossen und war mit Beck und Goerdeler befreundet. Er hatte die Aufgabe, Hitlers Hauptquartier funk- und nachrichtenmäßig von der Außenwelt abzuschneiden, was er ein paar Stunden lang erfolgreich tat, aber nicht lange genug, um den Berliner Verschwörern Zeit zu geben, ihre geplanten Maßnahmen zu ergreifen. Deshalb wurde der Mann, der in der künftigen Regierung Reichspostminister werden sollte, am Abend des 20. Juli verhaftet. [47] Thiele und Hahn waren seine Stabschefs. Thiele hatte seit dem Herbst 1943 an der Verschwörung teilgenommen. Als er erfuhr, daß Hitler das Attentat überlebt hatte, führte er nicht alle beabsichtigten Maßnahmen durch, während Hahn alles tat, was er konnte. Nach Fellgiebels Verhaftung wurde Thiele sofort zu seinem Nachfolger ernannt, doch dann kam die Wahrheit über seine Aktivitäten ans Licht. Am 12. August wurde er gemeinsam mit Hahn verhaftet. Beide versuchten erfolglos, sich der Verantwortung zu entziehen. [48]

Die übrigen Angeklagten waren Major Gerhard Knaak, Heinrich Graf von Lehndorff-Steinort, Max-Ulrich von Crechsel-Deuffenstein und Oberstleutnant Hans Otto Erdmann. Die Verschwörer hatten Knaak seit 1943 ins Vertrauen gezogen. Er hatte sie mit Sprengstoff versorgt, der aber bei dem Attentat nicht benutzt wurde.[49] Lehndorff-Steinort war einer der bedeutendsten Grundbesitzer in Ostpreußen. Auf seinem Landsitz, Tarnname »Mauerwald« hatte sich das OKH einquartiert, während sein Schloß von Ribbentrop als Hauptquartier benutzt wurde, da er in der Nähe des Führerhauptquartiers sein wollte.

Von Lehndorff war Oberleutnant der Reserve und hatte 1941 im Stab seines Onkels gedient, des Feldmarschalls Fedor von Bock, des Oberbefehlshabers der Heeresgruppe Mitte, dessen Erster Generalstabsoffizier Henning von Tresckow war. Seit Herbst 1943 gehörte Lehndorff der Widerstandsbewegung an. Von Yorck versuchte, ihn für den Goerdeler-Kreis zu gewinnen, aber er bevorzugte den Kreisauer Kreis. Im Frühling 1944 drang er bis ins Zentrum der Verschwörergruppe vor und sollte als Verbindungsoffizier zwischen den Widerstandsleuten und dem Wehrkreiskommando I in Königsberg fungieren. Nach der erfolgreichen Invasion in Frankreich befahl ihm von Tresckow, Stauffenberg aufzusuchen und ihn zu veranlassen, nach Frankreich zu reisen und dort auf Speidel einzuwirken. Speidel sollte erreichen, daß Rommel den anglo-amerikanischen Truppen die deutsche Front öffnete. Auf diese Weise sollte verhindert werden, daß Deutschland von den Russen überrannt würde. Lehndorff erfüllte seine Aufgabe, aber Stauffenberg weigerte sich, die gewünschten Maßnahmen zu ergreifen. Offenbar glaubte Stauffenberg, daß Hitler zuerst entfernt werden müsse und daß man erst danach die Alternativen einer West- und Ostlösung überdenken könne. Lehndorffs Reise blieb nicht unbemerkt, und er stellte sich der Polizei. Es gelang ihm dann, für kurze Zeit zu entkommen. Nach seiner erneuten Verhaftung leugnete er bei den ersten Verhören alles, legte aber schließlich ein volles Geständnis ab.[50]

Kurz vor dem Putschversuch betrachtete die Verschwörergruppe Leonrods Anwesenheit in Berlin als unerläßlich. Seine Stellung als Verbindungsoffizier zum Befehlshaber des Wehrkreiskommandos VII wurde Max Ulrich Graf von Crechsel übertragen. 1933/34 war dieser Justizreferendar, wählte dann aber aus Protest gegen die Morde vom 30. Juni 1934 die »aristokratischste Form der inneren Emigration« (Gottfried Benn), indem er ins Heer eintrat. Als Offizier war er bei Tobruk schwer verwundet worden. Im Lazarett lernte er Stauffenberg kennen. Im Juni 1944 trat Leonrod an ihn heran und informierte ihn über das bevorstehende Attentat und das Amt, das die Verschwörer für ihn vorgesehen hatten. Von Crechsel nahm das Angebot ohne Zögern an. Der VGH verurteilte alle sieben Offiziere zum Tod. Sie wurden noch am selben Tag hingerichtet.[51]

Am 8. September wurden zwei weitere Offiziere verurteilt und gehängt – Hauptmann d. R. Ulrich-Wilhelm Graf Schwerin von Schwanenfeld und Oberst i. G. Georg Alexander Hansen. Schwerin hatte schon seit 1933 gegen das NS-Regime opponiert und war seit 1938 in der militärischen Widerstandsbewegung aktiv gewesen. Von 1938 bis 1944 beteiligte er sich an zahlreichen Überlegungen, wie man Hitler entfernen könnte; und er war mit Admiral Canaris' Stabschef Generalmajor Oster befreundet. Im März 1943 wurde Schwerin auf Osters Initiative hin zur Division »Brandenburg« versetzt, einer Einheit für besondere Kommandoaufgaben. Er blieb in engem Kontakt mit der Goerdeler-Gruppe und versuchte, als Vermittler und Verbindungsmann zwischen den konservativen und sozialistischen Vertretern des Widerstandes zu agieren. Außerdem stand er dem Kreisauer Kreis nahe, wobei er vor allem dessen soziale Planung und religiöse Ansichten befürwortete. Am 20. Juli war er in der Bendlerstraße, wo er verhaftet wurde.[52]

Oberst Hansen war im Februar 1944 Canaris' Nachfolger geworden, obwohl die Abwehr damals bereits *de facto* dem SD unterstellt worden war. Dank seiner Position konnte er den Verschwörern wichtige Geheiminformationen geben. Am 20. Juli sollte er die Gestapo-Gebäude besetzen. Der Lauf der Ereignisse erlaubte es ihm nicht, diesen Plan durchzuführen; und auch er wurde verhaftet.[53]

Am 14. September standen drei weitere Offiziere und ein Priester vor Freisler – Oberst Nikolaus Graf von Üxküll-Gillenbrand, Generalmajor Heinrich Graf zu Dohna-Schlobitten und Hauptmann d. R. Michael Graf von Matuschka. Der Priester war Kaplan Hermann Wehrle, der Beichtvater von Leonrods Vater. Üxküll war ein Onkel der Stauffenberg-Brüder und von Yorcks. Bis 1918 war er österreichischer Offizier gewesen. Nach dem Kriegsausbruch 1939 wurde er wieder eingezogen und diente in der Wehrmacht. Er sollte als Verbindungsoffizier zum Prager Militärbefehlshaber fungieren.[54] Dohna, ehemals Generalstabsoffizier in Ludendorffs Stab, diente im Zweiten Weltkrieg erneut im Generalstab. Einst Mitglied der NSDAP, trat er nach 1939 aus der Partei aus, weil er deren Polenpolitik mißbilligte. Seine ersten engen Kontakte mit der Widerstandsbewegung bekam er, als er mit Fellgiebel, Stieff und dem Kreisauer Kreis Verbindung aufnahm. Nach dem erfolgreichen Putsch sollte er politischer Berater im Wehrkreiskommando I werden, für das sein Neffe von Lehndorff als Verbindungsoffizier vorgesehen war. Schließlich sollte er Oberpräsident von Ostpreußen werden.[55]

In der Weimarer Republik war Matuschka Abgeordneter des Zentrums im preußischen Landtag gewesen. 1939 wurde er als Reserveoffizier zu den Waffen gerufen. Zuerst diente er in der OKH-Abteilung »Fremde Heere West« und dann als Verbindungsoffizier zum Chef des Stabes der 2. Armee, Generalmajor von Tresckow. Von der Schulenburg weihte ihn in die Pläne der Verschwörer ein.[56]

Kaplan Wehrle saß auf der Anklagebank, weil er Leonrod jenen bereits erwähnten Rat gegeben hatte. Bei dieser Gelegenheit ließ Freisler seinem Antikatholizismus freien Lauf. Da das Beichtgeheimnis in diesem Fall keine Geltung hatte, wäre es nach Freislers Ansicht Wehrles Pflicht gewesen, die Behörde über Leonrods seltsame Frage zu informieren. Im Verlauf des Prozesses gaben alle Angeklagten zu, was man ihnen zur Last legte und daß sie von den Putschplänen gewußt hätten. Obwohl die Verteidigung ihr Bestes tat – die Aufgabe der Verteidigung erwies sich angesichts der Fakten und der Haltung ihrer Klienten als enorm schwierig, wenn nicht sogar unerfüllbar, ebenso wie in den vorangegangenen Prozessen –, wurden alle vier zum Tod verurteilt.[57]

Fünf Offiziere – Generalmajor Otto Herfurth, Oberst i. G. Joachim Meichsner, Oberstleutnant i. G. Joachim Sadroziński, Oberstleutnant Fritz von der Lancken und Major Wilhelm Friedrich Graf zu Lynar – standen am 28. September vor dem VGH. Herfurth, Chef des Stabes des Wehrkreiskommandos III, Berlin, hatte an sich nichts mit der militärischen Widerstandsbewegung zu tun. Doch am 20. Juli hatte Major von Oertzen, der von der Front nach Berlin zurückberufen worden war, alle Befehle der Verschwörer, die ihre Berliner Aktionen betrafen, an ihn weitergegeben. Erst in diesem Augenblick erkannte er, daß ein Putschversuch unternommen wurde. Er weigerte sich, die Befehle weiterzugeben oder zu befolgen, tat aber auch nichts, um ihre Ausführung zu verhindern.[58]

In einer ähnlichen Lage befand sich Sadrozinski, Abteilungschef im Stab des Ersatzheeres, der erst am Tag des Attentats in die Verschwörung verwickelt wurde, als Stauffenberg ihm Befehle erteilte, die er auszuführen versuchte. Graf zu Lynar, ehemaliger Adjutant von Witzlebens, hatte bereits früher von den Putschplänen erfahren, spätestens seit Stalingrad. Er war Grundbesitzer, und auf seinem Landgut hatten viele Versammlungen des harten Verschwörerkerns stattgefunden. Seine einzige Aufgabe bestand darin, für Witzlebens rechtzeitige Ankunft in Berlin zu sorgen.[59]

Oberst Meichsner hatte aus religiösen Gründen immer gegen den Plan, Hitler zu ermorden, protestiert. Aber er wußte, was geplant war, und unterließ es, die Behörden zu verständigen.[60]

Oberstleutnant von der Lancken war Olbrichts Adjutant gewesen. Als dessen Vertrauter war er genau über den Putsch informiert. In seiner Wohnung war der Sprengstoff versteckt worden, der bei dem Attentatsversuch benutzt wurde. Alle fünf wurden zum Tod verurteilt und am 29. September 1944 hingerichtet.[61]

Einer der Verschwörer, General Fritz Lindemann, war nach dem mißglückten Anschlag in den Untergrund gegangen und erst am 3. September aufgespürt worden. Er versuchte, sich der Festnahme zu entziehen, indem er aus einer Wohnung sprang, die einem Architekten namens Erich Gloeden gehörte und im dritten Stockwerk lag. Er wurde ins Krankenhaus gebracht und operiert. Kurz danach riß er sich die Verbände vom Leib und verblutete.[62]

Während seiner Flucht hatte er bei mehreren Leuten Obdach gefunden, die gewußt hatten, worum es ging, da er steckbrieflich gesucht worden war. Die Steckbriefe hatten an allen Anschlagtafeln gehangen, und für seine Ergreifung war eine hohe Belohnung ausgesetzt worden. Und so saßen statt Lindemann die Leute auf der Anklagebank, die ihm geholfen hatten, unter anderem das Ehepaar Gloeden, das anscheinend halbjüdischer Abstammung war. Auch Frau Gloedens Mutter wurde angeklagt, die ebenfalls in der Wohnung lebte. Am 27. November verurteilte Freisler alle drei zum Tod; am 30. November wurde die Strafe vollstreckt.[63]

Am selben Tag wurde Lindemanns Onkel Max Lindemann, Major im Ruhestand, wegen Mangels an Beweisen freigesprochen. Obwohl der 72jährige seinen Neffen für eine Nacht beherbergt hatte, überzeugte seine körperliche und geistige Gebrechlichkeit Freisler davon, daß er wenig oder nichts von Fritz Lindemanns Aktivitäten gewußt und die Bedeutung der entsprechenden Zeitungsartikel nicht erkannt hatte.[64]

In diesem Zusammenhang wurden noch andere Personen vor Gericht gestellt, zum Beispiel Hermann Lindemann, ein Vetter des Generals, der Dresdener Architekt Hans-Ludwig Sierks, der Kaufmann Karl Marks, der Architekt Wilhelm Senzky und Oberstleutnant von Petersdorff, hochdekorierter Offizier des Ersten Weltkriegs und später ein renommierter Freikorps-Führer. Er war der NSDAP schon in ihrer Anfangsphase beigetreten und 1931 wesentlich an der Niederschlagung des »Stennes-Putsches« in der SA beteiligt. Außerdem war er höherer SA-Führer. Nach dem 20. Juli wurde er aus der Wehrmacht und der NSDAP ausgestoßen; doch Freisler sprach ihn wegen Mangels an Beweisen frei.[65]

Obwohl Lautz, der Oberreichsanwalt des VGH, die Todesstrafe für Marks, Sierks und Hermann Lindemann beantragt hatte, wurden nur die beiden ersteren zum Tod verurteilt, während Lindemann und Senzky Zuchthausstrafen von zehn beziehungsweise drei Jahren erhielten.[66]

General Lindemanns Sohn, der als Oberfähnrich in der Kriegsmarine gedient hatte und mit seinen zwanzig Jahren noch minderjährig war, wurde zu fünf Jahren Zuchthaus verurteilt, weil er von den Plänen seines Vaters gewußt und es unterlassen hatte, die Behörden zu informieren. Seine Jugend und der Einfluß, dem er zu Hause ausgesetzt gewesen sei, galten als mildernde Umstände.[67] Sein älterer Bruder, Leutnant Lindemann, der am 22. Januar 1945 vor Gericht stand, wurde zu sieben Jahren Zuchthaus verurteilt, weil er nach dem fehlgeschlagenen Putschversuch gesagt hatte, es wäre vielleicht besser gewesen, wenn der Anschlag erfolgreich verlaufen wäre. Er wurde der Wehrkraftzersetzung für schuldig befunden.[68]

Inzwischen hatte man weiteren Beteiligten des 20. Juli den Prozeß gemacht, zum Beispiel Generalleutnant Karl Freiherr von Thün-

gen, der am 20. Juli General Kortzfleisch ablösen sollte, nachdem sich dieser geweigert hatte, an dem Putsch teilzunehmen. Thüngen, den man nur unzulänglich informiert hatte, war während des ganzen kritischen Tages passiv geblieben. Aber sowohl Lautz als auch Freisler warfen ihm vor, daß er nicht versucht hatte, Fromm aus der Gewalt der Verschwörer zu befreien, obwohl er erkannt hatte, was vor sich ging, und daß er es unterlassen hatte, Major von Oertzen zu verhaften, der im Auftrag Stauffenbergs mit dessen Befehlen zu ihm gekommen war. Er wurde zum Tod verurteilt. Sein Verteidiger beantragte eine Wiederaufnahme der Verhandlung, was aber abgelehnt wurde. Am 8. November wurde Thüngen hingerichtet.[69]
Major Adolf Friedrich Graf von Schack, der Adjutant des Generals von Hase, Oberstleutnant Wilhelm Kuebart, Oberst i. G. Alexis Freiherr von Roenne, Chef der Abteilung »Fremde Heere West« im Generalstab des Heeres und Freund Stauffenbergs, sowie Oberstleutnant Karl-Heinz Engelhorn waren die nächsten Angeklagten, die gemeinsam vor dem VGH standen. Gegen Schack und Kuebart hatte bereits ein anderer Senatspräsident verhandelt. Man warf ihnen vor, der militärischen Widerstandsbewegung angehört zu haben. Doch wegen des spärlichen und widersprüchlichen Beweismaterials plädierte der Ankläger für Freispruch im Fall Schack und für eine Wiederaufnahme des Verfahrens im zweiten Fall. Freisler protestierte anscheinend gegen diesen Antrag; und so mußten Schack und Kuebart noch einmal vor Gericht erscheinen, zusammen mit den oben genannten anderen Offizieren. Jetzt wurde Schack zum Tod verurteilt, weil er nichts gegen Hase unternommen hatte, ebenso Roenne und Engelhorn, die der Verschwörergruppe zumindest zeitweise angehört hatten. Kuebart wurde zu fünf Jahren Zuchthaus verurteilt. Freislers harter Kurs hatte die Staatsanwaltschaft veranlaßt, ihren Antrag zurückzuziehen. Das Revolutionstribunal forderte seine Opfer. Alle Strafen wurden vollstreckt. Allerdings liegen in den Fällen Schack und Roenne widersprüchliche eidesstattliche Aussagen vor, denen zufolge erstens beide erschossen, zweitens Schack erschossen und Roenne gehängt, drittens beide gehängt wurden – was wieder einmal den zweifelhaften Wert eidesstattlicher Aussagen demonstriert.[70]
Ein weiterer Angehöriger der Abwehr, der am 10. Oktober zum Tod verurteilt wurde, war Hauptmann Dr. jur. Theodor Strünck,

im Zivilberuf Anwalt. Strünck war mehrmals in die Schweiz gereist, wo er mit dem Doppelagenten Hans Bernd Gisevius in Verbindung getreten war und sich bemüht hatte, die westlichen Alliierten dahingehend zu beeinflussen, daß sie im Fall eines Regierungswechsels in Deutschland keine bedingungslose Kapitulation verlangten. Strünck war seit 1938 in der Widerstandsbewegung aktiv gewesen. Nach der Verhaftung seines Kommandeurs Oberst Hansen wurde auch er am 1. August festgenommen. Freisler belegte ihn mit der Todesstrafe, die aber nicht sofort vollstreckt wurde. Statt dessen brachte man Strünk ins bayerische Konzentrationslager Flossenbürg, wo er am 9. April zusammen mit seinem ehemaligen Vorgesetzten, Generalmajor Hans Oster, und vier anderen gehängt wurde.[71]

Am 12. Oktober fand der Prozeß gegen Oberst Rudolf Graf von Marogna-Redwitz statt, einen ehemaligen österreichischen Offizier, der in der Abwehr gedient hatte. Stauffenberg hatte ihn als Verbindungsoffizier zum Wehrkreiskommando XVII, Wien, einsetzen wollen. Auch er wurde zum Tod verurteilt.[72]

Am 13. Oktober standen Major Hans-Jürgen Graf von Blumenthal, Hauptmann Friedrich Scholz-Babisch, Oberst i. G. Georg Schultze-Büttger und Major Roland von Hösslin vor dem VGH. Blumenthal war höherer SA-Führer gewesen und mütterlicherseits mit Stauffenberg verwandt. Außerdem war er mit Oster befreundet und hatte durch ihn zur militärischen Widerstandsbewegung gefunden. Er sollte Verbindungsoffizier zum Wehrkreiskommando II, Stettin, werden, während Scholz-Babisch dieselbe Funktion für den Wehrkreis VIII, Breslau, erfüllen sollte. Schultze-Büttger war vor dem Krieg General Becks Adjutant gewesen und von Tresckow für den Widerstand gewonnen worden. Auf Becks Befehl hin hatte er vergeblich versucht, Generalfeldmarschall von Manstein für die Widerstandsbewegung zu gewinnen. Hösslin war ein enger Freund Stauffenbergs. Seine Aufgabe wäre es gewesen, Königsberg für die Verschwörer zu sichern. Alle Angeklagten wurden zum Tod verurteilt, die Strafe wurde noch am selben Tag vollstreckt.[73]

Die letzten Verschwörer, die der militärischen Gruppe der Widerstandsbewegung angehörten, standen ab dem 12. Januar 1945 vor Gericht. Die ersten waren Hauptmann Dr. Gotthard Freiherr von Falkenhausen und der Industrielle Dr. Ernst Röchling, beide mit

Cäsar von Hofacker befreundet. Falkenhausen war Stabsoffizier beim Militärbefehlshaber in Paris und dort anscheinend in die Ereignisse vom 20. Juli 1944 verwickelt. Röchling war auf einer Geschäftsreise am 21. Juli in Paris eingetroffen und von Hofacker in allen Einzelheiten unterrichtet worden, was geschehen war. Hofacker hatte zu entkommen versucht und war von der Gestapo gesucht worden. Röchling kannte seinen Aufenthaltsort, behauptete aber, nichts davon zu wissen, als er vom SD verhört wurde. Während des Prozesses stand Falkenhausen tapfer seinen Mann, und seine Haltung beeindruckte Freisler so stark, daß er ihn wegen Mangels an Beweisen freisprach. Röchling wurde zu fünf Jahren Zuchthaus verurteilt. Zunächst hatte er vor Gericht alles abgestritten, dann aber ein volles Geständnis abgelegt.[74]

Am 17. Januar wurde gegen Hauptmann Hermann Kaiser und Major Busso Thoma verhandelt. Kaiser gehörte, obwohl er Mitglied der NSDAP war, dem Goerdeler-Kreis an, mit dem er Pläne für ein neues Deutschland schmiedete. Er war auch der Verfasser einer Denkschrift, in der er für eine Reform des deutschen Erziehungswesens eintrat, und hielt die Verbindung zwischen Beck, Olbricht, Witzleben und dem Goerdeler-Kreis aufrecht. Nach dem erfolgreichen Staatsstreich sollte er Verbindungsoffizier zum Wehrkreiskommando XII, Wiesbaden, werden. Die Gründe, die ihn vor Freislers Gericht brachten, lagen erstens in der Bereitschaft vieler Verhafteter, andere in die Sache hineinzuziehen, und in seinen eigenen Tagebüchern, die sowohl Goerdelers als auch Stauffenbergs Pläne in allen Einzelheiten enthielten. Thoma war von Kaiser über diese Pläne informiert worden und hatte es unterlassen, ihn anzuzeigen. Beide wurden zum Tod verurteilt und am 23. Januar 1945 hingerichtet.[75]

Am 7. März wurde auch General Fromm, der ehemalige Oberbefehlshaber des Ersatzheeres, von seinem Schicksal ereilt. Fromm hatte in der Verschwörung eine passive Rolle gespielt. Er hatte erklärt, der Krieg könne nicht mehr gewonnen werden, wollte aber, ähnlich wie Stieff, sichergehen, daß der Putsch gelang, bevor er sich auf Stauffenbergs Seite schlug. Und weil diese Sicherheit am 20. Juli nicht gegeben war, schwankte er zunächst, stellte sich dann, als er erfuhr, daß Hitler noch am Leben war, auf die Seite der Sieger und erweckte in der Bendlerstraße den Eindruck, er sei der Hauptgegenspieler der Putschisten. Auf seinen Befehl hin wurden Stauffenberg, Olbricht, Haeften und Mertz von Quirnheim exekutiert. Aber es war zu offensichtlich, daß Stauffenberg und seine Anhänger ihre detaillierten Pläne nicht hinter Fromms Rücken geschmiedet haben konnten. So wurde er noch am selben Tag seines Postens enthoben, und Himmler trat seine Nachfolge an. Schließlich wurde er festgenommen. Nicht Freisler, sondern Vizepräsident Engert verhandelte gegen ihn, nur ein ehrenamtlicher Richter war bei dem Prozeß anwesend. Er wurde zum Tod verurteilt, weil er nicht mit der nötigen Energie Widerstand geleistet und auch nicht versucht hätte, aus der Haft zu fliehen, was sehr leicht möglich gewesen wäre. Trotz der Intervention des Reichsministers für Rüstung und Kriegsproduktion, Albert Speer, wurde Fromm von einem Exekutionskommando erschossen. Angeblich lauteten seine letzten Worte »Heil Hitler!«; doch diese Information stammt aus einer wenig zuverlässigen Quelle.[76]

Am 16. März fanden zwei weitere Prozesse statt – gegen Oberst Wilhelm Staehle und gegen Oberleutnant Fabian von Schlabrendorff. Staehle, mütterlicherseits holländischer Abstammung, hatte Kontakt mit der holländischen Widerstandsbewegung aufgenommen und als Verbindungsmann zwischen dieser und der militärischen Opposition in Deutschland fungiert. Seine Berliner Wohnung diente dem Goerdeler-Kreis häufig als Versammlungsort und als Versteck für geheime Papiere. Im Gegensatz zu den anderen Verschwörern war er schon vor dem versuchten Staatsstreich, am 12. Juni 1944, verhaftet worden. Die Verschwörer hatten die bei ihm deponierten Papiere zuvor entfernt; und da die Rolle, die er bei dem Komplott gespielt hatte, nur wenigen Leuten bekannt war, wurde er nur zu zwei Jahren Gefängnis verurteilt. Doch am 23. April 1945, kurz vor dem Ende des Krieges, wurde er auf Himmlers Befehl ermordet.[77]

Schlabrendorff hatte sich von Anfang an für die deutsche Widerstandsbewegung eingesetzt. Kurz vor Kriegsausbruch wurde er nach Großbritannien geschickt, um Verbindung mit Winston Churchill aufzunehmen, was ihm auch gelang. Er stellte sich mit den Worten vor: »Ich bin kein Nazi, ich bin ein Patriot«, worauf Churchill erwiderte: »Ich auch.«[78] Churchills subtile ironische Verachtung scheint Schlabrendorff entgangen zu sein. Während des

Rußlandfeldzuges diente er im Stab der Heeresgruppe Mitte und wurde dort von Tresckows Vertrauter. Er beteiligte sich an zwei angeblichen Mordanschlägen auf Hitler, die beide mißlangen – der eine, weil der Sprengstoffzünder nicht funktionierte. Schlabrendorff agierte weiterhin als Verbindungsmann zwischen Tresckow und Berlin und wurde am 17. August 1944 festgenommen. Im Zivilberuf Anwalt, wußte er, wie man mit der Reichsanwaltschaft und den Richtern umzugehen hatte, vor allem, da Freisler zum Zeitpunkt des Prozesses schon tot war; und so wurde er freigesprochen. Doch dies bedeutete, wie bei den meisten Freisprüchen des VGH, nicht die Freiheit für Schlabrendorff, sondern das Konzentrationslager, aus dem er im Mai 1945 von den US-Streitkräften befreit wurde.[79]

Oberstleutnant i. G. Hasso von Boehmer, den Stauffenberg als Verbindungsoffizier zum Wehrkreiskommando II, Stettin, einsetzen wollte, war der letzte Wehrmachtsangehörige, dem der Prozeß gemacht wurde. Er wurde zum Tod verurteilt und am 5. März 1945 hingerichtet.[80]

Die Reihe der Prozesse gegen die zivilen Verschwörer begann am 7. und 8. September 1944 mit der Verhandlung gegen ihren Anführer, Dr. Carl Goerdeler. Der ehemalige deutsche Botschafter in Rom, Ulrich von Hassell, der ehemalige Innenminister von Hessen, Wilhelm Leuschner, der Berliner Anwalt Josef Wirmer sowie der Berliner Paul Lejeune-Jung saßen ebenfalls auf der Anklagebank.

Freisler bezeichnete Goerdeler als »Kopf und Motor« der Verschwörung. Allerdings fügte er nicht hinzu, daß Goerdeler ein ziemlich geräuschvoller Motor war, der, wie viele Widerstandskämpfer, zuviel redete und viel mehr zu Papier brachte, als ihm selbst und der Sache, für die er eintrat, nutzen konnte.[81] Bis 1935 sympathisierte Goerdeler mit Hitler und dessen Bewegung, der er sich aber nicht anschloß. Später entstanden Meinungsverschiedenheiten bezüglich wirtschaftlicher Fragen. Deshalb wurde Goerdeler seines Amtes als Reichskommissar für Preisüberwachung enthoben. Von dem Industriellen Robert Bosch finanziell unterstützt, widmete er sich nun der Aufgabe, die nationalsozialistische Diktatur zu stürzen. Er beschwor die Generäle, sich nicht, wie in der Blomberg-Fritsch-Krise von 1938, entmannen zu lassen. Aber in die frühen Pläne des Heeres, Hitler schon 1938 zu Fall zu bringen, war er nur teilweise verwickelt.

Mit Boschs Unterstützung unternahm er weite Auslandsreisen, vor allem nach Großbritannien, Frankreich und in die USA. In Frankreich konnte er nicht Fuß fassen. Das britische Außenministerium war höflich genug ihm zuzuhören, seine Denkschriften entgegenzunehmen und zu lesen, die eine kuriose Mischung von Fakten und Fiktionen darstellten – besonders seine Prophezeiung, was Großbritannien nach einem Kriegsausbruch widerfahren würde.[82] Vielleicht konnte er bis zu einem gewissen Grad den Glauben erwecken, daß ein Krieg das Ende Hitlers bedeuten würde, einen Glauben, der zum Teil, wie bereits erwähnt, auf dem »Sitzkrieg« im Westen 1939/40 basierte, der aber dann schnell zu Ende ging – zuerst durch Deutschlands Besetzung von Dänemark und Norwegen und dann mit dem Westfeldzug von 1940. Dies ist nicht der Ort, um Goerdelers Pläne detailliert zu beschreiben, und so soll nur festgestellt werden, daß er im Herbst 1943 mit General Beck und Feldmarschall von Kluge zusammentraf. Kluge war bereit, einen Sturz des NS-Regimes zu akzeptieren, sobald Hitler eliminiert war; und so erhob sich die Frage, wie man ihn eliminieren sollte. Trotz anfänglichen Widerstrebens erklärte sich Goerdeler schließlich mit einem Mordanschlag einverstanden.[83] Für den Tag des Attentats entwarf er zahlreiche Notstandsgesetze, Proklamationen und Rundfunkreden. Am 18. Juli wurde er vor der Gestapo gewarnt, die seine Verhaftung plante; und bis zum 8. August, als er festgenommen wurde, ging er in den Untergrund.[84]

Leuschner, ehemaliges SPD- und Gewerkschaftsmitglied, wurde 1928 Innenminister von Hessen und 1932 stellvertretender Vorsitzender des Allgemeinen Deutschen Gewerkschaftsbundes. Nach Hitlers Ernennung zum Kanzler wurde er für kurze Zeit verhaftet. Nachdem man ihn entlassen hatte, begleitete er den Führer der Deutschen Arbeitsfront, Dr. Ley, nach Genf zur Internationalen Arbeiterkonferenz, auf der Ley die Auflösung der deutschen Gewerkschaften rechtfertigen und sich gleichzeitig um eine Mitgliedschaft der DAF in der Internationalen Arbeitsorganisation bemühen wollte. Leuschner weigerte sich, die für ihn vorgesehene Rolle zu spielen, und wurde bei seiner Rückkehr nach Deutschland für weitere zwei Jahre im KZ in Haft gehalten. Anschließend zog er nach Berlin, wo er 1940 die Bekanntschaft Goerdelers machte. Er arbeitete einen Plan für eine zentralisierte deutsche Gewerkschaftsbewegung aus und gewann die Unterstützung zahlreicher deutscher Gewerkschaftler. Er stimmte sogar Plänen zu, die auf eine Wiedereinführung der Monarchie abzielten, da er in erster Linie bestrebt war, die Nationalsozialisten zu entfernen. Aber er bezweifelte, daß Wehrmachtsangehörige die richtigen Männer seien, um Hitler zu stürzen. 1944 war er davon überzeugt, daß man den richtigen Augenblick verpaßt habe. Leuschner stellte die Frage *(bei einem Treffen zwischen Goerdeler, Stauffenberg und anderen am 16. Juni 1944 – Anm. des Autors),* ob es immer noch sinnvoll sei, auf Aktionen seitens der Militärs zu hoffen. »... Nach den vielen ergebnislos verstrichenen Terminen« habe er zu ihnen »keinerlei Zutrauen mehr«, heißt es im Gestapobericht über Leuschners Einstellung.[85] Auch hinsichtlich der Ämterverteilung gab es Meinungsverschiedenheiten mit Leuschner. Nach dem 20. Juli ging er ebenfalls in den Untergrund und konnte am 25. Juli sogar ein weiteres Treffen mit Goerdeler arrangieren. Schließlich wurde er am 15. August festgenommen.[86]

Der Anwalt Josef Wirmer vertrat im Goerdeler-Kreis die katholischen Interessen. Wegen Vertretung jüdischer Mandanten war er vor dem Krieg aus dem NSRB ausgeschlossen worden. 1942 lernte er Goerdeler kennen und stellte seine Wohnung und sein Büro für konspirative Treffen zur Verfügung. Er war als künftiger Justizminister vorgesehen. Auch Wirmer traf noch am 1. August 1944 mit Goerdeler zusammen. Kurz danach wurde er verhaftet.[87]

Ulrich von Hassell, der Schwiegersohn des Admirals von Tirpitz, war von 1932 bis zu seiner Abberufung und Pensionierung 1937 deutscher Botschafter in Rom gewesen. Er stand Göring nahe und bemühte sich, den Kriegsausbruch zu verhindern. Im Frühjahr 1940 fuhr er mehrmals in die Schweiz, um mit den Briten zu verhandeln. Er machte auch die Bekanntschaft General Becks und teilte dessen Einschätzung der allgemeinen Lage. Im Goerdeler-Kreis fungierte er als Hauptberater in außenpolitischen Fragen. Ursprünglich plädierte er dafür, Hitler durch den gemäßigteren Göring zu ersetzen, aber die Entwicklung der Dinge veranlaßte ihn sehr bald, diesen Gedanken fallenzulassen. Er war der erste Kandidat für den Außenministerposten in der neuen Regierung[88], bis Stauffenberg, nachdem er zwischen einer West- und einer Ostlösung geschwankt hatte, für letztere und für den ehemaligen deutschen Botschafter in Moskau, Graf von der Schulenburg, eintrat.[89]

Dr. Lejeune-Jung, ein Industriemanager, war Mitglied der Deutschnationalen Volkspartei und von 1924 bis 1930 Reichstagsabgeordneter gewesen. Während des »Röhm-Putsches« hatte er für kurze Zeit im Gefängnis gesessen. Erst 1941 trat er mit dem Goerdeler-Kreis in Verbindung, für den er ab 1943 äußerst aktiv war. Er sollte Wirtschafts- und Arbeitsminister werden.[90]

Goerdeler hatte sich nach seiner Verhaftung vor der Gestapo so umfassend geäußert, daß die Verteidigung nichts mehr für ihn unternehmen konnte.[91] Freisler betrachtete jedes politische Denken, das nicht mit dem Nationalsozialismus übereinstimmte, als unverzeihliches Vergehen. Zwingend und ätzend brachte er seine Argumente vor, und der Fall lag so überwältigend klar auf der Hand, daß die Verteidigung keine glaubhaften Einwände erheben konnte. Außerdem war Freisler ebensowenig wie in den vorangegangenen Prozessen an den »inneren Motiven« des Angeklagten interessiert. Natürlich gestattete es die Anwesenheit der Zuhörerschaft keinesfalls, mochte sie auch sorgfältig ausgewählt sein, so heikle Themen wie die Kontakte mit den Feldmarschällen Rommel und Kluge zu erwähnen. Goerdelers Versuch, sich gegen die Anklage zu verteidigen, vor und während des Krieges mit dem Feind konspiriert zu haben, stand auf tönernen Füßen und war somit ohne Chance.[92]

Die Behauptung, Thierack habe am 8. September 1944 in einem Brief an Bormann die Art und Weise kritisiert, wie Freisler diesen Prozeß führte, basiert auf einer zweifelhaften Angabe, die sich wiederum auf eine Veröffentlichung im Auftrag der Bonner Regierung beruft, in der die ursprüngliche Quelle nicht genannt wird.[93] Der Aussage, die Angeklagten wären ebenso eingeschüchtert gewesen wie die Verteidigung, scheinen die tapferen, energischen Äußerungen zu widersprechen, mit denen sich z. B. Wirmer zur Wehr setzte – vorausgesetzt, die diesbezügliche Quelle ist verläßlich, woran auch in diesem Fall gezweifelt werden muß.[94] Alle fünf Angeklagten wurden wegen Hochverrats, Defätismus, Wehrkraftzersetzung und Feindbegünstigung zum Tod verurteilt. Von Hassell, Wirmer und Lejeune-Jung wurden noch am selben Tag gehängt. Leuschner wurde in ein Konzentrationslager gebracht, wo man ihn am 29. September 1944 exekutierte.[95]

Goerdeler durfte vorerst am Leben bleiben, weil sein phänomenales

Gedächtnis – wie Freislers Brief vom 26. Oktober 1944[96)] und eine eidesstattliche Aussage von Oberreichsanwalt Lautz[97)] andeuteten – zum Nutzen der Gestapo zu arbeiten begann, oder weil Himmler ihn einsetzen wollte, um hinter Hitlers Rücken Kontakte mit den Alliierten zu knüpfen.[98)] Der dritten Erklärung zufolge wurde er verschont, damit er detaillierte Pläne für den Wiederaufbau in Deutschland, die Preisüberwachung und die Gemeindeverwaltung ausarbeiten konnte. Nachdem die Alliierten Ende September 1944 die deutschen Grenzen überschritten hatten und Hitler eine Politik der »verbrannten Erde« auch für Deutschland verlangte, scheint es aber höchst unwahrscheinlich, daß Hitler eine Schonung Goerdelers gebilligt hätte, damit dieser für ein Deutschland ohne Hitler arbeitete. Himmler hatte besonders über Schweden[99)] genügend gute Kontakte zum Osten wie zum Westen, so daß er Goerdelers Hilfe sicher nicht brauchte. Deshalb ist der Autor geneigt, der ersten Erklärung mehr Glauben als den beiden anderen zu schenken. Die zweite verfolgt nur das Ziel, der zweckbedingten Mythologie des deutschen Widerstands zu dienen. Mit dieser Feststellung soll das Verdienst des Widerstandes gegen die Tyrannei und die Lauterkeit zumindest der Mehrzahl seiner Träger in keiner Weise geschmälert werden. Aber es ist weit übertrieben, die Widerständler samt und sonders als »Ritter ohne Furcht und Tadel« zu verherrlichen. So verständlich eine solche Haltung auch im Zusammenhang mit der unmittelbaren Nachkriegsentwicklung in Deutschland erscheinen mag – fast 40 Jahre nach dem Krieg ist es höchste Zeit, die Proportionen zurechtzurücken, Wirksamkeit und Schwächen der Widerstandsbewegung realistisch zu gewichten. Die Verstrickung prominenter Verschwörer in NS-Greuel reduziert nicht ihre Rolle im Widerstand, sondern stellt nur die bisher unzureichend beantwortete Frage nach ihrer Motivation. Die Demokratie in der Bundesrepublik Deutschland ist stark genug, um diese Widerstands-Mythologie, die vielleicht für ihre Anfangsjahre und ihre Entwicklung opportun und notwendig war, zugunsten einer realistischeren Sehweise ins Abseits zu stellen.
Wie dem auch sei – am 2. Februar 1945 wurde Goerdeler hingerichtet, genau zu dem Zeitpunkt, als Himmler versuchte, über Schweden Kontakte mit den Alliierten herzustellen, womit auch die besagte zweite Goerdeler-Legende entkräftet ist.[100)]

Goerdelers jüngerer Bruder, Fritz Goerdeler, folgte ihm einen Monat später, am 1. März 1945, in den Tod. Er war höherer städtischer Beamter, Stadtkämmerer von Marienwerder, gewesen. Von den Aktivitäten seines Bruders hatte er bis 1943 nichts gewußt, als Carl Goerdeler ihn über seine Pläne informierte, die er dann unterstützte und für die er weitere Anhänger zu gewinnen suchte. Im Fall eines erfolgreichen Putsches sollte er Bürgermeister von Königsberg werden.[101] Wie sein Bruder versuchte auch Fritz Goerdeler, im Untergrund zu verschwinden, und belastete dadurch mehrere Leute, die ihm Obdach boten. Der VGH verurteilte diese Personen nicht zum Tod, sondern zu verschiedenen Zuchthaus- und Gefängnisstrafen, was Freisler mit dem Argument rechtfertigte, daß keiner der Angeklagten von Fritz Goerdelers Beteiligung an dem Versuch, Hitler zu stürzen, gewußt habe.[102]

Am 20. Oktober 1944 verhandelte Freisler gegen Dr. Julius Leber, Hermann Maass, Dr. Adolf Reichwein und Gustav Dahrendorf. Leber, im Elsaß geboren, hatte im Ersten Weltkrieg als Freiwilliger gekämpft und war als hochdekorierter Leutnant aus dem Krieg heimgekehrt. Er beendete sein Studium, trat der SPD bei und gab eine Parteizeitung heraus. Zunächst war er in der Lübecker Lokalpolitik aktiv, dann fungierte er von 1924 bis 1933 als Reichstagsabgeordneter. Im Februar 1933 wurde er verhaftet, doch bald wieder freigelassen. Kurz darauf wurde er wegen seiner fortgesetzten politischen Tätigkeit erneut festgenommen und blieb bis 1937 in Haft. Nach seiner Entlassung baute er in Berlin mit der finanziellen Hilfe Gustav Dahrendorfs ein Kohlengeschäft auf und erneuerte die Kontakte zu seinen ehemaligen sozialistischen Genossen.[103] Zu seinen Kunden gehörten General Beck und Theodor Heuss, der spätere erste Präsident der Bundesrepublik, der sich jeder politischen Aktivität enthielt, sich den Nationalsozialisten aber zur Verfügung stellte, indem er Beiträge für Goebbels' Eliteblatt »Das Reich« schrieb, das 1940 gegründet worden war.[104] Bald lernte Leber auch Trott zu Solz und Stauffenberg kennen, dessen Vertrauen er sofort gewann. Seine Beziehung zu Goerdeler war problematischer, da er dessen Pläne für zu konservativ hielt. Dies galt auch für seine Einstellung zum Kreisauer Kreis. Unter den Sozialisten im Goerdeler-Kreis vertrat er so energisch sozialistische Prinzipien, daß es schließlich zu ernsthaften Meinungsverschiedenheiten kam. Hauptsächlich wurde er von Stauffenberg unterstützt, der ihn nicht nur als Innenminister, sondern auch als Goerdelers Nachfolger im Kanzleramt sah. Über Anton Saefkow, einen Fahrer, versuchte Leber auch eine Brücke zu den Kommunisten zu schlagen. Doch ein Gestapo-Agent hatte die Saefkow-Gruppe unterwandert, und am 5. Juli 1944 wurde Leber verhaftet.[105)]

Hermann Maass hatte vor dem Ersten Weltkrieg der Jugendbewegung angehört und war nach Kriegsende in ihr aktiv geblieben. Er trat der SPD und der Gewerkschaftsbewegung bei und war gleichzeitig Geschäftsführer des Reichsausschusses der deutschen Jugendverbände. In dieser Funktion geriet er häufig in Konflikt mit der Hitlerjugend, besonders mit deren Führer seit 1931, Baldur von Schirach, dessen Antrag, die Hitlerjugend möge in den Reichsausschuß aufgenommen werden, er ablehnte.[106)] Nach dem 30. Januar 1933 saß er für kurze Zeit im Gefängnis. Nach seiner Entlassung arbeitete er als Prokurist in Leuschners Fabrik, publizierte illegale Zeitungen für die Jugendbewegung und war eines der ersten Mitglieder der Widerstandsbewegung gegen Hitler. Über ihn erhielt die britische Botschaft eine völlig verzerrte – man könnte sogar sagen, gefälschte – Version von Hitlers Rede an seine Generäle, gehalten am 22. August 1939, unmittelbar vor Ausbruch des Zweiten Weltkrieges.[107)] Seine Wohnung in Potsdam diente den Verschwörern häufig als Treffpunkt. Am 8. August 1944 wurde er verhaftet.[108)]

Auch Dr. Adolf Reichwein kam aus der Jugendbewegung, hatte im Ersten Weltkrieg gekämpft und sich danach pädagogischen Reformen gewidmet. Nach 1933 verlor er seinen Lehrstuhl für Pädagogik in Halle und wurde Lehrer in einem Dorf in der Mark Brandenburg. Dort erhielt er eine Berufung an das Berliner Volkskundemuseum. 1939 gesellte er sich zu den Widerstandskämpfern in Moltkes Kreisauer Kreis, mit dem er Pläne für eine künftige Verfassung sowie für Pädagogik- und Sozialreformen machte. Nach Goerdelers Wunsch sollte er Kultusminister werden. Zusammen mit Leuschner versuchte er, Verbindung zu den Kommunisten aufzunehmen, und wurde einen Tag vor Lebers Festnahme, am 4. Juli 1944, verhaftet.[109)]

Bis 1933 gab Gustav Dahrendorf ein SPD-Blatt in Hamburg heraus und war in der Hamburger Lokalpolitik für die SPD aktiv. Von 1932 bis 1933 fungierte er als Reichstagsabgeordneter. 1933 war er für kurze Zeit in Haft und trat nach seiner Entlassung eine leitende Stellung in der Kohlenindustrie an, die es ihm, wie bereits erwähnt, ermöglichte, Leber und andere Sozialisten zu unterstützen. Durch sie machte er die Bekanntschaft Goerdelers und Moltkes. Stauffenberg wollte ihn als politischen Berater im Wehrkreiskommando X, Hamburg, einsetzen. Am 23. Juli wurde Dahrendorf verhaftet.[110] Die vier Angeklagten erhielten die Anklageschrift erst am Vorabend des Prozesses. Ob dies mit Absicht oder umständehalber geschah – Berlin hatte damals unter schweren Luftangriffen zu leiden –, bleibt eine offene Frage. Jedenfalls hatte die Verteidigung kaum Zeit, sich vorzubereiten. Die Behauptungen, Freisler habe damit die Verteidigung behindern wollen, ist nicht zu beweisen, aber auch keinesfalls abwegig. Jedenfalls bedeutete die verzögerte Übergabe der Anklageschrift nicht, daß gar kein richtiger Prozeß stattfinden konnte. Dies beweist die Art und Weise, wie sich die Angeklagten selbst verteidigten. Sie kämpften besser für ihre Sache als ihre Verteidiger, abgesehen von Dahrendorfs Anwalt. Aber ihre Bemühungen waren vergeblich. Sie wurden zum Tod verurteilt. Lediglich Dahrendorf wurde mit einer nur zehnjährigen Zuchthausstrafe belegt, weil er es unterlassen hatte, ein geplantes Verbrechen anzuzeigen.[111]

Danach wurden noch mehrere andere Sozialisten und Gewerkschaftler zum Tod oder zu Zuchthausstrafen verurteilt, darunter am 17. Januar 1945 Hermann Lüdemann, der ehemalige Oberpräsident von Schlesien. Vor 1933 hatte er dem preußischen Landtag und der preußischen Regierung angehört, die am 20. Juli 1932 durch von Papen abgesetzt wurde. In der Widerstandsbewegung engagierte er sich seit ihren Anfängen. Er sollte den Posten eines politischen Beraters für den Wehrkreis XI, Hannover, übernehmen. Aufgrund der geschickten Verteidigung Lüdemanns mußte der Prozeß für zwei Tage unterbrochen werden, weil man Erkundigungen über den politischen Leumund des Angeklagten einziehen wollte. Die Meinung, die ein NSDAP-Kreisleiter äußerte, war sehr günstig für Lüdemann, und er wurde freigesprochen, obwohl die Anklage drei Jahre Zuchthaus gefordert hatte. In seiner Urteilsbegründung machte Freisler sogar vorteilhafte Bemerkungen über den Angeklagten. Aber statt freigelassen zu werden, wurde Lüdemann in ein Konzentrationslager eingewiesen, aus dem er erst im Mai 1945 wieder auftauchte.[112]

Vor den Prozessen gegen Sozialisten und Gewerkschaftler und auch währenddessen wurde gegen weitere Mitglieder der Widerstandsbewegung verhandelt. Der prominenteste dieser Angeklagten war der ehemalige deutsche Botschafter in Moskau, Friedrich Werner Graf von der Schulenburg. Beim Zustandekommen des deutsch-russischen Nichtangriffspaktes vom 23. August 1939 hatte er eine wichtige Rolle gespielt. Er war gegen den Krieg mit Rußland. Und als er erfuhr, daß Ribbentrop über Dr. Peter Kleist mit den Russen über einen möglichen Separatfrieden verhandelte, drängte er sofort darauf, daß die deutsche Widerstandsbewegung diese Gelegenheit nutzen und Verbindung mit Moskau aufnehmen sollte.[113] Zu diesem Zweck reiste Trott zu Solz 1943 nach Stockholm, aber die Russen zeigten ihm die kalte Schulter. Als die Russen erneut Friedensfühler nach Deutschland ausstreckten, legten sie großen Wert auf die ausdrückliche Versicherung, daß Kleist ein Mitglied der Widerstandsbewegung sei.[114] Schulenburg hatte seit 1941 Kontakt mit den Verschwörern gehabt und sich auch an der Ausarbeitung ihrer Pläne beteiligt, was er nicht leugnen konnte und was auch zu einem Todesurteil führte. Am Tag der Urteilsverkündung, am 10. November 1944, wurde er gehängt.[115]

Bemerkenswert war der Prozeß gegen Walter Cramer, Klaus Roesler und Alfred Schoen von Wildeneck. Cramer, Direktor einer Textilfabrik, hatte in engem Kontakt mit Hoepner und Oster gestanden und als Kontaktmann zur Wehrmacht fungiert. Er sollte politischer Berater im Wehrkreiskommando IV, Dresden, werden. Man hatte bereits vor dem 20. Juli gegen ihn ermittelt; und am 22. Juli wurde er verhaftet. Freisler verurteilte ihn zum Tod.[116]

Roesler und Schoen von Wildeneck waren Direktoren von Großbanken, Roesler von der Deutschen Bank und Schoen von der Allgemeinen Deutschen Kreditanstalt. Die beiden bauten ihre Verteidigung sehr geschickt auf dem Argument auf, daß sie nichts von Goerdelers Plänen gewußt hätten; und die Anklage empfahl einen Freispruch, womit Freisler einverstanden war.[117] Anscheinend hatte Hermann Abs, ein Vorstandsmitglied der Deutschen Bank, persönlich bei Freisler interveniert und sich für Roesler und Schoen eingesetzt. Abs' Ruf war über jeden Verdacht erhaben, und trotz seiner persönlichen Aversion gegen das NS-Regime leistete er ihm in wirtschaftlicher Hinsicht gute Dienste.[118] Nach 1945 wurde er Vorstandsvorsitzender der Deutschen Bank.

Im Zusammenhang mit diesem Prozeß wurden drei weitere Männer angeklagt. Der interessanteste war der Berliner Anwalt Dr. Otto Lenz, den man mit Goerdeler bekanntgemacht und dem dieser zunächst den Posten des Staatssekretärs in der Reichskanzlei und dann das Verkehrsministerium angeboten hatte. Lenz, ein guter Menschenkenner, der auch die damalige militärische Lage sehr genau einzuschätzen wußte, vertrat im November 1943 die Ansicht, daß jeder Anschlag auf das NS-Regime hoffnungslos wäre, und weigerte sich, an einem solchen Vorhaben teilzunehmen. Der Bericht über seinen Prozeß enthält folgende Charakterisierung: »Lenz macht den Eindruck eines gewandten, skrupellosen Rechtsanwalts. Er behielt während der ganzen für ihn doch sehr ernsten Verhandlung ein öliges Lächeln bei.«[119] Zu vier Jahren Zuchthaus verurteilt, überlebte er den Krieg und ging dann als CDU-Mann in die Politik.

Ein prominenterer Angeklagter war damals Gustav Noske, der erste Reichswehrminister der Weimarer Republik, der die Regierung vor den Umsturzversuchen der extremen Linken gerettet hatte. Nach dem Kapp-Putsch 1920 trat er von seinem Posten zurück und wurde später Oberpräsident der Provinz Hannover. Ab 1933 lebte er in Frankfurt am Main. Trotz seines Alters – er war damals 76 – wollte Goerdeler ihn als politischen Berater im Wehrdienstkommando IX, Kassel, einsetzen. Vor dem Prozeß wurde Noske schwer krank und blieb in einem Gefängniskrankenhaus, bis er am 25. April 1945 befreit wurde.[120] Noskes Nachfolger, Dr. Otto Geßler, seit 1920 Reichswehrminister, wurde ebenfalls verhaftet und in ein Konzentrationslager gebracht, wo er das Dritte Reich überlebte.[121]

Ein weiterer bemerkenswerter Prozeß wurde gegen Dr. h. c. Andreas Hermes geführt, zwischen 1920 und 1923 Reichsminister verschiedener Weimarer Kabinette, zunächst als Landwirtschaftsminister, dann als Reichsfinanzminister. Seit dem Frühjahr 1943 stand er in engem Kontakt mit Goerdeler. Am 22. Juli 1944 wurde er verhaftet, am 11. Januar 1945 fand sein Prozeß statt. Er leugnete, von Goerdelers Umsturzplänen gewußt zu haben, und behauptete, er habe ein künftiges Regierungsamt für sich nur für den Fall ins Auge gefaßt, daß der Feind den Zusamménbruch des NS-Regimes herbeigeführt hätte. [122)] Das übliche Klischee vom »rasenden Roland« wird im Bericht über diesen Prozeß modifiziert. Was Hermes betrifft, wird festgestellt: »Stattliches Äußeres, korrektes Auftreten. Sprache sachlich und offen. Beschönigte nichts, wurde daher von Dr. Freisler entsprechend vornehm behandelt ...« [123)] Hermes wurde zwar zum Tod verurteilt, überlebte aber das Dritte Reich.

Ein anderer guter Freund Goerdelers, Albrecht Fischer, ehemals Vorsitzender einer Vereinigung der Metallindustrie und dann Abteilungsleiter bei Robert Bosch, war auf der Liste von Goerdelers Regierungskandidaten vermerkt, die der Polizei in die Hände gefallen war. Fischers Verteidiger argumentierte, der Name des Angeklagten habe ohne dessen Wissen auf dieser Liste gestanden. Anscheinend bemühte sich Freisler, seine Fragen so zu formulieren, daß Fischers Verteidiger möglichst viel Spielraum hatte. Trotz einiger Bedenken plädierte die Staatsanwaltschaft für Freispruch, und Freisler stimmte zu. [124)]

Ein anderer ehemaliger Sozialist, Matthäus Herrmann, wurde ebenfalls freigesprochen. [125)] Herrmann, früher SPD-Mitglied und Abgeordneter im bayerischen Landtag, war im März 1944 von Leuschner für die Widerstandsbewegung gewonnen worden. Auch ihm trug man einen Ministerposten an. Kurz zuvor hatte er eine komplizierte Operation überstanden; und sein Verteidiger argumentierte, Herrmann sei zu jenem Zeitpunkt nicht imstande gewesen, die Bedeutung eines solchen Angebots richtig einzuschätzen. Freisler begründete den Freispruch folgendermaßen: »Wir können es niemandem vorwerfen, daß er früher Sozialdemokrat war. Von den Massen des ganzen Volkes, die sich jetzt zum Nationalsozialismus bekennen, waren es nur wenige, die von allem Anfang den Ruf des Schicksals vernahmen. Der Verräter muß ausgemerzt werden. Wer aber die Grenze des Verrates nicht überschritten hat, der muß in der Gemeinschaft unseres Volkes auch festgehalten werden.« [126)]

Im Prozeßbericht, den Bormann erhielt, wurde Herrmann wie folgt charakterisiert: »Ein biederer, schwerhöriger Greis, dem politischen Leben fernstehend. Gab ehrlich zu, aus seiner alten sozialdemokratischen Haut noch nicht ganz herauszukönnen, sagte aber ebenso ehrlich, er lerne unter dem Einfluß seiner Kinder allmählich zu begreifen, was Nationalsozialismus sei.« [127)]

In einem anderen Prozeß entging ein Angeklagter der Verurteilung, indem er erklärte, er habe seine Aussagen vor der Polizei nur gemacht, weil diese ihm gedroht habe, seine Familie zu inhaftieren. Freisler akzeptierte diese Einlassung und sprach den Angeklagten, den ehemaligen Sozialisten Bartholomäus Kossmann, frei, obwohl die Staatsanwaltschaft zwei Jahre Gefängnis gefordert hatte.[128] Auch Kossmann hatte auf Goerdelers Liste gestanden, als künftiger politischer Berater im Wehrkreiskommando XII, Wiesbaden.

In dem Prozeß, der am 1. Februar 1945 stattfand, standen der Schriftsteller und Schriftleiter Dr. Rudolf Pechel sowie der Kaufmann Werner von Alvensleben vor Gericht. Pechel war seit 1919 Herausgeber der »Deutschen Rundschau« gewesen, einer Zeitschrift, die sich vor allem an Deutschlands Intellektuelle wandte. Nach 1933 schrieb er zahlreiche Artikel, in denen er die Leistungen des Nationalsozialismus verherrlichte. Mit der Zeit wurde er kritischer, was 1942 zu seiner Internierung in einem Konzentrationslager führte. Pechel hatte seit 1936 mit Goerdeler in Verbindung gestanden und während des Krieges in seiner Wohnung eine Denkschrift Goerdelers aufbewahrt, die sich mit einem Wechsel in der Wehrmachtführung befaßte. Pechel und Alvensleben hatten auch Beck kennengelernt. Bei ihrem Prozeß leugneten beide, von Goerdelers Putschplänen gewußt zu haben. Pechel wurde freigesprochen, weil Freisler seine Schuld als nicht erwiesen betrachtete, während Alvensleben, der sich auch wegen Wehrkraftzersetzung verantworten mußte, zu zwei Jahren Gefängnis verurteilt wurde.[129]

Am selben Tag stand Ernst von Harnack, der Sohn des berühmten Theologen Adolf von Harnack, vor Freisler. Nachdem er im Ersten Weltkrieg als Offizier gekämpft hatte, trat er der SPD bei, wurde höherer Beamter und schließlich zum Regierungspräsidenten in Merseburg ernannt. Im Juli 1932 enthob ihn von Papen seines Amtes und versetzte ihn in den Ruhestand. Nachdem er Becks Bekanntschaft gemacht hatte, schloß er sich sehr bald dem Goerdeler-Kreis an und wurde eingehend über den Plan informiert, Hitler und dessen Regierung zu stürzen. Freisler verhängte die Todesstrafe[130], die am 3. März 1945 vollstreckt wurde.

Nach dieser Verhandlung trat eine Pause von etwa drei Wochen ein, bis die Prozesse gegen die Mitglieder der deutschen Widerstandsbewegung fortgesetzt wurden. Zunächst stand Goerdelers bereits erwähnter Bruder vor Gericht; und am 25. Februar 1945 verhandelte man gegen einen prominenten ehemaligen Nationalsozialisten, den Chef des Reichskriminalpolizeiamtes, Arthur Nebe. 1931 war er der NSDAP beigetreten und SS-Gruppenführer sowie Generalleutnant der Polizei geworden. Anfänglich hatte er das NS-Regime unterstützt und später, vermutlich angesichts der für Deutschland nachteiligen Kriegsentwicklung, seine Meinung geändert. Es ist eine nur selten erwähnte Tatsache, daß sich Nebe 1941 freiwillig meldete, um die »Einsatzgruppe B« in Rußland zu führen, jene Truppe, die offenbar im Partisanenstil kämpfen sollte, aber unmittelbar hinter der Front ein Schreckensregiment führte und hauptsächlich als Exekutionskommando auftrat. Ihre Opfer stammten überwiegend aus der einheimischen jüdischen Bevölkerung, jenen Resten, die bis dahin überlebt hatten.[131] Dies läßt die Behauptung, Nebe habe der Widerstandsbewegung schon in einem frühen Stadium angehört, unglaubhaft erscheinen, vor allem da sie sich nicht auf Originalquellen stützt, sondern auf unbelegter Sekundärliteratur beruht, wie dem Werk von Gisevius, dessen historische Exaktheit durch neuere Forschungen ernsthaft in Zweifel gezogen wird.[132] Jedenfalls tauchte Nebe erst 1944 im Kreis der Verschwörer auf, wahrscheinlich von Graf Helldorf angeworben. Nebes Aufgabe bestand darin, Offiziere der Kriminalpolizei auszuwählen, die die militärischen Aktionen in Berlin unterstützen sollten.[133] Nach dem mißglückten Attentat blieb er im Amt und tat so, als verfolge er die Verschwörer. Als Helldorf verhaftet wurde, tauchte er unter und konnte erst am 16. Januar 1945 festgenommen werden. Bei seinem Prozeß machte Nebe ein volles Geständnis, so daß es überflüssig war, Beweismaterial gegen ihn zusammenzutragen und vorzulegen. Er wurde am 3. März 1945 zum Tod verurteilt und am nächsten Tag gehängt.[134] Zu diesem Zeitpunkt war Freisler bereits seit einem Monat tot.

Noch zu seinen Lebzeiten wurde am 3. Oktober 1944 gegen den ehemaligen preußischen Finanzminister Johannes Popitz verhandelt. Popitz war auf höherer Ebene Himmlers Verbindungsmann zur zivilen Opposition, so wie Hartmut Plaas auf einer tieferen Ebene zum militärischen Widerstand. Am 26. August 1943 hatte er eine Begegnung mit Himmler und ihn darauf hingewiesen, daß Hitler versagt habe und daß es ratsam sei, ihn auszuschalten und den

Krieg zu beenden. Statt ihn zu verhaften, ließ sich Himmler offen-sichtlich überzeugen und Popitz konnte seine Aktivitäten fortset-zen, während der Berliner Anwalt Dr. Carl Langbehn, der das Tref-fen arrangiert hatte, festgenommen wurde. Bei diesem Prozeß bot Freisler sein ganzes Geschick auf, um Popitz daran zu hindern, sein Gespräch und seine Beziehungen zu Himmler zum Mittelpunkt der Verhandlung zu machen. Popitz wurde zum Tod verurteilt[135], aber erst am 2. Februar 1945 hingerichtet. Langbehn, der zusammen mit Popitz vor dem VGH stand, erhielt dieselbe Strafe, wurde jedoch schon am 12. Oktober 1944 exekutiert.[136]

Ein Sohn des berühmten Physikers Max Planck wurde am 23. Ok-tober 1944 zum Tod verurteilt. Die weltweite Reputation seines Va-ters, der damals noch lebte, konnte ihn nicht retten.[137]

Im Januar 1945 wurden auch die Prozesse gegen den Kreisauer Kreis fortgesetzt, soweit dessen Mitglieder noch nicht im unmittel-baren Zusammenhang mit den Ereignissen des 20. Juli 1944 verur-teilt worden waren. Der wichtigste Prozeß begann am 9. Januar 1945. Auf der Anklagebank saßen Helmuth James Graf von Molt-ke, Eugen Gerstenmaier, Franz Sperr, Dr. Franz Reisert, Fürst Fugger von Glött, Dr. Theodor Haubach, Oberstleutnant Theodor Steltzer, Pater Dr. Alfred Delp SJ und der Journalist Nikolaus Gross.[138] Bei Prozeßbeginn wurden die Fälle Haubach, Gross und Steltzer auf einen späteren Zeitpunkt verschoben.[139]

Moltke hatte sowohl mit Goerdeler als auch mit Popitz und Stauf-fenberg in engem Kontakt gestanden. Obwohl der Kreisauer Kreis den Tyrannenmord ablehnte, hielt sich Moltke am 20. Juli in der Bendlerstraße auf und wurde dort verhaftet.[140]

Pater Delp war als Fünfzehnjähriger zum katholischen Glauben übergetreten, hatte sich als Achtzehnjähriger den Jesuiten ange-schlossen und war 1937 zum Priester geweiht worden. Im Kreisauer Kreis vertrat er in sozialen Fragen den katholischen Standpunkt und stellte seine Münchner Wohnung für Mitgliederversammlungen zur Verfügung. Delp stellte sich gegen den Goerdeler-Kreis und riet Stauffenberg, sich nicht mit ihm einzulassen.[141]

Franz Sperr zog sich 1934 aus Protest gegen die Morde im Zusam-menhang mit dem »Röhm-Putsch« aus dem öffentlichen Leben zu-rück. Er war Generalstabsoffizier und von 1932 bis 1934 bayeri-scher Gesandter in Berlin gewesen. Durch Dr. Franz Reisert kam er in Kontakt mit dem Kreisauer Kreis und auch mit Stauffenberg, dessen Pläne er kannte. [142]

Vor 1933 war Dr. Reisert Mitglied der Bayerischen Volkspartei gewesen, des bayerischen Zweigs der Zentrumspartei. Befreundet mit Pater Delp, hatte er nur an einer einzigen Versammlung des Kreises in München teilgenommen und war bei den weiteren Zusammenkünften nicht mehr erschienen. Aber durch ihn wurde Fürst Fugger in den Kreisauer Kreis eingeführt.

Dr. Eugen Gerstenmaier, evangelischer Theologe, Mitglied der Bekennenden Kirche und schon vor dem Krieg Mitglied des Kreisauer Kreises, hatte im Dienst der Abwehr gestanden. Er war von Oster und Canaris unterstützt worden und hatte mehrere Auslandsreisen unternommen, sogar während des Krieges, um Unterstützung der westlichen Alliierten für die deutsche Widerstandsbewegung zu suchen. [143]

Bei dem Prozeß lehnte Freisler die Verteidiger ab, die Moltke und Reisert gewählt hatten. Das Gericht berief andere Verteidiger. Während der Verhandlung konzentrierte Freisler seine Angriffe in erster Linie auf Pater Delp und machte keinen Hehl aus seinen antikatholischen und antijesuitischen Gefühlen. Delp, dessen äußere Erscheinung seine bäuerliche Herkunft nicht verleugnen konnte, erklärte bei einem seiner Wortgefechte mit Freisler, daß weder die Predigt noch die Seelsorge die Menschen zum Beten und Denken veranlassen könnten, solange sie menschenunwürdig und unmenschlich leben müßten. Deshalb sei eine grundlegende Änderung der derzeitigen Lebensbedingungen nötig. Freisler fragte, ob der Angeklagte der Meinung sei, daß der Staat geändert werden müßte, damit Delp und seinesgleichen jene Bedingungen ändern könnten, die das Volk von der Kirche fernhielten – was Delp entschieden bejahte. Wütend begann Freisler die Jesuiten anzugreifen, und Delp war offensichtlich bereits ein Todeskandidat, bevor das Urteil offiziell verkündet wurde. [144]

Im Gegensatz zu Sperr wurden Reisert und Fürst Fugger von Freisler nicht ernsthaft angegriffen. [145] Sperr versuchte, sein Versäumnis, Stauffenberg anzuzeigen, mit persönlicher Feigheit zu erklären, was Freisler aber nicht gelten ließ. Er meinte, die Schuld des Angeklagten stünde einwandfrei fest. [146]

Helmuth James Graf von Moltke wurde ähnlichen Attacken wie

Delp ausgesetzt, konnte sich aber nicht so gut behaupten wie der Priester. Er brachte die ziemlich naive Entschuldigung vor, daß er die Widerstandsbewegung nur für den Fall einer feindlichen Besetzung organisiert habe. Solche Erklärungen betrachtete Freisler offensichtlich als Provokation, und so strafte er Moltke mit der ganzen Häme und Verachtung, deren er fähig war.[147] Immer noch wütend über Moltke, bedachte er auch Gerstenmaier, den er häufig unterbrach, mit weiteren giftigen Ergüssen.[148]

Das VGH-Urteil wurde am 11. Januar 1945 verkündet und bedeutete für Moltke, Delp und Sperr den Tod. Moltke und Delp wurden der Vorbereitung zum Hochverrat, der Feindbegünstigung, der Wehrkraftzersetzung und der Nichtanzeige bevorstehender Verbrechen für schuldig befunden. Sperr wurde nur für dieses letzte Vergehen mit dem Tod bestraft. Reisert wurde zu fünf Jahren, Gerstenmaier zu sieben Jahren Zuchthaus und Fürst Fugger zu drei Jahren Gefängnis verurteilt. Moltke und Sperr wurden am 23. Januar hingerichtet, Delp am 2. Februar. Die anderen überlebten den Krieg. Dr. Eugen Gerstenmaier war dann von 1954—1969 Präsident des Deutschen Bundestags.[149]

Am 15. Januar 1945 wurde gegen Haubach, Gross und Steltzer verhandelt, nachdem man diese Verfahren von den anderen abgetrennt hatte. Haubach war Mitglied der SPD und ihrer paramilitärischen Organisation, des »Reichsbanners Schwarz-Rot-Gold«, gewesen. Er verbrachte einige Zeit in Konzentrationslagern und verdiente dann seinen Lebensunterhalt zunächst als Versicherungskaufmann und später als Angestellter in einer Papierfabrik, die einem seiner Freunde gehörte. Seit 1942 war er Mitglied des Kreisauer Kreises und lehnte Goerdelers Programm ab. Erst im Zuge seines Verhörs, nach seiner Verhaftung am 9. August 1944, erfuhr die Gestapo von der Existenz des Kreisauer Kreises.[150]

Gross war Bergmann gewesen und später in den christlichen Gewerkschaften aktiv geworden. Nach 1933 blieb er in Verbindung mit Jakob Kaiser – von 1949—1957 Bundesminister unter Adenauer. Kaiser konnte sich nach dem 20. Juli der Verhaftung entziehen; Gross dagegen, der Spezialist für Gewerkschaftsfragen im Kreisauer Kreis, wurde am 12. August 1944 festgenommen.[151]

Steltzer war im Ersten Weltkrieg Generalstabsoffizier gewesen. Im Zweiten Weltkrieg wurde er reaktiviert und war für das Transport-

und Eisenbahnwesen in Norwegen verantwortlich. Als langjähriger Freund Moltkes war er im Januar 1943 von Yorck von Wartenburg über den Plan informiert worden, Hitler zu stürzen. Er verständigte seinen Vorgesetzten; doch Canaris, damals noch Abwehrchef, sorgte dafür, daß diese Mitteilung nicht weiterverbreitet wurde. Steltzer blieb trotz allem in Kontakt mit Moltke.[152]

Bei dem Prozeß verurteilte Freisler die Kontakte Haubachs mit den Kommunisten und dem Klerus aufs schärfste. Haubach trat ziemlich arrogant auf und behauptete, er sei Polizeiagent gewesen, worauf Freisler entgegnete, dies werde von offizieller Seite bestritten und auch durch die Tatsache widerlegt, daß Haubach die Polizei erst während des Verhörs über den Kreisauer Kreis informiert habe. Weder Haubachs Arroganz noch Gross' und Steltzers Bescheidenheit retteten die Angeklagten vor der Todesstrafe. Haubach und Gross wurden am 23. Januar 1945 hingerichtet.[153] Steltzer wurde aufgrund einer Intervention aus Himmlers Kreis vor der Exekution bewahrt, überlebte den Krieg und wurde der erste Ministerpräsident von Schleswig-Holstein.[154]

Ewald von Kleist-Schmenzin hatte als Freiwilliger im Ersten Weltkrieg gedient. Der reiche Grundbesitzer war in der Weimarer Republik Mitglied der DNVP und ein überzeugter Monarchist gewesen, der sich schon seit spätestens 1923 gegen Hitler gestellt hatte. Als Schleicher Kanzler wurde, riet er ihm zu einem Staatsstreich und beschwor Hindenburg, Hitler nicht zum Kanzler zu ernennen – zu einem Zeitpunkt, als Hindenburg dies noch gar nicht beabsichtigte. Die Nationalsozialisten konnten nichts anderes gegen ihn unternehmen, als ihn passiv zu bekämpfen, indem sie ihm Steine in den Weg legten, wann immer sich eine Gelegenheit dazu bot. Kleist zahlte es ihnen mit gleicher Münze heim. Allerdings hinderten sie ihn nicht daran, ins Ausland zu reisen, hauptsächlich nach Großbritannien, wo er das Außenministerium vor Hitlers Expansionsplänen warnte[155], ohne detaillierte Kenntnisse darüber zu besitzen – in dieser Hinsicht glich er Goerdeler. Es widerstrebte ihm, einer Oppositionsgruppe beizutreten, weil er kein Vertrauen in Goerdelers Fähigkeiten hatte, Beck wegen seiner Unentschlossenheit ablehnte und dem Kreisauer Kreis vorwarf, er konzentriere sich zu sehr auf sich selbst. Trotzdem stand Kleists Name auf Goerdelers Liste, da er sich bereit erklärt hatte, die Funktion eines politischen Beraters im Wehrkreiskommando II, Stettin, zu übernehmen. Außerdem kannte er Stauffenbergs Pläne in allen Einzelheiten. Nach seiner Verhaftung fühlte er sich als sicherer Todeskandidat. Der Prozeß begann am 3. Februar 1945, und Kleist erklärte von Anfang an, daß er Hochverrat begangen und gegen Hitler und den Nationalsozialismus gekämpft habe. Dies habe er als seine Verpflichtung Gott gegenüber betrachtet.[156] Mit dieser Instanz konfrontiert, verschob Freisler den Prozeß und schlug vor, statt dessen das Verfahren gegen Fabian von Schlabrendorff zu eröffnen. Kaum hatte er damit begonnen, als ein Luftangriff die Verhandlung unterbrach, bei dem Freisler ums Leben kam.[157]

Zwanzig Tage später, am 23. Februar, wurde der Prozeß gegen Kleist fortgesetzt. Er glaubte nun, daß er eine Chance hätte, nachdem Freisler nicht mehr den Vorsitz führte, und wies darauf hin, daß er aus der Kirche ausgetreten sei, daß zwei seiner Söhne in der Wehrmacht dienten und daß er ein Feind des Parlamentarismus sei. Der Vorsitzende, VGH-Vizepräsident Dr. Crohne, zögerte das Prozeßende bis zum 15. März 1945 hinaus, dann wurde Kleist wegen Hochverrats zum Tod verurteilt. Während die Kanonaden der russischen Artillerie bereits die Reichshauptstadt erreichten, wurde von Kleist-Schmenzin am 9. April 1945 enthauptet.[158]

Freisler wurde in einer schlichten Feier zu Grabe getragen. Hitler selbst hatte sich gegen ein Staatsbegräbnis ausgesprochen.[159] Der Nachruf erschien in der letzten Ausgabe der nationalsozialistischen Zeitschrift für deutsche Juristen, der *Deutschen Justiz*, am 16. Februar 1945.[160]

Es ist eine schwierige Aufgabe, Freislers Bedeutung objektiv einzuschätzen. Die Toten haben keine Stimmen mehr. Die Lebenden luden ihre eigene Schuld auf den Rücken jener ab, die sich nicht mehr verteidigen konnten. Freisler kann nicht rehabilitiert werden, denn er verdammte sich selbst, ebensowenig, wie das Dritte Reich jemals rehabilitiert werden kann. Aber in beiden Fällen ist genügend Raum für Korrekturen und Entmystifizierungen vorhanden.

Es hat wenig Sinn, darauf hinzuweisen, daß der VGH von 1937 bis 1941 »nur« 240 Todesstrafen verhängt hat, ein Sechstel der Todesstrafen, die von der deutschen Justiz in diesem Zeitraum verkündet wurden. Die Tendenz zu einer steigenden Anzahl von Todesurteilen zeichnete sich bereits unter der Präsidentschaft Thieracks ab,

wie die Zahlen auf S. 220 zeigen. Freisler wurde sein Nachfolger –
wenn auch nicht erster Wahl –, an einem Gerichtshof, mit dessen
Existenz und Weiterentwicklung er sich als Staatssekretär vorrangig
befaßt hatte, zu einem Zeitpunkt, als Deutschland vom Kriegsglück
verlassen wurde – nicht allmählich und fast unmerklich, sondern
äußerst drastisch. Die Radikalisierung der Justiz hielt Schritt mit
der Radikalisierung des Krieges, wobei letztere als treibende Kraft
fungierte, nicht nur im VGH, sondern auch, wie unten dargelegt
werden soll, auch in der Militärjustiz.

Thierack hatte den Anfang damit gemacht, alle wichtigen Fälle in
seinem Ersten Senat zu behandeln. Freisler behielt diese Verfahrensweise im Grunde nur bei, obwohl Thierack dann gegen eine
Methode protestierte, die er selbst initiiert hatte.

Freisler war Nationalsozialist aus tiefster Überzeugung. Nichts
würde sich weiter von der Wahrheit entfernen als der Versuch, ihn
des Opportunismus zu beschuldigen. Er trat für ein »neues Recht«
ein, das sich grundsätzlich von der traditionellen und auch heute
noch gültigen Rechtsauffassung unterschied. Der Richter war der
Führer, der seine Berufskollegen und die ehrenamtlichen Richter
leitete, der jeden einzelnen Fall vorher mit ihnen besprach, wodurch in manchen Prozessen das Urteil schon vorweggenommen
wurde. Ob dies auf alle Fälle zutraf, auf die Mehrheit oder nur auf
einige, kann nicht mehr mit Sicherheit festgestellt werden.

Freisler besaß ein umfangreiches Allgemeinwissen, das er bei seinen
Prozessen mit voller Wirkung zum Einsatz brachte. Er war ein ge-
schliffener Dialektiker; und wenn er auf einen ebenbürtigen Gegner
stieß, stürzte er sich beinahe mit Vergnügen in Wortgefechte, in deren Verlauf er Hiebe ebenso einsteckte wie austeilte.

Sein größtes Vorurteil betraf den Klerus, vor allem den katholischen. Die Protestanten behandelte er etwas nachsichtiger. Er
selbst trat nicht aus der evangelischen Kirche aus, und er ließ seine
Kinder evangelisch taufen. Er wurde jedoch nicht, wie es damals
Mode wurde, »gottgläubig«. Das zweite Hauptziel seiner An-
griffslust war das Judentum, doch in einem Maße, das ihn im Vergleich zu Hitler, Himmler oder Streicher als Gemäßigten erscheinen läßt.

Der Behauptung, daß jeder, der vor Freisler stand, von vornherein
verloren war, muß widersprochen werden. Er sprach zahlreiche

Angeklagte frei, wenn auch ohne Rücksicht darauf, was danach mit den Freigesprochenen geschah.[161]

Nach 1945 wurde Freisler ebenso der Sündenbock der deutschen Justiz wie ihr Alibi. Die eidesstattlichen Aussagen von Nürnberg bieten eine bemerkenswerte Lektüre, und zwar deshalb, weil alle Schuld auf Freislers Rücken abgewälzt wurde. Doch diese Aussagen enthalten auch Widersprüche. Manche Personen schworen, Freisler habe die Verteidigung stets behindert; andere behaupteten, ebenfalls unter Eid, das Gegenteil.[162] Wem soll man glauben?

Einigen Zitaten, die Quellen aus zweiter oder dritter Hand entstammen, ist zu entnehmen, daß Hitler den VGH-Präsidenten als »unseren Wyschinski« bezeichnet habe. Doch wenn man die Quellen untersucht, sind diese Zitate von zweifelhaftem Wert.[163] Freisler war dazu berufen, Urteile zu fällen, die sich nicht mit juristischen Abstraktionen und endlosen Listen von Paragraphen befaßten, sondern mit handfesten, praktischen Problemen, die der Mann auf der Straße in jeder Lage verstehen sollte. Dies tat er in brillanter Weise; er verteidigte den Nationalsozialismus mit Enthusiasmus und einer gewissen Logik, die man in Hitlers »Mein Kampf« oder in seinen Reden vergeblich sucht.

Das schlimmste Verbrechen, das ein Angeklagter in den Augen Freislers begehen konnte, war der Versuch, sich herauszuwinden, vor allem wenn der Fall klar auf der Hand lag und die Schuldfrage eindeutig geklärt war. Wie Freisler bereits vor seiner Ernennung zum VGH-Präsidenten in zahlreichen bereits besprochenen Artikeln betont hatte – für ihn zählte nur die Geisteshaltung. Die Absicht, ein politisches Verbrechen zu begehen, komme der vollbrachten Tat gleich; und deshalb schuf er sogar ein Strafrecht für die Geisteshaltung, das »Gesinnungsstrafrecht«.

»Es kann nicht geleugnet werden, daß ungeachtet« von illusionären und vernunftwidrigen Gedankengängen, »der Freislersche Urteilsstil markante und zuweilen beeindruckende Züge aufweist ...«, schreibt sogar einer seiner schärfsten Kritiker und bestätigt ferner: »Die gedankliche Arbeit, die Freisler in seinen Urteilen lieferte, war erstaunlich.«[164]

Die Behauptung, daß er geistig abnorm war, kann medizinisch nicht belegt werden. Er war, um es mit zwei Worten zu umreißen, ein »wahrer Gläubiger«. Trotz aller Informationsquellen, die ihm

486

zugänglich waren, glaubte er bis zum Ende an Hitler, Deutschland und den Nationalsozialismus und verteidigte dies alles mit einer Eloquenz, an die nur noch Goebbels herankam. Aber Goebbels war schlimmer, denn er war kein Gläubiger, sondern Zyniker.

Freisler war auch in seinem Privatleben, in seinem ganzen persönlichen Lebensstil glühender Nationalsozialist und er starb auch als solcher.[165] Wenn das als abnorm gilt, dann mag das sein. Aber dann hat jeder als abnorm zu gelten, der einem chiliastischen Glauben anhängt. Freislers Irrtum, ebenso wie der Irrtum der meisten Deutschen dieser Zeit, bestand darin, daß er an den falschen Messias glaubte oder, wie viele heutzutage sagen würden, daß er überhaupt an einen Messias glaubte. Jeder Mensch, jeder bedingungslos Gläubige läuft Gefahr, die Grenzen zum Fanatismus zu überschreiten. Fanatismus ist die Begeisterung des Beschränkten. Freisler war beschränkt auf seine nationalsozialistische Überzeugung.

Es gibt Indizien dafür, daß Freislers sonst zweifelsohne hohe Intelligenz aussetzte, sobald es um den »Führer«, seine Befehle, seine Ideen, sein Leben ging: »… wer gab Ihnen das Recht zu wissen, daß der Führer tot sei?« fragte er schneidend General Hoepner bei der Verhandlung – eine Frage, die, wenn sie nicht im Eifer falsch formuliert war, seine kritiklose Hörigkeit gegenüber Hitler aufzeigt. Schon der geringste Zweifel an allem, was sein Idol Hitler betraf, erschien ihm ein todwürdiges Sakrileg. Im Gegensatz zu Hitler, von dem es verschiedene Psychogramme gibt – die aber der Psychohistorie alles andere als ein gutes Zeugnis ausstellen – ist Freisler bisher noch von keinem Psychologen analysiert worden. Ob dies bedauerlich ist, scheint fraglich angesichts der wissenschaftlich unergiebigen Psychogramme Hitlers. Nichtsdestoweniger, die Tatsache, daß er Defätisten, die am »Endsieg« zweifelten – was vom Frühsommer 1944 an mehr als berechtigt war – unbarmherzig verfolgte und verurteilte, läßt sich überzeugend mit der Projektion eigener Zweifel auf andere erklären: Die sogenannte Projektion ist eine von jedem Menschen ständig angewandte Methode, psychische Konflikte dadurch aufzulösen, daß Schuldgefühle auf andere übertragen werden. Es spricht einiges für die Hypothese, daß Freisler eigene radikal verdrängte Zweifel unbarmherzig an anderen bestraft haben könnte. Nicht nur die weit übers Ziel hinausschießende Wut auf Andersdenkende, sondern auch verschiedene schriftlich geäußerte Zweifel ergeben für diese Hypothese einen gewissen Wahrscheinlichkeitsgrad.

Mit einer Geisteskrankheit im engeren oder weiteren Sinn hat diese
Projektionstechnik zur eigenen Entlastung freilich nichts zu tun.
Gründliche Nachforschungen haben ergeben, daß es keine Notizen, Tagebücher oder Briefe gibt, die auf eine geistige Anomalie
Freislers schließen lassen. Der Hinweis auf eine solche Anomalie
war nach dem Krieg eine bequeme Ausrede für alle, die an einer
Schuld mitzutragen hatten.

Diese Schuld bestand in der Ausschaltung der *aktiven* Systemgegner, im Einklang mit dem Recht, wie es 1933 existierte und danach –
auf der Basis des Ermächtigungsgesetzes – geschaffen wurde, das
sogar Gesetze gestattete, die von der Verfassung abwichen. Zuerst
Thierack und später Freisler erfüllten die Forderungen des Parteiprogramms der NSDAP und der Parteiführer, die während der ganzen Weimarer Republik die Justiz schärfstens kritisiert hatten, weil
sie Vergehen wie Hoch- und Landesverrat zu mild bestraft hatte.
Wie bereits erwähnt, hatte Freisler in einem seiner Artikel geschrieben, daß es jeder Ehrlose verdiene, aus der deutschen Volksgemeinschaft ausgeschlossen zu werden, ob er nun ein Berufs- oder ein politischer Verbrecher sei.

Doch so abstoßend die VGH-Prozesse auch wirken, sie waren keine Scheinprozesse und können nicht mit den öffentlichen Prozessen
im stalinistischen Rußland verglichen werden, ebensowenig mit jenen in den Ostblockstaaten nach 1945, wo es zu zahllosen durch
Drogen herbeigeführten Geständnissen kam. Man fragt sich auch,
ob die VGH-Prozesse mit vielen der Kriegsverbrecherprozesse der
Jahre 1945–48 verglichen werden können, die die Sowjetrussen wie
auch die westlichen Alliierten führten, mit »Berufszeugen« oder
vorangegangenen Folterungen wie im Malmedy-Prozeß, um nur
ein Beispiel zu erwähnen. Wenn man letzteren Prozeß anführt, muß
man hinzufügen, daß öffentliche Proteste in Deutschland und in
den USA die Vollstreckung aller Todesstrafen verhinderten[166], daß
aber in anderen Fällen zahlreiche Exekutionen stattfanden.

Unter dem Druck Hitlers, der sich das Recht nahm, jede verhängte
Strafe in eine Todesstrafe umzuwandeln, verkündete der VGH in
rasendem Tempo Todesstrafen, die oft sofort vollstreckt wurden.
Aber – und dies ist wichtig, wenn man einen Vergleich mit den

Nachkriegsprozessen anstellen will – dies alles geschah unter der extremen Belastung des Krieges und der bereits erwähnten Radikalisierung.

Selbst gefestigte Demokratien wie Großbritannien wichen während des Krieges bei der Rechtsprechung bedeutend vom geltenden Recht ab, oder erließen Exekutivmaßnahmen, denen jede rechtliche Sanktion fehlte. Bei Verratsprozessen wurde, gemessen an britischen Maßstäben, schärfstens verurteilt, zumindest in den wenigen Fällen, die publik wurden. Der Großteil der Fälle wurde unter Ausschluß der Öffentlichkeit abgeurteilt. Einer diesbezüglichen komparativen Studie ist jedoch dadurch der Riegel vorgeschoben, daß die entsprechenden Prozeßakten des Zweiten Weltkrieges – wie auch des Ersten! – bis zum heutigen Tage und für die unabsehbare Zukunft unter Verschluß gehalten werden. Es ist jedoch mit Sicherheit anzunehmen, daß die britische Rechtssprechung während des Zweiten Weltkrieges das Ausmaß und die Radikalität des VGH nicht im Entferntesten erreichte. Letzten Endes ist, oder war es ein Inselvolk, relativ abgeschottet von auswärtigen Einflüssen und zudem eine Nation in sich geeint, unerschüttert von einer relativ kurz vorher erlittenen katastrophalen Niederlage, wobei im deutschen Rahmen weniger die militärische Niederlage von 1918 als solche die Rolle spielt, als die Art und Weise, *wie* sie und die mit ihr verbundenen Konsequenzen herbeigeführt und *erlitten* wurden.

Angeblich sind während des zwölfjährigen Hitlerregimes 32 600 Personen von der deutschen Justiz zum Tod verurteilt worden.[167] Neueren Forschungen zufolge wird diese Zahl, die auch die Todesstrafen anderer Gerichte, nicht nur des VGH beinhaltet, als stark übertrieben betrachtet und auf 16 560 reduziert.[168] Ob die Zahl von 12 891 Todesstrafen, die der VGH von 1934 bis 1944 verhängt haben soll, korrekt ist, wird niemals festgestellt werden können. Ganz allgemein kann man nur sagen, daß die Anzahl der Todesstrafen, wie auch die unten angeführten Zahlen zeigen, vor dem Krieg gering war, mit dem Kriegsausbruch wuchs und dann, als sich das Kriegsgeschick gegen Deutschland wandte, jäh in die Höhe schnellte.

Jede Schätzung von Gesamtzahlen steht auf tönernen Füßen. Doch unter der Voraussetzung, daß die vorhandenen Zahlen annähernd korrekt sind, läßt sich die Beschleunigungsrate anhand der 43 To-

desstrafen von 1940, verglichen mit den 2097 von 1944 erkennen –
Todesstrafen, die an Deutschen, Polen aus den annektierten polnischen Gebieten, Juden und Ausländern vollstreckt wurden. Hierzu und zu den folgenden Zahlen siehe auch Seite 220 und unten.
Für das erste Halbjahr 1942 zitiert eine Quelle 1146 Todesstrafen,
davon waren auch 106 Tschechen und 530 Polen betroffen. Doch
für das ganze Jahr wird die offizielle Zahl von 1192 Todesstrafen
angegeben.[169] Dies würde bedeuten, daß im zweiten Halbjahr
1942 nur 46 Todesstrafen verkündet wurden, ein höchst unwahrscheinlicher Rückgang, der ein Fragezeichen hinter die Gesamtzahl stellt, vor allem da der Führerinformation Nr. 123 zufolge allein schon im Juli 1942 241 Todesstrafen verhängt wurden, darunter 64 für Hochverrat und 23 für Landesverrat.[170] Die Führerinformation enthält keine Einzelheiten über die Todesurteile, die
von anderen Gerichten gefällt wurden. Außerdem sind in dieser
Zahl nicht die Todesstrafen enthalten, die für Wehrkraftzersetzung verhängt und fast immer vollstreckt wurden. Ähnliche Diskrepanzen treten auf, wenn man die Jahre 1943 und 1944 miteinander vergleicht.
Mit anderen Worten, die bisher zitierten Zahlen sind äußerst zweifelhaft. Und sie werden noch zweifelhafter, wenn man sie mit Thieracks und Freislers eigenen Berichten über die Todesstrafen vergleicht, die der VGH von 1937 bis 1944 verkündete (s. S. 220). In ihnen werden die Todesurteile zwischen 1937 und inklusive 1944 mit
5173 beziffert werden. Dies würde, falls die Gesamtzahl von 12 891
korrekt ist, bedeuten, daß zwischen 1934 und inklusive 1936 7718
Todesstrafen verhängt wurden und von Januar 1937 inklusive Dezember 1944 nur 5173. Zudem ist es sehr unwahrscheinlich, daß
Thierack und Freisler, beide überzeugte Nationalsozialisten, die
Zahl der verhängten Todesstrafen in Berichten, die nicht für die Öffentlichkeit bestimmt waren, um rund 40% herabgesetzt haben –
vor allem unwahrscheinlich angesichts der Tatsache, daß Thierack
und Freisler die Institution des VGH sehr schätzten, für deren Interessen sich Freisler bis 1942 besonders eingesetzt hatte und deren
Reputation er in Hitlers Augen zu steigern versuchte, als er im
Herbst dieses Jahres Präsident des VGH wurde. Außerdem bedeutete die Todesstrafe nicht in allen Fällen automatisch die Vollstrek-
kung.

490

Selbst die Radikalisierungstendenz des VGH unter Freisler bedarf erheblicher Qualifizierung. Prozentual ausgedrückt zeigt der Zeitraum 1940 einschl. 1944 folgendes Bild:

	Todesstrafe	Freispruch
1940	4,8%	7,3%
1941	8,2%	5,4%
1942	46,3%	4,7%
1943	19,8%	5,4%
1944	47,4%	11,7%

Für den Zeitraum 1942—1944 bewegen sich die ausgesprochenen Zuchthaus- bzw. Gefängnis- und KZ-Strafen zwischen 48, 42 bzw. 38%.

Mit anderen Worten, das radikale Ansteigen der Todesstrafen hatte bereits unter Thierack als Präsident des VGH eingesetzt und steigerte sich unwesentlich unter Freisler, wobei 1944 einen Rückgang von 2,4% der Todesstrafen, sowie mehr als eine Verdoppelung der Freisprüche aufzeigt. Das enorme Emporschnellen der Anzahl von Todesstrafen von 1942 an wird wahrscheinlich zum größten Teil durch die Nacht-und-Nebel-Fälle verursacht worden sein und 1944 durch die Ereignisse des Attentatsversuches.

Unmittelbar nach dem Zweiten Weltkrieg wurden Zahlen bekanntgegeben, die heutzutage von keinem ernsthaften Historiker aufrechterhalten werden können, die sich jedoch auf die Arbeit der Statistiker verheerend auswirkten – und das nicht nur im Hinblick auf die Zahl der VGH-Todesstrafen.[171]

Jede Todesstrafe, die der VGH verhängte, mußte von Hitler bestätigt werden, dem die Urteile entweder vom Leiter der Parteikanzlei, Martin Bormann, oder dem Chef der Reichskanzlei, Lammers, vorgelegt wurden. Natürlich hätte es zuviel Zeit gekostet, jeden einzelnen Fall zu prüfen, und das hätte auch die schnelle Verfahrensweise behindert, zu der man den VGH verpflichtet hatte. Vor dem Kriegsausbruch übergab das Justizministerium dem Führer nur eine monatliche Liste von Todesstrafen, zusammen mit Begnadigungsgesuchen, die ebenfalls von Bormann vorgelegt wurden, wenn gelegentlich auch andere NS-Führer, zum Beispiel Göring, eingriffen. Diese Praxis änderte sich während des Krieges, als Hitler angesichts der Tatsache, daß immer noch über 900 Todeskandidaten in den Gefängnissen saßen und bei Luftangriffen eine Gefahr darstellen konnten, den Justizminister ermächtigte, in allen eindeutigen Fällen die sofortige Vollstreckung der Todesurteile anzuordnen.[172] Demzufolge ersuchte Thierack am 27. August 1943 in einem Rundschreiben alle Staatsanwälte, sich bezüglich der Begnadigungsgesuche nicht an andere Autoritäten zu wenden. Hitler hatte Thierack in der Tat die Verantwortung für alle nochmaligen Untersuchungen übertragen.[173]

Im November 1944 versuchte Thierack, das Verfahren weiter zu vereinfachen, indem er Dr. Otto Meissner, den Chef der Präsidialkanzlei, darauf hinwies, daß Hitler in den vergangenen zwei Jahren bei 290 Begnadigungsgesuchen nur eine Exekution angeordnet habe und daß die Begnadigungspolitik des Reichsjustizministeriums deshalb im Einklang mit jener des Führers stehe.[174] Deshalb sollte man Hitler nur noch unklare Fälle vorlegen. Hitler stimmte zu, mit der Einschränkung, daß er alle Fälle überprüfen wolle, die Frauen aus Besatzungsgebieten betrafen.[175] Thierack interpretierte diese Anordnung sehr großzügig. Die Todesstrafen für Wehrkraftzersetzung sollten nicht nochmals untersucht werden, trotz des Risikos, daß gelegentlich ein Unschuldiger hingerichtet werden könnte. Die Kriegssituation verlange ganz einfach, daß die Prozesse schnell geführt und die Urteile ebenso schnell vollstreckt würden. Dies gelte auch für die Fälle minderjähriger Angeklagter. Begnadigungsgesuche, die von Verteidigern, Angeklagten oder deren Verwandten eingereicht wurden, waren sogar in diesem Stadium manchmal erfolgreich[176], aber nur ganz selten in Fällen, in denen die Angeklagten, wenn auch nur am Rand, in das Attentat vom 20. Juli 1944 verwickelt waren.

Im Gegensatz zur früher geübten Praxis wurden die Körper der Hingerichteten nicht mehr den Verwandten der Opfer übergeben. Sie wurden entweder verbrannt oder den medizinischen Fakultäten der Universitäten überantwortet.[177] Oft wurde die Vollstreckung von Todesurteilen öffentlich auf roten Plakaten angekündigt, mit der Überschrift: »Im Namen des Deutschen Volkes.«

Freisler war nun tot, bestattet auf dem Friedhof von Berlin-Dahlem. Nur seine Frau, einige Kollegen vom VGH, ein Vertreter des Justizministeriums sowie einige NS-Funktionäre hatten an der Beerdigung teilgenommen. Nun erhob sich die Frage, wer seine Nachfolge antreten sollte, und Goebbels notierte über einen Monat später in seinem Tagebuch: »Der Fall Fromm wird von mir beim Führer zum Vortrag gebracht. Fromm hat zweifellos, weil er sich vor dem Feind, nämlich vor den Putschisten des 20. Juli, feige benommen hat, den Tod verdient. Aber bei der jetzigen Führung des Volksgerichtshofs ist gegen ihn kein Todesurteil zu erwarten. Der Führer kommt doch wieder auf den Gedanken zurück, Frank zum Präsidenten des Volksgerichtshofs zu ernennen. Er sei zwar keine Idealfigur, immerhin aber ein politischer Richter. Sonst stehe uns ja niemand zur Verfügung, und ich kann ihm auch keine andere Kandidatur namhaft machen.«[178]

Goebbels' Erwartungen erwiesen sich als falsch, denn der VGH verurteilte Fromm zum Tod; und schließlich wurde Dr. Harry Haffner zum VGH-Präsidenten ernannt, dem bisherigen Generalstaatsanwalt von Kattowitz.[179] Was zu seiner Ernennung führte, welche Kriterien dafür entscheidend waren, ist nicht bekannt. Abgesehen von der Tatsache, daß Haffner – wie Freisler – den harten NS-Kurs steuerte, weiß man sehr wenig von ihm. Inzwischen war der VGH nach Potsdam übersiedelt, und Goebbels konnte am 14. März 1945 in sein Tagebuch eintragen: »Vorläufig richten wir in Berlin noch keine Standgerichte ein, obschon wir eine frontnahe Stadt geworden sind. Solange der Volksgerichtshof noch in Berlin bleibt, glaube ich, mit ihm auskommen zu können.«[180]

Die Prozesse, die auf das Attentat gegen Hitler folgten, bildeten den Höhepunkt in der Entwicklung des VGH. Natürlich setzten auch die anderen Senate ihre Tätigkeit fort, indem sie gnadenlos »Verbrechen« wie Defätismus und dergleichen verfolgten. Ihr Eifer ließ keineswegs nach. Seit Mitte 1944 verging kaum eine Woche, in der nicht ein neuer Anschlag an den Plakatwänden in ganz Deutschland »Im Namen des Deutschen Volkes« Todesstrafen für Defätismus ankündigte, für das Abhören feindlicher Radiosender, für Plünderungen nach Luftangriffen, für den Diebstahl von Postpaketen, die für Frontsoldaten bestimmt waren. Trotzdem stellten die Attentatsprozesse den Kulminationspunkt des VGH dar.

Bei seiner Gründung im Jahre 1934 hatte der VGH 19, 1935 bereits 43 ehrenamtliche Richter, und zwar 13 SA- und SS-Führer, 10 Parteifunktionäre, Staatsbeamte und andere, außerdem 17 Offiziere der Wehrmacht und drei höhere Polizeioffiziere. Auffallend war die hohe Zahl von Offizieren unter den ehrenamtlichen Richtern. Man zog sie heran, weil sie die Sachkenntnis besaßen, die man in Hoch- und Landesverratsprozessen brauchte. 1939 war die Zahl der ehren- amtlichen Richter auf 95 gestiegen und setzte sich aus 48 SA-, SS- und NSKK-Führern, 4 Polizeioffizieren, 13 NS-Funktionären und Beamten und 30 Offizieren der Wehrmacht zusammen. Zum Zeit- punkt des Attentats vom 20. Juli 1944 gab es schließlich 173 ehren- amtliche Richter am VGH, davon waren 82 SA-, SS-, NSKK- und Hitlerjugend-Führer, 13 Polizeioffiziere, 10 Führer des Reichsar- beitsdienstes, 28 Parteifunktionäre und Beamte sowie 40 Offizie- re.[181]

Das schnelle Anwachsen der Zahl ehrenamtlicher Richter läßt sich nicht nur durch die immer stärkere Beanspruchung des VGH erklä- ren, sondern auch durch die intensivierten Luftangriffe der Alliier- ten, die das Verkehrs- und Nachrichtenwesen stark beeinträchtig- ten und es den ehrenamtlichen Richtern oft unmöglich machten, an Gerichtssitzungen teilzunehmen. Deshalb mußten Ersatzleute er- nannt werden. Die Maßstäbe, nach denen sie ausgewählt werden sollten, hatte Freisler bereits 1936 festgelegt: »Bis zur nationalsozia- listischen Machtergreifung wurde der sogenannte ›Laienrichter‹ un- ter Einschaltung eines möglichst starken Zufälligkeitselementes, unter möglichstem Mißbrauch des Loses, ausgewählt; die Furcht vor der Macht des Staates führte zur Proklamierung der unsinnig- sten Richterauswahl als Palladium der Bürgerfreiheit. Der Natio- nalsozialismus aber wählt Volksrichter nach ihrer persönlichen Ge- eignetheit und besonderen Sachkenntnis. Auf Vorschlag des Reichsministers der Justiz ernennt der Führer die Volksrichter, die der Wehrmacht und der Polizei, der NSDAP und ihren Gliederun- gen entnommen und somit wie niemand anders geeignet sind, das Volk selbst zum Träger der Rechtspflege zu machen.«[182]

Im Gegensatz zur früheren Praxis konnten die ehrenamtlichen Richter, sobald man sie über ihre Funktion aufgeklärt hatte, die An- klageschriften einsehen.[183]

Ursprünglich hatte es drei Senate im VGH gegeben. Die ersten bei- den befaßten sich mit Hochverrat, der dritte behandelte Landesver- ratsfälle. Im November 1935 wurde ein vierter Senat gebildet, der sich ebenfalls mit Landesverrat befaßte.[184] Am 1. November 1941 kam der fünfte Senat dazu, im Dezember 1942 der sechste und letzte.[185] Die Aufteilung der Zuständigkeitsbereiche zwischen den verschiedenen Senaten war nicht immer klar definiert, und in der Ära Freisler wurden die Abgrenzungen immer unklarer. Die Geschäftsverteilung für 1939 zeigt, daß sich der Erste Senat auch mit Landesverrat befaßte, sogar mit allen österreichischen Hoch- und Landesverratsfällen. Zusätzlich beschäftigte er sich mit Wirtschaftssabotage, während der Zweite Senat die Fälle mutwilliger Wehrmittelbeschädigung behandelte. Seit Oktober 1942, als Freisler Präsident des VGH wurde, befaßten sich nur der Dritte und der Vierte Senat mit Landesverrat.[186] Die letzte Geschäftsverteilung im VGH, die Freisler für das Jahr 1945 festlegte, zeigt, wie erfolgreich Freisler bis Ende 1944 in seinem Bestreben war, alle wichtigen Prozesse in seinem eigenen Ersten Senat zu führen und Voraussetzungen dafür zu schaffen, auch Fälle, die normalerweise von anderen Senaten behandelt wurden, dem seinen zuzuordnen – damit alle Verratsprozesse an seinen Senat zu ziehen.[187]

Dies tat er nicht, ohne daß Einwände erhoben wurden, besonders von seiten Thieracks.[188] Praktisch mußte jeder, der sich vor dem VGH zu verantworten hatte, damit rechnen, mit Freisler konfrontiert zu werden. Obwohl Thierack ihn in einem Brief vom 22. November 1943 ersuchte, den anderen Senaten mehr Fälle als bisher zu übertragen, erfüllte Freisler diesen Wunsch nur scheinbar. Wie die Geschäftsverteilung für 1945 zeigt, blieben genügend Hintertürchen übrig, durch die Freisler jeden Fall, der ihn interessierte, in seinen Senat ziehen konnte. Die spezielle Bezugnahme auf die »Intelligenz« in der Geschäftsverteilung für 1945 ist eine Novität und zweifellos eine Reaktion auf den 20. Juli.

Neben den Senaten gehörten zum VGH auch eine vollbesetzte, funktionsbereite Staatsanwaltschaft[189], die am 1. Januar 1944 aus dem Oberreichsanwalt Ernst Lautz, 5 Reichsanwälten, 4 Oberstaatsanwälten sowie 52 anderen qualifizierten Juristen bestand – 2 Kammergerichtsräten, 4 Landgerichtsdirektoren, 16 Ersten Staatsanwälten, 9 Staatsanwälten sowie 21 Amts- und Landgerichtsräten. Mit anderen Worten, die Staatsanwaltschaft setzte sich aus 62 Mitgliedern zusammen, während es 1939 nur 25 gewesen waren. Am 1. Mai 1943 war ihre Zahl bereits auf 61 angestiegen.[190]

Obwohl das Quellenmaterial, wie bereits erwähnt, spärlich und lückenhaft ist und verläßliche Statistiken deshalb schwierig zu erarbeiten sind, läßt sich die Zahl der Todesstrafen, die bis einschließlich 1941 von den einzelnen VGH-Senaten ausgesprochen wurden, eruieren[191]:

Senate	1	2	3	4	5	6
1937	7	9	7	9	–	–
1938	–	1	6	10	–	–
1939	11	6	11	8	–	–
1940	12	15	11	15	–	–
1941	41	25	18	16	2	–

Für das Jahr 1942 sind Freislers Bericht die folgenden Zahlen zu entnehmen[192]:

Senate	1	2	3	4	5	6
Zahl der Angeklagten	1373	593	148	183	257	18
Todesstrafen	649	327	37	45	120	14
Lebenslängliche Freiheitsstrafen	27	23	12	9	8	–
15–10 Jahre Zuchthaus	221	87	14	11	29	1
10–5 Jahre Zuchthaus	258	55	34	23	34	1
Unter 5 Jahren Zuchthaus	122	24	6	20	19	6
Gefängnis	58	31	28	44	22	–
Konzentrationslager	2	22	3	10	8	–
Freisprüche	36	23	14	15	17	2

Aus diesen Zahlen geht eindeutig hervor, daß die wichtigeren Fälle bereits unter der Präsidentschaft Thieracks auf den Ersten Senat konzentriert waren und daß dieser härtere Urteile fällte als die übrigen Senate. Mit anderen Worten, Freisler setzte nur eine Politik fort, die Thierack begonnen hatte. Obwohl es auch zu Freisprüchen kam, wurden die meisten Betroffenen offenbar wieder festgenommen – wie bereits erwähnt – und in Konzentrationslager gebracht. Deshalb kann man die Zahlen in der Sparte »Freisprüche«, abgesehen von wenigen Ausnahmen, praktisch der Sparte »Konzentrationslager« hinzufügen. Die genaue Zahl der freigesprochenen und später erneut inhaftierten Personen kann nicht festgestellt werden, da ein Großteil der ursprünglichen Unterlagen schon kurz vor Kriegsende vernichtet wurde oder auf andere Weise verlorenging.[193]

Für 1943 sieht das Bild nach dem Freisler-Bericht folgendermaßen aus[194]:

Senate	1	2	3	4	5	6
Zahl der Angeklagten	1332	610	145	259	384	612
Todesstrafen	769	368	49	72	200	204
Lebenslängliche Freiheits-strafe	8	2	4	2	–	8
15–10 Jahre Zuchthaus	80	29	6	25	48	78
10–5 Jahre Zuchthaus	234	92	15	37	47	161
Unter 5 Jahre Zuchthaus	97	57	12	19	51	64
Gefängnis	87	43	25	42	20	42
Konzentrationslager	6	3	10	7	3	43
Freisprüche	50	16	12	47	14	42

Für diese Zahlen gilt derselbe Kommentar wie für die von 1942. Es ist interessant, die Zahl der Todesurteile von 1943 – 1662 – und von 1944 – 2097 – mit den Strafzumessungen der deutschen Wehrmachtsgerichte und des Reichskriegsgerichts zu vergleichen. Diese Gerichte verhängten für Fahnenflucht die folgenden Strafen[195]:

Jahr	Zahl der Fälle	Gefängnis	Todesstrafe
1940	1060	656	313
1941	865	548	272
1942	3627	1818	1551
1943 (1. Halbjahr)	1927	827	1039
1944 (1. Halbjahr)	?	1209	1645

Hier muß hinzugefügt werden, daß für das dritte und das vierte Quartal des Jahres 1943 keine Aufgliederung zwischen Gefängnis- und Todesstrafen festzustellen ist, die in insgesamt 2371 Fällen von den Kriegsgerichten verhängt wurden, und daß deshalb nicht eruiert werden kann, wie viele Personen zum Tod verurteilt wurden und wie viele ins Gefängnis mußten. Dasselbe gilt für die 2131 Fälle im dritten Quartal des Jahres 1944 – das letzte, für das Statistiken zur Verfügung stehen. Während für 1940 und 1941 eine genaue Einteilung der Verurteilten in Soldaten, Unteroffiziere und Offiziere existiert, ist eine solche für 1943 und 1944 nicht vorhanden. Für den Zeitraum von Oktober 1944 bis inklusive Mai 1945 sind keine Statistiken verfügbar.

In den vorhandenen Statistiken sind nur zwei Offiziere zu finden, einer 1940, der andere 1942.[196] Aber da nach Stalingrad eine größere Anzahl deutscher Generäle und Offiziere für russische Propagandainstrumente wie den BDO (Bund Deutscher Offiziere) arbeitete, dem sich nach der faktischen Vernichtung der Heeresgruppe Mitte im Juni/Juli 1944 eine Menge weiterer Generäle und Offiziere anschlossen, ist das Bild, das die Statistiken widerspiegeln, verzerrt, da diese Offiziere alle *in absentia* zum Tod verurteilt wurden.[197]

Was die letztgenannte Statistik aussagt, ist die Tatsache, daß die Zahl der von 1940 bis Ende September 1944 ausgesprochenen Todesstrafen seit 1942 drastisch ansteigt und daß dadurch das Argument entkräftet wird, die Wehrmachtsgerichte und das Reichskriegsgericht hätten sich humaner verhalten als der VGH.[198] Im Gegenteil, angesichts der Überlegung, daß die Rechtsprechung des VGH für etwa 70 Millionen Deutsche galt sowie außerdem für die tschechische Bevölkerung, die Polen in den von Deutschland annektierten Gebieten, die Deutschen in Elsaß-Lothringen und Eupen-Malmedy, während die Rechtsprechung der Wehrmacht- und Waffen-SS-Gerichte maximal etwa 10 Millionen Männer und Frauen betraf, ist die Anzahl der von Wehrmachtsgerichten und dem Reichskriegsgericht verhängten Todesstrafen prozentual höher als die Zahl der vom VGH ausgesprochenen. Außerdem behandelten die Wehrmachtsgerichte Fahnenflucht als *politisches* Vergehen, und so steht in den erhalten gebliebenen Urteilsbegründungen nichts von Verletzungen der militärischen Disziplin, sondern sie basieren vielmehr auf politischer und ideologischer Argumentation.[199] Als Fahnenflucht galt nicht nur das Vergehen, die Truppe zu verlassen, um sich der Wehrmacht zu entziehen, sondern auch unerlaubtes Sich-Entfernen bzw. Fernbleiben von seiner Einheit.[200] Neuesten

Forschungen zufolge weist die Kriminalstatistik der Wehrmacht für den 2. Weltkrieg 14 500 vollstreckte Todesurteile auf.[201] Obwohl Fahnenflucht und unerlaubte Entfernung von der Truppe zwei verschiedene Delikte waren, verschwamm die Abgrenzung zwischen beiden zusehends während des Kriegsverlaufes. Auch waren diese im Prinzip keine politischen Delikte, wurden aber in der Praxis politisch kriminalisiert. Obgleich in den Urteilssprüchen der Wehrmachtsgerichtsbarkeit die explizite NS-Rhetorik des VGH kaum zu finden ist, bedeutet die Benutzung des soldatisch-spezifischen Fachvokabulars keineswegs die Abwesenheit NS-orientierter Motivation. Die Zahl der bekannten Todesurteile – von den unbekannten ganz zu schweigen – scheint Seidlers These vom erstaunlichen Maß der »richterlichen Toleranz« grauenvoll zu widerlegen. Daß die westlichen Alliierten den deutschen Kriegsrichtern in den Gefangenenlagern nach Ende der Kampfhandlungen in Europa für kurze Zeit die Strafbarkeit überließen, besagt überhaupt nichts über deren Einschätzung der Wehrmachtsgerichtsbarkeit. Diese Maßnahme entsprang ganz einfach alliiertem Zweckmäßigkeitsdenken. So berichtet die *Times* vom 16.5.1945, daß das 1. Kanadische Korps zehn Gewehre und hundert Schuß Munition an den deutschen Oberbefehlshaber Holland (Generaloberst Blaskowitz) ausgeliehen hätte, um zehn von Wehrmachtsgerichten in seinem Befehlsbereich wegen Fahnenflucht zum Tode verurteilte deutsche Soldaten hinzurichten. Das Urteil wurde am gleichen Tage vollstreckt.

Schließlich muß noch darauf hingewiesen werden, daß die Wehrmachtstatistiken den wichtigen Zeitraum von Oktober 1944 bis Ende Mai 1945 nicht enthalten, ein Zeitraum in dem Wehrmachtsangehörige, die – ohne die erforderlichen Papiere – dem Streifendienst der Wehrmacht in die Hände fielen, erschossen beziehungsweise am nächsten Baum oder Laternenpfahl aufgehängt wurden, nachdem eine Standgerichtsverhandlung am Straßenrand stattgefunden hatte. Ihre Zahl kann nicht einmal geschätzt werden. Ein Einwohner Münchens hat in der zweiten Aprilhälfte des Jahres 1945 in einem Umkreis von zehn Kilometern der Stadt über 200 erhängte Soldaten und Offiziere gezählt, die man als abschreckende Beispiele noch eine Weile hängen ließ.[202] Deshalb kann die Gesamtzahl der Todesstrafen, mit denen die Wehrmacht ihre Angehörigen in Deutschland oder in den deutschen Besatzungsgebieten belegte, viel höher sein, als es den hier zitierten Zahlen entspricht. Sowohl im zivilen als auch im militärischen Bereich ging die fortgesetzte, rasche Verschlechterung der deutschen Kriegssituation mit einer radikalen Verschärfung der Strafen einher, die für politische oder militärische Vergehen ausgesprochen wurden. Todesurteile waren an der Tagesordnung.

Wie bereits erwähnt, gab es für viele Parteifunktionäre, als sich das Ende immer klarer abzeichnete, zwei Möglichkeiten – entweder machten sie bei der wachsenden Radikalisierung der Kriegsmaßnahmen in Deutschland mit, oder sie versuchten, sich von der Partei zu distanzieren und Brücken in die künftige Nachkriegswelt zu bauen, um den späteren Machthabern in Deutschland in Ost oder West ein politisches Alibi präsentieren zu können.

Freisler gehörte eindeutig zur ersten Kategorie. In einem Brief vom 26. Oktober 1944 schrieb er: »In seinem Innersten muß man zugeben, daß es nicht mehr unmöglich ist, daß Deutschland den Krieg verlieren könnte. Die Vergeltungswaffen haben nicht den heiß erwarteten Erfolg gebracht. Selbst Reichsminister Goebbels teilt diese Meinung[203], aber nach den ihm zugänglichen Informationen ist der Einsatz von Waffen in Vorbereitung, die in ihrer Vernichtungsmacht alles bisher Bekannte in den Schatten stellen werden.[204] Auch dürfen wir den Zeitfaktor nicht außer acht lassen. Wir müssen aushalten, koste es, was es wolle; je länger wir unsere Stellungen halten, so schneller wird dieses unnatürliche Bündnis zwischen Anglo-Amerikanern und den Sowjets zerbrechen. Die Vorherrschaft der Russen in Mitteleuropa kann nicht im Interesse der Anglo-Amerikaner liegen, geschweige in dem der jüdischen Kapitalisten des Westens. Wenn ich mir die Entwicklung der letzten Jahre betrachte, dann fühle ich mich gezwungen, meinen Glauben an eine weltweite jüdische Verschwörung gegen Deutschland fallenzulassen. Dieser Glaube ist eine zu vereinfachende Anschauung. Zwischen dem jüdischen Proletariat Osteuropas, aus dem sich die jüdische Intelligenz rekrutiert und das alles versucht, um die bolschewistische Weltrevolution herbeizuführen, und den weitgehendst assimilierten Juden Englands und Amerikas, die keinerlei Interesse an einer Revolution haben, am wenigsten an einer bolschewistischen, gestützt auf die Macht Sowjetrußlands, zwischen diesen beiden Gruppierungen besteht eine unüberbrückbare Kluft. Die Profitgier der einen widerspricht den Zielen ihrer östlichen Rassegenossen.

Aber wenn wir diesen Krieg verlieren sollten, was das Genie des Führers und die Vorsehung verhüten mögen, und was ich heiß erhoffe, selbst dann müssen wir mit fliegenden Fahnen untergehen. 1815 hatte man geglaubt, die Ideen der Französischen Revolution besiegt zu haben. Daß dem nicht so war, hat uns die Geschichte und all das, was jetzt in Frankreich vor sich geht, gelehrt. Sie haben überlebt, und trotz Zeiten entsetzlicher Schwäche sind sie zum Bestandteil des französischen Lebens und nationalen Denkens geworden.

Die Idee des Nationalsozialismus wurde im tiefsten Elend geboren, und sie triumphierte entgegen allen Erwartungen. Doch man kann eine Nation nicht von Grund auf in wenig mehr als einem Jahrzehnt ändern, noch in dieser kurzen Zeitspanne ihr gesellschaftliches Gefüge vollkommen erneuern. Die gegenwärtigen Verhandlungen vor dem Volksgerichtshof haben mir das klar gezeigt. Auch ich war überrascht von den Ausmaßen der Verschwörung. Was ich eine kleine Clique zu sein glaubte, war wesentlich weiter angelegt, als ursprünglich angenommen. Aber gerade die Feigheit vieler der Führer dieser Verschwörung wird dem deutschen Volk die unendliche Überlegenheit des Nationalsozialismus gezeigt haben, verglichen mit Zielen und Programmen, denen jeder Idealismus und revolutionäre Schwung fehlt. Männer, die in ihrer Geisteshaltung der Wilhelminischen Epoche und dem Weimarer System angehören, versuchten, in Deutschland die Macht zu übernehmen, ein Bündel rückwärts orientierter alter Männer, von denen mancher, wie dieser Kerl Goerdeler, nichts anderes nach ihrer Verurteilung zu tun haben als Denkschriften anzufertigen und von sich aus weitere Auskünfte geben, die zahllose andere in dieses reaktionäre Komplott mit hineinziehen. Auf diese Art und Weise mögen sie wohl ihr Leben ein paar Monate verlängern, ihrem verdienten Schicksal aber entkommen sie nicht. Angesichts des Ausmaßes der Verschwörung, das ja jetzt dem deutschen Volke bekannt ist, hört man, daß nun die Revolution ihre Kinder verschlinge. Nichts wäre falscher als die gegenwärtigen Ereignisse aus dieser Sicht zu beurteilen. Nicht die Revolution verschlingt ihre Kinder, sondern die nationalsozialistische Revolution spuckt all jene aus, die niemals zu dieser Revolution gehörten, all jene, die ausgemerzt werden müssen, um die Revolution zu ihrem letzten Ende zu führen. Sie gehörten niemals zu uns, sie wollten nicht zu uns gehören, sie waren ein Fremdkörper im nationalsozialistischen Deutschland.[205] In diesem Sinne ist der Volksgerichtshof, wie 1792 in Frankreich, heute zum wahren revolutionären Tribunal geworden, nötig zur Reinigung der Nation. Was bleibt, wird im Kern nationalsozialistisch sein, wie es so viele Volksgenossen heute schon sind, und selbst wenn vom Feinde geschlagen, wird es Sorge dafür tragen, daß sie und ihre Nachkommen, ganz gleich unter welchem Namen und in welcher Form, Nationalsozialisten bleiben, bis der Moment kommt, an dem unsere Hakenkreuzbanner wieder entfaltet werden können, um über unseren Städten, über unserem Vaterland zu wehen. Was auch die Zukunft bringen mag, der Nationalsozialismus wird triumphieren. Der Nationalsozialismus, die Kriegseinwirkungen eines Krieges, den unser Führer nicht erwünscht hat, die Nachkriegswehen, sie alle zusammen zeigen, daß sie gesellschaftlich Deutschland eingeebnet haben und noch werden, daß sie fortfahren werden, Klassenschranken und -unterschiede hinwegzufegen. Alle Deutschen befinden sich jetzt in einem Boot, wir alle müssen uns nun im Gleichtakt in die Ruder hängen, um den Sieg zu erringen oder im schlimmsten Falle den Wiederaufstieg zu garantieren und mit ihm den letzten und größten Triumph ...«[206]

In diesem Brief erwähnte Freisler auch die wachsende Last seiner Arbeit, die extrem schwierigen Umstände, unter denen er arbeiten müßte. Gemeint war, daß die Prozesse, die er führte, von den fortgesetzten Luftangriffen der Alliierten immer wieder unterbrochen wurden. Wegen der Angriffe auf Berlin habe er auch seine Frau und seine beiden Söhne in Sicherheit gebracht.[207]

Im Zusammenhang mit Freislers VGH-Verhandlungen zum 20. Juli 1944 verdient noch ein Punkt unser Interesse. Peter Hoffmann argumentiert in seiner Studie, daß es niemand wagte »provokative« Äußerungen im offiziellen Gerichtsprotokoll festzuhalten.[208] Dieses Argument ist nicht nur spekulativ, sondern widerspricht den Tatsachen. Wie z. B. war es möglich, daß Haeftens Beschreibung Hitlers als »Verkörperung des Bösen« Eingang in das Protokoll gefunden hat, oder auch Freislers Hinweis auf die »Judenausrottung« gegenüber York. Äußerungen, die man in einem manipulierten Protokoll leicht hätte streichen können. W. Wagner versucht auf nicht sehr

überzeugende Weise Freislers Hinweis auf die Judenausrottung damit zu erklären, daß es ihm »entschlüpfte«, da die Ausrottung »dem Volk damals streng verheimlicht wurde«.[209]
Nach Freislers Tod fanden unter Haffners Präsidentschaft bis zum 24. April 1945 noch vier größere Prozesse statt. Der VGH übersiedelte dann von Potsdam nach Süddeutschland – nach Bayreuth, wo es aber zu keinen Prozessen mehr kam. Das Kriegsende bedeutete auch das Ende des VGH; und am 20. Oktober 1945 wurde er durch das Amtsblatt Nr. 3 des Alliierten Kontrollrats für Deutschland offiziell aufgelöst.[210] Das letzte Terrorinstrument des NS-Regimes hatte aufgehört, zu existieren.
Terrorinstrumente unter anderen Vorzeichen gab es jedoch auch später noch, zumindest in Mitteldeutschland, wo die ersten Sowjet-Prozesse gegen Deutsche einen ebenso willkürlichen Charakter zeigten wie die früheren VGH-Prozesse, wenn nicht sogar in noch stärkerem Maße, und wo die Konzentrationslager Buchenwald, Sachsenhausen, Oranienburg und Bautzen bestehenblieben – nunmehr gefüllt nicht nur mit ehemaligen Nationalsozialisten, sondern auch mit denen, die ebenso vehement gegen den sowjetischen Totalitarismus opponierten, wie sie früher den Nationalsozialismus bekämpft hatten. In den nächsten fünf Jahren, bis 1950, kamen über 55 000 Deutsche in diesen Lagern ums Leben, dazu 30 000–50 000 die in der Untersuchungshaft starben oder in die Sowjetunion deportiert wurden.[211]
Das Kriegsende ließ auch die Säulen einstürzen, die die Existenz des VGH und seine Entwicklung mitgetragen hatten: den festen Glauben an die *Dolchstoßlegende, den Artikel 2 des Ermächtigungsgesetzes,* der es der NS-Regierung gestattet hatte, von der Verfassung abweichende Gesetze zu erlassen, und *das Führerprinzip.*

X. Das Problem des VGH im Nachkriegsdeutschland

Beim Prozeß gegen die »Hauptkriegsverbrecher« in Nürnberg von 1945 und 1946 befand sich kein Angehöriger der deutschen Justiz unter den Angeklagten, abgesehen von Hans Frank, der aber nicht in seiner Rolle als Jurist vor Gericht stand, sondern wegen seiner Funktion als Generalgouverneur in Polen. Aufgrund seiner Tätigkeit in diesem Amt wurde er zum Tod verurteilt und hingerichtet.[1]
Gegen die deutsche Justiz wurde in einem separaten Prozeß verhandelt, im Prozeß III vor dem Internationalen Nürnberger Militärgericht. »International« ist in diesem Fall ein unzutreffendes Adjektiv, da die Russen fehlten und der Prozeß hauptsächlich von Vertretern der amerikanischen Besatzungsbehörden geführt wurde. Thierack hatte Selbstmord begangen[2]; die Gründe für seine Tat und ihr Hergang sind immer noch unbekannt oder zumindest Spekulationen unterworfen. Die Briten hatten ihn in Bad Neundorf interniert, wo die fragwürdigen Methoden, die bei Verhören angewandt wurden, in Großbritannien bald zu öffentlichen Protesten führten.[3]
Vierzehn Vertreter des deutschen Justizwesens saßen auf der Anklagebank. Nur drei davon waren beim VGH gewesen – bei der Reichsanwaltschaft. Der Prominenteste war Dr. Ernst Lautz, Oberreichsanwalt am VGH. Von den beiden anderen wurde einer freigesprochen, der andere nicht wegen der Rolle angeklagt, die er am VGH gespielt hatte, sondern wegen seines Verhaltens als Vorsitzender eines Sondergerichts. So wurde der VGH im Grunde nur von Lautz repräsentiert, den man wegen seiner Tätigkeit als Oberreichsanwalt dieses Gerichts – vom 20. September 1939, dem Tag seines Amtsantritts, bis zum Kriegsende – verurteilte. Lautz wurden Kriegsverbrechen und Verbrechen gegen die Menschlichkeit vorgeworfen. Beides traf auf seine Aktivitäten in den »Nacht-und-Nebel«-Prozessen und seine Mitarbeit an der Ergänzung des Polen- und Judenstrafrechts zu. Außerdem wurde er beschuldigt, gemeinsam mit der deutschen Regierung die Ausrottung dieser beiden Rassen geplant und dem Völkermord zugestimmt zu haben. Schließlich klagte man ihn auch noch an, die bestehenden Gesetze, die Hoch- und Landesverrat betrafen, mißbraucht zu haben, um Polen exeku-

tieren zu können, die geringfügige Straftaten begangen hatten. Aber im Fall Lautz stellte das Nürnberger Militärgericht auch mildernde Umstände fest, zum Beispiel die Tatsache, daß er nicht versucht hatte, sich seiner Verantwortung zu entziehen, und daß er sie auch für jene Staatsanwälte übernahm, die gelegentlich in seinem Namen tätig gewesen waren. Außerdem erklärte das Gericht, Lautz habe sich zwar als strenger Ankläger erwiesen, man könne jedoch zu seinen Gunsten argumentieren, daß viele seiner Aktionen entschuldbar wären, wenn das deutsche Recht als Entschuldigungsgrund dienen könnte, was jedoch nicht der Fall sei. Lautz wurde zu zehn Jahren Zuchthaus verurteilt, aber am 31. Januar 1951 vom damaligen amerikanischen Hohen Kommissar, John McCloy, begnadigt.[4] Vom 1. April 1951 an bezog er die Pension eines Generalstaatsanwalts, die monatlich DM 1342, – betrug. 1958 wurde diese Summe in einer geschlossenen Sitzung der Bundesdisziplinarkammer auf DM 762, – herabgesetzt und 1960 von einem Verwaltungsgericht in Schleswig-Holstein auf DM 600, –. Mit anderen Worten, Lautz erhielt bis 1966 eine Pension von DM 180.000, –. Er ging in die Berufung, ohne großen Erfolg, verursachte jedoch weitere Kosten von DM 80.000, –, die von der Bundesrepublik getragen wurden.[5]

Das höchste Gericht der Bundesrepublik, der Bundesgerichtshof, befaßte sich mit zahlreichen Fällen gegen Denunzianten und Agenten, deren Informationen Einzelpersonen oder Gruppen vor den VGH gebracht hatten. Große Verwirrung entstand jedoch, als die Justiz der Bundesrepublik versuchte, solche Fälle unter der Rubrik »Verbrechen gegen die Menschlichkeit« zu behandeln[6]; denn die Gesetzgebung der westlichen Alliierten machte es für einige Zeit unmöglich, Einzelpersonen strafrechtlich zu verfolgen, die bereits von den Militärgerichten der Alliierten verurteilt und dann begnadigt worden waren.[7] So wurde ein Mann, der seinen eigenen Bruder und ein Ehepaar wegen Wehrkraftzersetzung angezeigt hatte, worauf alle drei hingerichtet worden waren, von einem westdeutschen Gericht zu zwei Jahren Gefängnis verurteilt. Diese Strafe mußte der Bundesgerichtshof aufheben, weil das Gericht nicht befugt war, »Verbrechen gegen die Menschlichkeit« abzuurteilen. Denn die britischen und französischen Hohen Kommissare hatten den deutschen Gerichten das Recht entzogen, irgend jemanden aus diesen Gründen anzuklagen, während die Amerikaner den deutschen Gerichten in ihrer Besatzungszone dieses Recht von Anfang an verweigert hatten.[8]

Deshalb versuchten die deutschen Gerichte, im bestehenden westdeutschen Strafrecht Bestimmungen zu finden, die es ihnen gestatteten, die genannten Fälle zu verfolgen. Dabei kam nichts weiter heraus, als daß der Bundesgerichtshof in dem zitierten Fall darum ersuchte, man möge die Frage überprüfen, ob die vermutete illegale Machtüberschreitung des VGH eine Rechtsverletzung darstelle – zum Beispiel, wenn der VGH Todesstrafen in solchen Fällen ausgesprochen hatte, in denen der Paragraph 5 der KSSVO auch Gefängnisstrafen vorsah. Man entschied, der VGH habe nicht das Recht gehabt, Todesstrafen für ein geringfügiges Vergehen zu verhängen oder, um es anders auszudrücken, gleichermaßen kleinere wie größere Verbrechen mit dem Tod zu betrafen. Deshalb habe er es versäumt, das Verhältnis zwischen Schuld und Sühne richtig abzuwägen. Auf diese Weise konnte man mehrere Denunzianten vor Gericht stellen, ohne »Verbrechen gegen die Menschlichkeit« bemühen zu müssen – jedoch nicht ehemalige Richter und Staatsanwälte des VGH.[9]

Als die Bundesrepublik 1955 einen Teil ihrer Souveränität zurückgewann, stellten die westlichen Alliierten unter anderem zur Bedingung, daß keine Person, die von einem alliierten Gericht verurteilt und begnadigt worden war, von der bundesdeutschen Justiz zur Verantwortung gezogen werden dürfe.[10] Dies blockierte sämtliche entsprechenden Aktionen deutscher Gerichte. Außerdem gibt es im deutschen Recht Verjährungsbestimmungen, die besagen, daß man einen Straftäter nicht belangen kann, wenn die Strafverfolgung nicht innerhalb eines bestimmten Zeitraums nach der Tat beginnt; dieser Zeitraum schwankt je nach Art und Schwere des Vergehens. Geringfügige Vergehen fallen bereits nach 3 Jahren unter die Verjährungsfrist, Kapitalverbrechen wie Mord nach 30 Jahren.

Es stellte sich nun heraus, daß viele Deutsche während des Krieges in Morde verwickelt waren, die aber spätestens 1975 verjährt gewesen wären. Durch Druck von außen wie von innen kam es zu hitzigen, leidenschaftlichen Debatten über die Frage, ob diese Verjährung zu vertreten sei. Eine endgültige Entscheidung wurde immer wieder verschoben, da eine große Mehrheit mit Recht die Meinung vertrat, die Verjährung stelle einen der fortschrittlichsten Züge des deutschen Rechtswesens dar. Ein junger Mann von 20 Jahren, der unter dem Druck der Ereignisse ein Kapitalverbrechen begangen hatte, müsse mit 40 oder 50 nicht notwendigerweise dieselbe Persönlichkeitsstruktur wie damals haben. Und in den letzten zwei Jahrzehnten hat sich bei vielen Strafprozessen gezeigt – von den Auschwitz- bis zu den Majdanek-Prozessen –, daß Personen, die in den frühen vierziger Jahren z. B. Gefangene terrorisiert oder ermordet hatten, zwanzig oder dreißig Jahre später brave und allgemein respektierte Bürger geworden waren, die sich in vielen Fällen sogar für das Gemeinwesen sehr verdient gemacht hatten.

Eine Erklärung für die Wandlung vom KZ-Schergen zum Biedermann lieferte im Jahre 1963 der amerikanische Psychologe Stanley Milgram mit einem inzwischen als klassisch geltenden Experiment: Milgram beabsichtigte, den Autoritätsgehorsam der Deutschen zu untersuchen, indem er Zufallskandidaten aufforderte, bei einem Lehrexperiment als »Lehrer« zu fungieren, der widerborstigen oder dummen Schülern durch Bestrafung den Lehrstoff »einbleut«.

Bevor Milgram nach Deutschland fuhr, veranstaltete er in seinem eigenen Institut einen Probelauf mit amerikanischen Kandidaten. Den »Lehrern«, die nicht wußten, welche Rolle sie wirklich spielten, wurde vom Versuchsleiter befohlen, Schüler, mit denen sie überhaupt nur über Lautsprecher Kontakt hatten, mittels Stromstößen bis zu 450 Volt zu besseren Lernleistungen zu bringen. Das Experiment, so sagte man den »Lehrern«, sei für die Wissenschaft von besonderer Bedeutung, und deshalb müßten die Versuchspersonen auch Nachteile in Kauf nehmen. (Die »Schüler« hatten die Bestrafungen natürlich nicht wirklich zu erleiden, sie spielten den Schmerz nur, indem sie bei höheren Stromstößen immer lauter ins Mikrofon schrien.)

Die Ergebnisse dieses Experiments in Amerika enthoben Milgram der Mühe, nach Deutschland zu reisen. Denn nicht weniger als 85 % der amerikanischen »Lehrer« waren bereit, faulen und dummen Schülern Stromstöße zu versetzen, fast die Hälfte von ihnen in sogar lebensgefährdenden Bereichen zwischen 200 und 450 Volt.[11]

D. Mantell vom Münchner Max-Planck-Institut wiederholte das Milgram-Experiment 1970 mit deutschen »Lehrern« und kam zu den gleichen Ergebnissen: Unter autoritärem Druck, für ein »ideales Ziel« und wenn man sie von der Verantwortung befreit, ist fast die Hälfte der Menschen bereit, anderen schwerste körperliche Schäden zuzufügen. Milgrams Folgerung: Unbarmherzige Folterungen, Liquidierungen, Morde, wie es sie in deutschen KZs gab, sind kein speziell deutsches, sondern ein allgemein menschliches Problem; unter starkem Gehorsamsdruck und für ein Ideal wird auch der brave Normalbürger zum Handlanger der Mächtigen.[12]

Und so zielte man 1979 bei der Schlußdebatte des Bundestages über das Verjährungsgesetz nicht mehr ausdrücklich darauf ab, ehemalige NS-Verbrecher strafrechtlich zu verfolgen. Der Bundestag konnte Verjährungsfristen nur in bezug auf Mord abschaffen. Und so können jetzt auch nur noch derartige NS-Verbrechen verfolgt werden.[13]

Aufgrund dieser neuen Lage wurde der Generalstaatsanwalt am Berliner Kammergericht von Gerhard Meyer, damals Justizsenator in Berlin, beauftragt, gegen ehemalige VGH-Angehörige zu ermitteln, gegen Berufsrichter und ehrenamtliche Richter – da eine Entscheidung des Bundesgerichtshofes die ehrenamtlichen Richter den Berufsrichtern gleichgestellt hatte.[14] Die deutsche Justiz, wahrscheinlich das Organ, das am wenigsten durch Eingriffe der westlichen Alliierten in das deutsche Staatsgefüge betroffen war, versucht nun einen Akt der »Selbstreinigung«. Die Ermittlungen werden vom Staatsanwalt am Berliner Landgericht I geführt. Man ermittelt gegen 11 Richter, 48 Staatsanwälte und 15 ehrenamtliche Richter wegen Mordes. Sie sind alle zwischen 1888 und 1913 geboren und befinden sich also in einem Alter, das jede Bestrafung absurd erscheinen läßt.[15]

Bis Ende 1965 ermittelten die Behörden der Bundesrepublik in 61 716 Fällen wegen NS-Verbrechen. Davon wurden 6115 Fälle durch Gerichte der Bundesrepublik abgeurteilt.[16] Doch darunter befand sich kein einziger Berufs- oder ehrenamtlicher Richter, kein einziger Staatsanwalt.

Nur gegen einen einzigen Richter wurde ermittelt – gegen Kammergerichtsrat Hans-Joachim Rehse, einen VGH-Richter in Freislers (seit 1942) Erstem Senat von 1941 bis 1945. Die Ermittlungen gegen ihn hatten 1962 begonnen. 1964 zeigte Dr. Robert Kempner – ehemals preußischer Beamter, der 1933 emigrierte und nach 1945 zunächst als stellvertretender amerikanischer Ankläger und dann als Chefankläger in mehreren Nürnberger Prozessen agierte und seit seiner Rückkehr nach Deutschland als Anwalt in Frankfurt/Main tätig ist – beim Landgericht Berlin offiziell all jene Richter an, die in die Verhandlungen gegen den Verschwörerkreis vom 20. Juli 1944 verwickelt waren. Auch Rehse wurde in diesem Zusammenhang angezeigt. Er hatte an mindestens 373 Urteilen des VGH mitgewirkt, darunter an 231 Todesurteilen. Das Berliner Landgericht stellte Rehse 1967 wegen sieben dieser Todesurteile unter Anklage. Er wurde beschuldigt, 1943 und 1944 aus niedrigen Motiven in sieben Fällen den Tod dreier Menschen verursacht und versucht zu haben, vier weitere in den Tod zu schicken, indem er als Berufsrichter des VGH für die Todesstrafen gestimmt hatte.[17]

In einem Geschworenenprozeß, der am 3. Juli 1967 in Berlin stattfand, wurde der damals 64jährige Rehse in drei Fällen der Beihilfe zum Mord und in vier Fällen der Beihilfe zum versuchten Mord für schuldig befunden. Man verurteilte ihn zu fünf Jahren Zuchthaus.[18] Der Bundesgerichtshof hob am 30. April 1968 dieses Urteil auf und verwies die Sache an das Landgericht Berlin zurück.[19] Die Argumentation des Bundesgerichtshofes warf die Frage auf, ob Rehse als Täter bestraft werden sollte oder ob er nur Gehilfe gewesen sei. Als Mitglied eines Gerichtshofes, der auf Kollegialität basierte, sei Rehse nicht Gehilfe gewesen, sondern Täter. Daraus ergebe sich, daß der Angeklagte nur bestraft werden könne, wenn er selbst aus niedrigen Beweggründen für die Todesstrafe gestimmt hätte. Das Gericht habe irrigerweise angenommen, daß es nur auf die Motive Freislers angekommen sei und auf die Frage, ob der Angeklagte diese gekannt habe. In einer erneuten Verhandlung vor dem Landgericht Berlin wurde Rehse am 6. Dezember 1968 freigesprochen. Der Staatsanwalt legte Revision ein, doch in der Zwischenzeit starb Rehse.[20]

Natürlich erscheint es problematisch, Prozesse gegen die Juristen zu fordern, die die Verschwörer vom 20. Juli 1944 und deren Sympathisanten verurteilten. In jedem anderen Land der Welt wären die Urteile in Kriegszeiten ähnlich ausgefallen, unabhängig vom Charakter oder von Verbrechen des Regimes. Immerhin war Hitler legal an die Macht gekommen, und die Mehrheit des Reichstages hatte ihn mit diktatorischen Vollmachten ausgestattet, wohl wissend, daß dies das Ende des Systems bedeuten würde, das seit 1919 bestand. Hitler wurde vom deutschen Volk unterstützt. Wäre dies nicht der

Fall gewesen, hätte nicht die Wehrmacht Hitlers Politik und seine Ziele zum Großteil gebilligt, dann hätte Deutschland seinen Machtbereich wohl kaum vom Nordkap bis Nordafrika, vom Atlantik bis zum Don ausdehnen können. Daß die Mehrheit der deutschen Bevölkerung unmittelbar nach dem fehlgeschlagenen Attentat immer noch hinter Hitler stand, ist bereits hinreichend dokumentiert worden.

Am 12. März 1971 wurden die Ermittlungen gegen diejenigen, die auf der Ankläger- und Richterseite an den Prozessen im Zusammenhang mit dem 20. Juli 1944 beteiligt waren, offiziell beendet. Denn Rehses Freispruch hatte alle weiteren Aktionen blockiert. In der offiziellen Begründung für die Einstellung der Ermittlungen hieß es: »Die Erkenntnisse aus dem Strafverfahren gegen den verstorbenen ehemaligen Beisitzer im Ersten Senat des Volksgerichtshofes Rehse – sowie aus anderen Ermittlungsverfahren gegen Richter und Staatsanwälte beim damaligen Volksgerichtshof – haben gezeigt, daß es auch bei offenkundig unmenschlichen Todesurteilen … nicht mehr gelingt, die Einlassung der Beschuldigten zu widerlegen, sie seien von der Schuld des Angeklagten und von der Richtigkeit ihres Urteils überzeugt gewesen.«[21]

Es ist praktisch unmöglich, das Argument zu widerlegen, daß die Richter, ehrenamtliche Richter und Staatsanwälte des VGH von der Richtigkeit ihres Tuns überzeugt waren. Die VGH-Richter haben zweifellos nach »geltendem Recht« geurteilt, ob immer nach »bestem Wissen und Gewissen«, sei dahingestellt. Denn dieses von der NS-Justiz diktierte Recht war so grausam und menschenverachtend, daß es in vielen Fällen in offensichtlichem Widerspruch zu dem stets und immer gültigen – aber selbst heutzutage immer noch wenig beachteten – wenn auch ungeschriebenen Naturrecht der Menschen stand. Einen Feindsender abzuhören, einen politischen Witz zu erzählen, der die Autorität Hitlers und seiner Paladine ironisierte, aber praktisch nicht schmälern konnte, Zweifel am siegreichen Ende des Krieges zu äußern – alles das war für viele Menschen dieser Zeit so selbstverständlich, daß die darauf stehenden Zuchthaus- und Todesstrafen vom heutigen rechtlich Denkenden nur noch als gesetzliches Unrecht empfunden werden. Dabei aber läßt der heutige Zeitgenosse die Tatsache außer Acht, daß das »Trauma von 1918«, »der Dolchstoß«, schwer auf vielen Vertretern jener Ge-

neration lastete. Nichtsdestoweniger empfanden auch viele der damaligen Zeitgenossen die Strafpraxis des VGH als überzogen. Daß diese aber wiederum damals von vielen bejaht wurde, daß es so etwas wie das von den Nationalsozialisten immer wieder zur Rechtfertigung ihrer Grausamkeiten beschworene »gesunde Volksempfinden« tatsächlich gab, beweist das bereits aufgewiesene Mißverhältnis zwischen der Anzahl der Denunzierungen einerseits und den ausgeführten Ermittlungen und Verurteilungen andererseits. Nach heutigem Rechtsempfinden machten sich die VGH-Richter deshalb schuldig, weil sie die vom Gesetz vorgesehene Alternative zur Todesstrafe, die Bestrafung durch Zuchthaus, nur in ungefähr gleichem Zahlenverhältnis wahrnahmen. Freisler und seine Kollegen am Volksgerichtshof richteten primär, wie sie es der Staatsführung schuldig zu sein glaubten, und erst sekundär nach Recht und Gewissen. Das Recht, das sie sprachen, diente objektiv dem nationalsozialistischen Staat, subjektiv jedoch mögen sie durchaus im Glauben an das »deutsche Volk« gehandelt haben. Wie uns die Geschichte zeigt, ist Recht und Unrecht oft eine Frage des Datums und der politischen Konstellation. Wenn der Präsident des Bundesgerichtshofes Pfeiffer kürzlich in einem Interview davon sprach, daß es nicht schwierig sei, VGH-Richtern eine Rechtsbeugung nachzuweisen und sie wegen einer »Ausnutzung gesetzlicher Formen zur widerrechtlichen Tötung« zu verurteilen, so mag er damit mit dem Wissen und Rechtsbewußtsein unserer Zeit durchaus rechthaben, nicht aber nach den bis 1945 geltenden rechtlichen Maßstäben, deren Basis, worauf schon des öfteren in diesen Seiten hingewiesen worden ist, 1933 parlamentarisch »abgesegnet« wurde über das Ermächtigungsgesetz, obwohl Hitler im Programm der NSDAP, in seinen Ansprachen vor dem Reichsgericht in Leipzig und selbst in seiner Ansprache, mit der er den Entwurf des Ermächtigungsgesetzes im Reichstag vorlegte, auch nicht den geringsten Zweifel daran ließ, wie er sich eine Verschärfung der Rechtssprechung in Hoch- und Landesverratsvergehen vorstellte.
Noch weniger trifft Pfeiffers Feststellung auf die Köpfe der Verschwörung vom 20. Juli 1944 zu. Sie, die verhinderten Tyrannenmörder, hätten im Gegensatz zu ihren mehr oder weniger involvierten Helfern und Mitwissern vor keinem Gericht der Welt eine mildere Bestrafung erwarten können. Vor dem Volksgerichtshof allein

schon deshalb nicht, weil die meisten NS-Richter die Niederlage von 1918 miterlebt hatten und dem psychischen Druck des angeblichen Dolchstoßes gegen das im Felde unbesiegte Heer unterlagen. In diesem Punkt jedenfalls wäre es schwer, den heute noch lebenden Richtern eine Rechtsbeugung nachzuweisen. Anderes gilt scheinbar für die Fälle, bei denen der Volksgerichtshof während der Kriegszeit Angehörige anderer Völker verurteilte, die man nach deutschen Rechtsnormen und Wertvorstellungen, die ihnen fremd waren, hinrichtete. Und selbst diese Feststellung, einmal gemacht, bedarf des weiteren Nachdenkens und somit der Qualifizierung. Inwieweit der »Kriegsnotstand« und das »Besatzungsrecht« hier eine entscheidende Rolle spielten, wird nur bei der Untersuchung eines jeden einzelnen Falles zutage treten. Abgesehen davon wird dieses Argument durch Siegertribunale nach 1945 relativiert, denn die z. B. in den Kriegsverbrecherprozessen der Alliierten Verurteilten wurden auch hingerichtet nach einem Prozeßverfahren, nach Rechtsnormen und Wertvorstellungen, die ihnen zum Teil fremd waren.
Am 18. März 1979 versuchte Kempner trotz allem noch einmal, die an den 20.-Juli-Prozessen beteiligten Richter und Staatsanwälte vor Gericht zu bringen. Er stützte seine Forderung nach Ermittlungen auf einen Film von der ersten Verhandlung vor dem VGH im August 1944, betitelt »Verräter vor dem Volksgerichtshof«, der im Auftrag des Reichspropagandaministeriums gedreht worden war und den die Öffentlichkeit nur auszugsweise in Wochenschauen zu sehen bekam.[22] Doch die Berliner Staatsanwaltschaft stellte die Ermittlungen am 26. Juni 1979 mit der Begründung ein, daß der Film kein neues Beweismaterial enthalte. Der Film zeige, daß Freisler, abgesehen von den Angeklagten, die einzige agierende Person im Verlauf der Verhandlung gewesen sei. Weder die beisitzenden Richter noch der Oberreichsanwalt hätten irgendwelche Regungen erkennen lassen; und deshalb sei ihre innere Einstellung aufgrund dieses Filmmaterials nicht feststellbar.[23]
Gerhard Meyer, der ehemalige Justizsenator von Berlin, erklärte, daß das Rehse-Urteil vom 30. April 1968 in bezug auf die Einschätzung des VGH als ordentliches Gericht an der historischen Wahrheit vorbeigehe, ohne allerdings zu sagen, was die historische Wahrheit sei. Hitler hatte in »Mein Kampf« seine Einstellung zu verräterischen Umtrieben und der Art und Weise, wie die National-

sozialisten in solchen Fällen verfahren würden, ganz klar zum Ausdruck gebracht. 1930 hatte er vor den Richtern des Reichsgerichts
öffentlich angekündigt, daß ein Staatsgerichtshof gegründet werden
würde, wenn die NSDAP an die Macht käme, ein Staatsgerichtshof,
der sich mit den »Novemberverbrechern« befassen werde, und daß
dann »Köpfe rollen« würden. Und obwohl ein demokratisch ge-
wählter Reichstag das alles wußte, erteilte er Hitler – um es noch
einmal zu betonen – diktatorische Vollmachten. Demzufolge war
die Gründung des VGH rechtmäßig; er war ein ordentliches Gericht.[24]
Meyer argumentierte weiterhin, daß die Urteile der obersten Gerichtshöfe dem Wechsel der Zeiten und Geisteshaltungen unterworfen seien und daß es auch heute ein verändertes Geschichtsbild
gebe.[25] Wenn dieser Standpunkt richtig überdacht wird, so muß
man feststellen, daß der Berliner Justizsenator damit im Prinzip
einen ähnlichen Rechtspositivismus vertritt wie Freisler, denn er
überträgt die Standpunkte und Wertmaßstäbe der siebziger und
achtziger Jahre auf eine Zeit, in der nicht nur auf dem juristischen
Sektor, sondern im gesamten Spektrum des deutschen Volkes andere Ansichten vertreten wurden und andere Wertmaßstäbe galten als
heute. Er beurteilt die Ära von 1933 bis 1945 nicht in ihren eigenen
Zusammenhängen, sondern betrachtet das Recht, wie Freisler, als
»organisches« Instrument.
Der Bundesgerichtshof war in diesem Fall vorsichtiger, als er 1968
feststellte, das Verhalten des VGH habe *in einzelnen Fällen* nichts
mit einer ordentlichen Gerichtsbarkeit zu tun gehabt. »Es habe sich
vielmehr um eine Ausnutzung gerichtlicher Formen zur widerrechtlichen Tötung gehandelt. Eine derartige Rechtsanwendung habe nur noch der Vernichtung des politischen Gegners gedient und
ihr wahres Wesen als Terrorinstrument enthüllt.«[26]
Die Forderungen des Nationalsozialismus waren total, eine weitere
Tatsache, die schon vor 1933 wohlbekannt gewesen war; und deshalb durfte es niemanden überraschen, daß diese totalen Forderungen nach 1933 bis zum Kriegsausbruch allmählich – und im Krieg
dann sehr rasch – verwirklicht wurden.
Schon am 7. Dezember 1956 entschied der Bundesgerichtshof, daß
ein Richter nur dann wegen Mordes belangt werden könne, wenn er
vorsätzlich das Recht gebeugt habe – mit anderen Worten, ein Rich-

ter könne nur bestraft werden, wenn man ihm nachweise, daß er tatsächlich überzeugt gewesen sei, die Anwendung einer bestimmten Rechtsnorm sei rechtswidrig.[27)] Diese Ansicht führte zu einer absurden Situation, in der zum Beispiel Angehörige der SD-Einsatzgruppen, die Juden getötet hatten, wegen Mordes strafrechtlich verfolgt werden konnten, die Richter, die das Recht willentlich gebeugt hatten, aber nicht, weil es praktisch unmöglich war, ihnen nachzuweisen, daß sie dies subjektiv beabsichtigt hätten.

Um die zitierte Ansicht des Bundesgerichtshofes zu umgehen, wurde der Paragraph 336 des StGB neu formuliert, und seit 1975 reicht der »bedingte Vorsatz« aus.[28)] Aber die Anwendung dieses Paragraphen hängt letztlich davon ab, ob der VGH im Sinne des Gerichtsverfassungsgesetzes (GVG) ein ordentliches Gericht war. Während der Bundesgerichtshof feststellte, der VGH sei ein ordentliches Gericht gewesen, erklärte die Berliner Staatsanwaltschaft, die Richter des VGH seien keine unabhängigen, nur dem Gesetz verantwortlichen Richter gewesen.

Der VGH war in der Tat ein eindeutig politischer Gerichtshof; die Rolle der Richter war von Thierack und Freisler oft genug definiert worden. Aber auch hier muß man wieder betonen, daß jeder über die Absicht der nationalsozialistischen Bewegung Bescheid wußte oder sich darüber informieren konnte, daß sie, sobald sie die Macht ergriffen hätte, ein solches Gericht gründen wollte, und daß der Nationalsozialismus nicht nur eine politische Partei war, die an die Macht kommen wollte, sondern eine Bewegung, die auf die *totale* Neugestaltung und Neuorientierung des deutschen Volkes in allen Bereichen des nationalen und individuellen Lebens abzielte. Daß dies auch für das Rechtswesen der Nation galt, war offensichtlich. Trotz dieses Wissens wurde die Bewegung mit absoluten Machtbefugnissen ausgestattet, obwohl es ebenfalls bekannt war, daß die Nationalsozialisten jene Nicht-Nationalsozialisten, die für die Ermächtigung gestimmt hatten, ausschalten würden. Der Nationalsozialismus hatte von Anfang an ein neues Recht gefordert, eine Gesetzgebung, die zu einem Strafrecht führen sollte, das sich grundlegend von den bis dahin gültigen Rechtsnormen unterschied. In diesem Sinn war Hans Frank von 1922 bis 1943 unablässig aktiv gewesen.

Im Grunde ist der VGH aus drei Wurzeln entstanden – erstens aus der nationalsozialistischen Forderung nach einem neuen »Germanischen Recht«, zweitens aus der Verordnung des Reichspräsidenten zum Schutze von Volk und Staat vom 28. Februar 1933 und, damit verbunden, der Weigerung des Reichsgerichts, im streng nationalsozialistischen Sinne zu handeln, und drittens aus dem Ermächtigungsgesetz vom März 1933. Von da an, übrigens auch schon vorher, machten die Nationalsozialisten keinen Hehl aus der Tatsache, daß der VGH im Prinzip ein politischer Gerichtshof und Hitler direkt unterstellt sei. Den ersten Schritt, um höchstrichterliche Verantwortung zu übernehmen und oberster Richter des Volkes zu werden, hatte Hitler während des »Röhm-Putsches« getan – zu einem Zeitpunkt, als Hindenburg noch lebte. Obwohl der alte kaiserliche Feldmarschall bereits auf dem Sterbebett lag, wurde von seiner unmittelbaren Umgebung, zum Beispiel seinem Sohn Oskar von Hindenburg, nichts unternommen, um den alten Präsidenten zur Unterzeichnung eines Dokuments zu veranlassen, das Hitlers Ansprüchen entgegengewirkt hätte. Im Gegenteil, Hitler erhielt von Hindenburg ein Danktelegramm. Man war allgemein froh, den »SA-Pöbel« unter Kontrolle zu haben und zu einem normalen, geordneten Leben zurückkehren zu können. Acht Jahre später kam Hitler in seinem Streben nach Totalitarismus um einen großen Schritt weiter, in dem er die höchste richterliche Gewalt formell für sich beanspruchte.[29]

Im Rahmen der nationalsozialistischen Ideologie und Praxis war der VGH ein ordentlich konstituierter Gerichtshof – die Verwirklichung einiger Punkte des NSDAP-Programms und Hitlers Absichten waren schon lange vor der Machtübernahme angekündigt worden. Daß der VGH als rechtswidriger Gerichtshof angegriffen wurde und wird, ist vor allem auf die Niederlage des Nationalsozialismus zurückzuführen. Der bedeutendste Verbündete der westlichen Alliierten, die Sowjetunion, hat ihr Rechtssystem auf Prinzipien aufgebaut, die sie als Marxismus-Leninismus bezeichnet, und dessen erste, ausdrücklich erklärte Aufgabe es war, ganze Gesellschaftsschichten zu vernichten.[30] Im Jahre 1987 sind die sowjetischen Gerichte – wie auch die Gerichte in den Ländern des sowjetischen Machtbereichs – ebenso politische Gerichtshöfe, wie sie es schon seit der Oktoberrevolution von 1918 sind. Der wesentliche Unterschied zwischen dem Kommunismus und dem Nationalsozialismus besteht darin, daß der erstere den Krieg gewonnen und der letztere den Krieg verloren hat. Deshalb ist die Sowjetunion heute, trotz ihrer inhumanen und ausdrücklich politischen Justiz, immer noch eine Großmacht, die auf den Ebenen der internationalen Politik, der Kultur, des internationalen Handels und des Sports respektiert und hofiert wird. Dieses Argument soll die Tätigkeit des VGH nicht rechtfertigen, sondern sie nur in die richtige Perspektive rücken, so unangenehm dies auch anmuten mag.

Die Urteile des VGH, besonders nach Ausbruch des Krieges, waren unmenschlich, um es milde auszudrücken; doch hinter den Männern, die auf der Richterbank saßen, standen nicht nur Franz Gürtner, Georg Thierack und Adolf Hitler, sondern da war auch noch das Gespenst von 1918, das sich unablässig drohend am Horizont abzeichnete. Dies schien fast jede Maßnahme und jedes Urteil zu rechtfertigen, vor allem als das Kriegsglück Deutschland langsam verließ. Die Periode der Radikalisierung des VGH kann, wenn auch mit Einschränkung, als »Freisler-Ära« zusammengefaßt werden, personifiziert in einem Mann, der im Privatleben rücksichtsvoll und hilfsbereit war, gelegentlich sogar als Richter, in einem Mann, der ein untadeliges Privatleben führte und keinen jener Charakterzüge erkennen ließ, die viele NSDAP-Funktionäre zum Bonzentum führten. Er war absolut integer. Aber er war auch, wie bereits erwähnt, Nationalsozialist aus tiefster Überzeugung. Sogar während der Prozesse gegen die Verschwörer vom 20. Juli 1944 erklärte er in einem Privatbrief, für den Fall, daß Deutschland siegen oder daß der Kampf unentschieden ausgehen und die NSDAP intakt bleiben würde, müßte es deren erste Aufgabe sein, sich einem Selbstreinigungsprozeß zu unterziehen. Sie müßte sich von allen unreinen Elementen befreien, von den Parasiten in der Bewegung, die ihren alten Idealismus dem goldenen Kalb geopfert hätten. Nur eine auf diese Weise gesäuberte Bewegung könne den Idealismus und die Dynamik entwickeln, die sie in ihrer Anfangsphase geprägt hätten, einen Idealismus und eine Dynamik, die nötig seien, um die Neue Ordnung in Europa auf feste Grundmauern zu stellen oder zumindest um jeden Deutschen mit ihrem Geist zu erfüllen. Dann werde es nicht mehr die Aufgabe des VGH sein, Verräter zu verfolgen, sondern Hüter und Wächter der neuen nationalsozialistischen Moral zu sein.[31]

Freislers Tod im Februar 1945 war in mancher Hinsicht ein Un-
glücksfall – erstens, weil er ein Mann war, der sich vor Gericht seiner Verantwortung vermutlich nicht entzogen hätte und zweitens,
was noch wichtiger ist, weil er seinen Kollegen dann nicht die bequeme Möglichkeit geboten hätte, alle Schuld auf seinen Rücken
abzuwälzen, und weil die wahren Dimensionen der Rolle, die er in
der deutschen Justiz im allgemeinen und am VGH im besonderen
gespielt hatte, leichter einzuschätzen wären.
Statt dessen brauchten viele seiner ehemaligen Kollegen keine Rechenschaft für ihre Vergangenheit abzulegen und konnten im
Justizwesen der Bundesrepublik weiterarbeiten, wenngleich die
meisten inzwischen gestorben oder in den Ruhestand getreten sind.
Heute steht keiner dieser Männer mehr im Staatsdienst. Die Abschaffung der Verjährung für Mord im Jahre 1979 hat es ermöglicht,
eine kleine Restgruppe von 74 Personen strafrechtlich zu verfolgen,
die mittlerweile zweifellos zum Teil gestorben sind. Ob Prozesse
gegen Männer, deren jüngster 69 und deren ältester 94 ist, wie Meyer behauptet, »schon deshalb erforderlich« seien, »um eine pau-
schale, unterschiedslose moralische Verurteilung aller ehemaligen
Angehörigen am VGH zu vermeiden«, erscheint mehr als zweifelhaft.[32] Meyer fügt hinzu: »Zwar werden viele sagen, laßt doch die
Vergangenheit ruhen. Ich meine, die Vergangenheit darf nicht ruhen, solange Unrecht das ›im Namen des deutschen Volkes‹ gesprochen wurde, nicht offengelegt und soweit als möglich gesühnt wurde.«[33]
Das Thema der Strafverfolgung ehemaliger VGH-Richter verursachte weitere Kontroversen, als im Herbst 1982 ein Dokumentarfilm über die Scholls und ihre Komplizen gezeigt wurde, an dessen
Ende die Erklärung eingeblendet wurde: »Nach Auffassung des
Bundesgerichtshofes waren die Paragraphen, nach denen Widerstandskämpfer wie die Weiße Rose verurteilt wurden, kein Bestandteil des NS-Terrorsystems, sondern geltendes Recht.«[34] Niemand anders als der Sohn eines der Opfer, Michael Probst, protestierte gegen die Schlußfolgerung, die sich aus diesem Satz ziehen
läßt, nämlich daß die Bundesrepublik mit dem Dritten Reich identisch sei; und er ersuchte die Produzenten, diesen Satz herauszu-
schneiden.[35]
Doch die Produzenten des Filmes konnten sich auf ein Grundsatz-

urteil des Bundesgerichtshofes vom 19. Juni 1956 stützen, das besagte: »Einem Richter, der damals einen Widerstandskämpfer wegen seiner Tätigkeit in der Widerstandsbewegung abzuurteilen hatte und ihn in einem einwandfreien Verfahren für überführt erachtete, kann heute in strafrechtlicher Hinsicht kein Vorwurf gemacht werden, wenn er angesichts der Unterworfenheit unter die damaligen Gesetze glaubte, ihn des Hoch- oder Landesverrats schuldig zu erkennen und deswegen zum Tode verurteilen zu müssen ... Die Widerstandskämpfer hatten nach dem geltenden Recht und in ihrer rechtlichen Wirksamkeit an sich nicht bestreitbaren Gesetzen die Merkmale des Landesverrats, mindestens teilweise auch des Hochverrats verwirklicht ...«[36]
Deshalb änderten die Produzenten ihre Erklärung am Ende des Films und erweiterten sie provokativ auf sechs Punkte:
»1. Nach Auffassung des Bundesgerichtshofs waren die Paragraphen, nach denen Widerstandskämpfer wie die ›Weiße Rose‹ verurteilt wurden, kein Bestandteil des NS-Terrorsystems, sondern geltendes Recht.
2. Nach Auffassung des Bundesgerichtshofs haben Widerstandskämpfer wie die ›Weiße Rose‹ objektiv gegen diese damals geltenden Gesetze verstoßen.
3. Nach Auffassung des Bundesgerichtshofs war ein Richter am Volksgerichtshof, der Widerstandskämpfer wie die der ›Weißen Rose‹ verurteilte, diesen damals geltenden Gesetzen unterworfen.
4. Nach Auffassung des Bundesgerichtshofes konnte Widerstandskämpfern wie der ›Weißen Rose‹ dennoch strafrechtlich kein Vorwurf gemacht werden, wenn sie in der Absicht, ihrem Land zu helfen, gegen diese damals geltenden Gesetze verstoßen haben.
5. Nach Auffassung des Bundesgerichtshofs kann aber ›einem Richter, der damals einen Widerstandskämpfer in einem einwandfreien Verfahren für überführt erachtet, heute in strafrechtlicher Hinsicht kein Vorwurf gemacht werden, wenn er angesichts der damaligen Gesetze glaubte, ihn zum Tode verurteilen zu müssen‹.
6. Bislang hat noch keine Bundesregierung sich dazu entschließen können, sämtliche Urteile des Volksgerichtshofs per Gesetz zu annullieren.«[37]

Im Dezember 1982 erreichte das Thema die Regierungsebene, als das Justizministerium den Antrag auf eine allgemeine Annullierung aller VGH-Urteile ablehnte.[38]

Auf Antrag der SPD, unterstützt von den »Grünen«, befaßte sich der Bundestag in seiner Sitzung vom 13. Oktober 1983 erneut mit der Forderung, die Urteile des Volksgerichtshofes von Anfang an für nichtig zu erklären. Sprecher der CDU wiesen darauf hin, daß durch die bereits erwähnte Proklamation Nr. 3 des Alliierten Kontrollrats vom 20. Oktober 1945 dies bereits erfolgt sei, in der es heißt, daß Verurteilungen »die unter dem Hitler-Regime aus politischen, rassischen oder religiösen Gründen« ausgesprochen worden seien, aufgehoben werden müßten, ein Gesetzgebungsantrag, der dann auch in den westlichen Besatzungszonen, einschließlich Groß-Berlin, ausgeführt wurde. Im Fall der »Weißen Rose« wurden in Bayern bereits am 28. Mai 1946 die Urteile aufgehoben, und zwar auf Grund des Gesetzes Nr. 21 der amerikanischen Militärregierung desselben Datums. Ferner sei in der Strafkartei der Bundesrepublik kein einziges Urteil des Volksgerichtshofes mehr registriert. Bundesjustizminister Hans A. Engelhard führte aus: »Ich halte es für ganz bezeichnend, daß die zum Teil ja zu Recht sehr engagiert geführten Debatten der letzten Monate nicht ein einziges noch gültiges Volksgerichtsurteil zutage gefördert haben. Das wird man hier in diesem Zusammenhang – nicht nur zur Selbstberuhigung, aber um einfach der Wahrheit die Ehre zu geben – erwähnen müssen ... Folgt man dem Grundgesetz, so erübrigt sich eigentlich der Antrag der SPD-Fraktion. Art. 139 und die damit übernommenen Befreiungsverordnungen und -gesetze der Alliierten nach dem Kriege erklären diese Terrorurteile für null und nichtig.«[39]

Nichtsdestoweniger erklärte der Bundestag am 25. Januar 1985 einstimmig alle Urteile des ehemaligen Volksgerichtshofes für ungültig[40] – ein widerrechtlicher und zudem äußerst gefährlicher Präzedenzfall, denn diese Entscheidung bedeutet einen Bruch mit dem Prinzip der Gewaltenteilung, auf dem jede liberale Demokratie beruht. Innerhalb des verfassungsmäßig Zulässigen wäre es dem Bundestag nur erlaubt gewesen, den Bundesverwaltungsgerichtshof anzurufen, um die – soweit noch vorhandenen – Urteilssprüche des Volksgerichtshofes einer Überprüfung zu unterwerfen und jeden Fall für sich selbst zu entscheiden. Dies wäre zwar eine äußerst auf-

wendige und erschöpfende Prozedur gewesen, aber rechtlich die
einzig unanfechtbare. Das Justizwesen, wichtiger noch, die Gerechtigkeit, ist zu keiner Zeit eine Billigware gewesen. Wurde sie
zur solchen reduziert, ergab und ergibt sich unvermeidlich eine
Problematik, wie sie sich in dieser Untersuchung widergespiegelt
hat. Auch die inzwischen erfolgte Einstellung der Verfahren ist nur
ein billiger Ausweg. Aber in solchen Verhandlungen würden Enkel
gegen ihre Großväter verhandeln. Daß solche Verhandlungen einen
hohen erzieherischen Wert hätten, ist bestenfalls ein spekulatives
Argument. Immerhin ist so viel über das Dritte Reich bekannt, daß
jeder, der sich darüber informieren will, die Möglichkeit dazu hat.
Jedoch derartige Prozesse und das Bestreben, Taten zu bestrafen,
die vierzig Jahre und länger zurückliegen, erscheinen zumindest
dem Autor pervers und als ein typisches Beispiel für jene Geisteshaltung, die die *Times* als »fortgesetztes Festival der Zerknir-
schung« und als »öffentlichen Geißelungsakt« bezeichnet hat.[41]
Der VGH ist ein Fall für die Wissenschaft, jedoch nicht mehr für die
Justiz.

521

Anhang

Berufsrichter am VGH

Anklagevertreter am VGH

Ehrenamtliche Richter am VGH

Verzeichnis der im Geschäftsbereich des Reichsjustizministeriums, Abteilung Österreich, bestellten Ermittlungsrichter beim Volksgerichtshof

(Quelle: BDC)

Berufsrichter am VGH

Name	geb.	Funktion bzw. Rang	Pg seit	Pg-Nr.
Albrecht, Dr. Kurt	12.85	Senatspräs.	1. 5.33	2 655 431
Bruner,	1.75	Senatspräs.	unbekannt	
Crohne, Dr. Wilhelm	14.4.80	Vizepräs.	1. 9.32	1 331 607
Dengler, Dr. Friedrich	8.78	Landger.rat	1. 5.33	3 409 732
Diescher,	4.94	Volksger.rat	unbekannt	
Duve, Hans	1.02	Volksger.rat	1. 5.33	3 551 972
Engert, Dr. Karl	23.10.77	Vizepräs.	2. 3.27	57 331
Falckenberg, Dr.	12.8.89	Landger.dir.		5 827 205
Fikeis, Dr. Franz		Oberlandger.rat		
Granzow	4.77	Kammergerrat	unbekannt	
Grendel, Dr.	4.12.02	Oberlandger.rat	1. 5.37	5 975 352
Greulich, Dr. Hermann	8.90	Volksger.rat	1. 5.33	2 592 982
Großpietsch, Dr. Max	31.3.11	Oberlandger.rat	1. 5.38	6 199 944
Hartmann, Walter	2.87	Senatspräs.	1. 5.33	2 448 112
Haumann,	9.02	Oberlandger.rat	unbekannt	
Heider, Hermann	4.01	Landger.dir.	1. 5.33	1 666 250
Hörner,	8.75	Volksger.rat	unbekannt	
Illner, Dr.	5.04	Volksger.rat	unbekannt	
Jenne, Ernst	9.79	Volksger.rat	1.12.30	385 835
Jezek, Dr.	3.13	Amtger.rat	1.11.38	6 783 481
Klein, Dr. Peter	9.90	Landger.dir.	1.11.35	6 916 839
Köhler, Dr. Alfred	1.10.83	Senatspräs.	5.34	3 270 104
Köhler, Dr. Emil	25.2.84	Kammergerrat	unbekannt	
Köhler, Dr. Johannes	8. 3.97	Volksger.rat	1. 5.37	4 961 646
Ladewig, Dr. Karl	7.96	Landger.rat	1. 5.33	2 649 660
Lämmle, Paul	9.92	Volksger.rat	unbekannt	

Lenhardt, Dr. Gerd	17. 6.98	Landger.dir.	1. 4.33	1 703 209
Lob, Dr.		Landger.rat	unbekannt	
Lochmann, Dr.		Landger.dir	unbekannt	
Löhmann, Dr. Günther	10.86	Volksger.rat	1. 5.33	1 866 712
Lorenz, Dr. Hans	8.06	Landger.dir.	1. 5.33	3 599 175
Luger,	10.91	Landger.rat	unbekannt	
Markart, Dr. Erich	21.10.93	Kammerger.rat	unbekannt	
Merten, Dr. Johannes	9.90	Volksger.rat	unbekannt	
Merten, Dr. Kurt	9.97	Volksger.rat	unbekannt	
Mittendorff,	3.93	Landger.dir.	1. 5.33	2 658 484
Mörner, Hans	2.98	Volksger.rat	1. 5.33	2 673 666
Müller, Hans	7.88		unbekannt	
Münstermann,	9.98	Landger.dir.	unbekannt	
Dr. Wolfgang			unbekannt	
Nebelung, Günther	24.3.96	Senatspräs.	1. 1.28	74 371
Noetzold, Herbert	7.02	Landger.rat	unbekannt	
Preußner, Heinz	10.00	Landger.dir.	1. 3.32	962 421
Prietzschk, Hans	12.00	Kammerger.rat	1. 7.40	8 157 986
Raszat, Dr. Wilhelm	11.98	Landger.dir.	1. 4.33	1 734 252
Rehn, Dr.		Präsident		
Rehse, Hans-Joachim	9.02	Kammerger.rat	1. 5.33	2 768 045
Reimers, Dr. Paul	4.2.02	Kammerger.rat	1. 5.33	2 817 533
Rinke,		Landger.rat	unbekannt	
Schaad, Dr.	7.88		unbekannt	
Schauwerker, Erik	8.8.81	Landger.dir.	unbekannt	
Schiller, Dr. Franz	7.73	Amtsger.rat	unbekannt	
Schlemann, Dr. Erich	5.97	Landger.dir.	1. 5.33	2 021 465
Schlüter, Dr. Franz	4.07	Amtsger.rat	1. 5.37	5 917 669
Schneidenbach, Dr.	6.8.01	Landger.dir.	1. 5.37	5 853 281
Hans				
Schreitmüller, Dr.	8.11.02	Landger.rat	unbekannt	
Adolf				
Schulze-Weckert, Dr.	1.5.87	Landger.dir.	1. 5.33	2 533 117
Springmann, Dr.	3.83	Senatspräs.	1. 5.33	2 718 840
Eduard				
Stäckel, Dr. Artur	4.88	Kammerger.rat	1. 5.33	2 894 419
Stier, Martin	4.6.03	Landger.dir.	1. 6.32	1 202 415
Storbeck, Dr.	2.99	Landger.dir.	unbekannt	
Tober, Dr.		Landger.rat	unbekannt	
Wildberger, Dr. Ernst	8.00	Volksger.rat	1. 5.33	2 275 403
Zieger, Dr. Albrecht		Volksger.rat	unbekannt	
Zippel, Dr. George	8.95	Volksger.rat	1. 3.33	1 553 525
Zmeck, Dr. Alfred	27.2.99	Landger.rat	1.11.38	6 885 511

Anklagevertreter am VGH

Name	geb.	Funktion bzw. Rang	Pg seit	Pg-Nr.
Alter, Bruno	8.01	Staatsanwalt	1.12.31	1419428
Bach, Dr. Bernhard	28.7.03	Landger.rat	1. 5.33	1722312
Barnikel, Dr. Paul	4.5.85	Reichsanwalt	unbekannt	
Baxmann, Dr.	7.89	I. Staatsanwalt	unbekannt	
Benz, Dr. Ottomar	7.91	Landger.dir.	unbekannt	
Beselin, Dr.		Amtsger.rat	unbekannt	
Bischoff, Adolf	11.01	I. Staatsanwalt	1. 5.33	2855858
Brem, Walter	13.12.02	Amtsger.rat	1. 1.38	5216237
Brenner, Peter	7.93	Landger.dir.	unbekannt	
Bruchhaus, Dr.	26.2.03	Staatsanwalt	1. 5.33	3482559
Busch, Dr. Wolfgang	2.04	I. Staatsanwalt	1. 5.33	2260263
Christian, E.		Staatsanwalt	unbekannt	
Dölz, Bruno	2.06	Amtsger.rat	1. 3.33	1485418
Domann, Karl-Heinz	1.2.04	I. Staatsanwalt	1. 5.33	2581143
Drullmann, Dr. Ernst	1.9.04	I. Staatsanwalt	1. 5.33	934609
Eisert, Dr. Georg	25.11.99	Landger.rat	1. 5.37	4402879
Emmerich, Dr. Paul	10.8.07	Landgerichtsrat	25. 4.32	2858084
Figge, Karl	8.03	I. Staatsanwalt	1. 5.33	3132071
Franzki, Dr. Paul	7.91	Reichsanwalt	1. 5.33	2431073
Friedrich, Kurt	5.02	I. Staatsanwalt	1. 9.32	1313531
Geißler, Erich	9.98	Landger.rat	unbekannt	
Görisch, Dr. Gerhard	3.03	I. Staatsanwalt	1. 4.40	7617652
Haber, Dr. Willmar	7.03	Landger.rat	unbekannt	
Harzmann, Willi	8.07	I. Staatsanwalt	1. 5.33	2622034
Hellmann, Dr. Walter	7.02	Staatsanwalt	unbekannt	
Hennig, Herbert	3.03	I. Staatsanwalt	unbekannt	
Heugel, Dr.		I. Staatsanwalt	unbekannt	
Höbel,		I. Staatsanwalt	unbekannt	
Hoffmann, Bernhard	23.5.05	Staatsanwalt	1. 5.37	4824602
Huhnstock, Wilhelm	14.2.91	Oberstaatsanw.	1. 5.33	2993796
Jäger, Helmut	6.01	I. Staatsanwalt	1. 5.33	2637434
Janssen, Dr.		Landger.rat	unbekannt	
Jorns,		Reichsanwalt	unbekannt	
Klitzke,	3.99	Staatsanwalt	1. 5.33	2582872
Klüver, Dr.	7.96	Landger.rat	unbekannt	
Köhler, Karl-Heinz		Staatsanwalt	unbekannt	
Krebs, Adolf	4.8.07	Amtsger.rat	1. 5.35	3625999
Künne, Dr.	3.04	I. Staatsanwalt	unbekannt	
Kurth, Hans	1.00	Staatsanwalt	1. 5.33	2006433
Ladewig, Dr. Erich	3.82	Landger.rat	unbekannt	
Lautz, Ernst	9.87	O.reichsanwalt	1. 5.33	3076484

Maass, Dr. Gustav	3.06	I. Staatsanwalt	1. 5.33	2 614 053
Maaß, Dr. Walter	3.9.02	I. Staatsanwalt	1. 5.33	2 073 191
Nöbel, Rudolf	4.02	I. Staatsanwalt	1. 5.37	5 916 964
Oelze, Heinz	3.1.05	I. Staatsanwalt	unbekannt	
Parrisius, Felix	24. 3.85	Reichsanwalt	1. 5.33	2 431 287
Pilz, Dr. Bruno	9.89	Amtsger.rat	unbekannt	
Prietzschk, Hans	12.00	Kammerger.rat	1. 7.40	8 157 986
Ranke, Werner	7.05	I. Staatsanwalt	1. 5.33	2 658 809
Rathmayer, Otto	15.12.05	Amtsgerichtsrat	1. 5.33	2 523 888
Renz, Dr.	5.88	Landger.dir.	unbekannt	
Rommel, Paul	19.8.09	Landger.rat	1. 5.33	2 173 157
Rothaug, Dr. Oswald	5.97	Reichsanwalt	1. 5.37	4 644 832
Scherf,	17.10.06	Staatsanwalt	unbekannt	
Scholz, Dr. Robert	9.12.82	Landger.rat	1. 9.32	1 296 506
Schulze,		Landger.dir.	unbekannt	
Spahr, Karl	7. 8.03	Oberstaatsanw.	1. 5.33	3 225 728
Stark		Amtsgerichtsrat	unbekannt	
Steinke,	7.10.00	Staatsanwalt	unbekannt	
Stier, Martin	4. 6.03	Staatsanwalt	1. 6.32	1 202 415
Tramm, Dr. Willy	11.2.01	Staatsanwalt	1. 5.37	5 739 081
Treppens, Herbert	13.12.07	Amtsger.rat	1.10.32	1 334 024
Volk, Hans	10.02	Oberstaatsanw.	1. 5.33	2 094 153
Vollmar, Franz	8.3.06	Staatsanwalt	1. 5.33	1 890 282
Voß, Dr. Adolf	25.10.99	I. Staatsanwalt	1. 5.37	4 179 456
Wagner, von	29.5.06	Staatsanwalt	unbekannt	
Wegener, Friedrich	7.92	Amtsgerichtsrat	1. 5.33	1 885 640
Wegener, Heinrich	9.75	Amtsgerichtsrat	1. 5.33	2 160 657
Weisbrod, Rudolf	10.1.02	Oberstaatsanw.	1. 5.37	5 917 330
Welp,	9.04	Landger.rat	1. 5.33	2 840 794
Weyersberg,	7.87	Reichsanwalt	unbekannt	
Wilbert, Dr.	8.03	Landger.rat	unbekannt	
Wilherling, Dr. Joachim	5. 9.00	O.-land.ger.rat	unbekannt	
Wittmann, Heinz	9.01	I. Staatsanwalt	unbekannt	
Wrede, Dr. Christian	4.84	I. Staatsanwalt	unbekannt	
Zeschau, von	30.12.98	Landger.rat	1. 1.40	7 357 004

Ehrenamtliche Richter am VGH

Stand: 1.8.1944

Name	geb.	Funktion bzw. Rang	Pg seit	Pg-Nr.
1. Reinecke, Hermann	14.2.88	General der Infanterie	25.10.43	Aufnahme nach Pensionierung

2. Dr. Herzlieb, Walter		Ministerialrat	unbekannt	
3. Christiansen, Friedrich	12.12.79	General der Flieger	unbekannt	
4. Stumpff, Hans-Jürgen		Generaloberst	unbekannt	
5. Weiß, Wilhelm	31.3.92	SA-Obergruppenführer	1922	»alter Kämpfer«
6. Worch, Willi		Kreisleiter	1926	
7. Hartmann, Ernst		SS-Oberführer und Oberst der Polizei	unbekannt	
8. Högner, Hermann	1.3.85	Generalleutnant	unbekannt	
9. Litzmann, Karl S.	1.8.93	SA-Obergruppenführer	unbekannt	
10. Späing, Heinz	5.1.93	SA-Obergruppenführer, Landrat	27.526	37481
11. Lasch, Kurt	29.3.86	SA-Obergruppenführer, Generalluftschutzführer	30.9.25	19707
12. Breithaupt, Franz		SS-Obergruppenführer, General der Waffen-SS	unbekannt	
13. Wege, Kurt	15.9.91	SS-Brigadeführer	20.7.25	unbek.
14. Meißner, Hans		Generalmajor der Landespolizei	unbekannt	
15. Dr. Taubert, Eberhard	04	Ministerialrat	25.4.33	996115
16. Kaiser, Hans-Fritz	9.8.97	Kreisleiter, Stadtrat	9.4.26	33764
17. Friedlein, Max		Ortsgruppenleiter, Stadtrat	15.6.25	32111
18. Heinlein, Heinrich	5.2.87	SA-Sturmbannführer, Oberstudienrat, Ratsherr	25.9.25	19540
19. Stutzer, Hermann		Generalmajor a. D.		
20. Heß, Arthur	18.7.91	SA-Obergruppenführer	2.6.25	6840

Nr.	Name	Geburtsdatum	Rang	Eintritt	Nr.
21.	Schroers, Johannes		SS-Brigadeführer, Generalmajor der Polizei	unbekannt	
22.	Jedicke, Bruno Georg		SS-Gruppenführer, Generalleutnant d. Polizei	unbekannt	
23.	Dr. von Schaewen, Erich	28.12.88	Generalleutnant	unbekannt	
24.	Kurze, Friedrich Wilhelm		Vizeadmiral		
25.	Freiherr von u. zu Gilsa, Werner	4.3.89	General der Infanterie		
26.	Dr. Palten, Günther	3.3.03	SS-Brigadeführer, Regierungspräsident	1.7.31	566217
27.	Tscharmann, Friedrich	30.11.71	SS-Brigadeführer, Generalmajor der Waffen-SS	unbek.	353123
28.	Wittmer, Berthold	5.3.79	SS-Obersturmbannführer	1.1.30	181537
29.	Fischer, Paul	26.1.85	Bereichsleiter		92747
30.	Böckenhauer, Arthur		SA-Obergruppenführer	1.7.25	12815
31.	Ritter von Hörauf, Franz	16.7.78	SA-Obergruppenführer, Generalmajor a. D.	1930	unbek.
32.	Bunge, Hanns	31.8.98	SA-Gruppenführer	9.9.26	45073
33.	Hauer, Daniel	17.2.79	SA-Brigadeführer	12.9.27	67309
34.	Kaul, Erich		SA-Oberführer, Stadtrat	1.10.27	72903
35.	Meyszner, August		SS-Brigadeführer, Generalleutnant der Polizei	5.9.25	10617
36.	Heske, Ferdinand		Oberstleutnant der Schutzpolizei	unbekannt	

37.	von Grolmann, Wilhelm	16.7.94	SS-Brigade-führer, General-major der Polizei, Polizei-präsident	5.4.25	3118
38.	Zenner, Carl	11.6.99	SS-Brigade-führer, General-major der Polizei	7.8.25	18539
39.	v. Humann Hainhofen, Rolf		SS-Brigade-führer	23.4.26	38792
40.	Harm, Hermann		SS-Brigade-führer, General-major der Polizei	15.12.25	23481
41.	Mozek, Heinz		SS-Standarten-führer	28.7.25	21319
42.	Katzmann, Fritz		SS-Gruppen-führer, General-major der Polizei	3.1.26	35173
43.	Tondock, Martin		SS-Oberführer	19.12.25	34963
44.	Jahn, Wilhelm	2.2.91	SA-Ober-gruppenführer	16.8.26	42535
45.	Geyer, Waldemar	14.3.82	SA-Gruppen-führer, Genral-major	17.5.26	36801
46.	Liebel, Otto Karl	15.11.91	SA-Brigade-führer	1.5.32	976752
47.	Oberdieck, Georg		SA-Ober-gruppenführer Oberst a. D.	15.5.32	977216
48.	Zöberlein, Hans	1.9.95	SA-Brigade-führer	28.4.25	869
49.	Keller, Ernst		SA-Brigade-führer	20.5.26	36992
50.	Jäger, Adolf	8.9.06	NSKK-Ober-gruppenführer	1.8.30	288238
51.	Klug, Hans	18.4.01	NSKK-Ober-gruppenführer		675773
52.	Offermann, Karl	21.11.84	NSKK-Ober-gruppenführer	1.7.29	143485
53.	Sauer, Heinrich	21.4.05	NSKK-Ober-gruppenführer		16298
54.	Schade, Otto	15.10.91	NSKK-Ober-gruppenführer	unbekannt	

55.	Nieder-Wester-mann, Paul		NSKK-Ober-gruppenführer	unbekannt	
56.	Bertram, Georg	31.8.82	Generalleutnant	unbekannt	
57.	von Heimburg, Heino	24.10.89	Vizeadmiral z. V.	1.1.43	unbek.
58.	Cabanis, Ernst	1891	Generalleutnant d. L.	unbekannt	
59.	Veith, Richard	13.6.90	Generaleutnant	unbekannt	
60.	Krieger, Hans	3.11.88	Generalmajor	unbekannt	
61.	Büscher, Erich		Oberst		
62.	Seydel, Josef	4.2.87	NSKK-Ober-gruppenführer	1.11.31	530786
63.	Bolek, Andreas	3.5.94	SS-Brigade-führer, Polizei-präsident	5.10.26	50919
64.	Dreher, Wilhelm	10.1.92	SS-Brigade-führer, Regie-rungspräsident	6.8.25	12905
65.	Götze, Friede-mann	26.2.71	SS-Brigade-führer	1.5.37	5226122
66.	Oberhaidacher, Walter	22.9.96	SS-Brigade-führer, Polizei-präsident	10.9.26	50478
67.	Plankensteiner, Toni	16.3.90	SA-Standarten-führer, Kreis-leiter	6.11.30	364255
68.	Kutschera, Franz		SS-Briadefüh-rer, stellvertr. Gauleiter	unbekannt	
69.	Seidler, Heribert		SA-Brigade-führer	unbekannt	
70.	Reschny, Her-mann		SA-Ober-gruppenführer	unbekannt	
71.	Haas, Karl	23.2.78	SA-Gruppen-führer, General-major a. D.	1.11.32	698037
72.	Rappell, Franz		SA-Brigade-führer	unbekannt	
73.	Langoth, Franz	20.8.77	SS-Oberführer, Oberbürger-meister	unbekannt	
74.	Dr. Mann, Hans		SS-Obersturm-bannführer	unbekannt	
75.	Brauner, Josef		Generalmajor	unbekannt	
76.	Kirchheim, Heinrich	6.4.82	Generalleutnant	unbekannt	

77.	Dimmel, Otto	Oberst der Luftwaffe	unbekannt	
78.	Emmeringer, Franz	NSKK-Gruppenführer	unbekannt	
79.	Dr. Sebekovski, Wilhelm	SA-Standartenführer, Regierungspräsident	unbekannt	
80.	Lammel, Richard	SS-Standartenführer, Gaustabsamtsleiter	unbekannt	
81.	May, Franz	24.1.03 SA-Gruppenführer	1.11.38	(Alt-Pg Sudetenland)
82.	Mielke, Erich	Oberst	unbekannt	
83.	Schäfer-Hansen, Heinrich-Christian	NSKK-Obergruppenführer	unbekannt	
84.	Magnußen, Peter-Christian	Kapitän z. S.	unbekannt	
85.	Rüdel, Günther	Generaloberst a. D.	unbekannt	
86.	Frank, Karl-Hermann	24.1.98 SS-Obergruppenführer, Staatsminister	unbekannt	
87.	Schultz, Rudolf	Kammervorsitzer des Obersten Parteigerichts	unbekannt	
88.	Ummen, Hans	SA-Oberführer, Leiter d. Gaugerichts	unbekannt	
89.	Kauffmann, Gerd	29.6.87 Generalleutnant a. D.	unbekannt	
90.	von Lenski, Arno	20.7.93 Generalleutnant	unbekannt	
91.	Nickelmann, Hellmuth	20.5.93 Generalmajor	unbekannt	
92.	Dr. Grobholz, Franz Josef	11.4.93 Generalmajor	unbekannt	
93.	Medem, Gerhard	14.10.93 Generalleutnant	unbekannt	
94.	Scheer, Werner	Konteradmiral	unbekannt	
95.	Rollmann, Heinrich	Kapitän z. S.	unbekannt	
96.	Taubert, Siegfried	SS-Obergruppenführer, General der Waffen-SS	unbekannt	

97.	Bock v. Wülfin- gen, Ferdinand	10.6.83	Generalleutnant a. D.	unbekannt
98.	Hildebrandt, Richard	13.3.97	SS-Obergrup- penführer, Ge- neral der Polzei	unbekannt
99.	Kapeller, Kurt	4.8.94	Gaurichter	1.3.30	300743
100.	Frh. Löffelholz von Colberg, Curt	27.9.74	Oberstgeneral- arbeitsführer a. D.	1923
101.	Voigt, Max		Generalarbeits- führer	unbekannt
102.	zur Loye, Fritz	10.9.88	Generalarbeits- führer	unbekannt
103.	Müller, Herbert	12.1.80	Generalar- beitsführer a.D.	1.8.30	280540
104.	Giese, Kurt	25.11.05	Reichshaupt- amtsleiter	9.3.25	2806
105.	Simon, Paul		Stellvertretender Gauleiter	
106.	Hofmann, Friedrich	10.10.95	Generalleutnant	unbekannt
107.	Gebb, Werner		Oberst	unbekannt
108.	Fiebig,		General der Flieger	unbekannt
109.	Brack, Viktor		SS-Oberführer, Oberdienstleiter	unbekannt
110.	Petersen, Hans	13.9.85	SA-Gruppen- führer	1925	9986
111.	Hasse, Erich	31.10.97	SA-Gruppen- führer	1.7.29	138100
112.	Haubold, Alfred		General der Flak a. D.	unbekannt
113.	Rodenberg, Wilhelm		SS-Standarten- führer, Regie- rungspräsi- dent	unbekannt
114.	Graf von Finken- stein, Heinrich- Georg		SA-Obergrup- penführer	unbekannt
115.	Kob, Adolf		SA-Obergrup- penführer	unbekannt
116.	Köglmaier, Max	20.4.02	SA-Gruppen- führer, Staats- sekretär	16.6.25	10065
117.	Hohm, Heinrich	1.11.81	SA-Brigade- führer	1.6.28	91547

118.	Reckewerth, Richard		HJ-Oberge-bietsführer	unbekannt	
119.	Dr. von Helms, Hans	25.5.99	SA-Gruppen-führer, Ministe-rialdirektor	2.5.22	2839
120.	Schramm, Ferdinand	15.4.89	SA-Gruppen-führer	5.5.27	61010
121.	Symons, Alfred		Kapitän z. S. z. V.	unbekannt	

Für Kriegsdauer

122.	Bonatz, Ernst	8.2.09	Generalmajor der Luftwaffe	1.7.31	584919
123.	Aumiller, Felix	31.5.98	SA-Gruppen-führer	23.10.30	423403
124.	Hell, Berthold	23.10.01	SA-Oberführer	12.3.26	31914
125.	Fründt, Theodor		SA-Brigade-führer, Regie-rungspräsident		
126.	Petri, Leo	20.10.76	SS-Gruppen-führer, General-leutnant	1.7.31	590193
127.	Bauszus, Hanns	15.8.71	SS-Brigade-führer, Oberst-leutnant a. D.	1.1.32	243238
128.	Singer, Josef		SS-Standarten-führer, Ministe-rialrat		
129.	Glatzel, Alfons	27.2.89	SS-Brigade-führer, Ober-leutnant a. D.	5.5.25	3419
130.	Sander, Hanns	18.1.88	Obersturm-bannführer, Oberbürger-meister	1.12.30	379945
131.	Heinsius, Paul		NSKK-Brigade-führer		
132.	Höfle, Hermann		SS-Obergrup-penführer, Ge-neralleutnant der Polizei	unbek.	90805
133.	Bodinus, Hermann	7.6.02	Oberbereichs-leiter		
134.	Skoda, Paul	29.6.01	Kreisleiter	4.8.26	41874

135.	Reinecke, Heinrich		Kreisleiter	unbekannt	
136.	Hartung, Rudolf		Gauhauptamts- leiter	unbekannt	
137.	Schnüll, Herbert		NSKK-Ober- gruppen- führer	unbekannt	
138.	Herzog, Heinrich		Generalarbeits- führer	unbekannt	
139.	Stoll, Otto		Generalarbeits- führer	unbekannt	
140.	Stengel, Christoph	5.9.93	Generalmajor	unbekannt	
141.	Märtens, Ehrhardt		Vizeadmiral	unbekannt	
142.	Damian,	4.4.95	SA-Gruppen- führer	1.5.29	133642
143.	von Kamptz		Generalleutnant der Polizei	unbekannt	
144.	Dr. Linden, Herbert	14.9.99	Ministerial- dirigent	23.11.25	23956
145.	von Dolega-Ko- zirowski, Hein- rich	18.12.89	SS-Standarten- führer, Polizei- präsident	5.7.25	21203
146.	Tillessen, Werner		Admiral z. V.		
147.	Gempp, Fritz	6.7.73	Generalmajor a. D.	unbekannt	
148.	von Schmidt, Ehrhardt		SA-Brigade- führer	unbekannt	
149.	Behrens, Gustav		SA-Brigade- führer	unbekannt	
150.	Heider, Otto	26.5.96	SS-Brigade- führer, General- major d. Polizei	14.9.25	18615
151.	vom Gottberg, Curt		SS-Gruppen- führer und Ge- neralleutnant der Polizei	unbekannt	
152.	Hoffmann, Alfred	9.1.02	NSKK-Brigade- führer	unbek.	1437907
153.	Dortschy, Hans		Obergeneral- arbeitsführer	unbekannt	
154.	von Wenkstern, Karl		Generalarbeits- führer	unbekannt	
155.	von Mangold Hans		Generalarbeits- führer	unbekannt	

156.	Gödel, Werner	14.6.07	Oberstarbeits-führer	1.5.32	1096351
157.	v. Nordeck, Wili		Admiral z. V.		
158.	Dr. Moka, Hans-Joachim		Gebietsführer	unbekannt	
159.	Kleeberg, Hans	16.8.08	Hauptbann-führer	11.29	182323
160.	Ahmels, Bernhard	2.4.95	Gauhaupt-stellenleiter, Bürgermeister	1.3.30	207617
161.	Kohlhoff, Karl		Gaustellenleiter		
162.	Bartens, Karl	9.6.03	Hauptgemein-schaftsleiter	unbekannt	

Verzeichnis

der im Geschäftsbereich des Reichsjustizministeriums, Abteilung Österreich, bestellten Ermittlungsrichter beim Volksgerichtshof.

Oberlandesgerichtssprengel Wien

Landesgericht für Strafsachen Wien I:
  Richter Dr. Paul *Reisinger*
  Richter Dr. Philipp *Metzler.*
Landgericht Korneuburg:
  Landesgerichtsrat Dr. Hermann *Hiltscher*
  Richter Dr. Johann *Heugl.*
Landgericht Krems:
  Oberlandesgerichtsrat Dr. Anton *Salcher*
  Richter Dr. Karl *Meyer.*
Landgericht St. Pölten:
  Richter Dr. Viktor *Mayer*
  Oberlandesgerichtsrat Dr. Wilhelm *Henninger*
  Richter Dr. Gustav *Leonhard.*
Landgericht Wiener Neustadt:
  Richter Dr. Franz *Szekossy.*
Landgericht Linz:
  Oberlandesgerichtsrat Dr. Franz *Fikeis*
  Richter Dr. Walter *Lillich.*
Landgericht Ried i. I.:
  Oberlandesgerichtsrat Dr. Karl *Rieseneder*
  Richter Dr. Friedrich *Berg.*
Landgericht Steyr:
  Landesgerichtsrat Dr. Hermann *Stützl*
  Landesgerichtsrat Dr. Ferdinand *Weinrother.*
Landgericht Wels:
  Richter Dr. Heinrich *Kaindl.*

Oberlandesgerichtssprengel Graz

Landgericht für Strafsachen Graz:
  Landesgerichtsrat Dr. Rudolf *Duller*
  Bezirksrichter Dr. Eduard *Kneipp*
  Bezirksrichter Dr. Ottmar *Pototschnik.*

Landgericht Klagenfurt:
Oberlandesgerichtsrat Johann *Fercher*
Oberlandesgerichtsrat Dr. Alfred *Vorbeck.*
Landgericht Leoben:
Landesgerichtsrat Dr. Fritz *Schmidt*
Landesgerichtsrat Dr. Hugo *Koban.*

Oberlandesgerichtssprengel Innsbruck

Landgericht Innsbruck:
Oberlandesgerichtsrat Josef *Federa*
Richter Dr. Karl *Rupitz*
Richter Dr. Wolfgang *Steinacker.*
Landgericht Salzburg:
Landesgerichtsrat Dr. Franz *Würtinger.*
Landgericht Feldkirch:
Oberlandesgerichtsrat Dr. Anton *Ebert.*

Abkürzungen

Abt.	– Abteilung
AOK	– Armeeoberkommando
BAKO	– Bundesarchiv Koblenz
BAMA	– Bundesarchiv-Militärarchiv, Freiburg
BDC	– Berlin Document Center
BDE	– Befehlshaber des Ersatzheeres
BDO	– Bund Deutscher Offiziere
BGB	– Bürgerliches Gesetzbuch
BGH	– Bundesgerichtshof
BGHSt	– Entscheidungen des Bundesgerichtshofes in Strafsachen
BNSDJ	– Bund Nationalsozialistischer Deutscher Juristen
DAF	– Deutsche Arbeitsfront
DAP	– Deutsche Arbeiterpartei
DJ	– Deutsche Justiz
DJZ	– Deutsche Juristen-Zeitung
DNVP	– Deutschnationale Volkspartei
d. R.	– der Reserve
DR	– Deutsches Recht
DRZ	– Deutsche Richterzeitung
FAUD	– Freie Arbeiter Union Deutschlands
Gestapo	– Geheime Staatspolizei
GG	– Grundgesetz
GStA	– Generalstaatsanwalt
HJ	– Hitlerjugend
i. G.	– im Generalstab
IfZg	– Institut für Zeitgeschichte
IMT	– International Military Tribunal
ISK	– Internationaler Sozialistischer Kampfbund
JWS	– Juristische Wochenschrift
KPD	– Kommunistische Partei Deutschlands
KPDO	– Kommunistische Partei Deutsche Opposition
KPČ	– Kommunistische Partei der Tschechoslowakei
KSSVO	– Kriegssonderstrafrechtsverordnung
KStVO	– Kriegsstrafverfahrensverordnung
KWVO	– Kriegswirtschaftsverordnung
KZ, KL	– Konzentrationslager
LG	– Landgericht
MDR	– Monatsschrift für deutsches Recht
MGFA	– Militärgeschichtliches Forschungsamt Freiburg
MGM	– Militärgeschichtliche Mitteilungen

MilStGB	– Militärstrafgesetzbuch
MilStGO	– Militärstrafgerichtsordnung
MNN	– Münchner Neueste Nachrichten
NJW	– Neue Juristische Wochenschrift
NKFD	– Nationalkomitee Freies Deutschland
NSDAP	– Nationalsozialistische Deutsche Arbeiterpartei
NSF	– Nationalsozialistische Frauenschaft
NSKK	– Nationalsozialistisches Kraftfahrkorps
NSRB	– Nationalsozialistischer Rechtswahrerbund
NSV	– Nationalsozialistische Volkswohlfahrt
OKH	– Oberkommando des Heeres
OKW	– Oberkommando der Wehrmacht
OLG	– Oberlandesgericht
ORA	– Oberreichsanwalt
OStA	– Oberstaatsanwalt
PRO	– Public Record Office
RAD	– Reichsarbeitsdienst
RFSSuChdDtPol.	– Reichsführer-SS und Chef der Deutschen Polizei
RG	– Reichsgericht
RGBl.	– Reichsgesetzblatt
RGSt.	– Entscheidungen des Reichsgerichts in Strafsachen
RJM	– Reichsjustizminister(ium)
RKF	– Reichskriegsgericht
RM	– Reichsmark
RMI	– Reichsministerium des Inneren
RMVP	– Reichsministerium für Volksaufklärung und Propaganda
RSHA	– Reichssicherheitshauptamt
RStGB	– Reichsstrafgesetzbuch
RStPO	– Reichsstrafprozeßordnung
SA	– Sturmabteilung der NSDAP
SAP	– Sozialistische Arbeiterpartei
SD	– Sicherheitsdienst des Reichsführers-SS
SG	– Sondergericht
SPD	– Sozialdemokratische Partei Deutschlands
SS	– Schutzstaffel der NSDAP
StA	– Staatsanwalt
StGB	– Strafgesetzbuch
StPO	– Strafprozeßordnung
SZ	– Süddeutsche Zeitung
VB	– Völkischer Beobachter
VfZg	– Vierteljahreshefte für Zeitgeschichte
VGH	– Volksgerichtshof
VO	– Verordnung
WBK	– Wehrbezirkskommando
WKr	– Wehrkreis

ZAkDR	– Zeitschrift der Akademie für Deutsches Recht
ZfDR	– Zeitschrift für deutsches Recht
ZfP	– Zeitschrift für Politik

Primärquellen

Bundesarchiv Koblenz:

R 22/302	R 22/1039	R 22/5001
R 22/3270	R 22/1044	R 22/5003
R 22/4693	R 22/1074	R 22/5007
R 22/4693	R 22/1099	R 22/5011
	R 22/1127	R 22/20019
R 22/885	R 22/1462	R 22/20026
R 22/887	R 22/3356	R 22/20040
R 22/899	R 22/3357	R 22/20113
R 22/951	R 22/3359	R 22/20198
R 22/952	R 22/3366	R 22 Nr. 3355–3389
R 22/953	R 22/3369	R 58 Nr. 144–214
R 22/954	R 22/3380	NS Misch.
R 22/955	R 22/4070	NS 1
R 22/956	R 22/4088	NS 5
R 22/957	R 22/4402	NS 6
R 22/1032	R 22/4694	NS 19/246
		NS 19/neu 830
		NS 22
		R 55 Nr. 600–614, 620
		R 55 Nr. 570–599, 610/18
		Z Sg 1–197

R 60 I	All. Proz. 1, XVII B 2	B 33
R 60 II/9	B 5	B 42
R 60 II/20	B 6	B 44
R 60 II/63	B 19	B 98
R 60 II/83	B 20	F 2
R 60 II/84	B 24	F 4
	B 28	

R 43 I/213	R 43 II/1518	Nachlaß Luetge-	73
R 43 I/1020	R 43 II/1517b	brune: 28	142
R 43 I/2703	R 43 II/1517c	29	143
R 43 II/1145	R 43 II/1130	54	145
R 43 II/1145a	R 54 II/1561	55	
R 43 II/1145b		69	
		70	

P 135/76	NG-157	NG-471	NG-862	NG-1103
	NG-176	NG-533	NG-866	NG-1243
	NG-400	NG-535	NG-914	
	NG-401	NG-541	NG-954	
	NG-402	NG-555	NG-1007	

P 135/80
P 135/3147
P 135/6334
Kl. Erw. 379—4

Bundesarchiv-Militärarchiv Freiburg:

N 42/39
N 51/7
Wi I F 5/3211
AOK 17/14499/51
OKH/GenStH/HWesAbt. (Abw.) Nr. 2111/41

Archiv des Bundesjustizministeriums Bonn:

Personalakte Freisler
Jahresstatistiken des Volksgerichtshofes
Geschäftsberichte der Reichsanwaltschaft

Institut für Zeitgeschichte München:

Fa 117/302
Fa 117/308
Fa 117/320
MB 11

Nürnberger Dokumente: 3881-B, NG-077, 097, 135, 147, 151, 156, 160, 186, 208B, 211, 223, 235, 254, 259, 276, 289, 232, 312, 333, 340, 351, 362, 393, 386, 399, 400, 401, 402, 403, 404, 408, 412, 434, 466, 470, 471, 486, 495, 175, 362, 316, 533, 535, 555, 566, 599, 656, 659, 665-PS, 682, 696, 737, 792, 798, 801, 823, 858, 862, 866, 912, 919, 950, 954, 973, 1003, 1007, 1307, 1343, 1474, 1483, 1485, 1540, 1566, 2150, 2217, 5359, 5405, 7373

Berlin Document Center:

ORA 8 J 214/41; Nürnberger Dokumente: NG-071, 130, 131, 135, 157, 159, 176, 177, 190, 198, 199, 200, 244, 252, 253, 254, 247, 226, 256, 241, 228, 266, 269, 272, 287, 260, 226, 276, 302, 303, 235, 322, 323, 329, 330, 310, 316, 363, 369, 412, 417, 355, 352, 427, 435, 439, 473, 474, 470, 541, 555, 628, 630, 631, 642, 646, 671, 683, 659, 729, 737, 744, 783, 791, 792, 813, 817, 896, 912, 926, 937, 954, 971, 1243, 1307, 1474, 1483, 1566, 2929

Militärgeschichtliches Forschungsamt Freiburg:

H 34/1

Bayerisches Hauptstaatsarchiv, Abt. II
(Geheimes Staatsarchiv):

MA 106 671
MA 106 673
MA 106 674
MA 106 676
MA 106 678
MA 106 679
MA 106 681
MA 106 683

Hessisches Hauptstaatsarchiv Wiesbaden:

Zug. 68/67

Hauptstaatsarchiv Stuttgart:

K. 750

Staatsarchiv Hannover:

Zeugenschrifttum

277

Geheimes Preußisches Staatsarchiv Berlin-Dahlem:

Rep. 90/2326

Archiv des Verfassers:
Zeugenschriften
Korrespondenz Freisler

Stadtarchiv Kassel:

Akten des Einwohnermeldeamtes
Gerichtsakte S P. 21/27—22 (ein Teil davon ist in der Personalakte Freisler
enthalten) Zeitungsarchiv

Public Record Office London:

FO 371/29733 C 5933
FO 371/21665 C 14809
FO 371/22961 C 173
FO 371/22960
PREMIER I—333

Imperial War Museum, London:

Foreign Documents Centre: 271/46 CLOS 4233
FD 332/46

Zeitungen und Zeitschriften

Gedruckte Quellen und Literatur

- Abendroth, W., »Das Problem der Widerstandstätigkeit der ›Schwarzen Front‹, in: VfZg, 1960, S. 188 ff.
- Adorno, Th. W., Drei Studien zu Hegel, Frankfurt 1976
- Akten der Reichskanzlei. Die Regierung Hitler. Teil I: 1933/34. 2 Bde.; Hg. Konrad Repgen und Hans Booms; Bearb. Karl-Heinz Minuth. Boppard am Rhein 1983
- Amtsblatt des Kontrollrats, Nr. 1, Berlin 1945
- Arendt, H., Eichmann in Jerusalem, München 1964
- Bader, K. S., »Die deutsche Justiz im Selbstzeugnis«, in: Juristentag, Ausgabe 15, 1960
- ders., »Strafverteidigung vor deutschen Gerichten im Dritten Reich«, in: Juristentag, Ausgabe 27, 1972
- »Badischer Volksgerichtshof«, in: Deutsche Verwaltung, 1938, S. 503 ff.
- Balfour, M./Frisby, J., Helmuth von Moltke: A Leader against Hitler, London 1972
- ders. Propaganda in War 1939–45, London 1979
- Barmeyer, H., »Geschichte als Überlieferung und Konstruktion – Das Beispiel der Dolchstoßlegende«, in: Geschichte, Wissenschaft und Literatur, Kiel 1977, S. 257 ff.
- Bayerisches Gesetzblatt, München 1919
- Becker, J., »Zentrum und Ermächtigungsgesetz«, in: VfZg, München 1961, S. 195 ff.
- Beloff, N., Tito's Flawed Legacy, London 1985
- Below, N. v., Als Hitlers Adjutant 1937–45, Mainz 1980
- Berton, S. E., »Das Attentat auf Reinhard Heydrich – Ein Bericht des Kriminalrats Heinz Pannwitz«, in: VfZg 1985, S. 668 ff.
- Bethge, E., Dietrich Bonhoeffer, München 1967
- Bewley, CH., Hermann Göring, Göttingen 1956
- Binding, K., Die Normen und ihre Übertretung. 4 Bde., Leipzig 1872
- Blau, H., »Die Kriminalität in Deutschland während des Zweiten Weltkrieges«, in: Zeitschrift für die gesamte Strafrechtswissenschaft, 1952, S. 37 ff.
- Bloch, E., Subjekt – Objekt, Tübingen 1962
- Boberach, H., (Hrsg.), Meldungen aus dem Reich, Auswahl aus den geheimen Lageberichten des Sicherheitsdienstes der SS 1939–1944, Neuwied 1965
- Böhme, H., Der deutsch-französische Waffenstillstand im Zweiten Weltkrieg, Stuttgart 1966
- Boveri, M., Der Verrat im 20. Jahrhundert, 4 Bde., Hamburg 1958–63
- Bracher, K. D., Die Auflösung der Weimarer Republik, Villingen 1960

- ders., *Die deutsche Diktatur*, Frankfurt 1973
- ders., Zeitgeschichtliche Kontroversen in Faschismus, Totalitarismus, Demokratie, München 1976
- Bracher, K. D./Sauer, W./Schulz, G., *Die nationalsozialistische Machtergreifung*, Köln 1960
- Brandes, W., *Die Tschechen unter deutschem Protektorat*, München 1964
- Brecht, A., *Vorspiel zum Schweigen. Das Ende der Weimarer Republik*, Wien 1948
- ders., »Die Auflösung der Weimarer Republik und die politische Wissenschaft«, in: *ZfP*, München 1955, S. 296 ff.
- Broszat, M., »Zur Perversion der Strafjustiz im Dritten Reich«, in: *VfZg*, 1958, S. 358 ff.
- ders., »Nationalsozialistische Konzentrationslager 1933–1945«, in: Buchheim, H./Broszat, M./Jacobsen, H. A. / Krausnick, H., (Hrsg.), *Anatomie des SS-Staates*, Bd. II, München 1967, S. 11 ff.
- ders., *Der Staat Hitlers*, München 1969
- Brüning, H., *Memoiren*, Stuttgart 1967
- Buber-Neumann, M., *Als Gefangene bei Hitler und Stalin*, München 1962
- Bucher, P., *Der Reichswehrprozeß. Der Hochverrat der Ulmer Reichswehroffiziere 1929/1930*, Boppard/Rhein 1967
- Buchheit, G., *Richter in roter Robe*, München 1968
- *Bundesgesetzblatt*, Bonn 1949–81
- *Bürgerliches Gesetzbuch*, Berlin 1900
- Burgess, A., *Seven Men at Daybreak*, London 1960
- Carsten, F. L., *The Reichswehr and Politics*, Oxford 1966
- Celovsky, B., *Das Münchner Abkommen*, Stuttgart 1958
- Churchill, W. S., *The World Crisis*, 2 Bde., London o. J.
- ders., *The Second World War*, 6 Bde., London 1947–53
- Colvin, I., *Hitler's Secret Enemy*, London 1951
- ders., *Vansittard in Office*. London 1965
- Conway, J. S., *The Nazi Persecution of the Churches*, London 1968
- Dahrendorf, R., *Democracy and Society in Germany*, London 1968
- Deist, W., »Die Aufrüstung der Wehrmacht«, in: *Deutschland im Zweiten Weltkrieg*, hrsg. vom Militärwissenschaftlichen Forschungsamt Freiburg, Bd. I, Freiburg 1981, S. 371 ff.
- Delmer, S., *Black Boomerang*, London 1962
- *Denkschrift des Reichsanwalts über den Hochverrat in der Rechtsprechung des Reichsgerichtes und des Staatsgerichtshofes zum Schutz der Republik*, Drucksache des Reichstages, IV. Wahlperiode, Berlin 1928
- Deuerlein, E., *Der Hitler-Putsch: Bayerische Dokumente zum 8./9. November 1923*, Stuttgart 1962
- *Deutsche gegen Hitler*, Hrsg. H. A. Jacobsen, Bonn 1969
- *Deutsche Richterzeitung*, Januar 1932, Leitartikel: »Zum neuen Jahr!«

- *Deutschland im Zweiten Weltkrieg*, Autorenkollektiv der Akademie der DDR, 6 Bde., Berlin 1978
- Diehl-Thiele, P., *Partei und Staat im Dritten Reich. Untersuchungen zum Verhältnis von NSDAP und allgemeiner Staatsverwaltung 1933−1945*, München 1969
- Diels, R., *Lucifer ante portas ... es spricht der erste Chef der Gestapo*, Stuttgart 1950
- Dipper Ch. »Der deutsche Widerstand und die Juden«, in: *Geschichte und Gesellschaft*, Nr. 9, Göttingen 1983
- *Documents on German Foreign Policy*, Series C (The Third Reich's First Phase), Bd. I, Washington 1957
- Domarus, M., *Hitlers Reden und Proklamationen 1932−1945*, 4 Bde., Wiesbaden 1973
- Dunke, H., *Die KPD von 1933 bis 1945*, Köln 1972
- Düsing, E., *Abschaffung der Todesstrafe*, Offenbach/Main 1952
- Ebertz F., *Schriften, Aufzeichnungen und Reden. Mit unveröffentlichten Erinnerungen aus dem Nachlaß*, 2 Bde., Dresden 1926
- Ehrt, A., *Bewaffneter Aufstand*, Berlin 1933
- Einsiedel, H. Graf v., *Tagebuch der Versuchung*, Berlin 1950
- Engert, K., »Fünf Jahre Volksgerichtshof«, in: *VB*, 14.7.1939
- Erdmann, K. D./Schulze, H. (Hrsg.), *Weimar: Selbstpreisgabe einer Demokratie*, Düsseldorf 1980
- Eschenburg, Th., »Systemzusammenbruch als historisches Phänomen – Weimar«, in: Hennis, W./Kielmannsegg, P., Graf/Matz, U. (Hrsg.), *Regierbarkeit*, Bd. II, Stuttgart 1979
- Eyck, E., *Geschichte der Weimarer Republik*, 2 Bde., Zürich 1956
- Fallada, H., *Bauern, Bonzen, Bomben*, Hamburg 1965 (Reprint der Ausgabe von 1931)
- Feiling, K., *Life of Neville Chamberlain*, London 1947
- Fenske, H., »Monarchistisches Beamtentum und demokratischer Staat«, in: *Demokratie und Verwaltung. Schriftenreihe der Hochschule für Verwaltungswissenschaften Speyer*, Bd. 50, Berlin 1972, S. 118 ff.
- ders., Beamtenpolitik der Weimarer Republik, in: *Verwaltungsarchiv*, Bonn 1973
- ders., »Radikale im öffentlichen Dienst«, in: *Civitas*, Bonn 1976, S. 121 ff.
- Fest, J., *Das Gesicht des Dritten Reiches*, München 1963
- ders., *Hitler*, Berlin 1973
- Finer, H., *The Theory and Practice of Government*, Chicago 1956
- Frank, H. (Hrsg.), *Nationalsozialistisches Handbuch für Recht und Gesetzgebung*, München 1935
- ders., »Leitsätze des Reichsjuristenführers zur richterlichen Unabhängigkeit«, in: *DJZ*, 1936, S. 179 ff.
- ders., *Im Angesicht des Galgens. Deutung Hitlers und seiner Zeit auf Grund eigener Erlebnisse und Erkenntnisse*, Neuhaus 1955
- Fränkel, E. *The Dual State*, New York 1941
- Freisler, R., *Grundsätzliches über die Betriebsorganisation*, Jena 1922

548

- *ders.*, »Rechtserneuerung, Rückblick und Ausblick«, in: *DJ*, 1934, S. 5 ff.
- *ders.*, »Totaler Staat? – Nationalsozialistischer Staat!« in: *DJ*, 1934, S. 43 ff.
- *ders.*, »Nationalsozialistisches Strafrecht und aufbauende Kritik«, in: *DJ*, 1934, S. 223 f.
- *ders.*, »Die Stellung des Richters zur kriminellen Erbschaft der Novemberrepublik«, in: *DJ*, 1934, S. 302 f.
- *ders.*, »Nationalsozialistisches Strafrecht. Erwiderung auf die Ausführungen von Prof. Gerland«, in: *DJ*, 1934, S. 471 ff.
- *ders.*, »Aktive Rechtspflege!« in: *DJ*, 1934, S. 625 ff.
- *ders.*, »Die drei Eidgenossen«, in: *DJ*, 1934, S. 774 ff.
- *ders.*, »Des Führers Tat und unsere Pflicht«, in: *DJ*, 1934, S. 850 f.
- *ders.*, »Aus Anarchie zu verantwortlicher Führung«, in: *DJ*, 1934, S. 1070 ff.
- *ders.*, »Richter, Recht und Gesetz«, in: *DJ*, 1934, S. 1333 ff.
- *ders.*, »Rechtspflege und Verwaltung, Justizverwaltung und Richtertum«, in: *DJZ*, 1934, S. 167 ff.
- *ders.*, »Der Versuch«, in: *ZAkDR*, 1934, S. 82 ff.
- *ders.*, et al. (Hrsg.), *Grundzüge eines Allgemeinen Deutschen Strafrechts*. Denkschrift des Zentralausschußes der Strafrechtsabteilung der Akademie für Deutsches Recht, Berlin 1934
- *ders.*, »Gedanken zur Vereinheitlichung der staatlichen Rechtswahrung des deutschen Volkes«, in: *DJ*, 1935, S. 82 ff.
- *ders.*, »Das künftige Schwurgericht«, Vortrag vor dem Strafprozeßausschuß der Akademie für Deutsches Recht, in: *DJ*, 1935, S. 151 ff.
- *ders.*, »Treue. Gedanken zum 24. Februar und 1. März«, in: *DJ*, 1935, S. 312 ff.
- *ders.*, »Die Aufgaben der Reichsjustiz, entwickelt aus der biologischen Rechtsauffassung«, in: *DJ*, 1935, S. 468 ff.
- *ders.*, »Neue Grundsätze für die Auslese der Rechtswahrer«, in: *DJ*, 1935, S. 583 ff.
- *ders.*, »Staatsnotwehr im Lichte des Nationalsozialismus«, Vortrag in der Deutschen Hochschule für Politik, in: *DJ*, 1935, S. 856 f.
- *ders.*, »Der Wandel der politischen Grundanschauungen in Deutschland und sein Einfluß auf die Erneuerung von Strafrecht, Strafprozeß und Strafvollzug«, in: *DJ*, 1935, S. 1247 ff.
- *ders.*, »Die Einheit von Partei und Staat in der Personalpolitik der Justiz«, in: *DJ*, 1935, S. 1685 f.
- *ders.*, »Die neuen Gesetze zur Behebung der Not des Rechtsanwaltstandes«, in: *DJ*, 1935, S. 1790 ff.
- *ders.*, »Einiges vom werdenden deutschen Blutbanngericht«, in: *DJZ*, 1935, S. 585 ff.
- *ders.*, »Der Volksverrat. Hoch- und Landesverrat im Lichte des Nationalsozialismus«, in: *DJZ*, 1935, S. 905 ff.
- *ders.*, »Vom Majestätsverbrechen zum Volksverrat«, in: *DJZ*, 1935, S. 997 ff.

– *ders.*, »Führertum oder Kollegialprinzip in der Strafrechtspflege«. Referat anläßlich der 3. Tagung des Strafrechtsausschusses der Akademie für Deutsches Recht, zit. in: *ZAkDR*, 1935, S. 33 ff.
– *ders.*, »Der Volksgerichtshof – das Reichsstrafgericht?«, in: *ZAkDR*, 1935, S. 90 ff.
– *ders.*, et al. (Hrsg.), *Der Volksrichter in der neuen deutschen Strafrechtspflege*, Berlin 1937
– *ders.*, »Deutsches Rechtsleben 1935 und 1936«, in: *DJ*, 1936, S. 50 ff., 90 ff., 129 ff., 433 ff.
– *ders.*, »Recht und Gesetzgeber«, Vortrag an der Universität Breslau, in: *DJ*, 1936, S. 153 ff.
– *ders.*, »Die lebenswichtigen Aufgaben des Volksgerichtshofes«, Artikel im VB, in: *DJ*, 1936, S. 656 f.
– *ders.*, »Rasse als Träger und Ziel des Deutschen Volksrechtes, unter besonderer Berücksichtigung des Strafrechts«, in: *DJ*, 1936, S. 803 ff.
– *ders.*, »Unser Hoheitszeichen«, in: *DJ*, 1936, S. 950 f.
– *ders.*, »Schutz von Rasse und Erbgut im werdenden deutschen Strafrecht«, in: *ZAkDR*, 1936, S. 142 ff.
– *ders.*, »Der Rechtsstaat«, in: *DJ*, 1937, S. 151 ff.
– *ders.*, »Einige Gedanken zu den ersten vier Jahren nationalsozialistischer Rechtsarbeit«, in: *DJ*, 1937, S. 212 ff.
– *ders.*, »Rechtspolitische Gedanken zur Wiederaufnahme des Verfahrens«, in: *DJ*, 1937, S. 730 ff.
– *ders.*, »Vom Schutzzweck der Strafrechtspflege gegenüber Volksschädlingen«, in: *DJ*, 1938, S. 365 ff.
– *ders.*, »Arbeitseinsatz des Strafvollzuges im Dienste des Vierjahresplanes«, in: *DJ*, 1938, S. 584 ff.
– *ders.*, »Fragen zur Sicherungsverwahrung«, in: *DJ*, 1938, S. 626 ff.
– *ders.*, »Gedanken zum Gesetz gegen das räuberische Stellen von Autofallen«, in: *DJ*, 1939, S. 34 ff.
– *ders.*, »Zur neuen Justizausbildungsordnung«, in: *DJ*, 1939, S. 116 ff.
– *ders.*, »Reich und Recht«, in: *DJ*, 1939, S. 444 ff.
– *ders.*, »Gedanken zum Deutschen Rechtswahrertag 1939«, in: *DJ*, 1939, S. 821 ff.
– *ders.*, »Die Idee des Reiches und ihr Einfluß auf unser Rechtsdenken«, in: *DJ*, 1939, S. 937 ff.
– *ders.*, »Zur Reichstagung der deutschen Ärzte des öffentlichen Gesundheitsdienstes«, in: *DJ*, 1939, S. 946 ff.
– *ders.*, »Verantwortungsauslastung«, in: *DJ*, 1939, S. 1058 ff.
– *ders.*, »Gedanken zum nationalsozialistischen Arbeitsrecht«, in: *DJ*, 1939, S. 1100 ff.
– *ders.*, »Justiz im Zeitgeschehen«, in: *DJ*, 1940, S. 41 ff.
– *ders.*, »Zur Verordnung über außerordentliche Rundfunkmaßnahmen«, in: *DJ*, 1940, S. 105 ff.
– *ders.*, »Die neue Methode der strafgerichtlichen Zuständigkeitsbestimmung«, in: *DJ*, 1940, S. 281 ff.

- *ders.*, »Nichtigkeitsbeschwerde«, in: *DJ*, 1940, S. 341 ff.
- *ders.*, »Psychische Grundlage der Polengreuel, dargestellt an der Entwicklung des polnischen Volksgeistes«, in: *DJ*, 1940, S. 557 ff.
- *ders.*, »Einfluß der Staatsauffassung auf den Geltungsbereich des Strafrechts«, in: *DJ*, 1940, S. 637 ff.
- *ders.*, »Rechtswahrergedanken zum Kriegsjahr 1940«, in: *DJ*, 1941, S. 6 ff.
- *ders.*, »Preisgestaltung und Strafrecht«, in: *DJ*, 1941, S. 147 ff.
- *ders.*, »Kriegsdienstappell deutscher Rechtswahrer«, in: *DJ*, 1941, S. 441 ff.
- *ders.*, »Ein Reich – ein Recht!«, in: *DJ*, 1941, S. 478 ff.
- *ders.*, »Eignung zum Beruf des deutschen Rechtswahrers«, in: *DJ*, 1941, S. 645 ff.
- *ders.*, »Deutscher Osten«, in: *DJ*, 1941, S. 737 ff.
- *ders.*, »Deutsche Rechtswahrerausbildung«, in: *DJ*, 1941, S. 833 ff., 850 ff.
- *ders.*, »Gedanken über das Gesetz zur Änderung des Reichsstrafgesetzbuches«, in: *DJ*, 1941, S. 929 ff.
- *ders.*, »... noch keine vollwertigen Mitarbeiter ...«, Gedanken zu einer überheblichen Kritik und zu gemeinschädigenden Vorschlägen, in: *DJ*, 1941, S. 998 ff.
- *ders.*, »Der Rechtswahrer der deutschen Strafrechtspflege denkt, spricht und schreibt deutsch!«, in: *DJ*, 1941, S. 1113 ff.
- *ders.*, »Das deutsche Polenstrafrecht«, Teil I, in: *DJ*, 1941, S. 1129 ff.; Teil II, *DJ*, 1942, S. 25 ff.; Teil III, *DJ*, 1942, S. 41 ff.
- *ders.*, »Von der Arbeit am Volksgesetzbuch«, in: *ZAkDR*, 1941, S. 10 ff.
- *ders.*, »Deutsche Justiz in den Niederlanden«, in: *DJ*, 1942, S. 141 ff., 157 ff.
- Freyer, H., *Der Staat*, Leipzig 1925
- Frieser, K. H., *Krieg hinter Stacheldraht*, Mainz 1981
- Fritscher, F., »Was ist ein Eingriff in die Berufsaufgaben des Rechtsanwalts?«, in: *JWS*, 1937, S. 525 ff.
- *Führerlexikon der NSDAP*, München 1934
- Galland, A., *Die Ersten und die Letzten*, München 1984
- Gatringen, F., Frhr. Hiller v., »›Dolchstoß‹-Diskussion und ›Dolchstoßlegende‹ im Wandel von vier Jahrzehnten«, in: *Festschrift für Hans Rothfels*, Göttingen 1962, S. 122 ff.
- Gebhardt, *Handbuch der deutschen Geschichte*, Hrsg. K. D. Erdmann, dtv., Bd. 22: »Das Ende des Reiches und die Neubildung deutscher Staaten«, München 1980
- George, Lloyd, *Memoirs*, 2 Bde., London 1938
- Gerland, H., »Einige Anmerkungen zu der Denkschrift des Preußischen Justizministers«, in: *DJ*, 1934, S. 224 ff.
- Gersdorff, R. CHr. v., *Soldat im Untergang*, Berlin 1977
- Gilbert, G. M., *Nuremberg Diary*, New York 1960

- Gisevius, H. B., *Bis zum bitteren Ende,* Zürich 1946
- Goebbels, J., *Tagebücher 1945. Die letzten Aufzeichnungen,* Hamburg 1977
- Goldau-Schüttke, K. D., *Staatssekretär Curt Joel,* unveröffentlichte Dissertation, Universität Kiel, 1980
- Goldhagen, E., »Weltanschauung und Erlösung«, in: *VfZg,* 1976, S. 379 ff.
- Görlitz, W., *Kleine Geschichte des deutschen Generalstabes,* Berlin 1967
- Gostomski-Loch, E. v., *Der Tod vom Plötzensee,* Freising 1966
- Greil, L., *Die Wahrheit über Malmedy,* München 1958
- Gribbohm, G., »Der Volksgerichtshof«, in: *Juristische Schulung. Zeitschrift für Studium und Ausbildung,* Nr. 2, 1969, S. 55 ff.
- Grimm, H., *Warum – Woher – aber Wohin?,* Lippoldsberg 1954
- Großcuth, H., *Tagebücher eines Abwehroffiziers 1938–1940,* Stuttgart 1970
- *Der Großdeutsche Reichstag, IV. Wahlperiode. Beginn am 10. April 1938, verlängert bis zum 30. Januar 1947,* hrsg. vom Büro des Reichstages, Berlin 1943
- Gruchmann, L. (Hrsg.), *Autobiographie eines Attentäters: Johann Elser,* Stuttgart 1970
- ders., »Hitler über die Justiz. Das Tischgespräch vom 20. August 1942«, in: *VfZg,* 1964, S. 86 ff.
- Gruffein, M. J./Janowitz, M., »Trends in Wehrmacht Morale«, in: *Public Opinion Quarterly,* 1946, S. 81 ff.
- »Grundzüge eines Allgemeinen Deutschen Strafrechts«. Rezension der gleichnamigen Denkschrift des Zentralausschußes der Strafrechtsabteilung der Akademie für Deutsches Recht, (Rezensent: Dr. Goetze) in: *ZAkDR,* 1934, S. 161 f.
- Guderian, H., *Erinnerungen eines Soldaten,* Heidelberg 1950
- Gumbel, J., »La Psychologie du Meurtre Politique en Allemagne«, in: *L'Europe Nouvelle,* Bd. V, Paris 1922, S. 1066 ff.
- ders., *Vier Jahre politischer Mord,* Berlin 1922
- ders., *Verschwörer. Beiträge zur Geschichte und Soziologie der deutschen nationalistischen Geheimbünde seit 1918,* Wien 1924
- ders., *Verräter verfallen der Feme. Opfer, Mörder, Richter 1919–1920,* Berlin 1929
- Gürtner, F. (Hrsg.), *Das kommende deutsche Strafrecht. Allgemeiner Teil. Bericht über die Arbeit der amtlichen Strafrechtskommission,* Berlin 1934
- ders., »Richter und Staatsanwalt im neuen Staat«, in: *DJ,* 1934, S. 369 ff.
- Gutmann, Y., *The Jews of Warsaw 1939–1943,* Brighton 1982
- Hänel, W., *Hermann Rauschnings »Gespräche mit Hitler« – eine Geschichtsfälschung,* Ingolstadt 1984
- Hagen, H. W., *Zwischen Eid und Befehl,* München 1958
- Hamel, W., »Die Aufgabe der Polizei im nationalsozialistischen Staat«, in: *DJZ,* 1936, S. 1465 ff.

- Hammer, W., *Hohes Haus in Henkers Hand: Rückschau auf die Hitlerzeit, auf Leidensweg und Opfergang deutscher Parlamentarier*, Frankfurt/Main 1956
- *Handbuch der Justizverwaltung*, Berlin 1942
- Hartmann, N., *Ethik*, Marburg 1910
- Hartung, F., *Deutsche Verfassungsgeschichte*, Stuttgart 1968
- Hastings, M., *Overlord*, London 1984
- Hassell, U. v., *Vom anderen Deutschland*, Frankfurt 1964
- Hegel, G. F. W., *Grundlinien der Philosophie des Rechts*, Göttingen 1821
- ders., *Sämtliche Werke*, Hrsg. H. Glockner, 26 Bde., Berlin 1927
- Heiber, H., »Der Fall Elias«, in: *VfZg*, 1955, S. 275 ff.
- ders., »*Der Fall Grynszpan*«, in: *VfZg*, 1963, S. 267 ff.
- ders., *(Hrsg.), Lagebesprechung im Führerhauptquartier*, München 1963
- ders., *(Hrsg.), Reichsführer!* München 1972
- Heiber, H./Koke, H. v. (Hrsg.), *Faksimile-Querschnitt durch das Schwarze Korps*, München o. J.
- Heims, H./Jochmann, W., *Monologe im Führerhauptquartier 1941−1944*, Hamburg 1980
- Hellfeld, M. v., *Edelweißpiraten in Köln*, Köln 1982
- Hellmer, J., *Der Gewohnheitsverbrecher und die Sicherheitsverwahrung 1934−1945*, Berlin 1945
- Hempel, M., *Richterbilder in der Weimarer Republik*, Frankfurt 1978
- Hempfer, W., *Die nationalsozialistische Staatsauffassung in der Rechtsprechung des Preußischen Oberverwaltungsgerichts. Dargestellt an ausgewählten Beispielen rechtsstaatlicher Grundsätze*, Berlin 1974
- Herrfahrdt, H., »Politische Verfassungslehre«, in: *Archiv für Rechts- und Staatsphilosophie*, Bd. XXX, Marburg 1933
- ders., *Die Verfassungsgesetze des Nationalsozialistischen Staates, dem Text der Weimarer Republik gegenübergestellt*, Marburg 1935
- Heuber, W., »Der Bund Nationalsozialistischer Deutscher Juristen und die Deutsche Rechtsfront«, in: *Nationalsozialistisches Jahrbuch 1933*, hrsg. von der Reichsleitung der NSDAP, München 1934, S. 1566 ff.
- Hilger, R., *The Destruction of the Jews in Europe*, New York 1961
- Hill, L. E., *Die Weizsäcker-Papiere 1933−1945*, Berlin 1977
- Hillermeier, H. (Hrsg.), *Im Namen des Volkes*, Neuwied 1980
- Hintze, O., *Die Hohenzollern und ihr Werk*, Berlin 1915
- Hirsch, M., »Juristen sind zu allem fähig«, Interview in: *Der Spiegel*, Nr. 22, 1981, S. 88 ff.
- Hirschfeld, G. / Kettenacker, L. (Hrsg.), *Der »Führerstaat«: Mythos und Realität*, Stuttgart 1981
- Hitler, A., *Mein Kampf*, Dünndruckausgabe, München 1936
- *Der Hitlerprozeß vor dem Volksgericht München*, München 1924
- Hofer, W., *Der Nationalsozialismus: Dokumente 1933−1945*, Frankfurt 1957

- Hoffmann, G., *Sozialdemokratie und Berufsbeamtentum*, Hamburg 1972
- Hoffmann, P., *Widerstand, Staatsbereich, Attentat*, München 1969
- Hohenstein, A., *Wartheländisches Tagebuch*, Stuttgart 1959
- Höhne, H., *Der Orden unter dem Totenkopf*, Gütersloh 1967
- ders., *Kennwort Direktor*, Gütersloh 1967
- ders., *Canaris*, Gütersloh 1977
- Honecker, E., *My Life*, London 1980
- Hönig, H., *Das Zentrum in Preußen in der Weimarer Republik*, Mainz 1979
- Horn, W., *Führerideologie und Parteiorganisation in der NSDAP*, Düsseldorf 1972
- Hottenbauer, H., *Vom Reichsjustizamt zum Bundesministerium der Justiz. Zum 100jährigen Gründungstag des Reichsjustizamtes*, Köln 1977
- ders., »Zur Lage der Justiz in der Weimarer Republik«, in: *Weimar. Selbstpreisgabe einer Demokratie*, Hrsg. K. D. Erdmann und H. Schulze, Düsseldorf 1980, S. 169 ff.
- Huber E. R., »Anmerkungen zur Entscheidung des Sondergerichts Darmstadt«, in: *JWS*, 1934, S. 1747 ff.
- ders., *Vom Sinne der Verfassung*, Hamburg 1935
- ders., *Deutsche Verfassungsgeschichte seit 1789*, 6 Bde., Stuttgart 1957–1980
- Hugo, G., *Naturrecht als Philosophie des positiven Rechts*, Göttingen/ Berlin 1819
- Hüttenberger, P., »Nationalsozialistische Polykratie«, in: *Geschichte und Gesellschaft*, 1976, S. 417 ff.
- *International Military Tribunal, Case III, 3./4. December 1947*, Washington D. C. 1948; in deutsch: *Das Nürnberger Juristenurteil, 3./4. Dezember 1947, Hamburg 1948*
- *Irving, D., The Trail of the Fox*, London 1980
- Jäckel, E., *Frankreich in Hitlers Europa*, Stuttgart 1966
- Jacobsen, H. A./Rohwer, J. (Hrsg.), *Decisive Battles of World War II*, London 1967
- Jacobsen, H. A. (Hrsg.), *Spiegelbild einer Verschwörung*, 2 Bde., Stuttgart 1984
- Janssen, K.-H., »Bomben, Bullen, Barrikaden«, in: *Die Zeit*, Zeitmagazin Nr. 20 und 21, Hamburg 1981
- Jasper, G., *Der Schutz der Republik*, Tübingen 1963
- Johe, W., *Die gleichgeschaltete Justiz. Organisation des Rechtswesens und Politisierung der Rechtsprechung 1933–1945, dargestellt am Beispiel des Oberlandesgerichtes Hamburg*, Frankfurt/Main 1971
- Johnston, D., *Nine Rivers from Jordan*, London 1955
- *Judgement at Nuremberg*, HMSO, London 1946
- Jünger, E., *Strahlungen*, München 1955
- ders., Interview mit dem *Spiegel*, Nr. 22, Hamburg 1982, S. 154 ff.

- Kaehler, S. A., »Über die Herkunft des Schlagwortes ›Im Felde unbesiegt‹«, in: *Vier quellenkritische Untersuchungen zum Kriegsende: Studien zur Geschichte des 19. und 20. Jahrhunderts*, Göttingen 1961
- Kalbhen, U., *Die NS-Rechtstheorie als Herrschaftsideologie. Logische Struktur und soziale Funktion naturrechtlicher Konstruktionen im Nationalsozialismus*, Heidelberg 1969
- Kehr, F., »Zur Genesis der preußischen Bürokratie und des Rechtsstaats«, in: *Der Primat der Innenpolitik*, Hrsg. H.-U. Wehgler Berlin 1965
- ders., »Das soziale System der Reaktion in Preußen unter dem Ministerium Puttkamer«, in: *Der Primat der Innenpolitik*, Berlin 1965
- Kempner, B. M., *Priester vor Hitlers Tribunalen*, München 1966
- Kimche, J., *Spying for Peace*, London 1961
- Klein, B. H., *Germany's Economic Preparations for War*, Cambridge/Mass. 1959
- Kleist, P., *Zwischen Hitler und Stalin*, München 1950
- Klemperer, K. v., *Germany's New Conservatismus*, Princeton 1957
- Klose, W., *Generation im Gleichschritt*, Oldenburg 1964
- Koch, H. W., »Hitler and the Origins of the Second World War – Second Thoughts on the Status of some of the Documents«, in: *Historical Journal*, Cambridge 1968, S. 125 ff.
- ders., »The Spectre of a separate Peace in the East – Russo-German Peace Feelers 1942–1944«, in: *Journal of Contemporary History*, London 1975, S. 331 ff.
- ders., *Geschichte der Hitlerjugend*, Percha/Starnberger See 1979
- ders., *Der Deutsche Bürgerkrieg 1918–1924*, Berlin 1978
- ders., *A History of Prussia*, London 1978
- Koch, H. W. (Hrsg.), *Aspects of the Third Reich*, London 1985
- Kochan, L., *Pogrom*, London 1957
- Köllreuter, O., *Zur Entwicklung der Rechtseinheit*, Jena 1935
- ders., *Vom Sinn und Wesen der nationalen Revolution*, Tübingen 1933
- ders., *Der Führerstaat*, Tübingen 1934
- ders., *Volk und Staat in der Weltanschauung des Nationalsozialismus*, Berlin 1935
- ders., *Grundlagen des völkischen und staatlichen Lebens im deutschen Volksstaat*, Berlin 1935
- ders., *Deutsches Verfassungsrecht. Ein Grundriß*. Berlin 1936
- ders., *Deutsches Verfassungsrecht*, Berlin 1938
- Kolbe, D., *Reichsgerichtspräsident Dr. Erwin Bumke. Studien zum Niedergang des Reichsgerichts und der deutschen Rechtspflege*, Karlsruhe 1975
- Koselleck, R., »Staat und Gesellschaft in Preußen«, in: *Staat und Gesellschaft im deutschen Vormärz*, Stuttgart 1962
- Kosyck, K., *Deutsche Pressepolitik im Ersten Weltkrieg*, Düsseldorf 1968

- Kotowski, G., »Preußen in der Weimarer Republik«, in: *Preußen. Epochen und Probleme seiner Geschichte,* Hrsg. R. Dietrich, Berlin 1964
- Kracauer, S., *Von Caligari bis Hitler,* Hamburg 1958
- Krausnick, H./Wilhelm, H.-H., *Die Truppe des Weltanschauungskrieges,* Stuttgart 1981
- Krebs, A., *Tendenzen und Gestalten der NSDAP. Erinnerungen an die Frühzeit der NSDAP,* Stuttgart 1959
- ders., *Fritz-Dietlof Graf von der Schulenburg – Zwischen Staatsraison und Hochverrat,* Hamburg 1964
- Krüger, H., *Führer und Führung,* Breslau 1935
- Kübler, F. K., »Der deutsche Richter und das demokratische Gesetz«, in: *Archiv für civilistische Praxis,* Bd. 162, 1963, S. 104 ff.
- Kühnl, R., *Die nationalsozialistische Linke 1925–1930,* Meisenheim/Glan 1966
- Lacqueur, W., *Young Germany,* London 1961
- Lammers, H. H., »Die Staatsführung im Dritten Reich«, in: *DJ,* 1934, S. 1296 ff.
- ders., »Zum 30. Januar 1942«, in: *Reichsverwaltungsblatt,* 1942, S. 43 ff.
- Leber, A., *Das Gewissen steht auf. 64 Lebensbilder aus dem deutschen Widerstand 1933–1945,* Berlin/Frankfurt/M. 1954
- ders., *Das Gewissen entscheidet,* Berlin/Frankfurt/M. 1957
- Leber, J., *Ein Mann geht seinen Weg. Briefe und Reden,* Frankfurt 1952
- *Leipziger Kommentar zum Strafgesetzbuch,* Berlin 1934–1944
- Lenin, W. I., *Ausgewählte Werke,* Berlin 1955
- Lerner, D., *The Nazi Elite,* Stanford 1951
- Lochner, L. P. (Hrsg.), *Goebbels' Tagebücher aus den Jahren 1942–1943 mit anderen Dokumenten,* Zürich 1948
- Luetgebrune, W., »Femeprozeß und Recht«, in: *VB,* München, 9.10.1928
- Marcuse, H., *Vernunft und Revolution,* Köln 1972
- Martin, B., *Friedensinitiativen und Machtpolitik im Zweiten Weltkrieg,* Düsseldorf 1973
- Maser, W., *Die Frühgeschichte der NSDAP. Hitlers Weg bis 1924,* Frankfurt/Main 1965
- Mason, T. W., Arbeiterklasse und Volksgemeinschaft, Köln 1975
- Mastny, V., *The Czechs under German Rule. The Failure of National Resistance,* New York 1971
- Matthias, E., »Die Sitzung der Reichstagsfraktion des Zentrums am 23. März 1933«, in: *VfZg,* 1956, S. 302 ff.
- Matthias, E./Morsey, R., *Das Ende der Parteien,* Düsseldorf 1960
- Merkl, P. H., *Violence under the Swastika,* Yale 1975
- ders., »Die alten Kämpfer der NSDAP«, in: *Sozialwissenschaftliches Jahrbuch für Politik,* Bd. II, München 1971
- Messerschmidt, M., *Die Wehrmacht im NS-Staat,* Hamburg 1969
- Michaelis, H./Schräpler, E./Scheel, G. (Hrsg.), *Ursachen und Folgen:*

Vom deutschen Zusammenbruch bis zur staatlichen Neuordnung Deutschlands in der Gegenwart, Bd. 1 & 2, Berlin o. J.
- *Mitglieder des deutschen Reichstages 1930*, Berlin 1930
- Mohler, A., *Die konservative Revolution*, Darmstadt 1978
- ders., *Von rechts gesehen*, Stuttgart 1979
- Moltke, H. J. Graf v., *Letzte Briefe aus dem Gefängnis Tegel*, Berlin 1953
- Mommsen, H., »Der Reichstagsbrand und seine politischen Folgen«, in: *VfZg*, München 1964, S. 351 ff.
- ders., *Beamtentum im Dritten Reich*, Stuttgart 1966
- ders., »Die Stellung der Beamtenschaft in Reich, Ländern und Gemeinden in der Ära Brüning«, in: *VfZg*, 1973, S. 119 ff.
- Morsey, R., »Hitlers Verhandlung mit der Zentrumsführung am 31. Januar 1933«, in: *VfZg*, 1961, S. 182 ff.
- ders., »Zur Beamtenpolitik des Reiches von Bismarck bis Brüning«, in: *Demokratie und Verwaltung*, Bd. 50, *Schriftenreihe der Hochschule für Verwaltungswissenschaften Speyer*, Berlin 1972, S. 109 ff.
- ders., »Staatsfeinde im öffentlichen Dienst (1929–1933). Die Beamtenpolitik gegenüber NSDAP-Mitgliedern«, in: *Öffentlicher Dienst. Festschrift für G. H. Ule*, Hrsg. K. König/H.-W. Laubinger/F. Wagener, Köln 1977, S. 111 ff.
- Müller, Ch., *Oberst i. G. von Stauffenberg*, Düsseldorf 1971
- Müller, K. J., *Das Heer und Hitler*, Stuttgart 1969
- ders., *Armee, Politik und Gesellschaft in Deutschland 1933–1945*, Paderborn 1979
- ders., *Generaloberst Beck*, Boppard/Rhein 1980
- *Nationalsozialistisches Strafrecht. Denkschrift des preußischen Innenministers*, Berlin 1933
- *Neue Zürcher Zeitung*, 17. Dezember 1918
- Neumann, F., *Behemoth*, New York/London 1942
- Neumann, S., *Permanent Revolution. The Total State in a World of War*, London 1942
- Nicolai, H., *Grundlagen der kommenden Verfassung*, Berlin 1933
- Niethammer, L., *Entnazifizierung in Bayern*, Frankfurt 1972
- Nolte, E., *Der Faschismus in seiner Epoche*, München 1963
- Nolte, E., »Between Myth and Revisionism? The Perspective of the Third Reich in the 1980s«, in: H. W. Koch (Hrsg.), *Aspects of the Third Reich*, London 1985, S. 17 ff.
- *Das Nürnberger Juristenurteil, 3./4. Dezember 1947*, Hamburg 1948
- ders., *Ergänzende Angaben über die Angeklagten im Fall III (IMT)*, Hamburg 1958
- Orlow, D., *The History of the Nazi Party*, 2 Bde., Pittsburgh 1973
- Papen, F. v., *Der Wahrheit eine Gasse*, München 1952
- *Das Parlament*, Bonn 1979
- Pechel, R., *Deutscher Widerstand*, Zürich 1947
- Peter, E., *Der Lübecker Christenprozeß 1943*, Mainz 1960

- Peterson, E. N., *The Limits of Hitler's Power*, Princeton 1969
- Petzold, J., *Wegbereiter des deutschen Faschismus: Die Jungkonservativen in der Weimarer Republik*, Berlin 1978
- Pocker, H., *Hitlers Tischgespräche im Führerhauptquartier*, Stuttgart 1976
- Poetsch-Heffter, F. (Hrsg.), *Jahrbuch für öffentliches Recht*, Berlin 1935
- Präg, W./Jacobmeyer, W., *Das Diensttagebuch des deutschen Generalgouverneurs in Polen 1939–1945*, Stuttgart 1975
- *Preußisches Gesetzblatt*, Berlin 1919–1932
- Rauschning, H., *Gespräche mit Hitler*, Zürich 1950
- Reichardt, F., *Andreas Hermes. Eine Biographie*, Neuwied 1953
- *Reichsgesetzblatt*, Berlin 1918–1944
- *Reichsjustizministerium. Denkschrift des Reichsjustizministers zu ›Vier Jahren politischer Mord‹*, Berlin 1924
- Reitlinger, G., *SS – Alibi of a Nation*, London 1957
- ders., *The Final Solution*, London 1961
- Remer, E., *Verschwörung und Verrat um Hitler*, Göttingen 1981
- Rendulic, L., »Der Partisanenkrieg«, in: *Bilanz des Zweiten Weltkrieges*, Hamburg 1953
- Rich, N., *Hitler's War Aims*, 2 Bde., London 1973/74
- Richter, F., »Der Volksgerichtshof ist kein Revolutionstribunal«, in: *Deutscher Reichs- und Preußischer Staatsanzeiger*, Nr. 146, 26.6.1934
- Rieß, C., *Das gab's nur einmal*, München 1977
- Ritter, G., *Carl Goerdeler und die deutsche Widerstandsbewegung*, Stuttgart 1956
- ders., *Staatskunst und Kriegshandwerk, 4 Bde., München 1962–68*
- Roon, G. van, »*Oberst Wilhelm Stähle. Ein Beitrag zu den Auslandskontakten des deutschen Widerstandes*«, in: VfZg, 1966, S. 209 ff.
- Rosenberg, H., *Bureaucracy, Aristocracy and Autocracy: The Prussian Experience 1660–1815*, Boston 1966
- Rösler, I., *Anteil und Rolle der politischen Justiz bei der Entstehung des Hitlerfaschismus*, o. O. 1956
- Rossiter, C. (Hrsg.), *The Federalist Papers*, New York 1959
- Rozycki-von Hoewel, *Justiz am Scheidewege*, Berlin 1940
- Rothfels, H., *Die deutsche Opposition gegen Hitler*, Krefeld 1951
- Salomon, E. v., *Die Geächteten*, Berlin 1929
- ders., *Der Fragebogen*, 223.–227. Tausend. Hamburg 1958 (Copyright 1951)
- Sauer, F., »Das Reichsjustizministerium«, in: *Schriften der Hochschule für Politik*, Ausgabe 36/37, Berlin 1939
- Sauer, W., »Rechtsprechung und Regierung. Zur Frage der Unabhängigkeit des Richters«, in: *DJ*, 1935, S. 181 ff.
- Schacht, H., *76 Jahre meines Lebens*, Bad Wörishofen 1953
- Schäfer, R. S., »Die Vorgänge um das Ermächtigungsgesetz von 1933«, in: *Frankfurter Hefte*, Frankfurt/Main 1947, S. 984 ff.

- Schäfer, H., »Die Verordnungen des Reichspräsidenten gegen Verrat am deutschen Volke und hochverräterische Umtriebe«, in: *JWS*, 1933, S. 873 ff.
- ders., »Änderungen des Verfahrens in Hoch- und Landesverratssachen«, in: *JWS*, 1933, S. 937 ff.
- Schäfer, W., *Die NSDAP*, Hannover 1956
- Scheringer, R., *Der Weg eines Kämpfers. Reichswehrleutnant a. D. Scheringer zweimal wegen Hochverrats vor dem Reichsgericht*, Berlin 1932
- ders., *Das große Los. Unter Soldaten, Bauern und Rebellen*, Hamburg 1959
- Scheuner, U., »Die nationale Revolution«, in: *Archiv für öffentliches Recht*, 1934, Neue Folge 1933/34, S. 166 ff., 261 ff.
- Scheurig, B., *Ewald von Kleist-Schmenzin. Ein Konservativer gegen Hitler*, Oldenburg 1968
- ders., (Hrsg.), *Verrat hinter Stacheldraht?* München 1965
- Schier, W., »Die Justiz im totalitären Staat. Erläuterungen zu der Strafrechtsauffassung des nationalsozialistischen Staates«, in: *Geschichte, Wissenschaft und Unterricht*, 1960, S. 661 ff.
- Schlabrendorff, F. v., *Offiziere gegen Hitler*, Zürich 1964
- Schmahl, H., *Disziplinarrecht und politische Betätigung der Beamten in der Weimarer Republik*, Berlin 1977
- Schmitt, C., *Verfassungslehre*, Köln 1957 (revidierte Version der Ausgabe von 1928)
- ders., *Legalität und Legitimität*, Bonn 1932
- ders., »Neue Leitsätze für die Rechtspraxis«, in: *JWS*, 1933, S. 273 ff. und in: *DR*, 1933, S. 201 ff.
- ders., »Nationalsozialistisches Rechtsdenken«, in: *DR*, 1934, S. 225 ff.
- ders., *Staat, Bewegung, Volk*, Berlin 1934
- ders., *Über die drei Arten rechtswissenschaftlichen Denkens*, Berlin 1936
- Schneider, P., »Rechtssicherheit und richterliche Unabhängigkeit aus der Sicht des SD«, in: *VfZg*, 1961, S. 237 ff.
- Schönbaum, D., *Hitler's Social Revolution*, London 1967
- Scholl, I., *Die weiße Rose*, Frankfurt 1955
- Schorn, H., *Der Richter im 3. Reich*, Frankfurt/Main 1959
- Schramm, P. E. (Hrsg.), *Kriegstagebuch des Oberkommandos der Wehrmacht*, Studienausgabe, 8 Bde., München 1982
- Schramm, R. v., *Aufstand der Generale. Der 20. Juli in Paris*, München 1964
- Schraut, R. (Hrsg.), *Deutscher Juristentag 1933. 4. Reichstagung des Bundes Nationalsozialistischer Deutscher Juristen. Ansprachen und Fachvorträge*, Berlin 1933
- *Schriften des Bundes deutscher Jungenschaften*, Nr. 31, Bad Godesberg 1967: »Helmut Hirsch, 21.1.1916–4.6.1937«.
- Schüddekopf, E., *Linke Leute von Rechts*, Stuttgart 1961

- Schüler, H., *Auf der Flucht erschossen. Felix Fehrenbach 1894–1933*, Köln 1981
- Schulz, G., *Aufstieg des Nationalsozialismus*, Frankfurt 1975
- ders., »Rechtliche Grundlagen im Parteienstaat«, in: *Staat und NSDAP 1930–1932*, Hrsg. H. Maurer und U. Wengst, Düsseldorf 1977, S. XI ff.
- Schulze, H. *Otto Braun oder Preußens demokratische Sendung*, Berlin 1979
- ders., *Weimar. Deutschland 1917–1933*, Berlin 1982
- Schwabe, K., *Deutsche Revolution und Wilson-Friede. Die amerikanische und deutsche Friedensstrategie zwischen Ideologie und Machtpolitik*, Düsseldorf 1971
- Schwabe, K./Reichardt, R. (Hrsg.), *Gerhard Ritter. Ein politischer Historiker in seinen Briefen*, Boppard 1984
- *Das Schwarze Korps*, Jg. 1942
- Seidler, F. W., »Die Fahnenflucht in der deutschen Wehrmacht während des Zweiten Weltkrieges«, in: *Militärgeschichtliche Mitteilungen*, Freiburg 1977, Ausgabe 2, S. 23 ff.
- Serant, P., *Les vaincus de la liberation*, Paris 1965
- Seydlitz, W. v., *Stalingrad*, Berlin 1977
- Shirer, W. L., *The Rise and Fall of the Third Reich*, London 1960
- *Sie kämpften für Deutschland*, Ministerium für nationale Verteidigung, Berlin 1959
- »Sondergericht Hamburg«, in: *DRZ*, Nr. 553, Berlin 1935
- »Sondergericht Hamburg«, in: *Reichsverwaltungsblatt*, Berlin 1935, S. 700 ff.
- Sontheimer, K., *Antidemokratisches Denken in der Weimarer Republik*, München 1962
- Speer, A., *Erinnerungen*, Berlin 1969
- ders., *Spandauer Tagebücher*, Berlin 1975
- *Spiegelbild einer Verschwörung. Die Kaltenbrunnerberichte*, Archiv Peter, Stuttgart 1961
- Staff, I. (Hrsg.), *Justiz im Dritten Reich*, Frankfurt 1978
- Stammler, R., *Die Lehre vom richtigen Recht*, Göttingen 1902
- Stampfer, F., *Erfahrungen und Bekenntnisse*, Köln 1957
- Steffens, H., »Die rechtliche Vertretung der Juden im Reich«, in: *DR*, 1942, S. 9 ff.
- Stein, G. S., *The Waffen-SS at War*, Oxford 1966
- Steinert, M., *Hitlers Krieg und die Deutschen*, Düsseldorf 1962
- Stern, F., *The Politics of Cultural Despair*, New York 1965
- Stoltenberg, G., *Politische Strömungen im schleswig-holsteinischen Landvolk 1918–1933*, Düsseldorf 1962
- *Strafgesetzbuch*, Berlin 1871 und Ergänzungen bis 1943
- *Strafprozeßordnung*, Berlin 1877
- Straßer, O., *Hitler und Ich*, Konstanz 1948
- Streib, Chr., *Keine Kameraden*, Stuttgart 1978

- Stuckart, W./Globke, G., »Reichsbürgergesetz vom 15.9.1935. Gesetz zum Schutz der Erbgesundheit und der deutschen Ehre vom 18.10.1935«, in: *Kommentare zur deutschen Rassengesetzgebung*, Bd. I, München 1936
- *Taschenkalender für Verwaltungsbeamte*, Berlin 1932 und die Ausgabe von 1934
- Theisen, H., *Die Entwicklung zum nihilistischen Nationalsozialismus in Deutschland 1918—1933*, München 1958
- Thierack, G., »Neues deutsches Strafrecht«, in: *DJZ*, 1935, S. 913 ff.
- ders., »Zwei Jahre Volksgerichtshof«, in: *DJ*, 1936, S. 1094 ff.
- ders., »Aufgaben und Tätigkeit des Volksgerichtshofes«, in: *ZAkDR*, 1936, S 855 ff.
- Thimme, A., *Flucht in den Mythos. Die deutschnationale Volkspartei und die Niederlage von 1918*, Göttingen 1968
- Tobias, F., *Der Reichstagsbrand. Legende und Wirklichkeit*, Rastatt 1962
- Tocqueville, A. de, *Der alte Staat und die Revolution*, Leipzig 1867
- *Trial of the Major German War Criminals before the International Military Tribunal*, Bd. XXV, London 1947
- Tucholsky, K., *Gesammelte Werke*, Hrsg. M. Tucholsky, Hamburg 1965
- Tyrell, A., *Vom Trommler zum Führer*, München 1975
- *United States Senate Committee on Armed Forces. Malmedy Massacre Investigation Hearing 1949*, Washington D. C. 1949
- Vansittart, R., *Mist Procession*, London 1958
- *Die Verfassung des Deutschen Reiches*, Berlin 1920
- *Verfügungen, Anordnungen, Bekanntmachungen*, hrsg. von der Parteikanzlei der NSDAP, München o. J.
- *Verhandlungen des Reichstages*, Bd. 457, Berlin 1933
- Vogelsang, Th., *Reichswehr, Staat und NSDAP*, Stuttgart 1962
- Volkmann, H.-E., »Die NS-Wirtschaft in Vorbereitung des Krieges«, in: *Deutschland im Zweiten Weltkrieg*, Bd. I, Freiburg 1981
- Volkmar/Elster/Küchenhoff (Hrsg.) *Handwörterbuch der Rechtswissenschaft*, Berlin 1937
- »Vom Volksgericht des Deutschen Reiches«, in: *DJ*, 1935, S. 1709 ff.
- »Der Volksgerichtshof für das Deutsche Reich«, in: *JWS*, 1936, S. 1569 ff.
- Wagner, W., »Braune Rechtsprechung. Politische Justiz im ›Dritten Reich‹«, in: *Politische Meinung*, 1961, S. 41 ff.
- ders., *Die deutsche Justiz und der Nationalsozialismus*, Bd. III: *Der Volksgerichtshof im nationalsozialistischen Staat*, Stuttgart 1974
- Watt, D. C., »Die bayerischen Bemühungen um die Ausweisung Hitlers 1924«, in: *VfZg*, 1972, S. 375 ff.
- Weber, A., *Politische Polizei: Wesen und Begriff der politischen Polizei im Metternichschen System, in der Weimarer Republik und im nationalsozialistischen Staate*, Berlin 1937

- Weber, M., »Der Reichspräsident« und »Parlament und Regierung im neugeordneten Deutschland«, in: *Gesammelte Schriften,* Hrsg. J. Winkelmann, Tübingen 1958
- Wegner, B., *Hitlers politische Soldaten. Die Waffen-SS 1933–1945,* Paderborn 1982
- Weingartner, J. J., *Hitler's Guard. The Story of the Leibstandarte-SS Adolf Hitler 1933–1945,* Southern Illinois University Press, 1968
- ders., *Crossroads of Death,* Berkeley 1979
- Weinkauff, H., *Die deutsche Justiz und der Nationalsozialismus. Ein Überblick,* Stuttgart 1968
- Weisenborn, G. (Hrsg.), *Der lautlose Aufstand,* Hamburg 1953
- Weizsäcker, E. v., *Erinnerungen,* 2 Bde., München 1951
- *Die Weltbühne,* Jgg. 1918–1933, 16 Bde., Reprint, Berlin 1978
- West, R., *A Train of Powder,* London 1954
- Wheeler-Bennet, J. W., *The Nemesis of Power,* London 1954
- White, L. D. (Hrsg.), *The Civil Service in the Modern State. A Collection of Documents,* Chicago 1930
- Winkler, H. A., »Extremismus der Mitte? Sozialgeschichtliche Aspekte der nationalsozialistischen Machtergreifung«, in: *VfZg,* 1972, S. 175 ff.
- Wolff, W., *An der Seite der Roten Armee,* Berlin o. J.
- Young, D., *Rommel,* London 1950
- Zahn, G. C., *Die deutschen Katholiken und Hitlers Krieg,* Köln 1965
- Ziemessen, D., *Der Malmedy-Prozeß,* München 1956
- Ziesel, K., *Das verlorene Gewissen,* München 1956

Anmerkungen

Inhaltsübersicht

Kapitel 1

1) Die legalen Aspekte dieses Themas werden in E. R. Huber, *Deutsche Verfassungsgeschichte seit 1789*, besprochen. 6 Bde. Stuttgart 1957–1980, Bd. 1

2) s. Otto Hintze, *Die Hohenzollern und ihr Werk*, Berlin 1915, S. 349–352; s. auch H. Finer, *The Theory and Practice of Government*, Chicago 1956, S. 153 ff., 197–199, 664 f. und 928 ff.

3) Hintze, *loc. cit.;* H. W. Koch, Geschichte Preußens, München 1980, S. 209 ff.

4) ebd., s. auch H. Rosenberg, *Bureaucracy, Aristocracy and Autocracy: The Prussian Experience 1660–1815*, Boston 1966, S. 175 ff.; L. D. White (Hrsg.) *The Civil Service in the Modern State. A Collection of Documents*, Chicago 1930; R. Koselleck, »Staat und Gesellschaft in Preußen«, in: *Staat und Gesellschaft im deutschen Vormärz*, Stuttgart 1962

5) A. de Tocqueville, *Der alte Staat und die Revolution* (übersetzt von T. Oelckers), Leipzig 1867, S. 230 f.

6) zitiert in Hintze, *op. cit.*, S. 397

7) Tocqueville, op. cit., S. 232

8) *loc. cit.*

9) *ebd.*, S. 230

10) E. Kehr, »Zur Genesis der preußischen Bürokratie und des Rechtsstaates«, in: H. U. Wehler (Hrsg.), *Der Primat der Innenpolitik*, Berlin 1965, S. 31 ff.

11) *loc. cit.*

12) *Bürgerliches Gesetzbuch* (BGB), Berlin 1900

13) *Strafgesetzbuch* (StGB), Berlin 1871

14) Die nun widerlegte These wurde zuerst von E. Kehr formuliert in sei-

nem Aufsatz »Das soziale System der Reaktion in Preußen unter dem Ministerium Puttkamer« in *Der Primat der Innenpolitik,* herausg. von H.-U. Wehler, Berlin 1965, S. 31 ff. Wehler hat diese These auch in Teilen seines anderen Schrifttums übernommen, ebenso – leider – auch der Verfasser in *Die Geschichte Preußens,* München 1980. Dem neuesten Forschungsstand entspricht M. L. Anderson/K. Barkin, »The Myth of the Puttkamer Purge and the Reality of the *Kulturkampf:* Some Reflection on the Historiography of Imperial Germany« in *The Journal of Modern History,* Chicago 1982, S. 647 ff.

15) Erich Eycks *Geschichte der Weimarer Republik,* Zürich 1962, 2 Bde., ist extrem parteiisch und entspricht nicht mehr dem derzeitigen Forschungsstand hinsichtlich dieses Themas. Den neuesten Forschungsstand vermittelt Hagen Schulzes ausgezeichnetes Werk, *Weimar. Deutschland 1917–1933,* Berlin 1982

16) s. Kurt Tucholsky, *Gesammelte Werke,* hrsg. von Mary Tucholsky, Hamburg 1965, und die Bände der *Weltbühne,* 1918–1933, 16 Bde., Reprint, Berlin 1978

17) R. Morsey, »Beamtenschaft und Verwaltung zwischen Republik und ›neuem Staat‹«, in: *Weimar. Selbstpreisgabe einer Demokratie,* Hrsg. K. D. Erdmann/H. Schulze, Düsseldorf 1980

18) R. Morsey, »Zur Beamtenpolitik des Reiches von Bismarck bis Brüning«, in: *Demokratie und Verwaltung,* Bd. 50, Schriftenreihe der Hochschule für Verwaltungswissenschaften, Speyer, Berlin 1972, S. 109; s. auch im selben Band H. Fenske, »Monarchisches Beamtentum und demokratischer Staat«, S. 118 ff.

19) Zitiert in H. Schmahl, *Disziplinarrecht und politische Betätigung der Beamten in der Weimarer Republik,* Berlin 1977, S. 102

20) *ebd.,* S. 49; siehe auch im folgenden K. D. Erdmann/H. Schulze: *Weimar. Selbstpreisgabe einer Demokratie,* Düsseldorf 1980

21) s. G. Jasper, *Der Schutz der Republik,* Tübingen 1963; s. auch G. Schulz, »Rechtliche Grundlagen im Parteienstaat«, in: *Staat und NSDAP 1930–1932,* Hrsg. I. Maurer/U. Wengst, Düsseldorf 1977, S. XI ff.

22) Schulz, *ebd.*

23) s. Anm. 19, S. 74. Offenbar weigerte sich die preußische Regierung, eine Säuberungsaktion im Kreis ihrer Beamten und Richter durchzuführen. Trotzdem hatte in einigen Abteilungen, zum Beispiel bei der Polizei, bereits 1919 eine Säuberungsaktion stattgefunden. Bis 1933 wurde die preußische Polizei hauptsächlich von Sozialdemokraten beherrscht. Dies ist ein Grund, warum Hermann Göring nach dem 30. Januar 1933 in seiner Funktion als preußischer Ministerpräsident beschloß, die SA und die SS als ›Hilfspolizei‹ einzusetzen. Siehe auch H. Hönig, *Das Zentrum in Preußen in der Weimarer Republik,* Mainz 1979, S. 199

24) Schmahl, *op. cit.,* S. 101

25) Dies war Dr. Julius Curtius von der DVP. Siehe auch W. Runge, *Po-*

litik und Beamtentum im Parteienstaat. Die Demokratisierung der politischen Beamten zwischen 1918 und 1933, Stuttgart 1965; H. Schulze, *Otto Braun oder Preußens demokratische Sendung,* Berlin 1979, S. 566 f.; G. Hoffmann, *Sozialdemokratie und Berufsbeamtentum,* Hamburg 1972, S. 222 ff.

26) s. Anm. 25, H. Schulze und G. Hoffmann; s. auch G. Kotowski, »Preußen in der Weimarer Republik«, in: *Preußen: Epochen und Probleme seiner Geschichte,* Berlin 1964, S. 145 f.

27) Der »Preußenschlag« fand am 20. Juli 1932 statt, als die Regierung Braun infolge einer festgefahrenen Situation im Landtag, verursacht von KPD und NSDAP, eine Minderheitsregierung geworden war und Kanzler von Papen erklärte, die preußische Regierung sei unfähig, die öffentliche Ordnung zu sichern, die ein paar Tage zuvor durch heftige Zusammenstöße zwischen KPD und NSDAP in Altona (jetzt ein Hamburger Stadtteil, damals noch ein Teil Preußens) ernsthaft gestört worden war. s. F. v. Papen, *Der Wahrheit eine Gasse,* München 1952, S. 215 ff.; K. D. Bracher, *Die Auflösung der Weimarer Republik,* Villingen 1960, S. 635 ff.

28) s. Anm. 21, Schulz, *op. cit.,* S. XXIV

29) Geheimes Preußisches Staatsarchiv, Berlin-Dahlem, Rep. 90/2326. Brief des Staatssekretärs im Preußischen Innenministerium vom 25. September 1932 an Waentig, den Minister des Inneren: »Es ist fast so, als wenn in der Reichsregierung bereits ein Propagandachef Hitler säße!« Abegg erkannte die Notwendigkeit, daß finanzielle Opfer gebracht werden müßten, fand aber andererseits, daß es im Zusammenhang mit der Osthilfe (Brünings Staatshilfeprogramm der Sicherheitsleistung für verschuldete Gutsbesitzer, um die deutsche Landwirtschaft zu fördern und Importe aus dem Ausland einzuschränken) unvernünftig sei, zahllose neue Dienststellen zu schaffen.

30) W. Schäfer, *Die NSDAP,* Hannover 1956, S. 17; H. Mommsen, »Die Stellung der Beamtenschaft in Reich, Ländern und Gemeinden in der Ära Brüning«, in: *Vierteljahrshefte für Zeitgeschichte* (VfZg), München 1973, S. 119; L. Niethammer, *Entnazifizierung in Bayern,* Frankfurt 1972, S. 553 ff.; G. Schulz argumentiert jedoch in: *Aufstieg des Nationalsozialismus,* Frankfurt 1975, S. 551, daß der Prozentsatz viel niedriger gewesen sei – zwischen 4 und 5 %. H. Fenske kommt in »Beamtenpolitik der Weimarer Republik«, in: *Verwaltungsarchiv,* Bonn 1973, S. 134, zu einem ähnlichen Ergebnis.

31) R. Morsey, »Staatsfeinde im öffentlichen Dienst (1929–1932). Die Beamtenpolitik gegenüber NSDAP-Mitgliedern«, in: *Öffentlicher Dienst. Festschrift für G. H. Uhle,* Hrsg. K. König/H.-W. Laubinger/F. Wegener, Köln 1977, S. 111 ff.; H. Fenske, »Radikale im öffentlichen Dienst«, in: *Civitas,* Bonn 1976, S. 121 ff.

32) Th. Eschenburg »Systemzusammenbruch als historisches Phänomen – Weimar«, in: W. Hennis/P. Graf Kielmannsegg/U. Matz (Hrsg.) *Regierbarkeit,* Bd. II, Stuttgart 1979, S. 47 f.

33) s. die Werke und Artikel von Morsey, G. Schulz und H. Mommsen, um nur ein paar Beispiele zu zitieren, *op. cit.*

34) s. Anm. 17, besonders H. Hottenbauer »Zur Lage der Justiz in der Weimarer Republik«, p. 169 ff.

35) Deutsche Richterzeitung (DRZ), 1919, Spalte 129

36) Bracher, *Auflösung ..., op. cit.*, S. 191 ff.

37) BAKO, R 43 I/2703, Niederschrift über Besprechung am 22.11.1921 in der Reichskanzlei.

38) Bundesarchiv-Militärarchiv (BAMA), Nachlaß Schleicher N 42/39, Vortragsnotiz betr. Verfahren wegen Landesverrats gegen Redakteur des »Vorwärts« und Reichstagssitzung 18.6.1927, 27. Ausschuß: Femeorganisation und Fememord: Kurt von Schleicher: Aussage.

39) Diese Episode wird ausführlich in H. W. Koch, *Der Deutsche Bürgerkrieg*, Berlin 1978, S. 274 ff. behandelt.

40) Th. Vogelsang, *Reichswehr, Staat und NSDAP*, Stuttgart 1962, S. 31

41) *Die Weltbühne*, Bd. 1923, Ausgabe 8, S. 23

42) BAKO, Nachlaß Luetgebrune, Bd. 69, Femeprozeß 28.1.1927.

43) s. Anm. 39, S. 374 ff.

44) BAKO R 43 I/213, Der Preußische Minister des Inneren an Staatssekretär Hamm, 8.6.1923

45) Dr. W. Luetgebrune, »Femeprozeß und Recht«, in: *Völkischer Beobachter* (VB), München, 9.10.1928

46) s. E. J. Gumbel, *Verräter verfallen der Feme. Opfer, Mörder, Richter 1919–1920*, Berlin 1929; ders., *Verschwörer: Beiträge zur Geschichte und Soziologie der deutschen nationalistischen Geheimbünde seit 1918*, Wien 1924; *Vier Jahre politischer Mord*, Berlin 1922; »La psychologie du meurtre politique en Allemagne« in: *L'Europe Nouvelle*, Paris 1922, Bd. V, Nr. 34, S. 1066–1068. Siehe auch *Denkschrift des Reichsjustizministers zu ›Vier Jahre politischer Mord‹*, Berlin 1924

47) s. Anm. 38. Der Schleicher-Nachlaß enthält reichhaltiges Material zu den Feme-Prozessen, die 1928 und 1929 stattfanden.

48) *ebd.*

49) s. Anm. 34, S. 171 ff. Während der Inflation 1919–1923 konnten Schulden, die gemacht worden waren, als die Mark noch relativ stabil gewesen war, billig zurückbezahlt werden, sobald die Nullen auf den Banknoten begannen, Amok zu laufen. Die Entscheidung der Justiz verhinderte, daß diese beklagenswerte Situation weiterhin ausgenutzt wurde.

50) H. Hottenbauer, *Vom Reichsjustizamt zum Bundesministerium der Justiz. Zum 100jährigen Gründungstag des Reichsjustizamtes*, Köln 1977, S. 43 ff.; F. K. Kübler, »Der deutsche Richter und das demokratische Gesetz«, in: *Archiv für civilistische Praxis*, Bd. 162, 1963, S. 104 f.; s. auch D. Kolbe, *Reichsgerichtspräsident Dr. Erwin Bumke. Studien zum Niedergang des Reichsgerichts und der deutschen Rechtspflege*, Karlsruhe 1975

51) C. Schmitt, *Legalität und Legitimität*, Bonn 1932, S. 7 ff.

52) *loc. cit.*

53) s. zum Beispiel N. Hempel, *Richterbilder in der Weimarer Republik*, Frankfurt 1978

54) s. Anm. 21, Jasper, *Schutz ..., op. cit.*

55) H. Schüler, *Auf der Flucht erschossen: Felix Fehrenbach 1894–1933*, Köln 1981, S. 175

56) Bayerisches Hauptstaatsarchiv, Abteilung II, Geheimes Staatsarchiv (BHSA Abt. II), München, Nachlaß Epp

57) *Bayerisches Gesetzblatt*, 13.7.1919, München 1919

58) s. Anm. 55

59) E. Deuerlein (Hrsg.), *Der Hitler-Putsch: Bayerische Dokumente zum 8./9. November 1923*, Stuttgart 1962; s. auch *Der Hitlerprozeß vor dem Volksgericht München*, München 1924

60) s. Anm. 53

61) BAKO, R 43 I/1020 Besprechung mit Parteiführern vom 28.6.1922; von Eyck zitierte Rede, *op. cit.*, Bd. I, S. 292–293

62) Martin Hirsch, »Juristen sind zu allem fähig«, Interview in: *Der Spiegel*, Nr. 22, 1981, S. 88 ff. Hirsch übt in diesem Interview ernsthafte Kritik an der derzeitigen Rechtspflege in der Bundesrepublik.

63) K. D. Goldau-Schüttke, *Staatssekretär Curt Joel*, unveröffentlichte Dissertation, Universität Kiel, 1980

64) *ebd.*

65) s. Anm. 50, Kübler, *Der deutsche Richter ..., op. cit.*, S. 107

66) s. Kapitel 6

67) *DRZ*, Januar 1932, Leitartikel »Zum neuen Jahre!«

Kapitel 2

1) W. Maser, *Die Frühgeschichte der NSDAP, Hitlers Weg bis 1924*, Frankfurt 1965, S. 205 ff.; A. Tyrell, *Vom Trommler zum Führer*, München 1975, S. 32

2) Programm der NSDAP vom 24. Februar 1924, abgedruckt in Maser, *op. cit.*, S. 468

3) Das StGB nach dem Stand vom 30. Januar 1933 definierte in den Paragraphen 81 und 82 den Hochverrat, während die Paragraphen 83 und 84 das hochverräterische Komplott und die hochverräterische Konspiration behandelten. Zum Zeitpunkt der Machtergreifung wurden Verstöße gegen diese Paragraphen nicht mit dem Tod, sondern mit Zuchthaus, Gefängnis und Festungshaft bestraft. Der Paragraph 93 ließ für die Dauer der Untersuchung auch die Vermögensbeschlagnahme eines Beschuldigten zu.

4) Landesverrat wurde zusammen mit Hochverrat im Besonderen Teil des StGB behandelt. Paragraph 87 befaßte sich mit landesverräterischer Konspiration und hing eng mit dem Paragraphen 84 zusammen (hochverräterische Konspiration). Paragraph 88 befaßte sich

mit landesverräterischer Waffenhilfe – das war z. B. Militärdienst in den Streitkräften einer feindlichen Macht. In § 89 ging es um landesverräterische Begünstigung und in § 90 um *schwere* landesverräterische Begünstigung. § 91 behandelte militärischen Landesverrat und § 92 diplomatischen Landesverrat sowie landesverräterische Geheimnisverletzung, Beweisvernichtung und Untreue. Wie für Hochverrat wurde auch für Landesverrat bis zum 30. Januar 1933 keine Höchststrafe angedroht. Man war zwar bereits gegen Ende des 19. Jahrhunderts der Meinung gewesen, daß die Bestimmungen des StGB zu viele Lücken enthielten, die dann zum Beispiel durch ein neues »Gesetz gegen den Verrat militärischer Geheimnisse« vom 3. Juni 1914 (Reichsgesetzblatt 1914, S. 195) geschlossen werden sollten. Dennoch wurde die Todesstrafe für Landesverrat erst nach dem Januar 1933 eingeführt.

5) s. Anm. 4
6) RGBl, 3.6.1914, S. 195
7) Adolf Hitler, *Mein Kampf,* Dünndruckausgabe, München 1936, S. 610 ff.
8) s. Heide Barmeyer, »Geschichte als Überlieferung und Konstruktion – Das Beispiel der Dolchstoßlegende«, in: *Geschichte, Wissenschaft und Unterricht,* Kiel 1977, S. 257–271
9) W. S. Churchill, *The World Crisis,* London o. J., Bd. II, S. 1370, 1398, 1399. So auch Feldmarschall Sir Henry Wilson in den kürzlich publizierten *The Letters of Fieldmarshal Sir Henry Wilson 1918–1922,* London 1985, Eintragung u. a. 20. Oktober 1918
10) *ebd.;* Lloyd George, *Memoirs,* Bd. II, London 1938, S. 1980 ff.; s. auch K. Schwabe, *Deutsche Revolution und Wilson-Friede. Die amerikanische und deutsche Friedensstrategie zwischen Ideologie und Machtpolitik 1918/1919,* Düsseldorf 1971, *passim.*
11) s. G. Ritter, *Staatskunst und Kriegshandwerk,* München, Band IV, S. 365 ff.
12) K. Kosyck, *Deutsche Pressepolitik im Ersten Weltkrieg,* Düsseldorf 1968, S. 51 ff.
13) *ebd.*
14) A. Thimme, *Flucht in den Mythos. Die deutschnationale Volkspartei und die Niederlage von 1918,* Göttingen 1968, S. 292; S. A. Kähler, »Über die Herkunft des Schlagwortes ›Im Felde unbesiegt‹«, in: *Vier quellenkritische Untersuchungen zum Kriegsende: Studien zur Geschichte des 19. und 20. Jahrhunderts,* Göttingen 1961, S. 303 ff.
15) F. Ebert, *Schriften, Aufzeichnungen und Reden. Mit unveröffentlichten Erinnerungen aus dem Nachlaß,* Dresden 1926, Bd. II, S. 127
16) *Neue Zürcher Zeitung,* 17. Dezember 1918, S. 3; F. Frhr. Hiller von Gärtringen, »›Dolchstoß‹-Diskussion und ›Dolchstoßlegende‹ im Wandel von vier Jahrzehnten«, in: *Festschrift für Hans Rothfels,* Göttingen 1962, S. 122–166

17) Hiller von Gärtringen, *op. cit.*, S. 127; E. Nolte, *Der Faschismus in seiner Epoche*, München 1963, S. 379

18) Das Dokument ist abgedruckt bei H. Michaelis/E. Schraepler/G. Scheel (Hrsg.), *Ursachen und Folgen: Vom deutschen Zusammenbruch bis zur staatlichen Neuordnung Deutschlands in der Gegenwart*, Berlin o. J., Bd. II

19) Nolte, *op. cit.*, S. 413 ff.; R. Dahrendorf, *Democracy and Society in Germany*, London 1968, S. 311; D. Schönbaum, *Hitler's Social Revolution*, London 1967, S. 59; T. W. Mason, *Arbeiterklasse und Volksgemeinschaft*, Köln 1978, S. 2–3

20) M. Broszat, »Nationalsozialistische Konzentrationslager 1933 bis 1945«, in: H. Buchheim/M. Broszat/H. A. Jacobsen/H. Krausnick, *Anatomie des SS-Staates*, Bd. II, München 1967, S. 11 ff.

21) Mason, *op. cit.*, S. 4–7; *Anatomie, op. cit.*, Bd. I, S. 166 ff.; G. S. Stein, *The Waffen-SS at War*, Oxford 1966, S. 15 ff.; H. Höhne, *Der Orden unter dem Totenkopf*, Gütersloh 1967, S. 404 ff.; G. Reitlinger, *SS – Alibi of a Nation*, London 1957, S. 75. (Vor Benutzung der deutschen Übersetzung dieses Werkes muß gewarnt werden, da diese zahlreiche Verfälschungen gegenüber dem englischen Original aufzeigt.) Die neueste Interpretation s. in B. Wegner, *Hitlers Politische Soldaten: Die Waffen-SS 1933–1945*, Paderborn 1982, bes. Kapitel 1, S. 25 ff.; s. auch A. Speer, *Erinnerungen*, Berlin 1969, S. 173 ff.

22) Mason, *loc. cit.*

23) s. Anm. 52

24) K. D. Bracher/W. Sauer/G. Schulz, *Die nationalsozialistische Machtergreifung*, Köln 1960, S. 169 ff.; E. Matthias/R. Morsey (Hrsg.), *Das Ende der Parteien*, Düsseldorf 1960

25) Andere Interpretationen: vergl. *Mason, op. cit.* und Schönbaum, *op. cit.*

26) s. Bracher, *Auflösung, op. cit.;* Bracher/Sauer/Schulz, *Machtergreifung, op. cit.;* Dahrendorf, *op. cit.,* und Schönbaum, *op. cit.;* s. auch E. Nolte, »Between Myth and Revisionism? The Third Reich in the Perspective of the Year 1980«, Vortrag, der in einem vom Autor herausgegebenen Band »*Aspects of the Third Reich*«, Macmillans, London 1985, abgedruckt ist.

27) Nolte, Vortrag, *op. cit.;* P. Hoffmann, *Widerstand, Staatsstreich, Attentat*, München 1969, S. 15 ff., 69 ff.

28) s. M. Steinert, *Hitlers Krieg und die Deutschen. Stimmung und Haltung der deutschen Bevölkerung im Zweiten Weltkrieg*, Düsseldorf 1970; H. Boberach, *Meldungen aus dem Reich, Auswahl aus den geheimen Lageberichten des Sicherheitsdienstes der SS 1939–1944*, Neuwied 1965

29) BAKO, Nachlaß Luetgebrune, Bd. 28. Als ich diesen Nachlaß durcharbeitete, war er erst kürzlich beschafft und noch nicht geord-

net worden. Trotzdem bin ich Frau W. Kinder sehr dankbar, daß sie ihn mir zur Verfügung gestellt hat.

30) *ebd.*, Bd. 29; E. v. Salomon, *Die Geächteten*, Berlin 1933, S. 387 ff.; *ders.*, *Der Fragebogen*, Hamburg 1951, S. 134 ff.

31) BAKO, *ebd.*, Bd. 29; s. auch Deuerlein, *Hitlerputsch, op. cit.*; s. auch Anm. 56 und 59 zu Kapitel 1

32) BAKO, Nachlaß Luetgebrune, *op. cit.*, Bd. 54

33) *ebd.*, Bd. 55

34) *ebd.*, Bd. 70; Berlin Document Center (BDC), Akte Luetgebrune; Salomon, *Fragebogen, op. cit.*, S. 435 f.

35) Salomon, *Fragebogen, op. cit.*, S. 435

36) *ebd.*, S. 441; auch BDC, *op. cit.*

37) Salomon, *Fragebogen, op. cit.*, S. 264 ff., G. Stoltenberg, *Politische Strömungen im schleswig-holsteinischen Landvolk 1918–1933*, Düsseldorf 1962, bietet einen nützlichen allgemeinen Überblick und eine Analyse der Landvolkbewegung.

38) Eine anschauliche Schilderung der Landvolkbewegung ist in Hans Falladas Roman *Bauern, Bonzen und Bomben*, Hamburg 1965, (Nachdruck der Ausgabe von 1931) zu finden.

39) Salomon, *Fragebogen, op. cit.*, S. 442 f.

40) BAKO, Nachlaß Luetgebrune, Bd. 73

41) Eine recht gute Einschätzung Hans Franks ist zu finden in J. Fest, *Das Gesicht des Dritten Reiches*, München 1963, S. 286 ff., obwohl Fest das Tagebuch Franks um diese Zeit noch nicht einsehen konnte, sonst hätte er einige seiner Werturteile wahrscheinlich geändert; G. M. Gilbert, *Nuremberg Diary*, New York 1960; H. Frank, *Im Angesicht des Galgens. Deutung Hitlers und seiner Zeit auf Grund eigener Erlebnisse und Erkenntnisse*, Neuhaus 1955; W. Präg/W. Jacobmeyer (Hrsg.), *Das Diensttagebuch des deutschen Generalgouverneurs in Polen 1939–1945*, Stuttgart 1975, Einleitung, S. 7 ff.

42) Fest, *Das Gesicht ..., op. cit.*; s. auch Bracher/Sauer/Schulz, *Machtergreifung, op. cit.*, S. 516 ff.

43) Fest, *ebd.*

44) H. Picker, *Hitlers Tischgespräche im Führerhauptquartier*, Stuttgart 1976; das deutsche Original ist der englischen Version *Hitler's Table Talk* (mit einer Einleitung von H. R. Trevor-Roper) vorzuziehen, die sich auf eine von Martin Bormann »frisierte«, in den Händen des Schweizer Anwalts F. Genoud befindliche Version stützt, eines unverbesserlichen Bewunderers Hitlers und seines Regimes. Die Forschungsarbeit des Autors hat schwerwiegende Diskrepanzen zwischen Pickers Original und der Genoudschen Version zu Tage gefördert. Doch auch über Pickers »Original« sind Zweifel erhoben worden.

45) Fest, *op. cit. passim*; A. Speer, *Spandauer Tagebücher*, Berlin 1975, S. 172 ff.

46) Fest, *ebd.*, S. 103 ff.; Ch. Bewley, *Hermann Göring*, Göttingen

1956. Bewley war zwischen 1933 und 1939 irischer Botschafter in Berlin. Siehe auch S. Martens, *Hermann Göring*, Paderborn 1986, und A. Kube, *Pour le mérite und Hakenkreuz*, München 1986

47) P. Bucher, *Der Reichswehrprozeß. Der Hochverrat der Ulmer Reichswehroffiziere 1929/1930*, Boppard/Rhein 1967; Einzelheiten über die weiteren Schicksale dieser Offiziere sind zu finden in Salomon, *Fragebogen, op. cit.*, bes. S. 700 ff.; s. auch R. Scheringer, Der Weg eines Kämpfers. Reichswehrleutnant a. D. Scheringer zweimal wegen Hochverrats vor dem Reichsgericht, Berlin 1932; ders. *Das große Los: Unter Soldaten, Bauern und Rebellen*, Hamburg 1959

48) Bucher, *op. cit.*, S. 22 ff.

49) Ein differenzierteres Bild von Beck, als es zum Beispiel Hoffmann, *op. cit.*, zeichnet, ist nun bei K.-J. Müller, *Generaloberst Beck*, Boppard/Rhein 1980, zu finden.

50) Bucher, *op. cit.*, S. 236 ff.

51) Bracher, *Auflösung, op. cit.*, S. 364 ff.

52) Rekonstruktion der Aussage Hitlers vor dem Reichsgericht in: Bucher, *op. cit.*, S. 237 ff.; s. auch *Ursachen und Folgen, op. cit.*, Bd. VII, S. 529 ff.

53) *ebd.*

54) *ebd.*

55) *ebd.*

56) M. Domarus (Hrsg.), *Hitlers Reden und Proklamationen, 1932–1945*, 4 Bde., Wiesbaden 1973, Bd. I, S. 229 ff.

57) Bei der Abstimmung über das Ermächtigungsgesetz am 23. März 1933 stimmten 441 Abgeordnete für das Gesetz, einschließlich 101 Abgeordneter, die nicht der NSDAP angehörten. 94 SPD-Abgeordnete stimmten dagegen. Auch in Anwesenheit der ausgeschlossenen kommunistischen Parlamentarier hätte Hitler seine Zweidrittelmehrheit erreicht.

58) Archiv des Bundesjustizministeriums, Bonn. Die *Personalakte Freisler* befindet sich derzeit bei der Staatsanwaltschaft des Landgerichts Berlin, die so freundlich war, mir eine Fotokopie zu überlassen.

59) *ebd.*

60) Dementsprechend: G. Buchheit, *Richter in roter Robe*, München 1968, S. 15.

61) Brief vom tschechoslowakischen Innenministerium, Prag, 8. Januar 1980.

62) Buchheit, *loc. cit.*

63) Archiv des Verfassers

64) *ebd.*; s. auch Anm. 58.

65) *Personalakte Freisler, Lebenslauf.*

66) *ebd.*

67) *ebd.*

68) *ebd.*; das Eiserne Kreuz beider Klassen wird auch in *Der Großdeutsche Reichstag 1938* erwähnt; s. auch Anm. 81.

69) ebd.; die beiden deutschen Schriftsteller Bruno Brehm und Edwin Erich Dwinger befanden sich zwischen 1915 und 1920 als russische Kriegsgefangene in einer ähnlichen Lage. Angaben Brehms und Dwingers an den Autor im Juli 1970 bzw. August 1980.

70) Im Gegenstz zu Buchheits Behauptung in *Richter* ... S. 16 ff.; ebensowenig lernte Freisler jemals fließend Russisch sprechen, s. Anm. 63.

71) Er stand Gregor Strasser, den er vor 1933 in mehreren Prozessen verteidigte, sehr nahe. Fotos, die beide gemeinsam zeigen, sind im Stadtarchiv Kassel zu finden. Zum linken Flügel der NSDAP s. R. Kühnl, *Die nationalsozialistische Linke 1925–1930*, Meisenheim/Glan 1966; s. auch W. Horn, *Führerideologie und Parteiorganisation in der NSDAP*, Düsseldorf 1972.

72) s. Anm. 65.

73) *ebd.*

74) Dr. Roland Freisler, *Grundsätzliches über die Betriebsorganisation*, Jena 1922.

75) s. Anm. 65

76) *ebd.*

77) *ebd.*

78) *ebd.*

79) *ebd.*

80) *ebd.*

81) *ebd.; Mitglieder des deutschen Reichstages,* Berlin 1930; Führerlexikon der NSDAP, München 1934; *Der Großdeutsche Reichstag, IV. Wahlperiode, Beginn am 10. April 1938, verlängert bis zum 30. Januar 1947,* hrsg. vom Büro des Reichstages, Berlin 1943, s. 209 ff.

82) s. Anm. 65.

83) s. Anm. 63.

84) s. Anm. 65.

85) *ebd.*

86) BAKO, Nachlaß Luetgebrune, Bd. 29, zum Beispiel Strafverfahren gegen Redde, Elsner und Groß, 1928.

87) BDC, Akte Roland Freisler, Brief von Gauschatzleiter Weinrich an die Reichsleitung der NSDAP, München, 16. April 1927.

88) Archiv des Instituts für Zeitgeschichte (lfZg) München, Strafsachen gegen den Rechtsanwalt Dr. Roland Freisler, 24. November 1930.

89) Dieser Bericht basiert auf dem Urteil des Schöffengerichts in Kassel im Prozeß gegen Freisler, der vom 17. bis 24. November 1930 dauerte, wie in Anm. 88 zitiert. S. auch Freislers Entgegnung auf das Urteil in derselben Akte. Allgemeines über die kommunistischen terroristischen Aktivitäten in dieser Periode s. auch in K. H. Janssen (Schüler des verstorbenen Gerhard Ritter), »Bomben, Bullen, Barrikaden«, in: *Die Zeit, Zeitmagazin,* Nrn. 20 und 21, Hamburg 1981.

90) *ebd.,* Schöffengericht.

91) *ebd.*
92) *ebd.*
93) *ebd.*
94) *ebd.*
95) *ebd.*
96) *ebd.*
97) *ebd.*
98) *ebd.*
99) *ebd.*
100) *ebd.*
101) *ebd.*
102) *ebd.*
103) s. Anm. 65 und 86.
104) Archiv des Verfassers
105) ebd.; s. auch Brief, zitiert in Anm. 87.
106) s. zum Beispiel das Urteil der Kleinen Kammer des Landgerichtes Kassel, 2. Juli 1927, 5.P. 21/27–22. Stadtarchiv Kassel.
107) s. Anm. 105.
108) Oranienburger Prozeß, März 1930. Berichte darüber sind im Stadtarchiv Kassel zu finden.
109) s. Speer, *op. cit., passim.* Über Ribbentrop gibt es noch keine adäquate Biographie, die ein *Desideratum* wäre. Seine Memoiren, während des Nürnberger Prozesses 1945/46 geschrieben, wurden zuerst in Deutschland veröffentlicht: *Zwischen London und Moskau,* Leoni 1953
110) Berichte über Freislers Reden vor 1933 sind in der *Kasseler Stadtzeitung* enthalten, in der Kurhessischen Landeszeitung, im *Kasseler Landesboten* und auch im *Völkischen Beobachter,* zum Beispiel in der Ausgabe vom 16. Juni 1932. Hier wird seine Rede gelobt, die er in Berlin-Wedding gehalten hat, einem Arbeiterbezirk, der bekannt für seine kommunistischen Sympathien war, in den die SA zwischen 1930 und 1933 aber trotzdem beachtliche Breschen schlug, indem sie viele Mitglieder warb. Der *VB*-Bericht enthält den Satz, den Buchheit, *op. cit.,* S. 20, zitiert, nicht: »War Pg. Freisler doch selbst einmal Kommunist.«
111) s. Anm. 44
112) *ebd.,* 1. August 1941
113) C. Rieß, *Das gab's nur einmal,* München 1977, S. 131
114) s. Anm. 7 und S. Kracauer, *Von Caligari bis Hitler,* Hamburg 1958, S. 141 ff.
115) s. Anm. 44, 16.11.1941
116) *ebd.,* 5.5.1942 und 9.5.1942
117) *ebd.,* 6.7.1942
118) *ebd.,* 22.7.1942 und 10.5.1942
119) Die Verfassung des Deutschen Reiches, Artikel 76, Berlin 1920; s. auch F. Hartung, *Deutsche Verfassungsgeschichte,* Stuttgart 1968, S. 339 ff.

120) Hartung, *op. cit.*, S. 344
121) *Verordnung zur öffentlichen Sicherheit vom 30.1.1933*, Preußisches Gesetzblatt vom 31.1.1933; ebenso enthalten in *Documents on German Foreign Policy* (DGFP), Series C, (The Third Reich's First Phase), Bd. I, S. 15 ff., Washington 1957
122) RGBl, I, 1933, S. 35 ff.
123) s. Görings Aussage beim Nürnberger Prozeß, *Trial of the Major War Criminals before the International Military Tribunal*, Bd. XXV, S. 372 ff.; Doc. No. PS-351. S. auch R. Diels, *Lucifer ante portas. Es spricht der erste Chef der Gestapo*, Stuttgart 1950, S. 171 ff., 177 ff. H. Buchheim hat auch die Wirkung dieser verschiedenen Maßnahmen auf die deutschen Länder analysiert: s. *Gutachten des Instituts für Zeitgeschichte*, München 1958, S. 207 ff., 294 ff., und 336 ff. Außerdem s. A. Weber, *Politische Polizei. Wesen und Begriffe der politischen Polizei im Metternichschen System, in der Weimarer Republik und im nationalsozialistischen Staate*, Berlin 1937
124) F. Tobias, *Der Reichstagsbrand. Legende und Wirklichkeit*, Rastatt 1962 – die bis zum heutigen Tag überzeugendste Interpretation. Trotz der lautstarken Opposition gegen dieses Buch, dessen Verfasser Sozialdemokrat ist und NS-Verfolgter war, ist bislang kein neues Beweismaterial aufgetaucht, das Tobias' Schlußfolgerungen hätte ernsthaft in Frage stellen können. Siehe außerdem H. Mommsen »Der Reichstagsbrand und seine politischen Folgen«, in: *VfZg*, München 1964, S. 351 ff.
125) Mommsen, »Reichstagsbrand …«, *op. cit.*
126) *ebd.*, s. auch BAKO R 58/718, »Denkschrift über die kommunistische Wühlarbeit im Winter 1932/33 betr. Vorbereitung der gewaltsamen Verfassungsänderung durch die KPD vom 14.3.1933«; A. Ehrt, *Bewaffneter Aufstand*, Berlin 1933; BAKO kl. Erw. 379−4, unveröffentlichte Memoiren der Maria Reese, eines KPD-Mitglieds, das die KPD scharf wegen ihrer provozierenden Propaganda kritisiert, die im Widerspruch zu ihrer tatsächlichen Passivität hinsichtlich politischer Aktionen gestanden habe.
127) Verordnung des Reichspräsidenten zum Schutze von Volk und Staat vom 28.2.1933, RGBl, I, 1933, Nr. 17
128) RGBl, I, 1933, Nr. 28
129) Gesetz gegen heimtückische Angriffe auf Staat und Partei und zum Schutz der Parteiuniformen vom 20.12.1934, RGBl, I, S. 1269
130) s. Anm. 24; Matthias/Morsey, *op. cit.*, S. 696; *Akten der Reichskanzlei. Die Regierung Hitler.* Teil I: 1933/34. Boppard 1983, Bd. 1, S. 2−4, 124 f., 129 ff., 146, 160, 164, 214, 250 f.
Die KPD wurde jedoch spätestens seit April 1933 – aufgrund der Verordnungen »zum Schutze von Volk und Staat« und »gegen Verrat am Deutschen Volke« vom 28.2.1933 – offiziell als »illegal« betrachtet, s. *Akten der Reichskanzlei, op. cit.*, S. 133. Im Mai 1933 folgte dann das »Gesetz über die Einziehung kommunistischen Ver-

mögens« vom 26.5.1933, RGBl. I, S. 293; im Juni 1933 das Verbot
der SPD auf der Grundlage der Verordnung zum Schutze von Volk
und Staat vom 28.2.1933 in Form einer Anweisung des Reichsministers des Innern an die Länderregierungen, s. Hofer, *op. cit.*, S. 58
ff.; im Juli 1933 das »Gesetz gegen die Neubildung von Parteien«
vom 14.7.1933, RGBl. I, S. 479, das als einzige politische Partei die
NSDAP bestehen ließ.

131) Niederschrift über die Ministerbesprechung am 30. Januar 1933,
5 Uhr nachm. in der Reichskanzlei; Niederschrift über die Ministerbesprechung am 28. Februar 1933, vorm. 11 Uhr; Niederschrift
über die Ministerbesprechung am 7. März 1933, nachm. 4.15 Uhr in
der Reichskanzlei; Niederschrift über die Ministerbesprechung am
24. März 1933, vorm. 11.30 Uhr in der Reichskanzlei – alle abgedruckt in Tobias, *op. cit.*, S. 613–630. die Originaldokumente konnten nicht eingesehen werden, da sie sich zur Zeit der Entstehung des
Manuskripts in den Händen eines Herausgeberteams befanden, das
die Akten der Reichskanzlei veröffentlicht. S. auch Bracher/Sauer/
Schulz, *Machtergreifung, op. cit.*, S. 88 ff.

132) Auszug in W. Hofer, *Nationalsozialismus, op. cit.*, S. 28, Hitlers Rede am 14. Dezember 1930 in München.

133) *VB*, 12.11.1930, S. 1–2.

134) s. Anm. 57.

135) Gesetz zur Behebung der Not von Volk und Reich, *RGBl.* I, 1933,
S. 141.

136) *ebd.*

137) R. S. Schäfer, »Die Vorgänge um das Ermächtigungsgesetz von
1933«, in: *Frankfurter Hefte*, Frankfurt 1947, S. 984; Matthias/
Morsey, *op. cit.*, S. 68 ff., 166 f., 353; R. Morsey, »Hitlers Verhandlungen mit der Zentrumsführung am 31. Januar 1933«, in: *VfZg*,
1961, S. 182 ff.; A. Brecht, *Vorspiel zum Schweigen. Das Ende der
Weimarer Republik*, Wien 1948, S. 170 ff.; ders., »Die Auflösung
der Weimarer Republik und die politische Wissenschaft«, in: *Zeitschrift für Politik* (ZfP), München 1955, S. 296 ff.; DGFP, *op. cit.*, S.
15 ff.; H. Brüning, *Memoiren*, Stuttgart 1970, S. 689 ff.; E. Matthias, »Die Sitzung der Reichsfraktion des Zentrums am 23. März
1933«, in *VfZg*, 1956, S. 302 ff.; Bracher, *Auflösung, op. cit.*, S. 535;
J. Becker, »Zentrum und Ermächtigungsgesetz«, in: *VfZg,*, 1961, S.
195 ff., Bracher/Sauer/Schulz, *Machtergreifung, op. cit.*, S. 163 ff.;
v. Papen, *op. cit.*, S. 297 ff.

138) Domarus, *Reden..., op. cit.*, Bd. I, S. 229 ff.

139) Verhandlungen des Reichstages, Berlin 1933, Bd. 457, S. 38 ff.; Mat-
thias/Morsey, *op. cit.*, Kapitel 10; F. Stampfer, *Erfahrungen und Bekenntnisse*, Köln 1957, S. 268.

140) H. Schacht, *76 Jahre meines Lebens,* Bad Wörishofen 1953, S. 221.

141) K. Tucholsky, *Gesammelte Werke, op. cit.*, Bd. III, Brief an Walter-
Hasenclever, 4. März 1933.

142) Bracher/Sauer/Schulz, *Machtergreifung, op. cit.,* S. 53 ff., 136 ff., 169 ff., 175 ff., 186 ff., 193 ff.; s. auch die folgenden Verordnungen (VO) vom 30.1.1937, *RGBl.,* I, S. 105; 30.1.1939, *RGBl.* I, S. 95; und 10.5.1943, *RGBl.* I, S. 295.
143) P. Hüttenberger,»Nationalsozialistische Polykratie«, in: *Geschichte und Gesellschaft,* Görringen 1976, S. 417 ff.; E. Fränkel, *The Dual State,* New York 1941; K. D. Bracher, *Die deutsche Diktatur,* Frankfurt 1973, S. 553 ff.; M. Broszat, *Der Staat Hitlers,* München 1969, S. 24; E. N. Peterson, *The Limits of Hitler's Power,* Princeton 1969; H. Mommsen, *Beamtentum im Dritten Reich,* Stuttgart 1966; s. auch Hitlers Bemerkungen zugunsten der Dezentralisierung in: Picker, *Tischgespräche, op. cit.,* 23. und 24.6.1942.
144) Tucholsky in einem Brief an Hasenclever vom 11.4.1933, in: Tucholsky, *Gesammelte Werke, op. cit.,* Bd. III, S. 399.

Kapitel 3

1) A. Hitler, *Mein Kampf, op. cit.,* S. 501 f.
2) H. Freyer, *Der Staat,* Leipzig 1925, S. 113 f.
3) M. Weber,»Der Reichspräsident«;»Parlament und Regierung im neugeordneten Deutschland«, in: *Gesammelte Schriften,* Hrsg. J. Winkelmann, Tübingen 1958, S. 294 ff.; H. Theisen, *Die Entwicklung zum nihilistischen Nationalismus in Deutschland, 1918–1933,* München 1958, S. 24 ff.; D. Lerner, *The Nazi Elite,* Stanford 1951, S. 53 ff.; H. A. Winkler,»Extremismus der Mitte? Sozialgeschichtliche Aspekte der nationalsozialistischen Machtergreifung«, in: *VfZg,* 1972, S. 175 ff.
4) Der Punkt 24 des NSDAP-Parteiprogramms verlangt zwar nicht ausdrücklich nach einer Diktatur, aber »zur Durchführung (des Parteiprogramms – der Autor) fordern wir die Schaffung einer starken Zentralgewalt des Reiches«. Eine solche Forderung war auch nicht in den Bestimmungen des Ermächtigungsgesetzes enthalten.
5) K. D. Bracher, *Zeitgeschichtliche Kontroversen in Faschismus, Totalitarismus, Demokratie,* München 1976, S. 28, 39, 53 f.
6) E. Goldhagen,»Weltanschauung und Erlösung«, in: *VfZg,* 1976, S. 379 ff.
7) H. Herrfahrdt, »Politische Verfassungslehre«, in: *Archiv für Rechts- und Staatsphilosophie,* Bd. XXX, Marburg 1933; ders., *Die Verfassungsgesetze des Nationalsozialistischen Staates dem Text der Weimarer Republik gegenübergestellt,* Marburg 1935
8) Hitler, *Mein Kampf, op. cit.,* S. 493, 501 f., 661 f.; Freyer, *op. cit.;* Fränkel, *The Dual State, op. cit.;* »Führung als Rechtsprinzip«, in: *DR,* 1934, S. 327 ff. Hier ist kein Autor angegeben, aber Stil- und Textvergleiche legen die Vermutung nahe, daß der Artikel von Freisler stammt.

9) H. H. Lammers, »Die Staatsführung im Dritten Reich«, in: *Deutsche Justiz* (DJ), 1934, S. 1296; ders., »Zum 30. Januar 1942«, in: *Reichsverwaltungsblatt*, 1943, S. 43

10) H. Rauschning, *Gespräche mit Hitler*, Zürich 1950, S. 232 f.; diese Quelle scheint allerdings von zweifelhaftem Wert zu sein und hat sich inzwischen überzeugend als Fälschung erwiesen. Siehe W. Hänel, *Hermann Rauschnings »Gespräche mit Hitler« – eine Geschichtsfälschung*, Ingolstadt 1984

11) Zum Beispiel U. Scheuner, »Die nationale Revolution«, in: *Archiv für öffentliches Recht*, 1934, Neue Folge, 1933/34, S. 166 ff., 261 ff.

12) W. Hamel, »Die Aufgabe der Polizei im nationalsozialistischen Staat«, in: *Deutsche Juristenzeitung* (DJZ), 1936, S. 1465 ff.

13) O. Köllreuter, *Zur Entwicklung der Rechtseinheit*, Jena 1935; ders., *Vom Sinn und Wesen der nationalen Revolution*, Tübingen 1933; ders., *Der Führerstaat*, Tübingen 1934; ders., *Volk und Staat in der Weltanschauung des Nationalsozialismus*, Berlin 1935; ders., *Grundlagen des völkischen und staatlichen Lebens im deutschen Volksstaat*, Berlin 1935; ders., *Deutsches Verfassungsrecht. Ein Grundriß*, Berlin 1936; ders., *Deutsches Verfassungsrecht*, Berlin 1938; H. Krüger, *Führer und Führung*, Breslau 1935, Vorwort, S. 5; C. Schmitt, *Staat, Bewegung, Volk*, Berlin 1934, S. 33, 39, 41 ff.

14) s. Anm. 7) und 13); W. Sauer, »Rechtsprechung und Regierung. Zur Frage der Unabhängigkeit des Richters«, in: *DJ*, 1935, S. 181 ff.; F. Sauer, »Das Reichsjustizministerium«, in: *Schriften der Hochschule für Politik*, Ausgabe 36/37, Berlin 1939, S. 23

15) E. R. Huber, *Vom Sinne der Verfassung*, Hamburg 1935, S. 10 f., 20 ff.

16) C. Schmitt, »Neue Leitsätze für die Rechtspraxis«, in: *Juristische Wochenschrift* (JWS), 1933, S. 273 ff. und in: *DR*, 1933, S. 201 ff.

17) R. Freisler in *DR*, 1942, S. 145 ff.; H. Frank, »Leitsätze des Reichsjuristenführers zur richterlichen Unabhängigkeit«, in: *DJZ*, 1936, S. 179 ff.

18) RGBl., I, 1933, S. 1016

19) Wurde laut A. Krebs, *Tendenzen und Gestalten der NSDAP. Erinnerungen an die Frühzeit der NSDAP*, Stuttgart 1959, S. 138, schon gegen Ende 1930 von Hitler beansprucht; *Mein Kampf, op. cit.*, S. 569 ff.; H. Nicolai, *Grundlagen der kommenden Verfassung*, Berlin 1933, S. 23; s. auch S. Neumann, *Permanent Revolution. The Total State in a World of War*, London 1942, S. 126 ff.

20) Broszat, *Der Staat Hitlers*, München 1969, S. 328 ff.; C. Schmitt, »Nationalsozialistisches Rechtsdenken«, in: *DR*, 1934, S. 225 ff.

21) P. H. Merkl, *Political Violence under the Swastika*, Princeton 1975, *passim.*; ders., »Die alten Kämpfer der NSDAP«, in: *Sozialwissenschaftliches Jahrbuch für Politik*, Bd. II, München 1971. Beide Studien basieren auf 582 autobiographischen Skizzen alter NSDAP-Mitglieder, die ab 1934 von Soziologen der Columbia University,

New York, gesammelt wurden. Doch das vorgelegte Material reicht kaum aus, um Verallgemeinerungen im großen Stil zuzulassen.

22) Hitlers Bekanntmachung vom 11. September 1935, *VB*, Nr. 255, 12.9.1935

23) Ebenso durch das Gesetz gegen die Neubildung von Parteien, 14.7.1933, *RGBl*, I, 1933, S. 479

24) s. Anm. 18), Paragraph 6

25) Deutsches Beamtengesetz von 1937, *RGBl*, 1937, I, s. die Paragraphen 1 und 3

26) *ebd.*

27) Reichsgericht am 17.2.1933, Höchstrichterliche Rechtsprechung (HRR), Nr. 845/1939; s. auch *Münchner Neueste Nachrichten* (MNN), Nov. 1938, zitiert von F. Neumann, *Behemoth*, New York/London 1942, S. 73 f.

28) P. Diehl-Thiele, *Partei und Staat im Dritten Reich. Untersuchungen zum Verhältnis von NSDAP und allgemeiner Staatsverwaltung 1933–1945*, München 1969; s. auch *Mein Kampf, op. cit., passim*, und Anm. 25), Paragraph 26, Abs. 1, Nr. 2

29) So blieb Dr. Erwin Bumke, ernannt 1929, Präsident des Reichsgerichts; Gürtner, 1932 zum Reichsjustizminister ernannt, blieb bis zu seinem Tod im Jahre 1941 im Amt; und Schlegelberger, Staatssekretär im RJM blieb bis zu seiner Pensionierung im Jahre 1942 auf seinem Posten.

30) s. *Handbuch der Justizverwaltung*, Berlin 1942; *Taschenkalender für Verwaltungsbeamte*, Berlin, Ausgaben 1932 und 1934. In Preußen traten mehr Veränderungen ein als im übrigen Deutschland. Nur drei der OLG-Präsidenten und der Generalstaatsanwälte, die 1931 im Amt waren, hatten auch noch Ende 1934 ihre Positionen inne. Für ihr Ausscheiden sind keine Gründe angegeben. S. auch BAKO R 22/1462, Liste der Justizangehörigen für 1938, und BAKO R 22/4402, Liste für 1942, die bei den OLG-Präsidenten und Generalstaatsanwälten größere Veränderungen erkennen läßt als an der Spitze und auf der niedrigsten Ebene der Justiz. Doch das Beweismaterial ist zu dürftig und fragmentarisch, um verläßliche Zahlen angeben und endgültige Schlüsse ziehen zu können.

31) *ebd.*

32) Archiv des Bundesjustizministeriums, Bonn, basierend auf den Akten von 25 OLG-Präsidenten und 19 Generalstaatsanwälten aus 35 OLG-Bezirken.

33) Gesetz zur Wiederherstellung des Berufsbeamtentums vom 4.4.1933, *RGBl*, 1933, I, S. 409. Es enthielt den infamen Arierparagraphen, aufgrund dessen jüdische Richter und Beamte ihres Amtes enthoben werden konnten, richtete sich aber auch gegen parteipolitische Eingriffe in den Staatsdienst, die in Preußen zwischen 1920 und 1933 in beklagenswerter Form stattgefunden hatten.

34) Sitzung des Reichskabinetts, in der das Gesetz über Maßnahmen der

Staatsnotwehr verabschiedet wurde, 3.7.1934, *RGBl*, 1934, I, S. 529; s. auch öffentliches Kommuniqué über die Kabinettsitzung in: Domarus, Reden ..., *op. cit.*, Bd. I, S. 406; ebd. Hitlers Reichstagsrede, 13.7.1934, S. 410 ff.

35) Diese Information erhielt der Autor im September 1973 von Dr. Lothar Gruchmann.

36) *ebd.*

37) Dies wurde einer Liste von VGH-Berufsrichtern entnommen, die auf der Grundlage der Akten des BDC und des Bundesjustizministeriums zusammengestellt wurde.

38) W. Johe, *Die gleichgeschaltete Justiz. Organisation des Rechtswesens und Politisierung der Rechtsprechung 1933–1945, dargestellt am Beispiel des Oberlandesgerichtes Hamburg*, Frankfurt/Main 1971, S. 68 ff.; D. Kolbe, *Reichsgerichtspräsident Dr. Erwin Bumke ...*, *op. cit.*, S. 222. Die NSDAP übte auch Druck auf die Richter aus, damit sie der Partei beitraten, s. »Erlaß des badischen Justizministeriums über die Dienstverhältnisse des Justizbeamten«, 10.11.1934, zitiert von H. Weinkauff/A. Wagner (Hrsg.) in: *Die deutsche Justiz und der Nationalsozialismus. Quellen und Darstellungen der Zeitgeschichte*, Stuttgart 1968, S. 77; BAKO R 22/4162, nicht datierte Notiz, vermutlich aus dem Jahr 1941, von Freisler über den Druck, dem die Richter ausgesetzt wurden, damit sie der NSDAP beitraten, und der in der Rede Thieracks vom 29. August 1942 gipfelte, in der er versicherte, man würde bei Beförderungen junge Richter bevorzugen, die Mitglieder der »Bewegung« wären, s. BAKO R 22/4199

39) F. Poetsch-Heffter, *Jahrbuch für öffentliches Recht*, Bd. 22, 1935, S. 1 ff., S. 265; »Sondergericht Hamburg«, in: *DRZ*, Nr. 553, 1935; »Sondergericht Hamburg«, in: *Reichsverwaltungsblatt*, (RVerwBl), 1935, S. 700; »Badischer VGH«, in: *Deutsche Verwaltung*, 1938, S. 503

40) E. R. Huber, »Anmerkungen zur Entscheidung des Sondergerichts Darmstadt«, in: *Juristische Wochenschrift* (JWS), 1934, S. 1747

41) »Sondergericht Hamburg«, in: *DRZ*, 1935, S. 553

42) W. Stuckart/H. Globke, »Reichsbürgergesetz vom 15.9.1935. Gesetz zum Schutz der Erbgesundheit und der deutschen Ehre vom 18.10.1935«, in: *Kommentare zur deutschen Rassengesetzgebung*, Bd. I, München 1936, Einleitung, S. 3, 13, 24 f.

43) s. Anm. 39), »Sondergericht Hamburg«, *op. cit.*

44) Die *DR*, 1934, S. 27, stellt fest: »Es ist also ganz selbstverständlich, daß jede Erörterung der Frage des Verfassungsaufbaues mit dem einfachen Satz beginnen muß: Die Weimarer Reichsverfassung gilt nicht mehr.«

45) VO über den Volksgerichtshof, 12.6.1934, *RGBl*, 1934, I, S. 492

46) s. Anm. 34)

47) H. Steffens, »Die rechtliche Vertretung der Juden im Reich«, in:

DR, S. 9 ff. Ursprünglich war eine Gesetzgebung in diesem Ausmaß nicht geplant, aus »wirtschaftlichen Gründen«, wie Steffens es ausdrückt, aber in der Praxis wurde Druck auf deutsche Anwälte ausgeübt, damit sie keine Juden vertraten. S. a. F. Gürtner, »Richter und Staatsanwalt im neuen Staat«, in: *DJ,* 1934, S. 369 ff.; F. Fritscher, »Was ist ein Eingriff in die Berufsaufgaben des Rechtsanwalts?« in: *JWS,* 1937, S. 525. Seit 1934 galt das Verbot für alle Anwälte, die der NSDAP angehörten, s. »Anordnungen des Stellvertreters des Führers« vom 16.8.34 und 8.10.1934, ebenso eine Anordnung des Reichsrechtsamtes der NSDAP, zitiert von Steffens, *op. cit.* Nach dem November 1938 verschärfte sich die offizielle antijüdische Haltung. Kurz davor hatte die 5. VO zum Reichsbürgergesetz vom 27.9.1938 jüdischen Anwälten die Berufsausübung in ganz Deutschland verboten. Die »Anordnung des Stellvertreters des Führers« vom 19. Dez. 1938 und »Die Anordnung des Reichsleiters des Reichsrechtsamtes der NSDAP«, Hans Frank, vom 2.1.1939 bezogen in die Verbote von 1934 alle deutschen Anwälte ein, die irgendeiner NS-Organisation angehörten, s. *Verfügungen, Anordnungen, Bekanntmachungen,* hrsg. von der Parteikanzlei der NSDAP, Zentralverlag der NSDAP. München o. J., Bd. II. S. 405; *ebd.* »Anordnung XXI-1/39«, S. 432. Das Verbot wurde dann am 31.12.1939 auf alle Anwälte ausgedehnt, s. »Bekanntgabe des Präsidenten der Reichsrechtsanwaltskammer« vom 31.12.1939, in: *JWS,* 1939, S. 274

48) Steffens, *op. cit.,* S. 11
49) *ebd.*
50) D. C. Watt, »Die bayerischen Bemühungen um die Ausweisung Hitlers 1924«, in: *VfZg,* 1972, S. 375 ff.; s. auch Picker, *Tischgespräche ...,* *op. cit.,* S. 159, 29.3.1942
51) *ebd.*
52) *ebd.*
53) s. Kapitel 6
54) *ebd.*
55) s. Kapitel 2, Anm. 58)
56) s. auch Buchheit, *op. cit.,* S. 24 f.
57) *ebd.*
58) *ebd.*
59) *ebd.*
60) Archiv des Verfassers
61) Archiv des Verfassers
62) BAKO P 135/3147, Bericht des Regierungspräsidenten Rheinprovinz, 24.11.1928
63) W. Heuber, »Der Bund Nationalsozialistischer Deutscher Juristen und die Deutsche Rechtsfront«, in: *Nationalsozialistisches Jahrbuch 1933,* hrsg. von der Reichsleitung der NSDAP München o. J., S. 1566—1571

64) *ebd.*
65) s. Anm. 38)
66) *RGBl.*, I, 1933, S. 175
67) *Berliner Tageblatt*, Nr. 38, 23.1.1934, enthält einen interessanten Überblick, der sich auf offensichtlich verläßliche Statistiken stützt.
68) BAKO P 135/80, »Gesamtaufstellung über Rechtsanwälte und Notare in den preußischen Oberlandesgerichtsbezirken bei den Generalakten des preußischen Justizministeriums«; s. auch BAKO P 135/76, »Statistiken über den Stand am 1.1.1933«
69) BAKO P 135/6334, »Rundverfügung vom 27.6.1933 an den Kammergerichtspräsidenten und die Oberlandesgerichtspräsidenten«
70) s. Kapitel 2, Anm. 124)
71) s. Tobias, *op. cit.*, S. 613–630; Kapitel 2, Anm. 130)
72) *ebd.*
73) Matthias/Morsey, *Das Ende ...*, *op. cit.*, passim
74) s. Kapitel 2, Anm. 124), H. Mommsen
75) s. Anm. 71)
76) *ebd.*
77) *RGBl*, I, 1933, S. 162
78) s. Kapitel 2, Anm. 129)
79) Schlegelberger bemühte sich sehr, die Einführung dieser rückwirkenden Gesetzgebung zu verhindern, aber Hitler ließ sich davon nicht beeindrucken. Nürnberger Dok. NG-2287, vorgelegt im Prozeß III des IMT, 1946/47
80) *RGBl*, I, 1933, S. 151
81) Für den Komplex Reichswehr und Verrat ist H. Höhne, *Canaris*, Gütersloh 1976, S. 153 ff. sehr informativ.
82) *ebd.*, sowie S. 231 ff., 240, 281, 304, 326, 351; s. auch Picker, *Tischgespräche ...*, *op. cit.*, 5.4.1942 und 7.6.1942
83) Broszat, *Staat ...*, *op. cit.*, S. 336 ff., 403 ff.
84) Tobias, *op. cit.*, S. 305 ff.
85) *ebd.*, Nachdruck des Exzerptes auf S. 457
86) *DR*, 1934, S. 19; weitere Kritik von seiten der *DJ*, 1933, S. 870
87) Picker, *Tischgespräche ...*, *op. cit.*, S. 278, 10.5.1942
88) *ebd.*
89) BAKO R 23/1115, Niederschrift der Ministerbesprechung vom 23.3.1933
90) *ebd.*
91) *ebd.*
92) BAKO R 43 I/1468; Gesetz zur Änderung von Vorschriften des Strafrechts und des Strafverfahrens vom 24.4.1934, *RGBl*. I, 1934, S. 345 ff.
93) *VB*, 19.11.1935; s. auch *DJ*, 1935, S. 1709; *DR*, 1935, S. 518; Volkmar, Elster, Küchenhoff (Hrsg.), *Handwörterbuch der Rechtswissenschaft*, Berlin 1937
94) F. Richter, »Der Volksgerichtshof ist kein Revolutionstribunal«,

in: *Deutscher Reichs- und Preußischer Staatsanzeiger*, Nr. 146, 26.6.1934; s. auch G. Gribbohm, »Der Volksgerichtshof«, in: *Juristische Schulung. Zeitschrift für Studium und Ausbildung*, Nr. 2, 1969, S. 55

95) »VO über den Volksgerichtshof« vom 12.6.1936, *RGBl*, I. 1936, S. 492; s. auch Paragraph 1 der VO zur Durchführung der oben genannten VO über den VGH und »Die 25. Änderung des Besoldungsgesetzes« vom 18.4.1936, *RGBl*, I, 1936, S. 398; »Bestimmung über die Ernennung und Entlassung von Reichsbeamten« vom 1.2.1935, *RGBl*. I, 1935, S. 74, und der Beamten in der Reichsjustizverwaltung vom 20.3.1935, *RGBl*, I, 1935, S. 391 sowie *DJ*, 1935, S. 635 und 638; H. Frank (Hrsg.), *Nationalsozialistisches Handbuch für Recht und Gesetzgebung*, München 1935, S. 1409

96) Der Reichsrat wurde durch ein Gesetz vom 14.2.1934 formell aufgelöst. *RGBl*, I, 1934, S. 89

97) Das Reichsgericht hatte gemäß Paragraph 8 der »VO des Reichspräsidenten gegen Verrat am Deutschen Volke und hochverräterische Umtriebe« vom 28.2.1933, *RGBl*, I, 1933, S. 85, Ermittlungsrichter eingeführt. Ausführungsbestimmung des Reichsjustizministers vom 12.6.1936, *RGBl*, I, 1936, S. 492; 3. VO über den VGH vom 22.8.1935, *RGBl*, I, 1935, S. 1121

98) *RGBl*, I, 1935, S. 398

99) *ebd.*

100) *ebd.*

101) s. Anm. 98), Paragraph 6; auch Paragraph 4 der VO v. 12.6.1934, *RGBl*, I, 1934, S. 492

102) *RGBl*, I, 1936; »Erlaß des Führers und Reichskanzlers über die Amtstracht in der Reichsjustizverwaltung« vom 19.6.1936, *RGBl*, I, 1936, S. 503; *DJ*, 1936, S. 949; »VO über das Tragen der Amtstracht in der Justizverwaltung« vom 11.12.1937, *RGBl*, I, 1937, S. 1383

103) *DJ*, 1934, S. 1013, *DJ*, 1935, S. 807; s. auch Kapitel 9; *IfZg*, Arno Weimann, Affidavit, 8.2.1947; NG-792; *ebd.* NG-533, Rothaug-Affidavit, 2.1.1947

104) *DJZ*, 1934, S. 979−983; s. auch »Der Volksgerichtshof für das Deutsche Reich«, in: *JWS*, 1936, S. 1569

105) *DJ*, 1934, S. 1013

106) BAKO R 43 II/1518, Volksgerichtshof 1934−1935; »Vom Volksgericht des Deutschen Reiches«, in: *DJ*, 1935, S. 1709; *Deutsche Allgemeine Zeitung* (DAZ), 22.4.1936; Juristische Rundschau«, in: *DJZ*, 1936, S. 561 f.; R. Freisler, »Die lebenswichtigen Aufgaben des Volksgerichtshofes«, in: *Zeitschrift der Akademie für Deutsches Recht* (ZAkDR), 1936, S. 855; R. Freisler, »Der Volksgerichtshof − das Reichsstrafgericht?« in: *ZAkDR*, 1936, S. 90; s. auch O. Engert, »Fünf Jahre Volksgerichtshof«, in: *VB*, 14.7.1939. Die Debatte über die Zusammenlegung des VGH mit der Militärjustiz und die Auflö-

sung der letzteren ist enthalten in *ZAkDR*, 1935, S. 242 ff.; s. auch
BAKO, Reichsjustizministerium: Akten betreff Volksgerichtshof R
22/302, 1934/35; Gürtners Brief an den Finanzminister, 30.11.1935,
ebenso Denkschrift vom 23.7.1935

107) BAKO R 43 II/1518, Gesetz über den Volksgerichtshof und über
die 25. Änderung des Besoldungsgesetzes vom 18.4.1936, *RGBl*, I,
1936, S. 386; BDC, NG-156, Brief von Thierack an Lammers,
27.4.1934
108) *ebd.; DJ*, 1936, S. 907
109) s. Freislers Artikel, oben und unten zitiert, besonders in Kapitel 5
sowie in BAKO R 43 II/1518, *op. cit.*
110) *ebd.*
111) *ebd.*
112) »Deutsches Rechtsleben 1935 und 1936«, in: *DJ*, 1936, S. 50 ff.,
90 ff., 219 ff. und 433 ff.
113) *ebd.*
114) s. Anm. 106), Freisler »... Reichsstrafgericht«, *op. cit.*
115) *ebd.*
116) *ebd.*
117) *DJ*, 1936, S. 907. Bei seinem Amtsantritt bezeichnete ihn Gürtner als
»einstweiligen Präsidenten«.
118) BAKO-Akten der Reichskanzlei R 43 II/1518, Volksgerichtshof
1934—1935
119) Zu Thieracks *curriculum vitae* s. *DJ*, 1942, S. 551; s. auch *IfZg*, Bormanns Brief an den Reichsschatzmeister Franz Xaver Schwarz vom
9.2.1938. Thierack beging 1946 im britischen Internierungslager in
Bad Nenndorf Selbstmord.
120) *ebd., DJ*
121) IfZg, NG-97. Schlegelberger-Affidavit, 6.9.1946
122) Freislers Brief vom 15.11.1936. In diesen Zeitraum fällt eine Bekanntschaft Freislers mit einem damaligen Amtsgerichtsrat, die sich
zu einer Freundschaft entwickeln sollte. Diese Freundschaft war für
Freisler nicht ohne Problematik, denn die Frau des Amtsgerichtsra-
tes war Halbjüdin, und stammte mütterlicherseits aus einer alten elsässischen jüdischen Familie. Dies war Freisler bekannt, und anfangs scheint er geglaubt zu haben den Amtsgerichtsrat am besten zu
schützen durch dessen Berufung an den VGH, da dieser NSDAP-
Mitglied war und einen höheren SA-Rang bekleidete. Doch es stellte
sich schnell heraus, daß das Reichssicherheitshauptamt Kandidaten
für das Richteramt am VGH einer eingehenden Prüfung unterzog.
Freisler hatte diesen Umstand zuerst ignoriert, als aber die ersten
Anfragen einliefen, machte er die Berufung rückgängig und riet dem
Amtsgerichtsrat, in seinem und seiner Familie Interesse an seinem
bisherigen Ort zu verbleiben. Kurz nach Ausbruch des Krieges
nahm Freisler bereits bestehende gute Kontakte zum Oberkommando der Luftwaffe auf und sorgte dafür, daß der Amtsgerichtsrat zur

Nachrichtentruppe der Luftwaffe eingezogen wurde. Im Rang eines Unteroffiziers verbrachte dieser dann den Hauptteil des Krieges in der Sicherheit der besetzten Gebiete in Westeuropa. Trotz dieser nicht unproblematischen Freundschaft blieb Freisler mit ihm in engem persönlichen schriftlichen Kontakt. Freislers Briefe an ihn sind an den Verfasser dieser Studie übergegangen und ihr Inhalt enthüllt ein überraschendes Ausmaß an Offenheit und Kritik über Deutschlands innere wie äußere Situation bis kurz vor Freislers Tod. Wenig mehr als ein Jahr nach Abschluß dieses Manuskriptes wurde der Verfasser auf weitere Korrespondenz Freislers aufmerksam gemacht, in diesem Falle mit einem VGH-Richter. Einsicht wurde gewährt, aber aus Gründen auf die bereits im Vorwort hingewiesen wurde, wurde ihm die Ausgabe bzw. Kopien bis nach dem Tode ihres Besitzers verweigert. Ihr Tenor ist aber dem der hier zitierten Freisler-Briefe sehr ähnlich. Im Folgenden wird auf die Korrespondenz Freislers unter »Freisler-Briefe« hingewiesen. Die Originale, die neben Privatem auch in verschiedenen Fällen auf die Praxis an den OLGs und Sondergerichten eingehen, werden dem Institut für Zeitgeschichte übergeben, jedoch mit einer Sperrfrist bis 2010, um sicherzustellen, daß weder die Betroffenen noch deren Angehörige zu weiteren Opfern einer zweifelhaften und auf Sensationseffekt ausgerichteten »Vergangenheitsbewältigung« werden.

123) s. Kapitel 6, auch IfZg, NG-208B, Thierack, »Die Unabhängigkeit der Richter«

124) Auszug aus den Akten BAKO R 22/302, Generalakten 3270 des RJM

125) s. Kapitel 5 über Freislers Rolle als Publizist, in der er diesen Punkt immer wieder betont.

126) s. Anm. 106), Freisler, »Die lebenswichtigen Aufgaben …«, *op. cit.*

127) *ebd.*

128) s. Anm. 93), *Handwörterbuch … op. cit.*, S. 382

129) R. Schraut (Hrsg.), *Deutscher Juristentag 1933. 4. Reichstagung des Bundes Nationalsozialistischer Deutscher Juristen. Ansprache und Fachvorträge*, Berlin 1933, S. 222 ff.; IfZg, NG-866, Rothenbergers Bericht »Sechzehn Monate Berlin«, 4.4.1944

130) BAKO, Reichsjustizministerium, Generalakten R 22/899; R. Freisler, »Materielles Strafrecht im Allgemeinen«, 1. Lesung 1933/34; *ebd.*, R 22/887 »Grundprobleme nationalsozialistischer Strafrechtsreform« 1933/34; *ebd.*, R 22/1032 »Strafverfahrensrecht im Allgemeinen« 1934−44; *ebd.*, R 22/1044, Dr. Gürtner, »Das kommende deutsche Strafverfahren« 1937/38; *ebd.*, R 22/1039 »Neuordnung der Strafverfahrensordnung«; *ebd.*, Franks Brief an Lammers vom 22.12.1936: Entwurf eines Deutschen Strafgesetzbuches; s. auch IfZg NG-254

131) *ebd.*

132) BAKO Generalakten R 22/887, *op. cit.*

133) *Nationalsozialistisches Strafrecht. Denkschrift des preußischen Justizministers,* Berlin 1933
134) Gesetz zur Änderung von Vorschriften des Strafverfahrens und des Gerichtsverfassungsgesetzes vom 28.6.1935, *RGBl,* I, 1935, S. 844
135) *ebd.*
136) Gesetz gegen gefährliche Gewohnheitsverbrecher und über Maßregeln der Sicherung und Besserung vom 24.11.1933, *RGBl.* I, 1933, S. 995
137) IfZg, NG-362, Gürtners Brief an den Hamburger OLG-Präsidenten, in dem er sich mit der Schutzhaft auseinandersetzt; NG-340, Brief von Lammers an Gürtner, 8.8.1939, in dem er anordnet, auch Untersuchungsgefangene der SS zu übergeben, damit sie in Konzentrationslager gebracht werden konnten. BAKO, Reichsjustizministerium, Generalakten R 22/1074, Gürtners Schreiben vom 15.5.1937 an den VGH und andere Gerichtshöfe, in dem es um die Verhöre von Gefangenen durch andere Staatsbehörden und ihre Übergabe an diese Behörden geht; NG-323, Himmlers Forderung vom 18.2.1937, der SD und die SS müßten sich vom Beginn der Ermittlungen an um alle umfassenden »politisch-polizeilichen Vorgänge« kümmern.
138) s. Buchheim *et al., Anatomie ..., op. cit.,* Bd. II, S. 37 ff.; Broszat, *Staat ..., op. cit.,* S. 415 f., 420 f., 429 f.
139) Gesetz zur Änderung von Vorschriften des Strafrechtes und Strafverfahrens vom 24.4.1934, *RGBl.* I, 1934, S. 341
140) s. Kapitel 2, Anm. 58)
141) Bracher/Sauer/Schulz, *Machtergreifung ..., op. cit.,* S. 532
142) H. Schorn, *Der Richter im 3. Reich,* Frankfurt/Main 1959, S. 62 ff.
143) Die Diskussionsebene wird beleuchtet in F. Gürtner (Hrsg.), *Das kommende deutsche Strafrecht. Allgemeiner Teil. Bericht über die Arbeit der amtlichen Strafrechtskommission,* Berlin 1934
144) *ebd.,* S. 162
145) s. auch C. Schmitt, *Legalität und Legitimität,* Bonn 1932
146) s. Anm. 132), S. 42
147) *ebd.*
148) s. Kapitel 7 und 8: Freislers Urteile, ebenso die Argumente in seinen Artikeln, die in Kapitel 6 behandelt werden.
149) s. Anm. 146)
150) Domarus, *Reden ... op. cit.,* S. 228 ff.
151) s. Anm. 146)
152) s. Fest, *Gesicht ..., op. cit.,* S. 286 ff.
153) *ebd.;* M. Broszat, »Zur Perversion der Strafjustiz im Dritten Reich«, in: *VfZg,* 1958, S. 358 ff.
154) R. Freisler, W. Luetgebrune et al., *Denkschrift des Zentralausschusses der Strafrechtsabteilung der Akademie für Deutsches Recht über die Grundzüge eines Allgemeinen Deutschen Strafrechts,* Berlin 1935, S. 29 ff.

155) vgl. *Denkschrift* (Anm. 154)) mit *Nationalsozialistisches Strafrecht* (Anm. 133))
156) s. Anm. 154), S. 9
157) *ebd.*
158) *ebd.*, S. 11
159) *ebd.*, S. 87
160) *Nationalsozialistisches Handbuch für Recht und Gesetzgebung, op. cit.*, S. XIV
161) s. Anm. 143)
162) F. Oetker, »Gefährdungs- und Verletzungsstrafrecht«, in: Freisler/ Luetgebrune, *op. cit.*, S. 46−61; s. auch BAKO R 22/887, »Grundprobleme nationalsozialistischer Strafrechtsreform«, *op. cit.*
163) s. Anm. 138)

Kapitel 4

1) StGB, Stand vom 30.1.1933; s. auch Kapitel 2, Anm. 4)
2) *ebd.*, die Paragraphen 82, 83, 84 und 86
3) *ebd.*, die Paragraphen 87, 88, 89 und 90
4) *RGBl*, I, 1933, S. 205
5) *ebd.*, S. 195
6) Hitler wurde 1924 in München des Hochverrats angeklagt. Er gab seine Aktionen zu, behauptete aber, sie seien kein Hochverrat, und argumentierte, sie hätten sich gegen jene Leute gerichtet, die 1918 Landesverrat begangen hätten, gegen die »Novemberverbrecher«, und daß er und seine Anhänger nur das Beste für Deutschland wollten. Der vorsitzende Richter widersprach diesen Argumenten nicht. Siehe E. Deuerlein (Hrsg.), *Der Aufstieg der NSDAP 1919−1933*, Düsseldorf 1968, S. 205; ders., *Der Hitlerputsch, op. cit.;* s. auch Kapitel 1, Anm. 57)
7) s. NSDAP-Programm, *op. cit.*
8) *RGBl*, I, 1933, S. 33 ff.
9) s. Kapitel 2, Anm. 128); *RGBl*, I, 1933, S. 83 ff.
10) *ebd.*
11) *RGBl*, I, 1933, S. 151
12) s. Tobias, *op. cit.*, S. 457 ff.
13) *RGBl*, I, 1933, S. 85, Paragraphen 1−7; L. Schäfer, »Die Verordnungen des Reichspräsidenten gegen Verrat am deutschen Volke und hochverräterische Umtriebe«, in: *JWS*, 1933, S. 873; ders., »Änderungen des Verfahrens in Hoch- und Landesverratssachen«, in: *JWS*, 1933, S. 937
14) Schäfer, »Verordnungen …« (Anm. 13))
15) *RGBl*, I, 1933, S. 85, Paragraphen 2, 3 und 6
16) *ebd.*, Paragraph 5
17) *ebd.*, Paragraph 4

18) s. auch Gesetz zur Abänderung strafrechtlicher Vorschriften, 26.5.1933, *RGBl*, I, 1933, S. 295, vor allem die Paragraphen 92a und 92b des StGB; s. auch Gesetz zur Gewährleistung des Rechtsfriedens, 13.10.1933, *RGBl*, I, 1933, S. 723

19) *ebd.;* s. auch Volkmar/Elster/Kuckenhoff, *Handwörterbuch, op. cit.,* Bd. VIII unter »Volksgerichtshof«; »Das neue politische Strafrecht« in: *DR,* 1935, S. 12. Die Paragraphen 81, 88, 90, 90i des StGB wurden neu formuliert; s. auch Gesetz über die Gewährung von Straffreiheit, 7.8.1934, *RGBl,* I, 1934, S. 769, und die neue Formulierung dieses Gesetzes, 30.4.1938, *RGBl,* I, 1938, S. 433; Artikel 1 der VO über den Geltungsbereich des Strafrechts, 6.5.1940, *RGBl,* I, 1940, S. 754

20) VO über das Sonderstrafrecht im Kriege und bei besonderem Einsatz vom 1.11.1939, *RGBl,* I, 1939, S. 2131, die auch rückwirkend galt. Die letzte Ergänzung der Kriegssonderstrafverordnung (KSSVO) erfolgte am 5.5.1944, *RGBl,* I, 1944, S. 115

21) *ebd.*

22) *RGBl,* I, 1934, S. 341

23) s. Anm. 13)

24) s. Anm. 22), Artikel III, Paragraph 3, Absatz 1

25) *ebd.,* Artikel IV, Paragraph 2

26) Freisler, »Der Volksgerichtshof – das Reichsstrafgericht«, in: *ZAkDR,* 1935, S. 90 ff.

27) Vorschriften des Strafverfahrens und des Gerichtsverfassungsgesetzes, 28.6.1935, *RGBl,* I, 1935, S. 844 ff.

28) Gesetz zur Änderung des Strafrechts, 2.7.1936, *RGBl,* I, 1936, S. 532

29) Gesetz gegen Wirtschaftsspionage, 1.12.1936, *RGBl,* I, 1936, S. 999

30) *ebd.*

31) VO zur Überleitung der Rechtspflege im Saarland, 21.2.1935, *RGBl,* I, 1935, S. 248

32) VO über die Einführung der Vorschriften über Hochverrat und Landesverrat im Lande Österreich, 20.6.1938, *RGBl,* I, 1938, S. 640; s. auch VO vom 13.3.1940 und 18.3.1943, *RGBl,* I, 1940, S. 489, und *RGBl,* I, 1943, S. 72. Die beiden ersten Verordnungen galten rückwirkend für Verbrechen, die zwischen dem 13.3.1939 und dem 30.6.1938 begangen worden waren, *DJ,* 1938, S. 2038. Alle diese und die folgenden Verordnungen, die in Österreich eingeführt wurden, stellten hinsichtlich Hoch- und Landesverrat dieselben Normen auf, wie sie im Altreich seit 1933 existierten.

33) Paragraph 4 der VO von 1938 (Anm. 32: »Über die Einführung ...«)

34) VO über das Verfahren in Hochverrats- und Landesverratssachen in den sudetendeutschen Gebieten, 16.12.1938, *RGBl,* I, 1938, S. 1811. S. auch VO über die Einführung des deutschen Strafrechts, der deutschen Gerichtsverfassung und anderer Gesetze in den sudetendeutschen Gebieten, 16.1.1939. *RGBl,* I, 1939, S. 38. Im Gegen-

satz zu Österreich galt die Gesetzgebung hier nicht rückwirkend, jedoch für Verbrechen, die nach dem 30.9.1938 begangen wurden. BAKO, Generalakten, R 22/957, »Hoch- und Landesverrat in den sudetendeutschen Gebieten und Böhmen und Mähren«.

35) Erlaß vom 16.3.1939, *RGBl*, I, 1939, S. 485, Artikel II

36) VO über die Ausübung der Strafgerichtsbarkeit im Protektorat Böhmen und Mähren vom 14.4.1939, *RGBl*, I, 1939, S. 754, ergänzt durch die VO vom 18.9.1939, *RGBl*, I, 1939, S. 1945

37) StGB, Paragraphen 1, 2, 80–93a, 94 und 143a, das sind die Paragraphen des StGB, die sich mit Verrat, Angriffen auf den Führer und die Führer befreundeter Staaten und mit Wehrmittelbeschädigung befassen.

38) Allgemeine Verfügungen des Reichsjustizministers, 7.8.1940, 7.7.1941 und 28.9.1944; s. auch *DJ*, 1940, S. 940; 1941, S. 762, und 1944, S. 248

39) Gesetz zur Angliederung des Memellandes, 23.3.1939, *RGBl.*, I, 1939, S. 559; s. auch VO über das Inkrafttreten von Rechtsvorschriften aus dem Geschäftsbereich des Reichsministers der Justiz vom 28.4.1938, *RGBl*, I, 1939, S. 849

40) Erlaß des Führers und Reichskanzlers über die Wiedervereinigung der Gebiete von Eupen-Malmedy und Moresnet mit dem Deutschen Reich, 18.5.1940, *RGBl*, I, 1940, S. 777. Bezüglich der annektierten polnischen Gebiete s. VO über die Einführung des deutschen Strafrechtes in den eingegliederten Ostgebieten, *RGBl*, I, 1939, S. 844

41) *DJ*, 1934, S. 1013

42) A. Leber, *Das Gewissen entscheidet,* Berlin 1957, S. 118 f.

43) Praktisch alle Strafen, die der VGH verhängte, schlossen die zeitweilige Aberkennung und im Fall der Todesstrafe die Aberkennung der bürgerlichen Ehrenrechte des Verurteilten auf Lebenszeit mit ein. Deshalb hat der Autor beschlossen, die Aberkennung dieser Rechte zu ignorieren, wenn er VGH-Urteile zitiert, da dieser Entzug bei jeder Verurteilung als selbstverständlich galt.

44) *DJ*, 1935, S. 909

45) s. Anm. 7

46) BAKO R 22/20113, Reichsjustizministerium R 22 Gr.5/XXIII-2, Bd. I

47) E. Düsing, *Abschaffung der Todesstrafe*, Offenbach/Main 1952, S. 209

48) *Leipziger Kommentar zum Strafgesetzbuch*, Berlin 1944, Paragraph 86, Anm. 1, oder davor im Gesetz zur Änderung des StGB, 28.6.1936, *RGBl*, I, 1936, S. 839

49) BAKO E 43 II/1518, Thierack an Freisler, 9.9.1942; s. auch Freislers Antwort vom selben Tag, in der er versicherte, daß er Thieracks Beispiel folgen werde.

50) BDC, NG-630, Schlegelbergers Rundschreiben an Generalstaatsanwälte und Oberstaatsanwälte, 20.7.1935

51) *ebd.*
52) *ebd.*
53) s. B. M. Kempner, *Priester vor Hitlers Tribunalen*, München 1966
54) s. auch J. S. Conway, *The Nazi Persecution of the Churches*, London 1968, S. 235 ff., und Bracher/Sauer/Schulz, *Machtergreifung*, *op. cit.*, S. 326 ff.
55) BDC, NG-266, Rundschreiben des RJM an die Oberlandesgerichtspräsidenten, Generalstaatsanwälte und Oberstaatsanwälte, 13.6.1936; s. auch Dr. Kutzners Notiz vom 12.8.1936, die besagt, daß bei dieser Konferenz die Forderung der Gestapo nach verschärfter Vernehmung ebenfalls diskutiert werden musste.
56) *ebd.*, Besprechung über die Behandlung von Hochverratssachen, Tagung am 11. und 12.11.1936
57) *ebd.*
58) *ebd.*
59) *ebd.*
60) *ebd.*
61) *ebd.*
62) BDC, NG-323, Brief von Himmler an RJM, 18.2.1937, in dem er die Herausgabe von Akten über »politisch-polizeiliche Vorgänge« verlangt; ebenso fordert er, daß Personen, die vom VGH freigesprochen würden oder ihre Strafe verbüßt hätten, an die Gestapo ausgeliefert werden müßten.
63) IfZg, NG-156, Brief von Thierack an Lammers, 28.4.1937
64) BDC, NG-1566, Gürtners Brief an die Staatsanwälte des Reichsgerichts, des VGH und der OLG, 14.1.1939, in dem er sie über die bevorstehende Konferenz im RJM am 23.1.1939 informiert; *ebd.:* Aus der Besprechung der Generalstaatsanwälte im Reichsjustizministerium in Berlin, 23.–26.1.1939
65) *ebd.*, S. 3
66) *ebd.*
67) *ebd.*
68) *ebd.*, S. 4
69) *ebd.*, S.4–5
70) *ebd.*, S. 5
71) *ebd.*, S. 8–9
72) *VB*, 17.1.1939; S. 2. s. auch *VB*, 14.7.1939, Engert, »Fünf Jahre Volksgerichtshof«
73) BDC, NG-362, Brief vom Reichsminister der Justiz, i. Auftrag Crohne, an den Präsidenten des Hanseatischen OLG, Hamburg, 27.3.1933, betreffend die Schutzhaft für Johanna Fiedler und Frank Pellin.
74) BDC, NG-254, Schlegelbergers Brief an Lammers, 14.7.1939; BA-KO, Reichsjustizministerium, Generalakten R 22/1039, Brief von Freisler an Lammers, 12.8.1939; Brief von Freisler an Lammers, 15.8.1939; Brief von Freisler an den Reichsgerichtspräsidenten,

25.11.1939; Brief vom Reichsgerichtspräsidenten an Freisler, 1.12.1939

75) *ebd.*, Schlegelberger, Freisler
76) *ebd.*
77) *ebd.*
78) Dies ergibt sich aus den Fällen, die den Akten des RJM und den Nürnberger Dokumenten entnommen wurden.
79) s. Horst Dunke, *Die KPD von 1933 bis 1945*, Köln 1972; H. Rothfels, *Die deutsche Opposition gegen Hitler*, Krefeld 1951; G. Ritter, *Carl Gördeler und die deutsche Widerstandsbewegung*, Stuttgart 1956; A. Leber, *op. cit.;* P. Hoffmann, *Widerstand, Staatsstreich, Attentat*, München 1969. Doch hat jetzt ein Prozeß der Entmythologisierung der deutschen Widerstandsbewegung begonnen, dessen eindrucksvollstes Produkt K.-J. Müllers *Generaloberst Beck*, Boppard/Rhein 1980, ist; ders., *Armee, Politik und Gesellschaft in Deutschland 1933–1945*, Paderborn 1979, bes. S. 101 ff.
80) BAKO, RJM, R 22 Gr. 5/XXIII/1, Bd. 1, R 22/20062. Bericht von Oberreichsanwalt Lautz, 14.9.1936, in dem das VGH-Urteil vom 10.7.1936 diskutiert wird.
81) *ebd.*
82) *ebd.*
83) *ebd.*
84) *ebd.*
85) VGH-Urteil in *DJ*, 1937, S. 198
86) VGH-Urteile, 30.10.1937, in: *Leipziger Kommentar, op. cit.*, Paragraph 83, Anm. 112; VGH-Urteil, 10.1.1939, in: *DJ*, 1939, S. 479
87) *ebd.* Eine Anzahl der aufgeführten Urteile findet sich mit vollständiger Begründung im Text wie im Anhang bei Wagner, *op. cit.*, obgleich im Kommentar kein Versuch gemacht wird, die Urteilsfällung an Hand objektiver Kriterien auszuleuchten.
88) *ebd.*
89) VGH-Urteil, 27.11.1938, in: *DJ*, 1938, S. 114
90) *ebd.*
91) VGH-Urteil, 10.11.1937, wie in Anm. 86) (Anm. 112); s. auch *DJ*, 1938, S. 114
92) VGH-Urteil, 3.1.1938, *DJ*, 1938, S. 113
93) VGH-Urteil, 26.5.1937, *DJ*, 1938, S. 113
94) VGH-Urteil, 12.2.1937, in *ZAkDR*, 1937, S. 570
95) *ebd.*
96) *ebd.*
97) *ebd.*
98) VGH-Urteil, 26.7.1937, in: *DJ*, 1938, s. 828
99) BAKO, RJM R 22/954, Generalakten über Hochverrat 4021, Bd. II, Brief des Oberreichsanwalts an die Generalstaatsanwälte, 18.1.1937; s. auch die Einstellung des OLG Karlsruhe zum Hochverrat.

100) *ebd.*
101) *DJ*, 1941, S. 866
102) BAKO, Entscheidungen des Reichsgerichtes in Strafsachen, S. 71, 385 und 387—388
103) VGH-Urteil, 23.8.1938, in: *JWS*, 1939, S. 537
104) BAKO R 22/954, RJM, Generalakten über Hochverrat, Brief von Gürtner, 20.10.1936, an Generalstaatsanwaltschaft Köln
105) *ebd.*, StGB, Paragraph 360, Abs. 1, Nr. 11
106) VGH-Urteile, 26.7.1936, 11.8.1937, 15.2.1938, 8.3.1938, in: *Leipziger Kommentar, op. cit.*, Paragraph 83, Anm. 112; s. auch *DR*, 1936, S. 448 ff.
107) s. Anm. 80)
108) s. Anm. 56)
109) *Leipziger Kommentar, op. cit.*, Anm. 106)
110) s. M. Buber-Neumann, *Als Gefangene bei Hitler und Stalin*, München 1962, S. 142 ff.
111) BAKO R 22/20062, RJM, Akten R 22 Gr. 5./XXIII, Bd. I, Az. 4021a
112) *ebd.*, Az. IIIg 10a. 1377/37g
113) *ebd.*
114) *ebd.*
115) *ebd.*
116) s. *DGFP, op. cit.*, Series D, Bd. III, London 1951
117) Gesetz zur Verhinderung der Teilnahme am spanischen Bürgerkrieg, 18.2.1937, *RGBl*, I, 1937, S. 241
118) s. Anm. 111), Az. IIIa 354/39g
119) BAKO, RJM R 22/20019, Lageberichte des Oberreichsanwalts vom 29.1.1941 und 31.7.1941. Diesen Berichten zufolge wurden über 150 Fälle gerichtlich untersucht.
120) s. Anm. 111), Az. IIIa/24/42g
121) Protokoll einer Konferenz im Auswärtigen Amt, 26.11.1941, in den Akten von Anm. 111) angegeben.
122) s. *Mein Kampf, op. cit.*, passim
123) W. Hammer, *Hohes Haus in Henkers Hand: Rückschau auf die Hitlerzeit, auf Leidensweg und Opfergang Deutscher Parlamentarier*, Frankfurt/Main 1956, S. 87 und 94. Dort finden sich auf den S. 49, 57, 67, 81 und 86 weitere einschlägige Beispiele.
124) BAKO R 60 II/9, VGH-Urteil, 5.2.1936
125) *ebd.*
126) BDC, VGH-Urteil, 4.6.1937; s. auch Hammer, *op. cit.*, S. 66 und 89
127) *ebd.*
128) IfZg, VGH-Urteil, abgedruckt im NSDAP-Journal *Der Hoheitsträger*, 1943, S. 28
129) VGH-Urteil, 7.12.1937, in: *Leipziger Kommentar, op. cit.*, Paragraph 83, Anm. 112
130) BDC, VGH-Urteil, 10.10.1935

131) *ebd.*
132) abgedruckt in Hofer, *Nationalsozialismus, op. cit.* S. 57 ff.
133) Gesetz gegen die Neubildung von Parteien, 14.7.1933, *RGBl.*, I, 1933, S. 479
134) Leber, *op. cit.*, S. 34; Hoffmann, *op. cit.*, S. 22 ff.
135) s. Anm. 119), ORA, Lagebericht, 14.9.1936
136) s. Anm. 134), VGH-Urteil, 25.4.1935
137) BAKO, RJM, R 60 II/63, VGH-Anklageschrift vom 21.8.1935, Urteil auch im BDC
138) O. Straßer, *Hitler und ich*, Konstanz 1948, S. 149 ff. Zum Gesamtkomplex der NS-Linken siehe auch R. Kühnl, *Die nationalsozialistische Linke 1925—30*, Meisenheim 1966
139) s. F. L. Carsten, *The Reichswehr and Politics 1918—1933*, Oxford, 1966, S. 158 ff. (liegt in einer deutschsprachigen Ausgabe vor).
140) W. Abendroth, »Das Problem der Widerstandstätigkeit der ›Schwarzen Front‹«, in: *VfZg*, 1960, S. 181 ff.
141) VGH-Urteil, 20.2.1935, in: *Leipziger Kommentar, op. cit.*, Paragraph 83, Anm. 114
142) Hoffmann, *op. cit.*, S. 297 f.; *Schriften des Bundes deutscher Jungenschaften*, Nr. 31, Bad Godesberg 1967: »Helmut Hirsch, 21.1.1916—4.6.1937«; G. L. Weinberg schreibt in seinem Buch *The Foreign Policy of Hitler's Germany*, Bd. II, *1937—1939*, S. 10 f., zum Fall Hirsch von äußerst zweifelhaften Umständen, die zur Verhaftung eines amerikanischen Bürgers in Deutschland, zu einem Prozeß gegen ihn, zur Todesstrafe und zur Hinrichtung führten, weil er angeblich im Besitz antinazistischer Flugblätter gewesen war. In der Fußnote fügt er hinzu: »Die Deutschen behaupteten, einer der Gründe, warum sie Helmut Hirsch nicht freilassen könnten, sei das Verhalten eines zuvor entlassenen Gefangenen, der nach seiner Rückkehr in die USA unfreundliche Äußerungen über Deutschland gemacht habe.« Offensichtlich bringt Weinberg den Fall Hirsch mit jenem des Amerikaners Simpson durcheinander, eines Matrosen der amerikanischen Handelsmarine, der als Kurier für die Exil-KPD tätig war und auch kommunistische Flugblätter verteilt hatte. Nachdem er in Deutschland 15 Monate in Untersuchungshaft verbracht hatte, wurde er wegen Hoch- und Landesverrats vor Gericht gestellt und zu drei Jahren Gefängnis verurteilt. Zwei Monate später jedoch wurde er vorzeitig entlassen und in die USA abgeschoben, s. *Foreign Relations of the United States*, 1936, II, S. 291—304; ebd., 1937, II, S. 395—405
143) BDC, VGH-Urteil, 20.11.1937
144) *ebd.*, VGH-Urteil, 5.7.1938
145) *ebd.*, VGH-Urteil, 2.11.1938
146) *ebd.*
147) VGH-Urteile, 23.1.1939, 18.3.1939, 21.9.1939, in: *Leipziger Kommentar, op. cit.*, Paragraph 83, Anm. 114

148) s. K. von Klemperer, *Germany's New Conservatism*, Princeton 1957; O. E. Schüddekopf, *Linke Leute von Rechts*, Stuttgart 1961; J. Petzold, *Wegbereiter des deutschen Faschismus: Die Jungkonservativen in der Weimarer Republik*, Berlin 1978; A. Mohler, *Die konservative Revolution*, Darmstadt 1978; v. Salomon, *Fragebogen*, *op. cit.*

149) *ebd.*

150) Koch, Bürgerkrieg, *op. cit.*, S. 98 ff.

151) *ebd.*

152) G. Weisenborn (Hrsg.), *Der lautlose Aufstand*, Hamburg 1953, S. 197 f.

153) s. Anm. 155) und F. Stern, *The Politics of Cultural Despair*, New York 1965, S. 322 f.

154) BDC, VGH-Urteil, 10.1.1939; s. auch *DJ*, 1939, S. 479; zu Niekisch s. auch A. Mohler, *Von rechts gesehen*, Kapitel »Die Niekisch-Legende«, Stuttgart 1979

155) *ebd.*; s. auch K. Sontheimer, *Antidemokratisches Denken in der Weimarer Republik*, München 1962, S. 279 ff.

156) *ebd.*

157) BDC, VGH-Urteil, 18.2.1939

158) Entscheidung des Reichsgerichts in Strafsachen 5, S. 60; 5, S. 215; 12, S. 64. S. auch Denkschrift des Reichsanwalts über »Den Hochverrat in der Rechtsprechung des Reichsgerichtes und des Staatsgerichtshofes zum Schutz der Republik«, Drucksache des Reichstags, IV. Wahlperiode, 1928

159) VGH-Urteil, 28.8.1938 und 5.11.1937, in: *Leipziger Kommentar*, *op. cit.*, Paragraph 83, Anm. 112

160) BAKO 8 J 97/37, VGH-Urteil, 16.7.1942

161) Wolfram Wette behauptet in dem vom Militärgeschichtlichen Forschungsamt Freiburg herausgegebenen semi-offiziellen Werk *Das Deutsche Reich und der Zweite Weltkrieg*, Bd. 1. Stuttgart 1979, auf S. 109 vom »Volksempfänger«: »Technisch waren diese Geräte so ausgestattet, daß gerade der nächstgelegene ›Reichssender‹ und der ›Deutschlandsender‹ empfangen werden konnten, der Empfang ausländischer Sender jedoch unmöglich war.« Dies ist nur einer von einer Unzahl von sachlichen Fehlern mit denen die bisher erschienenen vier Bände gespickt sind. Der Verfasser, damals im Zentrum Münchens in einer Parterrewohnung lebend (also nicht der idealste Empfangsort für ausländische Sender) erinnert sich noch genau, daß Eltern wie älterer Bruder schon während der Sudetenkrise mit dem Volksempfänger den schweizer, französischen und britischen Rundfunk abhörten, dies auch während der Kriegsjahre als der Moskauer Rundfunk dazukam, wie auch gegen Ende 1944 der »Soldatensender Calais«, den aber die Mutter wegen seiner Obszönitäten abschaltete.

162) G. Grosz, *Ein kleines Ja und ein großes Nein*, Berlin 1955, S. 153

163) G. Solo »Pinsel Faschismus« in *Die Zeit*, 18.10.1984, S. 17 f.;
»Comeback der Nazi-Kunst« von P. Sager und D. Reinartz in *Die
Zeit, Zeit Magazin*, Nr. 44, 22.10.1986, S. 64 ff. Auch der Maler und
Graphiker Max Beckmann emigrierte – in das benachbarte Belgien,
wo er auch zwischen 1940 und 1944 lebte, ungestört von den deutschen Besatzungsbehörden und 1947 in die USA auswanderte. Der
NS-Begriff »entartete Kunst« stammt von Max Nordau, dem Nachfolger Theodor Herzls als Führer der Zionisten.
164) Hans Dieter Schäfer, *Das gespaltene Bewußtsein – Deutsche Kultur
und Lebenswirklichkeit 1933–1945*. München 1981

Kapitel 5

1) *Personalakte Freisler, op. cit.*, Auszeichnungen und sonstige Ehren-
zeichen
2) G. F. W. Hegel, *Grundlinien der Philosophie des Rechts, op. cit.*,
S. 198 ff.
3) F. Tönnies, *Gemeinschaft und Gesellschaft*, Darmstadt 1963, passim.
4) J. G. Herder, *Ideen zur Philosophie der Geschichte der Menschheit*,
Textausgabe, Darmstadt 1966. Eine der besten kurzen Besprechungen
ist: Isiah Berlin, »J. G. Herder«, in: *Encounter*, London, Ausg. August
1967, S. 29 ff., und September 1967, S. 42 ff.; hier werden die demokratischen Elemente in der Idee vom Volk hervorgehoben. Für Herder
schlossen sich die Ideen von Volk und von Rasse gegenseitig aus.
5) M. Weber, *Gesammelte politische Schriften*, Tübingen 1959, S. 14
6) E. Renan, *Que'st ce qu'une nation?* Paris 1882; siehe auch R. Johan-
net, *Le principe des nationalités*, Paris 1918
7) R. Freisler, »Der Rechtsstaat«, in: *DJ*, 1937, S. 151 ff.
8) so in: *DJ*, 1934, S. 43 ff., und mit direktem Bezug auf Schmitt ein Jahr
zuvor in: *VB*, 13.12.1933, S. 3
9) siehe Anm. 4); ebenso E. Lemberg, *Nationalismus I*. Psychologie
und Geschichte, Reinbek 1964, S. 171 ff.; R. Freisler, »Nationalsozialistisches Strafrecht. Erwiderung auf die Ausführungen von Prof.
Gerland«, in: *DJ*, 1934, S. 471 ff.
10) R. Freisler, »Nationalsozialistisches Strafrecht …«, *op. cit.;* ders.,
»Die Aufgabe der Reichsjustiz, entwickelt aus der biologischen
Rechtsauffassung«, in: *DJ*, 1935, S. 468 ff.; ders., »Schutz von Rasse
und Erbgut im werdenden deutschen Strafrecht«, in: *ZAkDR*, 1936,
S. 142 ff.
11) R. Freisler, »Einiges vom werdenden deutschen Blutbanngericht«,
in: *DJZ*, 1935, S. 585 ff.; ders., »Das künftige Schwurgericht«, in: *DJ*,
1935, S. 151 ff.; ders., »Gedanken zum deutschen Rechtswahrertag
1939«, in: *DJ*, 1939, S. 821 ff.
12) R. Freisler, »Gedanken zur Vereinheitlichung der staatlichen Rechtswahrung des deutschen Volkes«, in: *DJ*, 1935, S. 82 ff.

13) R. Freisler, »Totaler Staat? – Nationalsozialistischer Staat!«, in: *DJ*, 1934, S. 43 ff.

14) R. Freisler, »Aus Anarchie zu verantwortlicher Führung«, in: *DJ*, 1934, S. 1070 ff. Es ist zweifelhaft, ob Freisler wußte, daß hinsichtlich der »unverantwortlichen toten Zahl« 1788 James Madison aus anderen Gründen eine ähnliche Meinung geäußert hatte; siehe *The Federalist Papers,* hg. C. Rossiter, New York 1959, Nr. 36

15) R. Freisler, »Rechtserneuerung, Rückblick und Ausblick«, in: *DJ*, 1934, S. 5 ff.

16) siehe E. Jäckel, *Hitlers Weltanschauung.* Entwurf einer Herrschaft, Stuttgart 1969, passim; H. W. Koch, *Der Sozialdarwinismus.* Seine Genese und Einfluß auf das imperialistische Denken, München 1973, Kap. 12

17) R. Freisler, »Der Rechtsstaat«, in: *DJ*, 1937, S. 151 ff.

18) R. Freisler, »Rechtspflege und Verwaltung, Justizverwaltung und Richtertum«, in: *DJZ*, 1934, S. 167 ff.

19) *ebd.,* S. 170

20) *ebd.,* S. 172

21) R. Freisler, »Die Idee des Reiches und ihr Einfluß auf unser Rechtsdenken«, in: *DJ*, 1939, S. 937 ff.; ders., »Rechtswahrergedanken zum Kriegsjahr 1940«, in: *DJ*, 1941, S. 6 ff.; *ebd.,* S. 13; ders., »Das deutsche Polenstrafrecht«, Teil I, in: *DJ*, 1941, S. 1129 ff.; Teil II in: *DJ*, 1942, S. 25 ff.; Teil III in: *DJ*, 1942, S. 41 ff.

22) R. Freisler, »Des Führers Tat und unsere Pflicht«, in: *DJ*, 1934, S. 850 f.; ders., »Die Stellung des Richters zur kriminellen Erbschaft der Novemberrepublik«, in: *DJ*, 1934, S. 302 f.

23) BAKO R 42/315, Hans Frank an Gürtner, 1.7.1934

24) A. Dorpalen, *Hindenburg and the Weimar Republic,* Princeton 1964, S. 480

25) M. Domarus, *Reden ...,* op. cit., Bd. I, S. 216 ff., 405 ff.

26) Gesetz über Maßnahmen der Staatsnotwehr vom 3.7.1934, *RGBl,* I, 1934, S. 529; Runderlaß des Reichsministers der Justiz vom 3.7.1934, *ebd.*

27) R. Freisler, »Des Führers Tat ...«, *op. cit.,* S. 852

28) R. Freisler, »Reich und Recht«, in: *DJ*, 1939, S. 444 ff.

29) R. Freisler, »Richter, Recht und Gesetz«, in: *DJ*, 1934, S. 1333 ff.

30) R. Freisler, »Treue. Gedanken zum 24. Februar und 1. März«, in: *DJ*, 1935, S. 312

31) siehe Kap. 10, S. 343

32) Felix Dahn, *Ein Kampf um Rom,* Stuttgart 1956, S. 700

33) Eine neuere Erörterung der germanischen Idee der Treue ist: Walther Kienast, »Germanische Treue und ›Königsheil‹«, in: *Historische Zeitschrift,* Bd. 227, München 1978, S. 265, besonders auch S. 320

34) C. Tacitus, *Germania;* Einführung von F. Baethge; in: Tacitus, *Sämtliche erhaltene Werke,* Esslingen 1976, S. 73 ff., 4.

35) *The Anglo-Saxon Chronicle,* London 1953, S. 48

36) F. Graus, »Über die sogenannte germanische Treue«, in: *Historica* I, Prag 1959, S. 307

37) *Sachsenspiegel* III, Paragraph 42, Nr. 6, zitiert bei: G. Franz, *Deutsches Bauerntum*, Bd. I, Darmstadt 1940, S. 164

38) G. Franz, *Der deutsche Bauernkrieg*, Bd. I, Darmstadt 1977, S. 2

39) siehe K. Kaczerowsky (Hrsg.), *Flugschriften des Bauernkrieges*, Hamburg 1970, S. 65 ff.: Weigandts Reichsreformentwurf vom 18. Mai 1525

40) R. Freisler, »Der Volksverrat. Hoch- und Landesverrat im Lichte des Nationalsozialismus«, in: *DJZ*, 1935, S. 905 ff.; ders., »Neues deutsches Strafrecht«, in: *DJZ*, 1935, S. 913 ff.

41) R. Freisler, »Vom Majestätsverbrechen zum Volksverrat«, in: *DJZ*, 1935, S. 997 ff.

42) siehe die Kommentare zu diesem Aspekt in: A. de Tocqueville, *The Old Regime and the French Revolution*, New York 1955, S. 226 ff.

43) R. Freisler, »Vom Majestätsverbrechen …«, *op. cit.*, S. 1003

44) *ebd.*

45) *ebd.*, S. 1005

46) Zu diesem Aspekt siehe M. Boveri, *Verrat im 20. Jahrhundert*, 4 Bde., Hamburg 1956−60, insbesondere Bd. I, S. 141 ff., Stichwort: »Verrat − Kollaboration − Propaganda«

47) siehe *Duden. Das Herkunftswörterbuch. Der große Duden*, Bd. 7, Mannheim 1980, unter Stichwort »Verrat«

48) M. Boveri, *Verrat …, op. cit.*, Bd. I, S. 143

49) *ebd.*, Bd. I, S. 72 ff.; Bd. IV, S. 229 ff.

50) *ebd.*, Bd. IV, S. 229 ff. Nicht nur Einzelpersonen sind potentielle Verräter, sondern auch Minderheiten, z. B. 1941 die US-Bürger japanischer Abstammung, im Dritten Reich die Juden in Deutschland, bis heute die chinesischen Minderheiten in Südostasien.

51) Wenn man sich die veränderte Bedeutung des Passes vor Augen führen will, muß man sich an die Wertschätzung des Passes vor wenig mehr als einem Jahrhundert erinnern und in dem Zusammenhang besonders an das Schicksal Theodor Fontanes im Deutsch-Französischen Krieg von 1870/71; siehe dazu T. Fontane, *Kriegsgefangen*, Berlin 1980 (Reprint).

52) BAKO, RJM, Generalakten R 22/899: R. Freisler, »Materielles Strafrecht im allgemeinen«, 1. Lesung 1933/34; *ebd.*, R 22/887: »Grundprobleme nationalsozialistischer Strafrechtsreform« 1933/34; »Von der Arbeit am Volksgesetzbuch«, in: *ZAkDR*, 1941, S. 10 ff. Siehe auch Anm. 40): »Der Volksverrat …«, *op. cit.*

53) »Das Verbrechen des Angriffs auf den Führer« (§ 94 StGB) in: *DJ*, 1938, S. 837 ff.; Landesverrat (§§ 88−93a StGB), zuzüglich der dazu geschaffenen Ergänzungen: Verbrechen nach § 18 der VO zum Schutze des deutschen Volkes vom 4.2.1933; Verbrechen gegen § 1 des Gesetzes gegen Wirtschaftssabotage vom 1.12.1936. Hochverrat (§§ 80−87 StGB) mit den dazu geschaffenen Ergänzungen: Vergehen

nach § 5 der VO zur Erhaltung des inneren Friedens vom 19.12.1933; Vergehen gegen § 18 der VO zum Schutze des deutschen Volkes vom 4.2.1933; Vergehen gegen die §§ 20—21 derselben VO; Vergehen gegen § 4 der VO zum Schutz von Volk und Staat vom 28.2.1933. Verbrechen des volksschädigenden Kanzelmißbrauchs (§ 130a StGB) – das war ein Erbe aus Bismarcks »Kulturkampf«. Verbrechen der Staatsverleumdung (§ 131 StGB) mit den dazugehörigen Ergänzungen: Verbrechen die §§ 1—2 des Gesetzes gegen heimtückische Angriffe auf Staat und Partei ... vom 20.12.1934. Verbrechen der Beschimpfung von Staat und Partei (§§ 134a und 134b StGB) nebst der dazu geschaffenen Ergänzung des Gesetzes zum Schutze der nationalen Symbole vom 19.5.1933. Verbrechen gegen die Bestimmungen zum verstärkten Schutz des Führers, der Minister und anderer leitender Männer (§ 5 Nr. 1 der VO zum Schutz von Volk und Staat vom 28.2.1933 in der Fassung des Artikels 4, Ziffer 4 des Gesetzes vom 28.6.1935 und das Gesetz zur Gewährleistung des Rechtsfriedens vom 13.10.1933 gegen Angriffe auf bestimmte der Sicherheit von Staat und Partei besonders dienende Funktionsträger). Verbrechen, strafbar nach dem Gesetz zur Abwehr politischer Gewalttaten vom 4.4.1933 (enthaltend Strafverschärfungen für gewisse Sprengstoff-, Brandstiftungsverbrechen usw.).

54) R. Freisler, »Vom Schutzzweck der Strafrechtspflege gegenüber Volksschädlingen«, in: *DJ*, 1938, S. 365 ff.

55) R. Freisler, »Die Rasse als Träger und Ziel des Deutschen Volksrechtes, unter besonderer Berücksichtigung des Strafrechts«, in: *DJ*, 1936, S. 803 ff.

56) R. Freisler, »Die Aufgabe der Reichsjustiz, entwickelt aus der biologischen Rechtsauffassung«, in: *DJ*, 1935, S. 468 ff.

57) *ebd.*

58) R. Freisler, »Schutz von Rasse und Erbgut im werdenden deutschen Strafrecht«, in: *ZAkDR*, 1936, S. 142 ff.

59) R. Freisler, »Staatsnotwehr im Lichte des Nationalsozialismus«, in: *DJ*, 1935, S. 856 f.; ders., »Zur Reichstagung der deutschen Ärzte des öffentlichen Gesundheitsdienstes«, in: *DJ*, 1939, S. 946 ff.

60) siehe Kap. 11, S. 500

61) R. Freisler, »Aus Anarchie zu verantwortlicher Führung«, in: *DJ*, 1934, S. 1070 ff.

62) V. Valentin, *Geschichte der deutschen Revolution 1848/49*, Köln 1970, Bd. II, S. 588

63) R. Freisler, »Einiges vom werdenden deutschen Blutbanngericht«, in: *DJZ*, 1935, S. 585 ff.

64) R. Freisler, »Kriegsdienstappell deutscher Rechtswahrer«, in: *DJ*, 1941, S. 441

65) siehe Anm. 52): »Materielles Strafrecht ...«, *op. cit.*; »Grundprobleme ...«, *op. cit.*

66) R. Freisler, »Der Versuch«, in: *ZAkDR*, 1934, S. 82 ff.

67) R. Freisler, »Nationalsozialistisches Strafrecht und aufbauende Kritik«, in: *DJ*, 1934, S. 223 f.
68) R. Freisler, »Nationalsozialistisches Strafrecht. Erwiderung auf die Ausführungen von Prof. Gerland«, in: *DJ*, 1934, S. 471 ff.
69) R. Freisler, »Aktive Rechtspflege!«, in: *DJ*, 1934, S. 625 ff.
70) *ebd.*, S. 627
71) R. Freisler, »Rechtspolitische Gedanken zur Wiederaufnahme des Verfahrens«, in: *DJ*, 1937, S. 730 ff.
72) *ebd.*, S. 733
73) R. Freisler, »Deutsche Rechtswahrerausbildung«, in: *DJ*, 1941, S. 833 ff.; ders., »Eignung zum Beruf des deutschen Rechtswahrers«, in: *DJ*, 1941, S. 645 ff.
74) R. Freisler, »Deutscher Osten«, in: *DJ*, 1941, S. 737
75) R. Freisler, »Gedanken zur Vereinheitlichung der staatlichen Rechtswahrung des deutschen Volkes«, in: *DJ*, 1935, S. 82 ff.
76) R. Freisler, »Rechtspflege und Verwaltung, Justizverwaltung und Richtertum«, in: *DJZ*, 1934, S. 167 ff.
77) R. Freisler, »Die Einheit von Partei und Staat in der Personalpolitik der Justiz«, in: *DJ*, 1935, S. 1685 f.
78) R. Freisler, »Recht und Gesetzgeber«, in: *DJ*, 1936, S. 153 ff.
79) R. Freisler, »Einfluß der Staatsauffassung auf den Geltungsbereich des Strafrechts«, in: *DJ*, 1940, S. 637 ff.
80) Kriegssonderstrafrechtsverordnung (KSSVO) vom 17.8.1938, *RGBl.* I, 1939, S. 1455; Kriegsstrafverfahrensordnung vom 17.8.1938, *RGBl.* I, 1939, S. 1457; VO über Maßnahmen auf dem Gebiet der Gerichtsverfassung und der Rechtspflege vom 1.9.1939, *RGBl.* I, 1939, S. 1658; VO über außerordentliche Rundfunkmaßnahmen vom 1.9.1939, *RGBl.* I, 1939, S. 1683; Kriegswirtschaftsverordnung vom 4.9.1939, *RGBl.* I, 1939, S. 1609; VO gegen Volksschädlinge vom 5.9.1939, *RGBl.* I, 1939, S. 1679; Gesetz zur Änderung von Vorschriften des Gerichtsverfahrens des Wehrmachtsstrafrechts und des Strafgesetzbuches vom 16.9.1939, *RGBl.* I, 1939, S. 1841; VO zum Schutz gegen jugendliche Schwerverbrecher vom 4.10.1939, *RGBl.* I, 1939, S. 2000; VO über eine Sondergerichtsbarkeit in Strafsachen für Angehörige der SS und für die Angehörigen der Polizeiverbände bei besonderem Einsatz vom 17.10.1939, *RGBl.* I, 1939, S. 2107; dazu siehe auch: H. Groscurth, *Tagebücher eines Abwehroffiziers 1938–1940*, Stuttgart 1970, S. 80 ff.; G. Reitlinger, *SS – Alibi of a Nation*, London 1957, S. 134 ff.; VO zur Ergänzung der Strafvorschriften zum Schutze der Wehrkraft des Deutschen Volkes vom 25.11.1939, *RGBl.* I, 1939, S. 2319; VO gegen Gewaltverbrecher vom 5.12.1939, *RGBl.* I, 1939, S. 2378
81) R. Freisler, »Zur Verordnung über außerordentliche Rundfunkmaßnahmen«, in: *DJ*, 1940, S. 105 ff.
82) R. Freisler, »Kriegsdienstappell …«, *op. cit.*, S. 444
83) Verordnung über die Strafrechtspflege gegen Polen und Juden in den

eingegliederten Ostgebieten (Polenstrafrechtsverordnung) vom 4.12.1941, *RGBl.* I, 1941, S. 759; R. Freisler,»Das deutsche Polenstrafrecht«, *op. cit.* (s. Anm. 21)); zu den Aktivitäten der Einsatzgruppen siehe: H. Krausnick/H.-H. Wilhelm, *Die Truppe des Weltanschauungskrieges*, Stuttgart 1981

84) R. Freisler,»Das deutsche Polenstrafrecht«, *op. cit.*

85) R. Freisler,»Deutsche Justiz in den Niederlanden«, in: *DJ*, 1942, S. 141 ff. Im Gegensatz zur Meinung des Autors ergeben neuere Forschungen, daß dieses»Wunschdenken« einer realen Basis nicht entbehrt. Siehe G. Hirschfeld, *Fremdherrschaft und Kollaboration. Die Niederlande unter deutscher Besatzung 1940–1945*, Stuttgart 1984

86) R. Freisler,»Der Rechtswahrer der deutschen Strafrechtspflege denkt, spricht und schreibt deutsch!«, in: *DJ*, 1941, S. 1113

Kapitel 6

1) IfZg, NG-566, Freisler an die Generalstaatsanwälte, 16.10.1933; NG-135, Schlegelberger an Lammers, 30.6.1941

2) Broszat, *Staat, op. cit.*, S. 336 ff., 403 ff.

3) IfZg, NG-340, Lammers an Gürtner, 8.8.1939

4) BAKO, Akten des RJM, *op. cit.*, Himmler an Gürtner, 18.2.1937

5) *ebd.*

6) *ebd.*, Thierack an Lammers, 21.1.1939

7) *ebd.*, ORA Lautz an Gürtner, 29.7.1940

8) *ebd.*, Führerbefehl vom 26.7.1939

9) Freisler,»Gedanken zum Deutschen Rechtswahrertag«, in: *DJ*, 1939, S. 821 ff.

10) s. Anm. 3)

11) *ebd.*

12) BAKO, Generalakten, *op. cit.*, Freisler an Gürtner, 12.12.1939

13) IfZg, NG-466, Freisler an die Generalstaatsanwälte, 16.10.1939

14) s. Anm. 12); s. auch BDC-729, Gürtners Anweisung, 4.11.1939, und Brief an Lammers desselben Datums

15) *ebd.*

16) BAKO, RJM, Generalakten R 22/955, Freislers Denkschrift an Gürtner, 2.9.1940; BDC, NG-130, Freisler an Schlegelberger, 28.4.1941; NG-131, Lammers an RJM, 27.5.1941; NG-135, Freisler an Gauleiter Greiser, 27.6.1941

17) *ebd.*, BAKO, Gürtner an Lammers, 17.9.1939

18) IfZg, NG-135, Schlegelberger an Lammers, 30.1.1941; NG-665-PS, Hitlers Anweisung, Dezember 1941

19) s. Anm. 16), BAKO, Geschäftsverteilung für 1942

20) Diese Daten wurden Personalakten im BDC entnommen sowie dem Archiv des Bundesjustizministeriums, Bonn; IfZg NG-176, 29.5.1942; BAKO R 22 Gr. 5/330

21) E. v. Gostomski-Loch, *Der Tod von Plötzensee,* Freising 1966, passim

22) s. Anm. 19), IfZg, NG-823, Lagebericht des Oberreichsanwalts vom 28.5.1942

23) BAKO, Akten des Oberreichsanwalts beim VGH R 60 II/84, Führerinformation, 1942, Nr. 28

24) BAKO, RJM, Generalakten, *op. cit.;* s. auch IfZg, NG-495

25) BAKO, R 22/20019, RJM, R 22 Gr. 5/5–12, Lagebericht des Oberreichsanwalts, 29.1.1941; 31.7.1941; 21.5.1941; 2.10.1941

26) BAKO, RJM, VGH-Urteil, 9.10.1942-9 J 34/42-H-91/41; 25.6.1942 – J80/42-2 H 95/49

27) IfZg, Fa 117/274, VGH-Urteil, 1.10.1942 – 10 J 215/41 – 2 H 130/42

28) BDC, VGH-Urteil, 25.7.1944 – 8 J 92/44 – 1 H 148/44

29) BAKO, VGH-Urteil, 28.7.1944 – 8 J 123/44 – 1 H 146/44

30) s. Anm. 28) und Anm. 29); IfZg, Fa 117/320 Anklageschrift, 23.2.1944; BDC, VGH-Urteil, NG-435; s. Kapitel 4; BAKO, VGH-Urteil, 25.11.1942 – 10 J 16/42g – 1 H 247/42; BAKO, VGH-Urteil, 9.1.1943 – 10 J 249/41 – 1 H 302/42; BAKO, VGH-Urteil, 6.1.1943 – 9 J 206/42g – 1 H 302/42; BAKO, VGH-Urteil, 15.7.1942 – 7 J 186/43 – 1 H 143/43

31) BAKO, Führerinformation, 19.6.1942, Nr. 49

32) Die ausführlichste Analyse des Komplexes »Rote Kapelle« ist in H. Höhne, *Kennwort Direktor,* Gütersloh 1967, zu finden.

33) BAKO, VGH-Urteil, 4.12.1942, Aktensignatur unleserlich

34) BDC, NG-926, VGH-Anklageschrift und -Urteil

35) BAKO R 60 II/9, VGH-Urteil, 4.7.1943

36) BAKO, VGH-Urteil, 7.1.1943 – 8 J 362/42g – 1 H 328/42

37) IfZg, NG-399; BAKO, VGH-Urteil, 16.12.1943 – 10 J-1095/43 – 1 H 305/43

38) BAKO R 22 Gr. 5/5–12 Hl, Lagebericht des Oberreichsanwalts, 8.10.1943 und 19.2.1944; *ebd.* VGH-Urteil, 10 J 26/44. Zu J. Römer s. a.: R. Pechel, *Deutscher Widerstand,* Zürich 1951; Ritter, *op. cit.,* Rothfels, *op. cit.,* und Hoffmann, *op. cit.*

39) s. W. Lacqueur, *Young Germany,* London 1961

40) *ebd.*

41) Rothfels, *op. cit.,* S. 20

42) *Die Zeit,* Zeit-Magazin, Beilage. Hamburg 1981; s. auch M. v. Hellfeld, *Edelweißpiraten in Köln,* Köln 1982

43) zu Sosnowski s. Höhne. *Canaris, op. cit.,* S. 160; BDC, VGH-Urteil, 16.2.1935 – 11 J 145/34 – 3 L 29/34

44) *Leipziger Kommentar, op. cit.,* 1939, Paragraph 49

45) Gesetz zur Änderung strafrechtlicher Vorschriften vom 26.5.1933. *RGBl.,* I, 1933, S. 295

46) Gesetz zur Ergänzung der Vorschriften gegen Landesverrat vom 22.11.1942, *RGBl.,* I, 1942, S. 668. Die rückwirkende Anwendung

mußte vom RJM, dem Chef des OKW und dem Reichsführer-SS und Chef der Deutschen Polizei Heinrich Himmler gebilligt werden.

47) Wagner, *op. cit.*, S. 219
48) *RGBl.*, I, 1940, S. 754
49) *ebd.*
50) s. Anm. 25)
51) BAKO R 22/20113 RJM Akten 4020g
52) *ebd.*
53) *ebd.*
54) BAKO R 22/302 Generalakten des RJM 32/0, Thierack an Lammers, 18.12.1941
55) s. Anm. 25)
56) BAKO, VGH-Urteil, 15.9.1942 – 1 J 11/42g – 4 L 45/42
57) BAKO, VGH-Urteil, 25.2.1942 – 1 J 161/40g – 3 L 114/41
58) BAKO, VGH-Urteil, 9.3.1943 – 11/3 J 295/405 – 1 L 36/42
59) BAKO, VGH-Urteil, 24.3.1944 – 7(8) J 94/43g – 1 L 32/44
60) BAKO, VGH-Urteil, 24.3.1944 – 7(8) J 94/43g – 1 L 32/449
61) BAKO, VGH-Urteil, 15.7.1943 – Aktensignatur unleserlich
62) s. Anm. 25)
63) Zum Fall Eliáš s. H. Heiber, »Der Fall Eliáš«, in: *VfZg*, 1955, S. 275 ff.; V. Mastny, *The Czechs under German Rule. The Failure of National Resistance,* New York 1971, S. 189 ff.
64) *ebd.*
65) BAKO, Generalakten R 22/4070, Hochverratsverfahren gegen Protektoratsangehörige 1939–1942; Lautz-Aussage in Nürnberg; RJM-Berichte, 4.4.1940 und 1.6.1940; IfZg, NG-682, Schlegelberger-Vermerk, 1.10.1940
66) *ebd.;* Thierack an RJM, 4.12.1941
67) s. Heiber und Mastny, *op. cit.*
68) *ebd.*
69) IfZg, NG-801 und NG-147, Anklageschrift und Urteil im Elias-Prozeß
70) s. Heiber, *op. cit.*
71) s. Anm. 65)
72) *ebd.*
73) *ebd.*
74) *ebd.*
75) s. Anm. 70)
76) s. Anm. 65)
77) *ebd.*
78) s. Anm. 69)
79) s. Anm. 65), Brief von Lammers an Bormann, 4.10.1941
80) s. Anm. 70)
81) s. Anm. 65)
82) *ebd.*

83) *ebd.*
84) *ebd.*
85) *ebd.*
86) E. vom Rath wurde direkt nach dem Mordanschlag von Hitler zum Gesandtschaftsrat befördert, s. Buchheit, *op. cit.,* S. 57
87) s. L. Kochan, *Pogrom,* London 1957
88) H. Heiber, »Der Fall Grynszpan«, in: *VfZg,* 1963, S. 267 ff.
89) Lautz an IfZg, 28.3.1955
90) BDC, NG-971, Diewerge an Krümmer, Propagandaministerium, 22.12.1941: Propagandistische Vorbereitung des Mordprozesses Grynszpan. S. auch L. P. Lochner (Hrsg.), *Goebbels' Tagebücher,* Zürich 1948. Nicht veröffentlichte Auszüge der Tagebücher, wie der eben zitierte, befinden sich im IfZg.
91) *ebd.*
92) *Goebbels' Tagebücher, op. cit.,* S. 80 ff.
93) s. Anm. 87)
94) s. Anm. 89)
95) *ebd.*
96) *ebd.*
97) *ebd.*
98) *ebd.*
99) *ebd.*
100) BAKO Führerinformation, 1942, Nr. 118
101) *ebd.,* Nr. 8 und Nr. 60
102) Picker, *Tischgespräche, op. cit.,* S. 62
103) *ebd.,* S. 104
104) *ebd.,* S. 131
105) *ebd.,* 29.3.1942, 7.6.1942
106) *ebd.,* S. 267
107) *ebd.,* S. 278
108) *ebd.,* S. 332
109) *ebd.,* S. 343
110) *ebd.,* S. 359 ff.
111) BDC, NG-287, Lammers an Schlegelberger, 25.10.1941
112) BA-Militärarchiv Freiburg (BAMA) N 51/7, Verabschiedung des Generaloberst Höpner
113) *ebd.*
114) s. Anm. 90), S. 130; Kopien der unpublizierten Teile der Goebbels-Tagebücher, im IfZg
115) s. Anm. 102), S. 157 ff., 29.3.1942
116) BDC, NG-221, Schlegelberger-Vermerk zum Fall Schlitt und Führertelefonat vom 17.4.1942; G. H. Mostar, »Dokumentation: Der Fall Schlitt«, in: *Der Stern,* Nr. 30, Hamburg 1954
117) *ebd.;* s. a. Domarus, *op. cit.,* Bd. IV, S. 1857
118) So die These Irvings in der englischen Originalausgabe *Hitler's War,* London 1977, passim

119) H. Linge, *Bis zum Untergang: Als Chef des Persönlichen Dienstes bei Hitler*, München 1982, S. 201. Linges Angaben scheinen glaubhaft und decken sich mit den Angaben anderer aus Hitlers engem Umkreis. Verzerrungen und Fragwürdiges findet sich nur in den Zusätzen des »Herausgebers« Werner Maser.

120) Neben den einschlägigen Aktenbeständen des Bundesarchivs wurde in dieser Studie die *Meldung aus dem Reich*, Neuwied 1965, herausgegeben von Heinz Boberach, benutzt, also eine Auswahl der Lageberichte. Die seit 1984 vorhandene 17-bändige Gesamtausgabe, ebenfalls von Boberach herausgegeben, konnte hier nicht mehr berücksichtigt werden, zudem ihr bis heute immer noch das angekündigte Namens- und Sachverzeichnis fehlt.

121) Domarus, *Reden*, *op. cit.*, Bd. IV, 26.4.1942

122) s. Anm. 110), S. 180

123) Boberach, *Meldungen* ..., *op. cit.*, S. 259, 27.4.1942

124) *ebd.*

125) Imperial War Museum, London, FD 332/46, 27.4.1942

126) Goerdelers Entwurf einer Proklamation im Rundfunk nach einem erfolgreichen Coup gegen Hitler, in: *Spiegelbilder einer Verschwörung. Die Kaltenbrunnerberichte*, Stuttgart 1961, S. 213

127) BAKO R 22/3366, Der Präsident des Hanseatischen Oberlandesgerichtes, 11.5.1942

128) Brief von Freisler, 5.2.1942

129) s. Anm. 141)

130) s. Anm. 90), *Goebbels Tagebücher*, *op. cit.* S. 199 und *IfZg*

131) *ebd.*, S. 163

132) BAKO R 22/3380, Generalstaatsanwalt Naumburg (Saale), 24.5.1942

133) BAKO R 22/3357, Generalstaatsanwalt Braunschweig, 31.5.1942

134) BAKO R 22/3359, Generalstaatsanwalt Celle, 31.5.1942

135) s. auch P. Schneider, »Rechtssicherheit und richterliche Unabhängigkeit aus der Sicht des SD«, in: *VfZg*, 1961, S. 237 ff; Goebbels, *op. cit.*, S. 158

136) BAKO, Generalakten RJM R 22/4070, Schlegelberger an Bormann, 28.4.1942; Frank an Goebbels, 1.5.1942

137) s. *Das Schwarze Korps*: »Unabhängig – wovon?«, 16.7.1942

138) H. Heiber/H. v. Koke (Hrsg.), *Faksimile-Querschnitt durch das Schwarze Korps*, München o. J. Einleitung

139) Briefe Freislers, 31.5.1942, 18.6.1942, 5.7.1942

140) H. Höhne, »Eine Falle der Betroffenheit«, in: *Der Spiegel*, Nr. 51, 1984, S. 76

141) Die Nachforschungen des Verfassers über den Verbleib des Originals waren umsonst. Dr. Kempner ließ diesbezügliche Anfragen unbeantwortet, obgleich er bereit war zu anderen Fragen seine Stellungnahme abzugeben. Die noch Überlebenden haben wenig oder nichts zu dieser Konferenz zu sagen. Selbst der damalige Staatsse-

kretär im Reichsaußenministerium, Ernst v. Weizsäcker, erwähnt die Konferenz überhaupt nicht. Zwischen dem 16. und 25. Januar 1942 machte er anscheinend keine Tagebucheintragungen. Siehe dazu L. E. Hill (Hrsg.) *Die Weizsäcker-Papiere 1933–1950*, Berlin 1974. Jedoch Hills editorische Praxis ist, gelinde gesagt, für Fachhistoriker unüblich. So schreibt er im 1. Band der *Weizsäcker-Papiere*, Berlin 1982, auf S. 442: »Es war mir im Rahmen dieser Sammlung nicht möglich, den Inhalt der nicht aufgenommenen Briefe und Tagebücher oder der weggelassenen Stellen aus Briefen und Tagebüchern anzugeben.« Warum nicht? Der gegenwärtige Bundespräsident der Bundesrepublik Deutschland müßte, abgesehen von Hill, die Antwort auf diese Frage haben.

142) Der Ausdruck »Judenausrottung« wurde von Freisler selbst bei der Verhandlung benutzt. Seine Teilnahme an der Wannseekonferenz ergibt sich aus BAKO betr. Volksgerichtshof 1934–1945. Liste der Teilnehmer an der Wannseekonferenz.

143) Goebbels, *op. cit.,* S. 130

144) BDC, NG-1243, Vortrag beim Reichsminister (Lammers), 17.8.1942

145) *ebd.*

146) *ebd.*

147) *ebd.;* s. auch BAKO, Akten der Reichskanzlei R 43 II/1145a, RJM, Personalangelegenheiten des Ministers 1933–1943

148) BDC, NG-1243, Personalveränderung im Reichsjustizministerium

149) *ebd.;* s. auch Bormanns Rundschreiben Nr. 131/42 vom 27.8.1942, BDC, NG-541; und die Kopie von Freislers Ernennung in: Freisler, Personalakten, *op. cit.,* 20.8.1942, und die damit zusammenhängende undatierte Presseverlautbarung über die neuen Ernennungen, BDC, NG-1243

150) *ebd.*

151) s. Anm. 161)

152) Fest, *Gesicht ...,* op. cit., S. 292 ff.

153) W. Präg/W. Jacobmeyer (Hrsg.), *Das Diensttagebuch des deutschen Generalgouverneurs in Polen,* Stuttgart 1975 – Eintragung vom 19.11.1941, S. 446. Der Punkt 19 des NSDAP-Parteiprogramms fordert »Ersatz für das der materialistischen Weltordnung dienende römische Recht durch ein deutsches Gemeinrecht«.

154) *ebd.,* S. 504

155) *ebd.,* S. 517 ff.

156) *Münchner Neueste Nachrichten,* 20.7.1942, S. 3

157) *Diensttagebuch ...,* op. cit., S. 552

158) *ebd.,* S. 553 ff.

159) *ebd.,* S. 555 ff.

160) *ebd.,* S. 556 ff., 561 ff.

161) BAKO, Akten der Reichskanzlei R 43 III/1145a, undatierte Kopie von Ohlendorfs Vortrag; s. auch Anm. 135). Zu Ohlendorf ist noch

zu bemerken, daß sein persönlicher Nachlaß und seine Tagebücher 1985 dem Institut für Zeitgeschichte in München übergeben wurden, diese aber erst ausgewertet werden müssen. Er scheint bereits 1939 die »Gunst« Hitlers und Himmlers verloren zu haben, als er für einen gesetzlich verankerten Minoritätenstatus für deutsche Juden plädierte. Ferner soll er sich dafür ausgesprochen haben, daß keine KZ-Einweisung ohne vorhergehende Entscheidung der Justiz erfolgen solle. Seine Ernennung zum Chef der Einsatzgruppe D hatte er – nach vorhergehender, zweimaliger Weigerung – Himmler zu danken, der es »diesem arroganten Preußen einmal zeigen wolle.«

162) *ebd.*
163) *ebd.*
164) *ebd.*
165) *ebd.*
166) *ebd.*
167) s. a. die o. a. Reaktionen auf Hitlers Rede vom 26.4.1942
168) s. Anm. 161)
169) BAKO R 58/172, Bericht, 5.7.1942. Zur überdurchschnittlichen Vertretung der Juristen innerhalb der SS siehe G. C. Boehnert, »The Jurists in the NS-Führerkorps 1925–1939«, in: G. Hirschfeld/L. Kettenacker (Hrsg.) *Der Führerstaat: Mythos und Realität,* Stuttgart 1981, S. 361 ff.; mit welcher administrativen Gewissenhaftigkeit, die oft die Grenze der Pedanterie überschritt, sich Himmler jeder Kleinigkeit innerhalb seines Bereiches widmete, ist am besten in seiner Korrespondenz widergespiegelt. Siehe H. Heiber, *Reichsführer! Briefe an und von Himmler,* München 1970

Kapitel 7

1) Freisler Brief vom 5.7.1942
2) Personalakte Freisler, *op. cit.*
3) s. Kapitel 6, Anm. 147)
4) *ebd.*
5) BAKO, Generalakten RJM, R 22/4070, Kommunistische Aktionen in Skandinavien
6) s. Anm. 2, Freisler an Thierack, 9.9.1942
7) *ebd.,* Thierack an Freisler, 9.9.1942
8) Für diese Tabelle wurde das StGB, Ausgabe 1943, benutzt.
9) Archiv des Bundesjustizministeriums, »Jahresstatistiken des VGH«
10) *ebd.*
11) *ebd.,* Geschäftsbericht der Reichsanwaltschaft, Akte 564, Bd. II
12) *ebd.*
13) *ebd.*

14) P. Sérant, *Les vaincus de la libération*, Paris 1961, S. 140 ff.; H. Amouroux, *La grande histoire des Français sous l'occupation*, Paris 1978 passim.; M. Dank, *The French against the French*, London 1978, S. 139 ff.

15) Anm. 11, Akte 566

16) Mitteilung des BAKO, *op. cit.*

17) Zusammenfassung aus Thieracks und Freislers Jahresberichten, s. Anm. 15), auch *DJ*, 1939, S. 1185; für 1942 und 1943 s. BAKO R 22/ 20040, R 22 Gr. 5/1−6, Bd. II und Anm. 15)

18) *ebd.*

19) s. Anm. 5), Kopie des »Richterbriefs« vom 22.10.1942

20) VO zur Ergänzung und Änderung der Zuständigkeitsverordnung vom 29.1.1943, *RGBl.*, I, 1943, S. 76

21) Tagungsbericht der Generalstaatsanwälte vom 3.2.−4.2.1944, Generalakten 313, Bd. I, Bayerisches Staatsministerium der Justiz, Kopie in Generalakten VGH im BJM; BAKO R22/20019 Akten R. 22 Gr. 5/5 Bd. 6, H. 1 des RJM

22) BAKO R 22/20040, Ausführungen auf der Tagung der Arbeitsgemeinschaft für Straf-, Wirtschaftsstraf- und Ordnungsstrafrecht, 14.7.1944

23) BAKO, VGH-Urteil, 20.4.1943 − 9 J 411/43 − 1 L 40/43

24) BAKO, VGH-Urteil, 21.5.1943 − 5 J 33/43 − 1 H 106/43

25) BAKO, VGH-Urteil, 26.6.1943 − 10 J 405/43g − 1 H 158/43

26) BAKO, VGH-Urteil, 8.9.1943 − 1 J 473/43 − 1 L 78/43

27) BAKO, VGH-Urteil, 1.9.1943 − 9 J 660/43 − 1 L 68/43

28) BAKO, VGH-Urteil, 3.9.1943 − 2 J 468/43 − 1 L 74/43

29) *12-Uhr-Blatt*, Berlin, 20.9.1943. Höfer war auch Mitarbeiter von Goebbels' Eliteblatt *Das Reich* und stieg vom Pressereferenten im Produktionsamt des Reichsministers für Rüstung und Kriegsproduktion zum Sachbearbeiter mit Ministerialzulage empor. Einer der Doktoranden des Verfassers befaßt sich mit dem Problem der Personalkontinuität in den Medien des Dritten Reiches und der Bundesrepublik. Das bisher zutage geförderte Material macht Theodor Eschenburgs − selbst ehemaliges Mitglied der SS − Behauptung, daß z. B. die Amerikaner bei der Auswahl von Lizenzträgern der westdeutschen Presse »einen noch strengeren Maßstab anlegten als bei der allgemeinen Entnazifizierung«, im besten Fall zu einem Produkt seiner Unwissenheit. Siehe *Geschichte der Bundesrepublik Deutschland,* Theodor Eschenburg: *Jahre der Besatzung 1945−49,* Stuttgart 1983, S. 148. Für weitere Fälle dieser Art siehe BAKO, VGH-Urteil, 6.9.1943 − 1 J 458/43 − 1 L 73/43; BAKO, VGH-Urteil, 6.9.1943 − 7 J 365/43 − 1 H 20/43; BAKO, VGH-Urteil, 29.9.1943 − 2 J 522/43 − 1 L 102/43

30) Zu den Scholl-Fällen, s. I. Scholl, *Die Weiße Rose,* Frankfurt 1955. Einige Akten dieser Fälle existieren noch (der Großteil wurde vernichtet) und werden im BHSA, Abt. I, aufbewahrt. Während der

Forschungsarbeiten des Autors und während er dieses Kapitel schrieb, waren sie aber noch nicht zugänglich, da sie einem Filmteam zur Verfügung standen, das einen Dokumentarfilm über die Geschwister Scholl und ihre Freunde anläßlich ihres 40. Todestags drehte. Siehe auch Hannsjoachim W. Koch, *Geschichte der Hitlerjugend*, Percha 1976, S. 335 ff.

31) U. v. Hassel, *Vom anderen Deutschland*, Frankfurt 1964, S. 270
32) Scholl, *op. cit.*, S. 90 ff.
33) *loc. cit.*
34) *ebd.*
35) s. Kempner, *Priester ...*, *op. cit.*, *passim.*
36) *BAKO, Führerinformation 1943, Nr. 139*
37) *BAKO, VGH-Urteil, 23.6.1943 – 8 J 382/426 – 2 H 65/43; s. auch Kempner, op. cit.*, und E. Peter, *Der Lübecker Christenprozeß*, Mainz 1960
38) BAKO, VGH-Urteil, 2.7.1943 – 1 J 147/43g – 1 L 50/43
39) BAKO, VGH-Urteil, 1.10.1943 – 2 J 518/43 – 1 L 104/43; BAKO, VGH-Urteil, 14.10.1943 – 8 J 190/43g – 1 H 253/43; BAKO, VGH-Urteil, 7.3.1944 – 3 J 259/44 – 1 L 104/43; BAKO, VGH-Urteil, 4.12.1943 – 10 J 729/43 – 1 L 33/43; BAKO, VGH-Urteil, 18.4.1944 – 8 J 168/43 – 1 L 79/44; BAKO, VGH-Urteil, 28.7.1944 – 5 J 170/44 – 1 L 234/44
40) BAKO, VGH-Urteil, 9.8.1944 – 5 J 179/44 – 1 L 263/44
41) s. Kempner, *op. cit.*, S. 135
42) BAKO R 22/20198, RJM-Akten, R 22 Gr. 5/XXIII-3, Bde. 1 & 2, Kopie von Keitels Anweisung vom 12.12.1941, der Hitlers Instruktionen vom 7.12.1941 zugrunde lagen.
43) *ebd.*, auch in IMT-Urteil, Fall III, S. 92
44) IMT, Fall III, *loc. cit.*
45) s. Anm. 42), enthält diese Korrespondenz
46) IfZg, NG-665-PS, Hitlers Instruktion vom 7.12.1943; NG-232, Rundverfügung vom 6.2.1942 von Freisler; NG-223, Thierack in ZAkDR 1943, S. 997; BAKO, RJM-Archiv, Thierack an Freisler, 9.9.1942; BDC, NG-628, Thierack, 13.10.1942, betr.: Lenkung der Rechtsprechung im Kriege; BDC, NG-226, RJM-Weisung hinsichtlich Straftaten gegen das Reich und die besetzten Gebiete, 28.10.1942; BDC, NG-256, Thierack an Freisler, 21.4.1943, er betont, daß Deutsche dem »Nacht-und-Nebel«-Erlaß nicht unterworfen sind; BDC, NG-272, Kaltenbrunner an Thierack, 20.9.1943, beansprucht Beteiligung des SD.
47) s. Anm. 42)
48) *ebd.*
49) *ebd.*
50) s. Anm. 46), RJM-Anweisung
51) *ebd.*; 13. VO zum Reichsbürgergesetz, 1.7.1943, *RGBl.* I., 1943, S. 372

52) s. Wagner, *op. cit.*, S. 421 ff.; IfZg, NG-1007, eidesstattliche Aussage von Behling

53) IfZg, NG-792, eidesstattliche Aussage von Weimann; NG-7373, eidesstattliche Aussage von Hecker; NG-950, eidesstattliche Aussage von Bodden; NG-555, eidesstattliche Aussage von Weimann; NG-696, eidesstattliche Aussage von Wettensberg; NG-404, eidesstattliche Ausage von Ziegler. In mehreren der eidesstattlichen Aussagen beschwerten sich die vernommenen Personen dařüber, daß es ihnen während der Verhöre durch die Alliierten nicht gestattet worden sei, wesentliche Fragen zu beantworten; s. z. B. NG-659, NG-312, eidesstattliche Aussage von Barnickel; NG-525, eidesstattliche Aussage von Grünwald

54) IfZg, NG-535, eidesstattliche Aussage von Grünwald

55) *IMT, Fall III, op. cit.*, S. 96, 189 f., 195, 199

56) *ebd.*, s. auch Anm. 46)

57) *ebd.*, Aussage des Chefs der Wehrmachtsjustiz Rudolf Lehmann, S. 94 f., S. 149

58) BAKO R 22/20198, wie in Anm. 42)

59) *ebd.*

60) s. Anm. 53), NG-792

61) BAKO, Bericht des Oberreichsanwalts, 9.4.1944 und 27.6.1944, enthalten in den in Anm. 42) angegebenen Akten

62) s. Anm. 55), S. 112, 192; s. auch IfZg, NG-599, eidesstattliche Aussage von Dr. Pölchau

63) Hier geht es um die Untersuchung des sogenannten Porto-Falls, die bereits vor der Verkündung des »Nacht-und-Nebel-Erlasses« begonnen hatte.

64) s. Anm. 42), Brief von Kaltenbrunner an RJM, 20.9.1943

65) *ebd.*

66) *ebd.*

67) BAKO, VGH-Urteil, 21.1.1943 – 1 J 1003/42g – 2 L 325/42

68) BAKO, VGH-Urteil, 25.2.1943 – 3 J 1012/42g – 1 L 10/43

69) BAKO, VGH-Urteil, 5.1.1944 – 11 J 1012/43g – 1 L 42/43

70) BAKO, VGH-Urteil, 15.10.1943 – 1 J 1041/42g – 2 L 126/43

71) zitiert bei Wagner, *op. cit.*, S. 436, Brief von Dr. Franz Reiser an den ehemaligen Präsidenten des Bundesgerichtshofs, Dr. h. c. Weinkauf, 26.9.1962

72) BAKO, VGH-Urteil, 27.5.1943 – 2 J 1014/42g – 2 L 7 43

73) BAKO, VGH-Urteil, 28.5.1943 – 2 J 1014/43g – 2 L 79/43 und VGH-Urteil, 28.8.1943 – 1 J 1052/42g

74) BAKO, VGH-Urteil, 12.3.1943 – 321 – 6/60

75) BAKO, VGH-Urteil, 18.1.1944 – 3 J 1009/43 – 1 L 27/47

76) BAKO, Anklageschrift des Oberreichsanwalts, 12.10.1943 – 3 J 1016/43g; BDC-Akten ergänzen diesen Fall, soweit es den belgischen Waffen-SS-Angehörigen Pierre Dulac und die Rolle der Kommunisten betrifft.

77) BAKO, VGH-Urteil, 28.10.1944 – 2 J 384/44g, 1 L 391/44

78) BAKO, R 22/956, Generalakten 4021, Bd. IV des RJM; BAKO R 22/2019, Gr. 5/5 – 12 H 1 des RJM; Lagebericht des ORA, besonders die vom 2.10.1941, 4.4.1940, 30.7.1940, 31.7.1940, 3.10.1942, 1.6.1943 und 10.2.1944 datieren

79) BDC, VGH-Urteil, 9.6.1942 – 8 J 257/41 – 2 H 19/42

80) *ebd.*, auch BAKO, Führerinformation 1942, Nr. 51

81) BDC, VGH-Urteil, 16.11.1943 – 8 J 70/43 – 5 H 128/43 und 8 J 75/43 – 5 H 134/34

82) BDC, VGH-Urteil, 9.12.1943 – 8 J 324/39g – 5 H 110/43

83) BDC, VGH-Urteil, 1.3.1944 – 7(8) J 203/41 – 2 H 168/44

84) BDC, VGH-Urteil, 23.2.1944 – 8 J 7/41 – 2 H 168/44

85) BDC, VGH-Urteil, 29.10.1942 – 8 J 214/42g – 5 H 94/42

86) BAKO, VGH-Urteil, 17.10.1942 – 6 J 130/44 – 1 H 236/44

87) s. Anm. 78)

88) Information von Frau Karla Zapf, München, die von zahlreichen anderen Personen bestätigt wird, die Wien um diese Zeit besucht haben.

89) Der verstorbene Baldur von Schirach, Reichsstatthalter von Wien, behauptete im August 1970 dem Autor gegenüber, dies sei die Folge seiner Bemühungen gewesen, Sozialisten und Kommunisten für die NSDAP zu gewinnen.

90) BAKO, VGH-Urteil, 12.2.1943 – 7 J 572/42 – 1 H 336/42

91) BAKO, VGH-Urteil, 10.5.1943 – 1 J 169/43 – 1 H 92/43

92) *ebd.*

93) BAKO, VGH-Urteil, 7.12.1942, Aktenzeichen unleserlich

94) IfZg Fa 117/302, Anklageschrift, 25.1.1945 – 7 J 645; entsprechendes Urteil im BDC ohne Aktenzeichen

95) Erlaß des Führers und Reichskanzlers über die Gewährung von Straffreiheit, 7.6.1939, *RGBl.*, I, 1939, S. 1032; s. auch BAKO R 22/20113, Akten R 22 Gr. 5/XXIII-2, RJM. Bd. II

96) *ebd.*

97) IfZg, NG-5359

98) BAKO. Archiv des RJM, Akten Allg. Prozesse 1 XVII B/28

99) BAKO, Archiv des RJM, R 22/957, Generalakten 4021 Su des RJM, betreffend Hoch- und Landesverrat in den sudetendeutschen Gebieten

100) *ebd.*

101) *ebd.*

102) BAKO, VGH-Urteil, 8.7.1943 – 12 J 53/43 – 1 H 152/43

103) BAKO, VGH-Urteil, 27.8.1943 – 12 J 97/43 – 1 H 184/43

104) BDC, VGH-Urteil, 4.9.1942 – 12 J 335/41g – 1 H 71/42

105) BAKO, VGH-Urteil, 14.6.1944 – 12 J 43/44g – 1 H 63/44; s. a. W. Brandes, *Die Tschechen unter deutschem Protektorat*, München 1964; auch Mastny, *op. cit., passim.*

106) BAKO, VGH-Urteil, 14.10.1941 – 12 J 138/40 – 1 H 113/41, auch VGH-Urteil, 25.3.1943 (ohne Aktenzeichen)

107) s. Anm. 105, Mastny, *op. cit., passim.*

108) BAKO, VGH-Urteil, 14.8.1941 – 12 J 50/41 – 1 H 80/41

109) BAKO, VGH-Urteil, 28.3.1944 – 13 J 46/44 – 1 H 34/44

110) Der Autor erinnert sich an die persönlichen Erfahrungen, die er als Mitarbeiter von Radio Freies Europa, München und London, gesammelt hat.

111) Mastny, *op. cit.,* S. 207 ff.; auch A. Burgess, *Seven Men at Daybreak,* London 1960, S. 35 ff.

112) *ebd.*

113) BAKO, VGH-Urteil, 16.6.1944 – 12 J 37/44 – 1 H 107/44

114) Brandes, *op. cit.,* S. 120 ff.

115) R. Ibbeken, *Preußen 1807–1813,* Berlin 1970

116) für Polen s. Koch, *Bürgerkrieg ... op. cit.,* Kapitel IX, S. 274 ff.

117) BAKO, VGH-Urteil, 8.7.1943 – 12 J 71/43g – 1 H 153/43

118) BAKO, VGH-Urteil, 18.3.1942 – 8a J 248/40g – 1 H 27/42

119) weitere Einzelheiten s. in Wagner, *op. cit.,* S. 586 ff.

120) siehe das vorhergehende Kapitel 6, passim., sowie Höhne, *Canaris, op. cit.,* S. 153 ff., 240, 281

121) BAKO, VGH-Urteil, 13.1.1941 – 12 J 34/40 – 1 H 167/31

122) Mastny, *op. cit., passim,* und die Erinnerungen des Autors an diese Zeit

123) Der detaillierteste Bericht ist in Burgess, *op. cit.,* zu finden.

124) H. Blau, »Die Kriminalität in Deutschland während des Zweiten Weltkrieges«, in: *Zeitschrift für die gesamte Strafrechtswissenschaft,* 1952, S. 37 ff.

125) Stanislav E. Berton, »Das Attentat auf Reinhard Heydrich vom 27. Mai 1942. Ein Bericht des Kriminalrats Heinz Pannwitz«, in: *VfZg,* München 1985, S. 668 ff., bes. S. 674 und S. 688 ff.

126) BAKO, VGH-Urteil, 16.7.1942 – J 595/41 – 1 H 7/42

127) BAKO, VGH-Urteil, 25.1.1944 – J 84/43 – 1 H 7/42

128) s. H. Böhme, *Der deutsch-französische Waffenstillstand im Zweiten Weltkrieg,* Stuttgart 1966

129) E. Jäckel, *Frankreich in Hitlers Europa,* Stuttgart 1966, S. 75 ff.

130) BAKO, VGH-Urteil, 7.7.1943 – 5 J 80/43 – 1 H 142/43

131) BAKO, VGH-Urteil, 25.1.1944 – 6 J 41/44 – 1 H 284/83

132) Dies zeigt sich in der *parti de Gaulle,* die seit 1942 in der Region von Metz Fuß zu fassen versuchte; s. auch BAKO, VGH-Urteil, 11.11.1944 – 6 J 41/44 – 4 H 266/4

133) BAKO, VGH-Urteil, 4.5.1943 – 1 J 42/43g – 2 L 43/43

134) BAKO, VGH-Urteil, 27.4.1944 – 9 J 161/42g

135) Strafgesetzgebung für Polen und Juden in den besetzten Ostgebieten, *RGBl.,* I, 1940, S. 351. s. Diensttagebuch op. cit.

136) Allgemeine Zusammenhänge in: N. Rich, *Hitler's War Aims,* 2 Bde., London 1973/74

137) *Anatomie des SS-Staates,* op. cit., Bd. I, S. 153 ff., 182 ff., Bd. II, S. 235 ff.

138) s. A. Hohenstein, *Warthelåndisches Tagebuch*, Stuttgart 1959, S. 62, 221, 225, 230, 232 und passim. Y. Gutmann, *The Jews of Warsaw 1939–1943*, Brighton 1982, passim. M. Hillel, *Le massacre des survivants en Pologne 1945–1947*, Paris 1984

139) BAKO, Führerinformation, 30.7.1942, Nr. 90; *ebd.*, Nr. 140, 4.11.1942; *IMT, Fall III, op. cit.* S. 136

140) s. B. Celovsky, *Das Münchner Abkommen*, Stuttgart 1958, S. 23 ff.

141) s. Anm. 95)

142) BAKO, Lagebericht des ORA, 2.10.1941

143) BDC, VGH-Urteil, 18.12.1941 – 8 J 149/41 – 2 H 145/51; auch BDC, Handakten des ORA, 8 J 214/41

144) BAKO, Lagebericht des ORA, 8.10.1943

145) BAKO, VGH-Urteil, 26.11.1940 – 8 J 408/40g – 2 H 87/40

146) BAKO, VGH-Urteil, 6.1.1942, Aktenzeichen unleserlich

147) Zu Hitlers Einschätzung von Titos Bewegung s. H. Heiber (Hrsg.), *Lagebesprechung im Führerhauptquartier*, München 1963, S. 64, 265. Siehe auch N. Beloff, *Tito's Flawed Legacy: Yugoslavia and the West 1939–1984*, London 1985 *passim* auch P. E. Schramm (Hrsg.), *Kriegstagebuch des Oberkommandos der Wehrmacht*, Studienausgabe, München 1982, 1942, Teilband 1, S. 23, 33, 136 ff., 734; Teilband 2, S. 1013, 1405, s. auch Bde. 5, 6 und 7 passim; s. auch Generaloberst Dr. L. Rendulic, »Der Partisanenkrieg«, in: *Bilanz des Zweiten Weltkrieges*, Hamburg 1953, S. 99 ff.

148) BAKO R 22/4062, RJM-Akten, R 22 Gr. 5/535

149) *ebd.*, R 22/302

150) BAKO, Generalakten des RJM R 22/302, auch 4021, woraus hervorgeht, daß Rothenberger sich anscheinend für die Einrichtung von VGH-Zweigstellen eingesetzt hat, aber auf heftigen Widerstand von seiten Thieracks und Freislers stieß.

151) BAKO, VGH-Urteil, 9.4.1943 – 1 J 142/45 – 1 H 83, 84, 85, 86/43 und 6 J 18/43g – 1 H 8743

152) BDC, NG-417, Bericht über die Rede des Reichsministers Dr. Goebbels vor den Mitgliedern des Volksgerichtshofes am 22.7.1942. Zum Mölders-Brief s. M. Balfour, *Propaganda in War 1939–45*, London 1979, S. 248; S. Delmer, *Black Boomerang*, London 1962, S. 138

153) Adolf Galland, *Die Ersten und die Letzten*, München 1984, S. 119 ff.

154) BDC, NG-130, Strafrecht gegen Polen und Juden in den eingegliederten Ostgebieten, 28.4.1941, NG-131, Lammers an Gürtner, 27.5.1941; NG-744, Thierack an OLGs und GStAs, 7.8.1942, »Polen und Juden in Verfahren gegen Deutsche«; IfZg, NG-412, OKW an RJM, 17.7.1942; NG-151, RJM an alle Ministerien, 3.8.1942: Rechtsmittelbeschränkung in Strafsachen für Juden

155) BDC, NG-241, Thierack an Göring, 11.9.1942

156) BDC, NG-199, Thieracks Erlaß über Personaländerungen im RJM und im Richterstand, 20.10.1942; *ebd.*, 31.3.1943, VO über Perso-

nalmaßnahmen zum Neuaufbau der Justiz, Oktober 1942, *RGBl.*, I, 1942, S. 1359

157) *ebd.*
158) s. Anm. 152), Thierack an Goebbels, 2.10.1942
159) BAKO, VGH-Urteil, 23.1.1943, Aktenzeichen unleserlich
160) BAKO, Führerinformation, 1942, Nr. 131; s. auch BDC, NG-683, Lagebericht des ORA, 3.10.1942
161) *ebd.*, Lagebericht
162) E. Nolte, »Between Myth and Revisionism: The Third Reich in the Perspective of the Year 1980«, *op. cit.*
163) IfZg, NG-097, eidesstattliche Aussage von Schlegelberger
164) BDC, NG-631, Thierack an die höheren Justizbehörden, 20.10.1942
165) s. Personalakte Freisler, *op. cit.*, die diesen Aspekt auf umfangreiche Weise dokumentiert.
166) BDC, NG-198, Freisler an Thierack, 5.11.1942
167) BDC, NG-322, Evangelisch-Lutherischer Kirchenrat an Thierack, 28.12.1942, und RJM-Ablehnung, 13.1.1943
168) BDC, NG-235, Vorsitzender des Sondergerichts Essen an den Landesgerichtspräsidenten, 4.1.1943; Antwort des RJM vom 18.1.1943 bzw. 1.2.1943
169) BDC, NG-439. Der SS-Richter beim Reichsführer-SS und Chef der Deutschen Polizei, SS-Obersturmbannführer Munder an Staatssekretär Rothenberger, 19.1.1943; NG-330, Thierack an GStA Wien, 5.3.1943; NG-269, Thierack an VGH und OLGs. In diesem Schreiben fordert er, daß spezielle Exekutionen geheim bleiben müßten und die Öffentlichkeit nichts davon erfahren dürfe; NG-302, Lammers an Thierack, 17.8.1943, hier weist er eindringlich auf Hitlers Forderung nach möglichst schnellen Vollstreckungen hin, da zu viele Gefangene in den Strafanstalten säßen, die bei Luftangriffen eine potentielle Gefahr für die Zivilbevölkerung seien; NG-302, Thierack an die Justizbehörden, 8.9.1943, er ordnete schnelle Exekutionen an.
170) BDC, NG-316, Freisler an Lautz, 9.2.1943, s. auch eidesstattliche Aussage in Anm. 66)
171) s. Anm. 169
172) BDC, NG-310, Richtlinien zur Auswahl von Laienrichtern und Richtern, 5.5.1943
173) BDC, NG-671, Lautz an Thierack, Lagebericht, 19.2.1944, Thierack an Freisler, 15.3.1944
174) BAKO, Generalakten RJM, Geschäftsverteilungsplan des VGH für 1944
175) BDC, NG-159, Thierack an Freisler, 9.9.1943
176) BDC, NG-247, Thierack an Bormann, 14.6.1944
177) s. Anm. 46)
178) BDC, NG-303, Thierack an die Reichsjustizverwaltung, 19.7.1944

179) BDC, NG-783, Gauleitung Kärnten an das RJM, 3.6.1944
180) BDC, NG-646, Erlaß des Führers über die Verfolgung von politischen Straftaten von Angehörigen der Wehrmacht, Waffen-SS und Polizei vom 20.9.1944
181) BDC, NG-260, »Rechtsanwaltbriefe«, 1.10.1944
182) s. zum Beispiel BDC, NG-252, Thierack, »Die Strafrechtspflege im fünften Kriegsjahr«
183) BAKO, Generalakten. op. cit., RJM an Obersturmbannführer Bemder, 17.2.1942. In diesem Schreiben weist das RJM die Beschwerde der Wiener NSDAP zurück, daß VGH-Prozesse von Berlinern geführt würden; Thierack an Freisler, 19.9.1943; hier protestiert Thierack gegen Freislers extrem enge Interpretation der »Öffentlichkeit«, worauf Freisler am 28.9.1943 antwortete und seine Ansicht mit der Begründung verteidigte, daß implizit die Gefahr der Wehrkraftzersetzung bestehe; s. auch Brief von Melitta Wiedemann an Thierack, 16.11.1943; BAKO, op. cit., Thierack an Freisler, 22.11.1943. In diesem Brief beschwert er sich über Freislers übertriebene Konzentration von wichtigen Fällen in seinem eigenen Ersten Senat; ebd., Thierack an Freisler, 18.10.1933, hier bittet er Freisler, größeres Gewicht auf die politische Einschätzung der Straftaten zu legen.
184) ebd.
185) BAKO, Führerinformation, 1944, Nr. 175
186) ebd., Nr. 179
187) ebd.
188) W. v. Seydlitz-Kurzbach, Stalingrad, Berlin 1977, S. 273 ff.; H. Graf v. Einsiedel, Tagebuch der Versuchung, Berlin 1950, passim; Sie kämpften für Deutschland, Berlin (DDR) 1959, passim.; K.-H. Frieser, Krieg hinter Stacheldraht, Mainz 1981, passim.
189) zu diesem Komplex s. auch Ritter, Rothfels und Hoffmann, op. cit.
190) Autorenkollektiv der Akademie der DDR, Deutschland im Zweiten Weltkrieg, Berlin 1978, Bd. III, S. 307 ff.
191) BAKO, Führerinformation, 1945, Nr. 190
192) ebd., Nr. 191
193) Freislers Brief vom 2.10.1943
194) ebd., 4.2.1944
195) s. Anm. 183), Wiedemann-Brief
196) ebd., wann genau die Öffentlichkeit von den VGH-Prozessen ausgeschlossen wurde, konnte nicht festgestellt werden
197) ebd.
198) ebd.
199) ebd.
200) BAKO, Fernschreiben Thieracks an Bormann, 18.4.1944
201) BAKO, Thierack an Freisler, 19.4.1944
202) BDC, undatierter, nicht unterschriebener Brief eines RSHA-Angehörigen

203) BAKO, Generalakten des RJM, *op. cit.*, Bericht eines namentlich nicht genannten RJM-Beamten über Freislers Vortrag, direkt an Thierack geschickt.

Kapitel 8

1) s. Kapitel 7, Anm. 160)
2) zu diesem und dem folgenden Text s. L. Gruchmann (Hrsg.), *Autobiographie eines Attentäters: Johann Elser*, Stuttgart 1970, S. 7 ff.
3) zu Best und Stevens s. H. Höhne, *Der Orden unter dem Totenkopf*, Gütersloh 1967, S. 262 ff.; zum restlichen Text s. Anm. 2), S. 18 ff.
4) *VB*, 22.11.1939, S. 2; Anm. 2), S. 23
5) Boberach, *Meldungen, op. cit.*, S. 18 ff.: SD-Berichte, 10.11.1939 und 22.11.1939; auch BAKO, Misch. 1792, »Stimmungsgemäßer Überblick über die gesamtpolitische Lage im Kreis Wiesbaden«; auch BAKO R 58/144; R 58/145. Die vollständige 17-bändige Ausgabe von Boberach, *Meldungen aus dem Reich*, München 1984, konnte für diese Arbeit nicht mehr ausgewertet werden, zudem noch ein Index-Band aussteht.
6) *ebd.*
7) *ebd.*
8) siehe H. Rothfels, *Die deutsche Opposition gegen Hitler*, Frankfurt 1958, passim., G. Ritter, *Carl Goerdeler und die deutsche Widerstandsbewegung*, München 1964, passim.; P. Hoffmann, *Widerstand, Staatsstreich, Attentat*, München 1969, passim
9) K.-J. Müller, *Das Heer und Hitler*, Stuttgart 1969, S. 593 ff.
10) *ebd.*, S. 88 ff.
11) *ebd.*, S. 255 ff.; H. C. Deutsch, *Hitler and his Generals*, Minneapolis, S. 78 ff., N. v. Below, *Als Hitlers Adjutant 1937–45*, Mainz 1980, S. 60 ff.
12) Müller, *op. cit.*, S. 198 ff.
13) *ebd.*
14) *ebd.*, S. 104 ff.; Ritter, *op. cit.*, S. 104 ff.
15) K.-J. Müller, *Generaloberst Beck*, Boppard/Rhein 1980, *passim*.
16) Public Record Office (PRO), FO 371/29733, C 5933 Vansittart-Memorandum, 6. Juli 1937; FO 371/21665, C 14809, Goerdeler-Memorandum, 22. November 1938. Das sind nur einige von vielen Beispielen. S. auch I. Colvin, *Vansittart in Office*, London 1965, S. 150 ff.
17) Müller, *Beck, op. cit., passim;* Ritter, *op. cit., passim*. Angesichts der Angaben Heinz' gegenüber dem Autor im Jahre 1968 sind Zweifel an den Einzelheiten dieser Episode nicht fehl am Platze.
18) K. Feiling, *Life of Neville Chamberlain*, London 1947, S. 418; B. Martin, *Friedensinitiativen und Machtpolitik im Zweiten Weltkrieg*, Düsseldorf 1973, S. 49 ff., 207 ff.; die PRO-Akte PREMIER 1-333,

»Germany 1939«, ist für Historiker bis 1990 unzugänglich, die Akte, die Best, Stevens und den Venlo-Vorfall betrifft, bis 2017

19) Ritter, *op. cit.*, S. 245 ff.; I. Colvin, *Hitler's Secret Enemy*, London 1951, S. 98 ff.
20) BAKO R 58/214, Ereignismeldung Nr. 26, 18.7.1941; IMT, Bd. XXXVIII, S. 712, Doc. 180-L.
21) *ebd.* (IMT), S. 671, Gesamtbericht vom 15.10.1941
22) BAMA, AOK 17/14499/51; OKH/GenStH/HWesAbt (Abw) Nr. 2111/41, 12.7.1941
23) zitiert bei Ch. Streib, *Keine Kameraden*, Stuttgart 1978, S. 312
24) zu Nebe s. Ritter und Hoffmann, *op. cit., Passim;* auch Reitlinger, *SS – Alibi ..., op. cit., passim;* H. Krausnick/H.-H. Wilhelm, *Die Truppe des Weltanschauungskrieges*, Stuttgart 1981, *passim*
25) s. Anm. 20), Ereignisbericht 30.6.1941; Streit, *op. cit.*, S. 535
26) s. Ritter und Hoffmann, *op. cit., passim;* W. Görlitz, *Kleine Geschichte des deutschen Generalstabes*, Berlin 1967, S. 400
27) H. A. Jacobsen/J. Rohwer (Hrsg.), *Decisive Battles of World War II*, London 1965, S. 137 ff.
28) Ritter, *op. cit.*, S. 337, 519 ff.
29) W. S. Churchill, *The Second World War*, Bd. IV, London 1951, S. 541 ff.
30) »angeblich«, weil als einziges Zeugnis dafür die nach 1945 erschienene Memoirenliteratur vorhanden ist. F. v. Schlabrendorff, *op. cit.*, S. 94, 99; R. Chr. v. Gersdorff, *Soldat im Untergang*, Berlin 1977, S. 132
31) Ch. Müller, *Oberst i. G. von Stauffenberg*, Düsseldorf 1971, *passim*
32) Manfred Messerschmidt, *Die Wehrmacht im NS-Staat*, Hamburg 1969, Einführung von General a. D. Johann Adolf Graf Kielmannsegg, S. IX
33) E. Bethge, Dietrich Bonhoeffer, München 1967, *passim*
34) Ritter, *op. cit.*, S. 297; Gostomski-Loch, *op. cit.*, S. 152
35) *ebd.*, Ritter, auch Hoffmann, *op. cit.*, S. 249
36) *ebd.*
37) *ebd.;* s. auch Müller, Beck, *op. cit.*, zu Becks Vorstellungen von einem autoritären Staat
38) *ebd.*
39) *ebd.*
40) *ebd.*
41) *ebd.*
42) *ebd.*
43) *ebd.*
44) *ebd.*
45) s. M. Balfour/J. Frisby, *Helmuth v. Moltke: A Leader against Hitler*, London 1972
46) Ritter, *op. cit.*, S. 316
47) *ebd.*

48) *ebd.*
49) *ebd.*
50) *ebd.*
51) *ebd.*
52) *ebd.*
53) *ebd.*
54) *ebd.*
55) H. Mommsen, »Hitlers Stellung im nationalsozialistischen Herr-schaftssystem«, in: *Der »Führerstaat«. Mythos und Realität*, hg. v. G. Hirschfeld und L. Kettenacker, Stuttgart 1981, S. 55 ff.; Ch. Dipper, »Der Deutsche Widerstand und die Juden«, in: *Geschichte und Gesellschaft*, 9. Jg., Göttingen 1983
56) Hans-Adolf Jacobsen (Hrsg.) *Spiegelbild einer Verschwörung*, Band 1, Stuttgart 1984, S. 449 ff.
57) K. Schwabe/R. Reichardt (Hrsg.) *Gerhard Ritter. Ein politischer Historiker in seinen Briefen*, Boppard 1984, S. 769 ff.
58) »Lillibullero« ist ein britisches, ausgesprochen antikatholisches Lied aus dem 17. Jahrhundert. D. Johnston, *Nine Rivers from Jordan*, London 1955, S. 211
59) Ritter, *op. cit.*, S. 416 ff.; Hoffmann, *op. cit.*, S. 415; zahlreiche Beispiele in: Archiv Peter, *Spiegelbild einer Verschwörung*, Stuttgart 1981
60) Dies soll auch von Kluge, von Manstein und Guderian zutreffen sowie auf die Waffen-SS-Generäle Paul Haußer und Sepp Dietrich, die informiert und einverstanden gewesen zu sein scheinen; s. Gersdorff, *op. cit.*, S. 134 ff., 123 ff., 155 ff.; Ritter, *op. cit.*, S. 379
61) Salomon, *Fragebogen, op. cit.*, S. 466 f.; s. auch Ritter, *op. cit.*, S. 450
62) Salomon, *loc. cit.*, außerdem Informationen, die der Autor im August 1968 von Herrn Friedrich Wilhelm Heinz erhielt
63) H. W. Hagen, *Zwischen Eid und Befehl*, München 1958, S. 21; auch *Spiegelbild, op. cit.*, S. 155 ff.
64) *ebd.*
65) *ebd.*
66) Ritter, *op. cit.*; Hoffmann, *op. cit., passim*
67) Welche Auswirkungen das Komplott auf die kämpfende Truppe hatte, läßt sich heute nicht mehr mit absoluter Sicherheit feststellen. Reitlinger, (*SS – Alibi of a Nation*, S. 347) schreibt, »Die wahre Folge der Tat Stauffenbergs war … der Verlust der deutschen Armeen im Westen.« Noch 1947 gestand General Speidel, bewußt die 2. und 116. Panzerdivision vom Eingreifen gegen den alliierten Landekopf zurückgehalten zu haben, um sie zum Putsch zur Verfügung zu haben. Dieser Mitteilung General Geyr v. Schweppenburgs, zuletzt enthalten in D. Irvings Rommel-Biographie (S. 348 engl. Ausgabe), ist Speidel nie entgegengetreten. Weitere Hinweise in dieser Richtung enthält auch die beste neueste Untersuchung von Max Ha-

stings, *Overlord*, London 1984. Hastings bezweifelt jedoch ob der wahre Sachverhalt heute noch gänzlich zu klären ist.

68) *ebd.*
69) *Spiegelbild, op. cit.*, S. 1–3, Der Chef der Sicherheitspolizei und des SD, 21.7.1944, »Erste stimmungsmäßige Auswirkungen des Anschlags auf den Führer«
70) *ebd.*, S. 4–5
71) BAKO R 55/614; Berichte der Regierungspräsidenten in Braunschweig, Hannover, Stuttgart, Stettin, Nürnberg, Königsberg; BAKO R 22/3369, OLG-Präsident Jena; weitere Reaktionen s. BAMA R 55/575, Feldpostbriefe; Bericht des SD vom 30.10.1944, »Die Verschwörer vom 20. Juli 1944 und die Wehrmacht«, auch in *Spiegelbild, op. cit.*, S. 475–476; Militärgeschichtliches Forschungsamt Freiburg (MGFA), H 43/1 Zensurberichte der Wehrmacht
72) *ebd.*, Feldpostbriefe
73) *Spiegelbild, op. cit.*, S. 6
74) *ebd.*
75) G. C. Zahn, *Die deutschen Katholiken und Hitlers Krieg*, Köln 1965, S. 185
76) M. J. Gruffein/M. Janowitz, »Trends in Wehrmacht Morale«, in: *Public Opinion Quarterly*, 1946, S. 81 ff.
77) BAKO R 22/3356, Generalstaatsanwalt Kammergericht Berlin, 1.10.1941; *Spiegelbild, op. cit.*, S. 10
78) BAKO NS Misch/1634, Stimmungsbericht für den Kreis Schlüchtern, 27.11.1944; *Spiegelbild, loc. cit.*
79) zu Bosch s. Ritter, *op. cit.*, S. 138 und *passim*
80) BAKO NS 19/neu 830: SS-Sturmbannführer Backhaus an den persönlichen Referenten des Reichsführers-SS, Standartenführer Brandt, 26.8.1944
81) BAKO IR 55/614, Treuekundgebungen für den Führer
82) *ebd.*, Meldung, Münster, vom 8.8.1944
83) BAKO NS Misch/1823, »Stimmungsgemäßer Überblick über die gesamtpolitische Lage der Gauleitung Baden, 5.8.1944«
84) *Spiegelbild, op. cit.*, S. 5
85) *ebd.*, S. 7
86) *ebd.*, S. 10–11; BAKO R 55/601, Tätigkeitsbericht des Leiters der Propagandaabteilung des RMVP, 7.8.1944; s. auch W. v. Oven, *Finale Furioso*, Tübingen 1974, S. 464, 476, 505
87) BAMA Wi I F 5/3211, NS-Führungsstab, 12.8.1944; s. a. W. v. Oven, *op. cit.*, S. 37 f. BAKO NS 6/vorl. 347, Bormann, Rundschreiben vom 24.7.1944
88) H. Heiber (Hrsg.), *Reichsführer!*, München 1972 – Brief an SS-Gruppenführer Hermann Fegelein, 26. Juli 1944, S. 274
89) BAKO NS 1/544; Sonderbericht des SD, von Kaltenbrunner an Reichsschatzmeister Schwarz geschickt, 7.8.1944
90) Freislers Brief vom 1.8.1944

91) s. Anm. 83)

92) BAKO NW 6/411, Meldungen über die Entwicklung der öffentlichen Meinungsbildung, 12.8.1944. Dieser Verdacht wird z. B. auch im Kriegstagebuch des im Osten gefallenen Bruders des Autors geäußert, mit der Einschränkung, daß der seit Monaten ausstehende Ersatz an Mannschaften, Waffen und Munition erst über den Zeitraum vieler Wochen zu beheben sein wird. (Tagebucheintragung vom 12.8.1944); s. auch Nicolaus v. Below, *Als Adjutant des Führers, 1937−1945*, Mainz 1980, S. 393

93) BAKO R 55/601, Wöchentlicher Tätigkeitsbericht des stellvertretenden Leiters der Abt. Propaganda im RMVP, 18.9.1944; *ebd.* Führungsbericht, 8.8.1944

94) Hoffmann, *op. cit.*, S. 523 ff.

95) BAKO, Generalakten RJM, Thierack an Bormann und Himmler, 24.7.1944

96) H. Guderian, *Erinnerungen eines Soldaten,* Heidelberg 1950, S. 313; s. auch Kapitel 7, Anm. 178)

97) DNB-Nachricht vom 5.8.1944, zitiert nach: Domarus, *op. cit.*, S. 2137 ff.

98) s. oben, Kreisauer Kreis

99) Hoffmann, *op. cit.*, S. 229, 448

100) *ebd.*, S. 678

101) *loc. cit.*

102) Darauf wurde der Autor vom letzten stellvertretenden NS-Regierungssprecher, dem verstorbenen Helmut Sündermann, 1971 aufmerksam gemacht. Der Autor führte das Experiment selbst durch, mit Resultaten, die Sündermanns Beobachtungen bestätigen.

103) Der Autor hält es für sehr wichtig, aufschlußreiche Teile des Prozeßprotokolls im Text abzudrucken, statt das Nürnberger Dokument 3881-PS im Anhang beizufügen. Nur die Aufnahme in den Text bietet die Gelegenheit, den Leser mit der Art und Weise, dem Stil und den Taktiken zu konfrontieren, die Freisler in diesem Prozeß anwandte. Die im ursprünglichen Dokument enthaltenen falschen Schreibweisen, vor allem der Namen, wurden vom Autor korrigiert. Außerdem muß darauf hingewiesen werden, daß alle Berichte über diesen Prozeß den Zwischenfall mit Witzlebens Hitler-Gruß auslassen, ebenso die Ausschnitte aus den damaligen Wochenschauen, die seit 1945 öffentlich gezeigt wurden, obwohl das Bundes- und Filmarchiv in Koblenz − Ehrenbreitstein das vollständige Filmmaterial über den Prozeß besitzt, einschließlich jenes Zwischenfalls.

104) Freislers Brief vom 11.8.1944

105) s. Wagner, *op. cit.*, S. 676

106) s. z. B. Leber, Weißenborn, Schlabrendorff, *op. cit.*, *passim*

107) H. J. Graf von Moltke, *Letzte Briefe aus dem Gefängnis Tegel,* Berlin 1963, S. 68; auch abgedruckt in: *Deutsche gegen Hitler,* Hrsg. H. A. Jacobsen, Bonn 1969, S. 252; s. auch Anm. 45): das deutsche

Original des Briefes ist in der deutschen Übersetzung dieses Werkes enthalten, Stuttgart 1975, S. 313: »Dieser Brief ist in vielem auch eine Ergänzung zu meinem gestern geschriebenen Brief, der viel nüchterner ist. Aus beiden müßt Ihr eine Legende machen ...«

108) *Spiegelbild, op. cit.,* S. 180 ff.; der spätere Inspekteur der Bundeswehr der Bundesrepublik, Generalleutnant Heusinger, seinerzeit im Operationsstab von Hitlers Hauptquartier, äußerte damals zu Stieffs Charakter: »Ich habe Stieff für einen zwar klugen, aber sich gern wichtig machenden und in den Vordergrund drängenden Offizier gehalten. Das mag zum Teil seiner körperlichen Kleinheit zuzuschreiben gewesen sein. Charakterlich habe ich ihn nie für besonders fest gehalten.« – *ebd.,* S. 368

109) Schlabrendorff, *op. cit.,* S. 161 ff., zeichnet ein ziemlich grausiges Bild; aber ob es den Tatsachen entspricht, ist eine andere Frage. Niemand in der Bundesrepublik wurde jemals angeklagt oder verurteilt, weil er irgendein Mitglied aus dem Verschwörerkreis vom 20. Juli gefoltert hätte. Sogar Ritter, *op. cit.,* S. 438, zieht die angeblichen Folterungen in Zweifel.

110) Wagner, *op. cit.,* S. 681

111) IfZg, NG-403, eidesstattliche Aussage von Wergin

112) BDC, NG-5405, eidesstattliche Aussage von Lautz

113) IfZg, NG-400, eidesstattliche Aussage von Boden

114) s. Anm. 103

115) *ebd.*

116) *ebd.*

117) Salomon, *Die Geächteten ... op. cit.,* S. 397; *ders., Fragebogen, op. cit.,* S. 134–146

118) P. Sérant, *Les vaincus de la liberation,* Paris 1965, S. 140 ff.; M. Boveri, *Der Verrat im 20. Jahrhundert,* 4 Bde., Hamburg 1958–63, Bd. I, S. 72 ff.

119) G. Buchheit, *Soldatentum und Rebellion,* Rastatt 1961, S. 430, bietet keine Quelle für diese Feststellung. Außerdem behauptet er, daß man Hitler in dessen Hauptquartier den Film über die Hinrichtungen gezeigt habe. Der Behauptung Buchheits liegt eine Sekundärquelle zugrunde, die wiederum auf Hörensagen beruht, wofür keine Quelle angegeben ist. Einen derartigen »Dokumentarfilm« gibt es nicht. Wie so vieles gehört er in den Bereich der Legende. S. auch Below, *Adjudant ..., op. cit.,* S. 385

120) Erinnerung des Autors

121) BAKO NS Misch/1832, Kreisleitung Säckingen, 10.8.1944; Bericht Kielpinskis vom 20.8.1944: »Stimmungsmäßige Auswirkung der Verhandlung vor dem Volksgerichtshof gegen die Attentäter vom 20.7.1944.« In diesem Bericht wird auch die Existenz einer Minderheit erwähnt, die entgegengesetzter Meinung war.

122) s. Anm. 86), Tätigkeitsbericht ..., *op. cit.,* 15.8.1944

123) s. Anm. 61); auch Reitlinger, *SS – Alibi ..., op. cit.,* S. 298 ff.

124) Reitlinger, *ebd.*, S. 340; *Spiegelbild, op. cit.*, S. 351

125) Reitlinger, *The Final Solution*, London 1961, S. 455 ff. Himmlers Befehl vom 26. November 1944 unterstrich den bereits im September gegebenen Befehl, in dem er Pohl und Kaltenbrunner dafür verantwortlich machte, falls ihre Untergebenen den Befehl ignorierten. R. Hilger, *The Destruction of the Jews in Europa*, New York 1961, S. 631

126) J. W. Wheeler-Bennet, *The Nemesis of Power*, London 1954, S. 684; W. L. Shirer, *The Rise and Fall of the Third Reich*, London 1960, S. 1071

127) *20. Juli 1944*, Hrsg. Bundeszentrale für Heimatdienst, Bonn 1960, S. 211, Berichte der Kameramänner Erich Stoll und Sasse; BDC, NG-435, Strelow versichert in einer eidesstattlichen Erklärung, daß die Verurteilten auf einem Schemel standen und ihnen dann die Schlinge um den Hals gelegt wurde. Dann wurden sie emporgehoben und fallengelassen. In allen Fällen wurden die Verurteilten sofort bewußtlos. Diese Methode des Erhängens soll auf ausdrücklichen Wunsch Hitlers zurückzuführen sein, der die britische Methode mit der Falltür ablehnte.
Zur Art und Weise der Vollstreckung s. auch Hoffmann, *op. cit.*, S. 629. Er stellt fest, daß die einzelnen Hinrichtungen sieben bis zwanzig Sekunden gedauert haben; aber auch er kann sich nur auf Hörensagen stützen.

128) R. West, *A Train of Powder*, London 1955, Neuausgabe London 1984, S. 77

129) Information von Landgerichtspräsident a. D. v. Moltke, zitiert bei Wagner, *op. cit.*, S. 100

130) BDC, Reichskommissar für die Festigung deutschen Volkstums, Staatshauptamt, an Thierack, 22.10.1944

131) *ebd.*

132) BDC, Thierack an Himmler, 24.10.1944

133) JBDC, Feldkommandantur Himmler an Thierack, 7.11.1944

134) Zu diesem Thema s. Hoffmann, *op. cit.*, S. 619 ff., wenn er auch in seiner Namensliste jene Personen zu erwähnen versäumt, die bereits Ende 1944 und Anfang 1945 freigelassen worden waren.

Kapitel 9

1) Ritter, Hoffmann, Rothfels, Zeller, Wagner, *op. cit.*

2) Hoffmann, *op. cit.*, S. 121; zu Schulenburg, s. auch Müller, *Das Heer ...*, *op. cit.*, S. 353, 362; auch A. Krebs, *Fritz-Dietlof Graf von der Schulenburg – Zwischen Staatsraison und Hochverrat*, Hamburg 1964

3) Müller, *Das Heer ...*, *op. cit.*, S. 88 ff.

4) *ebd.*

5) *Spiegelbild, op. cit.*, S. 515
6) *ebd.*
7) *ebd.*
8) *ebd.*
9) *ebd.*
10) *ebd.*
11) Jacobsen, *Spiegelbild ..., op. cit.*, Bd. 2, S. 800 ff.
12) Peter, *Spiegelbild ..., op. cit.*, S. 514
13) s. Kapitel 8 Anm. 101; Leber, *op. cit.*, S. 218; Buchheit, *Richter ... op. cit.*, S. 130 ff., 252 f.
14) s. Anm. 1)
15) Schlabrendorff, *op. cit.*, S. 154
16) Höhne, *Canaris, op. cit.*, S. 465 ff.; s. auch Gostomski-Loch, *op. cit., passim*
17) *Spiegelbild, op. cit.*, S. 22 ff., 47 ff., 95 ff., 100, 112
18) Hoffmann, *op. cit.*, S. 464
19) s. bereits zitierte Literatur: Ritter, Hoffmann, Rothfels; zu Gisevius' Buch *Bis zum bitteren Ende*, Zürich 1946, s. Tobias, *op. cit., passim*
20) s. auch E. v. Weizsäcker, *Erinnerungen*, 2 Bde., München 1950; auch L. E. Hill. *Die Weizsäcker-Papiere, 1933–1945*, Berlin 1977; ebenso Ritter, Hoffmann, Rothfels, *op. cit.*
21) Ritter, *op. cit.*, S. 523
22) s. Ritter *et al., op. cit.*
23) s. Anm. 5)
24) zitiert bei Wagner, *op. cit.*, S. 684, aber ohne Quellenangabe. Die Bemerkung ist in den Prozeßprotokollen und im Lautarchiv des deutschen Rundfunks, Frankfurt/Main, nicht enthalten, jedoch in der Hagiographie von Zeller, *op. cit.*, und in Buchheit, *Richter ...,* *op. cit.*, S. 261 f., zu finden, allerdings auch hier ohne Quellenangabe.
25) Lautarchiv, *op. cit.*
26) *ebd.*
27) *ebd.*
28) *ebd.*
29) BAKO Z Sg 1 – 197/2(12) Aufzeichnungen der Gräfin Renate Hardenberg aus Neuhardenberg
30) Staatsarchiv Hannover, Zeugenschrifttum, Aussage des Scharfrichters Rüttger, 2.9.1949
31) s. Anm. 25)
32) *ebd.*, s. auch Anm. 1)
33) *ebd.*
34) *ebd.*
35) siehe Ch. Streit, *Keine Kameraden, op. cit.*, S. 109 ff. und 320
36) siehe Anm. 25
37) E. Jünger, *Strahlungen*, München 1955, S. 409 ff.

38) W. Ritter v. Schramm, *Aufstand der Generale: Der 20. Juli in Paris*, München 1964, S. 212

39) Anm. 1)

40) s. Interview mit Ernst Jünger, in: *Der Spiegel*, Hamburg 1982, Ausgabe 33, S. 154 ff.

41) s. Anm. 1); auch D. Irving, *The Trail of the Fox*, London 1980, S. 372

42) *ebd.;* Irving, S. 396, s. auch D. Young, *Rommel*, London 1950, S. 228 und 235

43) Leber, *op. cit.*, S. 259; Buchheit, *Richter ... op. cit.*, S. 252, benutzt Leber, S. 262, um nur ein paar Beispiele zu nennen.

44) s. Anm. 1)

45) *Deutsche gegen Hitler, op. cit.*, Gostomski-Loch, *op. cit.;* Ritter und Hoffmann, *op. cit.;* auch R. Pechel, *Deutscher Widerstand*, Zürich 1947, 329 f. (Vor 1939 war Pechel ein glühender Befürworter des Nationalsozialismus).

46) *ebd.*

47) *ebd.*

48) *ebd.*

49) *Spiegelbild, op. cit.*, S. 54, 89, 128 f., 194, 318 f.

50) s. Anm. 1)

51) *ebd.*

52) *ebd.*

53) *ebd.*, auch Höhne, *Canaris, op. cit.*, S. 542

54) s. Anm. 1)

55) *ebd.*

56) *ebd.*

57) *ebd.*

58) *ebd.*

59) *ebd.*

60) *ebd.*

61) *ebd.*

62) *ebd.*

63) *Spiegelbild, op. cit.*, S. 570: Abdruck des VGH-Urteils vom 27.11.1944

64) *ebd.*, S. 569

65) BAKO NS 6/19, Anklageschrift 0 J 43/44, Prozeßberichte für Bormann, datiert vom 28.11.1944

66) *Spiegelbild, op. cit.*, S. 563, 565 ff.

67) BAKO NS 6/19; VGH-Urteil, abgedruckt in: *Spiegelbild, op. cit.*, S. 557

68) BAKO NS 6/21, Verhandlungsbericht

69) IfZg Fa 117/308, VGH-Urteil, 5.10.1944

70) IfZg, NG-555, eidesstattliche Aussage von Weimann; NG-400, eidesstattliche Aussage von Boden; NG-535, eidesstattliche Aussage von Grünwald. Eine Überprüfung der von D. Irving in *Trail of the*

Fox, op. cit., benutzten Quellen, einschließlich der im Imperial War Museum, London, aufbewahrten Kriegstagebücher des Stabes Rundstedts sowie jener der 15. Armee, ergab, daß Roenne in den ersten kritischen Tagen und Wochen der Invasion der Heeresgruppe B *bewußt* eine Flut von Falschmeldungen lieferte. Noch in einem größeren Ausmaß als Generalmajor Oster 1940, nahm Roenne dabei den Tod von Tausenden seiner Kameraden in Kauf. Seine Verhandlung vor dem VGH spielte sich aber im Unwissen um diesen Verrat ab.

71) s. Anm. 1)
72) *ebd.*
73) *ebd.*
74) BAKO NS 6/20, Verhandlungsbericht, 12.1.1945
75) BAKO NS 6/21, Verhandlungsbericht, 17.1.1945
76) Hoffmann, *op. cit.*, S. 871, stützt sich auf einen 1947 erschienenen Bericht in einer Regionalzeitung. Zu Speer s. Ritter, *op. cit.*, S. 535. Wagners Quellenhinweis auf S. 714 ist falsch.
77) *Spiegelbild, op. cit.,* S. 434, 490, 524; s. auch G. van Roon, »Oberst Wilhelm Stähle. Ein Beitrag zu den Auslandskontakten des deutschen Widerstandes«, in: *VfZg,* 1966, S. 209
78) Schlabrendorff, *op. cit.,* S. 43
79) Hoffmann, *op. cit.,* S. 627
80) s. Anm. 1)
81) J. Kimche, *Spying for Peace,* London 1961, S. 111
82) PRO FO 371/21665, Goerdeler-Denkschrift, 22.11.1938; auch FO 371/21665; FO 371/22961 und FO 371/22960 C. 173; s. auch Sir R. Vansittart, *Mist Procession,* London 1958, S. 512 ff.
83) Ritter, *op. cit.,* S. 343 ff., 557 ff., 572 ff.
84) *ebd.*
85) *Spiegelbild, op. cit.,* S. 179; s. auch Anm. 1)
86) *ebd.*
87) *ebd.*
88) s. U. v. Hassell, *Vom anderen Deutschland,* Frankfurt 1964. Sein Anspruch auf das Außenministerium wurde im Goerdeler-Kreis lebhaft diskutiert, der nach wie vor eine Annäherung an Großbritannien anstrebte, wo der Name Tirpitz, wie man vermutete, immer noch ungünstige Reaktionen hervorrufen würde; s. *Spiegelbild, op. cit.,* S. 309
89) s. Anm. 1)
90) *ebd.*
91) IfZg, NG-5404, eidesstattliche Aussage von Lautz
92) s. Anm. 82)
93) Buchheit, *Richter ..., op. cit.,* S. 272, zitiert *20. Juli 1944, op. cit.,* S. 201, ohne Quellenangabe
94) nach Leber, *op. cit.,* S. 124, wiederum benutzt von Buchheit, *op. cit.,* S. 253

95) BAKO NS 6/26, Bericht an Bormann, 29.9.1944

96) s. unten S. 500 f.

97) s. Anm. 91)

98) s. Anm. 1), auch Reitlinger, *SS – Alibi ...*, *op. cit.*, S. 339

99) P. Kleist, *Zwischen Hitler und Stalin*, München 1950, S. 297 ff.; H. W. Koch, »Russo-German Peace Feelers«, in: *Journal of Contemporary History*, London 1975, S. 531 ff.

100) s. Anm. 1); auch Reitlinger, *op. cit.*, S. 412

101) Ritter, *op. cit.*, S. 434

102) BAKO NS 6/22; VGH-Urteile dieses Falls sind in dieser Akte enthalten

103) s. Anm. 1); s. auch J. Leber, *Ein Mann geht seinen Weg. Briefe und Reden*, Frankfurt 1952

104) *Das Reich*, Faksimile-Querschnitt, München 1964, Einleitung, S. 11 ff.

105) s. Anm. 1); s. auch A. Saefkow, »Helden des antifaschistischen Widerstandes«, in: *Neues Deutschland*, Berlin, 18.9.1947

106) W. Klose, *Generation im Gleichschritt*, Oldenburg 1964, S. 27; s. auch Anm. 1)

107) H. W. Koch, »Hitler and the Origins of the Second World War – Second Thoughts on the Status of some of the Documents«, in: *Historical Journal*, Cambridge 1968, S. 125 ff.

108) s. Anm. 1

109) *ebd.*

110) *ebd.*

111) IfZg, NG-798, eidesstattliche Aussage von Dahrendorf

112) BAKO NS 6/21, VGH-Prozeßberichte vom 17. und 19.1.1945

113) s. Anm. 99)

114) *ebd.*

115) s. Anm. 1)

116) *ebd.*

117) BAKO NS 6/19, VGH-Prozeßbericht; *Spiegelbild*, *op. cit.*, S. 558

118) *ebd.*

119) s. Anm. 112)

120) Hoffmann, *op. cit.*, S. 635

121) Hammer, *op. cit.*, S. 40

122) s. F. Reichardt, *Andreas Hermes. Eine Biographie*, Neuwied 1953, *passim*

123) BAKO NS 6/20, VGH-Prozeßbericht für Bormann

124) s. Anm. 1)

125) *ebd.*, BAKO NS 6/20, VGH-Prozeßbericht; IfZg Fa 117/304, enthält das Urteil

126) *ebd.*

127) *ebd.*

128) s. Anm. 1)

129) *ebd.*, s. auch K. Ziesel, *Das verlorene Gewissen*, München 1956,

S. 16 ff., enthält weitere Angaben über Pechels NS-Sympathien nach 1933

130) BDC, VGH-Urteil, CJ 5959/44 gRs – 1 L 519/44
131) Wird nicht erwähnt bei Wagner, *op. cit.*, S. 761; zu Nebe s. Reitlinger, *SS – Alibi ...*, *op. cit.*, S. 182. Weitere Einzelheiten über Nebes Aktivitäten in Rußland finden sich in einer neuen Studie von H. Krausnick/K.-H. Wilhelm, *Die Truppe des Weltanschauungskrieges*, Stuttgart 1981, sowie im Streit, *op. cit.*
132) Buchheit, *Richter ...*, *op. cit.*, behandelt ihn als verläßliche Quelle (H. B. Gisevius, *Bis zum bitteren Ende*, Hamburg o. J.), während Tobias, *op. cit.*, viele seiner Berichte als reine Erfindung entlarvt; s. auch *Spiegelbild*, *op. cit.*, S. 244. Gisevius hat nichts weiter über Nebes Aktivitäten zu sagen, als daß er »ein paar Monate an der Front« verbracht habe – Gisevius, *op. cit.*, S. 182
133) s. Anm. 1)
134) BAKO NS 6/22. Prozeßbericht von Nebe; BAKO, *ebd.*, VGH-Urteil, 3.3.1945
135) IfZg., MB 11, Auszug aus VGH-Urteil, 3.10.1944 – OJ 26/44 gRs – 1 L 349/44; s. auch H. Maier, »Die SS und der 20. Juli 1944«, in: *VfZg*, 1966, S. 299 ff.
136) *ebd.*
137) VGH-Urteil unauffindbar, aber auszugsweise im Lautarchiv zu finden, *op. cit.*
138) BAKO NS 6/20, VGH-Prozeßbericht vom 9. und 10.1.1945; enthält auch eine Zusammenfassung des Urteils
139) *ebd.*
140) s. Anm. 1)
141) *ebd.*
142) *ebd.*
143) *ebd.*
144) s. Anm. 138)
145) *ebd.*
146) *ebd.*
147) *ebd.*
148) *ebd.*
149) *ebd.*
150) *ebd.*
151) *ebd.;* BAKO NS 6/21, Prozeßbericht, auch Lautarchiv, *op. cit.*
152) *ebd.;* auch Schlabrendorff, *op. cit.*, S. 221
153) s. Anm. 1)
154) *ebd.;* s. auch B. Scheurig, *Ewald von Kleist-Schmenzin. Ein Konservativer gegen Hitler*, Oldenburg 1968; BAKO NS 6/22, Prozeßbericht, 23.2.1945
155) s. Anm. 82)
156) Scheurig, *op. cit.*, S. 198; A. Leber, *op. cit.*, S. 149
157) BAKO. Archiv des RJM. Fernschreiben von Staatssekretär Rothen-

berger an Bormann über Freislers Tod; ebd., Bormanns Anweisung, daß auf Hitlers Anordnung hin kein Staatsbegräbnis stattfinden soll. Nach Aussage von Frau Christa Schröder, die 1945 Hitlers Sekretariat angehörte, lag dies nicht an einer Antipathie Hitlers gegen Freisler, sondern angesichts der Kriegssituation sollten zeremonielle Feiern auf ein Minimum reduziert werden; s. auch Nachruf in *DJ*, 16.2.1945, und *DR*, 1945, S. 73

158) s. Anm. 154)

159) s. Anm. 157)

160) *ebd.*

161) Wenn es auch nur wenige VGH-Dokumente gibt, enthält das BAKO doch eine beträchtliche Anzahl von VGH-Freisprüchen, aus denen aber Namen und persönliche Angaben entfernt wurden. Außerdem existieren noch mehrere Urteile, die unter Verschluß gehalten werden, weil die betreffenden Angeklagten noch am Leben sind.

162) s. Anm. 70)

163) OLG-Rat Dr. Günter Gribbohm in einer Besprechung der Freisler-Biographie von Buchheit, in: *Deutsche Richterzeitung*, 1970, S. 87; Buchheit, *Richter ...*, *op. cit.*, S. 127; Buchheit zitiert nicht Hitler selbst, sondern Rittmeister Dr. Wilhelm Scheidt, einen subalternen Offizier in Hitlers Hauptquartier, der sich nach dem Krieg dem Sensationsjournalismus verschrieb und der letzte Chefredakteur von »Echo der Woche«, München, war, bevor das Blatt 1951 sein Erscheinen einstellte. (Auch der Autor arbeitete als freier Mitarbeiter für dieses Wochenblatt).

164) Wagner, *op. cit.*, S. 833 ff.

165) Archiv des Verfassers

166) Während der Ardennenoffensive im Dezember 1944 wurde eine Anzahl von Amerikanern, angeblich Kriegsgefangene, von einer Einheit der Waffen-SS-Division »Leibstandarte-SS Adolf Hitler« getötet. Der Malmedy-Prozeß in Dachau dauerte vom 16. Mai bis zum 16. Juli 1946. 43 Angeklagte wurden zum Tod verurteilt, 23 zu lebenslänglichem Gefängnis, 8 erhielten kürzere Haftstrafen. Der Prozeß erregte wegen der extremen irregulären Ermittlungen und Verhöre große Aufmerksamkeit. In ganz Westdeutschland erhoben hohe kirchliche Würdenträger öffentlich Protest, vor allem Weihbischof Neuhäusler aus München, der selbst viele Jahre im Konzentrationslager Dachau verbracht hatte. Niemand anders als der Chefverteidiger, Colonel W. M. Everett, unterstützt vom Chefankläger Colonel W. M. Ellis, beantragte eine Revisionsverhandlung und machte sich zum Sprecher der Verurteilten. Ein Ausschuß des US-Senats, das Baldwin-Komitee, untersuchte den Fall und stieß in der Öffentlichkeit auf so harte Kritik, daß die Dachauer Prozesse eingestellt wurden. Von März 1947 bis Sommer 1955 wurden alle Todesstrafen zunächst in mildere Strafen umgewandelt und dann vollkommen aufgehoben. Bis Mitte der 50er Jahre sind alle Verurteilten frei-

gelassen worden. Nach der Entlassung Jochen Peipers, einem der Hauptbeschuldigten, stellte ihm Ellis 1966 das Zeugnis eines »Ehrenmannes« aus und gab gleichzeitig seinem Gefühl der »tiefen Trauer« zum Ableben Sepp Dietrichs Ausdruck. 1966 spendete der *Manchester Guardian* hohes Lob in seinem Nachruf auf Sepp Dietrich und verglich ihn mit Marschall Ney; s. Reitlinger, *SS – Alibi ...,* *op. cit.,* S. 395; D. Ziemessen, *Der Malmedy-Prozeß,* München 1952, *passim;* L. Greil, *Die Wahrheit über Malmedy,* München 1958, *passim;* J. J. Weingartner, *Hitler's Guard: The Story of the Leibstandarte SS Adolf Hitler, 1933—1945,* Southern Illinois University Press, 1968, S. 127 ff., 176; United States Senate Committee on Armed Forces, *Malmedy-Massacre Investigation Hearing 1949,* Washington D. C. 1949

167) Hammer, *op. cit.,* S. 118
168) Dusing, *op. cit.,* S. 219; s. auch Wagner, *op. cit.,* S. 800
169) Wagner, *op. cit.,* S. 945; *DJ,* 1939, S. 1185; Archiv des Bundesjustizministeriums: Berichte des Präsidenten des VGH; BAKO, R 22/ 20040
170) BAKO, Generalakten, *Führerinformation 1942,* Nr. 123
171) Man wird mit noch komplexeren Problemen dieser Art konfrontiert, wenn man sich mit der Anzahl der Juden befaßt, die ausgerottet wurden. Nicht daß es einen moralischen Unterschied macht, ob sich diese Zahl auf Hunderttausende oder Millionen beläuft. Aber wenn eine genaue Zahl festgesetzt wird, muß sie kontrollierbar sein. Zum Beispiel wird in der Geschichte der zionistischen »Palästinensischen Brigade«, die im Zweiten Weltkrieg im Rahmen der britischen 8. Armee in Italien kämpfte (*Les Vengeurs,* Paris 1968, von M. Bar-Zohar), festgestellt, daß man den Mitgliedern der Brigade vor der Überquerung des Brenners die »Zwölf Gebote für hebräische Soldaten auf deutschem Boden« vorlas, dessen erstes lautete: »Denkt an eure sechs Millionen ermordeter Brüder.« Siehe: *Der Spiegel,* Nr. 52/1968, S. 109
Wie man 1945, als in Europa ungeheure Truppenbewegungen und zivile Bevölkerungsverschiebungen von Osten nach Westen und umgekehrt, ebenso von Norden nach Süden stattfanden, verläßliche Statistiken aufstellen konnte, bleibt ein Rätsel; es war im Grunde unmöglich. Auch Prof. Dr. Martin Broszat, der Direktor des Münchener Instituts für Zeitgeschichte, wies den Autor bei einem Gespräch im Frühjahr 1978 darauf hin, daß es einen Mangel an qualifizierten Statistikern gebe, die mit Osteuropa und den dortigen Verhältnissen vertraut sind, was die Problematik weiter komplizierte. Die Quelle für die sechs Millionen-Ziffer war im Nürnberger Hauptkriegsverbrecherprozeß der SS-Sturmbannführer Dr. Wilhelm Höttl. Die Angaben seines »affidavits« stützten sich auf Angaben Adolf Eichmanns. Jedoch am 26. Oktober 1977 erklärte er, Eichmann habe zur Zeit dieser Angabe unter starkem Alkoholeinfluß gestanden und da-

bei stark übertrieben, d. h. »Jägerlatein« benutzt – eine Auffassung, die Höttl am 4. Mai 1982 erneut bekräftigte.

172) s. Kapitel VII
173) BAKO, Generalakten RJM, Thierack Rundschreiben, 27.8.1943
174) *ebd.*
175) *ebd.*
176) *ebd.*
177) *ebd.*
178) J. Goebbels, *Tagebücher 1945. Die letzten Aufzeichnungen*, Hamburg 1977, S. 115, Eintragung vom 5.3.1945
179) BDC, Personalakte Dr. Haffner, Harry
180) s. Anm. 178), S. 241, Eintragung vom 14.3.1945
181) Diese Zahlen wurden den Personalakten von BDC und BAKO R 22/302, Generalakten des RJM, entnommen
182) Freisler in *DJ*, 1936, S. 656
183) *ebd.*
184) »Die praktische Arbeit des Volksgerichtshofes«, in: *DJ*, 1934, S. 1013; BDC, Geschäftsverteilung des VGH für 1935
185) BDC, Geschäftsverteilung des VGH für 1942 und Geschäftsverteilung des VGH für 1943
186) *ebd.*, 1943
187) BAKO R 22/302, Generalakten 3204 des RJM, Geschäftsverteilung des VGH für 1945
188) BAKO R 22/20040, RJM R 22/Gr. 5 I, Bd. I, betrifft die Geschäftsverteilung des VGH; *ebd.*; Brief von Thierack an Freisler, 18.10.1944; s. auch Thieracks Brief vom 22.11.1943
189) Gesetz über die einunddreißigste Änderung des Besoldungsgesetzes vom 9.12.1937, *RGBl.* I, 1944, S. 1355, 1380
190) s. Anm. 183); BAKO, Archiv des RJM, Akte I, S. 5
191) Archiv des Bundesjustizministeriums, Bonn, Akte 566, RJM
192) *ebd.;* den Berichten zufolge, die von Thierack und Freisler zusammengestellt wurden, ebenso in den Akten, s. Anm. 190)
193) Brief vom BAKO an den Autor, 9.5.1981
194) s. Anm. 190)
195) F. W. Seidler, »Die Fahnenflucht in der deutschen Wehrmacht während des Zweiten Weltkrieges«, in: *Militärgeschichtliche Mitteilungen* (MGM), Freiburg 1977, Ausgabe 2, S. 23 ff.
196) *ebd.*
197) zum NKFD und BDO s. Kapitel 7 mit Anmerkungen
198) wie von Buchheit in *Richter ..., op. cit.,* S. 125 ff., behauptet
199) s. Anm. 197)
200) *ebd.*
201) J. Schmädecke/P. Steinbach (Hrsg.), *Der Widerstand gegen den Nationalsozialismus*, München 1986, S. 440
202) Herr Max Pfäffle sen., München
203) Oven, *Finale, op. cit.,* S. 465, 514, 634

204) Goebbels propagierte nicht nur die neuen V-Waffen, sondern glaubte auch fest an ihre vielleicht kriegsentscheidende Wirkung. Er zeigte sich ungeheuer beeindruckt von einem Film über die V 2, den Speer ihm vorführen ließ, machte aber aus seiner Enttäuschung keinen Hehl, als sich der Einsatz der V-Waffen verzögerte und sich letztlich als nicht entscheidend für den Kriegsverlauf erwies. Von diesem Zeitpunkt an setzte auch ein erbitterter Kampf zwischen Goebbels und Speer ein, da ersterer aus der Rüstungsindustrie kriegsverwendungsfähige Männer herausziehen wollte, um neue Wehrmachtsdivisionen zu schaffen. Dazu siehe Oven, *op. cit.*, S. 205 ff., 392 ff., 459, 468 ff., 490 ff. sowie Goebbels' bisher unveröffentlichte Tagebücher von 1944, deren Ablichtungen im Archiv von IfZg verwahrt werden.

205) Angeblich sagte Hitler zu Luftwaffengeneral K. H. Bodenschatz: »Ja, wissen Sie, Bodenschatz, man fragt mich heute viel darüber, was ich denn zum Attentat sage, was ich denn vom politischen Mord halte. Ich lehne ihn nicht hundertprozentig ab! Verstehen kann ich auch, daß es nötig ist, einen Staatsmann zu entfernen, wenn es die Lage einer Nation erfordert und ein Volk nach Beseitigung des Herrschers eine bessere Zukunft vor sich haben kann.
Ich weiß, Stauffenberg, Goerdeler und Witzleben haben geglaubt, das deutsche Volk durch meinen Tod zu retten. Aber bisher hat man nur das eine ermitteln können: diese Leute hatten überhaupt keinen festen Plan darüber, was sie nachher tun wollten. Sie hatten keine Ahnung, welche Armee ihren Putsch unterstützen, welches Wehrkreiskommando ihnen helfen würde! Selbst das Naheliegendste, eine Verbindung mit dem Feind, hatten sie nicht zuwege gebracht. Ja, ich habe sogar erfahren, daß die Gegner Verhandlungsangebote abgelehnt haben. Bedenken Sie doch, Bodenschatz, an der Ostfront stehen deutsche Soldaten in erbittertem Kampf. Fast 9 Millionen. Und stellen Sie sich nun einmal die Wirkung vor! Es wäre ein Krieg jeder gegen jeden geworden, ein Bruderkrieg im deutschen Heer. Der Russe allein wäre der lachende Dritte gewesen. Denn er hätte schreckliche Beute gemacht. Sehen Sie, Bodenschatz, darin, allein darin, besteht in meinen Augen das Verbrechen der Attentäter!« – Interview mit Bodenschatz, in: *Hausfreund für Stadt und Land,* Nürnberg, 26.6.1954

206) Freislers Brief vom 26.10.1944

207) *ebd.*

208) Hoffmann, *op. cit.*, S. 869

209) Wagner, *op. cit.*, S. 676

210) BAKO, Amtsblatt des Kontrollrats, Nr. 3, S. 22

211) Gebhardt, *Handbuch der deutschen Geschichte*, Hrsg. K. D. Erdmann, dtv, Bd. 22: *Das Ende des Reichs und die Neubildung deutscher Staaten*, S. 189

28) *loc. cit.*
29) s. Kapitel 6
30) W. I. Lenin, *Ausgewählte Werke*, Berlin 1955, Bd. I, S. 181
31) Freislers Brief vom 6.8.1944
32) s. Anm. 8), S. 127
33) *loc. cit.*
34) *SZ*, München, 30.11.1982
35) *ebd.*, Brief von Michael Probst an die *SZ*, 18.11.1982, S. 12
36) Unveröffentlichtes BGH-Urteil vom 19.6.1956 – StR 50/56
37) *SZ*, 2.12.1982, Brief von Michael Verhoeven
38) *ebd.*, 9.12.1982
39) siehe *Das Parlament*, 29. Oktober 1983, Nr. 43, S. 5–6
40) *SZ*, 26./27. Januar 1985, S. 3
41) *The Times*, 2. April 1983, S. 2

Alfred M. de Zayas

Die Wehrmacht-Untersuchungs-stelle

Deutsche Ermittlungen über alliierte Völkerrechts Verletzungen im Zweiten Weltkrieg

Universitas/Langen-Müller

Kapitel 10

1) Judgement at Nuremberg, HMSO, London 1946, Urteil gegen Hans Frank, S. 96 ff., 131
2) *Süddeutsche Zeitung (SZ)*, München, 28.7.1947
3) s. die BBC-Fernsehserie »*Germany under the British*«, die insbesondere auf die berüchtigten Methoden des Lagers Bad Neundorf hinweist. Dies wird auch durch einen ehemaligen Insassen bestätigt, N. v. Below, *Als Hitlers Adjutant*, Mainz 1980, S. 424 f.
4) *Das Nürnberger Juristenurteil*, 3.–4. Dezember 1947, Hamburg 1948, S. 78
5) *ebd.; Ergänzende Angaben über die Angeklagten im Fall III (IMT)*, Hamburg 1958, S. 315 ff.
6) s. *Entscheidungen des Bundesgerichtshofes in Strafsachen* (BGHSt), S. 4, 66, 68/69, in: *Neue Juristische Wochenschrift*, 1953, S. 799
7) Überleitungsvertrag zwischen der Bundesrepublik Deutschland, den Vereinigten Staaten von Nordamerika, dem Vereinigten Königreich von Großbritannien und der Republik Frankreich, *BGBl*, 1954, S. 1063, der am 8.5.1955 in Kraft trat
8) H. Hillermeier (Hrsg.), *Im Namen des Volkes*, Neuwied 1980; s. auch BGH-Urteil, 4.12.1952, 4 StR 33/50
9) BGHSt. 9, S. 302 ff.
10) s. Anm. 7)
11) siehe S. Milgram, »Behavioural Study of Obedience«, in: *Journal of Abnormal and Social Psychology*, New York 1963, Bd. 67, Teil 4, S. 371 ff.; *idem.*, »Group Pressure and Actions against a Person«, in: *ibid.* 1964, Bd. 69, Teil 2, S. 137 ff.
12) Den Hinweis auf Dr. Mantells Experiment verdankt der Autor Herrn Dr. Hans Meißner, München.
13) Bundestagsdebatte vom 22. Mai 1979, Auszug in: *Das Parlament*, 10, 1979
14) s. Anm. 6); Hillermeier, *op. cit.*, S. 116
15) *ebd.*, S. 115
16) *ebd.*, S. 116
17) *ebd.*, S. 117
18) *ebd.*, S. 118
19) *loc. cit.*
20) *ebd.*
21) Verfügung des Bundesjustizministers vom 12.3.1971, zitiert in Hillermeier, *op. cit.*, S. 118
22) Hillermeier, *op. cit.*, S. 121
23) *loc. cit.*
24) s. Kapitel 2
25) Hillermeier, *op. cit.*, S. 121
26) *ebd.*, S. 120
27) *ebd.*, S. 121